U0124281

中国科学院科技战略咨询研究院重大咨询项目
（Y02015001）

科学认识"一带一路"

陆大道 江东 董锁成
王成金 王姣娥 陈明星 等 著

科学出版社

北京

内 容 简 介

　　本书阐述了"一带一路"倡议对我国实现经济转型和保障地缘政治安全的重大意义,分析了"一带一路"倡议实施过程中可能会遇到的国家安全、经济、工程布局、国内外利益协调、地缘关系风险等关键问题;界定"一带一路"倡议在国家总体发展战略中的地位,揭示其与国内区域发展战略的关系,分析"一带一路"倡议对我国不同地区发展产生的影响,提出完善区域发展的建议;回顾全球国家、民族、经济、能源、宗教、战争和军事等地缘因素的时空变化特征,识别"一带一路"海陆国际运输通道建设的关键问题,提出海陆国际运输通道建设的可能模式与解决方案;识别"一带一路"沿线国家的人口分布和重要城市发展格局,阐明中国与沿线国家投资贸易的现实基础以及未来经贸合作的主要方向、重点领域和发展潜力;最后,提出了关于实施"一带一路"倡议的若干建议。

　　本书可供关注"一带一路"倡议的学者、研究人员、政府公务人员、高等院校师生及公众阅读。

图书在版编目(CIP)数据

科学认识"一带一路"/陆大道等著. —北京:科学出版社,2017.8
ISBN 978-7-03-053337-1

Ⅰ.①科… Ⅱ.①陆… Ⅲ.①"一带一路"-国际合作-研究 Ⅳ.①F125

中国版本图书馆 CIP 数据核字(2017)第 124864 号

责任编辑:林　剑　李　敏/责任校对:彭　涛
责任印制:张　伟/封面设计:李珊珊

科学出版社 出版

北京东黄城根北街 16 号
邮政编码:100717
http://www.sciencep.com

北京虎彩文化传播有限公司 印刷

科学出版社发行　各地新华书店经销

*

2017 年 8 月第 一 版　开本:787×1092　1/16
2017 年 8 月第一次印刷　印张:26 1/4
字数:610 000

定价:168.00 元
(如有印装质量问题,我社负责调换)

前　言

2013 年习近平总书记关于"一带一路"的倡议，是在对今天中国在世界上的地位及全球各种政治力量、经济力量、军事力量的对比作出的分析判断而提出的。实施"一带一路"倡议，将营造一个各国间经济、贸易、技术、文化交流合作的大平台，实现当今全球广大范围内的合作、包容、共赢发展的伟大目标；也将能遏制战争势力，构建一个全球地缘政治安全的大格局。当然，也将为中华民族实现伟大复兴的"中国梦"铺平广阔的道路。这个具有重大历史意义和现实意义倡议的实施，需要制定大量的方针、政策和措施。这一倡议目标的实现，是需要我国几代人努力奋斗完成的伟大事业。这其中，需要许多学科的广大学者们的长期考察与研究。

我们认为，科学地、历史地认识"一带一路"非常重要。为达此目的，要对"一带一路"所涉及的主要国家和地区的自然结构及政治、经济、社会、外交、历史及文化特点等进行全方位的深入研究。为支撑更大规模的经济贸易合作和相关的工程建设，减少大规模投资和贸易的风险，需要要对"丝绸之路经济带"沿线国家，特别是中亚和西亚、中东地区的自然特点、经济特点、环境灾害、社会安全等基础性情况进行综合研究；对"21 世纪海上丝绸之路"所涉及海域的主要航线、海况以及沿线国家的社会经济特征、政治倾向等进行综合研究；对未来我国的海上支点、航线安全进行持续的跟踪与评估。这些研究是实施"一带一路"倡议的长期重大"基本建设"工程。

什么是"地缘政治"？地缘政治即地理政治，即英文：Geopolitics（德文：Geopolitik）。我们可以解释为一个国家、一个区域或全球的地理环境及其结构如何影响（乃至决定）这个区域内国家（政治体）间的政治关系以及由这种政治关系所导致的外交、经济、军事、文化等相互关系。研究这种相互关系的学说即是"地缘政治学"。"地缘政治学"是地理学的一个分支学科。大国发展和崛起阶段，也是地缘政治学十分活跃和发展时期。地理学者所具有的整体视野、关于区域的差异性和相互依赖性等基本理念以及相应多方面的知识结构，客观上可以成为研究"一带一路"及全球的地理结构和地缘政治、地缘经济问题的主要学科。因此，为国家的地理空间安全、资源供应保障、全球和区域战略等作考察分析与建议，是地理学家义不容辞的责任。

古代起源于中国经过中亚、西亚达到埃及以及到达欧洲的商贸走廊，最早（1872年）由德国地理学家李希霍芬（Ferdinand von Richthofen，1833–1905）提出并称之为"Die Seidenstrassen"，这一德文词"丝绸之路"，是复数，而不是单数的"Die Seidenstrasse"。即丝绸之路不是指"一条路"，成为今天"丝绸之路"的由来。地理学家李希霍芬的战略性眼光使我们这些后来人感到兴奋。

2015 年，以"'一带一路'与地缘政治环境问题研究"为题的科研项目在中国科学院立项。我们立即组织有人文与经济地理学、地图与地理信息系统、自然资源等专业学者参与的项目组。这本著作是对一带一路沿线国家的基础性情况以及在全球地缘政治格局中的态势作了一些前期研究。即从地理基础、政治倾向、社会历史、经济效益以及工程技术等进行综合性的系统分析。地理范围以中国与中亚、俄罗斯、西亚、欧洲以及中国与东南亚、印度洋周围地区的国家与地区为主，也涉及非洲、中南美洲等地区。因此，"一带一路"实际上是一个开放的地域系统。

本项研究由陆大道、江东负责。编写的具体分工如下：第 0 章，第 1 章，陆大道；第 2 章，宋涛；第 3 章，孙东琪；第 4 章，董锁成；第 5 章，宋涛、孙东琪、丁子津；第 6 章，宋涛；第 7 章，黄耀欢、王礼茂；第 8 章，宋涛、梁宜；第 9 章，付晶莹、江东；第 10 章，陈明星；第 11 章，陈明星；第 12 章，王成金，王姣娥；第 13 章，刘慧、刘志高、宋周莺；第 14 章，陆大道。

目　　录

上篇　"一带一路"倡议实施的全球地缘 政治与地缘经济环境分析

中篇　中国与主要区域经贸与技术 合作的基础、态势与前景

下篇 国际通道、战略支点及与国内
区域发展的链接

0 "一带一路"是当代中国的全球观念与全球治理方案

2013 年 9 月和 10 月，中国国家主席习近平在出访中亚和东南亚国家期间，先后提出共建"丝绸之路经济带"和"21 世纪海上丝绸之路"（简称"一带一路"）的重大倡议。

当前，中国已是世界第二大经济体，也是世界上最大的资源和能源进口国。中国的迅速发展，正在改变全球的地缘政治（即地理政治，"geopolitics"）格局。中国的政治影响和经济活动的地理空间已经大大扩展。但与此同时，中国也面临着越来越大的地缘政治压力。以美国为首的强权势力正在亚太地区乃至全球范围围堵中国。

中国正处于实现"两个一百年"奋斗目标的关键时期。中华民族要在未来几十年间实现"中国梦"，那么，在复杂的地缘政治环境下必须具有清晰、科学的全球观念和全球治理方案。"一带一路"倡议就是习近平提出的当代中国的全球观念及全球治理方案。"一带一路"倡议体现了中国新时期全面对外开放的方针。这一重大战略的实施，将营造一个各国间经济、贸易、技术、文化交流合作的大平台，也将能遏制战争势力，构建一个全球地缘政治安全的大格局，为中华民族实现伟大复兴的中国梦铺平广阔的道路。

"一带一路"倡议构想得到顺利实施，有助于中华民族的"中国梦"的逐步实现。"一带一路"倡议目标的实现，是需要中国几代人共同完成的伟大事业。我们认为，科学地、历史地认识"一带一路"非常重要。

从开放与全球的视野考察，"一带一路"涉及的地理范围非常广阔。如何科学地认识和实施"一带一路"，已经成为我国长期发展和国家安全的重大问题。"一带一路"倡议涉及几十个国家或地区。这些国家或地区中，除西欧外，经济发展水平总体不高，基础设施较差，管理水平也不高，相当一部分地区生态环境相当恶劣，社会结构复杂，宗教派别众多。在未来"一带一路"倡议实施过程中，需要作出大量的前期研究，从地理位置、经济效益、政治风险、工程技术和中国国家地缘政治利益等进行综合研判（陆大道，2016）。

本书意在阐述"一带一路"倡议对于中国崛起的重大意义，分析当今全球地缘政治的基本格局、重要区域（国家）的地缘政治倾向及与中国发展经贸和产能合作可能的前景，指出"一带一路"倡议实施中将可能遇到的问题，并就加强"一带一路"研究及资料收集、整理、管理工作提出建议。本书基本的指导思想和目的是向社会介绍如何全面、深入、历史地认识"一带一路"倡议。

0.1 当代中国的全球观念与全球治理方案

"一带一路"倡议就是面对全球经济格局和国际地缘政治的变化，更好地适应全球大多数国家的愿望，并为中国经济谋求可持续发展之路的总体战略。实施这一倡议，主要包括以下内涵。

0.1.1 主张并坚持中美"新型大国关系"，遏制战争和制造国际动荡的势力

自从冷战结束以来，在全球范围内，中美两个大国在发展和竞争中"你中有我，我中有你"。近年来，习近平提出，中国主张并坚持发展中美"新型大国关系"。这种新型大国关系强调中美两个大国之间不冲突、不对抗，相互尊重、合作共赢，强调中美之间是以合作及避免对抗为基础的平等关系。但是，要实现并坚持"中美新型大国关系"是需要双方相向而行，任何一方都不应该在全球谋求霸权，独霸世界。

中国已在全球范围内越来越多地参与世界事务，希望有一个稳定、安全和合作的世界。但在中国崛起过程中，面临的地缘政治严峻态势是长时期的，特别表现在东部与南部海疆。

"丝绸之路经济带"历史上就是将中国经过中亚和中东的广大地区和欧洲连接起来的商贸路线。"丝绸之路经济带"主要是发展中国与发展中国家的关系，但随着中国经济影响力的逐步扩展，发展与欧盟及其他欧洲国家的合作也是重要目标。这种合作，包括能源、商贸、金融、基础设施的互联互通及文化交流等各个方面。随着"一带一路"倡议的启动，中国和中亚、中东发展中国家的交往会越来越紧密；一旦实现了互联互通，经济上的整合和互相依赖就会成为可能。然而，无论是能源贸易还是互联互通，不仅具有经济意义，更重要的是具有战略和外交意义。

必须使全球地缘政治格局朝着有利于中国的方向发展，使中国的北部、西部、西南部处在稳定、友好的地缘政治环境中，并借此遏制战争势力，发挥中国在维护世界和平与安全方面的重要作用。这也就是"一带一路"倡议的主要意义之所在（陆大道和杜德斌，2013）。

0.1.2 营造一个中国经济大规模走出去的良好国际环境

现代中国取得了经济长期高速增长的辉煌成就，形成了庞大的生产规模和经济总量。当前国家发展面临的结构性难题十分突出。在与经济增长紧密联系的重大领域，即城镇化、产业结构、能源消耗、环境状况等出现了严重的不和谐状态，中共中央和国务院下决心推进国民经济的战略转型。而实现中国国民经济的深刻转型，在一方面大力推进创新驱动，实现各主要生产领域的改造升级的同时，必须全面地、大规模地"走出去"，即输出资本，输出产业。这既是跨越"中等收入陷阱"的需要，更是实现强国目标的必由之路。

中国国民经济结构有两个主要的特点，其一，具有大规模的能源重化工产业；其二，已建立起实力强大、结构完整的制造工业体系，特别是在一系列工业领域，形成了巨大的产能。为了实现中国国民经济的战略转型，就要改变低端产品生产的"世界工厂""出口导向"模式，解决"大进（资源）大出（商品）"所带来的一系列突出问题，即进行产业输出。如此，可以减缓国内生产对国外资源的依赖程度，

有利于经济安全；有利于实现技术创新和优化产业布局等。

1973 年西方世界发生石油危机，许多国家对产业和资本向外实施大规模转移，以此推动了他们国内产业结构的调整。现阶段，我国所处的态势与 40 年前欧洲国家所面临的问题具有某种类似性。这既是长期的压力、潜在的危机，也是我国进行结构调整和发展对外投资的重要机遇。中国现阶段的经济实力和产业技术能力已经具备大规模进行产业输出的条件。为了合理用好巨大规模的外汇储备，发展大规模的资金输出是最主要的选择。近年来，中国资本输出的规模增长迅速。2014 年境外投资约 1080 亿美元，与引进资金规模相当（国家统计局，2015）。中国将较快进入资本净输出阶段。这意味着中国企业"走出去"的步伐将越来越快、越来越大。中国对发展中国家的信贷规模也已经达到并超过了发达国家的总体规模。

最近 20 年来，中国在解决国际经济危机方面发挥了巨大作用，中国的经济影响力越来越大。现在，中国已经具备条件在全球框架内，以互利互惠的理念发展资本输出和产业输出。

中国的发展，使中国的文化以及相应的价值观在世界上的影响不断扩大。世界许多地区的人民也越来越相信中国在国际事务中的理念和行动。例如，基辛格所说"谁赢得了全球普遍的人心，谁就把握了世界文明的未来。引导世界的新价值观和普世性的规则"。"一带一路"是中国与全世界人民共同构建全球命运共同体的重要组成部分。

当前，实施"一带一路"倡议、建立中国国家安全的国际平台的有利条件是充分的。而且，随着中国经济和政治影响力的持续增强，这种有利的形势会继续发展。这就是我们对于"一带一路"这一全球观念、全球治理方案的重要性和可行性的基本认识。

0.1.3 符合和满足"一带一路"范围内大多数国家和人民的愿望和需求

按照国家有关部门关于"一带一路"的地域范围的阐释，"一带一路"沿线国家人口总数达 44 亿人，2014 年经济总量约 21 万亿美元，分别约占全球的 63% 和 29%。"一带一路"沿线大多数是新兴经济体与发展中国家，它们普遍处于发展的上升期。因此，通过"一带一路"倡议构想的规划实施，有利于沿线国家经济的发展，可能成为全球经济发展的一极。对中国来说，扩大对外经贸合作空间，也有利于中国经济的稳定增长和结构调整。

在冷战结束以后，世界力量多极化，一系列发展中国家加快了经济发展的步伐。新兴经济体的经济发展获得了显著的成就。2008 年世界金融危机以前，俄罗斯、印度和南非等新兴经济体国家以及中亚、伊朗、土耳其等国家经济发展较快。此后，世界经济出现了大的结构调整，发展中的新兴经济体也面临着很大的困难。近年来欧盟国家同样面临着经济增长乏力的问题。面对这样的全球问题，各国要通力合作，寻求新的发展方式。在很长一段时间内，主要新兴经济体基本上都是靠向发达国家出口而发展经济的，而这种模式已经难以持续。

今天的中国，需要世界市场来发展自己，经济持续发展、资源保障、进出口贸易等对国家发展具有重大意义。巨大的国民经济总量，相当强大的制造业能力，大规模的外汇储备，是中国对外开放合作重大优势。

在这种情况下，中国与上述国家的充分合作，将可以为解决双方的问题提供难得的机遇、模式和前景。

0.2 科学地、历史地认识"一带一路"

"一带一路"及其周围地区，涉及众多的国家和地区。这些国家（地区）中，各国的政治制度，特别是对当今世界上重大问题的立场，以及军事、政治战略等，相差很大；除西欧外，大部分国家（地区）经济发展水平总体不高，基础设施一般较差，经济管理水平不高；相当一部分地区生态环境相当恶劣，社会结构复杂，宗教和民族问题众多；等等。在这种情况下，发展中国与这些地区和国家之间广泛的经济、贸易、技术和军事等方面的合作，会面临着一系列困难和难题。因此，对于"一带一路"及其涉及的地区，都需要有大量的前期研究，并需要从地理位置、政治倾向、经济效益以及工程技术等方面进行综合评价和判断。

为了科学地、历史地认识"一带一路"，推动这一重大倡议的实施，我们认为在以下方面需要进行长期的考察和研究工作。

0.2.1 "一带一路"的地缘政治历史与第二次世界大战结束以来的热点问题和重点区域

"一带一路"基本范围在欧亚大陆。大约500年以来，世界上大国的对立与斗争、大大小小的战争，主要的都离不开欧亚大陆（Mackinder，2004）。所以，地缘政治史学家早就将欧亚大陆称为"世界岛"。我们相信，未来世界上主要的不安全因素和地缘政治热点地区也还是在欧亚大陆。

我们的地缘政治战略及"一带一路"倡议的制定和实施要充分分析有关历史因素的作用。在"一带一路"倡议实施过程中，在制定具体政策措施时，需要对国际政治、国际经济的历史发展及第二次世界大战以来各主要国家的全球地缘政治目标和政策做持续的跟踪和分析研究。其中，历史上西方大国对外的大规模战争、对新大陆的争夺以及形成的殖民地格局，对今天全球地缘政治、地缘经济的变化仍然在发挥着重要作用。

第二次世界大战以来，国际地缘政治的斗争与演变，与今天中国所面临的地缘政治问题具有明确的关联。今天，中国发展所面临的重大地缘政治斗争，有一部分是由于大国介入而导致地区性的安全问题，有一部分是大国或强力集团争夺的敏感区域的冲突问题。第二次世界大战结束以来，中东问题、巴以问题、以朝核问题为核心的东北亚问题，美国势力的介入而引起的南海问题等，都是当前和今后较长时期内的重大地缘政治问题。

在一些具有重大国际纷争地区和国际重大地缘政治问题上，中国往往不能回避自己的立场和态度。按照地缘政治问题处理的一些基本法则，如果不是直接当事方，即没有明显的直接的中国国家利益时，要多一些折中性质看待问题和处理问题。如果中国是直接的当事方，按照联合国的宗旨和章程行事、按照相应的国际法行事是极为重要的。其中，涉及若干个国家的联合行动的重大问题，要得到联合国的授权。这些都是要遵循的基本点。几十年来，中国在中东问题以及阿拉伯与以色列之间关系问题上的方针与政策，正确地选择了中国作为负责任大国的态度，获得了有关国家的认同。

从国际地缘政治的历史和现阶段国际安全实际问题看，世界上，特别是欧亚大陆的部分边缘地带，以及大陆的"心脏地带"，成为大国之间、强力集团之间的"过渡地带""缓冲地带"，也是他们之间进行激烈争夺的地区，也往往是政治、经济的"脆弱地带"（王恩涌，1998）。这类地区，如目前的原东欧地区、北高加索地区、中亚地区、朝鲜半岛、东南亚地区等。这是认识"一带一路"、实施"一带一路"倡议的重要焦点。例如，中亚地区在地缘政治历史发展过程中被认为是"破碎地带""缓冲地带"。但今天中俄两国共同维系了中亚地区的稳定。俄罗斯在中亚地区具有巨大的政治利益及深刻的思想和文化影响。中国在发展与中亚各国的经济、政治、文化交流合作关系，就需要考虑俄罗斯的国家利益，特别是俄罗斯在这些国家中的政治利益，还要考虑到经济利益上的协调。

0.2.2 各地区自然结构及社会经济结构的特点

为了支撑更大规模的经济贸易合作和相关的工程建设，减少大规模投资和贸易的风险，需要对"丝绸之路经济带"沿线国家，特别是中亚和西亚及中东地区的自然结构、经济地理、自然灾害、社会安全等基础性情况进行综合研究；对"21世纪海上丝绸之路"所涉及的海域的大气环流和洋流特征、全球主要航线海况以及沿线国家的社会经济特征、政治倾向等进行综合研究，对未来中国的国外海上支点、海军基地的选取和建设、航线安全等进行评估有着重大意义。

在进行综合性的系统调查、研究和资料分析整理的基础上，需要组织编辑、出版服务于各种需要的手册、地图、丛书、参考资料、产品及工程标准、相关国家的有关法律法规及其与国际社会的多边及双边关系文件等。

0.2.3 投资、信贷、贸易的风险评价，保障必要的经济效益和国家利益

根据"一带一路"倡议的要求，将建设中国对外经济交往的若干通道，并逐步建立一种新的合作方式，和相关国家共同建设、推动经济的共同发展。主要的抓手是建设经济走廊。未来的设想是发展一个由道路、铁路、隧道、桥梁、油气管道和港口组成的、纵横亚欧的庞大网络。围绕这一目标，国家已开始着手计划修建或援建相关项目。伴随着这一过程，实施这一重大目标，需要中国主导或参与的多边、双边的金融机构进行大规模融资和投资。

中国的对外贸易和投资，是不附加政治条件和不合理经济要求的，但大量的贸易和投资当然要获得经济利益。2015年年底，两家中国政策性银行——中国国家开发银行和中国进出口银行向海外融资者提供的未偿还贷款约6840亿美元，仅略少于六家西

方国家支持的多边开发机构的 7000 亿美元此类贷款。另外，还有十三家中国基金提供了约 1060 亿美元开发性资金。这样，中国的开发性融资总额远远超过西方支持的六家开发机构的 7000 亿美元贷款。未偿还贷款约 8000 亿美元的信贷支持，能否获得相应的利益？实际上，大量的是不可能偿还的。未来加入这些投资行业的还有两家新的多边开发银行——亚洲基础设施投资银行（简称亚投行）和金砖国家开发银行。这样，对外投资、信贷的规模更是十分巨大。如何规避经常发生的风险是特别要加以重视的。

我们不同于西方和国际性金融组织发放信贷所附加那样严酷条件，但也要经济效益。如何与我国国家利益相联系？能不能制定类似国内的"债转股"之类的条款，或者以增加军事合作（包括军事战略、地缘政治倾向和军备物资的采购等方面的）方面的条件及内容，都是需要考虑的问题。

在这里需要强调的是，广泛开展的大规模国际合作，也是体现中国文化价值观和软实力的极重要的平台。必须使政治关系、经济合作和思想文化等的合作取得全面的成功。涉外部门、企业要把好这个关，媒体要进行持续不断的宣传。

0.2.4 国内各地区要规划好在"一带一路"倡议中的地位和作用

中国经济发展面临着广泛而深刻的转型，以实现可持续发展、向中高端发展的重大任务。在这种大背景下，各地区都有"走出去"的客观需要和强烈愿望。关于"一带一路"倡议与国内各地区发展关系问题，从该倡议一经提出就受到各地区的高度重视。作为对这一发展战略的响应，各地区积极的态度和主动衔接、配合的精神，完全是十分需要的。但是，也存在一些不切实际的、过于庞大的设想，一些地区还出现不必要的焦虑，等等。我们建议各地不要盲目地搞实施"一带一路"倡议的大规划，特别是不能轻易上（平台、基地、交通工程等）大项目。

"一带一路"倡议是中国实行全面对外开放的深化。通过实施一系列相应的政策和措施，在国内通过各种类型对外投资和贸易的平台与机构的建设，促进和引领全国各地区更好地进入相关国家和地区。"一带一路"倡议的实施，为各地区及其企业创造的进入国际市场的机遇是均等的。"一带一路"倡议的实施，不会引起全国经济发展格局的重大变化，各地区仍然要按照各自的特点制定和实施"十三五"规划。"一带一路"倡议的核心是引领各地区"走出去"，并为全国及各地区搭建对外交流合作的平台，各地区都可以借此进入国际市场。因此，一些省份不必担心自己被"边缘化"。

0.3 中国与主要国家和地区的地缘政治及地缘经济关系的基本分析

从中国周边，特别是从海疆看，中国面临的地缘政治压力很大。但对中国崛起的全球地缘政治、地缘经济环境作分析，纵观中国崛起的全球地缘政治和地缘经济环境，结论是乐观的。实施"一带一路"倡议、建立中国国家安全的国际平台的有利条件是充分的。而且，随着中国经济和政治影响力的持续增强，这种有利的形势会继续发展。

这就是我们对于"一带一路"这一全球观念、全球治理方案的重要性和可行性的基本认识。

0.3.1　中国与俄罗斯、中亚国家

中国北疆,与俄罗斯之间没有高山或海洋阻隔。俄罗斯是中国近几百年来的地缘政治对手。现阶段中俄关系正处在历史上最好时期,但仍然是潜在地缘政治对手。

苏联解体后,俄罗斯深受西方"震荡疗法"建议之苦。近年来,以美国为首的西方势力不断挤压俄罗斯的政治空间,在这种情况下,俄罗斯开始向中国寻求政治上、经济上的支持。俄罗斯与中国之间的经济互补性很强。2013年俄罗斯的GDP为中国的22.7%(国家统计局,2015)。但俄罗斯对与中国的合作意愿除能源输出及经过严格审查的军备出口外,主要集中在基础设施方面,包括亚洲部分的公路、铁路、信息化和城市基础设施,以及农业开发、矿产资源开发等。

中亚地区在地缘政治历史发展过程中被认为是"破碎地带""缓冲地带"。今天,中俄两国共同维系了中亚地区的稳定。俄罗斯在中亚地区具有巨大的政治利益及深刻的思想和文化影响,尽管近年来这些国家普遍有"去俄罗斯化"倾向。中国从中亚地区进口大量的石油、天然气,对他们的依赖程度越来越大。但俄罗斯、中亚五国,对中国经济上的依赖程度并不大。经济上的相互依赖是地缘政治上的"稳定装置"。所以,如何加强中国与俄罗斯、中亚之间的经济合作是"一带一路"倡议的重大课题。

0.3.2　中国与印度

2013年印度GDP为中国的20.3%(国家统计局,2015)。由于历史原因和西方媒体的宣传,长期以来,印度总是认为自己是发展中国家的领袖,对我国发展存在严重的偏见。近年来印度经济增长较快,但全国基础设施落后,工业生产设备陈旧,农村严重缺乏基本的公共服务,等等。而这些方面恰恰是我国的经济和技术优势。然而,中印之间的经贸往来和经济合作至今仍然在较低的水平上。印度对中国的贸易存在大量顺差(中国从印度进口大量的铁矿石等),中国的商品、资本、产业很难大规模进入印度。中印之间未来的经济合作前景主要取决于中国经济和政治影响力的进一步增强及在国际多边事务中的密切合作。

中国在处理与印度有关的问题时需要采取灵活的策略,在适当时候将中印关系提升到大国关系的层面。

0.3.3　中国与中东、西亚伊斯兰国家

公元11~13世纪发生的欧洲十字军东侵(The Crusades,1096~1291年),即西欧的封建领主和骑士对地中海东岸的国家发动的针对信仰伊斯兰教国家的持续了近200年的宗教性战争,由此阿拉伯民族结下了对西方国家的民族仇恨。在近现代发展中,

西方国家从自己的利益出发，不断对伊斯兰国家进行经济上掠夺、政治上挑拨分化乃至赤裸裸地发动战争，导致现阶段大部分中东国家经济发展滞后，国家之间、国家内的民族之间存在严重的政治纷争和军事冲突。

中华民族在以往上千年时期内与中东、西亚等国家建立了友好关系，并一直延续到今天。祖宗留给我们的这份优质遗产，可以变为中华民族走向世界的巨大财富。古代起源于中国，经过中亚、西亚达到埃及的商贸走廊，最早由德国地理学家李希霍芬（Ferdinand von Richthofen）称为 "die Seidenstrassen"，成为今天 "丝绸之路" 的由来。从 20 世纪后期中国就同时发展、保持了与阿拉伯各国和以色列的关系。近十多年来，中国与阿拉伯世界各国经贸往来迅速增加。中国进口原油的 60% 来源于中东阿拉伯国家。中国对阿拉伯世界的商品出口和投资，涉及铁路、公路、电信等基础设施及资源勘探开发、水利工程、城市建设、教育医疗等方面，深得当地人民和政府的赞扬。今后通过经济走廊的建设，经济合作可能会大幅度增加（Huntington，1996）。

0.3.4　中国与非洲

非洲大陆资源丰富，发展程度低，基础设施条件差，历史上曾是欧洲大国的殖民地，也是英、法、德、意等国家争夺的大陆。第二次世界大战后非洲国家先后获得了民族独立，经济有了发展。一些国家接受美国、部分欧洲国家附带苛刻条件的援助，美国主导的国际货币基金组织（IMF）在非洲实行的 "结构调整方案"，使这些国家深陷政治和经济的危机。因此，这些国家对美元的接受程度已经大幅度下降。

中国对非洲的合作和援助不附加条件。2013 年，中国对非洲的投资和贸易额已经达到 2000 多亿美元，分别是美国和欧盟对非投资和贸易总额的 3 倍和 1.5 倍。因此，中国会在越来越大的程度上赢得非洲。当前，中国需要总结以往几十年对于非洲的援助与合作经验，将重点置于扩大对非投资并提高他们自身发展能力，特别是各国的工业化发展方面。

0.3.5　中国与拉丁美洲

"一带一路" 的地域范围是一个开放的范围和组成体系。从字面上做直接的判断，主要是中国与中亚、蒙古、俄罗斯、西亚及欧盟、东亚、东南亚及部分太平洋岛国、部分非洲国家等，但实际上，拉丁美洲是 "一带一路" 倡议涵盖区域的重要组成部分。

拉丁美洲是美国以南的美洲地区，面积和人口分别占世界（陆地总面积）的 14% 和 8.2%（1985 年）。拉丁美洲，其特殊的开发历史和特殊的地理位置，长时期作为美国的 "后院"。1823 年的 "门罗宣言" 是美国对拉丁美洲实行控制的宣言（Kaplan，2009）。

第二次世界大战后世界经济有了较大发展。全球地缘政治格局也发生了明显变化，拉丁美洲在全球事务中的影响力有明显增长，经济发展的潜力正在发挥出来。1982 年的马岛战争，阿根廷与英国等结下了怨恨，也在一定程度上加强了拉丁美洲与中国合作的愿望。

拉丁美洲经济发展潜力巨大：矿产资源、水土资源等自然资源丰富，气候条件好，社会发展文明程度较高，已经形成一定的经济基础，社会财富已有长期的积累。拉丁美洲的资源、经济结构等与中国有很强的互补性，政治关系普遍较好。发展经济合作、文化和人员交流，潜力巨大。今后，中国应重点加强在公路、铁路、港口、通信、城市系统等基础设施建设方面的合作，以及制造业产能的输出，农业现代化和农畜产品加工等。

0.3.6　中国与欧盟

欧盟和欧元的建立，源于以法国、德国为首的欧洲国家用以摆脱对美国和美元的依附，并以此对付苏联（现俄罗斯）。欧盟今天已经成为世界上有重要影响力的政治体和经济体。

从全球考量，中国与欧盟没有直接的地缘政治利益冲突。近十多年来，我国与欧盟的经济技术合作规模大幅度增加。2015年，中国企业向欧洲投入了创纪录的230亿美元，而同时，美国对欧洲的投资只有150亿美元。实践已经证明，这种合作对于我国工业发展及其技术水平的提高具有重要意义。我国也已成为欧盟仅次于美国的第二大出口对象。在近年来欧盟面临着经济增长乏力的情况下，德、法、英、意等主要国家加强与中国合作的愿望相当强烈。中国从欧盟的大规模进口成为欧盟经济增长的重要驱动力。他们积极成为亚投行的创始成员国，在一定程度上反映了美元在欧盟公信度的下降。另外，近年来，中国在中东欧的投资和进出口也大幅度上升。

在中国经济实力、政治影响力不断增长的情况下，欧盟将很可能是中国崛起过程中可以信任并获得支持的朋友。加强与欧盟，特别是其中的德、法及部分中东欧国家的大规模深度合作，在未来创造历史的某个时刻，有可能会给中国带来重要的地缘政治利益。

中国的"一带一路"倡议完全符合"一带一路"周围区域国家的客观要求。广大发展中国家在谋求发展过程中，面临着国家政治安全、国防安全、经济安全、社会安全等问题。中国国家领导人提出的（中美）"新型大国关系""一带一路"和"亚投行"等就是创新未来世界政治体系、经济体系的重要理念和构架。

参 考 文 献

国家统计局. 2015. 国际统计年鉴. 北京：中国统计出版社.

陆大道，杜德斌. 2013. 关于加强地缘政治地缘经济研究的思考. 地理学报，68（6）：723-727.

陆大道. 2015-04-19. "一带一路"符合大多数国家和人民的利益. 科技日报，第2版.

陆大道. 2016. 当代中国的全球观念与全球战略. 地理科学，（4）：483-490.

王恩涌. 1998. 政治地理学. 北京：高等教育出版社.

杨宁昱. 2016. 中国成开发性金融领导者分量超世界六大机构总和. http：//www.cankaoxiaoxi.com/finance/20160519/1164466.shtml［2016-05-20］.

中国人民银行. 2016. 2015年金融统计数据报告. 北京：中国人民银行.

Huntington S P. 1996. The Clash of Civilizations and the Remaking of World Order. New Yorh：Simon & Schnster.

Kaplan R D. 2009. The revenge of geography. Foreign Policy，172（172）：479-490.

Mackinder H J. 2004. The geographical pivot of history. Geographical Journal，170：298-321.

上篇

"一带一路"倡议实施的
全球地缘政治与地缘经济环境分析

1 中国的迅速发展及对全球地缘政治格局的重大影响

1.1 中国发展创造了世界奇迹

1.1.1 中国经济的长期高速增长

中国经济创造了世界奇迹，这充分反映了中国人民和中国政府巨大的财富创造力。中国已经是世界上第二大经济体，第一大贸易国、第一大出口国以及第二大的债权国（据 2016 年 6 月媒体报道，德国超过中国成为全球第二大的债权国）。2014 年中国国内生产总值（GDP）超过 63 万亿元，不变价 GDP 是 1978 年的 28 倍，同期名义 GDP 则为 174.6 倍（国家统计局，2015）。改革开放 30 多年来，特别是近十多年来，中国综合国力大幅度提升，特别是实体经济保持着强盛的发展势头。

由于中国经济的持续发展，原有的全球经济格局正在发生明显变化。今天，亚洲已经成为全球经济的增长中心，即全球经济增长中心再也不是欧洲和美国。1970 年亚洲的 GDP 占世界的 14.9%，1990 年为 24.1%，2000 年达到 31.2%。中国经济占全球 GDP 的比重：1990 年为 1.89%，2000 年为 3.71%，2010 年为 9.90%，2014 年为 13.3%（国家统计局，2015）。由于中国经济的长时期高速增长，在很大程度上改变了世界经济的基本格局。

而相对来说，美国和欧洲在全球经济发展中的地位却明显下降：美国 GDP 占世界的比重由 1990 年的 35.9% 下降到 2013 年的 19.1%。同时期，亚洲占世界 GDP 的比重由 24.1% 上升到 33.3%。

中国经济发展总量赶上并超过美国已经不容置疑。经过对中美年经济增长速度的 10 种不同假设的预测分析可以看出，中国经济水平赶超美国的大致时间为 2027 ~ 2037 年。其中，设美国未来 10 年，GDP 每年增长 2%，中国每年增长 5%，中国 GDP 将在 2032 年赶超美国（陆大道，2015）。

1.1.2 中国经济正在迅速大规模地走向世界

1.1.2.1 客观必要性与前提

21 世纪以来，伴随着经济的高速增长，中国资源进口逐步成为巨大的压力，也成为经济上的巨大负担。2013 年中国 GDP 占世界的 12.4%，但能源消费却占到世界的

22.4%。中国大宗金属矿资源的年消费量：铁矿石（精矿粉）12 亿 t 以上，氧化铝 4000 多万 t（合铝土矿 8000 万～9000 万 t），锰矿砂及其精矿、铜矿砂及其精矿、铬矿砂及其精矿都分别在 2000 万 t 以上。此外，还有大量的非金属矿资源、木材、化工原料等。这些重要资源的消耗量都占全球相当大的份额。

中国经济发展在很大程度上属于"出口导向"。作为全球第二大经济体，中国对世界市场的依赖程度在世界上也是没有先例的。2013 年中国进出口贸易总值为 4.16 万亿美元，占世界各国进出口贸易总值的 11.73%。其中，从 210 个国家和地区进口总值 1.95 万亿美元，向 230 个国家和地区出口 2.21 万亿美元，分别占世界各国进口总和和出口总和的 10.4% 和 13.2%。在 21 世纪的前 10 年，中国对外贸易每年平均增长超过 20%。

但在 2014 年，中国外贸进出口总值只增长 3.4%，连续四年没有完成既定指标。一方面是金融危机后，欧美市场需求明显减弱，中国以出口为主的外向型经济发展受到了制约；另一方面则是随着中国经济的高速发展，结构性矛盾和新一轮的产能过剩已形成了新的压力。这种趋势很可能会继续发展，因此，不可避免造成今后国家经济发展的不稳定。

长期以来的"大进大出"的发展，即空前规模的资源和资源型产品进口，大量商品出口。如此对国外市场的过度依赖，使得走出去是必然的。以出口为导向的发展模式面临着越来越突出的障碍。一方面导致"世界在污染中国"，另一方面使中国现阶段面临着结构性困境乃至危机，且情况已经相当严重。

多年来，部分地区利用自己的能源和矿产资源"优势"，大规模发展能源重化工业，使 GDP 长期高速增长。这种所谓的"优势"正在发生变化，突出表现在东北、华北和西北的一些省份。近年来国有企业经济效益下降，利润减少，出现大面积的亏损，国有经济结构偏重于重化工业是这种状况的主要原因之一。

中国，依然需要发展，但这种发展再也不能建立在低廉的劳动力成本之上。

改革开放 30 多年来，中国经济经历了来料加工、"世界工厂"、大进（资源）大出（商品）等发展过程。今后的持续发展必须在全球框架内，以互利互惠的理念发展资本输出和产业输出。全国各地区也必然要以多种方式、多种路径"走出去"。

1.1.2.2　大规模资本输出的态势正在形成

向外转移资本和转移产业是对我国经济转型的强有力促进。现阶段环境和生态系统已经无法继续承载经济的高速增长和冒进式城镇化，即我国经济和社会发展的规模和结构状况已经超出了环境和生态系统的承载能力，发生了"过冲"现象。解决中国环境和生态系统保护的"良药"是在加大治理、保护力度的同时，要坚决实行国民经济发展的转型，其中，就包括转移资本和产业。

大规模资本输出的态势正在形成。中国当前拥有外汇储备有 3 万多亿美元，这部分庞大规模的资金如何利用，如何发挥最大的效益，实为重要。为了合理用好这种大规模的外汇，我们必须发展大规模的资金输出。对于改变我国低端产品生产的"世界工厂"和大规模投资拉动经济增长的模式，发展资本输出是最佳选择。

解决当前中国发展面临突出的结构性难题，大规模"走出去"，从资本引进到资本输出是一条重要的出路。2014 年中国境外投资为 1200 亿美元左右（商务部等，2015）。对外投资将超过境外对内投资，中国正在进入资本净输出阶段。预计今后这种趋势将延续，这意味着中国企业走出去的步伐将越来越快、越来越大。中国经济实现转型，需要在全球范围寻求更多的空间。

从资本引进到资本输出，中国在短时间内开创了经济发展和拓展的奇迹，但这也导致我们的企业在对外拓展时公共外交能力相对不足，迫切需要提升。

1.1.2.3 技术发展水平也已经具备走出去的必要条件

改革开放 30 多年来，中国通过大规模引进和消化各项技术，国民经济技术水平，特别是制造业技术水平有了大幅度提高，自身的实力和技术已经具备大规模"走出去"的条件。当前，中国高技术产业的规模已经居于世界前列，主要行业的工业设备、工程机械、海洋工程设备等设备的制造等，都已经具备庞大的产能和丰厚的资本以及适用的技术和成熟的设备，在全球，特别是在广大的发展中国家，已经具备较强的竞争力。

1.2 中国发展正在改变全球的经济与政治格局

自从 2001 年中国加入 WTO 以来，中国经济发展发生了巨大的变化，而中国也同样改变了世界经济与世界政治的格局。这是"一带一路"倡议提出所把握的机遇和目标实现最重要的基础。

中国与世界上 200 多个国家和地区有经贸往来，已经是世界第一大贸易国，是拥有约 3.6 万亿美元（2015 年 9 月）的第一大外汇储备国和拥有一万多亿美元的债权国。"一带一路"倡议、亚投行、金砖银行、金砖基金、中韩自贸区、中澳自贸区、中国东盟自贸区、亚太自贸区、人民币跨境支付系统、海外人民币国债开启等，表明中国正在全方位、多层次地建构未来世界的经济新格局（中国人民银行，2015）。中国经济影响力已经延伸到整个世界。中国的政治影响力和软实力也正在被越来越多的世人所承认。

在实施新时期国家发展大战略的同时，中国经济地域组织将逐步形成新的格局，将逐步形成以沿海几个大城市群为核心的，包括各自的直接腹地和重复腹地的（以东西向为主）经济合作区。这些经济合作区在全国范围内将组成为彼此交叉并具有多重结构的综合性地域体系。这些经济合作区将分别与世界广大地域范围组成相应的合作平台和网络系统。

1.2.1 美国左右世界局势发展的政治影响力正在下降

第二次世界大战后，美国从大英帝国手中接过了全球霸主的地位。美国通过掌控和操纵世界金融体系以及贸易结算体系及石油美元等，劫掠世界大多数国家和人民的财富。与此同时，长期以来实行了一整套霸权政策，不断地发动一个又一个局部战争，对全球和平和国际安全带来严重的威胁。

美国现在已经积累了约 80 万亿美元的天文数字债务，且越来越快地、无限制地增加。华尔街的银行家和美国精英们百年来通过掌控以美元为主导的不合理国际贸易结算和金融交易体系这个金融制空权，操纵货币及其价格，制造经济危机，已经，且还在继续大量透支，大量窃取全世界人民和美国人民的巨额财富。亚洲、非洲、拉丁美洲的发展中国家正在逐渐认清：世界上最大的潜在债务危机在美国。今天的美元，再也不是昔日的"美金"。美元，这个西方世界文明及其价值观的最主要载体，在东南亚、非洲、俄罗斯、印度、拉丁美洲，甚至在欧盟的公信度已经开始发生动摇。半个世纪以来的沉重债务负担，导致了经济长期的通缩下行，以往强大的实体经济生产力已经明显萎缩。

以往 200 多年，世界财富的汇聚中心先后是伦敦和纽约。未来世界财富还会像今天这样汇聚到纽约吗？全世界各国还会愿意货币和财富继续在现行的全球金融体系下不断遭到稀释吗？还愿意继续延续现在极不合理的动荡不定的货币体系吗？除了纽约外，未来何地可能成为世界各国寻找的财富汇集的安全港湾？确定未来世界财富汇聚的安全港湾，需要什么样的条件呢？这个国家必须有强大的经济实力、巨大的金融财富、稳定的货币和货币度量衡，政府能提供安全保障，能够保值并可能升值等。

1.2.2　中国实力增强和影响力的扩大给世界许多国家和人民以新的选择

中国的强大和在全球的信任度正在给世界上许多国家的发展创造新的机遇和希望，为他们在争取国际援助、发展互利合作及平等贸易等方面提供了新的选择。

随着中国经济的持续发展和强大，京津冀将是最大的世界级城市群之一。北京将是中国最大的高端服务业聚集地，从而成为影响全世界经济的枢纽和全球金融流、信息流、物流、人才流汇聚的最大"节点"，即中心之一，当然也就是全球财富重要的聚集中心（之一）。

北京应该是未来全球金融资本、商业资本的汇集中心（之一），成为亚投行、"一带一路"等大布局的组成部分，也是全球新格局的一部分，这也是全球治理的重大举措。世界财富聚集于中国这样的大国首都，将会产生更大的安全感。

中国要在现有世界体系基础上，努力创新自己的体系与思想；文化交流要大力提倡世界各国人民命运共同体的新概念；要更积极主动、更多地参与未来世界的国际治理。

1.2.3　对国际海洋航线和海域的影响范围正在逐步扩展

中国已在越来越大的程度上参与世界事务，中国的海洋事务影响力也较明显扩大。

以中国南海为中心的海域（西太平洋及马六甲附近的印度洋）所涉及的国家、发展历史和当下的地缘政治倾向很是复杂。第二次世界大战后，美国奉行"遏制"战略，拼凑了"东南亚条约组织"（军事条约组织），在苏比克湾、金兰湾、马六甲海峡建立了美军军事基地；并在 20 世纪 90 年代插手制造了一些国家的政治动荡和经济危机。尽管如此，部分国家还是认同美国在东南亚地区的主导地位。在一些东南亚国家中，排华、反华的浪潮时隐时现。近年来，美国出于维持全球霸主地位的需要，着力遏制中国崛起，高调实行"重返亚太"、"亚太再平衡"战略。印度、日本出于自身的原因，也力阻中国崛起。中国在以南海为中心的广阔海域，已经面临这几个强权的压力。

美国在亚太地区持续增强军事部署，精心构筑围堵中国的"太平洋锁链"（第一岛链、第二岛链）。全球范围内联结五大洲、沟通四大洋的 16 条海上重要通道，是世界海上交通和全球贸易的纽带，也是主要国家海军行动的重要航道，美国控制了大部分。美国利用强大海军实力对全球海路的控制，借此掌握了海上霸权。

马航事件凸显中国南海救援的薄弱，但以上情况随着中国海上力量的日益壮大而发生变化。中国军队越来越多地执行远洋护航、国际维和、灾难救援等海外公共安全任务，有效履行了国际义务，为国际社会提供了更多公共安全产品。中国海军也已经开始在国际航线上建立自己的基地。中国海军的航船亚丁湾护航，在国际大洋进行单独或联合进行军事训练或巡航。这些都凸显了中国维和的重要性和中国作为一个世界大国的国际担当。

"一带一路"的海上"丝路"必须经过南海。2016 年已经基本完成永署礁等岛礁的建设。中国已经在南沙群岛建成 3 个大型机场，每个机场的跑道长度超过 3000 米。这些岛礁将成为中国保障国际海洋航线安全，为世界海洋发展提供公共产品的关键战略支点，具有重大的意义。

1.2.4 中华民族的价值观和当代中国的核心理念正在全球范围内逐步扩大影响

1.2.4.1 中华民族的思想文化及价值观正在走向世界

中国提倡并坚持的合作共赢是体现中华民族的核心价值观和处理当代全球重大问题的核心理念。

中国仍然是世界最大的发展中国家，中国水资源、石油、天然气等人均占有量仅约为世界平均水平的25%、20%和5%，人均耕地不到世界的一半，中国每年城镇新增劳动力1000多万，还有8500多万残疾人。根据世界银行的标准，中国还有2亿多人口生活在贫困线以下，环境污染治理和生态保护等压力很大。中国发展面临的困难是其他国家无法想象的，就是在这种情况下，我国依然积极履行各种国际义务，尽最大努力帮助那些需要帮助的国家和人民，体现了中国政府和人民坚持合作共赢，践行人类命运共同体理念的实际行动。

中国的软实力也正在崛起。中华人民共和国成立以来，中国始终奉行"独立自主，和平共处五项基本原则"的外交政策，坚持合作共赢的核心理念。在新的历史时期，中国政府一直坚持武力缔造不了和平，强权保证不了安全，只有合作共赢才能办大事、办好事、办长久之事的理念。这种价值理念来自中华民族在几千年文明社会中形成的"公平、正义、文明"（即"仁、义、礼"）等内涵的价值观。

中国提出共建"一带一路"合作倡议，筹建亚洲基础设施投资银行，将给地区国家带来实实在在的利益。一方面，与相关国家共同建设"一带一路"，其宗旨就是要和相关国家共同建设、共同发展，其结果将会改变以往只是为开拓市场这样一种单纯的、单向对外开放的政策。另外一个方面，找到推动世界经济发展，特别是区域经济的发展新的思路。2008 年金融危机以后，世界经济出现了大的结构调整，发展中的新兴经济体也面临着很大的困难，所以要找到新的发展方式。因为过去新兴经济体是靠向发达国家出口实现经济的增长，但这种模式被证明是不可持续的。中国提供出共建"一带一路"合作倡议，就是一种共同设计、共同建议、共同融资这样一种新的经济增长的动力。

1.2.4.2　恪守《联合国宪章》宗旨和原则，解决当代国际事务

中国人、中华民族的价值观和思想文化与《联合国宪章》的精神完全一致：各国的事情应由本国人民来决定，世界上的事情应由各国共同商量解决，不应该由某一个国家主宰或垄断。从这个意义上来讲，中国从一开始就支持以联合国为核心的当代国际体系。联合国是当今世界最有权威性、最具普遍性的政府间国际组织，在各国人民的共同支持下，制定了《联合国宪章》。我们认为，现在世界上发生的很多问题：动荡、混乱，乃至战争，实际上都是同没有真正履行好《联合国宪章》的宗旨和原则有关系。因为《联合国宪章》最核心的内容就是尊重国家主权，不干涉内政，和平解决争端，加强国际合作。如果世界各国，不管大国还是小国，不管强国还是弱国，都能够切实恪守《联合国宪章》宗旨和原则，这个世界一定会更加和平，更加安宁，各国也一定会得到共同的发展，这也是中国追求的目标。

1.2.4.3　呼吁共同建设人类命运共同体

习近平主席在纪念联合国成立七十周年峰会上提出了非常重要的理念，呼吁各国携起手来共同建设人类命运共同体。因为现在世界各国之间已经相互依存，相互融合，地球已经变成了一个地球村，大家谁也离不开谁。

中国政府签署《联合国气候变化框架公约》等多项有关环保的国际公约，不断加强同世界各国、地区和国际组织在环保领域的合作。2014 年 7 月，中美双方在战略对话框架下举行了气候变化政策对话，签署了绿色合作伙伴结对计划。同样，中日两国作为身处东亚地区的邻国，有更多的理由加强环保合作。中国积极响应和推动国际关于减排的倡议，提倡追求共同的非传统安全（环境问题、海上运输线的共同安全等）合作。这样的安全观将会成为连接各国间的安全纽带。

参 考 文 献

商务部，国家统计局，国家外汇管理局. 2015. 2014 年度中国对外直接投资统计公报. 北京：中国统计出版社.

国家统计局. 2015. 中国统计年鉴 2015. 北京：中国统计出版社.

李栋. 2016. 德国首次超越中国成世界第二大债权国日本仍居第一. http：//finance.chinaso.com/sy/detail/20160622/1000200032969581466554352861622019_1.html［2016-06-23］.

陆大道. 2015. 中速增长：中国经济的可持续发展. 地理科学，35（10）：1207-1219.

闫学通. 2016. 世界权力的转移. http：//finance.ifeng.com/a/20160325/14290126_0.shtml［2016-03-25］.

中国人民银行. 2015. 2014 年金融统计数据报告. 北京：中国人民银行.

2 国际地缘政治发展变化的历史分析

当前世界地缘政治格局正发生着深刻的变化。随着中国（和其他亚洲国家）的崛起，美国的相对衰落和欧元区的经济萎靡不振，全球性、区域性大国之间的位势和关系正被重塑。尤其是中国的迅速崛起正在改变世界现有的力量格局，中国"一带一路"倡议的提出体现了我国作为世界大国积极参与世界秩序构建的勇气和责任。世界各国，尤其是各大国和亚太诸国调整或制定新的国际地缘战略。例如，美国重返亚太战略、跨大西洋贸易与投资伙伴关系（TTIP）等战略。在新的地缘环境下，迫切需要全面回顾地缘政治发展演化历史，形成中国的地缘政治研究视野，预测地缘政治的发展趋势，实现地缘战略思维的深刻转型。因此，本章的目标在于系统回顾世界地缘政治与大国崛起的历史脉络，分析世界地缘政治发展格局与趋势，总结归纳全球地缘视野下"一带一路"倡议的定位、机遇、挑战，为中国和平崛起的全球战略理论提供借鉴。

2.1 世界地缘政治与大国崛起的历史脉络

2.1.1 世界地缘政治的历史阶段划分

地缘政治学是一门经邦济世之学（杜德斌等，2015），其研究内容是国家间、地区间或民族间基于地理区位、地理空间和历史地理等因素而形成的政治军事联合、结盟（政治和军事集团化）、政治对立乃至遏制或者战争的相互关系态势及演变过程。地缘政治理论从诞生之日起其命运总是与大国间的此起彼伏和兴衰更替紧密相连。根据地缘政治学家科恩（2011）的理论，自拉采尔以来，现代地缘政治学经历了5个发展阶段：帝国争霸阶段、德国地缘政治学、美国地缘政治学、冷战阶段和后冷战时代（表2-1）。

表 2-1　现代地缘政治学演化阶段

	第一阶段	第二阶段	第三阶段	第四阶段	第五阶段
	帝国争霸阶段	德国地缘政治	美国地缘政治	冷战地缘政治	后冷战时代
代表性学者	拉采尔、麦金德、契伦、鲍曼、马汉等	豪斯浩弗、毛尔、班泽等	斯皮克曼、乔治·雷纳、谢韦尔斯基等	凯南、基辛格、布热津斯基、泰勒等	福山、卡普兰、布热津斯基、奈、亨廷顿、科恩等
代表性观点	国家有机体论、世界岛、心脏地带理论、海权论	泛大陆主义	边缘地带理论	遏制战略、均势、大局观	普遍主义地缘政治、批判性地缘政治、国家中心、文明冲突

	第一阶段	第二阶段	第三阶段	第四阶段	第五阶段
	帝国争霸阶段	德国地缘政治	美国地缘政治	冷战地缘政治	后冷战时代
地缘政治背景	俾斯麦统领下的德意志帝国、第一次世界大战	第一次世界大战后德国的崛起	第二次世界大战后美国的崛起	美苏两大阵营对抗	伊拉克战争、阿富汗战争、反恐等

资料来源：科恩，2011；宋涛等，2016

1）帝国争霸阶段是两次世界大战以前以欧洲大陆为重点的阶段。早期大国崛起汲取了拉采尔、麦金德、马汉、契伦的观点。这一阶段国家有机体论、世界岛、心脏地带理论、海权论等重要理论反映了社会达尔文主义和民族国家视角的影响。1897年，弗里德里希·拉采尔《政治地理学》一书出版，被认为是地缘政治理论形成的标志。该书在历史上首次系统地将政治和地理两大因素有机地结合在一起，并具体阐释了国家所占据空间与其所处地理位置之间的关系，尽管此时尚未出现"地缘政治"一词，但是地缘政治理论的主要思想和内容已经被比较完整地表达出来。例如，该书认为，国家类似于有机体，这一特殊的有机体存在于特定的地理空间中。"和这种空间特征相联系的最重要的特征是空间和位置，国家的成就很大程度上依赖于这两者的相互作用"（张怀民和郝传宇，2013）。

2）德国地缘政治学阶段以豪斯浩弗（Karl Haushofer）为代表，他深受拉采尔、契伦、麦金德等人地缘政治思想的影响，并在此基础上提出"生存空间"理论："为获得对世界岛的控制权，控制苏联和摧毁英国海上力量是必要的。"所以，"德国向西部和东部的有机扩张被认为是不可避免的"。这些机械的地缘政治思想对希特勒的德意志第三帝国产生了极大的影响，希特勒《我的奋斗》中充满了"生存空间"理论的痕迹。在纳粹德国的支持下，泛大陆主义成为这一阶段地缘政治战略的核心。

3）美国地缘政治阶段，斯皮克曼的边缘地带理论指导了美国军事外交战略的空间布局。斯皮克曼认为欧亚大陆沿岸地区（包括濒海欧洲地区、中东、印度、东南亚和中国）因其人口、丰富的资源和他们对内陆出海通道的占用而成为控制世界的关键；处于边缘地带的纳粹德国有可能统治世界，只有美英两国的海权与苏联的陆权结合起来，才能最终阻止纳粹德国统治世界。这一"边缘地带"理论反映了斯皮克曼的世界观念；同时，也可以将其理解成作为"心脏地带"概念优势地位的矫正概念而出现的。

4）冷战阶段，地缘政治学仍然是大国制定崛起战略的强大和充满活力的理论基石（Agnew et al.，2003）。现实主义地缘政治提倡大国势力的均势以及对对手势力的遏制（王恩涌，2003）。这一阶段乔治·凯南（George Frost Kennan）、基辛格、布热津斯基等众多学者将遏制、力量军事大局观、关键国家等政治战略概念引入冷战地缘政治学当中。在这一背景下，麦金德的心脏地带理论扮演了工具性的角色（科恩，2011）。冷战期间，地缘战略学者倡导将西方的力量投入中欧和东欧，以削弱俄罗斯西边心脏地带的地位。他们还推出向高加索和中亚渗透，以及挑动中国反对俄罗斯的战略。

5）1989～1991年，东欧剧变、两德统一和苏联的解体标志着冷战的结束，地缘政治学也步入了后冷战时代。后冷战时代中，地缘政治学的主脉还在沿袭着之前时代的两个方向——国家中心—政治的和普遍主义—地理的研究范式。约翰·米尔斯海默（John J. Mearsheimer）、摩根索、索尔·科恩、卡普兰、亨廷顿、基辛格、帕克、约瑟夫·奈、福山（Francis Fukuyama）、布热津斯基等现代地缘政治学者沿袭了从地理空间研究全球地缘政治格局的思路，但更加侧重现实主义思潮下区域或地区在全球地缘格局中的影响以及地缘经济、文化对全球地缘格局的深层次构建。基辛格、布热津斯基等地缘战略家认为，冷战的结束预示着"新的世界秩序"的建立和美国全球霸权为中心的地缘政治模式的建立。冷战结束后，以中国为代表的第三世界新兴国家的崛起，欧洲从欧共体走向欧盟并不断东扩，以及始于20世纪90年代中期的经济全球化和全球气候变化，彻底改变了美国独霸全球的单极世界和单边主义的政治经济格局（毛汉英，2014）。"一超多强"的世界格局正在形成（胡志丁等，2013；王礼茂等，2012；王文涛等，2014），多方"强权"交错的"真空"或"薄弱"地带成为地缘政治研究的热点地区——主要集中于中亚、亚太和北极地区（杜德斌等，2015）。1997年美国前总统国家安全助理布热津斯基给美国取得全球霸权提出的建议是，控制欧亚大棋局中的三大要地：西欧、中东和东亚。塞缪尔·亨廷顿（2010）提出的地缘冲突终归于"文明的冲突"。与此同时，西方自由主义思潮的普世性应用和马克思列宁主义的淡去，预示着一个普世的、同质的国家体系将会出现，在这种理想化的世界观中，地缘合作成为地缘政治的主要动向（Fukuyama，1992）。在经济全球化深入发展的国际背景下，地缘政治更多地通过地缘经济施加影响（王恩涌，2003）。

2.1.2 世界主要强权地缘战略历史剖析

2.1.2.1 美国地缘战略历史演进

作为全球性大国，美国的地缘政治战略制定和实施极大地影响了世界经济政治格局。就地缘环境来看，远隔重洋为美国建国营造了相对独立的优越环境。美国是美洲唯一的强权，控制着美洲大陆的核心；美国本土地势广阔且平坦，具有全球最大的宜居和连续适宜耕种的土地。依托于优良的地缘区位，美国自1776年建国以来，历经独立与建国、大陆扩张、海外扩张、世界秩序搭建、全球霸权等地缘政治发展阶段。

（1）独立与建国阶段："独立与扩张"

美国独立与建国阶段中，主要的地缘战略特征表现为英国殖民地与英国、法国、印第安人的一系列冲突与战争。这一阶段贯穿了美国的殖民时代，从1620年欧洲移民乘坐"五月花"号到达北美洲，建立起普利茅斯殖民地开始，历经1775~1783年的北美独立战争，到1803年美国从法国手里购买了路易斯安那结束。

（2）大陆扩张阶段："天定命运"

美国大陆扩张阶段的地缘战略是"天定命运"（manifest destiny）信念下的土地扩张，并以"门罗主义"为对外扩张依据。这一阶段起始于1803年美国购买路易斯安那，到1812~1814年英美的第二次独立战争，到1898年美西结束。地缘战略特征为从与周边英、法、西等强权的博弈中进行大陆腹地拓展，美国将领土从密西西比河到落基山脉，连带西班牙在佛罗里达及得克萨斯境内的领土，由此奠定了成为一大强国的基础（基辛格，2012）。

（3）海外扩张阶段："海权地缘战略"

海外扩张阶段以 1898 年美国为夺取西班牙属地古巴、波多黎各和菲律宾而发动的美西战争为标志性事件。在"天定命运"的旗帜下，美国的地缘政策逐渐摈弃了孤立主义，受马汉"海权"思想的影响，通过"海权"的发展进入帝国主义的海外扩张阶段，不断寻求海外市场与原材料。该阶段结束于第一次与第二次世界大战期间的过渡期。美西战争意味着美国不仅关注西半球的事件，而且已将其影响扩散到太平洋地区（菲律宾）。此后，伴随着美国国力日渐强大，以欧洲为重心的国际秩序逐渐瓦解，20世纪的美国逐渐走向了国际事务。

（4）第二次世界大战后阶段："世界秩序搭建"

世界秩序搭建阶段为第二次世界大战至苏联解体之前，美国的地缘战略体现在通过国际性组织的建立搭建世界经济政治霸权的平台与世界秩序的制定上。美国在第二次世界大战后的霸权领导地位，是以北大西洋区域内所达成的大体一致的安排为先决条件，此后与日本也建立了同样的关系，目的是维持国际资本主义世界，反对社会主义或半独裁的民族主义模式（基欧汉，2006）。自第二次世界大战以来，美国就保持足够的军事力量，地缘战略方面遵循斯皮克曼的"边缘地带论"，对苏联推行"遏制"战略。1947 年美国总统杜鲁门提出"杜鲁门主义"，即以遏制共产主义作为国家政治意识形态和对外政策的指导思想。之后北大西洋公约组织（北约）、华沙条约成立，开始了双方冷战敌对的模式。在苏联基本主导甚至控制从东欧到东北亚的欧亚大陆"心脏区"的情况下，美国借助北约、美英同盟、美日同盟及其他一些欧亚沿海联盟，在从西欧经中东、南亚、东南亚至东北亚的欧亚大陆沿海边缘地带建立起漫长的"遏制"线，与苏联对峙。美国由此卷入了朝战、越战及台湾海峡、东南亚、克什米尔、中东、伊朗、土耳其与柏林的冲突（林利民，2004）。

（5）全球霸权阶段："控制欧亚大陆"

20 世纪以来，美国以大国为战略对手，控制欧亚大陆为地缘战略核心，通过海权保障，国际经济、金融和政治平台搭建，军事上前沿部署等策略来确保其全球首位的地缘政治目标（布热津斯基，1998）。

自 1991 年苏联解体之后，美国成为全球唯一的超级大国，由此步入了全球霸权阶段。全球霸权阶段美国的地缘战略体现在两方面，其一为利用各种经济、外交政策顺应世界形势试图维护其霸权地位。冷战后的布什、克林顿、小布什及奥巴马政府努力探索新的外交政策，以维护美国国家利益（陆俊元，2006）。美国利用美元作为国际本位货币在全世界从事金融及中介服务。在维护世界银行、国际货币基金组织和世界贸易组织为核心的国际经济秩序的同时，通过北美自由贸易区、亚太经合组织等新型组织强化其经济、金融霸权。其二是控制欧亚大陆以确保美国的"首要地位"。该战略要求美国"管理"欧亚大陆，建立一个真正合作的全球大家庭，"阻止一个占主导地位和敌对的欧亚大陆大国出现"。冷战之后，美国世界地缘战略主要围绕如何控制欧亚大陆、防范欧亚大陆出现新的地缘战略对手而展开。步入 21 世纪，"一超多强"的国际格局仍未变化，"9·11""伊斯兰国"等恐怖活动逐渐成为美国的头号国家安全敌人。在加强对恐怖主义打击的同时，"亚太再平衡"和跨太平洋伙伴关系协定（trans-pacific partnership agreement，TPP）等全球地缘战略，进一步突显出美国控制亚太地区以确保全球霸权的战略意图。

2.1.2.2 德国地缘战略历史演进

19 世纪中后期，德国民族国家才正式确立（1871 年统一的德意志帝国建立），但德国领土和国家名称曾多次变动，直至 1990 年两德统一才稳定。德国国家的发展道路经历了三次兴衰，第一次为德国的邦国普鲁士崛起并建立德意志帝国，随后引领第二次工业革命成为世界第二大强国；第二次为第一次世界大战后建立魏玛共和国，第二次世界大战前综合国力仅次于美国，1943 年为扩张的鼎盛时期，第二次世界战败后被分裂为民主德国（通称东德）和联邦德国（通称西德）；第三次为第二次世界大战后重建，1990 年东德、西德再次实现统一，直至恢复到世界强国（韩志军等，2015）。

（1）德意志帝国阶段：大陆政策、世界政策与"中欧帝国"

德意志帝国期间，德国首先采取了以欧洲大陆为中心的"大陆政策"，而后被旨在向海外扩张的"世界政策"所取代，第一次世界大战中奉行建立"中欧帝国"、争取"世界霸权"的地缘战略。19 世纪初普鲁士通过改革迅速崛起，俾斯麦就任首相后借助"铁血政策"通过三次王朝战争最终于 1871 年建立德意志帝国，武力统一了德意志。这一阶段的俾斯麦推行温和的"大陆政策"，即从保持欧洲和平中谋求德国在欧洲大陆的霸主地位。大陆政策的主要内容为孤立法国，防止复仇；建立以德意志为中心的同盟体系。1890 年俾斯麦因与威廉二世在诸多问题上存在巨大冲突而被解职。威廉二世于 1897 年改组政府，抛弃"大陆政策"，开始推行"世界政策"。"世界政策"的核心包括大陆扩张政策：征服法国，建立以德国为基础的"大德意志帝国"（包括奥地利、匈牙利、比利时、荷兰、卢森堡、意大利、瑞士、斯堪的纳维亚诸国、巴尔干国家及土耳其）；也包括海外扩张政策：击败英国，掌握制海权，向海外扩张，联合美国制服日本，最后与美国决战，进而征服世界。德国在 19 世纪末 20 世纪初进入了帝国主义阶段，并于 1904 ~ 1907 年发动了第一次世界大战，德、奥（奥匈帝国）、意为一方的同盟国，与英、法、俄为另一方的协约国两大帝国主义军事集团的对立最终导致了全球性的人类浩劫。

（2）魏玛共和国与纳粹德国阶段：大陆主义、称霸世界战略

第一次世界大战惨败后，1919 年建立起德国历史上第一个共和制国家——德意志国，史称魏玛共和国。魏玛共和国政府由于被迫接受《凡尔赛和约》而成为民众仇恨的对象，不断高涨的极端民族主义和复仇主义，形成了纳粹党滋生的土壤，最终希特勒上台执政，建立了纳粹德国。纳粹德国从建立之日起，就以实现"征服欧洲，称霸世界"为其地缘战略目标。其地缘扩张计划首先以征服法国为前提向东扩张，建立一个主要包括德国本土、奥地利、捷克斯洛伐克的苏台德区、波兰西部等有大量德意志人居住的"大德意志帝国"；其次，占领东欧，征服苏联，夺取欧洲大陆的霸权；最后，攫取非洲殖民地，继而向海外发展，战胜英、美两国，称霸全球（时殷弘，2000）。"征服欧洲，称霸世界"战略吸取了近代德国地缘战略的经验与教训，将俾斯麦的"大陆政策"与威廉二世的"世界政策"结合起来，制定出"先大陆，后海洋"的全球扩张战略。

（3）冷战及冷战后阶段："一边倒"、融入欧洲战略

第二次世界大战后的德国被分裂为联邦德国与民主德国，两个德国都采取了倒向一方的"一边倒战略"。冷战后，随着国际形势和国内环境的不断变化，两德统一，实施了"融入欧洲"的现实主义地缘战略成为其显著特征。

冷战中，"一边倒战略"是联邦德国和民主德国融入东西方阵营的战略。联邦德国对外政策主张加强同美国和西方阵营的联盟，在外交战略上依附于美国和以美国为首的"北约集团"。民主德国则主张加强同苏联和社会主义阵营的联盟，在外交战略上依附于苏联和以苏联为首的"华约集团"。冷战后，统一的德国无疑应当放弃空洞、乏味、激进的意识形态辞藻，坚定地回到俾斯麦所奉行的外交传统上来，以"现实政治"（realpolitik）为手段，"严肃而坚定"地主张其在国际政治中的国家利益。与此同时，1990 年德国的统一并非是以中立化为前提的，重新统一后的德国毫不含糊地宣布其西方国家立场，继续立足于西方联盟，积极致力于推动欧洲一体化，维持巩固同美国的传统同盟关系。从科尔政府到施罗德政府再到默克尔政府，"融入欧洲"依然是德国当前对外关系的主轴（葛汉文，2011）。

2.1.2.3 英国地缘战略历史演进

英国是大西洋中的一个岛国，位于欧洲西侧，隔北海、英吉利海峡与欧洲大陆相望，东南距欧洲大陆最窄处仅 33km。它四面环海，拥有漫长而曲折的海岸线和许多优良的港湾，是典型的海权国家。

（1）海洋霸权阶段：全球海权拓展

14～15 世纪英国几乎征服了整个法国，但却突然溃败并退出欧洲大陆，随即陷入长达 30 年之久的内部争斗（1455～1485 年的"玫瑰战争"）；经过都铎王朝前期几十年的休养生息，英国恢复了元气，至伊丽莎白一世时期（1558～1603 年），英国开始挑战不可一世的欧洲霸主西班牙国王菲利普二世（1556～1598 年），并在 1588 年击败了强大的西班牙"无敌舰队"，该事件标志着英国进入了海洋霸权阶段。与西班牙、荷兰相比，纯粹的岛国地缘特征使英国能减少欧洲大陆的纷争纠葛，例如西班牙的哈布斯堡王朝，历史上更多的时间是陷入欧洲大陆的王朝争霸战争，结果是势力大衰。而英国则可利用欧洲大陆诸国间的纷争和大陆局势的混乱，借机大力发展海上事业，拓展海外利益，逐渐确立起海上霸权。英国从 16 世纪之前的一个欧洲二流国家壮大为 1763 年西方世界的头号强国，完成了崛起的过程。在此之后发生的工业革命，促使了英国经济实力之绝对值的急剧提升，使其工业生产能力遥遥领先于其他欧洲国家，进一步巩固和增强了英国已有的大国地位（计秋枫，2013）。

岛国的地缘位势使英国在发展军事力量时避免了多头投入，能将人力、物力、财力等资源集中投入海军。几个世纪里，英国政府都注重攫取海权，优先发展海军，无论是君主制还是政党制时期，英国都懂得保持海上优势的重要性，在国防资源的分配上，海军一直占有相当大的比重。1657 年，在英国 287.8 万英镑军费中，有 74.2 万英镑用于海军；1689～1714 年，英国用于海军的拨款占其国防总支出的 35%（肯尼迪，1988），而同期法国的数字还不足 10%。正因为如此，英国才能在几个世纪的海权竞争中，始终保持一支世界一流的海军舰队。英国海军的创建对于英国历史的发展产生了

重要影响：它不仅保卫了英伦本土的安全与国家独立，成为帝国疆土的守护者，更重要的是它与海外贸易、殖民扩张有机地结合起来，形成三位一体，从而实现最有效地利用海洋和控制海洋，为英国的发展和繁荣作出巨大贡献（王银星，2006）。

（2）大陆离岸平衡阶段：欧洲大陆均势外交

步入海洋霸权阶段的英国深知其岛国地缘的重大劣势，缺少战略腹地和"生存空间"，麦金德的"心脏地带"理论某种程度上正是这一思想的延续。海洋霸权一方面为英国拓展了海外殖民地，另一方面对欧亚大陆"心脏地带"采用均势战略，避免欧亚大陆强权兴起（尤其是法国的崛起）。因为自17世纪以来，法国作为一个传统大国，其在大陆的战略地位不断上升，法国君主们极力追求他们的天然疆界，即大西洋、比利牛斯山、地中海、阿尔卑斯山和莱茵河。低地国家①已在法国扩张之中，而低地国家对英国的安全来说又是非常重要的，因此，抑制法国在大陆的霸权便成为英国外交的首要目标（陈乐民和周荣耀，1995）。法国大革命后拿破仑称霸欧洲大陆，严重破坏欧洲均势，英国为了国家安全和保障海外利益，则极力反对和干涉，联合大陆弱势国家组成反法联军击溃拿破仑，重建欧洲均势。

英国18~19世纪以来，凭借自身的绝对优势（经济优势、海军优势和地缘战略优势）运用均势外交成功地驾驭欧洲局势，既保障了本土的安全，又谋求了海外扩张，巩固和加强了海洋霸权和世界优势。这一方面得益于地理环境所形成的战略优势，使其扮演了欧洲大棋局中的战略棋手和筹码角色。而作为地缘战略棋手，是有能力、有民族意志在其国境之外运用力量或影响去改变现有的地缘政治状况的国家。另一方面也是靠其强大的经济实力和海军力量做后盾，特别是到了19世纪60~70年代，英国进入维多利亚的繁荣时代，进入"英国治下"的和平时期，英国成为当时世界上最富有的国家（曹瑞臣和赵灵燕，2010）。

2.1.2.4　俄罗斯地缘战略历史演进

地处欧亚大陆核心地段的俄国（现代的俄罗斯）是陆权的中心国家，从自然地理条件来看，俄罗斯发源于欧亚大陆腹地的平原。广阔的草原及其毫无屏障的边界使它极易遭受别国的攻击，蒙古、波兰、瑞典和法国等均曾侵入这片土地。这种没有自然屏障的地理位置一直影响着俄国自16世纪以来的一系列地缘战略。俄国的自然地理条件使得它不得不经常担心自己的边界安全，从而采取一种防御性的进攻和扩张战略。从政治地理条件环境来看，由于地处欧亚结合部，俄国面临了来自亚洲和欧洲的双重威胁。鉴于政治地理上西强东弱的现实，其扩张型战略又是以西方为重点。由于西强东弱，俄罗斯外交在西方往往表现为合纵连横、利用矛盾、维持多极均势；在东方则更多地表现为强权、扩张、掠夺和控制（黄兴华，2008）。俄国（现代的俄罗斯）地缘战略历经如下阶段。

（1）罗斯公国及莫斯科公国的扩张

这一阶段为俄国地缘政治思想的启蒙阶段，其间蒙古鞑靼人入侵古罗斯，伊凡二

---

① 低地国家是对欧洲西北沿海地区的荷兰、比利时和卢森堡三国的统称。

世率军在顿河平原击败蒙古军队，1480 年，以莫斯科公国为首推翻了金帐汗（钦察汗）的主要继承者吉什特钦察汗（大帐汗）的异族统治，结束了俄罗斯各国自 14 世纪末以来的臣服、隶属的地位，赢得了民族独立。1521 年，莫斯科完成了统一。从此形成以莫斯科为中心的独立的俄罗斯国家，开始逐步建立农奴制度。

11 世纪的基辅主教伊拉里奥恩被认为是第一个古罗斯哲学家，依靠传统的寓言方法他建立了神学历史观，主张罗斯是全世界基督教的一部分，他认为罗斯在精神和政治上并不逊色于拜占庭帝国。《伊戈尔远征记》的作者号召王公们停止内讧，共同抵御外敌，并且不同意征服性的军事行动，仅仅主张防御型扩张行为。蒙古鞑靼人入侵古罗斯失败之后，俄罗斯在莫斯科公国的领导下开始了长期的帝国扩张，逐渐成为一个横跨欧亚大陆的大国，随着领土和人口等急剧增长和国家政治活动范围的扩大，其地缘政治实践活动开始积极开展（李志伟，2011）。

（2）彼得大帝的大陆扩张及获取出海口阶段

彼得大帝 1682 年即位后，积极兴办工厂，发展贸易，发展文化、教育和科研事业，同时改革军事，建立正规的陆海军，加强封建专制的中央集权制，为俄罗斯帝国版图的形成奠定了基础。彼得一世为俄国制订的计划是：北上打败瑞典，夺取波罗的海出海口；南下进攻土耳其，夺取黑海出海口；西进兼并波兰，占领德意志诸侯领地，控制普鲁士和奥地利（唐贤兴，2002）。彼得一世被马克思称为"近代俄罗斯政策的发明者"。此后，历代沙皇均以彼得的方针为指导，来制定其对外政策。

这一阶段沙皇俄国的地缘战略首要特征为向欧亚内陆腹地不断进行扩张。在南部，17 世纪末开始，沙俄不断对土耳其进行征战，夺取原属于土耳其的大片领土。19 世纪初时，沙俄占领了大部分高加索及里海北岸的大部分地区。通过当时的"南下战略"，沙俄控制了中亚的波斯、阿富汗及高加索地区和远东中国的大片领土。第二个特点为控制边缘地带的要害国家——波兰和位于边缘地带的白俄罗斯、外蒙古等，建立防御敌国进攻的缓冲地带。由于本国处于地势平缓的欧亚大平原上，缺少天然屏障，沙俄统治者便将毗邻大国的地区或国家，如波兰、乌克兰、土耳其、外蒙古等视为欧亚大陆的"边缘力量"，通过在这些地区建立"缓冲地带"来防御其他国家入侵。第三个特点为夺取波罗的海出海口，获取远东的不冻港，使其成为能同时称霸大陆和海洋的海陆复合型强国。1700 ~ 1721 年的北方大战中，瑞典失利，根据《尼什塔特和约》，俄国得到立窝尼亚、爱沙尼亚、英格利亚和部分卡雷利阿，取得了波罗的海出海口。

（3）现代俄罗斯地缘政治战略阶段

历经两次世界大战、冷战的俄罗斯，地理版图也经历了剧烈的变化。第二次世界大战期间及战后，苏联从邻国取得领土近 70 万 km^2。1940 年和 1947 年，通过武力将芬兰的卡累利阿地峡、沙拉古萨摩、贝辰加（贝柴摩）等地区划归苏联。1940 年，将爱沙尼亚、拉脱维亚、立陶宛并入苏联版图，并将罗马尼亚的比萨拉比亚和北布哥维纳地区划归苏联。1944 年将中国的唐努乌梁海地区（今俄罗斯图瓦自治共和国，面积 173km^2），并入苏联版图。1945 年，将德国的哥尼斯堡地区（今俄罗斯加里宁格勒州）、波兰的西乌克兰和西白俄罗斯地区、斯洛伐克的外喀尔巴阡地区、日本的南库页岛和千岛群岛地区划归苏联。1946 年，中国国民党政府承认外蒙古独立，外蒙古成为中俄之间的缓冲区。冷战后，苏联与东欧发生了巨变，苏联内部兴起了民族独立的浪潮。独立后的俄罗斯领土面积从苏联时期的 2240 多万平方千米减少为 1707 万 km^2，地缘空间大大缩小（钮菊生和岳炜，2012）。

现代俄罗斯地缘政治的战略与"欧亚主义"及"心脏地带"这两种地缘政治丝绸紧密相关。"欧亚主义"（Evraziistvo）是 20 世纪 20~30 年代一些为躲避俄国革命而逃至布拉格、柏林与巴黎等地的俄国移民创立的一种文化——哲学思潮。这种思想力图为苏维埃革命后的俄罗斯寻求一种新的文化视角，以拒斥布尔什维克主义和"堕落的"西方文明在俄罗斯的广泛"蔓延"，重塑俄民众对自身历史与文化的理解。欧亚主义者认为，俄罗斯广阔的领土自古就是东西方文明的撞击点和结合部，历史上各个族群与文明在这里相互竞争、冲突与交融，从而形成了一个有机且不可分割的独特的命运共同体。这里的"欧亚"限定在原俄罗斯帝国边界内，它构成了一个完整的、自给自足的、具有共同文化—历史特征的地理区域。这一区域既受到"西方"的影响，又体现出"东方"的文化特征。另一与"欧亚主义"紧密相连的思想是陆权论的核心理论——"心脏地带"理论。被誉为普京"大脑"的俄罗斯地缘学者杜金对于俄罗斯地缘政治战略的解读，即认为"欧亚"是全球的"心脏地带"，但"欧亚"不仅远超出了俄帝国与苏联的边境，甚至包括东欧前社会主义国家，中国东北、西藏、新疆及内蒙古，蒙古国，阿富汗甚至土耳其在内的几乎整个欧亚大陆。杜金在其创办的《要素》杂志中曾描述了一个领土从都柏林延伸到符拉迪沃斯托克（海参崴）的盛大的"欧亚帝国"。这种领土扩张的地缘政治目标之一正是"到达印度洋的海岸"（葛汉文，2012）。

2.1.2.5 世界主要强权地缘战略历史演进对中国和平崛起的启示

地缘战略是关于国家有机体在资源稀缺世界中的竞争战略和生存战略，是民族智慧的集中体现。大国崛起的各个阶段均有地缘战略作为其理论指导，且随着该国国际地位的变化，地缘战略亦随着变化。基于地缘政治学观点，对世界主要强权崛起的地缘政治战略历史演化、多尺度的地缘特征、地缘战略特点进行实证分析，对中国崛起的启示如下。

1) 在崛起阶段，中国决策者有必要借助自身不断增强的经济和政治权力，积极参与和制定货币、贸易、投资、金融等重要方面的全球治理秩序。我国国家领导人提出的"一带一路"、中美"新型大国关系"和"亚投行"等倡议，正是创新未来世界政治体系、经济体系的重要理念和框架。

2) 作为欧亚大陆核心的传统陆权国家，"一带一路"倡议的提出，使得中国包括内陆地区和沿边地区的国内大部分区域参与到全方位的开放体系中，通过铁路、公路联通中国到中亚、西亚、东南亚到欧洲，形成若干条陆上大通道、大动脉，促进欧亚大陆腹地与外缘弧形地带的互联互通，从而确保我国在欧亚大陆的核心地位，维护欧亚大陆的安全稳定。

3) 从大国崛起的经验中不难发现，海权是国家经济的生命线。迅速提升强大的国防力量，特别是海军力量，是当代中国的当务之急。因为提高海权的战略保障力量，是破解马六甲困境、南海问题、台湾问题的重要手段。21 世纪以来，一些海洋强国将夺取制海权作为海洋战略的首要目标，如美国的"亚太再平衡"、印度的"印度洋战略"，这是中国在海洋安全领域面临的紧迫挑战。

4）从全球视野制定中国全面、长期和完善的地缘战略，绘制中国的地缘战略图谱已成为当务之急。中国的崛起，需要对国际政治、国际经济的历史发展及各主要国家的全球地缘政治目标和政策做持续的跟踪和分析研究，全面、客观、细致地辨识当今时代的特征，在此背景下厘清中国的国家利益、目标与战略手段。要根据各时期国内外的形势变化，以中国国家安全为主轴对全球范围，关乎我国生存发展的重要局域、交通线、枢纽、海峡等做出地缘政治重要性的评估，以作为国家制定外交、经贸等方针政策的支撑。

5）提升中国的软实力。通过广泛开展经贸技术互利合作，文化领域深度交融传播，政治互信更加深入，形成中国特色的国家凝聚力，提升中国政治与文化在世界范围内被普遍认同的程度和参与国际机构的程度，进一步促进中国全球发展的机遇和空间。

6）加强地缘战略研究智库建设，形成服务于国家战略的地缘政治研究学科体系。中国崛起亟须地缘政治学的智库体系与理论支撑。大力加强地缘战略、地缘政治问题的研究，是顺应国家崛起、民族发展的现实需求，地理学家理应肩负起这一历史使命。面向国家"一带一路"倡议的重大机遇，面对地缘战略研究的重大课题，迫切需要从世界地理学的视角出发，建立系统的地缘战略研究框架：①对世界主要国家的全球地缘战略研究进展进行系统梳理；②探讨世界战略性资源的生产、消费格局及其演变趋势；③对中国地缘战略政策进行仿真模拟，对不同的地缘战略政策的适用性和效果进行科学的判断等。

2.1.3 世界地缘政治历史演替的逻辑脉络

从世界地缘政治差异化历史阶段及主要强权国家历史演进的分析来看，地缘政治战略对"生存空间"的陆权、"全球经贸与安全"的海权、空权、网权的战略性争夺是其历史演替的内在逻辑脉络。

2.1.3.1 制陆权与"生存空间"

人类发展最基本的需求是粮食问题，最基础的经济活动是自给自足的农业活动，而实现这一目标的首要条件是土地和人口，因此，人类利益的争夺也主要是围绕陆地范围展开。陆地是真正的战略后方，即所谓纵深。在地理大发现之前，古代的军事对抗多表现为人的自然力量，即体力及其辅助手段（即冷兵器）的对抗，战略争夺目标则更多体现为对他国土地和人口的强力占有，这样便产生了以攻占和保卫土要塞为目标的陆权理论，直至拉采尔的"生存空间"、麦金德的"心脏地带"理论，无不体现了世界大国对于大陆土地控制的战略意图。

较早的陆权观是公元1500年以前的陆权，出现在那些陆地面积比较大的且具有良好自然环境的国家，建立在传统的陆地空间的交通基础之上，以自然力（牛马及人力）为克服空间的主要动力，以简单的木制或铁制车辆作为交通工具，以刀、剑、弓箭、步兵和骑兵等为主要战争手段，以土地、财富、资源和人口控制为主要目标，以欧亚大陆为其主要活动空间的时代。公元1500年以后至冷战结束时期的陆权是在近代科学技术基础之上形成的近现代陆权观，它以蒸汽、电力为克服空间的主要动力，以汽车、火车、高速公路和铁路等作为主要交通工具，以枪、炮、坦克、导弹和陆基核弹为主要陆地空间的战争手段，以摧毁国家政权、控制具有战略意义的陆上交通和资源生产等战略要地为主要目标，以欧亚大陆为其主要活动空间。

陆权是其他一切地缘政治形式发展的基本前提。近现代出现的海权、空权和其他形态的控制权，归根结底是为国家陆地空间的生存和发展服务的。因为人类最基本的生存与发展是在陆地空间展开，换句话说，人类离开海、空、太空和信息空间，至多不能很好地发展，但如果离开陆地空间，则大部分人类最基本的生存和发展就会成问题。前者是一个更好发展的问题，后者则是生死存亡的问题。对中国的和平发展来说更是如此，陆权首先是大陆空间的生存与发展，应当始终是中国第一位的、优先的、最基本和最重要的发展方向（叶自成，2007）。

2.1.3.2　经济全球化下的制海权

自 15 世纪哥伦布开始大航海以来，随着造船术和航海业的发展，世界地理版图被不断更新，证实了地圆说，沟通了欧、亚、非和美洲大陆之间的海上交通，同时也孕育出了依靠海洋称霸世界的新兴强国。以英国为例，中世纪以前的英国还是一个落后的农业国，"地理大发现"和新航路的开辟使其迅速发展起来，海洋成了其对外进行贸易和殖民掠夺的重要通道。到 1914 年，英国的殖民地面积约占世界陆地面积的 1/4，比英国本土面积几乎大 100 倍。19 世纪末期，美国海军战略地理学家和历史学家马汉总结了世界各国强弱盛衰的经验教训，第一次大胆地提出了"海洋霸权优于大陆霸权"的新观点，成为海权论的创始人。马汉认为：任何一个国家要想成为强国，必须首先控制海洋，尤其要控制具有战略意义的海峡通道。为了夺取和保持制海权，必须拥有强大的海上实力，即强大的海军舰队和商船队及能控制战略要地的海军基地（李大光和万水献，2003）。

全球化是资本的本性，正式资本使得世界纳入了同一个体系，实现了"历史向世界历史的转变"。在 18 世纪和 19 世纪，资本主义的暴力表现为赤裸裸地对殖民地的掠夺，而到 20 世纪，即使在殖民地国家独立之后，西方仍是通过暴力（比较典型的是 20 世纪末的海湾战争、科索沃战争，21 世纪的阿富汗战争、伊拉克战争、利比亚战争等）为资本在其全球化进程中的优势地位开辟道路，迫使"南方国家"和"北方国家"提供廉价原料和市场。在资本全球化时代，谁拥有强大的海军并有效控制海上通道，谁就能在国际利益分割中占据优势地位。英国和美国都是随海军向世界扩张并依靠海军控制了世界（张文木，2014）。这里需要强调的是，从浅海向深海延伸，是 20 世纪 50 年代以来世界大国海权实践的重大变化。第二次世界大战之后，特别是 20 世纪 80 年代美苏争霸中，其制海深度已达 300～900m 的深海领域（张序三，1993）。

2.1.3.3　立体战争与制空权

军事技术的变革使得地缘战略空间不断扩张。制空权是指作战中在一定时间内对一定空域的控制权。第一次世界大战中，飞机的出现使得现代战争攻防出现新的低空领域，制空权成为决定战争成败的关键因素。由此，意大利军官杜黑的预言"天空即将成为战场"变成了现实，战争由此从平面转向了陆、海、空三位结合的立体模式。第二次世界大战中，德、意、日由于率先获得制空权而赢得战场初期的主动权。冷战后，军事信息化的深入促使人们重新审视制空权在战场的应用。海湾战争和科索沃战争中，独立空中战役基本上就达到了各自战争的目的。在伊拉克战争中，美军利用掌握的制空权，在地面推进中，遇到抵抗则呼唤近距空中支援清除障碍，依靠空中火力优势直奔巴格达；在巷战中，美军武装直升机则为地面部队提供精确制导打击，使传统的环城防御体系彻底瓦解。现代空袭已成为高技术条件下作战"首当其冲，贯穿始终，影响全局"的主要作战样式，制空权在战争实践中完成向主导地位的演变（谭复芝等，2005）。

航天技术广泛应用于军事领域，导致军用卫星和天战兵器的大发展。人类的战场从陆地、海洋、空中延伸到太空。对外层空间的争夺导致有关制空权的斗争向外层空间拓展。近几场高技术局部战争表明，运转于外层空间的具有军事功能的航天器，如航天侦察、预警、通信、导航卫星等，已经直接进入了战场的角逐，并对空中、地面、海上作战起到了支援保障作用，在未来战场上，第二次世界大战中的飞机和战舰群间的大规模混战将被卫星监控技术引导下的远程精确打击和导弹拦截所代替（李大光和万水献，2003）。在未来战争中，要想取得战争的胜利，关键取决于该国控制外层空间的能力及由此形成的作战能力。

2.1.3.4 文化、网络与虚拟空间

全球化、信息时代的世界性趋势将引发当代地缘政治新范式的过渡，即不同文明、不同国家之间进行对话的范式，而全球化和区域化的相互发展和影响将进一步加强各种文明之间的对话，并在此基础上逐步建成全球化的超级大文明。亨廷顿在1993年美国《外交》季刊发表了《文明的冲突》一文，提出正在出现的全球政治主要和最危险的方面将是不同文明集团之间的冲突的论点。1996年作者为了回应3年来所引起的各种反应，包括新奇、义愤、空间和困惑，在出版的《文明的冲突与世界秩序的重建》一书中详细阐述了看待全球政治的框架或范式，即文化和文化认同形成了冷战后世界上的结合、分裂和冲突模式（亨廷顿，2010）。人类情感中的恐惧、羞辱与希望的文化正在重塑我们的世界（莫伊西，2010）。西方世界21世纪以来遭受到的恐怖袭击和局部区域战争引发了新一轮对地缘政治的恐慌和兴趣（Pain，2009）。传统的现实主义外交政策中，为寻求国家的最大安全利益，企图掌握和操纵国际冲突所导致的畏惧情绪是典型的地缘政治策略。地缘政治中的恐惧情绪研究嵌入在地缘政治的文化、经济、社会和空间当中。

新媒体、新技术具有重要的地缘政治意义，已成为重铸地缘文化、经济的产业手段。这使得地缘政治和新媒体的结构关系正从社会领域的视觉表现向地缘政治视野的社会建构和重塑转变。以互联网为代表的新传播技术带给国际传播与地缘政治的动能与势能，它不仅影响到发达国家的国际传播战略与策略，也影响到不同地域面临转型问题的国家的应对理念与方式，还影响到地缘政治变动中的国家内部回应。互联网时代的国际传播极大地挤压了国家防御的地理空间，解除了国家以地理硬武器和政策软

武器抵抗国际传播的相当一部分武装。"传统地缘政治衡量权力的唯一标准就是以军事实力为核心的综合国力，全球化时代的地缘政治学必须考虑技术、经济、文化认同等方面的权力。地缘政治的主体增多。政府、大众媒体、国际组织等成为权力的新主体。"（王勇，2011）一方面，传统的以技术进行的地缘控制依然存在，比如国家通过防火墙的形式来阻止外来信息，这类似于使用对国际短波广播的干扰手段和不准私自安装跨国卫星电视接收器的行为；另一方面，由于国际传播主体增多，国家无法完全控制信息的国际渗透，它所面对的不再只是来自不友好国家的有组织的国际传播，还要面对无数并非官办的个体与组织传播者，这些个体和组织传播者甚至不是有意在进行信息的跨界传播（任孟山，2014）。

2.2 世界地缘政治发展格局及趋势

2.2.1 后冷战"一超多强"的世界格局

美苏冷战结束后，国际格局由"两极对抗"演变为"一超多强"。美国作为唯一的超级大国，在国际事务中仍然发挥着引领性的作用，但其影响力正逐渐衰弱，表现为如下特征。

首先，"一超多强"体现为美国超级大国及中国、欧盟、俄罗斯、日本、印度和巴西全球七大力量的博弈与制衡。冷战结束和苏联解体标志着自诩为"美国时代"的开端，美国"赢得"了冷战，并且作为世界上唯一的超级大国——有权利或责任去建构与维护世界秩序。冷战后美国政府的单边干涉主义导致了一系列的军事冒险行为，然而世界秩序却并未有所改善，美国的超强实力因为其战略错误与金融危机而今非昔比。美国公共债务尾大不掉，经济增速低位徘徊，国防预算面临削减，传统外交和军事联盟的凝聚力下降，民主与共和两党内耗等危机四伏。欧盟正处于严峻的危机中——欧元区主权债务危机深重，经济长期低迷，英国欲退出欧盟、民粹主义、反欧洲政党在欧盟国家抬头，欧盟整体对外影响力与整体合力衰弱。与此形成鲜明对照，新兴大国群体性崛起势不可挡，中国的经济与综合实力尤其突出，俄罗斯的政治与外交能力让人刮目相看，以至"多强"之间的排序发生了明显变化，欧盟与日本相对后退，新兴大国相对前进，中国尽管还只是发展中大国，但已被外界越来越多地视为"六强之首"与"世界第二"（赵可金，2009）。

其次，国际格局多极化还将不断深入，新兴国家与西方大国的"竞合博弈"成为世界格局的主线。经济全球化下两大集群不同于冷战时的"两大阵营"，彼此间不是非此即彼的零和博弈，而是竞争与合作的"竞合博弈"。体现在不仅是各自集群内部的联合与结盟，而且中美、美俄、中日之间的角逐亦在升温。西方传统大国通过"跨大西洋贸易与投资伙伴关系"（TTIP）等国际性治理平台建设，企图继续把持国际体系主导权。中国、印度、巴西等新兴国家崛起，尤其是金砖国家，但仍处于经济增长放缓与国内社会矛盾等的阶段性困境中，通过彼此间的相互合作将对现有国际合作制度形成有益补充，逐渐成为牵制西方大国的全球力量。2015年，金砖国家经济规模已经占到全球经济规模的 20% 以上。随着金砖国家经济的发展，到 2020 年金砖国家经济总规模将达到全球经济总规模的 25%。在人力资源方面，金砖国家人口占全球人口的 40%。同时，金砖国家是全球重大的消费品市场和全球重要的资源供应国（朱光耀，2016）。两大集团间的矛盾与竞合成为近年来世界格局发展的主线。双方的博弈集中于欧亚大陆的核心区域，中东、亚太、北非等热点板块为两大集群博弈的焦点。与此同时，非国家行为体日益影响国际格局。在全球化与网络化时代，权力正从政府向公众流失，各国国内社会与跨国社会的影响上升，包括国际非政府组织乃至特定个人在内的各类非国家行为体作用增强，这也成为审视当今国际格局的一个全新视角与重要变量（陈向阳，2016）。

2.2.2 经济全球化与全球治理的地缘政治化

经济全球化的出现和发展与新自由主义的思潮密不可分。从 20 世纪 60 年代后半期开始，西方国家经济在经历了战后的繁荣后逐渐走向停滞与衰退，1974 年的"石油危机"把发达资本主义国家卷入经济衰退的漩涡，形成了西方经济史上前所未有的失业与通货膨胀并发的经济"滞胀"。为了摆脱困境，一方面，英、美等国纷纷放弃"凯恩斯国家福利主义"政策，转向减少政府干预和全面私有化的新自由主义"药方"；另一方面，开始大规模输出资本和向海外转移产业，进入资本主义全球扩张阶段。为了满足资本输出的需要，新自由主义被奉为推行投资和贸易自由化的理论依据。其典型事件是美国主导的、为拉美国家和东欧转型国家开出的"药方"，即"华盛顿共识"。其核心是贸易经济自由化、完全的市场机制和全盘私有化。从结果看，被"华盛顿共识"治疗的国家几乎没有成功摆脱增长困境，而将政府干预和市场有机结合的中国实现了经济的腾飞。可以说，以新自由主义思潮为基础的经济全球化塑造了过去 30 年的世界格局，而金融市场的新自由主义管制方式则导致了 2008 年的全球金融危机。从某种程度上说，英美发达资本主义国家利用世界经济全球化、一体化的机会，将其价值观念、行为准则、经济模式、政治模式等规则、制度视同为世界上唯一正确的模式向全世界推广。代表发达国家整体利益和资产阶级利益的新自由主义成为垄断资本势力统一世界市场的意识形态，成为核心支配边缘的制度性工具（吴茜，2002）。因此，在新自由主义经济全球化下，资本是最大的赢家，而社会付出了巨大代价。在此背景下，无论是美、英等发达国家，还是以中国为代表的发展中国家，都在思考推动全球化进一步发展的治理模式改革。

全球治理受到碎片化的区域治理挤压，导致全球治理的地缘政治化。冷战后美国一方面用全球化—新自由主义理论来稀释其他国家的影响力，另一方面却创新全球治理平台来维系其全球霸权地位（郑彪，2014）。目前，美国已经置自身创建的许多国际制度于不顾。例如，如果美国在欧洲推行的 TTIP，WTO 这一美国创立的国际贸易多边机制将处于严重边缘化的尴尬境地。因此，新兴国家，如金砖国家，在继续谋求改革现行国际制度的同时，不得不谋求建立新的国际机构和国际制度，这势必导致全球治理的区域化和碎片化。近年来，作为"世界岛"的欧亚大陆呈现出地缘政治急剧动荡的发展态势，并突出表现为亚太、欧洲和中东三大地缘政治板块的持续紧张，学界和舆论界热议的"地缘政治回归"和"地缘经济新冷战"均与此密切相关①。

全球治理碎片化与摩擦的核心焦点在于地缘经济。在经济全球化条件下，经济实力成为决定各国国际地位的主要因素，地缘政治时代的冲突逻辑，正逐步让位于地缘经济时代的竞争逻辑。国家、地区间的地缘经济关系在很大程度上取决于地缘政治关系；地缘经济上的合作或对立，也可能强化政治上的合作或导致政治、军事上的冲突。尽管地缘经济在很大程度上表现为国家间的合作，但资源的稀缺性决定了竞争始终是人类社会存在和进化的基本法则，合作不过是国家实现更有效竞争的手段。国家之间、地区之间围绕原料、市场和资金的争夺往往都伴随着结盟与对抗，其结果可能是使对手丧失市场或原料来源，最终导致经济的窒息乃至崩溃。同地缘政治斗争一样，经济大国或经济集团在与对手的竞争中，特别注重"占领"那些介于"心脏地带"（经济大国或强大的经济集团）之间的"破碎地带"、"缓冲地带"，即那些政治经济形势不很稳定或经济实力相对较弱且主要依赖国际市场的国家和地区。"占领"的形式主要是经济贸易、投资、技术与文化交流、人员培训等（陆大道和杜德斌，2013）。

2.2.3 文明冲突与西方文化霸权

由于现代化的激励，全球政治正沿着文化的界线重构。文化相似的民族和国家走到一起，文化不同的民族和国家则分道扬镳。以意识形态和超级大国关系确定的结盟让位于文化和文明确定的结盟，重新划定的政治界线越来越与种族、宗教、文明等文化的界线趋于一致，文化共同体正在取代冷战阵营，文明间的断层线正在成为全球政治冲突的中心界线（亨廷顿，2010）。

亨廷顿将全球的文明分为中华文明、日本文明、印度文明、伊斯兰文明、西方文明、拉丁美洲文明和非洲文明。文化的共性增强了组织间的凝聚力，促成了区域间的合作。区域间经济集团组成的重要因素就是文化相似或认同感。北约的成功在很大程度上归功于其是具有共同的价值感和哲学思想的西方国家区域性安全组织。欧盟的一体化程度较高，在很大程度上归因于盎格鲁-撒克逊的西方文化价值感。成立于1967年的东南亚国家联盟被视为多文明的区域性组织，其成员包括了中华文明国家、佛教国家、基督教国家和伊斯兰国家，但差异化的文明形态使得其一体化进程缓慢。

不同文明集团之间的关系几乎从来就不是紧密的，随着全球金融危机及区域差距的扩大，文明间的关系通常从淡漠疏远到暴力对抗逐渐恶化。地缘政治回归导致的大国"新冷战"危险，文明间的断层线冲突加剧，局部冲突频发，民族极端主义、宗教极端主义和国际恐怖主义泛滥，安全和军事风险不断扩大。全球均势变化导致的核心国家冲突亦有所加剧，正如修昔底德所指出的，新兴大国崛起可能引起其他文明的国家，采取均势的策略遏制该国。中国的崛起已引起了传统霸权国家的恐慌，正如习近平所言，"我们都应该努力避免陷入'修昔底德陷阱'"，既昭示了中国梦的光明前景，也指出了西方大国应抛弃二元对立观，避免在世界制造冲突、隔阂与对抗，导致两败

俱伤，而要走和平共荣的道路。

随着全球化的深化推进，全球化已不局限于经济领域。西方发达国家利用其在世界上的科技领先、经济优势地位，把商品、技术、资本注入科技、经济相对落后的发展中国家时，也在进行公开的文化倾销以及潜移默化的价值观渗透，输出其资本主义意识形态（李晓光，2014）。1993 年，萨义德（Edward Wadie Said）在其《东方学》中指出，"在任何非集权的社会，某些文化形式都可能获得支配另一种文化形式的权力，正如某些观念会比另一些更有影响力；葛兰西将这种起支配作用的文化形式称为文化霸权（hegemony）"。西方国家，尤其是美国确立的基本战略目标是，确保美国在21 世纪唯一超级大国的地位和对世界的独家领导，防止在任何地区出现能够对其领导地位发起挑战的国家或集团；在文化领域，则将反对"极权主义"、维护西方价值观念、维护天赋人权和个人自由、在全世界推进西方民主制度和市场经济模式、用西方的价值标准统一世界等作为其基本使命。布热津斯基在其《失去控制》一书中就赤裸裸地说："削弱民族国家的主权，增强美国的文化作为世界各国'榜样'的文化和意识形态力量，是美国维持其霸权地位所必然实施的战略。"（陈乔之和李仕燕，2006）

2.2.4 全球能源政治与格局

能源已经成为当今世界政治和经济力量的重要战略性资源，是国家之间力量等级体系的决定性因素之一。

2.2.4.1 以石油美元为核心的大国主导市场

美国和欧佩克在世界能源格局中的地位举足轻重。20 世纪70 年代，美国政府通过一系列的针对中东产油国的经济与外交政策促使石油以美元作为唯一结算与计价的货币，从而保证了在脱离布雷顿森林体系后与黄金脱钩的美元的国际货币霸权地位。美元通过垄断石油的结算与计价符号控制着国际石油市场的交易及国际货币市场的货币供求体系，从而确保了美元的霸权，继而维护美国经济的世界霸权（杨晓燕等，2010）。美国所寻求的开放、非歧视性的货币和贸易体系，依赖于其他资本主义国家的发展和繁荣，而这些国家的发展和繁荣，必然也依赖于能比较容易地以合理的价格从中东进口石油。从物质含义上讲，石油处于美国霸权再分配体系的中心位置。美国的影响建立在三种主要的利益机制上，而其盟国正是通过这些以美国为中心的机制来获得收益，并服从美国的领导。这三种主要的利益机制是，稳定的国际货币体系、开放的市场和保持石油价格的稳定（基欧汉，2006）。

2.2.4.2 "能源独立"是维持美国超级大国地位的重要因素

天然气革命促成了美国"能源独立"，强化了美国作为世界超级大国的地位。虽然自尼克松总统以来，美国历届政府都孜孜不倦地追求降低美国能源对外依存度，实现能源生产自给自足，达成"能源独立"，然而美国本土油气生产一直乏力，能源消费水平居高不下。2005 年，能源对外依存度已经高达近 60%。到 2008 年非常规油气生产出现"革命"之前，美国的石油进口量已经达到了创纪录的 1131 万桶（陈卫东，2011）。2008年，美国本土油气水平压裂开采技术取得重大突破，带来了以页岩油气为代表的陆上非常规油气产量"革命式"的增长。美国本土油气产量自2008年开始迅猛增长。2008～2011年，美国国内天然气产量年均增长率达4.49%。2011年美国超过俄罗斯成为世界第一大天然气生产国。国际能源署（IEA）预计，到2020年美国将变为天然气的净出口国，美国将超过沙特阿拉伯成为世界第一大产油国，石油供应几乎可以自给自足；到2035年，美国将成为石油净出口国。伴随着非常规油气技术应用范围的不断扩展，全球能源版图将发生根本性的巨变。以美国为代表的新供应中心和以中国为代表的新消费中心即将崛起，全球能源贸易流向将发生大转向（武正弯，2014）。

2.2.4.3 油价动荡塑造新能源政治格局

经历了油价的相对平稳期后，2014年，国际油价急剧变动，纽约商品交易所西德克萨斯轻质油期货价从2014年8月的100.27美元/桶跌到2015年8月的38.24美元/桶。油价的下跌受全球经济疲软、石油供给量过大及美元升值等因素的影响，但亦有欧美利用油价打压俄罗斯、伊朗等国的地缘战略目的。油价下跌严重冲击了一些产油国的经济，俄罗斯、委内瑞拉、伊朗等国受影响较大，经济陷入低增长乃至负增长。主要油气出口国的立场出现分化：伊朗、委内瑞拉等欧佩克成员国要求限产保价，墨西哥、俄罗斯、沙特阿拉伯等国则明确反对，沙特阿拉伯更是借此机会扩大市场份额（薛力，2016）。

动荡的油价是美国从容地利用石油美元来巩固其全球霸权的地缘战略。其一，"能源独立"使得美国逐渐摆脱了中东石油进口的羁绊，极大地削弱了中东对美的制衡能力。虽然中东仍承载着美国的多重利益，但卸掉"石油包袱"的美国可以在中东的众多问题中抽身而出，通过代理人或联盟的方式减少其实力消耗，如叙利亚危机、伊朗核协议的签署等就是最好的佐证。其二，美国以低价天然气为武器，挤压主要能源国的外部市场空间，减少其政府财政收入，造成其国内经济社会困难，"倒逼"其国内政治改革。因此，俄罗斯和中亚国家的领导人未来将面临更大的执政压力。其三，美国"重返亚太"战略的实施。亚太地区未来将是全球最大的能源消费地区，需要进口大量能源。美国能源界将会积极推动与亚太地区的能源合作，向亚洲出口能源技术和产品，抢占亚太市场，促使美国经济外交的重心更多地放在亚太地区（武正弯，2014）。

2.2.5 亚太局势与中国周边安全

当前，中国周边安全环境正处于特殊的转型期。从安全结构上来看，随着中国、印度、东盟等新兴国家、区域合作集团的快速兴起，亚太地区的权力分布日益呈现扁平化走势。中国的实力增长迅速，中美的实力差距在持续缩小，中国相对其他周边国家的实力优势在扩大。中国与周边国家在政治、经济领域的协调合作、相互依赖在增强，但在军事、安全领域竞争、对抗的成分也在增多。总体而言，中国周边的安全形势是近年来发展趋势的延续，但也呈现出新的变化（王雷，2016）。

2.2.5.1 美国强化"亚太再平衡"战略

基于亚太地区在地缘战略上的重要性，美国从 2011 年宣布其战略重点从欧洲、中东和海湾地区东移，提出"重返亚太地区"和实施"亚太再平衡战略"，并计划到 2020 年将其 60% 的战舰和海外空军力量部署在亚太地区，亚太地区成为美国的全球战略重点（毛汉英，2014）。美国以所谓"再平衡"战略为抓手，强化同盟关系，加大军事部署，频繁进行军事演习。美国在西太平洋的战略部署加剧了地区军事对抗，对中国构成了较大的军事压力。这不仅加剧了地区海上地缘形势的恶化，导致半岛问题、中日关系、东海和南海争端等热点问题不断升温，中国形成了更严的围堵态势（廖世宁，2014），而且使东亚地区呈现出大国战略博弈加剧与小国从中渔利、推波助澜并存的复杂地缘政治态势。

2.2.5.2 日本扩军修宪加剧中日紧张关系

自安倍晋三上台以来，日本政治持续右倾化，通过修改和平宪法、扩大军事力量、遏制中国等一系列做法企图挑战整个战后国际秩序。2015 年 1 月 14 日，日本内阁通过了 2015 年度预算案，其中，防卫预算较上年度增长 2%。这是安倍再度上台后连续 3 年增加防卫预算，其额度也创下了历史新高。[①] 2015 年 9 月，安倍政权利用执政党多数在国会强行表决通过了 11 项安保法案，这是第二次世界大战后日本在军事安全领域采取的前所未有的举动。日本修宪扩军意在改变战后美国对日安排，妄图实现"军事正常化"。日本这些动作对中国的指向性明显。日本单方面的行动加剧了中日持续紧张的关系。

2.2.5.3 中国海洋方向安全局势日益严峻

中国海洋当前的主要安全威胁是岛屿主权争端升温可能导致的军事冲突。在南海海域虽然海上安全形势基本可控，但属于中国的岛礁被侵占、海域被瓜分、资源被掠夺的局面正在变得日益严重。从岛屿争端的角度看，涉及"五国六方"（中国、越南、菲律宾、马来西亚、文莱和台湾地区）。越南、马来西亚、菲律宾和文莱对南沙群岛和西沙群岛及其附近海域部分或全部岛礁提出了主权要求。在东海海域，中日之间存在钓鱼岛争端、东海划界与油气资源开发问题。在黄海海域，中韩之间存在苏岩礁问题和黄海专属经济区划界问题（祁怀高和石源华，2013）。针对海洋领土争端的升温和地缘环境的恶化，中国需要整合外交、军事、经济、海监、渔政、气象等各个部门的力量，开展全方位的维权外交，努力确保中国在国际海洋事务中的强国地位。

2.2.5.4 陆路边境安全局势仍存隐患

中国陆地边境线达 2.2 万 km，与 10 余个国家接壤，包括朝鲜、俄罗斯、蒙古、印度、缅甸等。朝鲜半岛局势持续高度紧张；中国西北边境的中亚地区，"三股势力"不

---

① 日本积极扩军备战想与中国硬碰硬. http：//junshi. xilu. com/20150119/1000010000724777. html.

断从事毒品走私、恐怖袭击等活动，对中国西北地区的安全稳定构成了严重威胁；中国西南边境地区，地缘环境复杂、地缘板块破碎化程度高，毗邻的南亚及东南亚各国经济发展水平参差，政治制度、意识形态各异，为世界大国角力的核心区域，亦是我国当前地缘战略的重点区域。尤其是近期由于缅北动乱、南海争端等地缘问题，口岸和跨境合作区建设放缓。新时期中国塑造周边稳定安全环境仍然面临以上挑战，但中国通过"一带一路"倡议求和平、谋发展、促合作的主题仍是主流趋势。

2.3　全球地缘视野下的"一带一路"

2.3.1　"一带一路"：机遇与挑战并存

　　"一带一路"构想是开放、包容、均衡、普惠的世界性平台，具有巨大的优势，同时也面临着一系列的挑战。如何利用好优势，迎接挑战，将是国内外人士面临的重大课题。

　　第一，21 世纪的国际体系与格局正朝着有利于中国的方向发展。当今世界经济结构正发生着复杂而深刻的变化，世界经济缓慢复苏、发展分化，国际投资贸易格局和多边投资贸易规则酝酿深刻调整，发达经济体受困于政府债务、产业创新的缓慢、居高的失业率、紧缩的货币环境等因素，在全球经济增长中的主导作用已发生动摇；而新兴经济体始终保持着较高增长率，逐渐成为稳定经济增长的主力。延续了 30 多年的中国经济奇迹使得中国国际影响力不断增强。"一带一路"构想正是顺应世界多极化、经济全球化、文化多样化、社会信息化的潮流，秉持开放的区域合作精神，致力于维护全球自由贸易体系和开放型世界经济，是国际合作以及全球治理新模式的积极探索，立足于搭建开放、包容、均衡、普惠的世界性平台。

　　第二，"一带一路"构想得到了国家层面的大力支持。习近平主席提出"一带一路"倡议，得到举国上下高度重视，包括顶层设计、政策支持、平台搭建、资金支持等。2015 年 3 月的博鳌论坛期间，经国务院授权，国家发展和改革委员会、外交部、商务部联合发布了《推动共建丝绸之路经济带和 21 世纪海上丝绸之路的愿景与行动》（简称《愿景与行动》）。《愿景与行动》发布之后，国内也成立了"一带一路"的工作机制，亚洲基础设施投资银行、金砖国家开发银行、丝路基金三大金融平台应运而生，涉及"一带一路"建设的地方也都做了相应的规划，出台了一系列配套措施，这些为"一带一路"构想的实施提供了可靠的支持和保障。

　　与此同时，"一带一路"构想也亟须克服如下挑战。

　　第一，"一带一路"的地缘风险。首先来自于"一带一路"沿线大国博弈所带来的地缘政治风险与挑战。美国的"亚太再平衡"战略、日本的扩军修宪、印度的"西进战略"等战略对"一带一路"沿线国家的地缘合作形成影响。其次，美国在亚太地区安全事务的深度介入引发的海权争端加剧所带来的地缘政治风险与挑战。最后，"一带一路"沿线一些地区和国家再度抬头的国际恐怖主义、宗教极端主义和民族分裂主义这"三股势力"，对"一带一路"建设构成严重威胁和挑战（刘文波，2016）。

　　第二，"一带一路"沿线的战略互信有待提高。中国历史上的"一带一路"不是以武力推行的，古代中国繁盛的文化对丝路各国有着强大的吸引力，提供着种类相当丰富的公共产品，其中包括儒家文化、伦理道德、汉字、服饰、饮食、建筑，甚至是制度。现在中国硬实力迅速发展，经济发展势头良好，但是软实力的发展相对不足，也还缺乏广泛的认同，这是"一带一路"倡议面临的一个挑战。中国周边很多国家以矛盾的心态看待中国的改革开放与和平发展。一方面，它们希望得到中国的资金援助、技术和产业转移；另一方面又担心对中国产生依赖。只有相关国家之间增强战略互信，"一带一路"构想才能顺利推进（任琳和张建，2016）。

2.3.2 "一带一路"：国际治理之"道"

从《愿景与行动》可以看出，共建"一带一路"的核心在于"致力于维护全球自由贸易体系和开放型世界经济"。"一带一路"倡议是在世界格局大调整和经济全球化背景下产生的，是推动经济全球化深入发展的一个重要框架。然而，它不是简单地延续以往的经济全球化，而是全球化的一种新的表现形式，其中的突出特征是融入了"丝绸之路"的文化内涵。总之，"一带一路"是包容性全球化的表现，没有脱离经济全球化的基本机制，即投资和贸易自由化。

中国通过"一带一路"倡议，以多极化世界新中心的身份，正在改革全球经济和政治空间。正如俄罗斯《导报》刊文所称，对于中国来说，"一带一路"与其说是路，不如说是中国最重要的哲学范畴——"道"，包含行动、力量、创举和社会秩序等多重含义，中国在"一带一路"倡议中多多少少提出了"全球治理新模式"[①]。正如《愿景与行动》中所指，"中国愿意在力所能及的范围内承担更多责任义务，为人类和平发展作出更大的贡献"。

"一带一路"建设致力于推动相关国家扩大市场开放和贸易投资便利化，有利于促进国际经贸规则制定朝着更加公正合理的方向发展，是区域经济合作理论和实践的重大创新，也为完善全球经济治理提供了新平台和新思路。2016年1月，亚投行正式成立，作为由中国首个倡议设立的多边金融机构，它体现了中国作为一个大国的国际责任和国际担当，是全球金融治理的增量改革。亚投行是中国正在推动的三大全球金融治理平台建设的实体之一，亚投行的成立说明中国正在全面扮演全球经济成员的角色，这也是全球再平衡的明证[②]。另外，两家是与巴西、俄罗斯、印度和南非共同成立的金砖国家开发银行，以及旨在恢复中国与南亚和中亚贸易联系的丝路基金。

据英国《金融时报》1月27日刊报道，在未来几年里，已经和正在规划的"一带一路"项目投资可能达到约2400亿美元[③]。其中，一部分将通过400亿美元规模的丝路基金和新成立的1000亿美元规模的亚投行来进行。然而这只是一小部分——随着发展中国家致力于提高生产力和应对城市化，未来几十年需要数万亿美元流向交通运输和城市

---

① 外媒称亚投行提升中国软实力：改进世界秩序 . http：//www.cankaoxiaoxi.com/china/20160117/1055249.

② 俄媒："一带一路"展中国全球治理新理念 . http：//column.cankaoxiaoxi.com/2016/0120/1057911.shtml.

③ 英媒："一带一路"促进商品流动利好亚洲资本市场 . http：//www.cankaoxiaoxi.com/finance/20160128/1065428.shtml.

基础设施建设。此外，近年来跨境人民币结算业务也在有条不紊地推进。从"点心债券"（离岸人民币债券）到"熊猫债券"（境外和多边金融机构等在华发行的人民币债券），"一带一路"将带来更多债券发行和投资机会。而且，它还将刺激中国的金融改革，鼓励决策者对全球参与者进一步开放中国资本市场。一个更具流动性和多元化的债券市场将有助于优化资本配置，减少中国经济对银行贷款的严重依赖，扩大私营企业的融资渠道，而私营企业的增长是中国正在努力实现的经济转型的重点之一。这些国际公共产品，是中国积极参与全球治理，提供中国方案、贡献中国智慧的具体实践。

中国的全球治理观通常着重强调六个互相关联的基本主题。第一，全球治理体系需要坚持和强化全球秩序中的正义、公平、自由和民主的价值观。第二，依照前述要求，必须采取更大努力改革，而不是推翻全球治理体系，其目的是不仅修正"不公正和不合适的安排"，而且管控一系列日益具有挑战性的全球问题。第三，对先前的各类改革的推动要求作出更大努力去保护和推动发展中国家在全球秩序内的利益。第四，全球秩序的核心特点以及由此导致的任何全球治理体系的基石必须是"主权平等原则"。第五，国际关系中核心的国家主权原则也必须在国家行为的新领域，如网络领域正在出现的规范中得到体现。第六，全球治理体系必须推动开放经济体系的维持或扩大，并促进对保护主义的抵制。

"一带一路"树立的全球治理观力求让国际治理变得更为公正、自由、平等和民主。习近平主席把这一目标与建立"命运共同体"和"以合作共赢为核心的新型国际关系"联系到一起。

2.3.3 "一带一路"：亚欧大陆新格局

"一带一路"从根本上是一个开放、包容的国际区域经济合作网络，其空间核心范围是欧亚非大陆，愿意参与的国家均可参加，具有非排他性的特征（刘卫东，2015）。"一带一路"区域经济合作网络在空间走向上与第二条欧亚大陆桥和中国西行远洋航线基本重合，分别从欧亚大陆北面的大陆核心地带（heartland）和南面的大陆边缘地带（rimland）从东向西贯穿了这块大陆上几乎所有的重要战略枢纽区，并把世界经济地图中三大经济板块（西欧、北美和东亚）的两块（西欧和东亚）紧密地连接了起来。欧亚大陆是世界历史的核心地带，被地缘政治学家麦金德称为"历史的地理枢纽"，占有世界陆地的2/5，囊括世界人口的9/10，是人类最早、最先进文明的发源地。从地缘政治学的视角，欧亚大陆是世界地缘利益的核心承载区域，大国争夺的焦点。

"一带一路"陆上依托国际大通道，共同打造新亚欧大陆桥、中蒙俄、中国—中亚—西亚、中国—中南半岛等国际经济合作走廊；海上以重点港口为节点，共同建设通畅安全高效的运输大通道。新亚欧大陆桥建设将促进沿线东中西部地区的联动发展和主要节点城市的发展；中国—中亚—西亚经济合作走廊将极大地连通欧亚大陆核心地带——中亚、西亚的发展；中蒙俄经济走廊将俄罗斯倡导的欧亚经济联盟、蒙古国倡议的草原丝绸之路进行对接，通过"中蒙俄经济走廊"的建设将三方的基础设施建设实现互联互通；中国—中南半岛国际经济合作走廊的建设，将推动欧亚大陆边缘地带——东南亚的发展（刘慧等，2015）。沿"一带一路"配置战略资源，中国将能够通过"以纲带目"引导欧亚大陆地缘政治的基本走向,从而在全球层面塑造更加有利的战略态势。因此,"一带一路"构想为21世纪中国全球大战略指明了地理方向(杜德斌和马亚华,2015)。

参 考 文 献

布热津斯基·Z. 1998. 大棋局:美国的首要地位及其地缘战略. 中国国际问题研究所,译. 上海:上海人民出版社.

曹瑞臣,赵灵燕. 2010. 地缘战略透视:英国传统均势外交理念的成因与实践. 大庆师范学院学报, 30(4):116-119.

陈乐民,周荣耀. 1995. 西方外交思想史. 北京:中国社会科学出版社.

陈乔之,李仕燕. 2006. 西方文化霸权威胁与中国国家文化安全选择. 暨南学报(哲学社会科学版), (1):1-7.

陈卫东. 2011. 美国能源独立的底气. 中国能源,(6):56-57.

陈向阳. 2016. 国际格局"新一超多强"七大力量将竞合博弈. http://news.china.com.cn/txt/2014-01/15/content_31198774.htm[2016-04-29].

杜德斌,段德忠,刘承良,等. 2015. 1990年以来中国地理学之地缘政治学研究进展. 地理研究, 34(2):199-212.

杜德斌,马亚华. 2015. "一带一路":中华民族复兴的地缘大战略. 地理研究,34(6):1005-1014.

葛汉文. 2011. "退向未来":冷战后德国地缘政治思想刍议. 欧洲研究,(4):119-139.

葛汉文. 2012. 冷战后俄罗斯的地缘政治思想. 国际政治研究,(2):125-142.

韩志军,刘建忠,张晶,等. 2015. 德国地缘战略历史剖析. 世界地理研究,24(4):1-10.

亨廷顿. 2010. 文明的冲突与世界秩序的重建. 周琪,等译. 北京:新华出版社.

胡志丁,曹原,刘玉立,等. 2013. 我国政治地理学研究的新发展:地缘环境探索. 人文地理, 133(5):123-128.

黄兴华. 2008. 沙皇俄国的对外政策分析. 天中学刊,23(3):118-121.

基欧汉 R. 2006. 霸权之后:世界政治经济中的合作与纷争. 苏长和,等译. 上海:上海人民出版社.

基辛格 H. 2012. 大外交. 顾淑馨,林添贵,译. 海口:海南出版社.

计秋枫. 2013. 近代前期英国崛起的历史逻辑. 中国社会科学,(9):180-208.

科恩 S. 2011. 地缘政治学:国际关系的地理学(第二版). 严春松,译. 上海:上海社会科学院出版社.

肯尼迪 P. 1988. 大国的兴衰. 王保存,等译. 北京:求实出版社.

李大光,万水献. 2003. 从制陆权到制天权:作战制权理论的演变历程. http://www.people.com.cn/GB/junshi/1078/2066738.html[2016-04-29].

李晓光. 2014. 文化全球化、西方文化霸权与中华民族文化认同研究. 山东社会科学,(3):100-104.

李志伟. 2011. 19世纪之前俄罗斯地缘政治思想起源综述. 才智,(29):153.

廖世宁. 2014. 美"亚太再平衡"战略影响中国海上安全. http://mil.cankaoxiaoxi.com/2014/1202/584015.shtml[2016-04-29].

林利民. 2004. "9·11"以来美国地缘战略的调整及其影响. 世界经济与政治,(5):32-37.

刘慧,叶尔肯·吾扎提,王成龙. 2015. "一带一路"倡议对中国国土开发空间格局的影响. 地理科学进展,34(5):545-553.

刘卫东. 2015. "一带一路"倡议的科学内涵与科学问题. 地理科学进展,34(5):538-544.

刘文波. 2016. "一带一路"倡议构想的地缘政治分析. 天津师范大学学报(社会科学版),(1):46-50.

陆大道，杜德斌．2013．关于加强地缘政治地缘经济研究的思考．地理学报，68（6）：723-727.

陆俊元．2006．美国对华地缘战略与中国和平发展．人文地理，(1)：120-122.

毛汉英．2014．中国周边地缘政治与地缘经济格局和对策．地理科学进展，33（3）：289-302.

莫伊西 D．2010．情感地缘政治学．姚芸竹，译．北京：新华出版社．

钮菊生，岳炜．2012．俄罗斯地缘空间形成与拓展的历史基础．俄罗斯中亚东欧研究，(4)：81-85.

祁怀高，石源华．2013．中国的周边安全挑战与大国外交战略．世界经济与政治，(6)：25-46.

任琳，张建．2016．国际政治经济视野下的"一带一路"//李慎明，张宇燕．全球政治与安全报告
（2016）．北京：社会科学文献出版社．

任孟山．2014．互联网时代的国际传播与地缘政治．现代传播，(10)：46-49.

时殷弘．2000．欧洲强国抑或世界强国——20世纪德国的选择和命运．世界历史，(4)：58-67.

宋涛，陆大道，梁宜，等．2016．近20年国际地缘政治学的研究进展．地理学报，71（4）：551-563.

宋涛，陆大道，梁宜．2017．大国崛起的地缘政治战略演化．地理研究，36（2）：215-225.

谭复芝，武文军，刘子敏．2005．现代制空权发展的基本导向．国防科技，(2)：66-69.

唐贤兴．2002．近代国际关系史．上海：复旦大学出版社．

王恩涌．2003．政治地理学．北京：高等教育出版社．

王雷．2016．中国周边安全形势评估//李慎明，张宇燕．全球政治与安全报告（2016）．北京：社会
科学文献出版社．

王礼茂，李红强，顾梦琛．2012．气候变化对地缘政治格局的影响路径与效应．地理学报，67（6）：
853-863.

王文涛，刘燕华，于宏源．2014．全球气候变化与能源安全的地缘政治．地理学报，69（9）：
1259-1267.

王银星．2006．安全战略、地缘特征与英国海军的创建．辽宁大学学报（哲学社会科学版），34（5）：
91-95.

王勇．2011．信息技术的地缘政治影响探析．情报科学，(4)：592-595.

吴茜．2002．经济全球化与新自由主义意识形态的全球扩张．求索，(1)：18-21.

武正弯．2014．美国"能源独立"的地缘政治影响分析．国际论坛，(4)：7-12，79.

薛力．2016．全球能源政治（2014–2015）//李慎明，张宇燕．全球政治与安全报告（2016）．北京：
社会科学文献出版社．

杨晓燕，孙瑶冰，邵红岭．2010．石油美元面临的挑战与对策研究．海南金融，(9)：32-35.

叶自成．2007．中国的和平发展：陆权的回归与发展．世界政治与经济，(2)：23-31.

张怀民，郝传宇．2013．从地缘政治理论的历史与现状看其发展趋势．现代国际关系，(2)：52-57.

张文木．2014．论中国海权．北京：海洋出版社．

张序三．1993．海军大辞典．上海：上海辞书出版社．

赵可金．2009-03-10．美国全球战略利益没有改变．中国国防报，第10版．

郑彪．2014．2050：全球若干主要地缘政治态势和基本思路分析．http://www.wyzxwk.com/Article/
sichao/2014/07/324647.html［2016-04-29］.

朱光耀．2016．金砖国家经济基本面没有变．http://www.mof.gov.cn/zhengwuxinxi/caizhengxinwen/
201602/t20160215_1694396.html［2016-04-29］.

Agnew J，Mitchell K，Toal G. 2003. A Companion to Political Geography. Oxford：Blackwell.

Fukuyama F. 1992. The End of History and the Last Man. New York：Free Press.

Pain R. 2009. Globalized fear：Towards an emotional geopolitics. Progress in Human Geography, 33（4）：
466-486.

3 "一带一路"倡议实施对中国及沿线国家的意义

3.1 "一带一路"倡议实施对中国的意义

3.1.1 "一带一路"倡议为中国未来的经济地理发展奠定良好基础

世界银行《2009 年世界发展报告：重塑世界经济地理》首次提出了 21 世纪重大的发展思路，根据新经济地理理论、新贸易增长理论、新经济增长理论来重塑世界经济地理，它提出经济地理的 3 个特征：密度、距离和分割。密度指每单位土地的经济总量；距离指商品、服务、劳务、资本、信息和观念穿越空间的难易程度；分割指国家之间、地区之间商品、资本、人员和知识流动的限制因素。从原因层面分析经济地理变迁的动力、聚集、迁移、专业化和贸易等市场力量（世界银行，2009；葛剑雄等，2015），该报告的主要结论是：这些经济地理变迁仍然是发展中国家和地区成功发展经济的基本条件，应当对其予以促进和鼓励。

对于中国而言，目前仍存在着巨大的区域差异。若要进一步缩小这些差距，在于：①促进经济规模、要素自由流动和集聚，不断提高经济密度，如城市化、新区建设等。②缩短物理距离、空间距离与时间距离。例如，加强交通基础设施的建设、降低物流成本、促进城乡一体化、区域协同发展等。③消除各种人为分割。例如，实现公共服务均等化、打破行政壁垒。

自改革开放以来的沿海开发开放、西部大开发、振兴东北老工业基地、中部崛起等国家重大战略等至党十八大以来提出的"一带一路"、京津冀协同发展、长江经济带三大重点发展战略及数十个区域性发展战略（主要表现为城市群，如长三角、珠三角、京津冀、长江中游城市群、成渝城市群等）极大地促进了中国的区域发展。

而实施"一带一路"倡议将在此前发展的基础上进一步推进中国内部格局的一体化发展，并与十几个邻国重塑周边经济地理，促进中国与周边国家的一体化发展，从而影响到整个世界发展格局。因此，"一带一路"倡议实施对中国具有重要的意义，突出表现在以下几个方面。

长期以来，中国三（四）大板块、沿海与内地的经济发展差距较大，中西部地区发展相对于东部地区一直较为滞后。"一带一路"倡议将进一步促进中国区域经济的协调发展，其优势在于：

1）将国际国内资源市场进行了有效的结合，并较好地衔接了沿线各国的利益点。例如，产能（钢铁、水泥、建材、平板玻璃等）过剩问题，沿线国家正处于工业化的加速阶段，需要大量建设原材料。其次能较好满足亚、欧、非国家的发展需求。中国将以带状经济、走廊经济、贸易便利化、技术和经济援助等方式推进沿线国家共同发展（冯宗宪，2014）。习近平主席在2015年博鳌亚洲论坛开幕式的主旨演讲中谈到未来5年中国的对外投资将超过5000亿美元，出境旅游人数将超过5亿人次，将给全球带来巨大的商机。有学者也认为，2020年中国将形成5亿~6亿人的中产消费市场（朱贤佳，2015）。加之中国的市场广阔，为世界各国提供了一个良好的投资发展平台，经济也长期稳定，沿线大多数国家也希望与中国建立良好的合作关系，互惠共赢。

2）将再次促进生产要素向中西部转移，为中西部企业和资本"走出去"提供更多机遇。之前虽然中国实施了西部大开发、中部崛起战略，但效果并不十分明显。主要原因之一就是发展中西部开发主要靠政府投资引导，并未形成真正的市场导向。近年来，东部地区成本上升、转型压力增大，制造业正在加快对外转移；而中西部地区的低成本优势仍较突出，在国家政策支持下，中西部基础设施建设逐步完善，具备了承接东部地区产业转移的基本条件。

"一带一路"倡议正是要加强东中西部地区的互动合作，东部地区的主要任务为深化改革、建立创新开放的机制、加大科技创新，直接参与中国在国际合作中的竞争。西部地区重点发挥区位优势、综合经济文化和民族人文优势，建设向西向北开放的通道、枢纽、基地和窗口；内陆地区利用纵深广阔、人力资源丰富、产业基础较好优势，通过路铁水空联运，建设沟通境内外、连接东中西的运输通道（国家发展和改革委员会等，2015）。

目前中国的经济实力居世界第二位，经过30多年的商品输出阶段，富余资本和外汇储备大量积累，人民币币值稳定，中国正在向商品输出和资本输出阶段转变。"一带一路"倡议将为中西部企业和资本走出提供竞争合作的机遇。

此外，在缩小区域经济差距的同时，也将可能出现新的区域增长极。特别是在目前发展较为滞后的丝绸之路经济带上，可能出现一些新的增长极以带动区域的发展。

3）将促进中国弱势地区的崛起。东北重工业基地在中华人民共和国成立之初作出了重要贡献，但进入21世纪，经济出现了明显下滑，有学者将其现象称为"收缩城市（区域）"（徐博和庞德良，2014）。实施"一带一路"倡议将东三省纳入远东经济圈，通过与俄罗斯、蒙古国的经济合作，深入推进东北老工业基地振兴，有利于充分发挥东北资源优势和工业基础优势，抓住创新驱动发展和产业优化升级，努力形成特色新兴产业集群，形成具有持续竞争力和支撑力的产业体系，通过深化改革坚决破除体制性障碍，把老工业基地蕴藏的巨大活力激发出来、释放出来。

由于自然环境的限制，西部地区发展较为缓慢。在国家实施西部大开发战略后，西部各省份经济得到了明显改善，然而与东部地区相比，仍然存在很大的差距。在"一带一路"倡议背景下，欧亚大陆重启丝绸之路大门，沿线各国达成共同发展经济共识，为西部大开发后续发展创造了难得的发展动力。随着合作的深入，西部地区能源产业将获得新的发展机遇，太阳能综合利用、光伏产业发展都会引起西方国家的兴趣。"一带一路"一旦建成，西方国家能源短缺的问题必定转向中国西部地区寻求解决良方，将带动大型发电企业、石油化工企业向西部地区靠拢，以西部为陆地"桥头堡"向西方国家提供能源输出。同时，中国西部地区拥有天然的牧场资源和农业资源，西方国家发达的畜牧养殖业也将向西部地区倾斜，农产品贸易必将日趋活跃，有利于推动西部地区现代农业发展进程。

3.1.2 "一带一路"倡议将进一步保障中国的国家安全

3.1.2.1 "一带一路"倡议将进一步保障中国的经济安全

（1）保障中国国际经济安全

"一带一路"沿线各国的主体是发展中国家，不存在对我国的制度歧视。我国可以积极构建多层次政府间宏观政策沟通交流机制，深化利益融合，促进政治互信，达成合作新共识。就经济发展战略和对策进行充分交流对接，共同制定推进区域合作的规划和措施，协商解决合作中的问题，共同为经济合作及大型项目实施提供政策支持。"一带一路"沿线发展中国家产业层次低于或者略低于我国，人部分与发达国家处于原料国对工业国的依附地位，都希望摆脱这种依附，获得自主发展能力。中国提出，开展农林牧渔业农机及农产品生产加工等领域深度合作，加大煤炭、油气、金属矿产等传统能源资源勘探开发合作，积极推动水电、核电、风电、太阳能等清洁、可再生能源合作，加强能源资源深加工技术、装备与工程服务合作，加强在新一代信息技术、生物、新能源、新材料等新兴产业领域的深入合作，得到了他们的欢迎。

对于绝大部分"一带一路"沿线发展中国家来说，淘汰了高能耗、高材耗、高污染排放产品后的中国 19 个传统行业的产能，是它们摆脱对发达国家依附，获得自主发展能力所急需的。中国提出鼓励本国企业参与"一带一路"沿线国家基础设施建设和产业投资；促进企业按属地化原则经营管理，积极帮助当地发展经济、增加就业、改善民生，主动承担社会责任，严格保护生物多样性和生态环境；探索投资合作新模式，鼓励合作建设境外经贸合作区、跨境经济合作区等各类产业园区，促进产业集群发展；优化产业链分工布局，推动上下游产业链和关联产业协同发展，鼓励建立研发、生产和营销体系，提升区域产业配套能力和综合竞争力。这些措施落实后，既为化解国内产能严重过剩矛盾开辟了巨大空间，又帮助"一带一路"沿线发展中国家摆脱对发达国家的经济依附，是弘义融利的双赢与多赢。

（2）保障中国国内经济安全

中国加入 WTO 后，随着市场开放和外资大量进入，宏观调控进入了软约束时期，主要表现为：外资进一步扩大了国际市场，引导资源大量流向外需，使外需占我国 GDP 比重一度接近 70%，外资据有 3/4 比重的加工贸易占了中国出口额的一半。加工贸易又促使大量资源流向 19 个传统行业，生产了大量高能耗、高材耗、高污染排放的产品。2008 年 9 月国际金融危机爆发，美国等发达国家纷纷陷入危机，中国外需市场急剧萎缩，导致了严重的产能过剩。2013 年 10 月国务院发布了《关于化解产能严重过剩矛盾的指导意见》，要求把化解产能严重过剩矛盾作为产业结构调整的重点（国家发展和改革委员会等，2015）。

（3）构建开放型经济的新体制

"一带一路"倡议将促使中国积极参与规则的制定，争取全球经济治理制度权力，构建开放型经济的新体制。

"一带一路"架构秉持的是共商、共建、共享原则，不由哪个大国制定入围标准，而是兼顾各方利益和关切，寻求利益契合点和合作的最大公约数，体现各方智慧和创意，各施所长，各尽所能，把各方优势和潜力充分发挥出来。"一带一路"建设加强了中国与亚洲，特别是东亚人民的人文交流，促进中国与他们政府的政策沟通，发展了中国与他们的设施联通、贸易畅通、资金融通。

3.1.2.2 "一带一路"倡议将构建遏制战争势力的平台

（1）"一带一路"倡议将进一步促进世界和平发展

全国人大常委会委员长张德江2016年5月18日在香港出席"一带一路"高峰论坛时说，"一带一路"倡议，顺应了世界和平与发展的时代要求，符合各国加快发展的内在愿望，有助于促进沿线经济建设和全球经济繁荣，有利于加强人文交流、维护世界和平。

（2）"一带一路"倡议将稳定中国周边的国际安全环境

中国周边许多国家仍然处于政治转型时期，国家治理能力有限，国内政治派别与利益集团众多，对华关系的立场与观点存在极大的差异性，加之中国推进"一带一路"建设，往往会对投资所在国的政治、经济活动产生影响。因此，当这些国家国内出现政治动荡或者处于周期性政治选举时，对华政策往往会出现波动，进而影响中国投资项目的进展或是安全（张洁，2016）。但是"一带一路"沿线国家还是不愿错失"一带一路"实施带来的巨大商机及现实和潜在的红利。总的来讲，"一带一路"倡议将稳定中国周边的国际安全环境。

（3）"一带一路"倡议将进一步维护中国的社会稳定

中华人民共和国成立初期，军事安全、政治安全一直是影响边疆社会稳定的主要因素。21世纪以来，和平与发展成为时代的主题，"台独"及恐怖主义、跨界民族等问题成为影响边疆社会稳定和国家统一的主要因素。中国边疆地区一直是西方敌对势力及宗教极端势力、民族分裂势力和国际恐怖势力渗透的重点区域。"极端主义往往能够在贫穷人口中间找到市场。贫穷人口较之富裕人口往往更易被极端主义所动员，并且容易走向暴力。"（李庚伦，2014）

边疆地区经济的发展，民众教育水平的提高，虽然不能完全避免极端暴力恐怖事件的发生，但这些极端力量将再也无法动员大规模的政治事件，有利于国家凝聚力的提升。在"一带一路"倡议规划中，中国"推进西藏与尼泊尔等国家边境贸易和旅游文化合作"，支持新疆"打造丝绸之路经济带核心区"，并且还"支持福建建设21世纪海上丝绸之路核心区"（国家发展和改革委员会等，2015）。经济的发展、文化的沟通、交通的贯通，将有力地打击"三股势力"及"台独"势力，提升中国边疆和内地的同质化程度，实现中国边疆社会的稳定和国家的统一。

3.1.3 "一带一路"倡议将开启中国文化复兴的大门

中国有着5000年悠久的历史和多样性的文化，无论是"无方之民"、张骞出使西域、郑和下西洋都是值得骄傲的。中国经历过一段时间经济的低潮，使得一些文化迷失。这也恰恰是为什么我们要在"一带一路"中强调文化的传播。

有数据表明，所有的发达国家文化创意产业的产值占该国 GDP 的 10% 以上。美国的文化创意产业更是占到其 GDP 的 25%。在全世界的文化创意产业份额当中，美国的文化创意产业产值占比高达 40%，每年的产值高达到 400 亿美元。而中国有着丰富的文化根基，博大精深的文明，每年的产值在 100 亿美元左右，美国是中国的 4 倍。美国的很多文化符号在中国是大家耳熟能详的，如可口可乐、圣诞节、麦当劳、肯德基、好莱坞、迪斯尼等，几乎渗透到我们生活的每个角落，甚至在知识生产的过程中，无不渗透着西方的影子。

"一带一路"要让各国主动接受，靠的就是文化的力量，用传播的力量去消除各个地区的文化鸿沟，让大家达到心灵的交流、理念的认同。而文化的交流更多应该是带有产业型的文化交流形态，在当代文化交流最直接、最彻底、最广泛的方式还是文化消费、文化贸易、文化创意产业。在某种意义上，"一带一路"的战略实施还得靠文化来带路，文化来搭台，过去叫文化搭台、经济唱戏，这样一个大理念在文化发展中也有其积极的意义。只有文化的认同感，中国才能真正获得世界各国的尊重。所以只有人心通才能实现真正的互联互通，只有文化的根基、文化的脉络根植到了世界的每一寸土地上，中华民族才能真正实现伟大的文化复兴。

3.2 "一带一路"倡议实施对沿线国家的意义

3.2.1 "一带一路"倡议实施对中蒙俄经济走廊的意义

习近平 2014 年 9 月 11 日在出席中俄蒙三国元首会晤时说，中国提出共建丝绸之路经济带倡议，把丝绸之路经济带同俄罗斯跨欧亚大铁路、蒙古国草原之路倡议进行对接，打造中蒙俄经济走廊，获得了俄方和蒙方积极响应①。这无疑对中蒙俄三国的经济发展具有重大的意义，是三国大战略上的默契。2008 年，俄罗斯政府批准了《2020 年前俄罗斯联邦社会经济长期发展构想》，同年蒙古国发布《基于千年发展目标的国家综合发展战略（2008-2021 年）》。而中国在 2012 年中共十八大报告提出了在 2021 年和 2049 年实现"两个百年奋斗目标"，应当说三国在经济发展上都有着长远的预期目标。

3.2.1.1 "丝绸之路经济带"与蒙古国对接的意义

中国与蒙古拥有长达 4676km 绵长的边界线，卓越的地缘优势就已经决定了两国经贸合作的相互依赖性。战略目标高度契合，良好的战略伙伴关系，相互依存的资源互补性，都为中蒙的现在及未来的经贸合作提供了新的机遇，主要表现在以下几方面。

（1）地缘优势为两国未来的经贸发展提供了较多的机会

根据中蒙双方于 2004 年 9 月 28 日签订的《中华人民共和国政府和蒙古人民共和国

---

① 习近平出席中俄蒙三国元首会晤 . http：//news. xinhuanet. com/world/2014- 09/111c _ 1112448718. htm [2016-04-29].

政府关于中蒙边境口岸及其管理制度的协定》，开放了二连浩特等 12 个边境口岸。近年来随着双边贸易发展，内蒙古自治区报批了巴格毛都、乌力吉口岸等。现在中蒙共有 18 个（包括北京、呼和浩特、海拉尔 3 个航空港，二连浩特公路、铁路 2 个口岸）口岸。这些口岸在两国经贸合作过程中，尤其是边贸合作中发挥着极其重要的作用。蒙古国虽然国土面积较大，但并没有出海口，距离蒙古最近的天津港现已成为蒙古国主要出海口，负责蒙古海上进出口贸易。中国制定了同蒙、俄两邻国优先发展的政策为中蒙两国的经贸往来奠定了良好的基础。

（2）资源的互补进一步促使了两国的经贸合作

中国虽是幅员辽阔的大国，但由于人口众多的事实使得人均资源占有量极少。蒙古国地广人稀，矿产资源相当丰富，已探明的就有 90 多种且多数资源的储量巨大，位居世界前列。由于蒙古缺乏资金和技术，致使对本国资源的开发有限，而中国却拥有与蒙古的毗邻优势及充裕的人力资源、资金、技术和广阔的消费市场，蒙古国渴望吸引外资以加快发展的思路正好与中国"一带一路"（丝绸之路经济带）倡议思想不谋而合。

（3）蒙古未来的经济发展也需要中国政府的支持

2014 年 8 月，习近平主席访问蒙古期间，两国一致决定将中蒙关系提升为全面战略伙伴关系，加强经贸、政治和安全伙伴关系。蒙古国的国家基础设施建设落后是蒙古国经济滞后的主要原因。近年来，蒙古国政府鼓励外商投资来改善本国基础设施落后的状况。2014 年中国对蒙古国投资达到 3.5 亿美元，占蒙古国总投资的一半，主要集中在修铁路、大桥、公路、厂房等项目，修建成果得到了蒙古国人民的认可与赞许，并且积累了丰富的在当地的施工经验，这些都为中蒙双方今后的贸易合作打下了坚实的基础。近几年，蒙古国正面临外国投资下滑、通胀加剧、失业率增加等诸多经济难题，同样渴望与中国在运输、能源、开采等投资领域达成更多新的合作。

3.2.1.2 "丝绸之路经济带"与俄罗斯"跨欧亚发展带"对接的意义

中俄两国经贸合作一直有着良好的基础。1991～2000 年，中俄两国每年贸易额在 50 亿～80 亿美元幅度内波动。从 2001 年开始，中俄两国贸易额开始快速增长。2001 年中俄两国贸易额达到 106.7 亿美元，2004 年达到 212 亿美元，2006 年达到 334 亿美元，2008 年达到 568 亿美元。由于受到全球金融和经济危机的影响，2009 年中俄贸易额大幅下降，为 388 亿美元，但在 2010 年中俄贸易额迅速回升，超过 2008 年中俄两国的贸易水平。

由于受西方各国的制裁，俄罗斯 2012 年将开发西伯利亚和远东确定为俄罗斯面临的重大战略性任务之一，希望将东西伯利亚和远东打造成亚太能源供应基地、粮食产业基地和木材产业基地，发挥欧亚运输走廊的作用。俄罗斯铁路公司总裁亚库宁提出了"跨欧亚发展带"构想，试图以石油和天然气生产和加工基地、新西伯利亚科学城为依托，以西伯利亚大铁路、东方石油管道、"西伯利亚力量"天然气管道为主干，吸引欧洲和亚洲国家的资金和技术，形成一系列高新技术产业集群，建成从欧洲大西洋到亚洲太平洋的交通、能源、电信一体化发展带，以此为抓手实现西伯利亚和远东最大限度的开发。

中国东北地区近年来经济下行、人口流失等问题引起了国家政府的高度重视。2003 年，中共中央和国务院联合发布了《关于实施东北地区老工业基地振兴战略的若干意见》，并为此专门成立了总理挂帅的国务院老工业基地调整改造领导小组，标志着东北振兴战略的启动。2007 年，国家发展和改革委员会和国务院联合发布《东北地区振兴规划》，计划经过 10～15 年的努力实现东北地区的全面振兴。国务院分别在 2009 年和 2014 年再次发布关于支持东北振兴的制度性文件——《关于近期支持东北振兴若干重大政策举措的意见》。2012 年，国家发展和改革委员会印发国务院批准的《东北振兴"十二五"规划》，要求经济发展再上新台阶。为进一步制订《东北振兴"十三五"规划》，2015 年 4 月李克强对东北地区经济面临的新情况和突出问题进行了考察，要求必须有效顶住下行压力，把稳增长、保就业、提效益作为要务，努力实现东北老工业基地全面振兴。

亚库宁的"跨欧亚发展带"对接"丝绸之路经济带"的建议得到了俄罗斯总统普京的高度支持，并在 2014 年 2 月回应习近平邀请俄罗斯参与"一带一路"建设时表示可以将俄罗斯的跨欧亚大铁路与丝绸之路经济带进行对接。两国高层关于"跨欧亚发展带"与"丝绸之路经济带"对接的默契无疑为中俄两国未来经贸的合作奠定了良好的基础。随后在 2015 年 5 月，两国元首签署的《中俄联合声明》进一步明确要求建立中国东北地区与俄罗斯远东及东西伯利亚地区地方合作理事会，加强区域性合作的规划统筹，推动两国毗邻地区的地方合作。

中俄两国在两大方面的合作有着非常好的发展前景。俄罗斯是一个能源大国，具有丰富的石油、天然气和煤炭资源。俄罗斯是世界石油和天然气主要出口国。中国是一个能源消费大国，每年从国外净进口石油达 2 亿多吨。开展中俄能源领域合作，对于俄罗斯可以开拓亚太地区能源市场，对于中国可以开辟新的能源进口来源。中俄能源合作既具有地缘优势，也符合中俄两国能源安全利益（刘清才和张海霞，2012）。中国在俄罗斯累计投资总额中占第四位。中国的资金主要是投向俄罗斯的加工生产、运输和通信、道路、桥梁建设以及房地产投资等。

3.2.2 "一带一路"倡议实施对中巴经济走廊的意义

中巴经济走廊是李克强于 2013 年 5 月访问巴基斯坦时提出的。初衷是加强中巴之间交通、能源、海洋等领域的交流与合作，加强两国互联互通，促进两国共同发展。中巴经济走廊起点在喀什，终点在巴基斯坦瓜达尔港，全长 3000km，北接"丝绸之路经济带"、南连"21 世纪海上丝绸之路"是贯通南北丝路的关键枢纽，是一条包括公路、铁路、油气和光缆通道在内的贸易走廊，也是"一带一路"的重要组成部分（China daily，2015）。

长期以来，中巴政治关系良好，经贸合作和人文交流不断推进，其成绩十分突出，有力地推动了双方经济发展。但也应该看到其中的问题，中巴之间交通不便，互联互通水平低，经济联系不够紧密。而加快建设中巴经济走廊，不仅有利于深挖两国经贸合作的潜力，进一步加强两国经济联系，促进人流、物流、资金流、信息流的形成，而且有利于加强产业合作，促进两国和地区经济一体化，推动共同发展，具有重要的战略意义，主要表现在以下几个方面。

3.2.2.1　维护双方的能源安全

中巴存在共同的问题，即能源资源缺乏，对国际能源的依赖日益增加，保障能源供应成为一个十分重要的问题。对巴基斯坦而言，国内石油、天然气不足，其天然气储量只有 200 万亿立方英尺[①]。随着巴基斯坦经济发展，对能源的需求逐渐增大。对中国而言，石油已多年依靠进口，进口路线主要是从中东、非洲以及东南亚地区经印度洋过马六甲海峡到中国沿海港口进入中国市场，其进口量一直占 80% 以上，由此它被称为中国海上石油运输的生命线。马六甲海峡拥挤、海盗猖獗，且由新加坡、马来西亚和印度尼西亚三国共管，安全系数较低，一些国家甚至提出要遏制中国崛起只需要直接扼住中国的能源咽喉——马六甲海峡。俄罗斯战略研究所专家沃尔洪斯基也称："这条起始于瓜达尔港、由中国援建和中国公司管理的运输走廊对于中国而言具有巨大意义，尤其是在美国于 2011 年年底宣布其外交政策向亚太地区进行战略转变之后。美国已经在澳大利亚的达尔文部署了自己的海军陆战队，在新加坡也部署了自己的军舰，现在他们可以轻而易举地封锁马六甲海峡以及通过其他海峡的替代路线。"[②]

建设中巴经济走廊，推进中巴能源合作，有利于中巴能源供应渠道多元化，缓解两国石油紧张状况，维护石油安全，促进经济共同发展。同时，从巴基斯坦瓜达尔港铺设到中国的能源通道可以将来自中东、非洲的石油和天然气通过巴基斯坦输往中国，这不仅意味着中国继中缅输油管道之后，又开通了一条不经马六甲海峡而从阿拉伯海直接输入能源的通道，而且可大大缩短中国进口油气的距离，节约时间成本[③]。此外，中巴经济走廊建设还可直接推动中国西部地区与海湾地区的联系与经贸往来，促进中国在南亚和中东地区的投资与双边关系的发展。

3.2.2.2　促使双方参与经济全球化

中巴经济走廊的建设会进一步加强互联互通，促使双方参与经济全球化的进程，同时可为中巴进一步加强经贸合作带来更多的机遇。它不仅可使巴基斯坦大量承接中国产业转移，吸引大批中国企业和人员，提升其经济发展水平，增强巴基斯坦在本地区的经济影响力，而且可为中巴进一步合作带来更多的机遇，并可通过中巴经济走廊将中东、非洲的石油、原材料运到中巴两国以满足本国市场需求；还可把双方的制成品运到邻近的中东、非洲等市场，从而做大做强中巴贸易，推进两国参与经济全球化和市场化进程。巴基斯坦总理称，建设中巴经济走廊，不仅可以惠及中巴两国，而且还可以使南亚地区，包括中国在内的 30 亿人民受益[④]。

---

① 1 立方英尺 ≈ 0.0283 立方米。

② 袁建民 . 2016. 中巴经济走廊的战略意义及应对策略——以新疆在"丝绸之路经济带"战略上的地位和作用为例 . 新疆社科论坛，(1)：25-36。

③ 瓜达尔深水港位于巴基斯坦西南部俾路支省，距全球石油供应波斯湾的咽喉要道——霍尔木兹海峡大约 400km，距离伊朗边境 72km，战略地位十分重要。

④ 《专访巴基斯坦总理：中巴经济走廊将使 30 亿人受益》. 环球时报，2013 年 6 月 30 日。

3.2.2.3　带动两国经济发展

对于中国而言，建设中巴经济走廊可使中国新疆货物到欧洲、非洲的距离缩短8000～10 000km，这不仅可为中国西部，特别是新疆，找到一条新的便捷的进入印度洋的通道，扩大其经济辐射力，加快实施西部大开发，而且有利于中国与巴基斯坦、中东等国家开展经贸合作和维护中国能源安全。

对于巴基斯坦而言，建设中巴经济走廊，吸引中国企业到巴西进行资源能源开发、基础设施建设、兴建产业园区、发展信息、生物、农产品加工等产业，不仅能为巴基斯坦人民提供更多的就业机会，增加收入，而且可降低巴基斯坦与中东、非洲的商品运输和贸易成本，促进经贸合作和人员往来，促进巴基斯坦经济社会发展；同时，还可扩大巴基斯坦经济辐射能力，将其影响迅速扩大到南亚、西亚地区。

3.2.2.4　进一步带动西部大开发，维护两国边疆社会稳定

中巴经济走廊建设是我国西部大开发战略的升级与递进，必将推进丝绸经济带战略快速健康实施。作为丝绸之路经济带战略的重要组成部分，中巴经济走廊不但便于南下印度洋，北进阿富汗和伊朗，深入地中海和中东地区，又能够东连吉尔吉斯斯坦与塔吉克斯坦等中亚五国，使中亚、西亚与南亚、东亚贯通联动。尤其是在巴基斯坦建设油气管道，将中东的石油直接输入到新疆南疆以及中国西部地区，打通一个更好、更便捷的能源战略通道，为全面改善我国西部经济发展环境提供外力支持。

此外，中国与巴基斯坦有600km共同边界，从地缘政治角度看，巴基斯坦对于我国维护新疆地区和平安宁，稳妥推进西部大开发战略，发展同中亚、西亚、南亚海湾国家的友好关系有重要意义，是中国与阿拉伯国家的重要桥梁与纽带，战略意义突出。由于边疆的经济都较为落后，巴基斯坦与中国新疆边境地区的社会安全形势都不够稳定。建设中巴经济走廊，对于促进两国边境的经济发展、产业转型升级与稳定具有重要的意义。

3.2.3　"一带一路"倡议实施对孟中印缅经济走廊的意义

孟中印缅经济走廊倡议是2013年5月国务院李克强访问印度期间提出的，得到印度、孟加拉国、缅甸三国的积极响应。该倡议对深化四国间友好合作关系，建立东亚与南亚两大区域互联互通有重要意义。

3.2.3.1　有利于中国周边外交政策的贯彻落实

中华人民共和国成立以来一直以和平的态度积极发展与周边国家的关系。冷战结束后，随着国际国内形势的变化，中国更加重视睦邻外交。中国共产党的历届代表大会和中国领导人在不同场合都专门提及了睦邻外交或者与周边国家的关系。近年来，在中美实力结构变动背景下，中国将周边外交提到了更高的地位。中共十八大报告指出："我们将坚持与邻为善，以邻为伴，巩固睦邻友好，深化互利合作，努力使自身发

展更好惠及周边国家。"可以看出，周边外交在中国外交格局中的地位越来越凸显，内涵也越来越丰富，把周边外交提高到了一个新的高度。

孟印缅三国是中国非常重要的邻邦，是中国全方位周边外交的重要组成部分，也是中国在新形势下打造周边外交战略支点国家的重要选择。加快孟中印缅经济走廊建设，为"走廊"内生产要素的自由流动创造条件，形成经济新的增长极，消除贫困，促进沿"廊"国家之间实现共同发展。

3.2.3.2 有助于加快西南地区的经济发展

（1）云南省

2009 年 7 月，胡锦涛在云南省视察时指出：要充分发挥云南作为我国通往东南亚、南亚重要陆上通道的优势，深化同东南亚、南亚和大湄公河次区域的交流合作，不断提升沿边开放的质量和水平，使云南成为我国向西南开放的重要桥头堡。"桥头堡战略"是对云南在中国对外开放格局中的最新战略定位。2012 年，中国中央政府正式出台了《国务院关于支持云南省加快建设面向西南开放重要桥头堡的意见》对云南"面向西南开放的重要桥头堡"的建设给予了详细的指导。其中，在"意义"部分指出"把云南省建设成为面向西南开放的重要桥头堡，有利于构建我国通往东南亚、南亚的陆路国际大通道"。孟中印缅经济走廊的建设有利于提升我国沿边开放质量和水平，进一步形成全方位对外开放新格局，加强与周边国家的互利合作，促进共同发展。

（2）四川省

孟中印缅经济走廊将为四川省的产业发展提供广阔的市场空间。根据孟加拉国统计局数据，孟加拉国居民收入主要用于生活必需品支出，恩格尔系数较大，随着经济持续增长，其国内对中低端工业产品的需求将更加旺盛。印度三邦（阿萨姆邦、西孟加拉邦、曼尼普尔邦）人口总量大，生活消费需求旺盛（部分中产阶级具有庞大的消费能力），市场总体需求规模巨大，毋庸置疑，印度三邦廉价而丰富的劳动力和庞大的消费市场将是国际投资者竞相角逐的价值洼地。缅甸的收入和消费水平相当低（戴梦雪，2014）。而中国四川与孟缅和印度东（北）部地区的消费市场互补性非常明显。相对于孟缅和印度东（北）部地区而言，四川收入水平、消费水平、城镇化水平等指标较高。不过，孟缅和印度东（北）部地区总人口数量大，拥有廉价而丰富的劳动力，近年来经济持续快速发展，市场总容量大，中低端产品市场需求旺盛，和四川消费差异性较为明显，形成较强的市场互补性。目前，四川的轻工产品、工程机械产品、消费电子产品在孟印缅具有很强竞争力。同时，四川对该地区的原材料初级产品的需求也在不断增长，随着孟中印缅经济走廊建设的推进，该地区将会为四川产业发展提供更加广阔的空间。

3.2.4 "一带一路"倡议实施对第二亚欧大陆桥的意义

新亚欧大陆桥，又名"第二亚欧大陆桥"，是从中国的江苏连云港市到荷兰鹿特丹港的国际化铁路交通干线，中国国内由陇海铁路和兰新铁路组成。大陆桥途经江苏、安徽、河南、陕西、甘肃、青海、新疆 7 个省（自治区），65 个地、市、州的 430 多个县、市，到中哈边界的阿拉山口出国境。出国境后可经 3 条线路抵达荷兰的鹿特丹港。中线与俄罗斯铁路友谊站接轨，进入俄罗斯铁路网，途经阿克斗亚、切利诺格勒、古比雪夫、斯摩棱斯克、布列斯特、华沙、柏林达荷兰的鹿特丹港，全长 10 900km，辐射世界 30 多个国家和地区。亚欧大陆桥陇海—兰新城市带主要城市有连云港、徐州、商丘、开封、郑州、洛阳、西安、宝鸡、兰州、乌鲁木齐等。

新亚欧大陆桥在促进我国经济以及加快我国与沿线国家和地区的经贸合作、科技交流等方面都发挥了巨大的推动作用，具有重要的意义，主要体现在以下几个方面。

3.2.4.1 促进西部地区的开发和开放

中国绝大多数的能源资源和矿产资源都分布在西部地区。然而，西部地区却没有将资源优势转化为经济优势，经济远远落后于东部地区。过去，西部地区主要向东开放而且与周边的国家贸易往来很少，经济体制上又存在"大而全，小而全"的不合理的产业组织结构，这些都极大地限制了西部地区的经济发展。新亚欧大陆桥的发展使得西部地区可以向东西双向开放，促进西部地区优势资源的大规模开发，提高资源利用的效率，改善产业结构，提高出口效益。同时，也有利于引进外资和国外先进的生产技术，提高产品的技术含量和附加价值，尽快使资源优势转变为经济优势，促进西部地区的经济从粗犷型向集约型转变。

3.2.4.2 促进中国东中部的经济发展

新亚欧大陆桥经济对于经济较发达的东中部来说，也有很深远的意义。首先，有利于东中部地区产业结构的调整。随着大陆桥经济的发展，东中部有了更好地与西部地区交流合作机会，从而有效避免由于地区产业结构趋同造成的资源浪费，而且也减少了调整产业结构的成本，有利于东中部地区制定正确的产业政策、资源政策、劳动力政策等。其次，东中部地区可以更充分地发挥资金和技术方面的优势，既支援了西部的经济发展，同时也为自己的资金和技术找到投资和发挥的场所，从长远看，对东中部经济的进一步高速发展是非常有利的。最后，新亚欧大陆桥的向西开放，为东中部地区加强与西亚以及欧洲的经济联系，引进先进的资金、技术是很有利的。

3.2.4.3 推动中国的国际经贸往来

新亚欧大陆桥西连经济、技术实力强大的欧盟经济区，中间有矿产资源和能源资源极为丰富的中亚各国，而东面有日本和韩国等。首先，新亚欧大陆桥经济有利于我国加快与中亚地区各国的经贸合作。中亚地区各国与中国的经济有较强的互补性，随着新亚欧大陆桥经济的发展，将会使合作向更宽、更深层面发展，包括工业、农业、畜牧业、资源矿产、能源等。特别是中亚的能源和矿产丰富，可以为中国经济更快、更好地发展提供有力支持。其次，新亚欧大陆桥经济的发展，对于加快中国与欧盟、日本等发达国家的经济、技术交流也有重要的推动作用。新亚欧大陆桥的开通，对于经济、技术发达的欧盟和日本具有强大的吸引力，他们非常需要这一人口众多、资源丰富的巨大市场，为本国经济的持续繁荣提供源源不断的营养。中国也应该充分利用这一机遇，通过沿桥开放，更好地吸收国际资金、技术和管理经验，加快经济发展。

3.2.4.4　有利于国家安全和民族团结

中国新亚欧大陆桥的西部地区与中亚和南亚多个国家接壤，疆域广阔，人口众多，在中国国防建设中占有非常重要的地位。国内外分裂分子、国际反华势力会利用中国西部地区偏远落后、人民生活贫困、消息传递慢等特点，煽动是非。包括新疆在内的边疆地区稳定问题一直是关系到整个中华民族团结的关键。另外，西部地区由于偏远落后，也常被国际犯罪组织所利用，这些都直接危及国家和人民的安定团结。陆桥的沿桥地区已经成为打击国际反华势力和分裂势力、国际国内犯罪组织的前沿阵地。因此，陆桥经济的发展必将提高我国的综合国力，对维护我国边境安全、捍卫祖国领土、加强民族团结等方面都有重大意义（苏畅，2008）。

3.2.4.5　有利于中国对外开放全面、深入发展

中国的对外开放经历了沿海、沿江、沿边开放的 3 个过程，而广大的西部地区的开放程度则相对落后，导致东西部地区的经济差距越来越大。新亚欧大陆桥在中国境内途经新疆、青海、宁夏、甘肃、陕西、山西、河南、安徽、江苏等省份，陆桥经济的发展必然带动陆桥沿线地区的开放和开发，对于西部的落后地区以及东部较发达地区的对外开放都有重要的推动作用。同时，经济全球化背景下，时代要求中国的东中西部都最大限度地参与社会分工、融入世界经济，新亚欧大陆桥的开发和开放起到了带动作用。

3.2.5　"一带一路"倡议实施对中西亚经济走廊的意义

中西亚经济走廊从新疆出发，抵达波斯湾、地中海沿岸和阿拉伯半岛，主要涉及中亚五国（哈萨克斯坦、吉尔吉斯斯坦、塔吉克斯坦、乌兹别克斯坦、土库曼斯坦）、伊朗、土耳其等国。"一带一路"倡议实施对中西亚经济走廊的意义主要表现在建立优势互补、合作共赢的经贸关系。

中亚的油气资源丰富，矿藏种类繁多、储量大，其中，哈萨克斯坦的铬铁矿探明储量居世界第三，乌兹别克斯坦的天然气、黄金和铀矿开采量分别居世界第十一、第九、第五位，塔吉克斯坦的铅、锌矿储量以及土库曼斯坦的石油、天然气储量均居世界前列。西亚号称"世界石油宝库"，是世界上石油储量最丰富、产量最大、出口量最多的地区，所产石油 90% 以上供出口，主要出口到美国、西欧和日本，其中，沙特阿拉伯、伊拉克、伊朗分别是我国第一、第三、第五大原油供应国。中亚和西亚不仅是全球重要的能源输出国，还是东西方文化交流的要道，西亚的霍尔木兹海峡、曼德海峡是沟通大西洋和印度洋的交通纽带，战略地位十分显要。但多数中亚西亚国家则面临着相似的问题，即基础设施不完善，国内经济发展遇掣肘。中亚和西亚地区内的国家还没有形成良好的水电输送网络，导致水电匮乏的国家经常面临缺水、缺电等问题。交通运输方式存在布局不平衡、建设不完善问题，如中亚的乌兹别克斯坦、土库曼斯坦尚无高速公路，西亚的阿曼、阿联酋没有铁路。通信设施覆盖率低、港口运转能力有限、航空线辐射世界不足等也是中亚、西亚国家基础设施存在的问题，严重制约了

国内经济的发展①。中国是油气的进口大国，可以利用中亚油气资源丰富的优势，建立良好的合作关系。而中国的产业可以向中亚西亚地区进行转移，提升优化他们的产业结构，并在基础设施建设上给予投资。

此外，在文化上与某些国家也有着相似之处，容易产生经济上的默契。例如，与中国文化最接近的是阿联酋，其次是科威特，与中国文化差异大的是土耳其、以色列和约旦。

3.2.6 "一带一路"倡议实施对中南半岛经济走廊的意义

中南半岛经济走廊东起珠江三角洲，沿南广高速公路、南广高铁，经南宁、凭祥、河内至新加坡，将以沿线中心城市为依托，以铁路、公路为载体和纽带，以人流、物流、资金流、信息流为基础，加快形成优势互补、区域分工、联动开发、共同发展的区域经济体，开拓新的战略通道和战略空间。

3.2.6.1 有利于维护中国资源运输安全

中国与中南半岛的陆地运输体系包括铁路、公路与水运，其中，铁路构成了中国资源运输安全的基本保障，而中缅油气管道也构成了我国能源运输通道的一部分。中南经济合作中连通印度洋的铁路大通道是泛亚铁路建设的一部分（李平，2012）。在半岛中部，中国从中南半岛打通印度洋的铁路是从云南出发，连接老挝，进而与泰国发达的铁路网连接，或直接到泰缅港口，或经马来西亚南下直至新加坡。在中南半岛的东部，云南与广西是中国从陆地贯通印度洋的两个方向。昆明至越南的铁路包括昆明—玉溪，玉溪—蒙自，蒙自—河口铁路，预计在年内可全线通车，广西至越南的铁路也已初步形成南、中、北三线，可从南宁至越南的河内、海防等地。应当说铁路通道建设是一种铁、铜、铝、石油等战略资源的综合运输体系。

而中缅油气管道建设可以直接缓解中国对马六甲石油运输的过度依赖。中缅油气管道是继中亚油气管道、中俄原油管道、海上通道之后的第四大能源进口通道。它包括原油管道和天然气管道，可以使原油运输不经过马六甲海峡，从西南地区输送到中国。中缅原油管道的起点位于缅甸西海岸的马德岛，天然气管道起点在皎漂港。2013 年 9 月 30 日，中缅天然气管道全线贯通，开始输气。2015 年 1 月 30 日，中缅石油管道全线贯通，开始输油。虽然中缅油气管道运量较小，但在支援中国大西南的经济建设中也必有重要作用，更重要的是可以以此为契机，带动中南经济合作的能源管道建设，建设东西走向横跨中南半岛，直通越南，再至中国沿海石化中心的大规模油气输送设施。综上所述，以跨半岛陆路运输体系的战略功能而言，虽然尚无法替代马六甲的战略航运，但依然构成了我国确保资源运输安全的一大备选项和重要依托，尤其在平时与战时，经济与安全等方面有多种益处。两者可以构成一个彼此衔接、优势互补的海陆联运体系，为国家提供了多元丰富的战略手段，以应对各种"超出预期"或"难以预料"的战略不确定性。

---

① http://mt.sohu.com/20150611/n414804495.shtml.

3.2.6.2 有利于维护南海地区的稳定

东向南海，维护地区稳定，是中南经济合作的另一大地缘战略意义。中南半岛经济走廊的建设有助于中国、马来西亚经济的互惠互利，可成为进一步限制南海争端的扩大、升级的重要因素，其有利于越南与马来西亚在纠纷中保持克制，推动了中越、中马在安全紧张中寻求政治妥协。中越、中马军事实力的巨大差距与地区经济合作都是限制南海争端升级的基本因素。但通过经济相互依赖维护地区稳定，显然更符合东亚地区的潮流，也可规避依凭硬实力招致的安全困境，尽管经济手段远不如军事力量高效，更无法替代军力在阻遏各争端国挑衅中的作用。

为维护经济相互依赖的大局，泰、柬、老等国家更加接近中国反对区域外国家介入南海问题的立场，这直接有助于消解区域内外国家对我国的联合制衡，缓解地区安全紧张。泰、柬、老等国出于地区经济发展的考虑，认识到中国的和平方式最有利于地区经济繁荣的大局，所以更加接近、同情和支持中国以和平方式解决南海问题的立场，对区域外大国介入南海持谨慎态度。在区域外国家力图以多边制度约束中国的情况下，泰、柬、老等国也成为中国应对区域内外国家"制度均势"的战略伙伴。

中南经济合作在我国维护南海地区稳定中发挥着愈益重要的作用。它有利于中国发展"软"性的政策手段控制日益复杂的南海局势。虽然经济手段不能替代军事手段，军事实力依旧是和平稳定的根本保障，但随着东亚一体化的发展，各国相互依赖的加强，"战而胜之"已并非最优选择。在建设强大海军之外，通过中南经济合作，扩大我国的道义感召，引导国际舆论无疑是遏制战争、维护国家利益的有效手段。

参 考 文 献

冯宗宪 . 2014-10-20. "一带一路"构想的战略意义 . 光明日报，4.

葛剑雄，胡鞍钢，林毅夫，等 . 2015. 改变经济地理的一带一路，上海：上海交通大学出版社 .

戤梦雪 . 2014. 孟中印缅经济走廊建设与中国四川的产业发展机遇 . 南亚研究季刊，(2)：90-96.

李大陆 . 2012. 中国与中南半岛国家经济合作的地缘战略意义 . 兰州学刊，(12)：181-186.

李庚伦 . 2014. 国家治理面临的挑战和发展 . 贵州民族研究，(1)：1-4.

李平 . 2012. 大湄公河次区域（GMS）合作 20 年综述 . 东南亚纵横，(2)：3.

刘清才，张海霞 . 2012. 中俄两国经贸关系发展现状及其广阔前景 . 东北亚论坛，21（3）：19-27.

人民日报 . 2015-05-09. 中华人民共和国和俄罗斯联邦关于深化全面战略协作伙伴关系、倡导合作共赢的联合声明 . 人民日报，第 2 版 .

世界银行 . 2009. 2009 年世界发展报告：重塑世界经济地理（中文版）. 北京：清华大学出版社 .

苏畅 . 2008. 新亚欧大陆桥的优势及在我国经济发展中的作用 . 唯实，(11)：60-61.

徐博，庞德良 . 2014. 增长与衰退：国际城市收缩问题研究及对中国的启示 . 经济学家，(4)：5-13.

张洁 . 2016. 中国周边安全形势评估（2016）——"一带一路"：战略对接与安全风险 . 北京：社会科学文献出版社 .

朱贤佳 . 2015-02-26. 中韩自贸区破茧为"一带一路"双边合作树样本 . http：//news. xinhuanet. com/fortune/2015-02/26/c_127518895. htm［2016-04-26］.

Chinadaily. 2015. 中巴经济走廊建设成为新疆发展强大引擎 . http：//news. xinhuanet. com/world/2014-09/11/c_1112448718. htm［2014-09-11］.

中篇

中国与主要区域经贸与技术合作的基础、态势与前景

4　俄罗斯、蒙古和中亚国家

　　中国与俄罗斯、蒙古、中亚国家在地理环境上是一个整体，生态环境格局复杂多样，气候条件和生态环境相互影响、相互制约。随着全球化、国际化趋势的不断增强，国与国之间、国家与区域之间在能源、资源、科技、军事、政治、经济等各个方面的合作都在不断加强。中国是亚欧大家庭的一员，中国的发展与亚欧的整体发展密不可分。中国提出的"一带一路"倡议得到沿线国家积极响应，已成为兼顾各方利益、反映各方诉求的共同愿望。2015 年 3 月底公布的《推动共建丝绸之路经济带和 21 世纪海上丝绸之路的愿景与行动》中，俄罗斯和蒙古、中亚国家分别是"一带一路"六大经济走廊中的中蒙俄经济走廊、中西亚经济走廊的核心国家，也是"一带一路"沿线国家投资最优区域之一，中国与俄罗斯、蒙古和中亚国家资源、能源、旅游、基础设施、城市建设、优势产能合作等领域互补性强，相互需求紧迫。

4.1　中国与俄罗斯经贸合作基础、态势和前景

4.1.1　区域自然地理现状

4.1.1.1　俄罗斯地域辽阔，横跨欧亚大陆，濒临三大洋

　　俄罗斯位于 30°E ~ 180°E，50°N ~ 80°N，地跨欧亚两洲，位于欧洲东部和亚洲大陆的北部，其欧洲领土的大部分是东欧平原，北邻北冰洋，东濒太平洋，西接大西洋，东西最长约为 9000km，南北最宽约为 4000km。俄罗斯国土总面积约为 1709.82 万 km²，约占世界陆地总面积的 30.8%。陆地邻国西北面有挪威、芬兰，西面有爱沙尼亚、拉脱维亚、立陶宛、波兰、白俄罗斯，西南面是乌克兰，南面有格鲁吉亚、阿塞拜疆、哈萨克斯坦，东南面有中国、蒙古和朝鲜。东面与日本和美国隔海相望。俄罗斯北部的北冰洋沿岸海上边界约为 19 724km，东部太平洋海岸的海上边界约为 16 998km。

4.1.1.2　俄罗斯地形以平原和高原为主

　　俄罗斯地势总体呈现南高北低，东高西低。

　　1）俄罗斯西部几乎为东欧平原，向东为乌拉尔山脉、西西伯利亚平原、中西伯利亚高原、南西伯利亚和东西伯利亚山地、太平洋沿岸山地等。西南耸立着高加索山脉。

俄罗斯70%的土地是平坦辽阔的平原，以乌拉尔山为界，大约分为东欧平原和西西伯利亚平原两部分。

2）俄罗斯东部多高原和山地，主要有中西伯利亚高原、南西伯利亚山地、东西伯利亚山地和远东山地。

俄罗斯东欧平原面积约400万 km²，为世界著名平原。西伯利亚平原地势低平，河网密布。中西伯利亚高原面积约150万 km²，海拔500～1500m，为世界最大高原之一。乌拉尔山南北蜿蜒2000多 km，是欧亚两洲分界线的一部分，最高峰厄尔布鲁士山海拔5642m。

4.1.1.3　俄罗斯气候多样，以温带大陆性气候为主

俄罗斯大部分地区处于北温带，以温带大陆性气候为主。

1）从北到南依次为极地荒漠、苔原、森林苔原、森林、森林草原、草原带和半荒漠带。

2）从西到东大陆性气候逐渐加强，冬季严寒漫长。

3）北冰洋沿岸属苔原气候，太平洋沿岸属季风气候。1月平均温度为−35～1℃，7月平均温度为11～27℃。最寒冷的地方在雅库特东部，西伯利亚和远东许多地方有多年冻土。

4）西伯利亚地区纬度较高，气候寒冷，冬季漫长，但夏季日照时间长，气温和湿度适宜，利于针叶林生长。

4.1.2　区域自然资源现状

俄罗斯拥有世界最大储量的矿产和能源资源，是最大的石油和天然气输出国。俄罗斯的矿产能源资源空间分布不均。俄罗斯油气资源主要分布在西伯利亚，远离国内石油天然气的主要消费中心。金属、非金属矿产资源和大中型多金属矿区集中于俄远东与西伯利亚地区。总体上，俄罗斯自然资源分布的区位特点是远离交通线和人口密集地区，开发条件差，运输距离长。

4.1.2.1　矿产资源

俄罗斯的矿产储量在世界上占有重要地位（表4-1）。据估计，天然气探明储量约占世界探明储量的32%，石油约占12%～13%，煤约占12%，铁约占27%，镍约占27%，铅约占12%，锌约占16%，钴约占20%，锡约占27%，铂约占12.5%，钯约占31.4%，铌约占35%，钽约占80%，钇约占50%，锂约占28%，铍约占15%，锆约占12%，金约占8%，金刚石约占30%。此外，钾盐的探明储量居世界首位，磷灰石和磷块岩占第二位。

俄罗斯远东地区已发现和探明储量的矿物有70多种，包括贵重金属资源、黑色金属资源和有色金属资源等。另外，西伯利亚铅和铂的储量约占俄罗斯的85%、碳和钼约占80%、镍约占71%、铜约占69%、银约占44%、黄金约占40%。另外，其钻石资源也很丰富。位于西伯利亚东部地区的一个直径超过100km的陨石坑内，钻石矿储

量超过万亿克拉，能满足全球宝石市场3000年的需求。科学家们表示，这个被称为"珀匹盖"（Popigai）的陨石坑的历史超过3500万年，它下面的钻石储存量是全球其他地区钻石储量之和的十倍。

表4-1 俄罗斯一些重要矿产的储量和资源量

矿种	单位	探明储量		预测资源量	主要分布地区
		数量	平均品位		
石油	亿t	202		155	西西伯利亚、伏尔加河流域、北部经济区
天然气	万亿m³	47.6		84.5	西西伯利亚、伏尔加河流域、北部经济区
煤	亿t	2000		44 500	西西伯利亚、东西伯利亚、远东
铀	万t（铀）	20～25		100	东西伯利亚
铁矿	亿t（矿石）	566	35.9%		中部经济区、西伯利亚、远东
锰矿	亿t（矿石）	1.49	20.1%	8.41	西西伯利亚、乌拉尔
铬矿	百万t（矿石）	13.49	28.3%	486	乌拉尔
金	t（金属）	8100			东西伯利亚、远东
铜	亿t（金属）	0.633		0.633	东西伯利亚、乌拉尔
铅	百万t（金属）	13.962		12.95	布里亚特共和国、阿尔泰边疆区、滨海边疆区、克拉斯诺亚尔斯克边区
锌	百万t（金属）	4.653 8		38.1	布里亚特共和国、阿尔泰边疆区、滨海边疆区、克拉斯诺亚尔斯克边区
锡	百万t（金属）			2.196	远东
铝土矿	亿t（矿石）	9.3		2	乌拉尔
钛	亿t（TiO₂）			10.963	
钨	亿t（矿石）	8.14	0.09%	125.7万t（WO₃）	东西伯利亚、滨海边疆区
锑	万t（金属）	23.7	9.9%～24%		萨哈雅库特共和国
钼	百万t（金属）		0.069%	2	东西伯利亚、卡巴尔金诺—马尔卡尔共和国
镍	百万t（金属）			25.58	泰梅尔自治区、穆尔曼斯克州
钴	万t（金属）			59.3	
钇族稀土	百万t	1.5			北部经济区、东西伯利亚、远东
磷酸盐	亿t（P₂O₅）	9.82			西北经济区、中部经济区、伏尔加—维亚茨基经济区
钾盐	亿t（K₂O）	35.09			伏尔加河流域
建筑石材	亿m³	296			
水泥原料	亿t	147.02			
萤石	百万t（CaF₂）	31.6	39%	139.6	东西伯利亚、远东

4.1.2.2 能源资源

俄罗斯能源主要有煤（库兹巴斯）、石油（秋明油田、第二巴库油田）、天然气。石油探明储量82亿t（2009年数据），占世界探明储量的4%～5%，居世界第八位。天然气已探明蕴藏量为48万亿m³，占世界探明储量的1/3强，居世界第一位。

（1）石油

目前俄罗斯境内有3个主要的大型石油基地：西西伯利亚、伏尔加—乌拉尔和季曼—伯朝拉。

1）西西伯利亚石油基地是世界上最大的石油气田，位于西西伯利亚平原，面积约350万km²。俄罗斯70%的石油开采是在西西伯利亚境内。西西伯利亚石油气田的石油具有低含量的硫（不到1.1%），石蜡（小于0.5%），高含量的汽油馏分（40%～60%），高含量的挥发性物质。主要油田包括汉特—曼西斯克自治区的萨莫特洛尔（可采储量27亿t）、秋明州和托木斯克州等地区的梅吉翁、乌斯季—巴雷克、沙伊姆、斯特列热沃伊。

2）伏尔加—乌拉尔石油基地是俄罗斯第二大石油气田。油田位于俄罗斯欧洲地域的东部。石油矿层位于1600～3000米深度，比西西伯利亚油田更接近地表，这在一定程度上降低了钻井的成本。伏尔加—乌拉尔地区石油产量的24%提供给俄罗斯。

3）季曼—伯朝拉石油基地是俄罗斯第三大石油气田。油田位于科米共和国、阿尔汉格尔斯克的涅涅茨自治区境内，与伏尔加—乌拉尔油气区的北部接壤。季曼—伯朝拉石油产区提供的石油大约占俄罗斯石油的6%。季曼—伯朝拉石油的特点是性状与成分的多样性，石油开采条件复杂，高含量的石蜡和硫导致设备折旧增加。

4）远东地区的石油和天然气主要集中在萨哈共和国和萨哈林州两大油气盆地。萨哈共和国油气田的勘探工作已初步完成，但目前还没有进行大规模的工业开采。萨哈林州周围的大陆架蕴藏的石油和天然气资源采用租让方式吸引外国投资者开采。

5）俄罗斯太平洋和北冰洋大陆架海域石油具有巨大开发潜力。

（2）天然气

俄罗斯天然气约占世界天然气储量的1/3，潜在储量估计为160万亿m³。其中，欧洲部分约占11.6%、东部地区约占84.4%、内海大陆架约占0.5%。俄罗斯90%以上的天然气产自西西伯利亚，西伯利亚天然气储备达到14万亿m³左右。其中，有87%的天然气在亚马尔—涅涅茨自治区，最大的气田位于乌连戈伊、扬堡、扎波利亚尔、梅德韦日耶等地区。

俄罗斯主要天然气产区分布在乌拉尔地区的奥伦堡天然气凝析气田（产量约占全俄的3%）、北部地区的武克特尔气田。其他天然气资源分布在伏尔加河下游的阿斯特拉罕凝析气田，北高加索地区的北斯塔夫罗波尔、库班—亚速海气田，远东地区的乌斯季—维柳伊、萨哈林岛的通戈尔。

（3）煤炭资源

俄罗斯煤炭资源储量丰富且分布不均衡。东部地区煤炭储量份额约占全国煤炭储量的93%（其中，远东地区储量约占全俄总量的11%），欧洲部分约占全国储量的7%。库兹涅茨克、伯朝拉、坎斯克—阿钦斯克、南雅库特是俄罗斯主要煤矿区。

4.1.2.3 森林资源

俄罗斯拥有世界最大的森林储备（约占世界的20%）。其中，西伯利亚是全球最大的林区之一，森林资源面积为4.717亿 hm^2，总木材储量为479亿 m^3，占俄罗斯储量的57%。

1）俄罗斯亚洲部分的森林资源主要集中在北极圈以南的地区。其中，远东地区森林覆盖面积为278亿 hm^2，是俄罗斯最富饶的林区。这里的贵重树种储量在俄罗斯名列第一，其中，冷杉和云杉是生产纸浆和纸张的最好原料。

2）俄罗斯欧洲部分的森林资源主要分布在西北地区，其他地区较少。

3）南方联邦区森林资源最少，森林面积仅为全国的0.56%。

俄罗斯森林可开采潜力大，森林资源开发能力远不能满足森林开采需求。这一点正好与我国形成很好的互补性，中俄森林资源合作前景十分广阔。

4.1.2.4 水资源

（1）河流

俄罗斯全国共有260万条河流，总长度达840万 km。大多数河流流入北冰洋（64%）和太平洋（27%）。俄罗斯大型河流数量为214条，拥有世界上50个最大河流流域中的7个流域：叶尼塞河、鄂毕河、勒拿河、阿穆尔河（黑龙江）、伏尔加河、顿河、乌拉尔河（表4-2）。

表 4-2　俄罗斯最大的河流

河流	河流长度 /km	流域面积 /km²	汇水流域河流的数量	河网密度 /(km/km²)	年平均径流量 /km³
叶尼塞河（包括安哥拉河）	3 844	2 580	201 454	0.45	635
鄂毕河	3 676	2 990	161 455	0.25	405
勒拿河	4 337	2 490	242 496	0.42	537
阿穆尔河	2 855	1 855	172 233	0.56	378
伏尔加河	3 694	1 360	150 717	0.42	238
顿河	1 870	422	13 012	0.21	25.5
乌拉尔河	2 530	233	8 474	0.22	7.8

（2）湖泊

俄罗斯境内有270多万个湖泊，水域总面积约400km²。98%湖泊为面积小于1km²和水深1~1.5m的小型湖泊。约96%的湖水储量集中在俄罗斯八大湖泊中（表4-3）。全国湖水的95.2%（超过23 000km³）位于贝加尔湖。贝加尔湖是世界上最深的湖泊，其最大深度为1637m，平均深度为731m。水体干净清澈，透明度可深达40m，主要水体的水质优良，是地球淡水的战略储备。湖泊和周围自然区是独特的生态系统，具有自然保护的重要价值和科学进化的重要意义。俄罗斯联邦法《关于贝加尔湖保护法》规定："贝加尔自然区面积为386 000km²，包括3个功能生态区。该湖泊及其周围地区是世界遗产的重要组成部分。当前和未来贝加尔湖保护工作是一项重大的环境保护任务，是贝加尔地区可持续发展的必要条件。"

表4-3　俄罗斯最大的淡水湖

湖泊	流域	面积/km²		最大深度 /m	水量体积 /km³
		集水面积	水面面积		
贝加尔湖	安哥拉—叶尼塞河	571 000	31 722	1 642	23 615
拉多加湖	涅瓦河	276 000	17 872	228	838
奥涅加湖	斯维里—涅瓦河	62 800	9 693	120	292
泰梅尔湖	下泰梅尔河	43 920	4 560	26	12.8
汉卡湖	阿穆尔河（黑龙江）	20 100	4 190	10.6	18.5
楚德—普斯科夫湖	纳尔瓦河	47 800	3 555	15.3	25.07
恰内湖	鄂毕—额尔齐斯河间区域	23 600	1 294	8.5	
伊尔门湖	沃尔霍夫—涅瓦河	67 200	1 100	4.25	

4.1.3　经济发展现状

4.1.3.1　经济总量不大，经济增长速度较快，受国际石油价格影响大

1991年年底，苏联解体，独立的俄罗斯联邦共有1万亿卢布内债和近1000亿美元外债。2005年俄罗斯GDP已达21.67万亿卢布，约合7700多亿美元，其人均GDP也超过5300美元。2014年俄罗斯GDP已达58.75万亿卢布，约合9600多亿美元（俄罗斯联邦统计年鉴2015年数据换算）。

俄罗斯经济受国际原油价格影响显著。受全球原油供过于求和全球经济增速放缓抑制原油需求影响，全球油价的持续走低致使俄罗斯经济受到严重打击。以2014年为例，俄罗斯石油出口量从2013年度的2.366亿t降至2.234亿t，油价整体下跌，致使俄罗斯出口额减少1080亿美元。

俄罗斯联邦主体及8个大区的GDP呈现缓慢增长趋势，近些年增速明显降低，经济运行态势放缓（表4-4和表4-5）。

表4-4　2000～2014年俄罗斯及各联邦管区GDP年平均增长率（%）

时段	2000～2005年	2006～2010年	2011～2014年
联邦主体	25.7	13.8	9.0
中央联邦管区	27.8	14.0	9.0
西北联邦管区	25.5	15.7	7.3
南部联邦管区	23.2	18.3	12.2
北高加索联邦	27.3	18.2	14.2
伏尔加沿岸联邦管区	22.0	12.9	9.2
乌拉尔联邦管区	29.0	8.3	8.2
西伯利亚联邦管区	23.2	14.0	8.3
远东联邦管区	21.8	20.6	8.4

资料来源：历年俄罗斯联邦统计年鉴

表 4-5 2000～2014 年俄罗斯及各联邦管区人均 GDP 年平均增长率（%）

时段	2000～2005 年	2006～2010 年	2011～2014 年
联邦主体	26.0	13.8	8.8
中央联邦管区	27.9	13.8	8.7
西北联邦管区	26.4	15.9	6.9
南部联邦管区	23.6	18.2	11.9
北高加索联邦	23.1	17.1	13.5
伏尔加沿岸联邦管区	22.8	13.3	9.3
乌拉尔联邦管区	29.7	8.3	7.8
西伯利亚联邦管区	24.2	14.3	8.2
远东联邦管区	23.1	21.2	8.7

4.1.3.2 经济发展区域不平衡，呈现西高东低和北高南低特点

俄罗斯经济发展存在由西向东递减的梯度，而人均富裕程度存在北高南低分异格局。俄罗斯广大远东地区经济密度较低，小于 5 万美元/km²，人均 GDP 大于 0.3 万美元。

2005 年，俄罗斯国内人均 GDP 最高值和最低值地区之间的差距达到了 35 倍。在 2013 年，由于收入再分配的联邦政策，地区间差距减少了 50%。秋明州、萨哈林州、马加丹州、雅库特、楚科奇自治区、鞑靼斯坦共和国、克拉斯诺亚尔斯克、莫斯科和圣彼得堡是俄罗斯人均地区生产总值最高的地区。这与产业结构具有显著的相关。

1）人均 GDP 最高的莫斯科、圣彼得堡和莫斯科州，其原因是该地区集中了大部分的国内大公司总部，主要经济部门呈现高度集中化。

2）油气资源丰富和工业发达地区人均 GDP 处于第二梯度。包括蕴藏石油天然气的秋明州、鞑靼斯坦共和国和巴什科尔托斯坦共和国、斯维尔德洛夫斯克州及克拉斯诺达尔边疆区和克拉斯诺亚尔斯克边疆区等工业地区。上述区域一个显著的特点是2000～2012 年主要面向出口的高比例资源型产业继续发展。

3）产业水平较低地区的人均 GDP 处于最低水平。包括北高加索各共和国、图瓦和伊万诺沃州，布良斯克州、普斯科夫州及西伯利亚图瓦、阿尔泰和北高加索联邦区的印古什、卡拉恰耶夫—切尔卡西亚。

4.1.3.3 产业结构不够合理，处于工业化中期阶段

2013 年俄罗斯第一产业增加值占比 3.9%，第二产业增加值占比 36.3%，第三产业增加值占比 59.8%。依据钱纳里模型，俄罗斯处于工业化中期阶段。对经济发展起主要作用的制造业部门包括非金属矿产品、橡胶制品、木材加工、石油、化工、煤炭制造等部门，2013 年俄罗斯联邦各联邦区不同产业占 GDP 的比例见表 4-6。俄罗斯工业、科技基础雄厚，但结构不合理，重工业发达，轻工业发展缓慢。

表4-6　2013年俄罗斯联邦各联邦区不同产业占GDP的比例（%）

地区	农业、狩猎及林业	渔业	矿产资源开采加工	加工业	水电气生产	建筑业	批发和零售贸易及个人车辆维修等	旅馆与餐饮业
俄罗斯联邦	4.2	0.2	10.8	17.4	3.9	6.8	18.0	1.1
中央联邦管区	2.8	0.0	0.7	17.5	4.2	5.1	26.3	1.0
西北联邦管区	2.0	0.7	7.1	19.9	4.1	7.4	15.3	1.1
南部联邦管区	10.1	0.1	3.2	15.1	3.1	13.9	16.7	1.9
北高加索联邦	13.8	0.1	0.8	8.6	3.5	11.0	20.5	3.6
乌拉尔联邦管区	2.1	0.0	34.8	13.5	3.2	6.6	11.1	0.9
西伯利亚联邦管区	5.7	0.0	12.5	19.1	4.1	5.7	12.0	0.9
远东联邦管区	3.0	2.4	26.5	5.4	4.2	6.8	11.0	1.0

地区	运输与通信	金融业	房地产交易、租赁和服务	公共管理和社会保险及军事安全	教育	卫生和社会服务	其他社会和个人服务
俄罗斯联邦	10.0	0.5	12.0	5.8	3.4	4.3	1.6
中央联邦管区	9.6	0.9	17.0	5.9	2.9	3.8	2.3
西北联邦管区	12.1	0.3	13.3	5.9	3.7	5.3	1.8
南部联邦管区	10.8	0.3	8.3	6.3	3.8	4.9	1.5
北高加索联邦	7.2	0.2	4.3	11.7	6.4	6.7	1.6
乌拉尔联邦管区	9.6	0.2	8.3	3.4	2.4	3.1	0.8
西伯利亚联邦管区	11.4	0.3	10.2	7.1	4.5	5.1	1.4
远东联邦管区	13.3	0.2	6.9	8.7	4.2	5.0	1.4

西伯利亚在国家的工业生产中起着重要的作用。目前西伯利亚地区人口占俄罗斯人口的20%，工业生产的份额占到了俄罗斯25%左右。整体上西伯利亚联邦区地区生产总值的工业份额为40.3%，高于全国工业比例水平。西伯利亚工业部门主要包括：能源资源/天矿产资源的开采、电力/天然气和水的生产、纸浆和造纸、化工、焦炭产业、石油产品和冶金产业。

4.1.3.4　燃料动力工业、机械装备制造工业、黑色冶金工业和有色冶金工业占工业主导地位

（1）能源动力综合体

燃料动力工业约占俄罗斯国内地区生产总值的25%，约1/3的工业生产量，50%的联邦预算收入、出口和外汇收入。西伯利亚的采矿业中燃料和能源矿产所占的比例较高。在西伯利亚专业化开采能源原料地区，燃料和能源矿产比例超过90%。例如，2012年西伯利亚联邦区燃料和能源矿产占采矿业的平均比例约为88.7%。其中，托木斯克州、秋明州、鄂木斯克州、克麦罗沃州的比例分别约为99.6%、99.9%、96%、96.2%。

（2）机械装备制造

全俄罗斯经济活动分类手册将机械装备制造部门分为三类：机械和生产设备的生

产部门、电气设备和电子光学设备生产部门、交通工具和其他设备的生产部门。

2013 年俄罗斯机械装备制造业的生产总量大概为 6 万亿卢布（俄罗斯统计年鉴，2014）。1990 年俄罗斯机器制造业经历了生产的严重衰退，从 1999 年开始才出现增长态势。在随后的 10 年间（直到 2008~2009 年的经济危机），机器制造业部门具有较高且稳定的增长速度（表 4-7）。

表 4-7　俄罗斯联邦区机械装备制造业产品（2013 年）

俄罗斯联邦管区	产品产值比重/%	产值/亿美元
中央联邦管区	31	580
伏尔加沿岸联邦管区	26	500
西北联邦管区	21	40
乌拉尔联邦管区	8	140
西伯利亚联邦管区	7	130
南方联邦管区	4	70
远东联邦管区	2	50
北高加索联邦管区	1	10
共计	100	1 880

俄罗斯现代装备制造产业中的航空航天工业发达，处于国际先进水平。①俄罗斯航空工业要分布在西伯利亚和远东的新西伯利亚、伊尔库茨克、共青城、库梅尔套、乌兰乌德、阿尔谢尼耶夫及俄罗斯欧洲部分下诺夫哥罗德、喀山等。②航天工业宇宙火箭技术研究中心分布在莫斯科及其周边城市（科罗廖夫、希姆基、列乌托夫、茹科夫斯基等）。③重型军事火箭及其专用的多级火箭工业分布在俄罗斯欧洲部分城市，如沃特金斯克、沃罗涅日、萨马拉，以及乌拉尔地区米阿斯、兹拉托乌斯特和西伯利亚地区的克拉斯诺亚尔斯克。

（3）黑色冶金工业和有色冶金工业

黑色冶金工业和有色冶金工业都属于冶金综合体。在俄罗斯国家工业生产结构中，冶金综合体排在第三位；在国家出口方面仅次于燃料资源，居于第二位。

俄罗斯有三个主要的黑色冶金工业基地：乌拉尔冶金基地、中央冶金基地、西伯利亚冶金基地。①乌拉尔冶金基地——国内最老并且最大的黑色冶金工业中心。马格尼托戈尔斯克、车里雅宾斯克、下塔吉尔、叶卡捷琳堡是乌拉尔冶金工业的中心。②中央冶金基地——主要以露天开采的方式进行开采，有大型企业——切列波维茨冶金联合公司和新利佩茨克冶金联合公司。③西伯利亚冶金基地。主要有两个大型的冶金企业——库兹涅茨克冶金联合公司和西西伯利亚冶金联合公司。

俄罗斯是世界的铝生产大国之一，仅次于中国（2014 年占世界总产量的 45%）排在第二位，约占世界上铝总产量的 6.8%。在有色冶金工业的其余领域中，铝工业占有最大的生产比重。东西伯利亚（西伯利亚联邦区）几乎出产俄罗斯全国铝总量的 4/5。俄罗斯大型氧化铝生产基地包括阿钦斯克、克拉斯诺图林斯克、卡缅斯克、乌拉尔地区卡缅斯克和皮卡廖沃、布拉茨克、萨彦诺戈尔斯克和伊尔库茨克（舍列霍夫）。

4.1.3.5 开放程度不断提高，吸引外资投资增长较快

俄罗斯外商直接投资增长较快，从 2009 年的 365.83 亿美元增长到了 2013 年的 692.19 亿美元（表4-8）。

表 4-8 2009~2013 年俄罗斯外商直接投资　　　　　　　单位：亿美元

项目	年份				
	2009	2010	2011	2012	2013
FDI	365.83	431.68	550.84	505.88	692.19

资料来源：世界银行

俄罗斯联邦政府为适应新世纪国内外的新形势，于 2003 年 8 月批准了首个较为完整的国家能源战略——《2020 年前俄罗斯能源战略》。横跨欧亚大陆的俄罗斯，其能源开发历来是重西部、轻东部，其东西伯利亚与远东地区巨大的油气资源潜力未得到充分利用。该战略提出要努力实现能源销售市场多元化，使出口到亚太地区的石油份额从当时的 3% 提升至 30%，天然气的份额则增加到 15%。

2009 年，俄罗斯政府批准了《2030 年前能源战略》。该战略的目标是：完全融入世界能源市场并最大限度地有效利用俄罗斯的资源潜力，巩固其在国际能源市场上的地位，使国家经济从中获取最大收益。其在维护全球能源安全方面的国家能源政策的基本方针是，保持与能源传统消费国的稳定关系，同时与新兴能源市场建立稳固的合作关系，而其新兴能源市场正是亚太能源市场。俄罗斯明确提出，要把开发远东和东西伯利亚能源资源作为未来能源国际开发之重点，使其成为面向中国、日本、韩国、印度等亚太市场的战略基地，从而实现其能源出口多元化的战略目标。根据该战略的预测，其西西伯利亚地区（秋明州）的石油产量到 2030 年将在 2008 年基础上减少 8%，而东西伯利亚和远东地区（萨哈林州）的石油产量至 2030 年将在 2008 年基础上分别增加 10 倍和 2 倍多；从比重看，西西伯利亚地区石油产量的全国占比将从 2008 年的 65% 降至 2030 年的 55%，而东西伯利亚地区石油产量的占比则从基本为 0 升至 13%，成为第二大产油带。另据预测，俄罗斯西西伯利亚北部的纳德姆—普尔—塔兹（Nadym-Pur-Taz）天然气产量到 2030 年将跌至 40%，而亚马尔半岛地区和巴伦支海的什托克曼（Shtokman）气田的比重将分别增至 30% 和 5%（本村真澄，2010）。

4.1.3.6 俄罗斯远东地区的主要发展轴线

（1）第一条是西伯利亚大铁道沿线

俄罗斯远东地区西伯利亚大铁道沿线从符拉迪沃斯托克（海参崴）经哈巴罗夫斯克（伯力）到犹太自治州和阿穆尔州是最主要的轴线，该地带集中了俄远东地区 60% 的经济社会潜力。

（2）第二条是经济轴线 20 世纪 70 年代在贝加尔—阿穆尔铁路（贝阿铁路）沿线

这里的经济社会潜力已占到远东地区的 5%~6%，将来其潜力还要增长，尤其在建成通向萨哈（雅库特）共和国的铁路之后。

（3）第三条是海岸沿线

从南端的波西耶特和符拉迪沃斯托克（海参崴）向东北直到堪察加和楚科奇，该地带聚集了俄罗斯远东地区30%的经济社会潜力，该地带在区域可持续发展中的作用越来越重要，特别是在开发海洋自然资源方面。

（4）第四条是阿穆尔河（黑龙江）沿岸地带

这是历史上俄罗斯开发远东最初形成的轴线，现在其经济社会潜力占俄远东地区的20%，今后其重要性不减。

（5）第五条是与朝鲜、中国交界的边境沿线地带

该轴线经济社会潜力约占俄罗斯远东地区的15%。该轴线部分与阿穆尔河（黑龙江）沿岸地带重复。该地带的交接地带结构和功能作用是很有利的。

俄罗斯沿海地区、沿国界地区和沿交通大干线（西伯利亚大铁道、贝阿铁路）等三方面是优先发展的地区。俄罗斯科学院巴克兰诺夫院士认为开发整个国界沿线地带（与中国、朝鲜、美国交界）具有特殊意义：发挥其经济地理区位优势，通过互利的经济联系和对外经济活动获得经济利益，达到重要的地缘政治目的：降低俄罗斯边境地区与外界非俄罗斯地区的差异，消除可能出现的地缘政治问题。

同时，当前俄罗斯正在推动与有关国家共同制订开发边境地带［黑龙江（阿穆尔河）、兴凯湖、乌苏里江和图们江等河湖流域，日本海地区，白令海地区等］的计划和实施，鼓励在这类地区对共同制订的基础设施建设项目进行投资，如交通运输干线、输气管道、输电线路、自然保护项目和旅游基础设施等。

4.1.4　社会发展现状

4.1.4.1　总人口和劳动力人口增长缓慢

2014年俄罗斯总人口为14 381.96万，2005～2010年、2010～2014年总人口年平均增长率分别为-0.93‰、1.69‰。2014年俄罗斯劳动力人口为7675.45万，2005～2010年、2010～2014年劳动力总人口年平均增长率分别为3.26‰、0.52‰（表4-9）。

表4-9　2005～2014年俄罗斯总人口及总劳动力变化　　　单位：万人

项目	年份									
	2005	2006	2007	2008	2009	2010	2011	2012	2013	2014
总人口	14 351.85	14 304.95	14 280.51	14 274.24	142 78.53	14 284.94	14 296.09	14 320.17	14 350.69	14 381.96
总劳动力	7 535.86	7 558.02	7 669.21	7 707.35	7 693.21	7 659.41	7 696.59	7 689.52	7 688.65	7 675.45

资料来源：世界银行

4.1.4.2　城市化率高，规模等级体系不均衡

俄罗斯城市首位度高，规模等级体系不均衡性仍在增长；城镇发展缓慢，固定资产投资规模小，交通等基础设施欠账较大。

由表 4-10 可以看出，俄罗斯城镇人口呈逐渐增长趋势，从 2005 年的 10 543.30 万增长到 2014 年的 10 631.72 万；城镇人口年增长率不断提高，从 2005 年的 -0.32% 增长为 2014 年的 0.32%；城镇人口占总人口的比例则从 2005 年的 73.43% 提高到了 2014 年的 73.92%。

表 4-10　2005～2014 年俄罗斯城镇人口变化情况

项目	年份					
	2005	2010	2011	2012	2013	2014
城镇人口/万	10 543.30	10 526.15	10 540.79	10 566.28	10 598.13	10 631.72
城镇人口年增长率/%	-0.3	0.1	0.1	0.2	0.3	0.3
城镇人口占总人口的比例/%	73.4	73.7	73.7	73.8	73.9	73.9

资料来源：世界银行

（1）俄罗斯城市化程度最高地区分布

俄罗斯城市化程度最高地区主要在北部、西部地区以及俄罗斯中部的工业化发达地区。

1）俄罗斯北部地区。摩尔曼斯克和马加丹地区的亚马尔—涅涅茨和汉特—曼西地区，这一区域城市化水平超过 80%。这是由于极端气候条件，使得它很难，甚至不可能发展农业。

2）俄罗斯西部地区。莫斯科地区、克麦罗沃、图拉、伊万诺沃等地区，这一区域城市化水平也超过 80%，主要是工业化水平较高。

3）俄罗斯中部的工业化发达地区：鄂木斯克、车里雅宾斯克等。这一区域的城市化特点为支柱型企业驱动，且拥有唯一支柱型企业的大城市数量较多。

（2）俄罗斯城市群分布

俄罗斯共有 52 个城市群，其中，43 个城市群位于俄罗斯欧洲部分，9 个城市群位于西伯利亚和远东地区，1 个城市群在远东地区的符拉迪沃斯托克（海参崴）（拉波等，2010）。最大的城市群包括莫斯科城市群、圣彼得堡城市群、萨马拉—陶里亚蒂城市群等。

1）莫斯科城市群：包括 100 个城市，约有 30 多个科学城，约 1740 万人。

2）圣彼得堡城市群：人口数大约为 540 万，面积约为 11.6 千 km²，有 35 个城镇，其中包括 15 个城市。

3）伏尔加河流域萨马拉—陶里亚蒂城市群：总人口为 230 万～270 万，是俄罗斯第三大城市群。

4）新西伯利亚城市群：俄罗斯第七大城市群，西西伯利亚最重要的跨区域中心。新西伯利亚城市群是单中心的城市群，坐落在一个强大的区域性城市群中心，周围分布有鄂木斯克、托木斯克、巴尔瑙尔、比斯克、克麦罗沃、新库兹涅茨克等大中城市。

（3）西伯利亚地区城市化特征

西伯利亚人口稀少，城市化分布十分不均衡（表 4-11）。

表 4-11　西伯利亚地区城市化

地区类型	城市人口份额/%	地区
非城市化的	<50	阿尔泰共和国
弱城市化的	35～50 50～65	布里亚特和图瓦共和国、阿尔泰边疆区、秋明州（不包括汉特—曼西斯克自治区、亚马尔—涅涅茨自治区）
城市化的	65～80	伊尔库茨克、新西伯利亚、鄂木斯克、托木斯克州、克拉斯诺亚尔斯克和赤塔州、哈卡斯共和国
高度城市化的	>80	汉特—曼西斯克自治区、亚马尔—涅涅茨自治区、克麦罗沃州

4.1.5　交通基础设施建设

俄罗斯交通基础设施主要有铁路、公路、航空、管道和航运等，交通基础设施整体滞后，资源富集区、工业区交通不便。其中，铁路运输为俄罗斯货运主要交通系统，航空为主要客运交通系统。俄罗斯交通基础设施发展存在区域不平衡、分工特征比较显著特点。

4.1.5.1　铁路运输

俄罗斯铁路线长度为 8.6 万 km，仅次于美国，在世界上排名第二。铁路运输的货运量规模次于中国和美国，排名第三。在道路总长度中，双轨及多轨地段约占 44%，电气运输略超过 50%。

俄罗斯铁路网平均密度小，密度为 $5km/1000km^2$。尤其是在西伯利亚及远东地区铁路网密度更小，因此，在主要方向上货物运输非常集中。俄罗斯主要运输方向上铁路的运载强度比一般铁路高出两倍。货运最繁忙线路为西伯利亚线路，最主要路段是从鄂木斯克到新西伯利亚。

俄罗斯联邦西伯利亚及乌拉尔区域主要的货运流有在 3 个西伯利亚区域（克麦罗沃州、伊尔库茨克州及克拉斯诺亚尔斯克边疆区）及 5 个乌拉尔区域（车里雅宾斯克、斯维尔德洛夫斯克州、奥伦堡州、彼尔姆边疆区、巴什科尔托斯坦共和国），其货运量超过俄罗斯总货运量的 40%。

在铁路货物运输结构中，煤占 25.1%、石油货物占 20.2%、矿物建筑材料占 13.8%、矿产占 10.7%，其余的货物有金属、肥料、木材、水泥及谷物。其中，木炭及焦炭运输的平均距离为 2300～2400km，其余的货物（除建筑材料及水泥外）运输平均距离为 1000～1500km。

俄罗斯铁路运输存在的主要问题：第一，在 6 个俄罗斯联邦主体（阿尔泰边疆区及图瓦共和国、涅涅茨自治区及楚科奇自治州、堪察加边疆区及马加丹州）缺少铁路，且东部地区（萨哈共和国、克拉斯诺亚尔斯克边疆区等）在整体上发展缓慢。第二，主要干线的载流容量限制问题加剧，包括西伯利亚干线及贝加尔—阿穆尔铁路干线，这在近几年中可能成为经济发展的主要障碍之一。为了解决上述问题俄罗斯联邦政府制定了新的大型铁路线路建设、改造和升级计划及现行线路现代化改造计划。

4.1.5.2　汽车运输

俄罗斯不同于欧洲国家和美国，汽车运输主要用于短途和中途运输。俄罗斯硬化路面的道路总长为 109.4 万 km，是俄罗斯国家公路网的基础。其中，俄罗斯联邦的、区域的（或自治市政府间的）及地方意义的公用公路长度为 98.4 万 km。

俄罗斯硬化路面公路的平均密度为 64km/1000km²，这个指标落后于世界上的大多数国家。但是俄罗斯硬化路面公路分布很不平衡：①俄罗斯南部及中心的部分区域密度达到 400~600km/1000km²；②西伯利亚和远东地区的涅涅茨自治区、亚马尔—涅涅茨自治区及楚科奇自治区、萨哈共和国及科米共和国、马加丹州、克拉斯诺亚尔斯克、哈巴罗夫斯克及堪察加边疆区等密度仅为 10~20km/1000km²；③克拉斯诺亚尔斯克边疆区的泰梅尔及埃文基地区整体上缺少带有硬化路面的公路。

俄罗斯最大规模的汽车货物运输主要发生在国家工业区之间；客运主要在大型城市之间。首都地区莫斯科和其对应区域、彼得堡和其对应的圣彼得堡区域占俄罗斯总客运量的 21%。

目前，公路等级和路面质量较差是俄罗斯公路运输的主要制约因素。另外，大城市的道路网建设速度远落后于居民家庭使用汽车增长速度，并且矛盾愈发突出。

4.1.5.3　航空运输

俄罗斯航空的客运量规模相对偏小，不仅落后于美国和中国，还落后于西欧主要国家。2013 年俄罗斯国际航空运输份额为 52%，国内航空运输份额为 48%。在客运方面，俄罗斯航空的客运量超过了铁路运输和汽车运输，在国内位于第一位，这主要是因为俄罗斯领土大而且俄罗斯大多数地区到首都莫斯科以及到其他国家距离都非常远。尤其是西伯利亚北部地区、难以实现全年运输的区域，航空是唯一快速且相对来说可靠的交通；而且国际客运量显著高于国内客运量，其占比相应为 65% 及 35%。

4.1.5.4　管道运输

俄罗斯管道运输干线总长度约为 25 万 km。其中，天然气管道为 175 万 km，石油管道为 55 万 km，石油产品管道为 20 万 km。

俄罗斯管道长度位于美国之后，在世界上排名第二。但是俄罗斯采用的是大直径管道（1020mm、1220mm、1420mm），运输能力高。因此，俄罗斯这种类型管道的货运量超过美国排名第一，每年传输 5.37 亿 t 天然气、5.25 亿 t 石油及 3300 万 t 石油产品。

4.1.5.5　航运

俄罗斯航运运输中，建筑矿物、石油和木材货物占总数的 77%。俄罗斯海上运输中，远洋航行占 49.7%，近海航行（国内）占 50.3%。

4.1.6 经贸合作现状及问题

4.1.6.1 进出口增速变缓

近年来，俄罗斯对中国石油出口呈变缓增长态势。2012 年中俄石油贸易增至 226 亿美元，出口量增至 2430 万 t，较 2011 年增长 4.2%，占俄石油出口总量的 7.9% 和中国石油进口总量的 8.6%，俄罗斯与中国成为彼此的第三大石油贸易伙伴（表 4-12）。

表 4-12　2011 年中国主要进口能矿资源中俄进口量及其占比

2011 年进口资源		总进口量 /万 t	从俄罗斯进口量 /万 t	俄罗斯进口量占比 /%
矿产	铬矿砂及其精矿	944.27	0.49	0.1
	贵金属矿砂及其精矿	36.22	3.28	9.1
	铌、钽、钒或锆矿砂及其精矿	89.65	0.22	0.2
	镍矿砂及其精矿	4 805.57	3.71	0.1
	铅矿砂及其精矿	144.44	16.10	11.1
	钛矿砂及其精矿	227.07	3.37	1.5
	锑矿砂及其精矿	6.02	1.07	17.8
	铁矿砂及其精矿，包括焙烧黄铁矿	68 608.50	1 561.20	2.3
	钨矿砂及其精矿	0.92	0.20	22.1
	锡矿砂及其精矿	2.88	0.00	0
	锌矿砂及其精矿	293.61	9.26	3.2
能源	煤炭	22 239.50	1 067.16	4.8
	石油原油及从沥青矿物提取的原油	25 378.00	1 972.45	7.8
	天然气	2 607.48	25.19	9.9

俄罗斯出口商品总额增速近些年有所放缓，除皮毛制品和纺织品外，其他出口商品的增速均放缓（表 4-13）。

表 4-13　2000～2014 年俄罗斯出口商品增长率（%）

项目	时段		
	2000～2005 年	2005～2010 年	2010～2014 年
总额增速	18.6	10.5	5.8
食品和农业原料（不含纺织业）	22.6	14.3	21.3
矿产品	23.0	11.7	6.6
化工产品、橡胶	14.2	11.3	4.5
皮革、毛皮原料及制品	4.1	1.6	8.1

项目	时段		
	2000~2005 年	2005~2010 年	2010~2014 年
木材和纸浆制品	13.2	2.9	5.0
纺织品和鞋类	3.4	4.6	9.3
金属、宝石产品	12.7	4.4	0.9
机器、设备和车辆	8.3	9.5	5.6
其他产品	9.7		

从进口商品结构几何平均增长率表格中可以看出，进口商品总额增速近些年有所下降，除矿产品外，其余进口商品增速都有所放缓（表 4-14）。

表 4-14　2000~2014 年俄罗斯进口商品年平均增长率（%）

时段	2000~2005 年	2005~2010 年	2010~2014 年
总额增速	23.8	18.3	5.8
食品和农业原料（不含纺织业）	18.7	15.9	2.3
矿产品	7.3	11.3	9.2
化工产品、橡胶	21.8	17.8	5.9
皮革、毛皮原料及制品	21.8	35.2	0.8
木材和纸浆制品	20.5	12.4	0.1
纺织品和鞋类	12.7	31.3	3.6
金属、宝石产品	22.1	17.0	5.1
机器、设备和车辆	32.5	18.6	7.6

4.1.6.2　中俄经济互补性强，进出口总额增速快

中国与俄罗斯间进出口总额虽存在一些波动，但总体呈现较快增长趋势（表 4-15）。这说明中俄两国经济互补性强，贸易交流密切。但近年来俄方逆差额不断增大，中俄双方进出口量不匹配。

表 4-15　关键年份中俄进出口额变化情况

年份	进出口总额		出口		进口		差额 /亿美元
	总额 /亿美元	同比增长 /%	出口额 /亿美元	增幅 /%	进口额 /亿美元	增幅 /%	
2005	291	37.1	132.1	45.1	158.9	30.9	−26.8
2010	555.3	43.3	296.1	69.0	259.2	22.1	36.9
2014	884.0	29.4	508.9	−1.6	375.1	−10.3	133.8

资料来源：世界银行

2011 年，俄罗斯对中国出口的主要产品为矿产品、木材及其制成品和化工产品。这三类产品合计占俄罗斯对中国出口总额的 83.9%，其中矿产品占俄罗斯对中国出口总量的 70% 左右。

中国对俄罗斯出口的主要商品为机电产品、纺织品和原料以及贱金属和制品，占俄罗斯自中国进口总额的64.3%，除上述产品外，鞋靴、伞等轻工产品及家具、玩具制品等也是中国向俄罗斯出口的主要大类商品，在进口中所占比重均超过5%。

4.1.6.3 中俄双边投资规模小，增长慢，与两国的贸易额、战略协作伙伴关系极不相称

中俄间的相互投资活动相比于两国的贸易发展速度明显进展缓慢。双方的投资规模与两国的贸易额、战略协作伙伴关系极不相称，与两国国内经济发展总体速度和利用外资规模相比微不足道。这无论对两国各自的经济增长，还是对形成稳固的市场、拉动双边经贸关系的战略升级所起的作用都十分有限。

（1）中国对俄投资

中国对俄投资近年来呈现扩大趋势。中国对俄罗斯非金融类直接投资额从2003年的3062万美元增长到2007年的4.8亿美元。2008年受金融危机影响，中国对俄罗斯的投资流量为3.95亿美元，同比下降17.7%，2009年为3.48亿美元，同比下降11.9%，占对欧洲地区投资的10.4%，存量为22.2亿美元，占中国对欧洲地区投资存量的25.6%（表4-16）。中国在圣彼得堡建设的"波罗的海明珠"地产项目已经启动，属于投资规模较大的项目，该项目的投资总额达13亿美元；等等。

表4-16　中国对俄罗斯投资状况

年份	非金融直接投资/亿美元	投资流量	同比/%	占对欧洲地区投资比例/%	存量/亿美元	投资领域
2003	3.4	0.306 2			0.616 4	房地产业、农/林/牧/渔业，采矿业、制造业、商务服务业、批发和零售业等
2004	1.1	0.773 1	152.5		1.234 8	
2005	3.2	2.033 3	1.6		4.655 7	
2006	4.7	4.521 1	122.3		9.297 6	
2007	4.4	4.776 1	5.6	31	14.215 1	
2008	2.4	3.952 3	−17.7	45.1	18.382 8	
2009	4.1	3.462 2	−11.9	10.4	22.203 7	
2010		5.677 2	63.0	8.4	27.875 6	

资料来源：历年《中国对外直接投资统计公报》及《国别贸易投资环境分析》

（2）俄罗斯对中国投资

俄罗斯对中国投资总体规模不大。据原外经贸部统计，2002～2005年，俄罗斯对中国投资合同金额呈逐渐增长的趋势，2006～2010年，俄罗斯对中国投资出现下滑（表4-17）。俄罗斯在中国建设的最大项目是位于连云港的田湾核电站，田湾核电站是中俄两国迄今最大的技术经济合作项目，也是我国单机容量最大的核电站。

表4-17　俄罗斯对中国投资状况

年份	投资项目/个	合同金额/亿美元	实际使用金额/亿美元
2000	82	0.26	0.162 3
2001	107	0.382 7	0.297 6

年份	投资项目/个	合同金额/亿美元	实际使用金额/亿美元
2002	116	0.458 5	0.386 5
2003	129	1.645 6	0.543
2004	145	2.2	1.3
2005	162	3	0.8
2006	126	2.334 2	0.672
2007	105		0.520 7
2008	95		0.599 7
2009	94	1.79	0.317 7
2010	59		0.349 7

资料来源：历年《中国对外直接投资统计公报》及《国别贸易投资环境分析》

（3）中俄双边投资特点

总体来看，中俄双边投资呈现出以下几个方面的特点。

第一，投资的地区分布较为集中。中国对俄投资大都集中在哈巴罗夫斯克（伯力）、滨海边疆区和阿穆尔州等远东地区，俄罗斯对中国投资主要集中在东北地区。

第二，投资领域不断扩展。中国企业在俄罗斯家电和电子产品组装，通信设备制造和技术研发，农产品和海产品加工，森林、矿产、油气资源开发和勘探等领域不断增加投资，俄罗斯则在核能、航天、化肥工业及高新技术领域具有对华投资潜力。

第三，中俄相互投资总体规模不大，对俄协议投资总额仅占我国境外投资总额的5%左右。但两国通过总结十多年中俄经贸合作发展的经验教训切实认识到开展中俄经贸合作的重要性，预计未来将保持稳步增长的发展势头。

第四，小型企业占投资的主体部分，投资规范化程度较低。两国相互投资的中俄或俄中合资企业主要都是一些小型企业，法定注册资金不多，单家合资企业的投资一般不超过5万~10万美元。

第五，两国政府签署的大项目起到了明显的带动作用。未来中俄大项目合作将得到进一步落实，中俄原油和天然气管道建设，俄罗斯对华出口大型热电站和核电站设备、民用航材。中国在俄罗斯远东地区投资建设纸浆木材加工企业，对俄罗斯出口大型集装箱检测系统等项目将被逐步推进，IT投资也将成为中俄经贸合作的新亮点。此外，俄罗斯目前正在建立以吸引外资、发展加工工业和高新技术产业为目的的经济特区，这也为双方投资和经济技术合作的全面开展提供了极为重要和难得的契机，为日益升温的中俄经贸合作创造了新的合作空间。

中俄双边投资规模小，增长慢的原因分析

1）俄罗斯主要的出口产品——能源品和矿产品属于自然资源，它们是俄罗斯国家经济发展的支柱。俄罗斯不能过度依赖这种出口，不然可能陷入所谓的"资源诅咒"。

2）俄罗斯经济长期未能被纳入WTO框架内（至2012年8月），从制度上影响中俄贸易深入发展。俄罗斯设置了较高的关税壁垒，减缓了中俄经贸合作发展，"灰色清关"在加速货物通关和进入的同时，也引发了民间贸易的矛盾和冲突。俄罗斯尤其希望借中国之力发展远东，带动整体经济发展。同时，俄罗斯也将取消镍和铜的出口关税，并拟计划大幅下调石油出口关税，加大对亚太地区的资源输出力度。

3）中俄双边投资历史基础薄弱，投资规模小，增长慢，经历了2005~2010年的投资收缩阶段。与两国贸易额战略协作伙伴关系极不对称。但两国双边投资在2013年出现大幅转机，投资额迅速攀升，为中俄两国的贸易协作带来转机（表4-18、表4-19）。

表4-18　主要年份中国对俄罗斯投资变化　　　　　单位：亿美元

年份	非金融直接投资	投资流量	同比/%	占对欧洲地区投资/%	存量	投资领域
2005	3.2	2.033 3	163.0		4.655 7	房地产业、农/林/牧/渔业，采矿业、制造业、商务服务业、批发和零售业等
2010		5.677 2	-11.9	10.4	27.875 6	
2013	40.7		518.2	68.4		

资料来源：世界银行

表4-19　主要年份俄罗斯对中国投资状况表　　　　　单位：亿美元

年份	投资项目	合同资金	实际使用金额
2005	162	3	0.8
2010	59	—	0.349 7
2013	69		0.220 8

资料来源：历年《中国对外经济统计年鉴》和《中国贸易外经统计年鉴》

4.1.6.4　中俄双边投资地区集中

中国着力扩大内需、完善促进消费政策措施，继续深入实施西部大开发、振兴东北等老工业基地和民族地区加快发展等战略，特别是加快沿边地区开放开发，并加强与俄罗斯资源开发和对外贸易等方面合作，为中俄贸易发展营造了良好的宏观环境。

迄今为止，中俄之间已有63个省、州和市结为友好合作伙伴；中俄各个地区间就加强地区经济合作，签署了100多个各种级别和类型的地方性双边协议。最近几年，中俄双方致力于发展东北亚地区的经济合作。

1）中国对俄罗斯的直接投资主要分布在莫斯科、圣彼得堡等大城市以及西伯利亚和远东地区的哈巴罗夫斯克（伯力）、滨海边疆区、阿穆尔州。其中，莫斯科是俄罗斯投资环境最好、消费水平最高、吸收外资最多的联邦主体。而远东及西伯利亚地区则是凭借丰富的自然资源、毗邻中国的经济地理位置，以及颇具潜力的工业和科技基础，对中国资本具有很大的吸引力。

2）俄罗斯对中国投资分为两阶段。第一阶段：2000年以前，中俄两国之间的投资合作处于低潮阶段，这一时期的投资区域主要集中在地理位置优越、资源产业互补的东北地区和北部沿海地区，主要包括黑龙江、辽宁、吉林、山东、天津等省（直辖市）。第二阶段：2000年后，俄罗斯企业在中国的区域分布主要集中在东部沿海地区、北部沿海地区、东北地区和南部沿海地区，这些地区的俄罗斯企业数量占在华俄罗斯企业总数的90%以上。

4.1.6.5　中俄双边出口商品结构变化明显，高新技术产品比例上升较快

中国对俄罗斯的出口商品主要为劳动密集型商品；近年化工产品和机电的比重略有增加，劳动密集型产品有所下降（表4-20和表4-21）。

俄罗斯对中国的出口商品中，原材料和资源类产品占主要部分，原油和成品油的进口量所占比例最大；机电产品和高新技术产品在对中国出口产品的比重中不断下降（表4-22和表4-23）。

表4-20　2010年中国对俄罗斯出口主要商品构成

商品类别	2010年/百万美元	上年同期/百万美元	同比/%	占比/%
总值	37 786	21 959	72.1	100
机电产品	17 055	9 762	74.7	45.1
纺织品及原料	4 035	2 589	55.8	10.7
贱金属及制品	3 214	1 553	107.0	8.5
鞋靴、伞等轻工产品	2 886	1 590	81.5	7.6
家具、玩具、杂项制品	2 283	1 291	76.9	6
塑料、橡胶	1 563	942	65.9	4.1
运输设备	1 274	563	126.2	3.4
化工产品	1 181	778	51.8	3.1
陶瓷；玻璃	771	448	72.2	2.0
光学、钟表、医疗设备	770	474	62.4	2.0
皮革制品；箱包	677	387	74.9	1.8
植物产品	656	591	11.0	1.7
食品、饮料、烟草	450	343	31.2	1.2
纸浆；纸张	278	176	58.2	0.7
矿产品	234	122	92.1	0.6
其他	459	351	31.1	1.2

资料来源：商务部《国别贸易报告——俄罗斯》

表4-21　2014年中国对俄罗斯出口主要商品构成

商品类别	2014年/百万美元	上年同期/百万美元	同比/%	占比/%
总值	37 509	16 642	125.4	100
矿物燃料、矿物油及其产品；沥青等	27 757	6 692	314.8	74
木及木制品；木炭	2 511	2 230	12.6	6.7

商品类别	2014 年/百万美元	上年同期/百万美元	同比/%	占比/%
核反应堆、锅炉、机械器具及零件	1 371	1 043	31.4	3.7
矿砂、矿渣及矿灰	1 037	1 831	−43.3	2.8
肥料	960	964	−0.4	2.6
鱼及其他水生无脊椎动物	913	1 003	−9.0	2.4
木浆等纤维纸浆；废纸及纸板	698	626	11.4	1.9
有机化学品	376	546	−31.1	1
塑料及其制品	303	300	1.0	0.8
橡胶及其制品	112	208	−45.9	0.3
光学、照相、医疗等设备及零附件	111	51	117.1	0.3
钢铁制品	109	61	79.3	0.3
无机化学品；贵金属等的化合物	108	34	213.2	0.3
盐；硫黄；土及石料；石灰及水泥等	97	84	14.6	0.3
铝及其制品	91	82	10.5	0.2
钢铁	89	138	−35.5	0.2
纸及纸板；纸浆、纸或纸板制品	86	117	−27.0	0.2
电机、电气、音像设备及其零附件	80	96	−16.0	0.2
珠宝、贵金属及制品；仿首饰；硬币	54	0	0	0.1
食品工业的残渣及废料；配制的饲料	53	38	38.6	0.1
油籽；工业或药用植物；饲料	30	17	78.6	0.1
印刷品；手稿、打字稿及设计图纸	28	32	−12.1	0.1
铜及其制品	20	37	−44.5	0.1
其他贱金属、金属陶瓷及其制品	20	33	−38.2	0.1
烟草及烟草代用品的制品	19	15	26.6	0.1
杂项化工产品	18	9	93.2	0.1
动、植物油、脂、蜡；精制食用油脂	16	7	121.7	0
食用水果及坚果；甜瓜等水果的果皮	15	9	68.1	0
其他动物产品	12	14	−14.4	0
车辆及其零附件，但铁道车辆除外	11	1	1 116.8	0
合计	37 105	16 318	127.4	98.9

资料来源：商务部《国别贸易报告——俄罗斯》

表 4-22　2010 年俄罗斯对中国出口主要商品构成

商品类别	2010 年/百万美元	上年同期/百万美元	同比/%	占比/%
总值	19 265	16 180	19.1	100
矿产品	11 003	8 277	32.9	57.1
木及木制品	2 230	1 987	12.2	11.6
化工产品	1 694	1 288	31.5	8.8
机电产品	911	748	21.7	4.7
活动物；动物产品	903	663	36.2	4.7
塑料、橡胶	734	605	21.4	3.8
纤维素浆；纸张	730	563	29.8	3.8
贱金属及制品	659	1 544	−57.3	3.4
运输设备	259	402	−35.6	1.3
光学、钟表、医疗设备	62	42	47.9	0.3
食品、饮料、烟草	48	32	51.7	0.3
纺织品及原料	16	6	180.6	0.1
植物产品	6	14	−55.1	0
皮革制品；箱包	6	6	8.5	0
家具、玩具、杂项制品	3	2	19.4	0
其他	1	2	−66.4	0

资料来源：商务部《国别贸易报告——俄罗斯》

表 4-23　2014 年俄罗斯对中国出口主要商品构成

商品类别	2014 年/百万美元	上年同期/百万美元	同比/%	占比/%
总值	50 890	51 690	−1.6	100
电机、电气、音像设备及其零附件	12 490	12 451	0.3	24.5
核反应堆、锅炉、机械器具及零件	10 975	11 044	−0.6	21.6
车辆及其零附件，但铁道车辆除外	2 158	2 300	−6.2	4.2
鞋靴、护腿和类似品及其零件	2 071	2 720	−23.9	4.1
非针织或非钩编的服装及衣着附件	1 967	2 006	−1.9	3.9
塑料及其制品	1 960	1 708	14.7	3.9
玩具、游戏或运动用品及其零附件	1 798	1 744	3.1	3.5
钢铁制品	1 616	1 753	−7.8	3.2
针织或钩编的服装及衣着附件	1 610	1 752	−8.1	3.2
家具；寝具等；灯具；活动房	1 268	1 266	0.1	2.5
光学、照相、医疗等设备及零附件	925	1 005	−8.0	1.8
有机化学品	799	727	10.0	1.6
钢铁	690	651	6.0	1.4
橡胶及其制品	665	709	−6.3	1.3
贱金属器具、利口器、餐具及零件	605	573	5.5	1.2

商品类别	2014 年/百万美元	上年同期/百万美元	同比/%	占比/%
皮革制品；旅行箱包；动物肠线制品	601	743	-19.0	1.2
食用蔬菜、根及块茎	467	384	21.6	0.9
贱金属杂项制品	455	468	-2.8	0.9
铝及其制品	417	464	-10.1	0.8
其他纺织制品；成套物品；旧纺织品	413	460	-10.2	0.8
无机化学品；贵金属等的化合物	377	349	8.0	0.7
矿物材料的制品	376	384	-2.1	0.7
陶瓷产品	355	435	-18.4	0.7
杂项制品	347	356	-2.4	0.7
玻璃及其制品	330	331	-0.2	0.7
木及木制品；木炭	330	316	4.3	0.7
蔬菜、水果等或植物其他部分的制品	315	279	13.0	0.6
纸及纸板；纸浆、纸或纸板制品	313	314	-0.5	0.6
鱼及其他水生无脊椎动物	307	258	19.0	0.6
食用水果及坚果；甜瓜等水果的果皮	299	306	-2.5	0.6
合计	47 297	48 256	—	93.1

资料来源：商务部《国别贸易报告——俄罗斯》

中国俄罗斯出口的商品正在由初期的纺织原料等低附加值劳动密集型商品向机电设备等资本或技术密集型商品转变。

俄罗斯工程机械市场需求庞大，但本土生产企业的销售额所占比例不高，与此同时，俄罗斯建筑及工程机械折旧率达 45% ~75% ，工程机械新陈代谢所带来的庞大市场需求也吸引着行业巨头的关注。

4.1.7　经贸合作态势与前景

4.1.7.1　中俄经济贸易合作发展历程

从中俄经济贸易合作的发展历程看，大致可以分为 4 个阶段。

第一阶段：中俄经贸的"贸易自由化"阶段，大致在俄罗斯经济最为混乱的 1992 ~1996 年。

第二阶段：中俄经济贸易的"政府推动"阶段，在 1996 ~2000 年。

第三阶段：中俄经贸合作探索"政府导向型"合作模式阶段。

第四阶段：中俄经贸合作的"政府导向型"模式稳定发展阶段。

4.1.7.2　中国与俄罗斯经贸合作态势与主要制约因素

（1）经贸合作态势深受中俄美大国地缘战略关系影响，总体合作风险较小

中俄两国彼此走近，加强良性互动，在确保国家安全、经济持续增长上，加强互补性的合作，必然是首选之策。

俄罗斯地缘政治空间就是整个欧亚大陆，在各个地理方向上的世界海洋出口。中国与俄罗斯地缘优势将带动两国边境地方经贸合作的更大发展。中俄互为最大邻国，有4300多千米长的边界，贸易口岸达20多个。中俄毗邻地区贸易占双边贸易的1/3左右，是两国贸易的一大特色。

此外，两国在这一地区的经贸合作已不仅仅停留在边境贸易，多种形式的经济技术合作和中小投资项目发展较快，这是中国沿边开放和边境省份实施"走出去"战略的重要组成部分。

中俄贸易规模和质量的同步提升以及中俄两国发展战略的有效对接为双方深化经贸合作注入了信心，双方共同推进丝绸之路经济带建设和欧亚经济联盟建设对接合作，这有利于中俄两国拓展合作、共享机遇、优势互补和互利共赢。

（2）经贸合作发展潜力巨大，发展前景广阔

中国和俄罗斯两个邻国之间的经贸投资等各领域合作前景广阔，有进一步提升合作的巨大潜力。中俄双边贸易额多年来一直保持快速增长势头。中国已连续五年位居俄罗斯第一大贸易伙伴，俄罗斯则是中国第九大贸易伙伴。

中俄经济高度互补，两国领导人提出的目标是双边贸易额2020年增长到2000亿美元。当前国际经济环境充满挑战，俄罗斯和一些经济体之间的贸易增长放缓乃至下滑，中国经济也正处于转型调整的过程中，双方加强合作的意愿强烈。

（3）合作领域不断扩大，由传统产业向高新技术产业及装备制造业深度拓展

具有战略意义的中俄政府间合作项目是贸易合作的重点。中俄之间大型项目的合作是两国贸易的重点领域，政府间大项目合作主要集中在能源、核能、机电、航天、航空科学、航空材料、汽车制造、核电站建设等领域，以及两国在资源开发、木材与海产品深加工合作、交通运输和基础设施建设的合作等。

边境贸易是中俄贸易的前沿地带。黑龙江省计划打造20个对俄蔬菜出口生产示范基地，吉林省正在加快推进中俄珲春—扎鲁比诺跨境经济合作区建设。"中蒙俄经济走廊"的建设和跨境电子商务等领域合作正在贡献新的动能。

创新合作也成为中俄合作的亮点。中俄双方在航空航天、核能、高铁等领域的战略大项目合作不断推动着中俄经贸投资等各领域合作转型升级。例如，中俄两国决定合作构建北京至莫斯科的欧亚高速运输走廊，优先实施全长770km的莫斯科至喀山高铁项目。俄罗斯正在积极发展本国的经济特区、工业园区以及"斯科尔科沃"科技园等，中国的参与将极大推进这些项目。在互联网产业领域，中国有很大的市场，俄方有很强的人力和科技资源，两国也应当加强互联网产业、高新技术产业等领域的深入合作，包括媒体、电影业在内的非物质领域合作也将成为中俄合作新领域。

（4）中俄贸易将维持传统主导出口产品格局，俄罗斯国内对于中高级消费品需求快速增长

俄罗斯出口中国的产品仍将是以能源资源性产品为主；中国对俄出口将继续保持

轻工业产品占据主导地位的格局。同时近几年俄罗斯商品消费需求正向中高级消费品转变，并以30%的速度增长，这向中国对俄罗斯出口产业提出了新要求。

中国的粮食、油料、肉类、蔬菜和水果等农产品丰富，价格便宜，在俄罗斯市场上有较强的竞争能力；同时，中国的家电、轻工、纺织服装等工业制成品在俄罗斯市场上也具有竞争优势。我国可扩大向俄罗斯出口上述产品，并在这些领域对俄罗斯进行投资或开展多层次、多形式的经济技术合作。

（5）中俄能源合作面临的战略机遇

2014年，俄罗斯颁布了《2035年以前俄罗斯的能源战略》，提出要把输出到亚太地区的能源比重提高到28%，其中，石油和石化产品增长到23%，原油增加至32%，天然气提升到31%[①]。俄罗斯实施"东方战略"，即面向东方的能源战略，积极开拓亚太地区（尤其是东北亚的中、日、韩）的能源市场，主要原因表现为：①鉴于俄西部严峻的安全环境、欧洲国家进口多元化的战略转变，以及欧美日对俄实施的制裁，发展亚太能源市场有利于俄摆脱对传统的欧盟市场的过分依赖，增加油气资源出口渠道，适当抵消制裁对俄经济产生的负面影响，保障俄能源出口安全。②拓展资源饥渴且对外依存度极高的亚太市场，有助于俄搭上亚太地区经济高速发展的顺风车，扩大资源出口数量，实现自身经济乃至政治利益。③开拓亚太市场有利于俄开发其东西伯利亚和远东地区的资源，带动上述地区的经济发展，促使其资源型经济在国内各地区得到均衡发展。

对中国的机遇包括：①为中国资源进口多元化战略增加了一个近邻供应国。②俄罗斯管道气进入中国市场有利于中国增加同他国（包括澳大利亚）天然气合同谈判时的筹码，并使亚洲天然气消费国有望摆脱液化天然气高昂的溢价。③通过向韩国扩建管道，中国由单纯的天然气进口国转变为天然气中转国，有助于中国加强天然气基础设施建设。

4.2 中国与蒙古经贸合作基础、态势和前景

蒙古地处东北亚，东、南、西与中国接壤，北与俄罗斯相邻，中蒙两国边境线长4710km，是"一带一路"倡议格局内中蒙俄经济走廊的中间环节和重要组成部分。蒙古国国土面积共156.65万km²，是世界第二大内陆国家，首都为乌兰巴托市。

4.2.1 自然地理现状

4.2.1.1 区域地势高低起伏，环境复杂多样

蒙古整体地势较高，最高处海拔为4372m，最低处海拔为560m，平均海拔为1580m；总体走势为西高东低，多为山地与丘陵平原。东部为丘陵平原，有广阔的天然牧场；西部、北部和中部多为山地，山地间多溪流、湖泊，主要河流为色楞格河及其支流鄂尔浑河，属于北冰洋、太平洋和中亚内陆3个水系，蒙古还分布有大小湖泊3000多个，集中

---

①　余家豪："俄罗斯的亚洲能源战略"，http://news.bjx.com.cn/html/20150122/583899.shtml。

于北部和西部，总面积达 1.5 万 km²；南部是占全国总面积 1/6 的戈壁地区。

4.2.1.2　生态环境脆弱敏感，自然灾害频发

蒙古气候为典型的大陆性温带草原气候，蒙古冬季漫长严寒，气候干燥，常有暴风雪，是亚欧大陆"寒潮"发源地之一，最低气温可至-40℃（最低曾达到-60℃）；夏季短暂干热，最高气温可达 38℃（最高曾达到 45℃），早晚温差较大。无霜期短，年均降水量为 250mm，气候较干燥。蒙古供暖季为每年 9 月 15 日至次年 5 月 15 日。首都乌兰巴托冬夏气温悬殊，1 月平均气温为-20 ～ -15℃，7 月平均气温为 20 ～ 22℃，年均降水量为 230mm，年均晴天 180d。

蒙古荒漠化问题日渐严重。特别是近十多年来，全球气候变化和人为因素（如过度放牧等）使蒙古土地荒漠化加速。在人为因素和自然因素双重作用下蒙古草原沙化、荒漠化呈现加重趋势。由于自然生态环境自身具有很强的季节性、脆弱性，加之气候干旱、自然灾害频繁等原因，使草原的自我恢复能力变得越来越差。同时人为的主观行为（如露天开矿、超载放牧、垦荒耕种等）进一步加剧了草原荒漠化。目前蒙古草原荒漠化尚处于斑点状荒漠化阶段，而且南部大于北部，南部干旱草原呈以风蚀沙化为主的荒漠化趋势，而且荒漠化面积逐年增加。更重要的一点是在这种情况下，到目前为止蒙古国还没有采取修复和治理草原的行动，使得草原荒漠化速度远远超过修复、治理草原的速度。

据蒙古官方最新统计数字显示，蒙古已经有 72% 的国土荒漠化，其中，乌布苏、中戈壁、东戈壁等地区已完全成为干旱荒漠地区，并且荒漠化正以前所未有的速度逼近首都乌兰巴托。

4.2.2　自然资源现状

蒙古国矿产资源丰富，开发潜力巨大，但空间分布极不平衡。目前，蒙古国境内已探明的有 80 多种矿产和 6000 多个矿点，主要有铁、铜、钼、煤、锌、金、铅、钨、锡、锰、铬、铋、萤石、石棉、稀土、铀、磷、石油、油页岩矿等，其中，煤炭、铜、金矿储量居世界前列。目前已探明煤炭蕴藏量约 1520 亿 t、铜约 2.4 亿 t、铁约 20 亿 t、磷约 2 亿 t、黄金约 3100t、石油约 80 亿桶[①]。蒙古国矿产资源开发尚处于起步阶段，国内供水、供电、道路等基础设施相对落后，目前尚有部分矿藏仍处于转让、勘探、建设阶段。

4.2.3　社会经济地理现状

4.2.3.1　地广人稀，人口分布极不均衡

蒙古地广人稀，为世界上低人口密度国家之一，2015 年 1 月蒙古人口突破 300 万

---

① 欧佩克组织和英美等国家原油数量常用桶来表示，1 吨原油约等于 7 桶。

人大关，人口密度约 2 人/km²。

蒙古人口分布较不平均，全国近半数人口居住在首都乌兰巴托市。2015 年乌兰巴托市人口约 137 万，且预计到 2030 年乌兰巴托市人口将达到近 180 万。蒙古其他主要人口集中城市还包括达尔汗、额尔登特等。从人口的年龄结构上讲，蒙古是一个年轻的国家，现有人口中约 70% 为 35 岁以下的年轻人。

4.2.3.2 经济增长缓慢，债务风险持续加剧

蒙古以矿产、农牧等资源型产业为核心的经济体系，对外依存度高，受国际经济形势影响极为显著。受国际金融危机影响，近年来蒙古经济增长速度继续放缓，GDP 总量在上涨中甚至出现了拐点。据统计，蒙古 2014 年实际 GDP 同比增长了 7.8%（参照 2010 年基期价格计算）。2014 年名义 GDP 共计 21.84 万亿图格里克①，约 120.13 亿美元，人均 GDP 为 740.3 万图格里克（约 4072 美元）。

2015 年蒙古经济增速进一步放缓。2015 年上半年，蒙古名义 GDP 共计 10.69 万亿图格里克，约 54.82 亿美元（按 2015 年上半年蒙古央行平均汇率 1 美元 = 1949.85 图计算）。2015 年前三季度，实际 GDP 同比增长 2.5%。

根据 2015 年 10 月国际货币基金组织（IMF）发布的数据，2015 年蒙古经济增速预计 3.5%，2016 年经济增速预计 3.6%，2020 年经济增速预计 9.1%。

蒙古经济发展带来的资金需求缺口较大，私营经济实力弱，国内金融市场规模较小，资金缺口只能通过政府借款和吸纳外国直接投资等方式解决。2012 年年末和 2013 年年初，蒙古政府先后发行两期成吉思汗债券用于筹集资金，其中，2012 年年末发行债券为期 5 年，总额 10 亿美元；2013 年年初发行债券为期 10 年，总额 5 亿美元。此外，蒙古政府还在 2013 年发行为期 10 年，总额 2.9 亿美元的武士债券。

以上债券发行导致外债水平大幅提高，债务在高位快速攀升。2012 年以来，由于矿产品国际价格持续疲软，导致蒙古出口收入减少，蒙古外汇储备规模不断缩减，偿债能力有所下降，财政赤字高企，政府本、外币偿债能力明显下降，银行体系流动性和资产质量风险增加，信用体系风险和经济外部脆弱性上升。

根据 2015 年 2 月 EIU 发布的国别风险报告，2014 年蒙古政府外债规模达 166.07 亿美元，其中，公共外债为 34.11 亿美元，中长期外债为 148.76 亿美元，负债率为 147.9%。长期债务和短期债务所占比重分别为 89.6% 和 9.8%。根据蒙古发布的数据，2015 年蒙古国家财政收入预计达 6.6 万亿图格里克，占 GDP 的 27.6%；国家财政支出预计达 7.8 万亿图格里克，占 GDP 的 32.7%；财政赤字预计达 1.2 万亿图格里克，占 GDP 的 5.0%。2013 年以来，世界银行、国际货币基金组织等国际金融机构多次对蒙古不断增长的债务风险作出提醒，要求蒙古政府采取措施，控制债务规模，并提出若蒙古继续执行扩张型宏观经济政策，将提高蒙古债务风险等级。

同时，多家国际主要债务评级机构也纷纷下调对蒙古主权债务评级。2015 年 4 月，标普评级服务公司调整对蒙古主权信用评级，长期评级降至 B+，评级展望由稳定调整

---

① 2014 年美元兑蒙古图格里克平均汇率为 1∶1818。

为负面。2015 年 6 月，大公国际信用评级集团将蒙古本、外币主权信用等级由 BB-下调至 B+，评级展望稳定。据大公国际预测，2015 年、2016 年各级政府负债率将由上年的 76.5% 升至 81.5% 和 85.0%，同期融资需求分别为 GDP 的 10.9% 和 8.4%，政府债务负担沉重，偿债压力大。2014 年蒙古总外债和政府外债负担率分别升至 174.5% 和 30.1%，而国际储备降至 GDP 的 13.7%，其对外债保障力度不足。

4.2.3.3　资源型经济特征明显，产业结构层次较低，刚刚进入工业化中期阶段

蒙古经济基础差、产业基础薄弱，经济增长过度依赖矿业，对外依存度高，受制于国际原材料价格波动的影响。2014 年，蒙古农业总产值为 3.11 万亿图，占 GDP 的 14.0%；工业总产值为 7.19 万亿图，占 GDP 的 36.0%；服务业总产值为 9.57 万亿图，占 GDP 的 49.9%（图 4-1）。

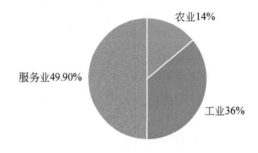

图 4-1　2014 年蒙古产业结构

矿产资源开发和农牧业是蒙古产业体系中比重较高的产业。资源型行业几乎占据了蒙古排名前十的行业（表 4-24）。

表 4-24　蒙古 2008～2013 年分行业增加值排序前十的行业　　　　单位：图格里克

排序	部门	2008 年	2009 年	2010 年	2011 年	2012 年	2013 年
1	金属矿开采	1 518 896	1 354 005	1 689 927	1 874 688	2 026 537	16 310 848
2	煤和褐煤开采，泥炭提取	172 046	379 809	855 789	1 246 984	1 273 337	6 098 881
3	原油提取	114 641	159 278	219 973	319 764	467 097	4 301 940
4	食品和饮料	284 993	356 222	454 438	503 476	601 194	3 969 423
5	电能、热能、蒸汽	227 805	261 376	338 360	368 226	416 508	3 068 903
6	焦炭和型煤	198	170	211	31 008	102 816	2 112 112
7	纺织	149 111	167 460	143 369	215 675	197 193	1 604 862
8	基本金属	165 008	65 751	87 962	104 649	164 695	940 063
9	非金属矿产产品	59 279	47 343	61 648	86 594	126 016	711 549
10	化工和化工制品	12 696	13 893	26 994	42 558	54 661	412 496

蒙古矿产资源丰富，部分大矿储量在国际上处于领先地位。因蒙古在地质勘探方面缺乏专业队伍、技术装备落后，地质勘探水平总体较低；同时，蒙古基础设施较为

落后，水电资源匮乏，很大程度上也制约了矿产业的发展。目前蒙古已进行开采且出口产品的大中型矿主要有：奥尤陶勒盖铜金矿（OT 矿）、塔温陶勒盖煤矿（TT 矿）、额尔登特铜钼矿、那林苏海特煤矿、巴嘎诺尔煤矿、图木尔廷敖包锌矿、塔木查格油田等。

蒙古畜牧业发达，产品优质，是国民经济发展的重要基础产业。畜牧业是蒙古的传统优势产业，是蒙古国民经济的基础，占蒙古农业增加值的 80%，是蒙古加工业和生活必需品的主要原料来源。现有牧民家庭 17.1 万户，牧民 32.71 万人，畜牧业产值占农牧业总产值的 80%，占出口收入的 10%。截至 2012 年 12 月底，蒙古全国共有牲畜 3634 万头（只），同比增长 14.2%。自实行私有化以来，蒙古牲畜的 98.9% 为私人所有，主要品种有羊、马、牛、骆驼等（表 4-25）。

表 4-25　蒙古畜牧业主要品种

牲畜种类	牲畜量		2014 年/2013 年		占牲畜总量比重	
	2013 年	2014 年	增长量	百分比	2013 年	2014 年
全部	45 144.3	51 970.4	6 826.1	115.1	100	100
马	2 619.4	2 995.2	375.9	114.4	5.8	5.8
牛	2 909.5	3 412.8	503.3	117.3	6.4	6.6
骆驼	321.5	349.3	27.8	108.6	0.7	0.7
绵羊	20 066.4	23 209.5	3 143.0	115.7	44.4	44.7
山羊	19 227.6	22 003.6	2 776.1	114.4	42.6	42.3

蒙古地广人稀，自然条件差、气候比较恶劣，虽然畜牧业发达，但每年仍需要进口大量的肉、奶来满足国内的需求。农业并非蒙古国民经济的支柱产业，但关系国计民生，历来受到蒙古政府的重视。但由于经济衰退和投入不足，私有化以来，生产力大幅倒退，种植面积和产量锐减，农业从业人口仅 6 万人，仅占社会就业人口的 6%，农业产值占农牧业总产值还不足 20%。蒙古的主要农作物有小麦、大麦、土豆、白菜、萝卜、葱头、大蒜、油菜等。2011 年年底，小麦、土豆生产基本可满足国内需求，蔬菜生产可满足国内需求的 60.2%。蒙古每年需从国外进口大量谷物、肉类、蔬菜和水果，进口农产品主要来自中国、俄罗斯、美国等国家。其中，中国是蒙古第一大农产品进口国（表 4-26）。

表 4-26　2013 年蒙古进口主要农产品情况　　　　　　　　　　单位：美元

谷物		肉类及内脏		可食用蔬菜及块茎		瓜果及坚果	
进口国	进口量	进口国	进口量	进口国	进口量	进口国	进口量
全球	11 856 182	全球	24 712 179	全球	12 988 415	全球	12 600 847
中国	6 451 404	美国	12 425 427	中国	12 370 745	中国	5 101 687
俄罗斯	4 687 566	波兰	7 615 986	俄罗斯	159 038	菲律宾	1 626 081
美国	281 589	中国	3 353 318	韩国	144 439	波兰	1 529 577
韩国	174 849	加拿大	646 785	波兰	84 082	比利时	1 435 528

谷物		肉类及内脏		可食用蔬菜及块茎		瓜果及坚果	
进口国	进口量	进口国	进口量	进口国	进口量	进口国	进口量
日本	148 754	澳大利亚	266 390	荷兰	79 662	韩国	513 323
泰国	58 920	匈牙利	230 350	印度	66 285	俄罗斯	380 572
越南	17 901	德国	53 684	哈萨克斯坦	43 532	美国	377 967
波兰	12 258	俄罗斯	53 121	德国	16 269	德国	340 947
哈萨克斯坦	11 255	日本	51 774	美国	11 489	意大利	139 584

4.2.4 基础设施建设严重滞后

蒙古国内基础设施发展仍处于起步阶段，许多道路、能源、电力等基础设施建设仍是苏联时期建设的，已不能满足近年来经济快速增长对配套基础设施建设的需求。蒙古地广人稀，公共交通运输和能源电力生产成本较高。近年来，蒙古政府虽然提出了许多基础设施领域特许经营项目，但由于缺乏经济效益和存在政治风险，企业参与度有限，且目前尚未有已经建设投产的特许经营项目成功案例。因此，蒙古目前道路建设仍主要依赖政府公共投入。由于蒙古道路等基础设施建设仍处于起步阶段，未形成联通全国的运输网络，且多数道路路况较差，蒙古的交通道路基础设施整体情况较差，已不能满足社会经济发展需要，成为制约蒙古经济增长的重要因素。

4.2.4.1 公路

蒙古国内公路主要分为三类：国家级公路（包括连接首都与各省会之间、各省会之间、国家边界口岸和中央居住区的公路）、地方公路、单位自用路。截至 2012 年年底，蒙古全国公路总里程约 49 250km，其中，国家级公路总里程为 11 218km，而且仅有 2395km 为柏油路面。

4.2.4.2 铁路

蒙古境内现只有两条铁路，一条为乌兰巴托铁路，另一条为自乔巴山向北至蒙俄边境口岸铁路，两条铁路总里程约计 1815km。蒙古境内现有铁路均使用俄罗斯标准的 1520mm 宽轨铁轨，不能直接同我境内 1435mm 标轨铁路直接对接，需进行车厢换装。

蒙古铁路运输现主要依赖乌兰巴托铁路（中蒙俄国际联运铁路"北京—二连浩特—扎门乌德—乌兰巴托—莫斯科"在蒙古境内段线）一条铁路，全长 1811km，蒙古境内共 1110km，承担了铁路货运和客运运输需求。由于乌兰巴托铁路采用俄制轨距，列车现需要在二连浩特—扎门乌德口岸进行换装，大大增加了运输成本和时间。

4.2.4.3 空运

蒙古主要航空公司包括 Mongolian Airlines（MIAT）、AirMongolia、Hunnu Air 等，现运营首都乌兰巴托至额尔登特、乔巴山、奥尤陶勒盖、科布多等省会及主要城市的国内航线及乌兰巴托至北京、呼和浩特、香港等国际航线。

位于首都乌兰巴托市西南方向的成吉思汗国际机场现为蒙古最大的机场。由于该机场现只能单向起降，受气候影响较大，春冬季节飞机晚点率较高。目前，经位于首都乌兰巴托市的成吉思汗国际机场可以直飞中国北京、呼和浩特、二连浩特、海拉尔、香港等城市，此外，还拥有飞往莫斯科、法兰克福、伊斯坦布尔、东京、首尔、曼谷等地的航线。中国国航已开通乌兰巴托—北京常年直飞航线。

4.2.4.4 电力

蒙古虽然煤炭资源储量丰富，但国内电力基础设施建设和配套较为落后，很多发电机组设备仍为苏联时期建造的。目前蒙古尚不能满足国内电力自给自足，部分电力需从中国和俄罗斯进口。蒙古的电力供应主要由中部、西部、东部区的电力系统组成，目前仍有2个省、40多个县未接入中央电力系统。近年来，为解决国内电力供应紧张问题，蒙古政府加快了对国力电力基础设施建设的速度，提出一批对现有电厂进行改造扩容和新电厂建设项目。由于国家财政紧张，蒙古政府鼓励外资通过各类政府和社会资本合作（PPP）模式参与电力基础设施投资建设。除火力发电外，蒙古还致力于发展可再生能源。根据蒙古国政府制定的能源电力发展目标，蒙古计划在2020年前实现国家电力需求的25%来自再生能源，包括太阳能、风能、地热和水力发电等。

4.2.5 中蒙经贸合作态势与前景

4.2.5.1 外贸结构单一，对外依存度高，抗风险能力弱

蒙古外贸结构较为单一，矿产品占蒙古总出口比重超过七成。蒙古出口的主要商品是矿产品、纺织品、生皮、熟皮、畜毛及其制品、珍珠、宝石、贵金属、文化用品等。

蒙古国内制造业发展仍处于起步阶段，除畜牧产品外，其他各类生活和生产材料均依赖进口。蒙古进口的主要商品有机电商品及零配件，能源产品，公路、航空及水路运输工具及其零件，纺织品，化学及化工产品，植物产品及食品，钢材及其制品等。

蒙古主要贸易伙伴有：中国、俄罗斯、加拿大、韩国、日本、美国、德国、英国等。中国已连续十余年成为蒙古最大贸易伙伴国，中蒙贸易占蒙古外贸比重超六成。蒙古对华出口产品主要集中在矿产品、动物毛皮原料及其制成品等，蒙古自中国进口的产品主要集中在汽柴油、食品、机械设备产品等（表4-27）。

表4-27 蒙古对外贸易情况　　　　　　　　　　单位：亿美元

年份	进出口总额	进口总额	出口总额
2010	61.77	32.78	28.99
2011	114.15	65.98	48.17
2012	111.22	67.38	43.84
2013	106.27	63.58	42.69
2014	110.11	52.36	57.75

蒙古经济对外依存度较高，对外贸易是拉动蒙古整体经济增长的重要力量。近年来，在国际金融危机影响下，国际市场大宗矿产品价格持续走低，蒙古出口总额受到严重影响，增长放缓，加之受到蒙币贬值影响，蒙古进口总额也出现负增长。

4.2.5.2　中蒙贸易总量较小，增长迅速，经贸合作不断加强

根据蒙古海关统计，2014 年中蒙双边贸易总额共计 68.41 亿美元，同比增长 23.7%，占蒙古外贸总额的 62.1%。蒙古对华出口额共计 50.73 亿美元，同比增长 36.9%，占蒙古出口总额的 87.9%；蒙古从中国进口总额共计 17.68 亿美元，同比下降 3.0%，占蒙古进口总额为 33.8%（表 4-28）。

表 4-28　2010～2014 年中蒙经贸合作数据　　　单位：亿美元

主要指标	2010 年	2011 年	2012 年	2013 年	2014 年
中国出口	14.5	27.3	26.5	24.50	17.68*
中国进口	25.3	37.0	39.5	5.06	50.73*
中国在蒙古非金融类直接投资	1.4	1.1	3.2	3.50	2.05

* 为蒙古海关统计数据

资料来源：中国商务部统计数据

2014 年，蒙古主要矿产品对华出口额、增幅和占该产品总出口比重分别为：焦煤 8.47 亿美元，同比下降 24.1%，占总出口的 99.8%；铜精矿 25.61 亿美元，同比增长 1.7 倍，占总出口的 99.5%；铁矿石 4.46 亿美元，同比下降 31.8%，占总出口的 100.0%；锌矿石和锌精矿为 1.13 亿美元，同比下降 5.0%，占总出口的 100.0%；钼矿石和钼精矿 2640 万美元，同比增长 48.3%，占总出口的 73.9%；萤石 3260 万美元，同比下降 22.0%，占总出口的 45.6%。

2014 年，蒙古自华进口主要产品进口额、增幅和占该商品总进口的比重分别为：汽油 2990 万美元，同比下降 30.8%，占总进口的 7.0%；柴油 350 万美元，同比下降 83.6%，占总进口的 0.5%；货运车辆为 3340 万美元，同比下降 43.2%，占总进口的 30.9%；大米 1060 万美元，同比增长 71.0%，占总进口的 71.1%；家禽肉及内脏 380 万美元，同比增长 12.8%，占总进口的 24.3%；绿茶 124 万美元，同比下降 31.1%，占总进口的 77.5%；合成纤维 158 万美元，同比下降 1.9%，占总进口的 85.9%。

4.2.5.3　中蒙全面战略伙伴关系不断深化，双边合作空间不断放大

近年来，中蒙两国领导人高层互访频繁，政治互信和各领域合作不断深化。特别是 2014 年 8 月，习近平成功对蒙古进行国事访问，同蒙古总统查·额勒贝格道尔吉举行会谈，并共同签署《中华人民共和国和蒙古关于建立和发展全面战略伙伴关系的联合宣言》，将两国关系提升为全面战略伙伴关系新高度，开辟了中蒙关系发展新阶段。2015 年 9 月，蒙古总统查·额勒贝格道尔吉出席中国人民抗日战争暨世界反法西斯战争胜利 70 周年纪念活动。同年 11 月，额勒贝格道尔吉对华进行国事访问，访问期间，双方共同发表了中国和蒙古关于深化发展全面战略伙伴关系的联合声明，双边关系持续升温。中蒙之间还签订了涉及外交、经贸、过境运输、矿产、基础设施建设、金融、

文化等多个领域的合作文件。这为两国未来开展进一步的经贸合作奠定了坚实的基础，双边合作空间由传统的资源进出口，向资源联合开发、金融合作、旅游合作、跨境运输等更广阔的方向不断放大。

4.2.5.4　中蒙俄经济走廊建设带来重大机遇

当前，在中国积极推进建设"一带一路"倡议背景下，中蒙俄经济走廊作为"一带一路"倡议中的重要经济大通道，其建设将为中蒙双边贸易、经贸合作带来重大的崭新机遇。中蒙俄经济走廊建设必将带来中蒙俄跨境高铁等基础设施建设的快速发展，未来高铁项目的建成，将为蒙古带来更多的国际投资，并将极大地促进蒙古优质农牧业和矿产资源的出口、技术和人才引进、高端装备进口。

因此，在中蒙俄经济走廊建设战略引领下，未来中蒙之间在基础设施建设、矿产资源联合开发、矿产资源加工、高科技农牧业、国际生态旅游等领域将获得广阔的经贸合作前景。

4.2.5.5　永久中立国政策带来重大机遇

（1）永久中立意在突破依附地位，寻求更多新的发展可能

2015年10月15日，蒙古总统额勒贝格道尔吉在第70届联合国大会上演讲时宣布，蒙古将实行"永久中立政策"，并呼吁国际社会各方予以认可和支持。这标志着蒙古寻求永久中立国进入实质性阶段。蒙古作为在区位上被俄罗斯和中国"包围"的小国，寻求永久中立国地位，其意并非是为了仅仅在战时获得所谓"中立国"的一丝豁免可能，而更多的是为了在和平年代，借助"中立国"不得参与军事同盟、不得设置别国军事基地等中立权和义务，利用大国间的平衡和多方干预，摆脱中俄的政治干预和影响，从而获得更多的独立发展空间和与更多国家开展深入合作的机会，与其传统提出的"第三邻国"政策路线并不矛盾。

蒙古成为永久中立国以后，首先，借助俄、中之间的大国战略平衡，以及美欧对亚洲事务的干预，从而彻底摆脱成为某个大国的"棋子"和战略前沿的被动可能，避免受制于人，进而影响国内发展；其次，蒙古可以更好地利用多边资源为自己谋求更大的政治、外交利益；最后，蒙古在稳定的大国平衡环境下，不必过多关注国家安全建设，有利于集中精力发展经济。

（2）永久中立政策下，中蒙合作迎来更多新机遇

矿业作为蒙古振兴经济的最强支柱产业，历史上多以蒙俄联营方式开发。例如，俄蒙联营的额尔敦特铜钼矿自1978年12月投产以来，一直是蒙古骨干企业，截至2011年，额尔敦特铜钼矿仍是蒙古百强企业之首，国家财政的1/3来源于此矿。尤其在1990年经济转轨之后出现的危机时期发挥了支柱作用。蒙古人称，在那个危机时期，额尔敦特铜钼矿和畜牧业拯救了蒙古。而根据1973年蒙俄（苏联）签订的《关于建立联合经营额尔敦特选矿企业的协定》等协议，共同成立的合营额尔玻符铜铝矿造矿厂等企业，俄蒙股份几乎是各占50%，甚至实际上苏联获取的实际收益更多。蒙古几乎不可能大规模同俄罗斯以外的国家开展联合资源开发。而在中立国背景下，蒙古可以更加自由地与中国开展更为深入、多领域的合作，一系列资源开发合作项目将在

"中蒙俄经济走廊"建设推动下，有望快速落地。其中，发电站及煤改气大型合作开发项目将对蒙古发展带来革命性的推动作用。蒙古锡伯敖包拥有一座年产能 3400 万 t 的露天煤矿，从这里至天津的输电项目将有望快速建设落地。按照规划，项目将建设一条输送容量 8000MW 的 ±800kV 直流输电工程，旨在以专矿、专厂、专线方式从蒙古向中国负荷中心送电，未来还可进一步复制该项目模式，扩大蒙古风能和太阳能资源向中国送电的规模。煤制气是另一个可能改变蒙古的项目。2014 年 8 月习近平访问蒙古，向蒙方展示了这项先进技术。同年蒙古总理访华期间，签署了年产 150 亿 m^3 燃气的备忘录。蒙古《世纪消息报》称，该项目合作金额相当于蒙古 2013 年 GDP（120 亿美元）的 3 倍。

（3）使"第三邻国"的加入成为可能，增加地缘关系不稳定性

当然，蒙古的永久中立国地位，意味着美日欧等"第三方"将有充足的理由和机会开辟同蒙古的经贸合作，并可以依据维护中立国权益的国际公约，堂而皇之地对中蒙俄地缘局势加以干预。特别是在经济领域，美、日、欧都已不同程度地加强了对蒙合作。日本也已成为中国对蒙高铁合作的重要竞争对手和干预因素之一。

因此，就永久中立国对地缘环境格局而言，总体上削弱了俄罗斯对区域地缘关系的控制力，大大增强了中蒙合作，但同时也增加了"第三邻国"等不确定因素，对中国地缘影响力也会产生一定的竞争和冲击。但由于蒙古地理位置是夹在实力全胜于自身的中俄之间，形似"两山加一谷"的独特区位条件现状，导致"第三邻国"的影响无论如何都很难完全突破中俄的干预。所以，从总体上看，对中蒙未来的合作而言，依然是机遇多于挑战。

4.2.5.6 四大重点合作领域前景广阔

（1）自然资源联合开发和精深加工

蒙古的铜、磷、萤石、石膏探明储量位居世界前列。中国是金属矿产的主要需求国，也是生铁、精炼铜和原铝的主要生产大国，但中国金属矿产储藏量和储采比却不容乐观，未来有非常大的市场需求缺口。蒙古则正好相反，其金属矿产储量丰富，但自身需求相对有限，存在大幅度提高金属矿产出口以拉动经济快速崛起的迫切需求。而且，蒙古资金不足、技术水平低、工业劳动力数量少、专业素质差、装备和基础设施落后，不具备开展高效、大规模资源开发和精深加工能力。中国在这一点上与蒙古存在互补优势，中国多年来积累了丰富的资源开采、精深加工的产业、技术和人才基础。目前，我国进入后工业化阶段，资源开采类的产业大多在国内已经处于过剩的形势，而在蒙古却非常需要。因此，蒙古非常适合中国过剩产能和专业劳动力、装备输出。中蒙开展联合开发和精深加工，可以促进蒙古资源优势转变为经济优势。

（2）基础设施建设，特别是出海大通道建设

蒙古基础设施落后，未来随着中蒙俄经济走廊的建设，中蒙俄之间的物流、人流、信息流会不断增长，这对中蒙俄之间的交通、通信基础设施将带来大量的实际需求。中国在高铁等交通基础设施、无线通信等通信设施方面具有世界领先的科技和制造优势。这些产品具有物美价廉的品质优势，非常适宜蒙古未来的发展需求。因此，未来加强在基础设施建设领域的对蒙古投资和合作具有广阔前景。

此外，建设大规模快速货运交通干线，打通中国渤海出海口，不但能为蒙古提供最近的出海通道，而且在中国大力推动"一带一路"中蒙俄经济走廊建设机遇下，更能获得中国更多的支持和优惠，可行性最高。因此，未来中蒙之间在基础设施，特别是出海大通道交通基础设施建设领域，具备极其广阔的合作前景和现实需求。

（3）高科技农业

蒙古畜牧业发达，中蒙农业领域优势互补作用显著。蒙古是传统的畜牧业国家，草原畜牧业是其国民经济的主体，草地和牧场占农业用地的99%。从蒙古的整体情况来看，草场实际载畜量未超过自然载畜量；但蒙古种植业生产的粮食实现自给自足尚存在一定的困难。中国和蒙古可通过农业领域的合作，满足中国对优质肉类、奶类商品及皮毛制品的需求和蒙古对粮食、蔬菜、水果的需求。

（4）生态旅游

蒙古旅游资源非常丰富，并且把旅游业作为优先发展的产业。中国旅游业快速发展，出境游快速增加，双方合作的潜力巨大。双方可以加强边境地区的跨境旅游业合作，一方面，加快旅游基础设施的建设和衔接；另一方面，开辟边境旅游、内地旅游的新线路，扩大旅游产业的规模。

4.2.5.7 地缘政治因素是中蒙经贸合作的重要风险性因素

（1）政策连续性和稳定性风险

受蒙古国家大呼拉尔选举政治因素影响，2012年6月4日蒙古国家大呼拉尔通过了《战略领域外国投资协调法》，将矿产资源、金融、媒体通信三个领域列为关系国家安全的战略性领域，并对外国投资者，尤其是外国国有投资或含国有成分的投资者投资战略领域设置了更严格的投资限制。《战略领域外国投资协调法》生效后，严重影响外国投资者对蒙古的投资信心，导致蒙古接受外国直接投资额出现巨幅下降，从2011年的16亿美元锐减至2012年的6.3亿美元，对蒙古经济增长产生了严重影响。迫于经济增长压力，2013年9月，蒙古国家大呼拉尔通过新《投资法》，并废止《战略领域外国投资协调法》。新《投资法》对外国投资者和本国投资者实行统一待遇，并简化了企业投资注册程序，取消了对外国私营投资者投资领域的限制。新《投资法》的生效虽然对回复外国投资者信心发挥了一定积极作用，但受近年来国际市场大宗矿产品价格持续走低等外部因素，蒙古吸收外国直接投资规模仍继续出现巨幅下降。继2013年蒙古接受外国直接投资（FDI）出现较大幅度下滑，2014年蒙古FDI继续出现大幅下滑。2014年蒙古外国投资一共9229亿图格里克，约5.08亿美元。

（2）存在社会治安环境风险

近年来，赴蒙古从事商务活动、旅游和学习的外国人数量不断增加，针对外国人盗窃、抢劫、诈骗活动数量也随之攀升。据蒙古警察部门统计，2010~2013年共有365名外国公民遭到违法行为侵害，其中，有155人是中国公民。

4.3　中国与中亚经贸合作基础、态势和前景

中亚的概念有广义和狭义之分，广义的中亚地理范围广阔，包括中亚五国及中国、蒙古、俄罗斯、阿富汗、伊朗的部分地区；狭义的中亚则仅指中亚五国（图4-2）。本书采用狭义的中亚概念。中亚五国总面积为395.0万km²，人口约6721.4万（2014年），位于丝绸之路中段，地处欧亚大陆腹地，地势东高西低，地形以平原与丘陵为主，属温带大陆性气候，草原、荒漠广布，水资源缺乏，且分布极不平衡。中亚是世界上资源蕴藏丰富地区之一，蕴藏着丰富的油气资源、有色金属等。中亚地区地广人稀，民族众多，居民多信仰伊斯兰教，城市主要分布于地形平坦的河谷地区。

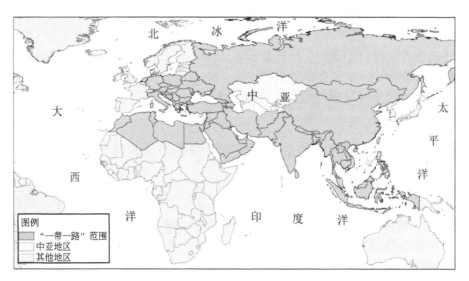

图4-2　中亚地区范围示意图

4.3.1　自然地理现状

4.3.1.1　地处亚欧大陆腹地

中亚地处亚欧大陆中部，距海较远，包括哈萨克斯坦、吉尔吉斯斯坦、塔吉克斯坦、乌兹别克斯坦和土库曼斯坦五国。中亚五国的东部以西天山的南脉为界，南部以科毕达山脉和阿姆河的中游及其上源喷赤河为界，北部越过哈萨克草原，深入到西西伯利亚南缘的额尔齐斯河流域，西界是里海的东岸。中亚五国均属于内陆国，没有出海口，远离世界市场，对发展国际贸易影响较大。

4.3.1.2　丘陵、平原为主，盆地、谷地、山系相间分布

中亚地区地势东南高西北低，地形以平原与丘陵为主，沙漠面积广大（杨德刚等，2013）；地质时期强烈而又频繁的造山运动使中亚地区形成了山系与山系相接，盆地、

谷地与山系相间的特殊地貌景观（陈曦等，2015）。中亚地区东南部是海拔较高的帕米尔高原，东部是体积庞大的天山山脉，北部是哈萨克斯坦丘陵，西部和中部是广阔的平原，主要有图兰平原和里海沿岸平原。

4.3.1.3　温带大陆性干旱、半干旱气候

中亚五国位于 46°29′47″~87°18′55″E，35°07′43″~55°26′28″N，是北半球大陆温带、暖温带面积最大的世界干旱区——亚洲中部干旱区的重要组成部分，除帕米尔高原的一小部分属于高原气候和高山气候外，大部分地区属于温带大陆性干旱气候和温带大陆性半干旱气候，景观以草原和荒漠为主。

中亚五国降水和气温的时空分布特征既表现出整体性，又有地区独立性。土库曼斯坦和乌兹别克斯坦及哈萨克斯坦南缘的沙漠地区是中亚最为干旱的地区，夏季炎热、冬季温暖；塔吉克斯坦和吉尔吉斯斯坦位于青藏高原西侧，冬季和春季降水多，气温变化幅度相对较小；哈萨克斯坦大陆性特征较为明显，降水西多东少，主要分布在夏季，气温变化幅度较大，夏暖冬冷。本地区光热资源丰富，但不稳定，灾害天气种类颇多。

4.3.2　自然资源现状

4.3.2.1　水资源总量丰富但分布不均

中亚东南、东和东北部的帕米尔—阿赖山系、天山山脉和阿尔泰山的迎风坡降水丰沛，是中亚地表河流的主要发源地。中亚地区水资源总量丰富，但分布极不平衡，主要水源位于塔吉克斯坦和吉尔吉斯斯坦两国境内，两国产生的径流量分别约占咸海流域的 43.4% 和25.1%，哈萨克斯坦、乌兹别克斯坦和土库曼斯坦三国地表水资源的总和占中亚五国地表水资源总量的 1/3；和径流量产生比例形成鲜明对照的是，塔吉克斯坦和吉尔吉斯斯坦水资源使用量总共约占 17%，下游三国水资源使用量则分别约占 52%、20% 和 10%（苏来曼·斯拉木和泰来提·木明，2014）。中亚地区人口自然增长率高，人均水资源量有不断减少的趋势；除人口增长的因素外，人类对水资源的不合理利用、浪费和污染及气候变暖导致的帕米尔高原冰川数量的锐减也是人均水资源量减少的重要原因（冯怀信，2004）。

4.3.2.2　矿产资源丰富多样，部分资源具有世界意义

中亚五国矿产资源丰富，多种资源在世界具有重要地位。哈萨克斯坦许多资源按储量排名在全世界名列前茅，如钨超过 50%，铀则占 25%；石油已探明储量居世界第七位，石油可采储量 40 亿 t，天然气可采储量 3 万亿 m^3。吉尔吉斯斯坦有一些世界级的大型矿床，如黄金总储量为 2149 t，年均黄金开采量为 18~22 t，居独联体第三位，世界第 22 位；水银储量 4 万 t，开采量约 85t，居世界第 3 位。塔吉克斯坦水利资源位居世界第八位，人均拥有量居世界第一位，但开发量不足实际的 10%；已探明有铅锌、铋等重金属；有 30 处金矿，总储量达 600 多 t；银矿储量近 10 万 t；锑矿在亚洲占第三位，仅次于中国和泰国。土库曼斯坦矿产资源主要有石油、天然气、芒硝、碘、有色和稀有金属等，其中，天然气远景储量为 26.2 万亿 m^3，居世界第四位；石油远景储

量为 208 亿 t。乌兹别克斯坦现探明有近 100 种矿产品。

4.3.3 社会经济现状

4.3.3.1 地广人稀，人口分布不均

中亚五国总面积为 395.0 万 km²，人口约 6721.4 万（2014 年），人口密度约 17 人/km²，且分布极不均衡。其中，哈萨克斯坦和土库曼斯坦沙漠和半沙漠广布，分别约占国土面积的 60% 和 80%，2014 年人口密度分别为 6.4 人/km² 和 11.3 人/km²；乌兹别克斯坦是中亚人口密度最大的国家，尽管国土的 51.8% 为沙漠和隔壁覆盖（2010年），人口密度仍达到 67.9 人/km²；塔吉克斯坦和吉尔吉斯斯坦的人口密度分别为 59.3 人/km² 和 30.4 人/km²（表 4-29）。

表 4-29　2014 年中亚五国主要经济指标与中国的比较

国家 项目	哈萨克斯坦	乌兹别克斯坦	塔吉克斯坦	土库曼斯坦	吉尔吉斯斯坦	中国
面积/万 km²	270.0	44.9	14.0	47.0	19.2	960.0
人口/万	1 728.9	3 048.8	829.6	530.7	583.4	136 782
人口密度/（人/ km²）	6.4	67.9	59.3	11.3	30.4	142.5
城市化率/%	53.3	36.3	26.7	49.7	35.6	54.4
GDP/亿美元	964.9	295.1	42.1	205.6	37.2	52 700
人均 GDP/（美元） （2005 年不变价）	5 581	968	507	3 874	637	3 853
人均耗电量/（kW·h） （2012 年）	5 085	1 605	1 749	2 476	1 809	3 475
铁路长度/km	14 329	4 192	621	3 115	417	66 989
铁路密度/（km/万 km²）	53	93	44	66	22	70
人口增长率/%	1.5	1.7	2.2	1.3	2.0	0.5
农业 GDP 占比/%	4.7	18.8	27.4	14.6	17.3	9.2
制造业 GDP 占比/%	11.2	12.3	11.2	21.67 （2004 年）	15.2	35.9
工业 GDP 占比/%	36.0	33.7	21.8	48.4 （2012 年）	26.7	42.7
制造业工业占比/%	31.1	36.5	51.5	44.7	56.9	83.9

资料来源：根据世界银行数据整理而得

近半个世纪以来，中亚国家的人口增长态势表现出波动起伏的特点，如图 4-3 所示。20 世纪 70 年代末到中亚国家纷纷独立的 1991 年，中亚国家的人口增长率呈现缓慢提高的态势，随后受国家独立初期经济下滑的影响，中亚国家人口增长率开始大幅度下滑，一直到 90 年代末期这种趋势才扭转过来，人口增长率开始缓慢提升，除土库

曼斯坦外，其他中亚国家的人口增长率已经恢复到苏联解体前的水平。2014年，中亚五国平均人口增长率为1.7%，快于发展中国家的平均增长速度。

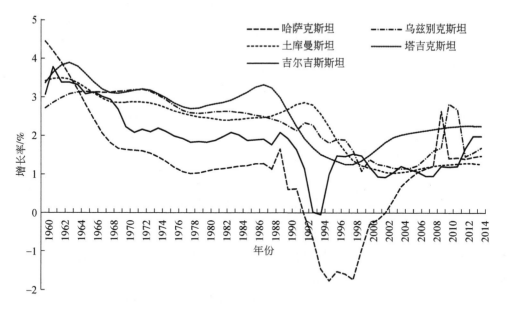

图 4-3　近半个世纪以来中亚人口增长率变化趋势
资料来源：根据世界银行数据整理而得

4.3.3.2　经济差距较大，发展阶段各异

中亚五国中，哈萨克斯坦和土库曼斯坦为中高等收入国家，吉尔吉斯斯坦、塔吉克斯坦和乌兹别克斯坦为中低等收入国家（表4-29）。从GDP的增长趋势看，土库曼斯坦和乌兹别克斯坦增长势头强劲，尤其是土库曼斯坦，进入21世纪以来的十余年中，GDP年平均增长率都在10%以上，属于世界经济快速增长的国家之一（表4-30）。塔吉克斯坦、哈萨克斯坦和吉尔吉斯斯坦3个国家紧随其后。2014年，在主要贸易伙伴遭遇经济困境（乌克兰陷入危机、俄罗斯遭到西方国家经济制裁、俄罗斯货币大幅贬值）的背景下，中亚五国经济仍以平均6.6%的增长率远高于世界经济平均增速，更高于独联体平均水平，显示出较强的区域经济活力。

表 4-30　中亚国家 GDP 同比增长率（%）

国别	2001 年	2005 年	2010 年	2011 年	2012 年	2013 年	2014 年
与上年同比							
哈萨克斯坦	113.5	109.7	107.3	107.5	105.0	106.0	104.3
乌兹别克斯坦	104.2	107.0	1108.5	108.3	108.2	108.0	108.1
土库曼斯坦	120.4	113.0	109.2	114.7	111.1	110.0	110.3
塔吉克斯坦	109.6	106.7	106.5	107.4	107.5	107.4	106.7
吉尔吉斯斯坦	105.3	99.8	99.5	106.0	99.9	110.5	103.6
独联体平均	106.2	106.7	104.9	104.7	103.5	102.0	101.0

国别	2001 年	2005 年	2010 年	2011 年	2012 年	2013 年	2014 年
与 2000 年同比							
哈萨克斯坦	114	164	221	238	250	265	276
乌兹别克斯坦	104	130	195	211	229	247	267
土库曼斯坦	120	212	346	—	442	487	537
塔吉克斯坦	110	159	218	235	252	271	289
吉尔吉斯斯坦	105	120	149	158	158	175	182
独联体平均	106	139	169	177	183	187	189

资料来源：孙力和吴宏伟，2015

4.3.3.3 资源型的经济特征明显，产业结构单一

中亚五国制造业占 GDP 比重和工业占 GDP 比重的差值巨大，2014 年，制造业占工业比重最高的是吉尔吉斯斯坦，达 56.9%，最低的为哈萨克斯坦，占 31.1%，中亚五国平均值为 44.1%，仅约相当于中国的一半。制造业在工业中所占比重偏低的情况从侧面反映出中亚地区产业结构单一，工业高加工度化程度低，资源型经济特征比较突出的经济特点。

2013 年，哈萨克斯坦第一、第二、第三产业增加值占 GDP 的比重分别为 4.5%、35.5% 和 60%，采矿业总值为 721.8 亿美元，在工业总产值中占比达 60.3%；乌兹别克斯坦工业占 GDP 的比重为 33.7%，农业为 18.8%；塔吉克斯坦第一、第二、第三产业增加值占 GDP 的比重分别为 21.1%、23.2%、55.7%，铝业在塔吉克斯坦经济中处于绝对领军地位，占出口总额的 33.4%；土库曼斯坦第一、第二、第三产业占 GDP 的比重分别为 7.2%、24.4% 和 68.4%，油气工业是土库曼经济的支柱产业，2012 年油气出口收入占其外汇总收入的 70% 以上；农业是吉尔吉斯斯坦经济的主要支柱产业，矿山开采、加工业和电力能源为吉尔吉斯斯坦工业三大支柱产业，其中，"库姆托尔"金矿公司是该国大型企业，年产值约占该国当年 GDP 的 10%，是吉尔吉斯斯坦政府收入的主要来源。

4.3.3.4 城镇发展缓慢，交通等基础设落后

近半个世纪以来，中亚地区城镇化的发展过程表现出阶段性特征。苏联解体前，哈萨克斯坦、乌兹别克斯坦和吉尔吉斯斯坦呈缓慢增长态势；而土库曼斯坦和塔吉克斯坦在 20 世纪 60 年代初期缓慢增长，后期开始缓慢下降。苏联解体后，中亚国家纷纷独立，城镇化发展趋势出现很大的差异：哈萨克斯坦在 90 年代表现出近于停滞的状态，进入 21 世纪则开始缓慢下降；土库曼斯坦则扭转下降的趋势，开始缓慢增长；乌兹别克斯坦则出现了持续的降低态势；吉尔吉斯斯坦表现为缓慢增长；塔吉克斯坦则经历了独立初期的快速下降和进入 21 世纪以来的近乎停滞的发展过程。总的看来，近十余年来，除土库曼斯坦增长趋势比较明显外，其他中亚四国城镇化过程处于停滞状态，有的国家甚至呈现下降趋势（图 4-4）。

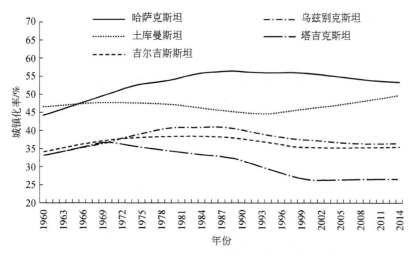

图4-4　近半个世纪以来中亚五国城镇化率发展趋势

资料来源：根据世界银行数据整理而得

除哈萨克斯坦外，中亚各国的经济发展水平在苏联时期就较为落后，基础设施薄弱；独立后，各国又都经历了经济转型的困难时期，基础设施领域的改善并不明显，目前仍是制约中亚各国经济发展的中亚因素。

公路运输是中亚各国重要的运输方式，公路运输占中亚货运量的比重达80%以上，中亚五国并未形成完整的铁路网络是公路运输地位奇高的重要原因。目前，中亚五国的国内铁路运输都存在跨境运输的问题，造成运输成本畸高。中亚五国中，哈萨克斯坦、土库曼斯坦和乌兹别克斯坦尽管油气资源丰富，但国内电力供应仍难以满足国内需要；塔吉克斯坦和吉尔吉斯斯坦的油气资源主要依赖进口，水电在这两国电力供应中居重要地位，但受季节影响，冬季电力需从中亚其他国家进口。受经济发展阶段和发展水平以及政府财政能力的限制，中亚国家在供排水、通信等城市基础设施和农村基础设施方面也存在巨大的供需缺口。

4.3.3.5　民族多样，伊斯兰文化居主导地位

中亚国家为多民族国家，每个国家都有100个左右的民族，其中，哈萨克族、乌孜别克族、塔吉克族、吉尔吉斯族、土库曼族是哈萨克斯坦、乌兹别克斯坦、塔吉克斯坦、吉尔吉斯斯坦、土库曼斯坦5个国家的主体民族，人口占全国总人口的绝大多数。每个国家都以主体民族的语言或俄语作为官方语言。另外，俄罗斯人在中亚五国非主体民族中占有重要地位，其中，俄罗斯族人口占哈萨克斯坦总人口的23.5%左右，占吉尔吉斯斯坦的7.8%左右，占乌兹别克斯坦的4.4%左右，占土库曼斯坦的1.8%左右，占塔吉克斯坦的1%左右（2013年）。

伊斯兰教是中亚地区主要的宗教，为中亚国家主体民族所信仰，俄罗斯族人口多信奉东正教，另外，天主教、佛教、犹太教等其他宗教也有一定的信众。受伊斯兰文化的影响，中亚国家与阿拉伯世界以及土耳其有着较为紧密的政治、经济和文化关系。例如，中亚五国都是伊斯兰会议组织成员国；土耳其将中亚国家视为其外交政策的轴心（孙力和吴宏伟，2015）。

4.3.3.6 政策趋于开放，经济环境有待改善

苏联解体后，中亚五国独立，从计划经济转向市场经济成为中亚各国的普遍选择（李淑云和郭溪竹，2014）。近年来，国际政治经济形势的发展态势对中亚国家的政治稳定和经济发展带来了严峻的挑战和威胁。国际大宗商品价格暴跌对中亚国家的能源矿产资源出口影响很大，而能源矿产资源出口在中亚国家的国民经济中占有很重要的地位；西方国家对中亚国家重要的合作伙伴——俄罗斯的持续经济制裁以及中东动荡不安的政治局势也威胁到中亚国家的发展。为保持本经济的健康持续发展，中亚国家都制定了新的更趋开放的发展战略。

从中亚国家发展战略看，大都把交通等基础设施建设置于优先发展位置，把交通走廊和过境运输能力建设作为重要战略发展方向（孙力和吴宏伟，2015）。尽管中亚国家越来越重视国际资本对本地区经济发展的重要性，纷纷制定政策吸引国际投资，但中亚五国的市场开放程度是不同的，其中，哈萨克斯坦、吉尔吉斯斯坦和塔吉克斯坦开放程度较高，土库曼斯坦和乌兹别克斯坦较低。受经济发展阶段和中亚政治、文化和原苏联体制的影响，中亚国家的经济环境存在许多问题，亟须改善。

中亚国家的市场经济体制很不完善，司法仲裁体系问题也比较严重，很难公平地解决投资领域出现的问题；中亚各国的腐败现象已程度不同地深入到社会各个层面，而且腐败现象往往与行业垄断紧密相连，市场不平等现象突出；中亚国家的人力资源素质不高，从管理者到普通劳动者都缺少自觉按市场经济办事的思想和行为模式，部分国家公民有一定的排外情绪；中亚国家金融发展水平偏低，尤其是土库曼斯坦和乌兹别克斯坦两国市场开放程度较低，外汇管制并未完全放开，对外国投资者的限制条件较多；为吸引国外投资，中亚国家对外资都有一定的税收优惠政策，但个别领域仍存在税收歧视或不同程度的与其法律相矛盾的垄断现象，如有些国家虽然与中国签订了避免双重征税的协议，答应给予中资企业一定的优惠政策，但在实际执行过程中，税务部门为增加本国税收收入往往会设置重重障碍，让中国企业享受不到优惠政策（陈杰军，2007；卢周来和刘珺，2015）。

4.3.3.7 外交关系复杂，大国影响举足轻重

20世纪90年代初，苏联解体直接改变了中亚的地缘政治格局，将中亚五国推到了大国地缘政治博弈的前沿地带，成为大国竞相争夺的热点地区，中亚五国的政治转型和经济转型不可避免地受到大国的影响。中亚五国的独立为美国增加地区存在以及压缩俄中战略空间提供了契机。美国积极对中亚地区实施"民主改造"，推广西方民主政治思想和价值观念，企图将中亚从俄罗斯的势力范围中剥离出来，变成自己的势力范围，极力降低俄罗斯在中亚地区恢复控制力的概率。但美国的"胡萝卜加大棒"并没有赢得中亚国家执政者的好感，美国的颜色革命并没有在中亚国家取得实效。目前，中亚国家基本都将俄罗斯作为优先外交选择，俄罗斯在中亚事务中具有举足轻重的影响力。但俄罗斯的经济结构与中亚国家趋同，经济规模和技术水平不足以承担起中亚经济一体化主导者的重任，有时甚至会起到相反的作用。在中亚区域一体化的过程中，俄罗斯更看重其自身地缘政治利益，而非中亚国家利益，俄罗斯更倾向于将欧亚经济

共同体看作确保其地缘政治利益的工具而非中亚国家促进本地区经济发展的平台（王维然，2014）。

随着"一带一路"倡议的深入实施，中国毫无疑问将更加广泛地参与到中亚事务中来，与中亚国家的经济合作水平必将不断提高。但国与国之间的经济交往从来都不是单纯的经济领域的事情，其中，纠结着政治、文化、民族、宗教等诸多复杂因素的影响，不仅掣肘于美、俄等大国的制约，也受困于中亚国家自己（王维然，2014）。

4.3.4 经贸合作现状及问题

（1）中亚国家之间贸易互补性差，区域一体化动力不足

中亚国家出口的产品都以能源矿产资源和初级产品为主。2010～2014年，哈萨克斯坦矿产品出口占对外贸易额的78.8%，塔吉克斯坦的出口产品中，未加工铝占50%以上，土库曼斯坦90.3%的出口产品为矿产品；乌兹别克斯坦的新鲜食品和矿产品占出口总额的23.0%和18.7%。由于中亚五国对矿产品的需求不大，对新鲜食品的需求较大的只有哈萨克斯坦，再加上中亚国家经济规模普遍较小，导致中亚五国之间的贸易互补性不高，从一定程度上形成了中亚国家经济一体化动力不足和一体化进程缓慢的区域经济合作现状。

（2）中国在中亚国家的进出口贸易伙伴国中具有重要的地位

2014年，中国是哈萨克斯坦和土库曼斯坦的第一大贸易伙伴，是乌兹别克斯坦和吉尔吉斯斯坦的第二大贸易伙伴，是塔吉克斯坦的第三大贸易伙伴。

近十多年来，中国同中亚国家的经贸合作关系保持了较快的发展势头。相比于2003年，除中国占吉尔吉斯斯坦出口总额的比重略有下降外，2015年中国在中亚国家进、出口贸易总额中的占比都呈现出大幅度提升的态势（表4-31）。

表4-31　2014年中亚五国与中国贸易（2005年价格）**和直接投资**（当年价）**概况**

项目	哈萨克斯坦	乌兹别克斯坦	塔吉克斯坦	土库曼斯坦	吉尔吉斯斯坦
出口总额/万美元	98.0	26.8	0.5	95.2	0.6
进口总额/万美元	73.6	16.0	24.7	9.5	52.4
进出口总额/万美元	171.6	42.8	25.2	104.7	53.0
来自中国直接投资/万美元	695 700	19 800	59 900	25 300	886 00
对中国直接投资/万美元	14 000	742			
中国作为贸易伙伴排名	1	2	3	1	2

资料来源：世界银行2014年数据；中国商务部

中亚国家出口商品结构单一，主要表现为中亚国家出口商品多为初级农产品或矿产品，进口商品多为工业制成品。中国在中亚国家的进出口贸易额中占有很大的比重，最高的国家是土库曼斯坦，占比达58.5%，最低的哈萨克斯坦也达到17.1%（表4-32）。

表 4-32　中国与中亚五国在对方进出口贸易总额中的比重（%）

项目	哈萨克斯坦	吉尔吉斯斯坦	塔吉克斯坦	土库曼斯坦	乌兹别克斯坦
中国占中亚国家进出口贸易总额的比重	17.2	19.0	50.5	58.5	22.7
中亚国家占中国进出口贸易总额的比重	0.4	0.1	0.1	0.2	0.1

资料来源：ITC 数据库．http：//www.intracen.org/itc/market-info-tools

　　从双边贸易的进出口产品结构看，中国与中亚国家之间的经贸合作具有互补性（表 4-33），这种互补性从近十余年来，中国和中亚国家之间双边贸易额逐年增长的态势就能看出来。中国出口到中亚的产品多为工业制成品，从中亚国家进口的产品多为农业初级产品和矿产品，这与两国的工业化发展阶段、经济规模和资源禀赋特征有密切的关系。

表 4-33　2014 年中国与中亚五国主要贸易商品种类

国家	从中国进口的商品	向中国出口的商品
哈萨克斯坦	机电产品、贱金属及其制品、运输设备及橡胶	矿产品、石油、粮食
乌兹别克斯坦	推土机、筑路机、平地机、铲运机、空调、钢制品、电机、电器、音响设备及其附属零件	天然气、棉花、天然铀
土库曼斯坦	机械设备、运输工具	天然气
塔吉克斯坦	机电、机械设备、建筑材料以及纺织等各类用品	矿产品、棉花、生皮及皮革等
吉尔吉斯斯坦	机械设备、服装、贱金属及其制品	黄金

资料来源：UNcomtrade 数据库．http：//comtrade.un.org/db/dqBasicQuery.aspx

4.3.5　中国与中亚经贸合作展望

　　双边贸易发展总体趋势向好，经贸合作外部环境不断改善。上合组织区域经济合作取得积极进展，各成员国双边经贸合作面临新的机遇。中国已经与塔吉克斯坦、哈萨克斯坦等国签署了共建"一带一路"合作备忘录。总而言之，尽管中亚在政治制度、宗教、文化、语言、经济基础等方面与中国存在诸多差异，也存在诸多不理想的状况，但在区域积极合作的大背景下，随着时间的推移，中国与中亚经济合作的政治、法律、政策环境将会逐渐优化；随着丝路基金、亚洲基础设施投资银行等一系列促进"一带一路"沿线国家经贸合作的金融机构的建立和相应保障措施的实施，中亚五国将实实在在受益于中国的快速发展和深化改革开放所释放的红利。"一带一路"倡议构想正在从图纸逐渐变成现实，必将促进中国与中亚经贸合作的大发展。

　　相互投资日益扩大，经贸合作潜力巨大。从经济合作上看，中国与中亚国家有着共同的利益。双方在资源构成、产业结构和工农业产品等方面互补性很强，活跃的商品交易和服务贸易将使双方贸易规模持续扩大，从而带动各国产品生产和服务的发展，提高就业水平。数据显示，中国已成为哈萨克斯坦、土库曼斯坦第一大贸易伙伴，乌兹别克斯坦、吉尔吉斯斯坦的第二大贸易伙伴。中国与中亚密切的经济联系为中亚参与实施"一带一路"提供了现实支撑。中国是世界最大和发展速度最快的发展中国家，具有相对比较先进和实用的制造业技术及充裕的制造业产能；相比之下，中亚五国资源丰富，工业化正处于方兴未艾阶段，双方具有巨大的经贸合作潜力。

中亚国家的贸易战略影响未来经贸合作走向。中亚五国的外贸政策可以分为两类：一类是吉尔吉斯斯坦、塔吉克斯坦和哈萨克斯坦的出口导向政策。这三国外贸政策总体偏向自由贸易，采用较低的关税。另一类是乌兹别克斯坦和土库曼斯坦的进口替代政策，其中，乌兹别克斯坦最为突出。其对外贸易的目的就是要通过发展替代进口为实现乌兹别克斯坦经济的独立目标服务，而且要根本性地改变国民经济结构，调整的重点在于发展科技含量大的工业部门。目前，中资企业在中亚的项目多集中在能源矿产资源领域，中亚国家经贸战略的调整会影响中国与中亚国家未来经贸合作的方向。以哈萨克斯坦为例，在该国《2010～2014年加速工业创新发展国家纲要》中，对16个主要产业的现状、任务目标和发展途径做出描述和规划，主要目的是通过实现经济多元化和提高竞争力，重视吸引外国直接投资，促进非资源领域出口引导型高技术产业发展。尽管资源开发仍是国家的重要产业，但各项政策和财政预算已经开始向非资源领域倾斜。

中亚国家的贸易结构比较畸形，贸易政策也都存在一些问题。随着经济发展水平的提高，中亚国家调整贸易战略的可能性较高。目前，大多数中亚国家开始重视提高本国工业化水平，在吸引外资方面，也越来越重视非资源领域与国际资本的合作。中国与中亚国家的经贸合作也会随着其贸易政策的改变而发生变化。

4.4　中国与俄罗斯、蒙古和中亚经贸合作建议

4.4.1　中俄经贸合作政策建议

4.4.1.1　调整传统经济合作行业和领域，提升两国经济合作规模和程度

1）中国对俄罗斯投资重点应由农产品和海产品、森林、矿产等油气资源等传统产业逐步向通信设备制造和技术研发、家电制造、电子产品制造等领域拓展。

2）重点吸引俄罗斯对中国在核能、航天航空产业、化肥工业和高新技术等领域的投资。

3）中国应大力促进自身经济发展，扩展贸易领域、改善贸易商品结构，促进高附加值产品的生产和出口，注重人才的培养和利用；加强两国企业之间的互助合作，积极发挥自己的特长，展现自己的优势，使企业之间找到更多的利益共同点，深化中俄企业间的交流合作，破除崇尚欧美的思维定式，树立产品认同感，打造品牌效应；加强中俄贸易服务体系建设，努力健全从生产到运输到出口的一条龙式的服务模式，确保贸易信息积极共享，使双边贸易更有保障；完善贸易体制，健全相关法律法规，确保贸易渠道畅通，消除贸易壁垒，加快推进中俄贸易向规范化、制度化和法制化方向发展；在加强能源领域合作的同时，加大在农业和高科技产业

等方面的合作，促进贸易结构多元化，在双边贸易、直接投资、信贷等领域推广使用本币。

4.4.1.2　深化中俄能源合作

中俄能源合作是两国最为紧密的经济合作领域，石油和天然气领域的贸易合作已成为中俄经济合作的支撑。中俄两国经济领域具有很强的"互补性"，能源合作最能体现这一"经济互补性"。

一方面是因为中国经济快速发展，对能源的需求与日俱增，而毗邻中国的俄罗斯拥有丰富的能源资源，正好可以供给中国；另一方面，俄罗斯经济结构较为单一，中俄经贸关系很大程度上依赖能源贸易。要想推动中俄经贸关系，能源合作必不可少。

中俄能源合作发展的动因主要体现在四个方面：一是两国要素需求的互补性是两国能源合作的基础；二是中俄之间的政治互信与经贸合作机制是能源合作的保障；三是地理位置毗邻是中俄能源合作的刚性优势；四是中俄能源合作是两国经济利益诉求的基本体现。

石油贸易是中俄能源合作的主体。俄罗斯为世界上主要的能源生产国和出口国，能源出口是拉动俄罗斯经济增长的重要支柱。中俄能源管道建设项目"安大线"、"安大线"—"泰纳线"是中俄之间最大的石油合作项目。

在天然气合作领域，历经十余年的谈判，2014年5月，两国政府签订《中俄东线天然气合作项目备忘录》，中国石油天然气集团公司与俄天然气工业股份公司（Gazprom）签订了《中俄东线供气购销合同》；同年10月，中俄政府签署了经东线对华输气的最终协议。2015年5月，俄总统普京批准了该协议。另外，2014年11月，中国石油天然气集团公司和俄罗斯天然气工业公司签署了《关于通过中俄西线管道自俄罗斯联邦向中华人民共和国供应天然气领域合作的备忘录》及《关于沿西线管道从俄罗斯向中国供应天然气的框架协议》。至此，中俄双方已敲定从俄输气的东线、西线两条线路，俄罗斯每年将对华输送680亿m^3的天然气。

未来中国可以采取贷款换资源合作模式、双向合作模式、石油公司联合经营模式、上海合作组织框架内的油气资源供求一体化模式及油气经贸一体化合作模式等，以尽可能降低中俄能源合作风险（表4-34）。

表4-34　中俄能源合作

时间	工作或协议	内容
1996年	叶利钦访华	中俄两国政府签署《关于共同开展能源领域合作的协定》
2001年		共同修建安加尔斯克至中国大庆的石油管道
2003年		俄推出兴建"安纳线"的方案，同时铺设一条通向中国大庆的分管道，引发"安大线"和"安纳线"之争

时间	工作或协议	内容
2004 年 3 月		俄石油运输公司推出"泰纳线"方案
2006 年 3 月	阿尔泰天然气管道协议	签署了俄罗斯向中国供应天然气的议定书，规定了天然气供应期限、规模、管线和价格形成原则等基本协议（2008~2009 年冻结）；俄罗斯新闻社对华语读者开通第一家俄罗斯中文网站——俄新网
2008 年	中俄建立副总理级能源谈判机制	
2009 年 4 月	落实了《中俄石油领域合作政府间协议》	贷款换石油
2009 年 10 月	《关于俄罗斯向中国出口天然气的框架协议》	
2011 年	能源战略合作推进	启动俄中"西伯利亚"全球最大项目
2013 年 3 月	习近平首访俄罗斯	中俄政府就电力、天然气输送，石油勘探、开采、销售和炼油等方面签署了一系列重要协议
2014 年 5 月	《中俄东线天然气合作项目备忘录》，《中俄东线供气购销合同》，《西线天然气管道备忘录》，亚信峰会第四次会议在上海召开，中俄双方签署了《中俄关于全面战略协作伙伴关系新阶段的联合声明》	普京访华，巩固能源贸易、军火贸易、地区及国际问题政策协调中俄关系的三大支柱。俄每年从东西伯利亚（东线）向中国输送 380 亿 m^3 天然气，且加强军事合作。中俄两国将进一步深化石油领域合作，俄方尽早启动对华供应天然气，中方积极开发俄境内煤矿和促进基础交通设施发展，并加快建设在俄新发电设施，扩大俄对华电力出口，以建立全面的能源合作伙伴关系
2014 年 5 月 21 日	中俄两国政府达成了《中俄东线天然气合作项目备忘录》，中国石油天然气集团公司和俄罗斯天然气工业股份公司已经签署《中俄东线供气购销合同》	自 2018 年起，俄罗斯开始通过中俄天然气管道东线向中国供气，输气量逐长，最终达到每年 380 亿 m^3，累计 30 年。这意味着，此前一直困扰中俄天然气合作的价格分歧问题得到解决，两国就天然气合作意向已经达成一致

4.4.1.3 中俄跨边境地区共同建立生态工业园区、绿色产业示范园区

中俄双方应把生态保护放在最优先的地位，在保护好生态环境的前提下实施开放开发，把开放开发的强度严格控制在生态环境可承载的范围内，就双方的跨境环境保护、可循环发展的能源和新材料等一系列问题要在"绿色发展"等问题上达成一致共识，将共同发展可持续的绿色环保产业。

积极促进黑龙江省面向北方地区和俄罗斯，采取市场换总部、应用促转化、项目促运营等措施，围绕环保技术研发、装备制造、环境服务三大体系，搭建环保科技研发综合平台、环保成果转化与服务平台和环保装备制造集成基地。中俄双方共同建立生态工业园区、绿色产业示范园区，实现研发、制造、转化、展示、服务与合作六大功能，形成与国内其他园区差异明显的高原高寒环保产业园区。

落实"一带一路"倡议，支持中蒙俄经济走廊建设。俄罗斯小麦等粮食进口对推进满洲里重点开发开放试验区建设等都具有重要意义，更有助于满洲里口岸"增品类、

调结构、促发展"和形成口岸新型产业链条。

4.4.1.4 开展跨边境区域"无障碍国际旅游黄金廊道"建设

当前中俄旅游合作处于历史最高水平，重点工作是进一步完善中俄两国间的团队旅游免签协议和旅游保险协议。

充分依托"一带一路"倡议、北京—张家口联合举办 2022 年冬奥会机遇，在中蒙俄经济走廊（北京—张家口—呼和浩特—二连浩特—乌兰巴托—恰克图—乌兰无德、伊尔库茨克）草原丝绸之路，打造一体化无障碍"丝绸之路经济带中蒙俄经济走廊草原丝绸之路黄金廊道"。

定位："丝绸之路经济带中蒙俄经济走廊草原丝绸之路黄金廊道"建成"一带一路"国际旅游经济合作和文化交流的重要平台。

政策体制创新：①争取更加宽松的航空政策支持。②重要节点城市建设国际航空口岸和打造陆空一体化高端旅游产业体系。③建立"高效、快速、绿色"出入境管理，试行绿色"电子签证"和"落地签证"。④推动国际旅游合作。在全球设立若干个主要海外市场办事处。⑤举办"丝绸之路经济带中蒙俄经济走廊草原丝绸之路黄金廊道"国际文化旅游博览会。⑥设立黄金廊道自然保护、文化保护发展基金。⑦张家口市、呼和浩特市争取建设国际大型免税购物娱乐城等高端特色旅游项目落地实施，建立国际一流的综合性旅游城市商业区、免税店。

4.4.1.5 开展森林产业深度合作

俄罗斯的东西伯利亚的克拉斯诺亚尔斯克边疆区，伊尔库茨克州，布里亚特共和国，赤塔州和远东区的阿穆尔州，哈巴罗夫斯克（伯力）边疆区，滨海边疆区等七个行政区向中国出口木材占俄罗斯对中国出口木材总量的 96%。近年来中国进口俄罗斯木材主要来源地多处在铁路沿线，且与中国在地理位置上较为接近。例如，与中国接壤的赤塔州、阿穆尔州和犹太自治州，有超过 98% 的原木出口到中国。俄罗斯的木材对中国出口主要通过铁路运输，如上述提到 7 个主要木材来源地区对中国出口的木材超过 80% 是通过铁路完成的。

未来中俄森林资源合作重点地区的选择，需要综合考虑森林资源分布、特征、总量、区位条件、基础设施等要素。俄罗斯亚洲部分森林资源富集区整体特征相似，是否作为未来的重点开发地区主要取决于各地区成过熟林资源总量和对外运输条件。所以重点考虑把成过熟林比例高、成过熟林资源面积大，以及靠近铁路沿线的区域列为今后的主要开发区。

中俄森林资源合作开发典型模式有控股合作模式、合资建厂模式、独资建厂模式、林场采伐模式、人力资本输出模式、投资模式等。中俄森林资源合作重点方向有：劳务合作、森林产品加工合作、林业科技合作、森林旅游合作和环境保护合作等。

4.4.1.6 开展现代农牧业合作

近年来，俄罗斯已经签署多份出口中国农牧产品协议。例如，2014 年首批俄罗斯油菜籽从中俄最大陆路口岸的满洲里口岸出口到中国。此次签署的议定书限定了小麦应产自俄罗斯新西伯利亚州、鄂木斯克州、阿尔泰边疆区和克拉斯诺亚尔斯克边疆区4个地区的小麦矮腥黑穗病和印度腥黑穗病非疫区。2015年年末，俄罗斯与中国签署了有关对华出口小麦条件的议定书。俄发言人表示，来自阿尔泰边疆区、克拉斯诺亚尔斯克边疆区、新西伯利亚州、鄂木斯克州的小麦和来自哈巴罗夫斯克边疆区、滨海边疆区、外贝加尔边疆区、阿穆尔州、犹太自治州的玉米、大豆、油菜籽、水稻获准进入中国。此前，为加强中俄边境毗邻地区的农业合作，油菜籽、玉米、大豆、水稻等品类已经先期获准试验性进口和在边境口岸落地加工。

当前，俄农牧业合作领域不断拓宽，但规模较小，层次较低，现代农业、农业科技合作发展潜力大。

（1）中俄现代农牧业合作领域

2015年4月1日《俄罗斯先导区法》正式生效，标志着俄罗斯发展远东战略进入实质性阶段。俄罗斯远东地区将向公民无偿提供土地，五年内不得转让。五年后可以向包括中国在内的外国个人或者法人转让。2016年6月俄罗斯外贝加尔边疆区政府宣布把11.5万hm^2农业用地出租给中国企业49年，以上土地的租金价格为250卢布/（a·hm^2），租赁总金额为1.76亿元。接下来可能再出租20万hm^2。租赁的土地主要发展现代农牧业，为中国、俄罗斯和其他国外消费市场提供有机、无害、生态的粮食和肉类等农牧业产品。因此，政府引导和提供国家层面政策保障，创新机制，以我国大型农牧业企业为主，采取主动走出去战略，中俄联合开展西伯利亚地区、远东地区土地开发，融合我国现代农牧业高新技术和人才、俄罗斯土地资源优势，中俄共同打造远东地区的世界级现代农牧业生产和加工大区。

（2）食品添加剂市场

俄罗斯食品添加剂市场的发展大体处于全球市场的发展趋势轨道中，生产水平比较落后，但其潜力不断释放，已经成为全球食品添加剂及加工企业关注的焦点。俄罗斯作为人口大国，食品市场规模庞大，这是由于地处高寒地区，人们对高热量、高能量的食品需求量更大。俄罗斯的主要食品消费品种是肉类加工业。俄罗斯市场上的各种食品添加剂中，大约有近90%是从国外进口，本土生产得很少。主要进口国是德国（16%）、立陶宛（14%）、法国（10%）、芬兰（6%）等欧洲国家，亚洲国家主要从中国（2%）、日本、朝鲜进口（雷克鸿，2013）。

中国食品添加剂生产企业众多，品种众多，能较为全面地覆盖俄罗斯市场的需求；产品具有一定的价格优势，且质量稳定；食品添加剂的入市门槛较低，开拓市场更为容易。

4.4.1.7 中俄基础设施建设

俄罗斯是世界上领土面积最大的国家，在基础建设领域具有巨大的潜力。俄罗斯政府制定的《2020年前快速、高速铁路发展计划》及《2030年前铁路交通发展战略》表明：未来10年俄罗斯将需要投入约5万亿卢布进行铁路现代化改造和发展。其中，优先解决的是改善东西伯利亚和远东地区的交通状况，发展连接至主要港口的交通通道。2018年俄罗斯世界杯也将为俄罗斯带来大量的基础建设投资需求。

2015年4月1日《俄罗斯先导区法》正式生效，标志着俄罗斯发展远东战略进入实质性阶段。远东发展主要战略措施有：海参崴建立自由港；建立首批海参崴和哈巴罗夫斯克（伯力）先导区；启动位于阿穆尔、楚克奇、堪察加和马加丹 6 个先导区。因此，充分衔接中国"一带一路"倡议和俄罗斯远东开发战略，中俄首先加强远东地区国际口岸基础设施建设。

（1）边境口岸基础设施建设

19 个边境口岸基础设施建设。重点包括：中国黑龙江省满洲里—俄罗斯后贝加尔期克铁路客货口岸、中国黑龙江省抚远县抚远—俄罗斯哈巴罗夫斯克边疆区哈巴罗夫斯克市（伯力）国际客货河运口岸、中国内蒙古额尔古纳右旗黑山头—俄罗斯后贝加尔边疆区旧粗鲁海图双边公路客货运输口岸、中国内蒙古额尔古纳右旗室韦—俄罗斯后贝加尔边疆区奥洛契双边公路货物运输口岸、中国黑龙江省漠河县连箭室韦—俄罗斯阿穆尔州加林达口岸、中国黑龙江省呼玛县呼玛—俄罗斯阿穆尔州乌沙科沃国际客货运输口岸、中国黑龙江省黑河市—俄罗斯阿穆尔州布拉戈维申斯克市（海兰泡）双边公路客货运输口岸、中国黑龙江省孙吴县四季屯—俄罗斯阿穆尔州康斯坦丁诺夫卡国际客货运输口岸、中国黑龙江省逊克县奇克—俄罗斯阿穆尔州波亚尔科沃国际客货运输口岸、中国黑龙江省嘉荫县朝阳—俄罗斯犹太州帕什科沃国际客货运输口岸、中国黑龙江省萝北县茗山—俄罗斯犹太州阿穆尔泽特国际客货运输口岸、中国黑龙江省同江市—俄罗斯犹太州下列宁斯阔耶国际客货运输口岸、中国黑龙江省饶河县饶河—俄罗斯哈巴罗夫斯克边疆区波克罗夫卡双边公路客货运输口岸、中国黑龙江省虎林县吉祥—俄罗斯滨海边疆区马尔科沃双边公路客货运输口岸、中国黑龙江省密山市档壁镇—俄罗斯滨海边疆区图里罗格双边公路客货运输口岸、中国黑龙江省绥芬河市—俄罗斯滨海边疆区波格拉尼奇内国际铁路客货运输口岸、中国黑龙江省东宁县三岔口—俄罗斯滨海边疆区波尔塔夫卡双边公路客货运输口岸、中国吉林省珲春市长岭子—俄罗斯滨海边疆区克拉斯基诺国际客货公路运输口岸等。

（2）高铁建设

目前俄罗斯还没有高速铁路，造价 1.068 万亿卢布的莫斯科至喀山段是高铁建设的试点项目。其中的 2500 亿卢布将来自于中方的银行贷款。

未来中俄将分期开展中国北京市—呼和浩特市—二连浩特市—俄罗斯乌兰乌德市、中国哈尔滨市—中国满洲里市—俄罗斯赤塔市、中国大连市—中国丹东市—俄罗斯符拉迪沃斯托克市（海参崴）中俄高铁论证与建设。

（3）北冰洋东北航道

俄罗斯北冰洋东北航道的开通与拓展有利于中国更紧密地联系国外市场，完善海运布局，缓解太平洋通道及印度洋通道的航运压力。中国应研判东北通道争夺走势，正确树立起四通八达的海上通道大安全观，克服在通航技术设备等方面的问题，注重加强与俄罗斯在北冰洋东北航道方面的合作，共同开发建设能可持续利用的 21 世纪"海上丝绸之路"。

（4）城市供暖设施合作

俄罗斯的采暖方式主要为集中供热和多元化并存，供热、空调、通风及制冷等设备主要生产商来自中国。俄罗斯是欧洲第四大空调市场，市场需求逐年上升，特别是莫斯科和俄南方地区。随着俄罗斯房地产业的快速发展，除民用住宅外，包括饭店的建设和改造、高级住宅、办公大楼及一些西方大型超市和连锁店也大量兴建，因此，与之相配套的暖通设施需求量剧增。这为中俄城市供暖、空调、通风及制冷等设备合作提供良好前景。

4.4.2 中蒙经贸合作政策建议

4.4.2.1 以中蒙经济园区建设为桥头堡，引领示范中蒙产业合作

（1）积极建设中蒙工业园区，多元模式促进资源开发利用

蒙古需要开发资源促进经济发展、改善就业环境，而中国需要多元化保障资源供应和安全，因此，双方在矿业开发领域具备迫切的工业合作需求。建议优选蒙古锡伯敖包等大型资源富集区，与蒙古共同建设工业园区；输出中国先进适用产能和技术，通过友好协商，探索中蒙联营、中方投资换取资源开发年限、中方建设换取资源优先低价购买权等多种模式，共同开发资源，实现共赢发展。通过园区建设发展，示范带动中蒙工业合作，促进中方企业走出去，参与中蒙俄经济走廊建设。

（2）以高科技绿色农业园区建设为抓手，引领、扩大中蒙农牧业合作

依托中蒙农牧业产品互补性需求，针对蒙古畜牧业资源丰富、技术和人力资源匮乏的特点，优选乌兰巴托等重点城市，构建高科技绿色农业园区，以重点突破、辐射全局为战略步骤，集中资金、技术、人才优势，在蒙古建立农业高科技园区。由蒙古提供政策和土地支持，中国提供资金、技术输出等方式，共同建设发展。通过园区，逐步发挥示范、辐射、带动效应，引领双边合作，促进蒙古农业实现跨越式发展。

4.4.2.2 积极承接国际交通基础设施建设，推动国际物流外包服务

依托中国全球领先的高铁技术和完备的桥梁、道路建设产业基础，积极加强与蒙古之间的交通基础设施建设合作，可采用 BOT、PPP 等方式，通过出资帮助蒙古建设跨国出海铁路、国际公路、油气运输管道等基础设施，有条件的情况下也可以援建、运营城铁等客运交通设施，换取蒙古矿产资源联合开发权、联营权和油气进口订单等。

推动中蒙国际物流外包服务，积极鼓励中国物流企业实行走出去战略，不断扩展中蒙综合物流、专业物流市场。为缺乏国际物流能力的蒙古提供长运距跨国物流服务，可在蒙古及中国主要相关口岸和沿海沿边城市设立跨境物流园区、保税区、自由贸易区等，推动中蒙物流繁荣。

4.4.2.3 积极建设国际物流园区、国际无水保税物流港区，构建现代化国际多式联运物流体系

通过政府间协商和企业化运作，依托物流通道建设，由中方投入资金、技术、设施，蒙古国给予土地、财税政策扶持，集中资金、技术、人才优势，在中国内蒙古、东北重点对蒙口岸，建立一批高标准、现代化国际物流园区，全面引领和辐射带动区域物流发展。同时，加强政策对接，在蒙古的主要城市、工业基地、交通枢纽，选址建设若干国际无水保税物流港区，对接中国出海港口，建立一对一、门对门的专业物

流服务机制，为内陆国家出海打开、扩展国际绿色通道，实现双赢发展。

4.4.2.4 建立政府—协会—企业三位一体的产业合作平台

通过双边谈判，建立政府间部级以上产业合作专项协调和联席工作机制，加强政策沟通，完善主权担保、政策互惠等政策支撑体系；推动由中国主导的双边国际产业合作行业协会的建立，完善行业标准、规范，加强双边企业间的劳务合作、成果展销、信息共享、项目对接等商业交流，形成畅通、便利的民间合作平台和官方渠道，鼓励企业间的跨国产业合作。

4.4.2.5 建设跨境产业合作项目综合服务体系

由政府设立并不断完善跨境产业合作综合服务中心，对跨境产业合作项目给予法律咨询、技能培训、保险担保、文化交流等综合服务体系，确保走出去企业的实际利益，确保多边产业合作的安全性、便捷性和长期稳定性。

4.4.3 中国与中亚主要经贸合作领域分析

4.4.3.1 能源合作

近年来，中国同中亚国家的能源合作取得了突破性的进展。在油气管道建设方面，中哈原油管道和中国—中亚天然气管道基本建成，中哈原油管线在全部运力得到满足的情况下，年输油能力可达 3000 万~4000 万 t；中国—中亚天然气管道全部建成后，中国与中亚五国的天然气管道将全部连通，形成多国一体的跨境天然气管道网（苏华和王磊，2015）。目前，中国自中亚五国进口天然气数量占中国天然气进口总量的一半左右。

目前，中国与中亚国家的能源合作主要存在以下几方面的问题。首先，中国在中亚能源出口市场中的地位并不稳定，天然气过于依赖土库曼斯坦（表 4-35 和表 4-36）。中国从中亚国家进口的石油产品主要来自哈萨克斯坦（表 4-35），但中国在哈萨克斯坦石油出口市场中的地位却并不稳定，虽然所占比重从 2002 年的 1.57% 增长到 2011 年的 15.59%，但这种增长并不是稳定的。即使在中哈原油管道开通后，中国所占份额也是起伏不定，变动幅度较大。除土库曼斯坦的天然气外，中国在中亚国家的油气资源出口市场中的份额都存在不稳定问题（表 4-36）。

表 4-35 2015 年中国自中亚三国进口油气资源金额　　　　　单位：千美元

能源种类	哈萨克斯坦	土库曼斯坦	乌兹别克斯坦
原油	26 163 664	267 223	0
石油	1 341 929	463 847	7 388
天然气	2 204 182	7 734 079	626 507

资料来源：ITC 数据库：http：//www. intracen. org/itc/market-info-tools. 原油产品代码 2709（Crude petroleum oils）；石油产品代码 2710（petroleum oils, not crude）；天然气产品代码 2711（Petroleum gases）

表 4-36　中国在中亚国家石油、天然气出口市场中的份额　　单位:%

年份	哈萨克斯坦			土库曼斯坦			乌兹别克斯坦		
	原油	石油	天然气	原油	石油	天然气	原油	石油	天然气
2001	2.4	0.3	0.0	0.0	0.0	0.0	—	4.7	0.0
2002	1.6	2.2	0.0	0.0	0.0	0.0	—	4.6	0.0
2003	4.4	14.3	0.0	0.0	0.0	0.0	—	62.4	0.0
2004	4.3	10.9	0.0	0.0	0.0	0.0	—	76.7	0.0
2005	2.4	7.1	0.5	0.0	0.0	0.0	—	43.5	0.0
2006	5.6	4.2	0.0	0.0	0.9	0.0	—	40.3	0.0
2007	9.4	11.7	0.0	0.0	2.4	0.0	—	18.7	0.0
2008	9.4	15.7	0.0	0.0	0.0	0.0	—	3.5	0.0
2009	8.8	18.6	0.0	0.0	0.0	0.0	—	6.0	0.0
2010	14.5	9.1	0.0	0.0	0.0	98.13	—	2.3	0.0
2011	15.6	42.6	0.1	0.0	0.0	86.45	—	1.9	0.0
2012	15.2	12.1	0.1	0.0	7.4	97.34	—	19.5	19.6
2013	15.2	5.6	0.6	0.0	0.8	96.48	—	4.2	80.6
2014	9.1	5.3	3.8	0.0	0.0	97.79	—	4.2	77.7
2015	7.8	0.7	3.9	0.0	7.6	99.32	—	4.6	59.4

资料来源：ITC 数据库：http：//www.intracen.org/itc/market-info-tools. 原油产品代码 2709（Crude petroleum oils）；石油产品代码 2710（petroleum oils, not crude）；天然气产品代码 2711（Petroleum gases）

　　目前中国与中亚国家的能源合作，主要反映在油气上，归纳起来有以下几个合作领域：①油气贸易；②油气资源的勘探、开发；③油气的储运，即油气管道建设；④油气的加工；⑤油气的销售；⑥油气相关工程服务、技术合作；⑦能源金融合作，如石油还贷款等。中国与中亚国家某些领域的能源合作还需不断深化，如能源金融合作；电力、核能和可再生能源合作等。

　　中国—中亚能源合作具有广阔的前景。中亚地区油气资源储量丰富，尤其是里海盆地，有"21 世纪的聚宝盆"、"第二个海湾"和"世界上最后一块石油地带"等美誉，开发前景极为乐观。中亚的油气资源也主要分布在里海周边的哈萨克斯坦、乌兹别克斯坦和土库曼斯坦 3 个国家。中亚国家自独立以来普遍实施"能源立国"和"能源强国"战略，能源领域对外资极为重视，在油气勘探开发、油气深加工、石油化工、油气管道铺设和改造、油气工程服务及技术创新、石油装备制造方面有巨大的合作需求。中亚与中国接壤，是丝绸之路经济带的核心区域，丝绸之路经济带建设战略为中国—中亚的油气合作提供了强大的推动力，双方合作前景广阔。

　　中国与中亚国家相比，总体上看，中国经济发展水平高，拥有雄厚的资金和较为先进的技术，对油气等矿产资源有巨大的消费量，本国资源不能满足需求；中亚国家经济相对落后，虽然油气等矿产资源丰富，但缺乏资金和技术，资源消费量较小，产能大部分要出口到国际市场。这种资源、经济格局使中国与中亚国家之间在经济上存在天然的互补性。通过签署自贸协定等各种经贸合作协议，中国与技术、资金相对短缺的中亚国家可以开展全方位的资源合作，实现互利共赢。中国与中亚之间的能源合作可以采取两种模式：市场主导的合作共赢模式和国际地缘战略合作模式。

中国—中亚能源合作对策。首先，建立中国—中亚国家能源合作委员会。建立"中国—中亚国家能源合作委员会"，成员由各国负责资源管理的政府高级官员组成，定期探讨成员国之间互利共赢的能源合作问题，将取得的成果以签署联合声明的形式发布，并对各成员国具有一定的约束力，从而能够有力地促进成员国之间能源合作水平的提高。其次，促进中国与中亚国家之间进行合理分工，寻求资源合作开发的互利共赢。中国与中亚国家同属发展中国家。中国秉持"和平崛起理念"，中国的发展不追求霸权利益，不谋求中亚地区事务的主导权；中国与中亚国家的能源合作完全可以在平等互利的基础上进行水平和垂直的产业分工。针对目前全球化所存在的问题，打破既有的不合理国际经济秩序，建立新型合作模式、公平合理的国际分工格局和贸易体系，是中国与中亚国家实现可持续发展的现实选择。最后，鼓励中亚国家实施资源兴国和创新驱动战略。中亚国家应采取资源导向型发展战略，发挥本国资源优势，进行发展模式创新，建立中国—中亚国家之间互惠型贸易模式，探索可持续能源合作道路。

4.4.3.2　农业合作

（1）中亚五国农业发展的优势

中亚五国地广人稀，有丰富的光、热、水、土资源，有发展大农业的独特资源优势（表4-37）。粮食、棉花等特色农产品出口量居世界前列。棉花种植业广泛分布于乌兹别克斯坦、土库曼斯坦、塔吉克斯坦等国，尤其以乌兹别克斯坦为核心。乌兹别克斯坦和土库曼斯坦的棉花与哈萨克斯坦的小麦生产对世界的出口有着较大的影响。此外，蔬菜和水果在中亚地区种植面积也较多，在吉尔吉斯斯坦、乌兹别克斯坦种植较为集中，是中亚水果蔬菜的主要产地，同时主要出口俄罗斯等国家。

表4-37　中国与中亚国家人均耕地面积　　　　　单位：hm²/人

国家	年份								
	2005	2006	2007	2008	2009	2010	2011	2012	2013
哈萨克斯坦	1.9	1.9	1.8	1.8	1.8	1.8	1.8	1.7	1.7
吉尔吉斯斯坦	0.2	0.2	0.2	0.2	0.2	0.2	0.2	0.2	0.2
塔吉克斯坦	0.1	0.1	0.1	0.1	0.1	0.1	0.1	0.1	0.1
乌兹别克斯坦	0.2	0.2	0.2	0.2	0.2	0.2	0.1	0.1	0.1
土库曼斯坦	0.4	0.4	0.4	0.4	0.4	0.4	0.4	0.4	0.4
中国	0.1	0.1	0.1	0.1	0.1	0.1	0.1	0.1	0.1

资料来源：世界银行数据库，2015

（2）中亚五国农业发展的劣势

第一，农业科技水平和机械化程度不高。尽管中亚五国种植业产量和出口量较高，但由于农业融资困难、农业科技水平落后、农业机械化程度低等因素，种植业单位面积农产品产量相对发达国家存在很大差距，土地集约利用水平不高（表4-38）。第二，种植业单产和畜牧业规模化程度均较低。由于管理水平、科技水平低下等原因，中亚五国的畜牧业始终处于以小规模、分散养殖为主的阶段，缺乏大规模养殖场和养殖企业。第三，设施园艺水平低、蔬菜水果花卉等短缺。中亚五国蔬菜水果和花卉商品比较短缺，整体来看供不应求。中亚五国中只有乌兹别克斯坦能够为周边邻国和俄罗斯提供水果和蔬菜。当地花卉市场供不应求，70%以上的鲜花从荷兰、土耳其及中国新疆进口（吴方卫和张锦华，2016）。第四，农产品加工业落后。中亚五国市场上的农产品主要以原料或简单初加工的农产品为主，农产品精深加工程度较低。

表 4-38　中国与中亚国家耕地单位面积谷类产量　　　　单位：kg/hm²

国家	年份								
	2005	2006	2007	2008	2009	2010	2011	2012	2013
哈萨克斯坦	997	1170	1327	1009	1249	804	1689	762	1164
吉尔吉斯斯坦	2678	2551	2513	2380	3034	2610	2603	2367	2904
塔吉克斯坦	2164	2159	2440	2141	3119	3117	2519	2891	2798
乌兹别克斯坦	4042	4112	4399	4352	4634	4529	4734	4645	4766
土库曼斯坦	2927	3288	2974	2673	2429	2575	2025	1778	1988
中国	5225	5424	5320	5548	5447	5527	5701	5851	5891

资料来源：世界银行数据库，2015

（3）中国—中亚国家农业合作前景广阔

中国农业生产正日益受到耕地资源和淡水资源不足的制约，同时伴随有土壤质量下降、干旱及洪涝灾害频发等生态质量下降现象。另外，中国农业贸易还面临着发达国家巨额生产补贴、较高的进口关税，以及农产品市场被跨国公司垄断的不公平的竞争环境（谭砚文，2011）。为突破中国农业发展的资源约束瓶颈，摆脱国际农业跨国公司的垄断，充分发挥中国农业劳动力资源和外汇储备的优势，确保中国农产品的有效供给，中国农业必须加快"走出去"。相对于中亚的农业发展水平，中国的粮食单产水平高、机械化程度高、设备技术先进、"种养加销"产业链完整、与农业相关的配套产业体系完善，农业发展的各个环节都能够满足中亚国家对国际合作的需求，而且中国劳动力丰富，外汇储备充足，农业"走出去"的欲望强烈。中国农业资本、技术、设备、劳动力等农业生产要素的供给空间很大，中亚国家农业国际合作的需求也有巨大的现实需求，在"一带一路"倡议受到中国和中亚国家执政当局高度认可的背景下，中国—中亚农业合作有着广阔的发展前景。

（4）中亚在中国粮食市场中的地位及在中亚实施"藏粮于外"战略的重点

中亚国家普遍缺少蔬菜、水果等产品，而且价格比中国国内高很多。如果能将中国的大棚栽培技术出口到中亚，到中亚租地种菜和时令水果效益会不错。哈萨克斯坦有着丰富的耕地资源，中国实施"藏粮于外"的战略，到哈萨克斯坦租地种粮有很大发展空间。不过，哈萨克斯坦民间对中国在哈租地有较大的抵触情绪。2016年4月底到5月初，哈萨克斯坦多地民众举行抗议活动，反对哈政府推动的土地改革（其中，有延长外国人租赁该国土地年限的内容），担心中国在经济领域对当地"更严重的扩张行动"，目前哈政府已经决定搁置土地改革。

哈萨克斯坦是中国新发展的粮食进口贸易伙伴，中国自2009年开始进口哈萨克斯坦粮食，但进口规模年际变动幅度很大，这同哈萨克斯坦在世界粮食市场上的变化规律相似（表4-39）。哈萨克斯坦土地资源极为丰富，是人少地多，同时农业技术又比较落后的发展中国家，哈萨克斯坦的谷物耕地在近10年的时间内呈小幅增长态势，但谷物产量却呈现较大幅度的波动特点（图4-5），表明哈萨克斯坦农业技术不发达，受天气等各种农业条件的影响较大。哈萨克斯坦土地资源丰富，一旦农业技术得到提高、生产条件得到改善，谷物产量必然会获得较大幅度提高。相比较而言，中国有着更为高效的农业技术，与哈萨克斯坦在农业方面形成良好的互补关系，双方合作前景广阔。

表4-39　中国与哈萨克斯坦在粮食贸易领域的合作现状

年份	哈萨克斯坦在世界粮食市场中的占比/%	哈萨克斯坦在中国粮食进口市场中的占比/%	中国在哈萨克斯坦出口粮食市场中的占比/%
2005	0.5	0.0	0.0
2006	1.0	0.0	0.0
2007	1.6	0.0	0.0
2008	1.4	0.0	0.0
2009	0.8	0.0	0.0
2010	1.1	0.6	0.9
2011	0.6	0.1	0.1
2012	1.3	0.9	2.6
2013	1.0	0.5	1.9
2014	0.9	1.1	6.2
2015	1.3	0.3	2.0

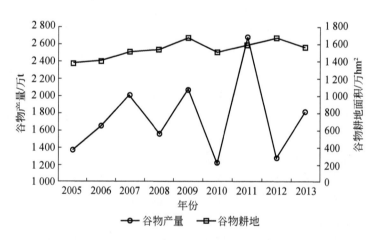

图4-5　近9年来哈萨克斯坦谷物产量和谷物耕地的演变趋势

（5）深化中国—中亚农业合作对策

第一，积极创新农业合作模式，包括贸易区模式、农业科技园模式等。具体模式上可以根据合作需求不同，采用海外园区建设模式和"两国双园"模式。海外园区模式，就是在合作国优选适合区位，由两国共同建设农业高科技开发园区。具体以所在国提供政策和土地支持，中国提供资金、技术等，共同建设发展。"两国双园"模式则是在中国与合作国分别建立对口园区，中方园区为中亚等国对华投资和贸易提供优惠政策和综合服务的平台。走出去的中资企业，可以优先落户在"两国双园"体系下的对方国家的对应园区内，在该园区能够获得中国同等的待遇，包括获得稳定的主权担保、公共服务、社会保障等。

第二，建设一批重点项目。以政府间的合作为支撑，率先在中亚五国建立高科技农业园区，引导中方企业入驻，对接中亚五国土地资源，发展粮食、棉花等土地密集型大宗农产品种植业。通过先进农业技术的推广，建立海外优质、生态农产品生产、加工基地，示范、带动双边农业合作不断加深。

第三，建立政府—协会—企业三位一体的农业合作平台。通过双边谈判，建立政府间部级以上农业合作专项协调和联席工作机制，加强政策沟通，完善主权担保、政策互惠等政策支撑体系；推动由中国主导的多边国际农业合作行业协会的建立，完善行业标准、规范，加强双边企业间的劳务合作、成果展销、信息共享、项目对接等商业交流，形成畅通、便利的民间合作平台和官方渠道，鼓励企业间的跨国农业合作。

第四，建设跨境农业合作项目综合服务体系。由政府设立并不断完善跨境农业合作综合服务中心，对跨境农业合作项目给予法律咨询、技能培训、保险担保、文化交流等综合服务体系，确保走出去企业的实际利益，确保多边农业合作的安全性、便捷性和长期稳定性。

4.4.3.3 中国—中亚五国国际产能合作

（1）中国与中亚五国在工业领域有广阔的产能合作基础

首先，中国作为世界上最大的发展中国家，有完善的工业体系和较为先进的生产技术。受传统增长方式和国际金融危机时期经济刺激政策的影响，目前，众多工业部门存在产能过剩的情况。但仅相对于中国的国内需求和增长乏力的国际贸易而言，这种过剩产能并非是落后产能。相对于工业化程度较低的中亚国家而言，这些产能应称为优质产能。一旦和中亚五国工业化发展的需求相对接，这些产能将会发挥出巨大的经济增长拉动作用和劳动力吸纳效应，从而为中亚国家的工业化提供强劲的动力。其次，中亚五国已经意识到单凭资源开采和出口并不能实现国家的富强梦，他们已经开始注重将外资引入非资源领域，并越来越重视工业化，尤其是高新技术产业发展对国家实现现代化的重要意义。中亚五国对工业化和高技术产业的重视体现在它们的经济发展规划和战略中。中国—中亚国家的主要合作区域和合作行业取决于中亚国家的外资需求重点区域和重点部门（表4-40）。

（2）中国—中亚国际产能合作的路径

经过改革开放几十年的快速发展，中国正处在由"世界工厂"向"世界资本输出大国"过渡时期，国际产能合作是资本输出的一种形式，是一国由全球生产价值链低端向高端阶段过渡的早期阶段。鉴于中亚国家的工业化和生产技术水平较低，对中国而言，中国—中亚国际产能合作可以缓解国内产能过剩压力，为中国优化和提升产业结构赢取时间并积累资金，促进国内优势产能、技术、标准、服务"走出去"，扩大中国经济影响力和国际规则领域的话语权。但国际产能合作务必避免因产能过剩、压力减小而停止产业结构升级和经济增长方式转型的进程，更不允许传统发展模式死灰复燃。为提高中国资本输出的质量和规避风险，中国—中亚国际产能合作可以分阶段、分步骤推进。第一阶段，国有资本为主的国际产能合作初创阶段。本阶段中国的资本输出在很大程度上仍将侧重于推动国内商品、服务和产能出口；在非金融类对外直接投资存量中，国有企业是对外投资的主要载体，民营和社会资本为辅；国内存在资本项目方面的管制措施，对市场驱动、大规模、多元化的资本输出形成制约。第二阶段，私营和社会资本为主的国际产能合作拓展阶段。本阶段资本输出以证券等金融产品投资和对外直接投资并重；民营和社会资本为主；国内资本项目方面管制大大减少，资本输出呈现出市场驱动、大规模和多元化的特点。

（3）中国—中亚国际产能合作对策

第一，要加强政府引导和推动。一是加强顶层设计，建立中国—中亚国际产能合作指导小组，制定过剩产能走向中亚五国的中长期发展规划。

第二，充分发挥现有多边和双边高层合作机制作用，发挥双边投资协定作用，利用多边投资担保机构等国际组织维护中国企业利益，建立良好的产能走出去环境。

第三，严格落实《境外投资管理办法》，做好境外投资的事前服务和引导，加强事中、事后指导、监管和保障；加快出台《境外投资条例》及相关配套政策，推动走出去企业主体多元化，打破地区、行业、所有制限制，促进境外投资快速、健康发展。

第四，推动国内海关协调，解决二手设备运输到国外涉及的通关问题。

表 4-40 中亚外资需求重点区域和重点部门

哈萨克斯坦	阿斯塔纳州	建筑、建材生产、机器制造业、木材加工、家具生产、化工制品、非金属矿产品、家用电器、电器设备、照明设备、机车车头和车厢、交通运输工具、航空航天飞行器、电子元器件、纸浆、纸张、纸板、橡胶塑料制品生产、制药业、纺织、皮革，新区城市基础设施建设，包括医院、学校、幼儿园、博物馆、剧院、中高等学校、图书馆、少年宫、体育场、办公楼和住宅等
	阿特劳州	石化生产、原油深加工和生产，重点生产聚乙烯和聚丙烯、塑料薄膜、包装袋、管材、配件、技术设备、塑料瓶等
	曼戈斯套州	主要发展家用电器、皮革制品、化工、橡胶塑料制品、非金属矿产品、冶金工业、金属制品、机械设备、石油化学产品生产及油气运输、物流服务等
	南哈萨克州	重点生产服装、丝绸面料、无纺布及其制品、地毯、挂毯、棉浆、高级纸张以及皮革制品
	巴甫洛达州	化工产品和石化产品
	卡拉干达州	主要生产冶金产品、金属制成品、机械设备、交通工具、拖车、半拖车、计算机、电子产品和光学设备、电器设备、化工产品、橡胶和塑料产品、建材等
	江布尔州	重点发展化学产品、橡胶和塑料产品、非金属矿产品、化学工业机械设备生产等
	阿克莫拉州	宾馆、旅店、疗养院等旅游设施建设

乌兹别克斯坦	纳沃伊州	电子及电器产品、精密机械、汽车制造及零部件、制药和医疗产品、食品加工和包装、塑料制品和聚合物制品
	塔什干州	石油加工、铜管、钢筋、瓷砖、蜂窝煤、白糖、皮制品等
	吉扎克州	瓷砖、制革、制鞋、手机、肠衣、宠物食品、水龙头等
土库曼斯坦	阿姆河右岸	天然气
	阿什哈巴德	天然气、纺织业
	巴尔坎州	天然气加工
	里海东岸"阿瓦扎"国家级旅游区	旅游、基础设施
塔吉克斯坦	阿赫什河上游	水电
	费尔干纳盆地	铅锌矿开采、冶炼
	国内中小城市	城市基础设施
	境内	交通、通信基础设施
	"索格德"自由经济区	采矿、太阳能、电缆、铝合金、农产品加工
	"喷赤"自由经济区	农产品加工
吉尔吉斯斯坦	比什凯克	食品、建材、制鞋

参 考 文 献

巴克拉诺夫，李永庆．2005．俄罗斯远东地区稳定发展的问题与前提．欧亚经济，（2）：1-12．

包毅．2015．中亚国家的政治转型．北京：社会科学文献出版社．

鲍里斯·萨涅耶夫．2005．俄罗斯与东北亚国家的能源合作：前提、方向和问题．西伯利亚研究，（5）：14-15．

本村真澄，刘旭．2010．俄罗斯2030年前能源战略——实现的可能性和不确定性．俄罗斯研究，（3）：53-70．

曹吉云．2007．贸易模式与国家贸易政策差异．南开学报（哲学社会科学版），（5）：58-64．

陈杰军．2007．浅析中亚市场的投资风险．伊犁师范学院学报（社会科学版），90（1）：71-74．

陈曦，罗格平，吴世新，等．2015．中亚干旱区土地利用与土壤覆被变化．北京：科学出版社．

邓秀杰．2015．"丝绸之路经济带"建设与中国—中亚能源合作．克拉玛依学刊，30（6）：3-10，12．

董锁成，黄永斌，李泽红，等．2014．丝绸之路经济带经济发展格局与区域经济一体化模式．资源科学，36（12）：2451-2458．

冯怀信．2004．水资源与中亚地区安全．俄罗斯中东欧研究，（4）：63-69，96．

国土资源部信息中心．2013．世界矿产资源年评2013．北京：地质出版社．

胡鞍钢，马伟，鄢一龙．2014．"丝绸之路经济带"：战略内涵、定位和实现路径．新疆师范大学学报（哲学社会科学版），35（2）：1-10．

雷克鸣．2013-07-01．俄罗斯食品添加剂市场潜力释放：中俄贸易机遇与挑战亦存．http://www.cnfood.cn/dzb/shownews.php? pno=1&id=13214［2016-3-21］．

李淑云，郭溪竹．2014．中亚政治转型与经济转轨非对称性发展探析．辽宁大学学报（哲学社会科学版），249（3）：160-166．

李宇，李泽红，董锁成，等．2015．关于制定"基础科技支撑'丝绸之路经济带'发展计划"的思考．中国科科学认识『一带一路』

学院院刊,30(1):32-36.

卢周来,刘珺.2015.丝路经济带中亚投资环境及市场风险.开放导报,181(4):24-29.

苏华,王磊.2015."丝绸之路经济带"建设背景下的我国与中亚能源合作新模式探析.经济纵横, 357(8):22-26.

苏来曼·斯拉木,泰来提·木明.2014.中亚水资源冲突与合作现状.欧亚经济,210(3):81-90,128.

孙力,吴宏伟.2015.中亚国家发展报告(2015).北京:社会科学文献出版社.

谭砚文.2011.资源约束、贸易失衡与我国农业"走出去"战略.广东社会科学,152(6):66-74.

王维然.2014.中亚区域经济一体化研究.北京:知识产权出版社.

吴方卫,张锦华.2016.丝绸之路经济带农牧业合作的空间、潜力与中国农业"走出去"策略.科学发展, 89(4):76-81.

谢燮.2015."一带一路"倡议下的交通发展趋势.中国远洋航务,(9):34-35.

杨德刚,杜宏茹,等.2013.中亚经济地理概论.北京:气象出版社.

中国科学院地理科学与资源研究所课题组.2014.丝绸之路经济带可持续发展模式探析.中国国情国 力,(10):24-26.

5 东北亚地区

东北亚地区主要指亚洲东北部地区，自古以来即是大国角力之地。广义的东北亚地区泛指亚洲的东北部地区，包括中国东北地区，日本、朝鲜、韩国、蒙古以及俄罗斯乌拉尔山脉以东直至白令海峡部分。根据美国外交关系协会的定义，狭义的东北亚地区包括日本、韩国与朝鲜。由于其他章节已描述"一带一路"倡议中国与俄罗斯、蒙古的现状贸易与未来发展趋势，本章节主要针对朝鲜、日本、韩国进行分析。

5.1 东北亚自然、经济与社会结构概况

5.1.1 自然地理背景特征

5.1.1.1 地形地貌

东北亚由两部分组成，即日本群岛与朝鲜半岛。日本群岛地处太平洋板块和亚欧板块的交汇地带，山地成脊状分布于日本国土的中央，将日本的国土分割为太平洋、日本海各一侧区域，火山和地震活动频繁。日本的山地和丘陵约占国土总面积的71%，平原主要分布在河流附近的沿海地区，多为小型冲积平原，其中，面积较大的有关东平原、石狩平原、越后平原、浓尾平原等。日本森林覆盖率高达近70%，最高峰为富士山，海拔3776m。朝鲜半岛由本土和3000多个岛屿组成，半岛约占总面积的97%，其中山区山地约占半岛土地面积的80%。朝鲜半岛和欧亚大陆由鸭绿江和图们江的"海峡"分开，仿佛是一个"岛屿"。

5.1.1.2 气候概况

东北亚气候四季分明。日本群岛以温带和亚热带季风气候为主，冬季寒冷干燥，夏季炎热多雨，南北温差大。日本是世界上降水较多的地区，主要由于日本海一侧地区冬季的降雪，6、7月间连绵不断的梅雨，以及夏、秋两季登陆日本的台风所致。

朝鲜半岛南北气候有显著差异。朝鲜半岛气候可分为亚热带、暖温带和中温带。半岛南部海岸和济州岛主要是亚热带分布，植被为阔叶常绿植被。半岛南部地区与日本气候相似，受东朝鲜暖流影响，气候具有海洋性特征，植被以阔叶落叶植物为主；半岛北部地区是中温带，与中国东北部地区的气候相似，大陆性特征显著，植被以落叶松和杜松为主。夏季的朝鲜半岛深受东亚季风的影响，秋季台风频繁。大部分的降雨是在夏季，几乎一半的年降雨发生在季风时节。

5.1.1.3 资源产业

日、韩、朝三国的资源较为匮乏。地下资源种类虽然繁多，但储藏量较少。例如，日本的煤储量是 90 亿 t、铁 417.5 万 t、铜仅 96.1 万 t。朝鲜半岛存在植物约 3000 多种，500 多种为其特有物种。韩国矿产资源较少，已发现的矿物有 280 多种，其中有经济价值的约 50 种。铁、无烟煤、铅、锌、钨等有一定的开采价值，但储量都不大，主要工业原料均依赖进口。朝鲜的有用矿产资源达 200 余多种，但只有菱镁矿储量较大，是世界上主要的菱镁矿生产国之一。日本鱼类资源丰富，是海洋渔业发达的国家之一。近海养殖包括沙丁鱼、鳕鱼、青花鱼、珍珠贝、牡蛎等。环绕朝鲜半岛的海域盛产鱼类和各种海洋生物，鱼类品种达 850 种。产量较多的有明太鱼、鲇鱼、鲭鱼、面条鱼、秋刀鱼、比目鱼等（张秀杰，2003）。

5.1.2 社会经济发展概况

5.1.2.1 经济发展

日韩是世界经济发达地区，信息技术、重工业、高新技术产业等产业发达。该地区拥有众多的世界 500 强企业，包括日本的本田、丰田及韩国的三星、现代汽车、LG 等。

（1）日本

第二次世界大战后，日本走上经济复兴之路，虽然 20 世纪 90 年代的"泡沫危机"一度使经济跌入低谷，但纵观过去全球经济发展史，日本作为具有全球影响力的发达国家之一，拥有着极高的经济发展水平、工业化程度和人民生活水平。2015 年，日本 GDP 为 4.383 万亿美元，人均 GDP 34 523 美元，分别列全球第三位和第二十五位，人均 GDP 增长率为 1.358%。

日本 2015 年第一、二、三产业结构为 1.1∶25.5∶73.4，经济发展以服务业为主。自 20 世纪 90 年代开始，日本产业发展重点由汽车、重化工为主向知识、技术密集型为代表的信息、金融等服务业转变，服务业的主导地位不断加强。物流业、信息产业的快速提升，带动了制造业的转型升级。金融业、保险业、商业服务业、银行业、航运业等行业由国内走向全球。日本东京作为世界大都市，其作为金融、航运和服务中心的全球地位进一步加强，形成一大批进入全球排行前列的企业。另外，动漫产业带动了制造、饮食、旅游等上下游产业，形成产业链联动发展，在国民经济中凸显了重要作用。

总体上，日本产业结构经历了由劳动密集型向资本密集型转变、资本密集型向技术密集型转变、技术密集型向服务密集型转变的三个阶段，其间第一产业比重持续降低。日本在资源贫瘠、能源原材料高度依赖进口的形势下，建成高度发达的工业体系，在电子、家用电器、汽车、精密机械、造船、钢铁、化工和医药等技术密集型产业领域形成全球竞争力。

（2）韩国

2015 年，韩国 GDP 为 1.378 万亿美元，人均 GDP 达到 27 221 美元，增长率分别为 2.6% 和 2.2%。第一、二、三产业结构为 2∶38∶60，服务业发展水平逐渐增长。自

20世纪60年代开始，通过开展土地改革、实施五年计划、获取美国援助以及普及教育等手段，韩国在七八十年代经历了经济高速增长阶段，被称为"汉江奇迹"、被誉为"亚洲四小龙"之一，目前成为影响亚洲乃至全球的重要经济体，拥有完善的市场经济制度。

农业在韩国GDP中的比例偏低，主要以大米、薯类、大麦、豆类等粮食作物生产为主，其中确保大米的基本自给率是韩国粮食安全战略中最核心的部分，长期以来大米自给率能保持在90%以上。伴随经济快速发展，韩国工业结构实现从劳动密集型向技术和资本密集型转变，迅速发展的钢铁工业、汽车工业和造船业成为了韩国重工业的主要组成部分。韩国是世界造船大国，全球船厂前十强中韩国占有七席，例如现代重工、三星重工等。韩国半导体、计算机内存、液晶显示器及等离子显示屏等平面显示装置和移动电话等电子产品在全球具有很强竞争力，其中，三星集团作为全球最大的信息技术企业，引领着韩国高科技产业的发展。

（3）朝鲜

朝鲜2016年人口约2537万人，人口密度为210.7人/km²，2015年GDP为162.83亿美元，人均GDP为648美元。朝鲜1958年建立了社会主义经济制度，宣布完成了对城市、农村生产关系的社会主义改造。1991年9月与韩国一起加入了联合国。2000年，与163个国家（含欧盟）建立了外交关系。2013年元旦致辞当中，朝鲜最高领导人金正恩再次强调当前朝鲜的"最重要任务"是建设经济。随着金正恩的执政地位逐步稳固，朝鲜政府将会不断加大经济秩序调整改革力度，以促进国家经济的发展（郭锐、苏红红，2013）。

5.1.2.2 对外贸易

日本是全球重要的贸易大国，在全球生产网络中占据重要地位，贸易额占GDP比例达到35.5%，主要贸易对象是美国、中国内地、韩国、东盟、中国台湾、德国、中国香港等。其中，以原油、天然气等一次能源、食品、原材料等进口为主，以汽车、电器、一般机械、化学制品等出口为主。其对外贸易特征体现在"进口刚性需求与出口的技术依赖"。特殊的产业结构和国内资源禀赋，导致日本刚性的进口需求，对原材料、能源、食品等初级产品的进口占总进口的比重长期保持在50%以上。同时，出口以高科技产品为主。2014年，日本海外净资产增加13%，达到3万亿美元，已经连续24年为全球最大债权国。

韩国也是世界重要的贸易国家，以外向型经济为主。2015年韩国货物进出口9634.5亿美元（出口5269.0亿美元，进口4365.5亿美元）。中国内地、美国和中国香港是韩国出口排名前三位的国家和地区，占韩国出口总额的26.0%、13.3%和5.8%。中国、日本和美国是韩国进口排名前三位的国家，占韩国进口总额的20.7%、10.5%和10.1%。机电产品、运输设备和贱金属及制品是韩国主要出口商品，占国韩出口总额的38.1%、20.9%和8.4%；机电产品、矿产品和贱金属及制品是韩国前三大类进口商品，占韩国进口总额的28.5%、26.7%和8.9%。

根据OECD数据，朝鲜是排世界第119位的出口经济体。2015年，朝鲜出口额为34.7亿美元；进口额为28.3亿美元。朝鲜的主要出口商品为煤炭、针织产品等；进口商品主要包括石油制品、服装制成品、卡车、豆油和广播设备等。

5.1.2.3　社会文化

2015 年，日本人口达到 12 695.8 万人，民族构成以大和民族为主，占总人口 98% 以上。同时，日本人口老龄化特征显著。2015 年，其 65 岁和 65 岁以上的人口比重达到 26.34%。日本是主要以神道教、佛教、基督教三个大的宗教和许多小宗教为主的多宗教国家，其中神道教和佛教信奉人数最多。日本城镇化率达到 93%，城乡公共服务实现均等化。一百万以上人口城市达到 12 个。教育、卫生、科技等领域处于较高水平，40 岁以上公民实行完全免费医疗。贫困问题不突出。

2015 年，韩国人口达到 5062 万人，属黄色人种东亚类型，主要民族为朝鲜族，占全国总人口的 96% 以上。人口密度约为每平方千米 506 人，是世界人口密度最大的国家之一。人口主要集中于西部沿海地区，首都为首尔，人口约为 1000 万，加上仁川和京畿道在内的首都圈人口总计为 2514 万，占全国人口近一半，城市化率达 83%。官方语言为韩语，与朝鲜语基本相同，信奉佛教、基督新教、天主教等宗教。韩国长期坚持的发展战略是"教育立国、科技兴邦"，据韩国科学技术企划评价院（KISTEP）的调查显示，韩国政府研发投入占 GDP 比重居 OECD 国家榜首，预算规模排名第六。韩国很重视文化宣传，以影视产业为核心，成功推动了韩国文化走向世界。

朝鲜，2015 年人口达到 2515.5 万。民族为朝鲜族，通用朝鲜语。朝鲜强调以先军思想为指导强化国力，现有约 120 万名军人，是全球武装部队第五多的国家。

5.1.2.4　政治体系

（1）日本

日本为君主立宪国家，第二次世界大战后日本实行议会内阁制的代议民主制，现行《日本国宪法》于 1947 年实施。宪法规定立法、行政、司法三权分立，分别归两院制国会、裁判所（法院）和内阁（及地方公共团体和中央省厅）行使相应权利，天皇成为国家象征。国会是最高权力机构。内阁为最高行政机关，日本首相（内阁总理大臣）是日本最高行政首脑。

国会具有统合和代表国民意志、组建政府、制定法律和政策、对行政和司法部门进行监督、培养政治家等重要职能。议会泛称国会，由众议院和参议院两院组成，分别定员 480 和 242 名，任期分别为 4 年和 6 年，前者权力优于参议院，首相有权提前解散众议院，而参议院不得中途解散，但每 3 年改选半数。日本的司法组织只包括法院，而监察机构在法务省（即在内阁府）无司法权，在政治问题上实行消极主义，行政诉讼不够发达，民事审判费时较长。

第二次世界大战后日本实行"政党政治"，截至目前参加国会活动的主要政党有自由民主党、公明党、日本民进党、社民党、日本共产党、自由党、日本维新会 7 个党派。经过多年的演变，日本政党呈"一党独大、党内有派"的特征，例如自由民主党在过去很长时间内执政，但其内部又形成众多派系。另外，日本实行地方自治制度，中央与地方形成对等合作的关系，中央集权能力偏弱。

（2）韩国

韩国实行三权分立制度。政治体制是总统中心制，总统是国家元首、政府首脑和武装部队最高司令。立法权归属国会，实行一院制，具有制定国家法律、监督国家行政和审议国家财政预算等权力。司法权属大法院和大检察厅。总统有任命和罢免国务总理和内阁长官、次官、驻外大使、宣布大赦的权力；主持国务会议，负责决定、协调和处理国家政策和重大事项。总统由全民直选举，任期5年，不能连任。政府设17部、3处、17厅，总统兼任政府首脑，国务总理辅助总统工作。

宪法规定国会议员人数应在200人以上，国会议员在国会外无需对其在国会内所发表意见或所投的票负责。韩国的法院共分大法院、高等法院和地方法院等三个级别，还有专门性的专利法院、家庭法院和行政法院。其中，大法院为最高法院，审理下级法院和军事法院的上诉案件，大法院由总统任命，任期为6年，不得连任。韩国实行多党制，允许自由成立政党。目前韩国主要政党包括共同民主党、自由韩国党、国民之党、正党等。另外，韩国实行地方自治制度，实行道（广域市）—郡（市、区）—邑、面、洞三级行政体制，全国划分为1个特别市、1个特别自治市、9个道和6个广域市。

（3）朝鲜

朝鲜民主主义人民共和国，简称朝鲜，是位于东亚朝鲜半岛北部的社会主义国家。朝鲜全国共划分为3个直辖市（即特别市）和9个道，现社会主义政权于第二次世界大战后的1948年9月9日建立。朝鲜是由首任领导人金日成所提出的主体思想主导国家政策，由朝鲜劳动党一党执政。其政治经济体系则由先军政治所主导，是坚持社会主义的国家。

5.2 中国–东北亚贸易与经济技术合作现状

5.2.1 中韩贸易现状分析

中韩两国地理相近，文化相通。自1992年8月建交以来，两国间经贸往来取得了较快发展，两国双边贸易额由建交时的50亿美元增加到2016年的2113.9亿美元。2013年，韩国是中国的第三大贸易伙伴，而中国已成为韩国的第一大贸易伙伴、第一大出口目的地和第一大进口来源地（金缀桥和杨逢珉，2015）。

中韩两国贸易近年来呈现出以下特点。

1）中韩双边贸易规模大、增长快。2000年以来，中韩双边贸易发展较快，贸易总额从632.23亿美元增长至2113.9亿美元，增长了3.34倍。除2008年全球金融危机对两国进出口贸易产生了不同程度的影响外，其他年份中国对韩国的进出口贸易均呈现增长态势。

2）贸易的地区结构从沿海向内陆延伸。改革开放以来，中韩经济合作发展迅速。开始，韩国企业对中国投资主要集中在环渤海地区和东北地区，同韩国的业务量最大，约占其对中国直接投资的90%以上，对内陆地区的投资很少。随着中国经济的快速发展和投资环境的不断改善，韩国对中国直接投资的区域逐步扩大。目前，韩国企业对中国投资正在由沿海向内陆地区延伸，逐渐扩大到北京，上海和广东等10多个省份（金荣基，2004）。

3) 两个国家出口产品结构趋同。资本或技术密集型产品在中韩双边贸易中所占比例都比较高。劳动密集型产品在中韩双边贸易中位居第二，且都呈现下降趋势。资源密集型产品在中韩双边贸易中所占份额最低。近年来，韩国对中国出口的主要产品逐步转向机电产品、光学医疗设备、化工产品，中国对韩国出口的主要产品逐步转向机电产品、贱金属及制品、化工产品。由表 5-1 所示，2012～2016 年中韩双边贸易进出口总额都在 2000 亿美元以上，最近两年增长率有所降低。韩国对中国出口的贸易额一般在 1200 亿～1400 亿美元，中国对韩国出口贸易额在 800 亿～900 亿美元。2012～2016 年，韩国对中国出口的主要产品是机电产品、光学医疗设备、化工产品，中国对韩国出口的主要产品机电产品、贱金属及制品、化工产品（表 5-2，表 5-3）。

表 5-1　2012～2016 年中韩双边贸易基本概况

年份	进出口额/亿美元	增长率/%	韩对中出口/亿美元	增长率/%	中对韩出口/亿美元	增长率/%	韩对中出口主要产品	中对韩出口产品
2016	2 113.9	-7	1 244.3	-9.3	869.6	-3.6	机电产品、光学医疗设备、化工产品	机电产品、贱金属及制品、化工产品
2015	2 273.8	-3.4	1 371.4	-5.6	902.4	0.2	机电产品、光学医疗设备、化工产品	机电产品、贱金属及制品、化工产品
2014	2 354	2.8	1 453.3	-0.4	900.7	8.5	机电产品、光学医疗设备、化工产品	机电产品、贱金属及制品、化工产品
2013	2 289.2	6.4	1 458.7	8.6	830.5	2.8	机电产品、光学医疗设备、化工产品	机电产品、贱金属及制品、化工产品
2012	2 151.1	-2.5	1 343.3	0.1	807.8	6.5	机电产品、光学医疗设备、化工产品	机电产品、贱金属及制品、化工产品

数据来源：国别报告 . http：//countryreport. mofcom. gov. cn/record/index110209. asp？p_ coun＝韩国

表 5-2　韩国对中国出口主要商品构成（章）（2016 年 1～12 月）

HS 编码	商品类别	2016 年 1～12 月/百万美元	上年同期/百万美元	同比/%	占比/%
85	电机、电气、音像设备及其零附件	45 333	52 661	-13.9	36.4
90	光学、照相、医疗等设备及零附件	16 622	19 258	-13.7	13.4
84	核反应堆、锅炉、机械器具及零件	13 888	15 124	-8.2	11.2
29	有机化学品	9 996	10 075	-0.8	8
39	塑料及其制品	8 959	9 062	-1.1	7.2
27	矿物燃料、矿物油及其产品；沥青等	5 023	4 893	2.7	4
87	车辆及其零附件，但铁道车辆除外	4 833	6 353	-23.9	3.9
72	钢铁	3 219	3 077	4.6	2.6
33	精油及香膏；香料制品及化妆盥洗品	1 607	1 189	35.1	1.3
28	无机化学品；贵金属等的化合物	1 581	1 316	20.2	1.3
	总值	124 433	137 124	-9.3	100

数据来源：国别报告 . http：//countryreport. mofcom. gov. cn/record/index110209. asp？p_ coun＝韩国

表5-3　韩国自中国进口主要商品构成（2016年1～12月）

HS 编码	商品类别	2016 年 1～12 月 /百万美元	上年同期 /百万美元	同比/%	占比/%
85	电机、电气、音像设备及其零附件	28 835	31 667	-8.9	33.2
84	核反应堆、锅炉、机械器具及零件	11 002	10 202	7.9	12.7
72	钢铁	6 514	6 885	-5.4	7.5
90	光学、照相、医疗等设备及零附件	3 508	4 326	-18.9	4.0
73	钢铁制品	3 346	3 659	-8.5	3.9
29	有机化学品	2 558	2 440	4.8	2.9
62	非针织或非钩编的服装及衣着附件	2 084	2 199	-5.2	2.4
39	塑料及其制品	2 158	2 198	-1.8	2.5
28	无机化学品；贵金属等的化合物	1 843	2 019	-8.8	2.1
94	家具、寝具等；灯具；活动房	1 896	1 871	1.3	2.2
87	车辆及其零附件，但铁道车辆除外	1 458	1 463	-0.4	1.7
61	针织或钩编的服装及衣着附件	1 200	1 193	0.6	1.4
	总值	86 962	90 250	-3.6	100.0

数据来源：国别报告. http：//countryreport. mofcom. gov. cn/record/index110209. asp? p_ coun＝韩国

　　4）中国与韩国的服务贸易存在着显著和不断提升的互补关系；在世界服务市场上的竞争则相对较小。在服务贸易方面的竞争主要表现在运输、旅游、建筑及其他商业服务方面。

　　5）中国加入WTO带来的正面效应，显著促近两国贸易发展。中韩贸易的迅速发展，不但有两国政府大力支持，而且两国企业也存在着友好的合作，但却不可忽视中国加入WTO给中韩贸易带来的正面效应。

5.2.2　中日贸易现状分析

　　随着中国改革开放的深入和中国经济的稳步发展，中日间贸易规模在不断扩大。日本是中国第二大外资来源国，日本制造业对中国的投资是促进中日贸易扩大的重要因素之一。同样，中国也成为日本的第二大进口国（美国第一、韩国第三）。日本对中国的投资有三次高潮：一是20世纪80年代初对经济特区的投资；二是1992年邓小平南方谈话后；三是中国加入WTO、申奥成功以及西部大开发战略实施背景下的投资高潮。2000年以来，日本企业对中国直接投资持续增长。由表5-4所示，2012～2016年中日双边贸易进出口总额有所下降，从2012年的3325.8亿美元下降至2016年的2705亿美元左右。

　　中日两国的贸易呈现出如下主要特征。

　　1）中日贸易的商品结构由"垂直互补型"向"水平竞争型"方向发展。日本对华出口以高技术含量和高附加值的高端产品为主，而中国对日出口则以技术和附加值含量较低的劳动资源密集型的低端产品为主。这也意味着中日双边贸易的商品结构以垂直互补型为主、水平竞争型为辅。2012～2016年，日本对中国出口的主要产品是机电产品、化工产品、贱金属及制品，中国对日本出口的主要产品是机电产品、纺织品及原料、家具玩具（表5-5，表5-6）。

2）日本对华直接投资经历剧烈波动后稳步增长。日本企业不断将主要的生产和经营基地向中国转移，带动其生产和经营活动所需机器设备和主要零部件大规模向中国出口。此外，日本企业不断将主要的生产和经营基地向中国转移，导致日本国内市场所需的大量产品要通过从中国进口来满足。中日双边贸易与日本对华直接投资发展趋势基本一致，形成了中日贸易与投资的良性互动。

3）在中国经济的高速增长和日本经济停滞的背景下，中日贸易的依赖关系发生了巨大变化，具体表现为中国在日本对外贸易中所占比重的提高和日本在中国对外贸易中所占比重的下降（王可，2006）。

表5-4　2012～2016年中日双边贸易基本概况

年份	进出口额/亿美元	增长率/%	日对中出口/亿美元	增长率/%	中对日出口/亿美元	增长率/%	日对中出口主要产品	中对日出口产品
2016	2 705.1	0.2	1 138.9	4.3	1 566.1	-2.5	机电产品、化工产品和运输设备	机电产品、纺织品及原料、家具玩具
2015	2 698.6	-12.2	1 092.9	13.6	1 605.7	-11.3	机电产品、化工产品、贱金属及制品	机电产品、纺织品及原料、家具玩具
2014	3 074.8	-0.8	1 264.8	2	1 810	0.1	机电产品、贱金属及制品、化工产品	机电产品、纺织品及原料、家具玩具
2013	3 098.9	-6.8	1291.2	-10.4	1 807.6	-4.1	机电产品、化工产品、贱金属及制品	机电产品、纺织品及原料、家具玩具
2012	3 325.8	-3.9	1 442	-11	1 883.9	2.3	机电产品、贱金属及制品、运输设备	机电产品、纺织品及原料、家具玩具

资料来源：http：//countryreport. mofcom. gov. cn/record/index110209. asp？p_ coun＝日本

表5-5　日本对中国出口主要商品构成（2016年1～12月）

HS 编码	商品类别	2016年1～12月/百万美元	上年同期/百万美元	同比/%	占比/%
85	电机、电气、音像设备及其零附件	23 709	23 155	2.4	20.8
84	核反应堆、锅炉、机械器具及零件	23 267	21 010	10.7	20.4
87	车辆及其零附件，但铁道车辆除外	11 253	9 521	18.2	9.9
90	光学、照相、医疗等设备及零附件	9 962	10 296	-3.2	8.8
39	塑料及其制品	6 907	6 446	7.2	6.1
29	有机化学品	5 477	6 159	-11.1	4.8
72	钢铁	4 688	5 163	-9.2	4.1
74	铜及其制品	2 605	2 795	-6.8	2.3
38	杂项化学产品	1 674	1 501	11.5	1.5
73	钢铁制品	1 590	1 447	9.8	1.4
96	杂项制品	1 266	1 337	-5.3	1.1
40	橡胶及其制品	1 115	1 049	6.3	1
	总值	113 894	109 236	4.3	100

资料来源：http：//countryreport. mofcom. gov. cn/record/index110209. asp？coun＝日本

表 5-6　日本自中国进口主要商品构成（2016 年 1～12 月）

HS 编码	商品类别	2016 年 1～12 月 /百万美元	上年同期 /百万美元	同比/%	占比/%
85	电机、电气、音像设备及其零附件	44 633	44 785	-0.3	28.5
84	核反应堆、锅炉、机械器具及零件	26 535	27 247	-2.6	16.9
61	针织或钩编的服装及衣着附件	8 912	9 687	-8	5.7
62	非针织或非钩编的服装及衣着附件	8 118	8 584	-5.4	5.2
39	塑料及其制品	4 851	4 841	0.2	3.1
94	家具；寝具等；灯具；活动房	4 541	4 492	1.1	2.9
90	光学、照相、医疗等设备及零附件	4 372	4 384	-0.3	2.8
95	玩具、游戏或运动用品及其零附件	4 016	4 061	-1.1	2.6
87	车辆及其零附件，但铁道车辆除外	3 985	3 917	1.7	2.6
73	钢铁制品	3 579	3 660	-2.2	2.3
29	有机化学品	3 114	3 199	-2.7	2
64	鞋靴、护腿和类似品及其零件	2 946	3 221	-8.5	1.9
42	皮革制品；旅行箱包；动物肠线制品	2 614	2 684	-2.6	1.7
63	其他纺织制品；成套物品；旧纺织品	2 611	2 662	-1.9	1.7
16	肉、鱼及其他水生无脊椎动物的制品	2 240	2 350	-4.7	1.4
	总值	156 608	160 625	-2.5	100

资料来源：http：//countryreport. mofcom. gov. cn/record/index110209. asp？p＿coun＝日本

5.2.3　中国与朝鲜贸易现状分析

中国和朝鲜以图们江和鸭绿江为界。中朝之间一衣带水，延绵的边界线上坐落着35 个边境城镇和 20 多座边境口岸，1438.5km 的边境线和 20 多座口岸以及东北地区聚集着近 200 万的朝鲜族居民等人文优势为中朝经济交流和合作提供了有利条件（沈树明，2009）。中朝两国历来具有较好的民族感情，两国同属社会主义制度国家，两国人民之间无生疏感。另外，中国与朝鲜同属东方文化，纵观朝鲜半岛的文化史，儒家文化构造了朝鲜半岛传统文化的基本框架。作为同属儒家文化圈的中朝两国，共同具有的勤勉敬业、注重教育、自强不息和群体合作与竞争等精神，成为中朝经济合作文化上的积极因素，使双方具有较强的认同感（李铁立和姜怀宇，2005）。因此，两国在经济社会、市场互通、要素流动等方面有着十分紧密的联系。

朝鲜企业生产需要的机械、机电、钢铁、化学制品及农机具等多是从中朝边境进口的，主要源自中国的东北老工业基地。此外，粮食及生活必需品等消费资料进口也持续增加。2002 年起，朝鲜开始实施经济调整战略，这非常有利于中国商品进入其市场。中国的粮食、食品、轻工产品和机电产品在朝鲜市场具有物美价廉的优势，很受朝鲜消费者的欢迎，对中国这些商品的进口需求量很大。中国已经成为朝鲜商品市场的最大供给国，由于中国给予边境贸易税收优惠，朝鲜大部分商品通过边境贸易出口到中国，特别是矿物及矿物燃料、纤维服装等产品对中国的出口比重较大（张惠智，2007）。20世纪90年代以来，朝鲜遇到了严重的经济困难。2000年以后（特别是在2002年后），朝鲜经济开始出现好转，人们的思维观念和经济管理方式发生了变化，加速了开放的步伐，积极参与国际分工。迄今为止在朝鲜已探明的矿产资源达360多种，其中有用的矿产资源达200多种。镁和黑铅的储量占世界第一位。金、铁、煤炭、黑铅作为朝鲜四大主要矿物资源，储量极其丰富（林今淑，2006）。中国的辽宁和吉林的东部地区矿产种类繁多，储量丰富，但朝鲜与中国辽宁及吉林东部地区的矿产资源均具有各自优势，这为加强中朝双边合作，提升区域矿产综合开发奠定了坚实的基础（沈树明，2009）。

5.3　东北亚未来经贸合作的挑战与前景

5.3.1　中国与东北亚地缘合作的挑战

（1）朝鲜半岛结构性安全困境

从1894年的甲午战争及接下来的日俄战争，20世纪上半叶的日本侵华战争，到1950年朝鲜战争爆发，朝鲜半岛始终面临着传统安全的威胁。伴随着1951、1953年《美日安保条约》《美韩共同防御条约》的签订，美、日、韩军事同盟正式形成。冷战时期，美日、美韩军事同盟防范苏联、中国和朝鲜的形势构成了朝鲜半岛的传统安全隐患。冷战后，亚太地区成为世界最具经济活力的热点地区之一。但在传统安全领域，历史积怨和现实制约导致朝美、朝日关系未实现正常化。日本与周边国家矛盾重重，日本与俄罗斯、韩国、中国存在领土争端，与中国、韩国、朝鲜等国之间围绕如何正确对待历史以及如何妥善处理历史问题分歧尖锐。近年来，日本政府多次挑起事端，不承认钓鱼岛及其附属岛屿自古以来就是中国固有领土的事实，破坏中日关系。朝核问题、日本修宪、"萨德"入韩等热点，使得朝鲜半岛的冷战积怨至今仍在威胁东北亚安全。与此同时，亚太地区仍面临着自然灾害、网络、能源、跨国犯罪、粮食安全等非传统安全问题。东北亚各国社会制度不同，发展水平各异，战略目标对冲，历史和现实矛盾分外复杂（门洪华，2008）。这些传统安全与非传统安全问题，形成了朝鲜半岛的结构性安全困境，构成了中国"一带一路"倡议在东北亚实施的挑战之一。

（2）东北亚政局不稳

作为"经济强国、政治小国"，日本国内政局相对稳定，但是近十年以来频繁的首相更换，阻碍了经济政策持续性。2008年金融危机和2011年的大地震给日本经济带来巨大冲击，虽然近两年在安倍经济改革政策的刺激下有所好转，但是人口老龄化、对外出口乏力等问题将长期困扰日本经济发展。2010年以来，日本的进出口贸易额持续下降，贸易逆差开始缩小。其中，中国成为日本第一大贸易伙伴，至少在经济方面日本已经离不开中国，日本需要正确对待和处理中日关系。2016年韩国政局进入混乱的不平稳时期，动荡的国内政局制约了韩国国内国外事务的处理。韩国未来政局走向将引起韩朝、韩日、韩美关系出现新变化，可能进一步造成亚太地区局势动荡。韩国执意美国在韩部署"萨德"反导系统，将破坏地区战略平衡，损害中国的战略安全利益，也会进一步激化韩朝关系，也会给韩国经济界带来悲观预期。另外，韩国经济疲软态势明显，2016 年韩国工业、消费、投资指标均有下滑趋势。因社会人口老龄化问题、企业重组问题及家庭债务负担高等问题，造成韩国人对自己的工作和收入感到更加不安。

（3）美国等域外势力介入

美国在东北亚地区扮演着离岸平衡手的角色，一方面利用美日同盟、美韩同盟，建立起美国主导同盟体系，为其战略利益服务；另一方面把日本、韩国力量保持在可控范围之内，利用日、韩遏制中、俄、朝。美国"重返亚太"战略的关键区域之一即是东北亚地区，日本、韩国是该战略的关键合作国家，中国则为该战略的遏制对象。整体上来看，美国等域外势力的介入，增大了中国"一带一路"倡议在东北亚顺利实施的难度。

（4）朝核问题等进一步升级了东北亚局势

朝核问题由来已久。20 世纪 50 年代朝鲜同苏联签订核技术协定，奠定了朝鲜核技术的第一步。20 世纪 80 年代在美苏的压力下，朝鲜签订了《核不扩散条约》，但又在1993 年宣布退出该条约，引发了第一次朝核危机。金正日时期，美国停止对朝鲜核电站的投资，以及朝鲜秘密恢复核武器研究，进一步点燃了朝核危机。21 世纪初，中国、俄罗斯、美国、朝鲜、日本、韩国的六方会谈推进了朝鲜半岛无核化进程，但在 2006年，朝鲜第一次核试验后即宣布成为有核国家，2009 年朝鲜退出了六方会谈。接下来朝鲜又相继开展了更多的核试验，使得朝鲜半岛无核化进程减缓。总之，朝鲜半岛大规模杀伤性武器，尤其是核武器，是冷战后东北亚地区安全的主要问题之一。虽在国际社会尤其是中国的外交努力下，美朝及有关国家举行了三方会谈和四轮六方会谈，为和平解决朝核问题打下了基础，但迄今为止朝核问题仍未得到最终解决。事实上，美国利用朝核问题作为其介入东北亚局势的导火索，力图解决朝核问题的同时，使朝核问题长期化。朝鲜则采取"切香肠"战略，将其核计划拆分作为交换筹码，力图尽可能获得自身利益满足（门宏华，2008）。总之，朝核问题的解决还与朝鲜孤立困境的打破相关，需要多方的共同努力，其进程将会是漫长的。

5.3.2　中国与东北亚地缘合作的政策建议

（1）构建东北亚多边安全合作机制

东北亚的多边安全格局将成为中国"一带一路"倡议在东北亚顺利推进的关键因素。目前东北亚的双边关系有所发展，但多边安全体系尚未建立。东北亚各国的历史积怨深厚，朝韩、日韩、朝日关系的发展很不稳定，因为历史问题和领土问题常常发生激烈矛盾。在这种情况下，东北亚地区急需建立由主要相关国家参与的多边安全机制。适当考虑朝鲜的安全关切，通过多方合作，促使朝鲜放弃核武器，才是"朝鲜半岛信任进程"政策的出路（董向荣和韩献栋，2014）。中国是东北亚地区安全的重要塑造者。中国针对朝核问题推出的六方会谈，为建立这一机制进行了有益的探索；而六方会谈发展的艰难，也反映出东北亚地区推动建立多边安全磋商体制任重道远（杨竹，

2017）。

（2）推进中日韩自由贸易区建设

依托于 APEC、ASEAN10+3、RCEP 谈判等已有的自由贸易形式，积极推进中日韩自由贸易区。中日韩自贸区谈判自 2012 年 11 月启动以来，已进行多轮谈判。三国同为全球重要经济体，2015 年国内生产总值合计超过 16 万亿美元，占世界生产总值 20% 以上。三国对外贸易额近 7 万亿美元，占全球贸易额的 20% 以上[①]。通过建立中日韩自由贸易区，签署关税、非关税措施削减等贸易自由化协议（李轩，2013），协调自由贸易区各国的国际贸易、投资规则，有助于充分发挥三国间的产业互补性，挖掘提升三国贸易水平的潜力，促进区域价值链进一步融合。中日韩自由贸易区建设将成为"一带一路"倡议在东北亚实施的关键步骤。

（3）东北亚人文交流

利用东北亚的亲缘优势，中国应进一步加强与日、韩、朝三国在教育、科技、文化等多方位、多领域的交流合作，务实推进与舆论引导的关系，在经济和文化领域形成多层次、形式多样的交流合作关系，为推动"一带一路"倡议在东北亚的实施再上新台阶提供文化软力量。

参 考 文 献

张秀杰.2003.东北亚自然资源状况及开发前景.黑龙江社会科学.76（1）：46-49.

门洪华.2008.东北亚安全困境及其战略应对.现代国际关系.（8）：16-22.

郭锐，苏红红.2013."朝鲜式特区经济"与中朝边境经济区合作.亚太经济.（2）：119-125.

董向荣，韩献栋.2014.朝鲜半岛信任进程，3（113）：93-108.

杨竹.2017.冷战后东北亚安全局势演变及应对策略.北华大学学报（社会科学版）.18（2）：115-119

李轩.2013.东北亚地区贸易便利化的发展状况.亚太经济，（6）：9-15.

金缀桥，杨逢珉.2015.中韩双边贸易现状及潜力的实证研究.世界经济研究，（1）：81-90.

金荣基.2004.中韩贸易的回顾与展望.长春：吉林大学硕士学位论文.

聂聆，李三妹.2014.中日、中韩服务贸易关系——基于互补性与竞争性的研究.延边大学学报（社会科学版），47（1）：20-27.

王可.2006.中日经贸关系的现状分析.北方经济，（20）：77-78.

林今淑.2006.中朝经贸合作.延边：延边大学出版社.

沈树明.2009.中国与朝鲜次区域经济合作分析.延边：延边大学硕士学位论文.

李铁立、姜怀宇.2005.论中国—朝鲜经济合作的战略意义与辽宁省的作用.辽东学院学报，（1）：39-41.

张惠智.2007.东北振兴过程中的对外开放：中朝合作.东北亚论坛，（5）：38-41.

林金淑.2000.朝鲜经济.长春：吉林人民出版社.

---

① http://finance.ifeng.com/a/20150513/13702032.shtml.

6 东南亚及南亚

6.1 东南亚地区

6.1.1 东南亚地区自然、经济与社会结构概况

东南亚地区处于中国南部，亚洲的东南部，历史上称南洋。地理位置为东经92°~140°，南纬10°至北纬28.5°，包括中南半岛和马来群岛两大部分，由11个国家组成，分别为越南、老挝、柬埔寨、泰国、缅甸、马来西亚、新加坡、印度尼西亚、文莱、菲律宾、东帝汶，面积约为457万km²，人口约6.25亿（截至2014年）。其中，老挝是东南亚唯一的内陆国，越南、老挝、缅甸与中国陆上接壤。东南亚地缘位置十分重要，南接澳洲，北邻中国，西靠印度洋，东临太平洋，是位于亚洲与大洋洲、印度洋和太平洋的"十字路口"。

6.1.1.1 自然地理背景特征

（1）地形地质

东南亚地区地形较为复杂，中南半岛和马来群岛两大部分地形各不相同。

中南半岛，因位于中国南部而得名，其地表形态为山河相间，南北纵列分布。其北端与中国的青藏高原相连，地势北高南低，山脉大多为北南走向。中南半岛地形单元上看，多山地和高原，北部海拔达3000m以上，南部为平原三角洲，地势较为平坦，平均海拔约为100m。东南亚主要的大江大河也集中在中南半岛，大多从北向南流。发源于青藏高原的澜沧江（在中南半岛部分称湄公河），全长4400多千米，不仅是东南亚最大的河流，也是世界上重要的国际河流之一。

马来群岛分布在中南半岛的东南面、澳大利亚的北面、太平洋与印度洋之间，由两万多个岛屿组成，南北纵约为3500km，东西横约为6400km，总面积约为230万km²。马来群岛多数岛屿地势崎岖，河流短促，山岭众多，多火山、地震。其中，印度尼西亚以"火山国"闻名，火山区海拔高达4000m以上。马来群岛平原狭小，多分布于沿海地区，菲律宾有7000多个岛屿，有"千岛之国"的称号。

（2）气候概况

东南亚地区地处纬度较低地区，四季炎热，年温差较小，常年气温为25~30℃，属亚热带和热带地区。主要气候类型分为两种，热带季风气候和热带雨林气候。中南半岛除了北部有小面积的高山高原气候，大部分地区为热带季风气候，一年中有旱季和雨季之分，一般11月至次年5月为旱季，6~10月为雨季，年降水量1500mm以上。

马来群岛的大部分地区属热带雨林气候，终年高温多雨，年降水量在2000mm以上。东南亚地区的太阳辐射总体上呈现出由东北向西南逐渐增加的趋势，太阳辐射极高值分布在中南半岛纬度较低且海拔较高的缅甸、泰国地区；印度尼西亚东海岸由于受海洋影响，云量较多，越南东北部和缅甸东北部地区，由于纬度相对较高，因而年总太阳辐射较低。

东南亚地区各国之间太阳辐射不均衡，受季风影响降水丰富，具有地表覆盖类型多样、生态类型多样、生物多样性丰富、生态环境具有区域分异等特征。其中，热带雨林主要分布在马来半岛南部和马来群岛大部分，热带季雨林则主要分布在中南半岛和菲律宾群岛北部。马来群岛和中南半岛热带雨林区的最大植被盖度普遍高于90%；受城市化和耕种等因素影响，泰国和柬埔寨中部、越南南部最大植被盖度为60%～80%。东南亚地区的地表覆盖，除了森林，农田占地比例也非常高。泰国大部分土地为农田，另外，缅甸、越南、老挝和柬埔寨的农田地类也较多，由此可见这些地区的农业较为发达。由于该地区具备丰富的森林资源和农产品，在"一带一路"重大战略的带动下，势必进一步推进该地区的木材和农产品的出口贸易，对中国和东南亚地区的社会经济发展起到进一步的推动作用。

（3）资源产业

东南亚地区光照充足，雨水充沛，使得其成为世界生产盛产稻米的地方之一。其中，泰国的暹罗，越南的西贡和缅甸的仰光更有"世界谷仓"的美誉。2013年全球水稻收获面积最大的10个国家依次是：印度、中国、印度尼西亚、泰国、孟加拉、越南、缅甸、菲律宾、柬埔寨、巴基斯坦。其中，有6个国家位于东南亚。东南亚还生产棕榈油、橡胶、咖啡、椰子等，并在世界上有着重要甚至处于垄断的地位。此外，印度尼西亚拥有的热带雨林位居世界第二，仅次于巴西，是世界上最大的胶合板和藤条出口国。东南亚各国除老挝外，均有漫长的海岸线和广阔的海域，渔业发展潜力巨大。此外，东南亚一带的石油储量巨大，根据2014年世界石油和天然气探明储量排行榜，印度尼西亚和马来西亚储量均排名靠前。

6.1.1.2 社会经济发展现状

（1）历史概括

东南亚11国的经济社会发展进程不同，各国的古代史、近代史的长短也不一样。在古代东南亚时期，柬埔寨是中南半岛最重要的国家之一，曾创造了灿烂的古代文明，并留下了当今世界的艺术瑰宝之一的吴哥古迹。而越南在历史上长期为中国的藩国，1885年中法战争结束，清政府与法国签订《中法新约》，放弃了对越南的宗主权。印度尼西亚则是东南亚岛国文明的重要所在地。印度尼西亚包含较多岛屿，面积较大的有加里曼丹岛、苏门答腊岛、伊里安岛、苏拉威西岛和爪哇岛。其中，苏门答腊岛和爪哇岛是其古代文明的重要发祥地。7世纪中叶，印度尼西亚历史上第一个强大的王国室利佛逝在苏门答腊崛起，在14世纪被满者伯夷帝国取代，并在14世纪中叶达到全盛时期，为现代印度尼西亚的形成和统一奠定了基础。并留下了世界上最大的佛教遗址之一的婆罗浮屠。

近代东南亚历史是充满血泪硝烟的殖民地历史。除泰国外，其余东南亚国家均被不同的西方帝国侵略和统治过。最早进入东南亚的是葡萄牙人，开启了东南亚长达400多年的殖民地历史。西班牙和美国先后殖民过菲律宾，荷兰和日本殖民过印度尼西亚。包括马来西亚和新加坡的马来半岛及缅甸曾是英国的殖民地。法国在东南亚地区建立殖民地比其他列强晚，但越南、柬埔寨和老挝都曾是法国殖民地。

（2）发展现状

东南亚自古即为贸易往来和文明交互的前缘。东南亚国家联盟（Association of Southeast Asian Nations，简称"东盟"或"ASEAN"），自1967年成立以来，成为东南亚地区政府间、区域性、一般性的国家组织。现有成员国为文莱、印度尼西亚、柬埔寨、老挝、马来西亚、缅甸、菲律宾、新加坡、泰国、越南十国（除东帝汶）。东南亚国家中，新加坡已步入发达国家，马来西亚、泰国、菲律宾和印度尼西亚则不断向新兴工业化国家迈进。中南半岛国家近年来则通过民主化、市场经济改革，开启了工业化进程。据世界银行数据统计，1960~2014年，东南亚各国GDP呈现出逐年上涨的状态，经济水平不断提高，但1998年东南亚地区爆发金融危机，导致当年各国GDP出现大幅下滑的现象，随后经济状况逐渐复苏，甚至出现大幅上涨的势态，尤其是印度尼西亚的GDP上升幅度最大，特别是从2000年以后，增长幅度远远超过其他各国；泰国GDP总值仅次于印度尼西亚；马来西亚和新加坡的GDP分别位居于东南亚地区的第三、第四名（图6-1）。但从人均GDP上看，印度尼西亚仅为3491美元/人，人均收入处于中等水平。而新加坡人均GDP则位居第一，高达56 286美元。其他国家的GDP则相对较低，国家经济疲软，发展相对缓慢。文莱人均GDP仅次于新加坡，为41 344美元，柬埔寨人均GDP在东南亚地区则为最低，仅为1090美元。

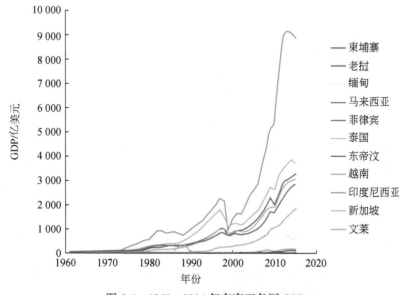

图6-1　1960~2014年东南亚各国GDP

2015年12月31日，东盟共同体成立，东盟就此将成为世界第七大经济体。东盟共同体的成立，将进一步加强东盟在世界经济中的地位，同时也将促进东南亚地区各国经济的发展。随着中国—东盟自由贸易区的建设、东盟各国的双多边合作机制和平台对接、亚投行筹建等，作为"一带一路"的重要区域和关键枢纽，东盟已成为中国的第三大贸易伙伴，同时中国也是东盟的第一大贸易伙伴。未来中国与东盟"一带一路"建设的核心将放在交通、能源、通信网络等基础设施的建设，建成互联互通的"经济网"，进而推进社会、人文、经济的交流与发展。

东南亚是人口高度集聚的地域。2014年，东南亚总人口约6.25亿（表6-1）。其中，面积最大、人口最多的国家是印度尼西亚（190万 km²，人口2.5亿），是东南亚名副其实的大国，人口居世界第四，仅次于中国、印度和美国。东南亚人口在5000万以上的国家包括菲律宾、越南、泰国和缅甸。菲律宾、越南、马来西亚是人口增长最快的国家，菲律宾人口已接近一亿人；面积最小的是新加坡，国家就是城市，仅669.4km²，但人口却有546.97万，是东南亚人口密度最大的国家，人口密度高达8170人/km²。老挝是东南亚地区人口密度最低的国家，人口密度仅为48人/km²。

表6-1 2014年东南亚国家概况

国家	人口/万	GDP/(现价美元，亿美元)	面积/km²	首都
新加坡	546.97	3 078.72	669.00	新加坡
文莱	41.74	172.57	5 765.00	斯里巴加湾
泰国	6 772.60	3 738.04	513 115.00	曼谷
马来西亚	2 990.20	3 269.33	329 749.00	吉隆坡
印度尼西亚	25 445.48	8 885.38	1 904 443.00	雅加达
菲律宾	9 913.87	2 845.82	299 700.00	马尼拉
越南	9 073.00	1 862.05	329 556.00	河内
柬埔寨	1 532.81	167.09	181 000.00	金边
老挝	668.93	117.72	136 800.00	万象
缅甸	5 343.72	643.30	676 552.00	内比都
东帝汶	109.30	15.52	14 874.00	帝力

（3）政治文化

东南亚11国中，越南和老挝两国是仅有的社会主义国家，实行人民代表制度和共产党一党领导，其他9国均为资本主义国家。其中，有4个国家实行君主制，文莱实行绝对君主制；泰国、柬埔寨和马来西亚实行君主立宪制。新加坡和东帝汶是议会共和制国家，印度尼西亚、菲律宾和缅甸是总统共和制国家。

东南亚各国民族众多，长期受印度文化、阿拉伯文化、中国文化、西方文化等的影响，形成了多样的文化体系和宗教信仰。在宗教信仰上，中南半岛的缅甸、老挝、泰国、柬埔寨以佛教为主，印度尼西亚、马来西亚和文莱3国以伊斯兰教为主，菲律宾和东帝汶则是以天主教为主。新加坡人口的70%以上为华人，越南则与中国山水相连，因此，新、越两国则以传统的儒家文化为主。另外，东南亚国家历史上曾被荷兰、葡萄牙、英国、法国、葡萄牙、日本、美国所殖民，故其政治体制、地缘文化方面受殖民国家影响较深，社会文化方面表现出较强的依附性。

（4）经济特点

东南亚地区国家发展存在以下特点。第一，经济发展水平不平衡。经济发展的不平衡体现在人均 GDP、各国的经济发展速度和人文发展水平上。就东南亚各国的人均 GDP 水平而言，既有经济发达的现代化国家，如 2011 年新加坡人均 GDP 为 50 123 美元，文莱为 39 900 美元。也有世界最不发达的国家，如缅甸和东帝汶，2011 年缅甸人均 GDP 约 877 美元，东帝汶仅为 520 美元。同时东南亚各国经济发展速度很不平衡。20 世纪 80 年代以来，东南亚国家（除菲律宾外）经济保持高速增长，成为世界上最有经济活力的一个地区。1980～1990 年，泰国、马来西亚、新加坡和印度尼西亚的 GDP 年均增长率分别高达 7.6%、5.3%、6.7% 和 6.1%，只有菲律宾最低，才 1.0%。1999 年亚洲金融危机结束后，东南亚国家经济大都保持较高的增长速度，但 2008 年受世界经济危机的影响，其经济增长速度有普遍回落（除老挝）（图 6-2）。第二，东南亚各国的人文发展水平不平衡。按照联合国开发计划署的人类发展指数来划分，2012 年东南亚国家有四种发展水平国家，新加坡和文莱是极高人类发展水平国家；缅甸属于低人类发展水平国家；其他大部分国家处于中等人类发展水平（表 6-2）。第三，外向型经济占主导地位。东南亚国家大都是以外向型经济为主，经济对外部市场，特别是欧美市场的依赖性很高。自 20 世纪 70 年代开始，东南亚国家调整经济战略，外向型经济模式逐步建立起来。尤其是印度尼西亚、菲律宾、马来西亚、泰国、新加坡和越南的经济对外依赖程度很高，其对外经济关系的重点不在东南亚，而是在本地区之外。美国、日本和欧盟是这些国家的主要出口市场，也是主要的商品进口和资金与技术的来源地。1999 年，菲律宾、马来西亚、泰国、新加坡的贸易依存度均超过 100%，大大高于当时 52% 的世界平均水平。其中，菲律宾和泰国的贸易依存度分别为 101% 和 102%；印度尼西亚为 62%；新加坡和马来西亚甚至居世界前两位，分别为 316% 和 218%，其对美国的出口分别占这两个国家出口总额的 18.4% 和 21.9%（世界银行，2001）。

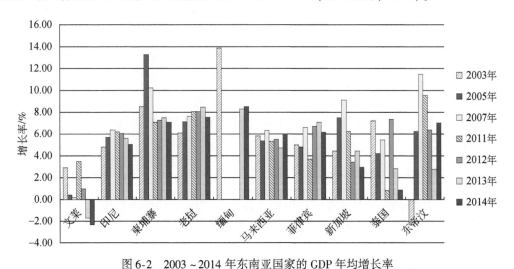

图 6-2　2003～2014 年东南亚国家的 GDP 年均增长率

注：Annual percentage growth rate of GDP atmarket prices based on constant local currency.

Aggregates are based on constant 2005 U. S. dollars

资料来源：世界银行

表6-2　2007年和2012年东南亚国家人文发展水平

国家	2007年		2012年	
	人类发展指数	世界排名	人类发展指数	世界排名
新加坡	0.944	30	0.895	18
文莱	0.920	30	0.855	30
高人类发展水平	0.800≤HDI<0.900		0.800≤HDI<0.900	
马来西亚	0.829	66	0.769	64
中人类发展指数	0.500≤HDI<0.800		0.500≤HDI<0.800	
泰国	0.783	87	0.690	103
印度尼西亚	0.734	111	0.629	121
菲律宾	0.751	115	0.654	114
越南	0.725	118	0.617	127
老挝	0.619	133	0.543	138
柬埔寨	0.593	137	0.543	138
东帝汶	0.484	162	0.576	134
低人类发展水平	HDI<0.500	0	HDI<0.500	0
缅甸	0.586	138	0.498	149

注：极高人类发展水平指数为HDI≥0.900；高人类发展水平指数为0.800≤HDI<0.900；中人类发展水平指数为0.500≤HDI<0.800；低人类发展水平指数为HDI<0.500

资料来源：古小松，2014

6.1.2　东南亚贸易、投资与经济技术合作现状问题

伴随着东盟共同体建设进程，东盟区域综合实力和国际竞争力迅速提升，2006年，东盟GDP突破1万亿美元，2008年达到1.5亿美元，2011年超过2万亿美元，2014年达2.57万亿美元，进出口贸易为2.5万亿美元，是世界第七大经济体（仅次于美国、中国、日本、德国、法国和英国），是世界第四大进出口贸易地区（仅次于美国、中国、德国），也是发展中国家吸收外国直接投资的主要地区之一。

6.1.2.1　中国与东南亚的贸易

早期的东南亚依托其丰富的粮食作物、热带经济作物和矿产资源，形成了种植业和初级产品开采为主的结构单一的经济类型。20世纪下半叶，东南亚各国逐渐转向了国家干预下的，以出口加工为主的外向型市场经济发展模式。

中国与东南亚地区的贸易发展，在20世纪80年代至90年代初期贸易增长速度缓慢，依存度低。究其原因，第一在于当时国际形势复杂，第二在于双方经济结构、产品结构、技术结构和产业结构较为趋同（赵春明和李丽红，2002）。而随着国际形势的变化，中国与东南亚国家站在现实主义外交的基点上，务实发展双边国家关系。中国与东盟的对话始于1996年，中国成为东盟的全面对话伙伴国，而区域经济一体化对贸易具有积极影响（刘青峰和姜书竹，2002）。

随着中国—东盟自贸区发展深化，中国与东盟双边贸易量不断扩大，并保持着快速增长的势头（图6-3）。1991年，双边贸易额仅为79.6亿美元到2011年，双边贸易额已达3628.54亿美元，规模扩大超过了44倍，年均增长率超过了20%，同年东盟超过了日本，成为中国的第三大贸易伙伴，其中，中国与印度尼西亚、马来西亚、新加坡、菲律宾、泰国这5个国家的贸易量就占到了中国与东盟双边贸易量的85.72%。2012年，中国与东盟双边贸易总量超过4000亿美元，中国与东盟五国之间的贸易量占比84.09%，虽相比上一年度有所下降，但仍然是中国与东盟双边贸易的主力军。2014年，中国与东盟双边贸易额高达4324亿美元，2015年上半年，中国东盟双边贸易额为2105.6亿美元，同比增长12.2%，高于中国对外贸易增长幅度。目前，中国是东盟第一大贸易伙伴，东盟是中国第三大贸易伙伴，同时保持为中国第四大出口市场和第二大进口来源地。

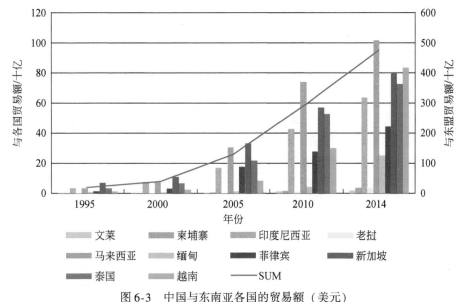

图6-3　中国与东南亚各国的贸易额（美元）

中国与东盟双边贸易中有以下特征：第一，中国从东盟的进口一直都大于中国对东盟的出口；且随着日本和欧美市场经济的放缓，东盟已经越来越依赖中国市场。第二，纵观1995~2003年，中国与东盟贸易的特点是贸易结构由初级产品和劳动密集型产品向技术密集型产品转变，但就在其出口的高技术产品中，双方都仍以劳动附加为主，而非技术和品牌附加值为主。第三，垂直产业内贸易是中国与东盟之间贸易的主要形式（徐圆，2005）。

在"一带一路"倡议的引领下，到2020年中国与东盟双边贸易额将力争达到1万亿美元。2015年11月22日，东盟十国领导人在马来西亚首都吉隆坡签署联合宣言，将从2015年12月31日起正式成立以经济、政治安全和社会文化为三大支柱的东盟共同体，东盟就此将成为世界第七大经济体。东盟共同体的成立，将进一步加强东盟在世界经济中的地位，同时也将促进东南亚地区各国经济的发展。

6.1.2.2　中国与东南亚的投资

近年来，中国对东盟的投资从无到有、由小到大，东盟已成为中国企业海外投资的重要目的地。在中方倡议下，中国—东盟投资合作基金、中国—东盟银行联合体相继成立，成为双方投融资合作的重要平台。截至2014年11月，中国、东盟的双向投资累计达1356亿美元。其中，中国对东盟国家直接投资总额为444亿美元，东盟对中国直接投资总额为912亿美元。

东盟对华投资国主要集中在新加坡、马来西亚、泰国、印度尼西亚、菲律宾五国，其中，新加坡对华投资一直位居东盟各国首位，其他四国对华投资所占的比重较小。东盟国家对华投资的领域主要集中在制造业，投资项目大多为劳动密集型加工企业，产品多为出口。投资的项目从早期的农产品加工、纺织、服装、玩具、建筑材料、房地产开发、饭店，延伸到近年来的基础设施、医药卫生、机械建造、金融、电力和海运等行业。中国企业对东盟的直接投资主要分布在泰国、印度尼西亚、柬埔寨、新加坡和越南五国，占投资总额的85%，其余五国只占到投资总额的15%左右。就投资主体来看，主要是中小型民营企业。中国企业投资的领域已涉及东盟国家的建筑、饭店、电器、矿业和运输等行业。2014年中国对东盟投资的主要流向见表6-3。

表6-3　2014年中国对东盟投资的主要流向

主要投资产业	总值/亿美元	占投资额比重/%	主要流向地区
制造业	15.22	19.5	印度尼西亚、新加坡、泰国、越南、柬埔寨等
租赁和商务服务业	12.39	15.9	新加坡、老挝等
批发和零售业	11.18	14.3	新加坡、菲律宾、印度尼西亚、泰国等
建筑业	7.97	10.2	老挝、新加坡、柬埔寨、马来西亚、印度尼西亚
农林牧副渔业	7.83	10	印度尼西亚、老挝、柬埔寨等
采矿业	6.74	8.6	缅甸、印度尼西亚
金融业	6.73	8.6	泰国、马来西亚、菲律宾、柬埔寨等
电热、煤气燃气及水的生产供应业	6.46	8.3	—

资料来源：中华人民共和国商务部等，2015

中国对东盟的投资是逐年递增的，特别是2009~2011年（图6-4）。2014年，中国对东盟的投资流量为78.09亿美元，同比增长7.5%，占流量总额的6.3%，占亚洲投资流量的9.2%；存量为476.33亿美元，占存量总额的5.4%，占亚洲投资存量的7.9%。2014年年末，中国共在东盟设立直接投资企业3300多家，雇佣外方员工15.95万人。

6.1.2.3　中国与东南亚的其他地缘合作

中国与东盟比邻而居，多年来在双方领导人的带领下，走出了一条睦邻友好和合作共赢的道路，双方政治互信不断增强，从对话伙伴提升到战略伙伴。双方建立了完

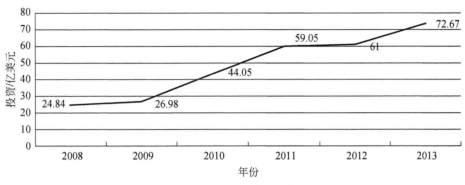

图 6-4　中国对东盟直接投资情况

善的对话合作机制，确定了十一大重点合作领域，在 20 多个领域开展务实合作，各领域友好交流与合作取得丰硕成果。双方携手应对亚洲和国际金融危机、重大自然灾害和跨境传染病，在应对挑战的过程中巩固了友谊，深化了合作。

（1）中国—东盟自由贸易区合作领域

中国—东盟自由贸易区确定了 5 个优先合作的领域，即农业、信息和通信技术、人力资源开发、投资以及湄公河流域开发。同时，合作领域还将扩展到银行、金融、旅游、工业合作、交通、电信、知识产权、中小企业、环境、生物技术、渔业、林业和林业产品、矿业、能源以及次区域开发等。《中国与东盟全面经济合作框架协议》的"早期收获"计划中，还提出了要求加快实施的 11 项经济合作项目。例如，加快实施新加坡—昆明铁路与曼谷—昆明高速公路项目，实施双方农业合作谅解备忘录的项目，就信息和通信技术产业合作达成谅解备忘录，利用东盟与中国合作基金增强在人力资源开发领域的合作，帮助东盟新成员国增强区域一体化的能力，并为非世贸组织成员的东盟成员国加入世贸组织提供便利，建立各方相关的知识产权保护部门之间的合作机制等。

中国—东盟自由贸易区还确定加强合作的措施，主要有：①推动贸易和投资便利化，包括在统一标准、技术性贸易壁垒和非关税措施、简化海关程序海关、检验检疫等方面的协调与合作；②提高中小企业竞争力；③促进电子商务发展；④能力建设；⑤技术转让。

（2）互联互通合作

2010 年，中国政府向东盟国家提供了 150 亿美元的信贷，重点支持中国与东盟有国家在公路、铁路、水路、能源管道、信息通信、电网等基础设施方面的建设。努力在未来 10～15 年实现中国与东盟国家陆路运输通道的互联互通，尽早签署航空运输协定，有效推进泛亚铁路规划、运输便利化和技术标准一体化等工作，并更多考虑与《东盟互联互通总体规划》相互衔接。中国还建立了总额 100 亿美元的中国—东盟投资合作基金，用于道路、电站、港口等基础设施建设。

多年来，中国与东盟在互联互通方面有了长足的进步。例如，在航空运输方面，过去仅北京、广州、桂林、昆明等地有少量通往东盟国家的航班，就连中国—东盟博览会的举办地——南宁，都没有飞往东盟的航班。如今，仅南宁一地就有通往几乎东盟所有国家的航班。公路方面，全长1750km的昆曼高速公路已建成，南宁至友谊关高速公路已建成，并与越南已升级为高等级公路的国道一号公路对接。海运方面，中国华南多个港口与东盟国家多个港口开展了航运往来。目前，实现中国—东盟升级版的种种合作计划正在进行，都是依托交通线展开的，如大湄公河次区域合作计划，泛北部湾合作计划，中越"两廊一圈"合作计划等。在电信、信息互通方面，还实现了国际漫游、网络连接。如今，中国与东盟国家在打电话、网络通信方面的方便程度几乎不亚于各自国内的电信和网络通信。另外，中缅石油管道已基本建成。中国—东盟互联互通的基础条件已经具备。

（3）能源合作

东盟成员国能源资源较为丰富，越南和印度尼西亚是东盟国家最大的煤炭出口国，印度尼西亚是第六大天然气生产国和世界上最大的液化天然气输出国。文莱是东南亚第三大产油国和世界第四大液化天然气生产国，石油储量和产量仅次于印度尼西亚，居东南亚第二，液化天然气的出口居世界第二位。在资源的远景方面，东南亚地区能源储量也极为可观。

中国与东盟在能源领域的正式合作最早开始于20世纪70年代末。90年代，随中国与东盟经贸关系的恢复，中国与东盟的能源贸易也不断增长。进入21世纪，中国与东盟在能源领域的贸易与交流发展迅速，双方能源合作关系日益密切。第一，双方能源贸易规模巨大。2001～2005年，中国与东盟的能源贸易量明显上升。第二，合作勘探油气资源。2002年，中国海洋石油总公司和中国石油天然气集团通过收购方式，取得印度尼西亚油气资源的股份。2005年9月，中国海洋石油总公司缅甸有限公司与泰国国家石油公司和泰国石油勘探开发有限公司签署合作备忘录，协议在泰国境内及海外的部分地区合作勘探、开发油气资源。2004年9月，中国海洋石油总公司与菲律宾国家石油公司签署了《在南中国海部分海域开展联合海洋地震工作协议》。2005年3月，越南同意加入中菲合作，中、越、菲三国石油公司签署《在南中国海协议区三方联合海洋地震工作协议》。第三，能源合作机制加强。2004年，中国正式加入东盟与中日韩的"10+3能源部长会议"，这为中国与东盟各成员国参与彼此的能源计划、加强能源对话与协作提供了一个新的渠道和机制。与此相对应的能源环境保护方面，双方就相关问题的解决也做了大量努力，如2002年11月确定进行水资源保护、土地利用、自然资源合作，2004年8月"中国—东盟环境政策对话研讨会"顺利召开，2006年8月"中国—东盟环境管理研讨会"顺利召开，等等。但这些探索性的地区合作"还是很初步的、临时的、应急的"。

6.1.3 中国与东南亚未来地缘合作的前景与政策建议

6.1.3.1 中国与东南亚地缘合作的机遇与挑战

东南亚紧邻中国，拥有得天独厚的自然资源和地理优势，是当今世界经济发展最有活力和潜力的地区之一。从地缘政治角度看，东南亚又是传统的"破碎地带"，是大国角力的重点地区，同时其也是中国提出的"海上丝绸之路"的重要区域。中国目前处于发展历程的转折时期，建设"一带一路"，远景目标是构建区域合作新模式，近期目标是实现与周边国家基础设施互联互通，带动产业布局优化，促进中国与周边国家共同发展，实现双边及多边共赢，为保持中国经济持续稳定发展奠定基础。东南亚地区经济发展潜力巨大，是未来中国经济可持续发展和参与地区合作的重要依托。

（1）"一带一路"倡议下的中国—东盟自贸区深化发展

2013年10月，习近平在出访东南亚期间，提出共建"21世纪海上丝绸之路"的发展倡议。中国和东南亚"山水相连，血脉相通"，两大文明千年互鉴互生，东南亚在"一带一路"发展规划中占据至关重要的枢纽地位。中国与东盟的合作在2003～2013年这"黄金十年"中取得了显著成效，相继签署了全面经济合作框架协议、货物贸易协定、服务贸易协定、投资协定，并建成中国—东盟自由贸易区，成为全球最大的发展中国家自由贸易区。中国连续多年成为东盟的最大贸易伙伴，而东盟则成为中国的第三大贸易伙伴。2013年10月，李克强在第十六次中国—东盟领导人会议上，着重阐述了中国—东盟"2+7合作框架"，从而为开启中国—东盟合作"钻石十年"描绘了发展路线图。中国—东盟合作开始进入全方位、多领域、深层次的发展新阶段。

随着"一带一路"建设的不断深入，必将为中国—东盟合作提供新的战略机遇，同时进一步推进中国—东盟自贸区的深度发展。首先，"一带一路"建设将为东南亚地区的基础设施建设发展带来资金、技术等支持，提高互联互通，为中国与东盟合作发展提供基本保障。其次，"一带一路"的建设，将为中国与东盟国家间的产业结构调整提供契机，增强对国际金融市场震动的抵抗能力，形成更合理公平的区域分工体系。最后，"一带一路"的建设更是为中国与东盟的人文交流提供了新的平台，有助于不同国家人民的相互了解，增强互信，推动旅游业发展。

（2）中国—中南半岛国际经济合作走廊和次区域合作的机制

"一带一路"倡议将重点在东南亚建设"中国—中南半岛国际经济合作走廊"以及东盟海上丝路重要港口节点城市，如图6-5所示。"中国—中南半岛国际经济合作走廊"以中国的南宁和昆明为起点，以新加坡为终点，纵贯中南半岛的越南、老挝、柬埔寨、泰国和马来西亚等国家，其中，万象、河内、曼德勒、仰光、曼谷、金边、吉隆坡等为重要的节点城市。该经济走廊以"泛亚铁路"等交通基础设施、能源管道、通信设施为突破口，是中国与东南亚国家海陆统筹的大动脉，共建21世纪"海上丝绸之路"的重要组成部分。同时，雅加达（印度尼西亚）、关丹市（马来西亚）、西哈努克港（柬埔寨）、万象（老挝）、马六甲（马来西亚）、胡志明市（越南）、马尼拉（菲律宾）等重要港口节点城市建设是开拓海上丝绸之路的重要方式。围绕海上丝绸之路走廊重要港口节点城市，开展产业合作、港口物流金融创新、跨境旅游、海洋资源和人文等领域的务实合作，将构建海上丝绸之路优势产业群、城镇体系、口岸体系，是中国与东南亚国家经贸合作的重要载体。

1992年在亚洲开发银行的倡议下，澜沧江—湄公河流域内的中国、缅甸、老挝、泰国、柬埔寨和越南6个国家共同发起了大湄公河次区域合作（GMS）。大湄公河次区域具有丰富的自然资源，如石油、天然气、橡胶、宝石，以及适合水电开发和灌溉的水利资源。目前，GMS合作已步入第3个十年发展阶段。在过去的发展历程中，大湄

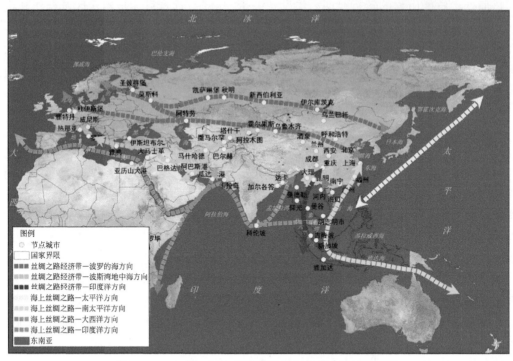

图6-5 "一带一路"倡议线路图及东南亚区域位置图

公河次区域内基础设施大为改善，关税下调，总体上政局没有大的动荡。大湄公河次区域是连接中国与东盟其他国家，甚至南亚国家的主要走廊与桥梁，成为中国（特别是中国云南、广西两省份）与东盟国家发展经贸关系，促进地区一体化的重要平台。

（3）中国与东盟都将在RCEP框架下获益

区域全面经济伙伴关系（Regional Comprehensive Economic Partnership，RCEP），即由东盟十国发起，邀请中国、日本、韩国、澳大利亚、新西兰、印度共同参加（"10+6"），通过削减关税和非关税壁垒，建立16国统一市场的自由贸易协定。如果RCEP顺利建立，那么将会成为世界上经济规模最大、市场最大、人口最多和贸易总量最大的自由贸易区。按照2011年的数据计算，RCEP将惠及16个国家，34亿人口（约占世界人口总数的48%），19.9万亿美元的GDP产量（约占世界GDP总量的28%），10.1万亿美元的贸易量（约占世界贸易总量的28%）。其次，中国和东盟都将得益于RCEP。如果东盟局限于内部的经济合作，那么2015年的GDP总量仅为世界的3.8%，如果按照中国提出的"东盟+3"（APT），2015年的GDP为世界的26%，因此，RCEP对中国和东盟来说都是有广阔的发展前景的。

（4）未来中国—东盟合作面临的挑战

未来中国与东盟的合作，在国家层面上，存在几个方面的挑战。第一，周边国家的猜忌和不信任带来的挑战。伴随着中国的崛起，中国国际地位的提升有目共睹，中国政府已经无法指望通过言辞来消除其他国家对于中国潜在"威胁"的疑虑。"21世纪海上丝绸之路"战略提出以来，周边不少国家怀疑中国提出这一战略主要出于地缘政治意图而非经济意图。近年来，中国与周边国家的领土与海洋权益争端从未停止。

特别是南海问题，目前，越南、菲律宾和马来西亚等国家在南海已经呈现出"驻军常态化、工事永久化、阵地纵深化"的特点，使中国在南海主权争端问题上面临严峻挑战，如何解决南海海域争端已成为中国与部分东盟国家面临的最棘手问题。第二，美印等带来的战略困境。美国提出重返亚太以来，不断加强与东盟的外交关系和军事合作。特别是在南海问题上，其对菲律宾等国公开支持，致使南海风波不断。东南亚国家实行"大国平衡"策略也是一种常态化的现象。印度也希望通过其"东向政策"经营其在东南亚的影响力。第三，经贸合作层面上，首先中国与东盟在合作方式、合作水平上出现瓶颈。双方的贸易不平衡性在不断增大。1997年以前中国基本保持贸易顺差，但在1998年以后中国的贸易逆差出现了不断扩大的趋势，从1998年的14.7亿美元增长到2011年的229.4亿美元，增长了近16倍。其次，东盟越来越依赖中国。虽然相互依赖程度不断加强，但东盟的"敏感性"和"脆弱性"明显要高于中国。最后，双方存在贸易不平衡现象。中国与东盟的贸易是不平衡的，东盟对中国的依赖远大于中国对东盟的依赖。

在企业投资合作方面，与东盟的合作存在三个方面的挑战。首先，目前企业缺乏对中国—东盟自由贸易区政策的了解。中国—东盟自由贸易区建设已近10年，但目前仍有许多企业家、政府官员、商会负责人尚不了解其相关政策，不了解为何中国与东盟建立自由贸易区、自由贸易区建设近况、市场开放时间表等有关基本情况，这是个普遍现象。企业产品出口对方国家时未填写原产地证书，以致未能享受到关税优惠。其次，行业合作的现状与市场开放的要求尚不适应。双方行业合作起步较晚。在面对市场开放，打造新的产业链方面，多数行业尚未对接，双方的产业之间缺乏足够了解，行业商会之间的沟通不足，尚未共同探讨行业分工和如何实现优势互补的行业合作，缺乏自由贸易区行业发展规划。双方政府行业主管部门、行业商会亟待对接。再次，双向投资规模偏小。投资自由化和便利化的条件有待改善，有的国家与投资相关的法律法规不够健全，政策透明度和稳定性不高。企业缺乏走进对方市场的商务信息。

6.1.3.2 中国与东南亚地缘合作的政策建议

第一，规避政治困境，处理好南海问题。中国与东盟经贸关系最大的不确定性因素就来源于"南海问题"。近年来，南海问题严重阻碍了中国东盟关系的正常发展。南海问题涉及的东盟国家众多，而且都为东盟的核心成员国。南海问题处理得好与坏直接关系到中国东盟经贸关系的正常发展。继续将"搁置争议，共同开发"作为解决南海问题的基本原则；坚持"双边协商"的具体策略，力避南海问题的国际化；保持与东盟在南海问题上的沟通，确保东盟不致形成在南海问题上对中国不利的一致立场；在南海区域安全机制的构建和海洋安全维护方面发挥更大的作用。

第二，与沿岸国家合作，维护海上通道安全。海上安全通道困境是中国海外利益迅速扩大并挑战现有国际海洋利益格局的结果。特别是印度洋航线上的马六甲海峡、曼德海峡等是中国石油和天然气进口的重要海上战略通道，中国石油进口的80%都要经过马六甲海峡。马六甲海峡的经济风险、政治风险和各种不稳定因素形成了困扰许多原油进口国家的"马六甲困局"。长期以来，印度尼西亚和马来西亚对某些国家试图以军事手段控制马六甲海峡的行为十分敏感。因此，未来中国一方面可以加强与印度尼西亚、马来西亚等国在这方面的合作以及非传统安全领域的合作，共同打击恐怖行为维护国家权益。另一方面，大力推进与美国、俄罗斯和航线周边国家在战略和各事务性领域的合作，拓展双边共同利益空间，以最大诚意和最大努力化解各种海上安全风险；同时沿南海、印度洋方向进行预防性战略部署，完善海上通道安全保障体系，全面提升海上力量的威慑能力，从根本上保障中国海上通道安全。

第三，推进区域全面经济伙伴关系（Regional Com-prehensive Economic Partnership，RCEP）建设，增强区域影响力。

RCEP 为中国和东盟的合作另辟蹊径：一方面，国际经济规则的制定权仍然掌握在以美国为首的西方国家手中。在中国—东盟经贸合作进入了黄金时期背景下，加快建设 RCEP 不仅能让东亚合作成果得以延续，更有利于中国和东盟在东南亚地区获得规则制定权，增强国际经济合作话语权。另一方面，中国需要突破与东盟合作的困境，提高合作效率，通过 RCEP 把双边合作提高到一个新台阶上。

6.2 南亚地区

6.2.1 南亚自然、经济与社会结构概况

南亚是亚洲的一个亚区，泛指位于喜马拉雅山脉以南，西起帕米尔高原，东至中缅边界的广大地域。地理位置为东经 60°~97°，北纬 0°~37°。环绕南亚的有西亚、中亚、东南亚和印度洋。基于南亚整体的地形考虑和区际间的矛盾、冲突与联系，本书将南亚界定为南亚七国，南亚的主要国家有印度、巴基斯坦、孟加拉国、尼泊尔、不丹、斯里兰卡、马尔代夫。有时阿富汗也被算成是一个南亚国家，而阿富汗北部则属中亚地区。南亚地区面积约 495 万 km²，人口 16 亿左右。这块次大陆拥有世界 1/5 多的人口，使它成为了世上人口最多和最密集的地域，同时也是继非洲之后全球贫困地区之一。

6.2.1.1 自然地理背景特征

（1）地形地貌

喜马拉雅山脉与西北部的喀喇昆仑山脉、兴都库什山脉以及东北部的那加山脉一起形成了一道天然的屏障，把南亚与亚洲的其他部分分隔开来，而孟加拉湾、阿拉伯海、印度洋的阻隔效应，进一步使南亚在地理上形成一个相对独立的单元，且其面积小于洲。因此，南亚又被称为南亚次大陆，或印巴次大陆。南亚属于亚欧大陆的一部分，但以印度板块为主体。

南亚地形主要包括三部分。北部地形以山地为主，东北部为喜马拉雅山南麓山地，平均海拔超出 6000m，西北部为兴都库什山脉，海拔为 2500~4000m。山脉西面为大面积沙漠，平均海拔为 1000m。而南亚中部为略成弧形、广阔的恒河—印度河平原，海拔高度为 150~300m，河网密布，利于农业发展。南部为比西部略高、比东部略低、起伏和缓的德干高原（海拔 450~900m）和东西两侧的海岸平原。高原与海岸平原之

间为东高止山脉和西高止山脉。东部的孟加拉湾地势低洼（海拔低于 30m），戈达瓦里、克里希纳等河流自西而东注入孟加拉湾。南亚地区主要有三大河流，分别为印度河（狮泉河）、恒河、布拉马普特拉河（雅鲁藏布江）。

（2）气候概况

南亚次大陆地区主要有热带季风气候、热带沙漠气候、高原山地气候三种气候类型。其中，大部分地区属热带季风气候，东北部喜马拉雅山地有高山气候，印度西北部和巴基斯坦南部属热带沙漠气候，马尔代夫群岛和斯里兰卡岛南部接近赤道，属热带雨林气候。

南亚气温和降水的空间分布存在明显差异。南亚大部分地区位于北纬 30° 以南，总体上全年气温较高，年平均气温高于 20℃；但喜马拉雅山南麓海拔较高，气温较低。降水的空间分布也存在着明显差异。受热带季风影响，南亚次大陆降水有明显差异，大部分地区年降水量在 1000mm 以上。每年 6~9 月盛行西南季风，为雨季；10 月至次年 5 月盛行东北季风，为旱季。南亚各地区的降水量相差很大，是水旱灾害频繁的地区。例如，由于喜马拉雅山阻挡了暖湿气流向北移动，导致喜马拉雅山南麓西南季风迎风坡降水丰富；而南亚西北部由于地形原因，来自阿拉伯海的暖湿气流受到吉尔伯的山脉阻挡，很难形成降水。受气温和降水共同影响，南亚的气候存在明显空间差异。

（3）矿产资源

南亚地区的矿产资源以铁、锰、煤最为丰富。芒果、蓖麻、茄子、香蕉、甘蔗以及莲藕等栽培植物的原产地均在南亚。所产黄麻、茶叶约占世界总产量的 1/2 左右。稻米、花生、芝麻、油菜籽、甘蔗、棉花、橡胶、小麦和椰干等的产量在世界上也占重要地位。南亚各个国家均是农业大国，其中，南亚大陆的最大国——印度，拥有世界 1/10 的可耕地，面积约 1.6 亿 hm²，人均 0.17hm²，是世界上最大的粮食生产国之一。农村人口占总人口的 72%。资源丰富，有矿藏近 100 种。云母产量世界第一，煤和重晶石产量居世界第三。主要资源可采储量估计为：煤 2533.01 亿 t，铁矿石 134.6 亿 t，天然气 10 750 亿 m³。此外，还有石膏、钻石及钛、钍、铀等。森林 67.83 万 km²，覆盖率为 20.64%。另外，南亚地区既是古印度文明的发祥地，又是佛教和印度教的发源地，自然条件好，古文明遗迹多，具有丰富的旅游资源。

6.2.1.2　社会经济发展现状

南亚人口主要分布在地势较平坦的恒河平原和沿海地区，居民为白色人种。其中，人口超过 1 亿的国家主要有印度、孟加拉国和巴基斯坦。人口最多的是印度，是仅次于中国的第二大人口大国。南亚是印度教和佛教的发源地。目前除斯里兰卡信奉佛教之外，其他国家信奉佛教的人已经不多；印度、尼泊尔大多数居民信奉印度教，巴基斯坦、孟加拉国以伊斯兰教为主。

（1）历史概括

南亚地区是世界四大文明的发源地之一。早在公元前 3000 年左右，恒河—印度河流域便出现过一些繁华的城市，公元前 3 世纪后，又相继出现了囊括次大陆地区的大部分版图的 4 个统一的国家，即孔雀王朝、笈多王朝、德里苏丹国和莫卧儿王朝，在这一过程里，南亚一直是世界上最富饶的地区之一，农业、手工业、交通运输业和各种形式的文化艺术均达到了较高的水平。1498 年，西方殖民势力相继侵入这一地区，到 1757 年，除"高山王国"尼泊尔保持了一定程度的独立外，南亚其他地区均沦为英国的殖民地。其中，印度、巴基斯坦、孟加拉和缅甸合称为英属印度。在长达数百年的殖民统治过程中，南亚悠久的文明历史被中断，经济发展处于相对停滞状态，使南亚成为世界上最贫穷落后的地区之一。

第二次世界大战后，随着南亚民族独立运动的兴起，英国提出"蒙巴顿方案"实行印巴分治。印巴分治以后，由于东、西两巴被印度领土一分为二，行政管理不便，加之受外部势力的影响，1971 年，东巴宣布脱离巴基斯坦成立了孟加拉国。印度于 1949 年 8 月 8 日强迫不丹签订《永久和平与友好条约》，规定不丹的对外关系接受印度的"指导"，使不丹实际上沦为印度的附属国。1975 年 4 月，印度军队解散了锡金国王的宫廷卫队，后又废黜国王，把锡金变为印度的一个邦。除上述国家外，印度洋上原为英属殖民地的两个岛国——斯里兰卡（原名锡兰）和马尔代夫也先后在 1948 年和 1965 年宣布独立。从此南亚国家全部独立。由于英国长期殖民统治以及后来实行"分而治之"政策造成的恶果，南亚国家从取得独立起，就存有许多错综复杂的地缘政治问题，如克什米尔问题、俾路支斯坦问题、印中边界问题等。

（2）发展现状

南亚拥有明显的雨季和旱季，适宜种植业发展，且文明历史悠久，人口稠密。2014 年，南亚总面积为 483 万 km²，总人口为 17.21 亿。其中面积最大、人口最多的国家是印度，298 万 km²，人口 12.95 亿，人口居世界第二（表6-4）。同时，印度也是南亚人口增长最快的国家，其次是不丹和孟加拉国。南亚人口 5000 万人以上的大国除印度外，还包括巴基斯坦和孟加拉国。南亚面积最小的是不丹，仅 300km²，但人口却有 35.7 万。其中，印度的工业和科技相对于其他国家比较发达以外，其他的南亚国家以农业为主。

表 6-4 2014 年南亚国家概况

国家	人口/万	GDP/(现价美元，亿美元)	面积/万 km²	首都
阿富汗	3 162.8	208.4	652 300	喀布尔
巴基斯坦	18 504.4	2 468.8	796 000	伊斯兰堡
印度	129 529.2	20 669.0	2 980 000	新德里
尼泊尔	2 817.5	18.2	147 181	加德满都
不丹	76.5	196.4	38 394	廷布
孟加拉国	15 907.8	1 738.2	147 570	达卡
斯里兰卡	2 063.9	749.4	65 610	斯里贾亚瓦德纳普拉科特
马尔代夫	35.7	30.3	300	马累

据世界银行数据统计，1960～2014 年，南亚各国 GDP 呈现出逐年上涨的态势，经济水平不断提高，尤其是印度 GDP 上升幅度最大。印度曾经深受苏联的影响，国民经济主要为计划经济，发展相对缓慢。1990 年以后，印度经济开始转为市场经济，GDP 增长幅度远远超过其他各国（图6-6）。巴基斯坦 GDP 总值仅次于印度，孟加拉国和斯里兰卡的 GDP 分别居于南亚地区的第三、第四名，其他国家的 GDP 则相对较低，发展

相对缓慢。

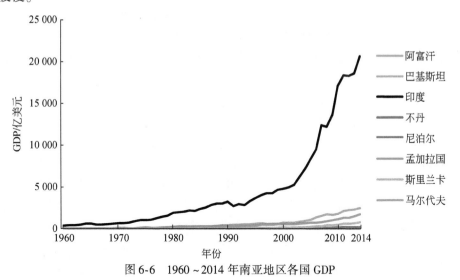

图 6-6　1960~2014 年南亚地区各国 GDP

（3）政治文化

南亚国家的政治制度均为资本主义国家。佛教虽然发源于印度，但目前在南亚已经衰落，印度教与伊斯兰教是南亚的两大宗教。这两大宗教对南亚产生巨大影响，甚至包括一定的经济影响。印度教有种姓划分的传统，对印度社会有较大影响，也不利于印度的发展。

（4）经济特点

21 世纪初以来，南亚国家经济保持较快增长，但由于区域内不利因素和全球经济危机的影响，南亚地区 2012 年的经济增长与前几年相比，速度有所放缓。据联合国统计，2012 年以来南亚国家的经济明显表现出缓慢增长的迹象。印度作为南亚第一大经济体，其 GDP 增长在 2012 降低至 5.4%，比 2011 年低 0.9 个百分点；巴基斯坦经济有所增长，但增速不明显，由 2011 年的 3.7% 增至 2012 年的 3.8%；孟加拉国的 GDP 增长在 2012 年降低至 5.8%，较 2011 年降低了 0.5 个百分点；尼泊尔也降低了 0.8 个百分点；斯里兰卡则降低了 2.2 个百分点。

南亚国家经济放缓的原因可以分为国内和国外两方面。国内因素可归结为农业经济因雨季推迟和降雨缺乏造成损失；国内电力资源短缺、经济宏观失衡（包括财政赤字高和通货膨胀显著等）、政策和安全不确定性等因素导致投资下降、经济活动减少。国外因素涉及欧洲债务危机延续、全球经济发展缓慢等，所有这些因素均阻碍南亚经济增长。

6.2.2　南亚贸易、投资与经济技术合作现状问题

6.2.2.1　中国与南亚的贸易

南亚两大国——印度和巴基斯坦长期处于比较紧张的国家关系中，而且双方都实

行了较高的贸易关税来对国内产业进行保护，互通有无的贸易与其他国家比起来很少。目前南亚域内域外贸易水平较低，但其人口多，市场大，说明其贸易潜力极大。当前，南亚地区是 2008 年金融危机之后推动世界经济复苏和发展的重要引擎之一。中国作为南盟的观察员国与南亚各国有着悠久经贸往来，同南亚国家经贸合作往来正在不断扩大。

南亚国家中，印度人口最多，市场最广，对其余国家的影响也最大。中印贸易一直是中国与南亚国家贸易的重点，中印双边贸易额在整个中国与南亚国家双边贸易额中所占比重最大。从联合国商品贸易统计的数据来看，1995 年中印双边贸易额为 11.63 亿美元，2005 年中印双边贸易额为 187.3 亿美元，2014 年中印双边贸易额为 705.79 亿美元（图 6-7）。从整体趋势来看，中国对印度的出口额处于较强的上升趋势，在 2012 年稍有回落；对印度的出口额呈阶梯式上升，年平均增长率大于 20%。中印贸易在 2011～2012 年，同比增长下降，但整体趋势依然可归结为贸易规模持续扩大。虽然 1995～2014 年，中印双边贸易额数据着实增大不少，但中印两国的贸易量在两国的对外贸易总额中所占比例依然较小（2014 年印度对中国的出口额占其总出口额的 4.2%），中国在与印度的贸易往来中也处于顺差，改善和提升的空间很大。

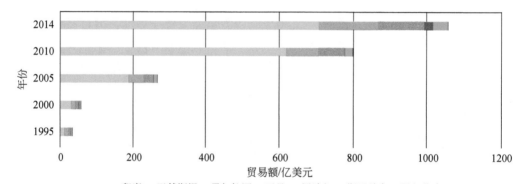

图 6-7　1995～2014 年中国与南亚 7 国的贸易额

在世界贸易组织的统计公报可以看出，中国是印度的第四大出口国，第一大进口国（表 6-5）。从中印进出口贸易结构来看，印度对中国出口的商品多为资源密集型或劳动密集型产品，其中，矿产品和农产品占据相当比重；而中国对印度出口的产品主要为附加值较高的工业制成品，劳动密集型产品所占比重较小，主要是机电设备、化工产品等。对于中印贸易的强劲发展，印度各方出现不同的声音。正面的评论认为中印两国贸易互补性强；但负面评论认为，中国的贸易顺差过大。

表 6-5　印度商品贸易进出口明细（2014 年）

总出口明细占世界出口总额的份额	1.69	总进口明细占世界进口总额的份额	2.43
主要商品（ITS）		主要商品（ITS）	
农产品	13.5	农产品	5.9
燃料矿石产品	23.3	燃料矿石产品	44.1
制造品	62.3	制造品	40.2

主要出口国家（地区）		主要进口国家（地区）	
1. 欧盟（28）	16.2	1. 中国内地	12.7
2. 美国	13.4	2. 欧盟（28）	10.5
3. 阿拉伯联合酋长国	10.4	3. 沙特阿拉伯王国	7.1
4. 中国内地	4.2	4. 阿拉伯联合酋长国	5.9
5. 中国香港	4.2	5. 瑞士	4.6

资料来源：WTO 网站

    中国与南亚国家的进出口贸易额一直处于不断上升的趋势（图6-7），特别是2000年以后。同时，在表6-6中我们还看到，中国对南亚国家的出口额大于进口额，中国一直处于贸易顺差优势。中国与南盟7国贸易量最少的国家是不丹。不丹因为国土面积狭小，资源贫乏，生产力和科学技术都很落后，中国从其进口的产品也主要是原材料；由于不丹经济落后，人均购买力弱，从中国进口的产品并不多，中国与不丹贸易规模最小。巴基斯坦与中国贸易额排行第二，仅次于印度（表6-7）。中国与巴基斯坦长期保持友好合作关系，双方互信度较高，经济、政治交往密切，双边贸易规模逐年扩大。

表6-6　中国对印度的进出口总额及贸易顺差情况　　　　单位：美元

年份	进口	出口	贸易顺差
2014	16 358 784 649	54 220 378 996	3 786 1594 347
2010	20 846 313 421	40 913 958 297	20 067 644 876
2005	9 766 216 269	8 934 277 108	−831 939 161
2000	1 353 476 989	1 560 736 215	207 259 226
1995	397 514 007	765 266 182	367 752 175

资料来源：联合国商品贸易数据库

表6-7　1995～2014 年中国对南亚各国的贸易额　　　　单位：亿美元

国别	1995 年	2000 年	2005 年	2010 年	2014 年
印度	11.63	29.14	187	617.6	705.79
巴基斯坦	10.11	11.62	42.61	86.67	160.02
孟加拉国	6.78	9.18	24.81	70.58	125.44
不丹	0.002 1	0.02	0.004 6	0.02	0.11
尼泊尔	0.5	2.04	1.96	0.743	23.3
斯里兰卡	2.41	4.58	9.76	20.97	40.4
马尔代夫	0.007 5	0.014	0.17	0.64	1.04

资料来源：联合国商品贸易数据库

6.2.2.2　中国与南亚的投资

    截至2015年年底，中国在南亚国家直接投资存量累计122.9亿美元，南亚国家累计在华实际投资8.9亿美元，中国已经成为南亚国家主要的外资来源国，也是南亚一些国家的第一大外资来源国。南亚与中国地理相邻，人口众多，市场容量大。虽然中国在印度、斯里兰卡和孟加拉国等国的直接投资迅速增长，但由于国际地缘政治环境的影响，中国对南亚地区直接投资步伐相对滞后于贸易增长。

截至2013年，中国对南亚地区的直接投资存量仅为58亿美元，印度和巴基斯坦两国分别占42%和40%，投资主要集中在机械设备制造、纺织、能源开采、基础设施建设等领域。中国对印度的直接投资增长迅速，由2003年的15万美元增加到2012年的2.8亿美元；近两年中国对斯里兰卡投资合作项目较多，但2015年受斯里兰卡政局影响，直接投资的政治风险明显上升；而巴基斯坦的政局不稳，使得近两年来对巴基斯坦的投资呈下降趋势（图6-8）。

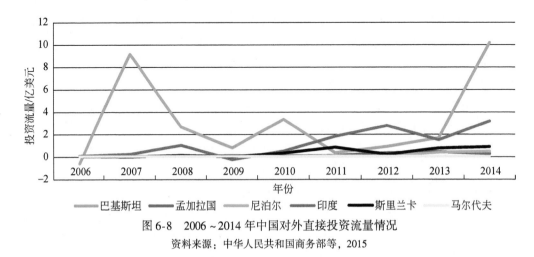

图6-8　2006~2014年中国对外直接投资流量情况

资料来源：中华人民共和国商务部等，2015

在南亚，相当一部分中国海外直接投资是以大型建设项目的形式，主要集中在农业领域、能源和运输。例如，2010年和2011年，中国每年在斯里兰卡投资，中国公司已经完成或正在完成一部分大型项目；孟加拉国的吉大港深水港口和所那迪亚岛等项目正在建中；中国还计划修建公路和铁路横跨缅甸，连接中国城市昆明与吉大港；中国也大举投资了尼泊尔的能源和运输项目，包括一座16亿美元的水电站项目和19亿美元的铁路项目，该铁路连接了拉萨与加德满都，还包括其他交通项目，如博卡拉地区国际机场等。

6.2.2.3　中国与南亚的其他合作

（1）能源合作

南亚的能源储量在全球并非"佼佼者"，但该地区是中国进口能源的必经通道和油气管道途经之地，也是中国重要邻国所在地区。同南亚国家加强能源合作，对中国和该地区国家都至关重要。鉴于南亚油气资源比较贫乏，中国与该地区的能源合作主要不是能源的进口，而是能源投资，包括技术和劳务输出、第三地合作和能源运输合作等。由此可见，南亚国家与中国和中亚国家特殊的地缘政治战略关系以及中国未来的能源发展需求决定了其对中国能源安全具有重要的战略意义。

第一，中印能源合作中的地缘政治战略。中国与印度的能源合作以第三地合作居多，双方在非洲、中亚、俄罗斯等国家或地区都有合作项目。2005年12月21日，中国石油天然气集团公司与印度国家石油公司同加拿大石油公司签署协议,双方共同出资购买在叙利亚的油气资产;中印还在管道运输和地区能源协作机制上开展合作。印度投资 41.6 亿美元,建设伊朗—巴基斯坦—印度全长 2775km 的天然气管道,并建议将管道通过缅甸延伸到中国。2006 年 1 月 12 日,中印在北京签署"加强石油与天然气合作"备忘录,这是中印在加强能源领域合作的第一份正式文件。同时,中印在能源投资领域也开展了合作,2007 年年底,中资企业首次投资印度石油天然气领域。

第二,中巴能源合作中的地缘政治战略。巴基斯坦西邻中东,北接中亚,东面接壤印度和中国,其能源战略地位十分重要。中巴在能源领域的合作也主要以中国在巴基斯坦投资为主,其中,影响较大的能源合作项目有瓜达尔港、杰什马核电站、塔尔煤电等。瓜达尔港战略地位重要,西边距离霍尔木兹海峡 723km,是欧洲、非洲和西亚地区及远东地区海上交通运输的枢纽,也是中亚地区通向印度洋的最近出海口。全球有 40% 的石油都要通过瓜达尔海域运输中转。2001 年中国决定援建瓜达尔港。2007 年 3 月,瓜达尔项目完工。同时,中巴还将进行能源运输管道建设合作。巴基斯坦是连接南亚、中东和中亚到中国西部的通道,是中国从中东和中亚进口油气资源的枢纽之地。南亚现有的几条输油通道都经过巴基斯坦,中巴在能源管道建设方面的合作大有可为。

第三,中国与其他南亚国家的能源合作。中国和尼泊尔的能源合作主要在水电领域。尽管尼泊尔的水电资源潜力位居世界前列,但由于开发较少,远未满足尼泊尔国内的电力需求。2008 年 12 月 16 日,中国水电顾问集团西北勘测设计研究院与尼泊尔清洁能源银行在加德满都签署水电设计咨询服务战略联盟协议。根据协议,中方将为尼泊尔银行开发尼泊尔水电项目提供技术支持和帮助。此外,中国同孟加拉国、斯里兰卡等南亚国家在水电建设和港口建设等方面也进行了双边互利合作。

(2)其他合作

除此之外,中国已经在与南亚国家的互联互通建设中取得了早期收获,包括中国对孟加拉国吉大港的建设、中国昆明—缅甸皎漂港的油气管道建设、中国与斯里兰卡的汉班托塔港口建设及科伦坡港口城项目计划等。同时,中国还应加强与南亚国家共同开展海上安全合作,打击跨国犯罪等恐怖势力。

6.2.3 中国与南亚未来经贸合作的前景与政策建议

6.2.3.1 中国与南亚地缘合作的机遇与挑战

(1)南亚是"一带一路"的重要区域

进入 21 世纪,南亚在亚洲地区乃至国际上的影响力逐渐扩大:一方面,南亚作为欧亚大陆的新兴地缘中心,扼守亚洲和大洋洲通向欧洲和非洲的水上交通要道,靠近波斯湾产油区,俯视着东西方重要的石油通道,其战略地位非常重要,直接关系到中国的"能源通道安全";另一方面,南亚濒临中国西部边疆地区,其发展形势直接关系中国西南边陲,即新疆和西藏的安全、稳定和发展。在"一带一路"倡议影响下,中国将进一步在文化、经济、贸易和反恐等方面加强与南亚各国的合作,这对于促进南亚地区局势的安全与稳定，以及中国的能源安全和边疆安全有着重要意义。

（2）"中巴经济走廊"是"一带一路"的重要廊道

"一带一路"倡议重点是在南亚建设"中巴经济走廊"。中巴经济走廊是一条包括公路、铁路、油气和光缆通道在内的贸易走廊；起点在中国的喀什，终点在巴基斯坦的瓜达尔港，全长约3000km，北接"丝绸之路经济带"、南连"21世纪海上丝绸之路"，是贯通南北丝路的关键枢纽，也是"一带一路"的重要组成部分。公路方面，中巴喀喇昆仑公路是中巴经济走廊的重要组成部分，目前中国和巴基斯坦的陆路贸易全部通过该公路完成。铁路方面，巴基斯坦1号铁路干线是中巴经济走廊的重要组成部分，该铁路从卡拉奇向北经拉合尔、伊斯兰堡至白沙瓦，全长1726km，是巴基斯坦最重要的南北铁路干线。

（3）孟中印缅经济走廊建设

2013年5月李克强访问印度，双方签署的《中印联合声明》，并倡议建设孟中印缅经济走廊。2013年12月，孟中印缅经济走廊四方联合工作组第一次会议在中国昆明举行，就建设前景、优先合作领域、合作机制建设等问题进行了探讨。孟中印缅经济走廊是以昆明、曼德勒、达卡、加尔各答等沿线重要城市为依托，以铁路、公路、航空、水运、电力、通信、油气管道等国际大通道为纽带，以人流、物流、资金流、信息流为基础，通过共同打造优势产业集群、特色城镇体系、产业园区、口岸体系、边境经济合作区等，形成优势互补、分工协作、联动开发、共同发展的经济带。

建设孟中印缅经济走廊，对于创造良好的地区发展环境，加强四国互联互通与经贸联系，促进区域经济共同发展，具有十分重要的意义。同时，这一区域合作机制也有利于改善孟中印缅四国政治关系，维护中国西南、缅甸北部、印度东北部、孟加拉国东部等边疆地区的和谐稳定。

（4）主要挑战与风险

1）"印度因素"带来的影响。印度对21世纪海上丝绸之路战略的影响，主要是通过影响中国与南亚次大陆其他国家的双边关系而发挥作用的。"21世纪海上丝绸之路"战略使得印度更加重视其在南亚的影响力，通过"新邻国外交"，影响南亚国家与中国的关系。印度在进行"邻国外交"的同时，对"大国外交"也不示弱，努力与美国、日本等搞大国平衡关系。在可预见的未来，印度将把中国视为主要竞争对手，印度不仅在"21世纪海上丝绸之路"战略上难有积极的回应，而且可能导致两国在地区秩序层面的互疑进一步加深。

2）政治上的风险。"21世纪海上丝绸之路"在南亚可能会面临其国内政局不稳甚至反政府武装的问题。比较典型的案例如下，2015年年初，斯里兰卡当政十年的总统拉贾帕克萨败选，新总统西里塞纳当选不久之后，中国投资的科伦坡港口城项目就因"环评问题"而被暂停。因此，政治因素对"21世纪海上丝绸之路"带来的风险是无法预料的。

3）投资风险。目前，中国对南亚国家投资以基础设施建设为主，但基建的周期长，回报率低。南亚国家经济发展水平低，行政效率也相对较低，合作效率不高。按照世界经济论坛对全球133个国家基础设施发展水平的排名，南亚国家总体上处于中低端水平，其中，斯里兰卡、印度、巴基斯坦、孟加拉国、尼泊尔的排名分别在第64、

76、89、126 和 131 位。其次，缺乏风险评估和应对之策，使得企业面对环境壁垒和社会责任壁垒时变得手足无措，特别是对投资国的文化、宗教、制度和政策了解不够或信息不对称，导致投资企业遇阻甚至被驱赶的现象时有发生，前期投资变成"沉没成本"。

6.2.3.2　中国与南亚地缘合作的政策建议

（1）加强政治互信，促进互联互通

中国—东盟互联互通建设的成功，很大程度上得益于中国—东盟的战略伙伴关系和领导人的大力倡议和推动。自 2005 年起历次中国—东盟领导人会议都强调要加强交通领域、互联互通的合作，领导人的倡议和推动确保有关互联互通项目能持续获得授权和财政支持。因此，中国与南亚，尤其是印度间需要坚定不移地增加正能量，发展友好关系，减少负能量，进一步夯实两国关系的基础，特别是在机制建设上需要有新的举措，从实际出发，逐步创立起各个层次和各种类型的对话与合作机制，加强交流，提高双方互信。再而，互联互通是推进经济合作建设的基础，而交通领域是互联互通的先行要件。随着南亚国家经济快速发展，交通设施已跟不上经济发展的步伐，并成为制约南亚各国间经济合作的"瓶颈"。为此，各国要充分发挥各自的优势，把交通领域的互联互通作为合作的优先领域和重点方向，积极推进中国与南亚各国铁路、公路、水路等通道建设，使各国经济在更广阔的领域和市场内快速推进。另外，中国与南亚互联互通建设遇到的最大障碍之一就是资金短缺，中国—南亚应联合建立互联互通基金。同时，统筹规划，共同确定近期、中期和远期交通合作目标和具体合作项目，明确各线路走向，不断推进运输技术标准一体化、便利化。

（2）拓宽经济合作领域，减少贸易逆差，促进经贸发展

首先，当前中国与南亚国家的合作形式和内容较单一，合作层次低，贸易结构不合理，必须秉持开放合作的精神，不断拓宽合作领域，推进合作形式向多元化发展。各方要进一步提升双边、多边合作水平，进一步拓展互利互惠空间，深化投资、贸易、基础设施建设等领域的合作，加深利益融合。其次，调整中国对南亚投资的国别结构。目前，中国众多企业把目光聚焦于印度，去印度投资的越来越多，而对南亚其他国家市场关注不够，已形成中国对南亚投资国别结构上某种程度的不均衡，需善加引导。事实上，由于中印关系的复杂性和起伏性，中国企业在印度市场的经营环境并不比其他南亚国家优厚，除了公开和表面上的各项支出外，中国企业在印度市场还有不少隐形成本支出，周边社会环境也并非都是友好的。最后，重点发展经济走廊，努力从国家战略层面进行设计和推动，以经济走廊为依托，加大走廊沿线城市政府间协商合作，促进产业间合作，建立和完善商会交流合作机制，切实解决孟中印缅经济走廊和中巴经济走廊建设中的有关问题，以促进互利共赢和共同发展。

（3）完善区域间的合作机制

由于历史现实等原因，南亚区域次区域合作进程缓慢。近年来，作为南亚地区唯一区域合作机制——南盟的推动下，南亚区域经济一体化逐步深入发展。南盟取得的最大合作成果是《南亚特惠贸易安排协定》（SAPTA）的签署和实施。南盟也把区域内互联互通作为重点合作领域。2007 年，在印度新德里举行的南盟峰会同意对地区内开

展多式联运进行研究。南盟成员国对发展与中国的关系大多抱积极的态度。中国应借鉴与东盟合作的经验，加强与南盟合作，积极参与南盟框架下各领域的务实合作，创新发挥南盟观察员国的积极作用。南亚一体化相比较东盟而言还有待提高。因此，现实的情况是中国应借鉴与东盟合作的经验，积极通过双多边渠道参与"南亚增长四角"、孟加拉湾多部门技术和经济合作倡议（BIMSTEC）、南亚次区域经济合作组织（南亚经合组织）、孟中印缅经济走廊、孟印缅斯泰经济合作组织等次区域合作进程。这些次区域合作的共性是把发展互联互通作为合作的首要任务，如2009年12月，孟加拉湾多部门技术和经济合作倡议（BIMSTEC）第12届部长会议已就开展地区内基础设施和物流系统发展进行研究达成共识。中国可以选择其中的孟中印缅经济走廊和中巴经济走廊作为合作的突破口和示范来进行参与，促进南亚互联互通，带动周边经济发展和民生改善，不断拉紧中巴、孟中印缅利益纽带，为本地区国家间开展合作提供示范。通过合作建立官方合作机制，制定地区发展战略规划，推进重点项目建设，加强软环境建设，加快边境、跨境贸易和现代物流系统的发展，加强人文交流等措施，率先建成孟中印缅经济走廊（BCIM）和中巴经济走廊。

（4）加强文化交流，促进民间往来。目前，中国向南亚地区推广文化软实力的表现形式多样，但是中国在南亚国家的文化影响力却未显著提升。许多南亚国家对中国的汉语教学有需求，但对建立孔子学院则持有谨慎和怀疑的态度。所以中国要因地制宜，根据南亚国家受众的文化需求对文化软实力的内容进行整理。在信息时代，要综合运用报刊、电视、电台与互联网等手段，从广度、深度上传播中国文化，拉近中国与南亚国家的距离，真正推动中华文化走入南亚国家。

参 考 文 献

陈利君. 2014. 建设孟中印缅经济走廊的前景与对策. 云南社会科学，(1)：1-6.

崔东. 2016-05-06. 中国已成南亚国家主要外资来源国（在国新办新闻发布会上）. 人民日报，第2版.

戴永红，秦永红. 2010. 中国与南亚能源合作中的地缘政治战略考量. 四川大学学报：哲学社会科学版，(2)：77-84.

杜德斌，马亚华，范斐，等. 2015. 中国海上通道安全及保障思路研究. 世界地理研究，(2)：1-10.

古小松. 2014. 东南亚——历史现状前瞻. 广西：世界图书出版公司.

吉野文雄，司书. 2005. 东盟与中国的贸易现状. 南洋资料译丛，(2)：8-18.

姜书竹，张旭昆. 2003. 东盟贸易效应的引力模型. 数量经济技术经济研究，20（10）：53-57.

金骏远，顾苏丹，王文华. 2015. 中国安全挑战和大战略的演变. 国际安全研究，(1)：14-31.

科技部. 2015. 全球生态环境遥感监测2015年度报告. 北京：中华人民共和国科技部国家遥感中心.

李向阳. 2014. 论海上丝绸之路的多元化合作机制. 世界经济与政治，(11) 4-17.

李宣达. 2011. 中国与东盟贸易与投资发展状况分析. 对外经贸，(2)：61-63.

刘定富，李海英. 2015. 全球水稻产业发展分析. http：//www. agrogene. cn/info-2498. shtml［2016-05-10］.

刘青峰，姜书竹. 2002. 从贸易引力模型看中国双边贸易安排. 浙江社会科学，(06)：17-20.

米尔顿·奥斯本. 2015. 东南亚史. 郭继光，译. 北京：商务印书馆.

邵建平，李晨阳. 2010. 东盟国家处理海域争端的方式及其对解决南海主权争端的启示. 当代亚太，(4)：143-156.

宋涛，李玏，胡志丁. 2016. 地缘合作的理论框架探讨——以东南亚为例. 世界地理研究，25（1）：

1-11.

田春荣.2003.2002 年中国石油进出口状况分析.国际石油经济,11（3）：24-30.

汪戎,朱翠萍.2015.印度洋地区发展报告（2014-2015）.北京：社会科学文献出版社.

王曼怡,石嘉琳.2015.新常态下中国对东盟直接投资研究.国际贸易,（5）：44-46.

王勤.2004.中国—东盟自由贸易区的进程及其前景.厦门大学学报：哲学社会科学版,（1）：85-93.

王勤.2015.东南亚地区发展报告（2014-2015）.北京：社会科学文献出版社.

吴俊强,陈长瑶,骆华松,等.2014.中国—东盟自由贸易区的能源安全问题及对策.世界地理研究,
（2）：43-50.

徐圆.2005.中国与东盟贸易关系及结构分析.世界经济研究,（5）：78-82.

佚名.2015.东盟经济共同体 12 月 31 日生效.http：//chiangmai. mofcom. gov. cn/article/jmxw/201511/
20151101191969. shtml［2016-05-11］.

佚名.2005-04-05.中印合作构建亚洲能源新版图.经济参考报.

尹继武.2010.南亚的能源开发与中国–南亚能源合作.国际问题研究,（4）：52-56.

张彦.2013.RCEP 背景下中国东盟经贸关系：机遇、挑战、出路.亚太经济,（5）：56-61.

赵春明,李丽红.2002.论中国与东盟四国的产业结构及贸易关系.现代国际关系,（2）：52-57.

郑蕾,刘志高.2015.中国对"一带一路"沿线直接投资空间格局.地理科学进展,34（5）：
563-570.

周方冶.2015."一带一路"视野下中国—东盟合作的机遇、瓶颈与路径——兼论中泰战略合作探路
者作用.东南亚纵横,（10）：47-54.

中华人民共和国商务部,中华人民共和国国家统计局,国家外汇管理局.2015.2014 年度中国对外直
接投资统计公报.北京：中国统计出版社.

驻文莱经商参处.2013.中国与东盟双边贸易额 2015 年将突破 5000 亿美元.http：//
www. mofcom. gov. cn/article/i/jyjl/j/201307/20130700213505. shtml［2016-05-10］.

Brunjes E，Levine N，Palmer M，et al. 2013. China's Increased Trade and Investment in South Asia. http：//
www. lafollette. wisc. edu/images/publications/workshops/2013-China. pdf［2016-05-11］.

7 西亚与北非

7.1 区域自然地理特征

7.1.1 基础地理状况

7.1.1.1 地理位置与疆域

（1）地理单元

西亚为亚洲西南部地理区，又称西南亚，位于亚洲、非洲和欧洲三大洲的交界地带；北非为非洲大陆北部地区，位于北回归线两侧，与撒哈拉以南非洲相对，其人口70%以上为阿拉伯人，阿拉伯文化与伊斯兰教为北非重要人文特征。按联合国划分，西亚国家主要有伊朗、土耳其、叙利亚、伊拉克、巴勒斯坦、约旦、黎巴嫩、沙特阿拉伯、也门共和国、阿曼、阿拉伯联合酋长国、科威特、卡塔尔、巴林、格鲁吉亚、阿塞拜疆、亚美尼亚、土耳其、阿富汗、塞浦路斯等 20 国；北非主要包括埃及、苏丹、南苏丹、利比亚、突尼斯、阿尔及利亚、摩洛哥 7 国及大西洋中的葡萄牙属马德拉群岛、亚速尔群岛，其中，埃及、苏丹、利比亚被称为东北非，突尼斯、阿尔及利亚、摩洛哥被称为西北非。亚洲西部与非洲东北部的地区也被泛称为中东地区，因此，本书也用中东地区泛指西亚北非地区。

由于这一区域主要为伊斯兰国家和阿拉伯国家，且深受伊斯兰教和阿拉伯文化影响，因此，基于宗教和民族文化等因素的考虑，本书的研究范围将进行一定的调整。考虑到马德拉群岛和亚索尔群岛并不是国家，另外，他们都属于葡萄牙，大多数人都信奉天主教，因此，将马德拉群岛和亚速尔群岛排除在西亚和北非的研究地理单元。此外，在联合国划分的西亚和北非国家的基础上增添了西非的毛里塔尼亚和东非的厄立特里亚、吉布提（阿拉伯国家）和索马里（阿拉伯国家），这是由于西非毛里塔尼亚在地理上毗邻北非，96% 的人信奉伊斯兰教，属阿拉伯世界的国家；东非的这 3 个国家在地域上紧邻中东地区（历史上曾被归入中东地区），并与中东地区隔苏伊士运河和红海相望，也是中国"一带一路"倡议在中东地区的重要战略节点。

（2）地理位置

西亚和北非的地理位置非常重要，位于亚洲、非洲和欧洲三大洲的交界地带，是联系亚、欧、非三大洲和沟通大西洋、印度洋的枢纽地带，北隔地中海和中亚，南接南部非洲，西临大西洋，东有红海，西北部的直布罗陀海峡扼守地中海与大西洋的通道。其中，西亚位于阿拉伯海、红海、地中海、黑海和里海（内陆湖）之间，又被称为"五海三洲之地"；土耳其海峡是黑海出入地中海的门户；霍尔木兹海峡是波斯湾的唯一出口，航运地位十分突出（图7-1）。

西亚是古代著名的陆上贸易通道——丝绸之路的必经之地，拥有世界上丰富的石油、天然气资源，是世界上石油储量最丰富、产量最大和出口量最多的地区，被称为"世界石油宝库"。

西亚是伊斯兰教、基督教和犹太教三大宗教的发源地，西亚和北非地区绝大部分居民信仰伊斯兰教。伊斯兰教、基督教和犹太教都将耶路撒冷奉为圣城。麦加是伊斯兰教第一圣城。

从国土面积看，阿尔及利亚、沙特阿拉伯、毛里塔尼亚、苏丹、利比亚等国是西亚和北非地区国土面积较大的国家，而格鲁吉亚、亚美尼亚、吉布提、以色列、科威特、卡塔尔、黎巴嫩和巴林等国是国土面积相对较小的国家（图7-2）。

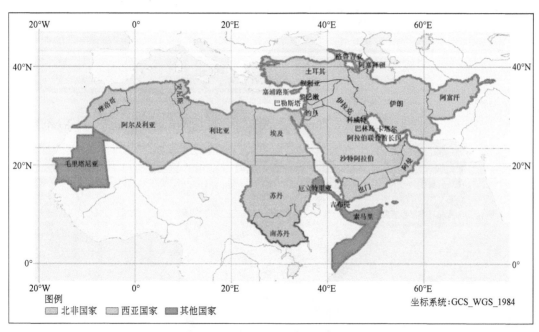

图7-1　西亚与北非自然地理区划图

7.1.1.2　区域地形地貌特征

（1）西亚

西亚可分为伊朗高原区、阿拉伯半岛区、美索不达米亚平原区、地中海东岸区、西亚高原区及高加索山区等（图7-3）。

1）伊朗高原区。伊朗高原区是由高原内陆及其周围山地组成的闭塞的山间高原，由南北两侧的边缘山地及中间的高原盆地构成。边缘山地属于阿尔卑斯—喜马拉雅褶皱山带。伊朗高原区东西长约2500km，南北宽约1500km，面积约270万km²。伊朗高原区周围山地高大险峻，尤其是北支的兴都库什山脉和南支的扎格罗斯山脉等，海拔都在3000m以上。

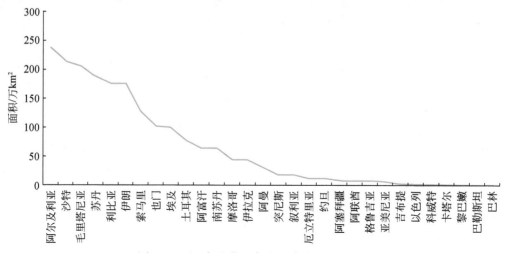

图 7-2　西亚与北非国家 2015 年的国土面积

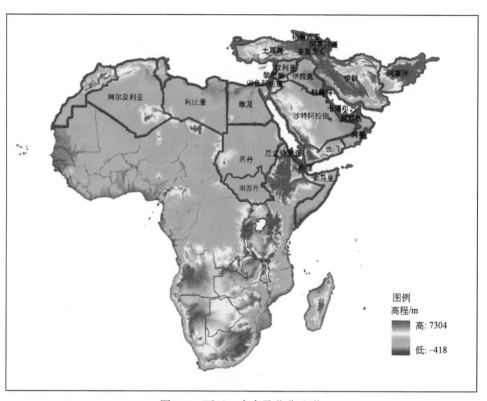

图 7-3　西亚、中东及北非地形

　　2）阿拉伯半岛区。阿拉伯半岛区位于亚洲西南角，是冈瓦纳古陆的一部分，地块上形成台地式高原地形，南北长约 2240km，东西宽 1200～1900km，总面积约 322 万km²。由于地处热带，常年受热带大陆气团控制，且周围多为高大山地高原和炎热地区，因此，表现为热带干旱气候特征。

　　3）美索不达米亚平原区。美索不达米亚平原区东起伊朗高原，西至叙利亚和阿拉伯高原，北至亚美尼亚山区，南迄波斯湾，是底格里斯河和幼发拉底河的中下游冲积平原地区，地势低平，海拔都在200m以下，地势自西北向东南逐渐降低，多由阶地和河漫滩组成，平原之上仍有局部高地。

4）地中海东岸区。地中海东岸区自西向东依次为地中海沿岸平原、山地丘陵、约旦断裂谷地和东部山地。

5）西亚高原区。西亚高原区包括小亚细亚高原和亚美尼亚火山高原，与伊朗高原同属阿尔卑斯—喜马拉雅褶皱山带，高原海拔为2000~4000m。

6）高加索山地区。高加索山地区呈西北—东南向延伸，由大、小高加索山地及其相间的低洼地构成，具有山地、低地相间分布的特点。

（2）北非

北非地貌单一，地形以高原地形为主，地势较为平坦，有世界最大的沙漠——撒哈拉沙漠。地中海沿岸有狭小的沿岸冲积平原，主要为尼罗河冲积平原。西北分布有阿特拉斯山脉。

7.1.2 水资源

中东和北非地区拥有世界上5%的人口，却仅拥有世界上1%的淡水资源。水资源短缺不仅是资源问题，更是成为中东和北非地区的政治问题，世界银行已将其列入"千年发展目标"之中。

7.1.2.1 水资源概况

在伊拉克境内，幼发拉底河和底格里斯河（简称"两河"）年径流量约700亿 m^3，幼发拉底河88%的径流量源于土耳其东部，12%的径流量源于叙利亚。尼罗河年径流量约为725亿 m^3，中国黄河年径流量为592亿 m^3，因此，就作为较干旱地区的中东而言，幼发拉底河和底格里斯河及尼罗河的径流量相当丰富。

中东主要河流包括：以色列和黎巴嫩两国的利塔尼河，土耳其、叙利亚和伊拉克三国的幼发拉底河，叙利亚和以色列两国的太巴列湖水，巴勒斯坦和以色列之间的巴勒斯坦地区的水资源，约旦和以色列两国的约旦河，埃及、苏丹和埃塞尔比亚三国的尼罗河（图7-4）。其中，最为著名的属两河流域。幼发拉底河与底格里斯河是中东地区的重要河流，都发源于土耳其东部山区。幼发拉底河长2750km，流域面积为67.3万 km^2，流经叙利亚和伊拉克，在伊拉克境内长度占全长的46%。底格里斯河长1950km，流域面积为37.5 km^2，经伊拉克北部在其东南部的古尔奈与幼发拉底河汇合形成阿拉伯河，阿拉伯河长约200km，在法奥附近流入波斯湾。两河流域大部分地区位于干旱半干旱区，而两河源头位于相对湿润的气候区。

约旦河发源于以色列、黎巴嫩和叙利亚三国交界处的山区，向南注入死海，全长350km。约旦河的源头由三条河组成：一是发源于黎巴嫩南部的哈斯巴尼河，年供水约1.25亿 m^3；二是发源于三国交界处的达恩河，年供水约2.5亿 m^3；三是发源于叙利亚戈兰高地的班尼亚斯河，年供水约1.25亿 m^3，三条支流汇合上约旦河向南流入加利利河，经叙约边界注入约旦河，最后注入死海。

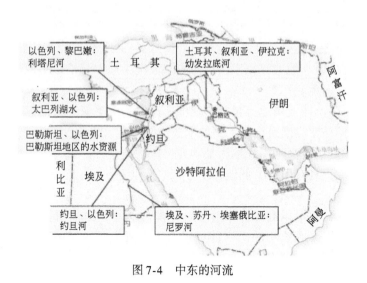

图 7-4 中东的河流

国内学者丁登山从"两河"地区人均占有径流量与美国、中国进行比较，认为"两河"径流量比较丰富，有关国家并不严重短缺水资源，因此，不存在不可解决的水资源冲突和矛盾。

20 世纪 50 年代以前，土耳其和叙利亚基本上不利用河水进行农业灌溉，50 年代后，两国在幼发拉底河上修建了若干水利工程，进行农业灌溉和发电，伊拉克也不断扩大农业灌溉面积。70 年代后，土耳其已建成大坝 90 余座，如凯班水库和阿塔图克大坝，叙利亚也在幼发拉底河修建一些水利工程，伴随着一大批大坝和水库的建设和建成，对两河下游地区产生较大影响，伊拉克境内流量巨减，叙利亚河段污染物浓度剧增。在河水利用上，虽发生过一些矛盾，但通过沟通和合作，通过签署分水协议和举办水资源最高级会议，两河流域并没有发生严重的水资源对抗。

7.1.2.2 水资源争夺与控制

中东水资源问题较突出的国家有沙特阿拉伯、约旦、以色列、巴勒斯坦和叙利亚等海湾 6 国（图 7-5）。沙特由于大力发展农业而抽取地下水用于灌溉，水资源面临枯竭。约旦也因河水供应紧张而转向开发地下水。以色列由于国土狭小和移民增加而成为最缺水的国家之一。巴勒斯坦由于以色列每年从加沙地区抽取 6 亿 ~ 7 亿 m³ 的水而导致地下水濒于枯竭，需要依靠外地运水和雨水生活。

西亚、北非地区的水资源争夺，主要围绕三大河流水系的水资源分配而展开。

一是以色列、约旦、巴勒斯坦和叙利亚围绕约旦河水资源的纷争。①以色列与约旦同时使用约旦河，该河分别向以色列和约旦提供各自用水的 60% 和 75%，两国都在制定进一步利用约旦河水资源计划。随着人口增加和耕地面积的扩大，两国未来为争夺约旦河的斗争将更加激烈。②以色列与巴勒斯坦的矛盾：以色列除了大量截留约旦河水外，还在巴勒斯坦人居住的约旦河西岸和加沙地区攫取大量的地下水——约占以色列全部生活用水的 40%。地下水超采使得地下水濒于枯竭及土地盐碱化，巴勒斯坦人农业和生存条件受到严重危害。③叙利亚与约旦、以色列的矛盾：叙利亚在约旦河

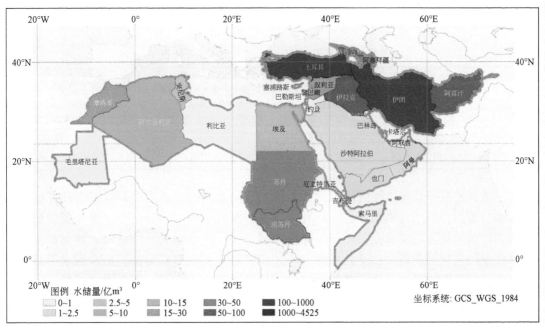

图 7-5　2010 年西亚与北非各国水储量

上游筑坝截流也影响约旦及下游以色列对水的需求。约旦的水资源主要依赖约旦河水系，国内 3/4 用水来自雅尔穆克河，叙利亚对该河的依赖性不大，叙利亚不时以此向约旦施压。叙以问题的症结在戈兰高地，而解决问题的关键在水资源问题，两国围绕距太巴列湖附近的长约 10km、宽不过数十米的边界认定而长期僵持不下。1993 年约旦和以色列建交，根据分水协议，以色列通过向约旦提供水资源缓解约旦水荒，也使叙利亚在水资源问题上对约旦的牵制作用减弱。

二是土耳其、叙利亚和伊拉克围绕幼发拉底河和底格里斯河的纷争。两河均发源于土耳其的东部山区，下游分别是叙利亚和伊拉克。三国围绕两河的水资源分配问题，也存在许多矛盾和冲突。

三是埃及、埃塞尔比亚和苏丹等国围绕尼罗河的纷争。尼罗河上游为白尼罗河、青尼罗河和阿特巴拉河，全长 6450km，发源和流经坦桑尼亚、刚果（金）、布隆迪、卢旺达、乌干达、埃塞尔比亚、苏丹和埃及，最后注入地中海。尼罗河对埃及具有特殊意义，关系国家生死存亡。埃及 99% 的人口集中于尼罗河两岸，生活用水、农业灌溉、水力发电、交通运输和旅游观光等经济社会活动都严重依赖尼罗河。埃塞俄比亚控制着青尼罗河和阿特巴拉河，埃塞俄比亚不想接受任何约束，也不愿同埃及、苏丹签署共同使用尼罗河水的协议。控制着白尼罗河的苏丹也制定了水利计划，因此，埃塞俄比亚、苏丹等国在尼罗河上游地区筑坝截水将对埃及经济造成沉重打击。

水资源在中东地区已成为上游国家作为政治谈判的筹码，以便取得对下游国家谈判的主动权。例如，土耳其提出"大安纳托利亚规划"，其目标之一就是在未来有关水资源的土叙伊三方会谈中讨价还价，打击叙利亚和伊拉克对库尔德工人党游击队的支持，并作为一种谈判手段。以色列以水资源为筹码，同阿拉伯人的有关"以土地换和平"的谈判中向阿拉伯人施加压力而获得更大的土地及政治筹码，从而改变中东地区地缘政治力量的对比（表7-1）。

表7-1　土耳其、叙利亚、伊拉克河流径流量

国家	大河年均径流量/亿 m³	人口/万	人均占有径流量/(m³/a)
土耳其	800（其中约400亿 m³ 属两河）	6 000（1993 年）	1 333
叙利亚	280（其中约240亿 m³ 属幼发拉底河）	1 300（1992 年）	2 154
伊拉克	760（其中仅200～300亿 m³ 属伊拉克）	1 895（1992 年）	4 011

　　水资源短缺是影响该地区国家间关系的重要问题之一，造成中东水资源问题的产生有多种原因，归纳起来大致有以下几个方面的主要原因：一是由于气候变暖导致降水异常，淡水资源量减少，同时导致降水的时空分配更不均匀；二是海水淡化成本和废水重复利用费用太高；三是人口增长、经济发展和耕地面积增加，造成用水需求增加；四是灌溉方式不够节约，多数国家仍采用漫灌和渠灌方式，而滴灌和喷灌方式不够普及；五是上游国家加强水资源控制以便对下游国家施加压力和地缘政治影响力，攫取谈判筹码（图7-6）。

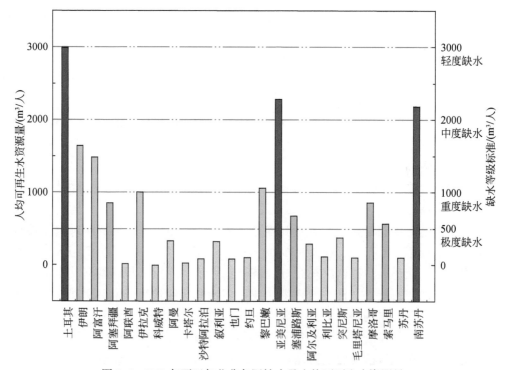

图 7-6　2010 年西亚与北非各国缺水及人均可再生水资源量

7.1.3 气候状况

中东大部分地区位于副热带高压带，由于中东边缘地带多为高山环绕，海洋湿润，气流难以深入，因此，具有显著的大陆性气候特点，气候普遍干旱炎热（图7-7）；中东边缘高山地带气温相对较低，盆地及北非地区温度相对较高。

降水稀少且年变率较大，大部分地区年降水量在250mm以下（图7-8），如科威特、约旦、也门、阿尔及利亚、巴林、阿联酋、卡塔尔、沙特阿拉伯、利比亚和埃及等国。高加索地山区、地中海东岸区等地区相对降水量较为丰富，如格鲁吉亚、亚美尼亚、阿塞拜疆、土耳其、南苏丹、黎巴嫩等国，其他相当大面积的地区属于内流区和无流区（图7-9）。

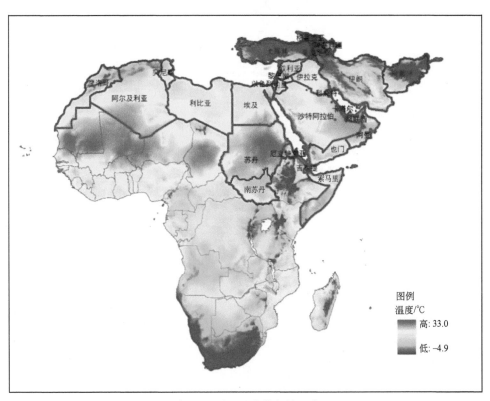

图 7-7　西亚及北非年均温度

7.1.4 土地资源

西亚和北非地区的农业土地面积比重差异非常大，从农业土地占国土面积比重看，沙特阿拉伯、厄立特里亚、吉布提、索马里、摩洛哥、黎巴嫩等国比重较高，而中东地区及主要产油国约旦、巴林、利比亚、科威特、卡塔尔、阿曼和阿联酋等国农业土地比重较低（图7-10～图7-15）。

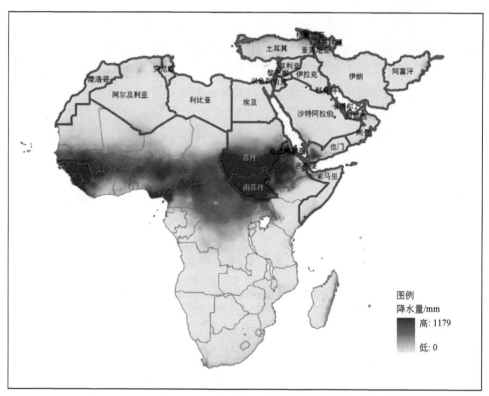

图 7-8　西亚、中东及北非降水量

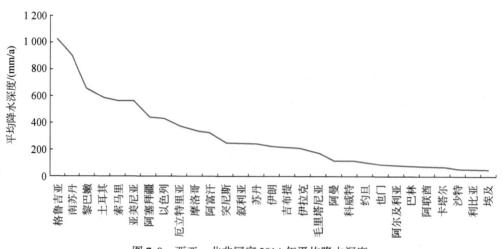

图 7-9　西亚、北非国家 2014 年平均降水深度

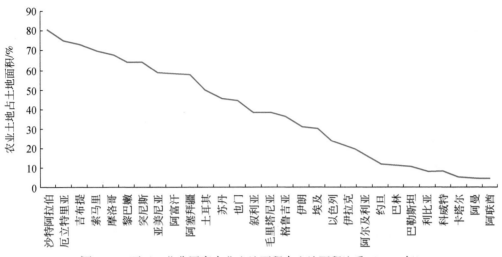

图 7-10　西亚、北非国家农业土地面积占土地面积比重（2013 年）

注：南苏丹数据缺乏，数据来源于世界银行

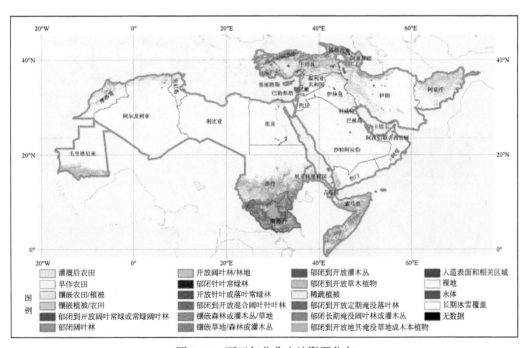

图 7-11　西亚与北非土地资源分布

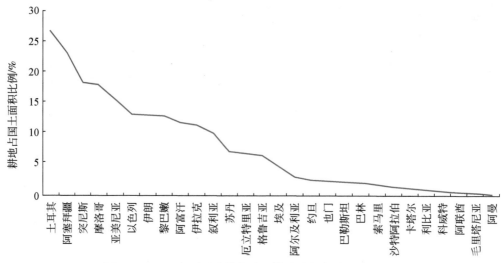

图 7-12　2013 年西亚和北非地区耕地面积占国土面积比重
注：南苏丹数据不详，数据来源于世界银行

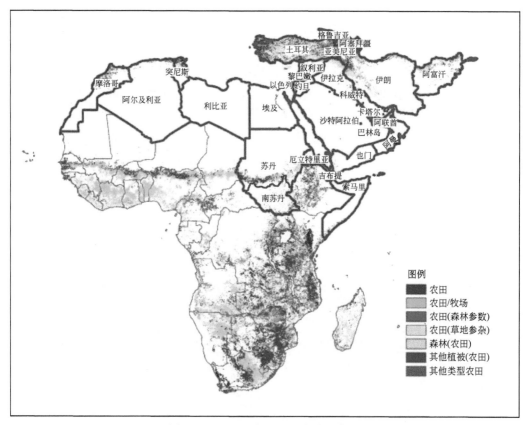

图 7-13　西亚、中东及北非耕地类型

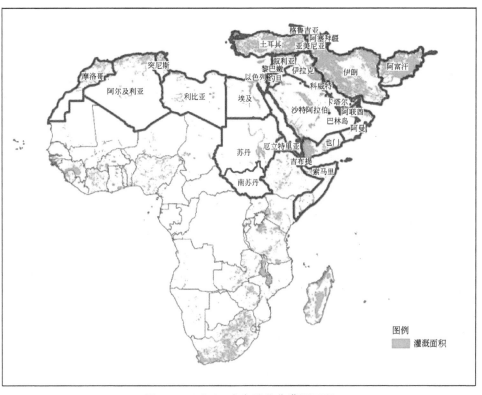

图 7-14　西亚、中东及北非灌溉面积

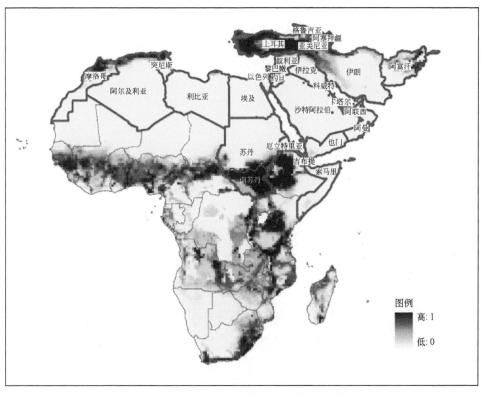

图 7-15　西亚、中东及北非土地适宜性

7.1.5　生物资源

　　格鲁吉亚、厄立特里亚、土耳其、黎巴嫩、阿塞拜疆等国是森林面积占陆地面积比重较大的国家，而中东地区巴林、沙特阿拉伯、科威特、吉布提、毛里塔尼亚、埃及、利比亚、阿曼、卡塔尔的森林面积比重非常小（图7-16）。

　　从森林面积看，阿曼、苏丹、科威特、约旦、索马里等国面积较大，而伊朗、叙利亚、突尼斯、摩洛哥、阿联酋、阿塞拜疆、也门、巴林和黎巴嫩等国的森林面积较小（图7-17）。

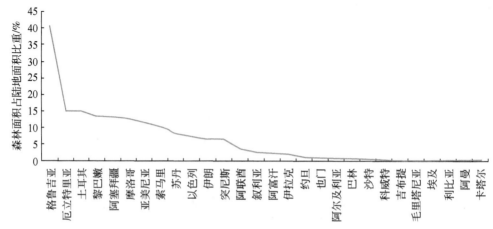

图 7-16　2013 年森林面积占陆地面积的比重

注：南苏丹和巴勒斯坦数据不详，数据来源于世界银行

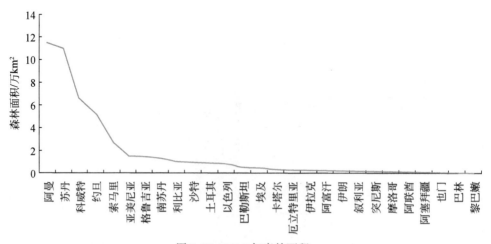

图 7-17　2012 年森林面积

注：吉布提、毛里塔尼亚和阿尔及利亚数据不详，数据来源于世界银行

7.1.6 能矿资源

石油和天然气是西亚和北非地区最突出的能矿资源，能源经济在国民经济中占据绝对主导地位，能源开发利用和加工贸易的地位举足轻重。该地区是目前世界上最大的石油储存区和生产、输出区，石油储量占世界总量的 2/3 以上，具有储量大、埋藏浅、油质好、易开采等特点。沙特阿拉伯、伊朗、科威特、伊拉克等是西亚重要的石油生产国家。利比亚、阿尔及利亚和埃及是北非重要的产油国家。西亚地区天然气十分丰富，其中，中东天然气储量占世界总量的 40.6%。根据 EIA 数据，2014 年西亚北非地区的石油探明储量占世界的 53.24%，天然气探明储量占世界的 45.14%（表 7-2）。

表 7-2　2014 年西亚北非石油和天然气储量及世界地位

国家	石油/十亿桶	占世界比重/%	天然气/万亿立方英尺	占世界比重/%
沙特阿拉伯	268.35	16.21	290.81	4.17
伊朗	157.30	9.50	1193.00	17.11
伊拉克	140.30	8.47	111.52	1.60
科威特	104.00	6.28	63.50	0.91
阿联酋	97.80	5.91	215.04	3.08
利比亚	48.47	2.93	54.70	0.78
卡塔尔	25.24	1.52	885.29	12.70
阿尔及利亚	12.20	0.74	159.10	2.28
阿塞拜疆	7.00	0.42	35.00	0.50
苏丹和南苏丹	5.00	0.30	3.00	0.04
阿曼	4.97	0.30	17.82	0.26
埃及	4.40	0.27	77.20	1.11
也门	3.00	0.18	16.90	0.24
叙利亚	2.50	0.15	8.50	0.12
突尼斯	0.43	0.03	2.30	0.03
土耳其	0.29	0.02	0.24	0.00*
巴林	0.12	0.01	3.25	0.05
格鲁吉亚	0.04	0.00*	0.30	0.00*
毛里塔尼亚	0.02	0.00*	1.00	0.01
以色列	0.01	0.00*	6.99	0.10
约旦	0.00*	0.00*	0.21	0.00*
摩洛哥	0.00*	0.00*	0.05	0.00*
亚美尼亚	0.00*	0.00*	0.00*	0.00*
黎巴嫩	0.00*	0.00*	0.00*	0.00*
巴勒斯坦	0.00*	0.00*	0.00*	0.00*
吉布提	0.00*	0.00*	0.00*	0.00*
厄立特里亚	0.00*	0.00*	0.00*	0.00*
索马里	0.00*	0.00*	0.20	0.00*
阿富汗	0.00*	0.00*	1.75	0.03

*表示小于 0.01；立方英尺（ft³），1 立方英尺 ≈0.0283m³；数据来源于 EIA

资料来源：http://www.cgs.gov.cn/gzdt/mtbb/122661.htm

石油探明储量从大到小依次为：沙特阿拉伯、伊朗、伊拉克、科威特、阿联酋、利比亚、卡塔尔、南苏丹、阿曼、埃及、叙利亚、毛里塔尼亚等国。

天然气探明储量从大到小依次为：沙特阿拉伯、伊朗、卡塔尔、也门、阿联酋、伊拉克、科威特、埃及、叙利亚等国。

西亚和北非地区的主要金属矿产资源包括铜、铁、铅锌、铀、铬铁、汞等金属矿产。土耳其硼矿储量居世界首位，重晶石和铬铁矿储量均居世界第六位，此外，还有丰富的膨润土、高岭土、油气、煤和铀，死海钾盐产量占世界钾盐总产量的11.5%。

2014年，西亚和北非的铜矿生产国主要包括伊朗、厄立特里亚、土耳其、亚美尼亚等9个国家，以伊朗产量最多，达216 800t，排在世界第16位，占世界铜矿产量的1.18%。此外，伊朗铜探明储量占世界总量的4%，居世界第三位。

2014年，西亚和北非铁矿主要生产国为伊朗、毛里塔尼亚、土耳其、黎巴嫩等12个国家，其中，伊朗、毛里塔尼亚和土耳其的铁矿产量分别占世界的1.43%、0.56%和0.51%，分别排在世界铁矿生产国的第10位、17位和18位。此外，伊朗铁储量居世界第9位。

铬铁矿生产国主要为：土耳其、阿曼、伊朗、苏丹和阿富汗，其中，2014年土耳其位于世界铬铁矿生产国的第3位，占世界比重的13.67%。

锌矿产量以土耳其、伊朗、摩洛哥等6国居多，其中，土耳其和伊朗的锌矿产量位于世界第12位和16位，分别占世界产量的1.54%和1.09%。

重晶石生产以摩洛哥、伊朗和土耳其等国为主，其中，摩洛哥、伊朗和土耳其产量在2014年分别位于世界第2位、第4位和第8位，分别占世界产量的10.61%、7.07%和2.15%。

西亚和北非的主要非金属矿产包括硼矿、磷矿、钾盐、白云石等。北非磷矿资源蕴藏丰富，其中，摩洛哥储量最大，占世界磷矿资源总储量的70%以上。磷酸盐生产以摩洛哥、约旦、埃及、突尼斯等国为主，分别位于世界生产国的第3位、第8位、第7位和第10位。磷酸钾以约旦生产为主，位居世界第8位，占世界产量的3.22%。

7.2 区域社会经济地理结构分析

7.2.1 政治制度

7.2.1.1 政治体制类型

西亚和北非地区大多数国家都为共和制国家，其中，以总统制共和制国家为主，如伊朗、阿富汗等国，其余多以君主制国家较多，如约旦为二元制君主立宪制国家，卡塔尔为君主立宪制国家，沙特为君主专制国家，只有一个也门为联邦制国家（表7-3）。

表 7-3　政治体制类型

政体	数量	国家
半总统制共和制	1	亚美尼亚
邦联制	1	也门
二元制君主立宪制	2	巴林、约旦
君主立宪制	2	科威特、卡塔尔
君主专制	2	阿曼、沙特
贵族共和制	1	阿联酋
议会制共和制	4	伊拉克、以色列、黎巴嫩、土耳其
总统制共和制	16	阿富汗、阿尔及利亚、阿塞拜疆、吉布提、埃及、厄立特里亚、格鲁吉亚、伊朗、利比亚、毛里塔尼亚、摩洛哥、索马里、南苏丹、苏丹、叙利亚、突尼斯

注：巴勒斯坦不详

7.2.1.2　政治体制特征

清廉指数、政府办事效率、政府稳定性以及无暴力和恐怖主义水平、政府反腐水平等指标都被各国和国际组织用于反映政治体制和政府管理水平的重要指标。其中，主要石油产油国、以色列、土耳其等国在清廉指数、政府办事效率等指标上表现相对较好（图 7-18 ~ 图 7-21）。

7.2.1.3　国际关系

中国与阿拉伯国家交往可追溯到西汉时期，中国与阿拉伯国家通过"丝绸之路"，文化交流和人员往来频繁。阿拉伯历法、数学、医药学都对中国文化产生了重要影响，中国的造纸术、指南针和火药等经阿拉伯传入欧洲。

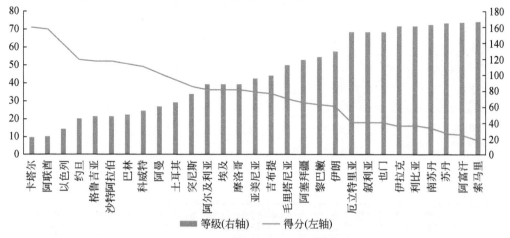

图 7-18　清廉指数得分及世界排名

注：未包括巴勒斯坦

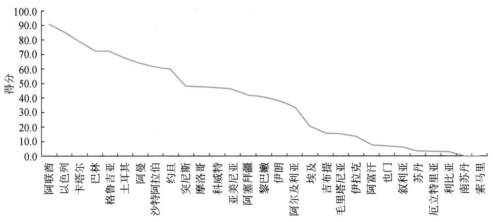

图 7-19　2014 年政府办事效率等级

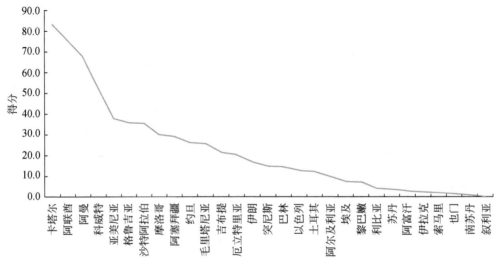

图 7-20　2014 年政府稳定性及无暴力和恐怖主义水平

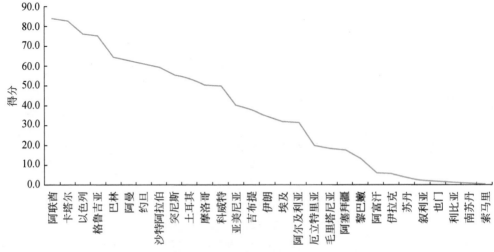

图 7-21　2014 年政府反腐水平

注：巴勒斯坦数据不详，数据来源于世界银行

在西亚和北非主要组织联盟有：阿拉伯联盟会议组织、马格里布、海湾合作委员会、欧佩克等。该区域伊斯兰国家24个，阿拉伯国家有23个国家。具体构成和分属的组织、机构见表7-4。

除土耳其、阿富汗、伊朗等国家外，中东地区大部分国家都曾成为英国、法国殖民地。

表7-4 西亚、中东及北非地区的主要组织联盟

国家	区域	中东国家	伊斯兰国家	阿拉伯国家	OPEC	OIC	LAS	GCC	GECF	UMA
沙特阿拉伯	西亚	√	√	√	√	√	√	√		
伊朗	西亚	√	√		√	√			√	
科威特	西亚	√	√	√	√	√		√		
伊拉克	西亚	√	√	√	√	√	√			
阿联酋	西亚	√	√	√	√	√		√		
阿曼	西亚	√	√	√		√		√		
卡塔尔	西亚	√	√	√	√	√		√	√	
巴林	西亚	√	√	√		√		√		
土耳其	西亚	√	√			√				
以色列	西亚									
巴勒斯坦	西亚	√	√			√				
叙利亚	西亚	√	√	√		√	√			
黎巴嫩	西亚	√	√	√		√	√			
约旦	西亚	√	√	√		√	√			
也门	西亚	√	√	√		√	√			
格鲁吉亚	西亚									
亚美尼亚	西亚									
阿塞拜疆	西亚		√			√				
阿富汗	西亚		√			√				
毛里塔尼亚	北非		√	√		√				√
苏丹	北非	√	√	√		√				
南苏丹	北非	√	√	√		√				
埃及	北非	√	√	√		√	√		√	
利比亚	北非	√	√	√	√	√			√	√
突尼斯	北非	√	√	√		√				√
阿尔及利亚	北非	√	√	√	√	√			√	√
摩洛哥	北非	√	√	√		√				√
索马里	北非		√	√		√				
吉布提	北非		√	√		√				
厄立特里亚	北非		√							

注：OPEC即欧佩克成员国；LAS即阿拉伯国家联盟；OIC即伊斯兰会议组织；GCC即海湾阿拉伯国家合作委员会成员国；GECF即世界天然气出口国论坛成员国；UMA即阿拉伯马格里布联盟

7.2.2 经济状况

7.2.2.1 经济发展水平

西亚、中东和北非地区最不发达国家主要包括：阿富汗、索马里、厄立特里亚、苏丹、南苏丹、也门、吉布提等国（图7-22）。卡塔尔、阿联酋、科威特、以色列、巴林、沙特等油气资源丰富的国家是经济实力较强的国家，人均GDP位列西亚和北非地区前列。

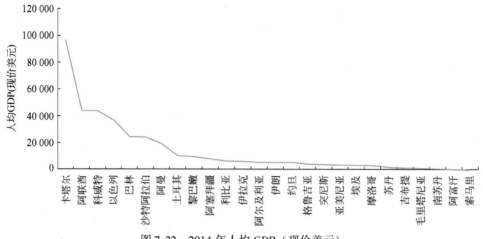

图7-22　2014年人均GDP（现价美元）

注：巴勒斯坦、也门、叙利亚、厄立特里亚等数据不详，数据来源于世界银行

按购买力平价衡量，人均国民收入较高的国家主要为卡塔尔、科威特、阿联酋、以色列、土耳其等国（图7-23），高加索地区的格鲁吉亚、亚美尼亚相对偏低，非洲的摩洛哥、苏丹、毛里塔尼亚、南苏丹及阿富汗均表现为较低水平。

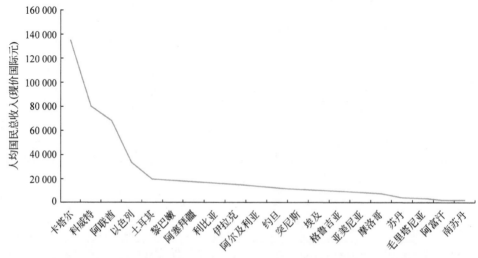

图7-23　2014年人均国民总收入［按购买力平价（PPP）衡量，现价国际元］

注：巴勒斯坦、也门、叙利亚、厄立特里亚、巴林、沙特阿拉伯、阿曼、伊朗、吉布提、
索马里等国数据不详，数据来源于世界银行

2014 年毛里塔尼亚、吉布提、格鲁吉亚等国 GDP 增长率相对较高，极少部分国家的 GDP 增长率都负增长，如科威特、伊拉克和利比亚等国，其中，利比亚负增长程度最高，其主要原因与国内经济不稳定、政局动荡有较大关联（图 7-24）。

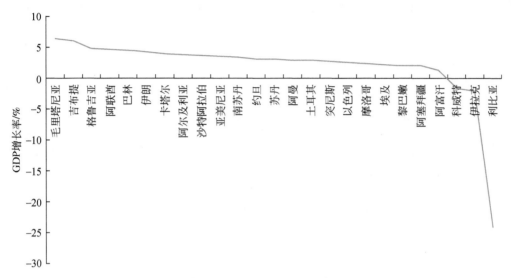

图 7-24　2014 年 GDP 增长率

注：巴勒斯坦、也门、叙利亚、厄立特里亚、索马里等国数据不详，数据来源于世界银行

2014 年阿联酋贸易占 GDP 比重超过 150%；黎巴嫩、毛里塔尼亚、约旦和格鲁吉亚贸易占 GDP 比重超过 100%（图 7-25）。利比亚、亚美尼亚、沙特阿拉伯、摩洛哥、南苏丹、以色列、阿尔及利亚、土耳其、阿富汗比重介于 50%～100%，埃及和苏丹小于 50%。2013 年，土耳其和阿联酋中央政府债务占 GDP 的百分比分别为 38% 和 1.9%。

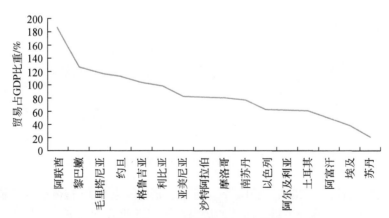

图 7-25　2014 年贸易占 GDP 比重

注：伊朗、突尼斯、厄立特里亚、卡塔尔、阿塞拜疆、巴林、也门、叙利亚、索马里、伊拉克、吉布提等数据不详，数据来源于世界银行

7.2.2.2 经济发展特征分析

西亚、北非国家的经济受石油资源的影响十分显著。高收入国家基本都是油气资源丰富的国家，如卡塔尔、沙特阿拉伯、以色列、土耳其、黎巴嫩、伊朗、伊拉克、约旦、埃及等国家（表7-5）。

西亚、北非国家中外债较多的国家主要集中于油气资源贫乏、政府治理能力弱及政府较为腐败的国家，主要有黎巴嫩、毛里塔尼亚、埃及、突尼斯、阿尔吉利亚、摩洛哥、索马里、吉布提和厄立特里亚（图7-26）。

表7-5　2013年西亚北非地区人均收入超过1万美元的国家　单位：万美元

国家	卡塔尔	沙特阿拉伯	以色列	土耳其	黎巴嫩	伊朗	伊拉克	约旦	埃及
人均收入	12.4	5.4	3.2	1.9	1.7	1.6	1.5	1.2	1.1

资料来源：世界银行

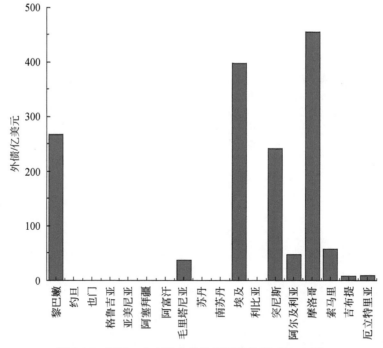

图7-26　西亚、中东及北非地区国家外债（2014年）

从经济发展来看，在2005～2014年，西亚、北北国家GDP整体呈现增长趋势。伊朗GDP自2011年开始持续下跌，主要原因是由于石油收入大幅下降（图7-27）。

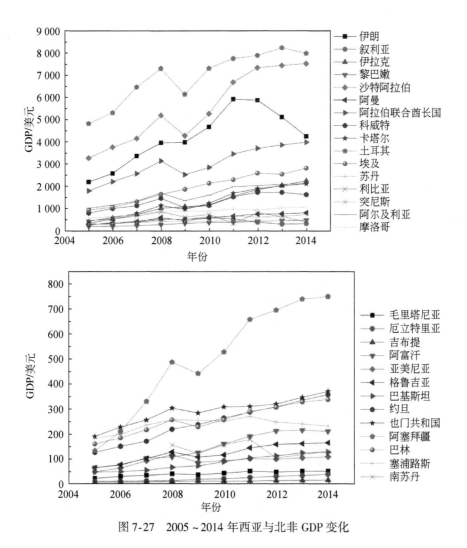

图 7-27 2005~2014 年西亚与北非 GDP 变化

7.2.3 人口与文化状况

7.2.3.1 人口

2014 年，西亚、北非超过千万级人口的国家约 14 个，分别是埃及、伊朗、土耳其、苏丹、阿尔及利亚、伊拉克、摩洛哥、阿富汗、沙特阿拉伯、也门、叙利亚、南苏丹、突尼斯、索马里（图 7-28）；埃及、伊朗和土耳其等国是西亚和北非地区人口较多的大国，人口总数超过 7000 万；阿塞拜疆、阿联酋、以色列等其他 14 个国家人口数属百万级人口国；吉布提人口最少，仅 87.62 万。

2005~2014 年，各国人口平稳增长，其中，阿联酋人口增长速度较快（图 7-29）。

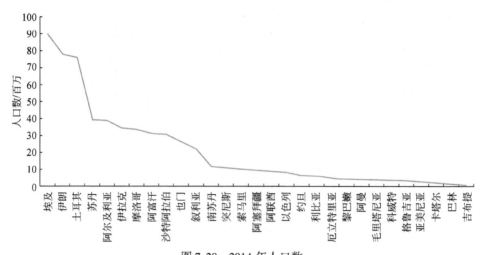

图 7-28　2014 年人口数

注：巴勒斯坦数据不详，数据来源于世界银行

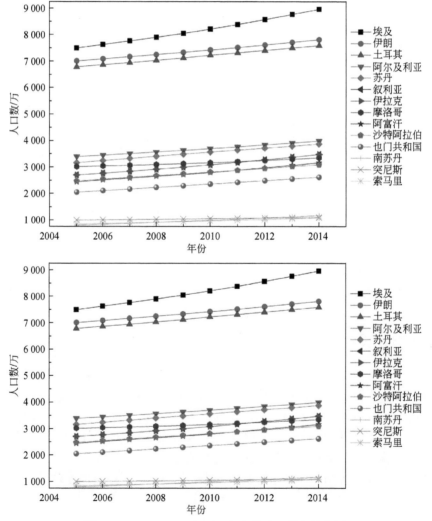

图 7-29　2005～2014 年西亚与北非人口增长趋势图

2014 年，卡塔尔是西亚和北非地区失业人口比例最低的国家，总失业人数占劳动力的比重仅为 0.3%（图 7-30），其他失业比例较少的国家依次为科威特、阿联酋、巴林、阿塞拜疆、沙特阿拉伯、以色列、黎巴嫩、索马里、阿曼、厄立特里亚、阿富汗、土耳其、阿尔及利亚等国，低于 10%；而伊朗由于伊核问题被西方制裁而导致国内经济萧条，失业率达 12.8%。利比亚、也门、伊拉克、苏丹、埃及等国由于国家社会不稳定、恐怖主义活动猖獗而导致失业率超过 10%；毛里塔尼亚、亚美尼亚、格鲁吉亚、摩洛哥等国由于国内经济问题也使得失业率居高不下（图 7-30）。

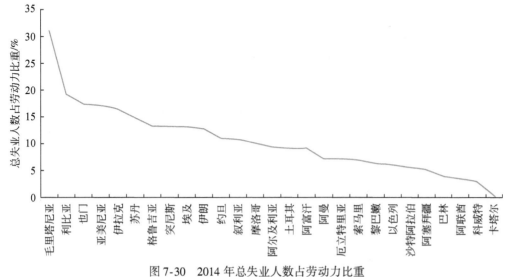

图 7-30　2014 年总失业人数占劳动力比重
注：巴勒斯坦、吉布提、南苏丹数据不详，数据来源于世界银行

　　抚养比是指非劳动年龄人口对劳动年龄人口数之比，是衡量一个国家劳动力人均负担的赡养费劳动力人口的数量，非劳动年龄主要包括未成年人口和老龄人口。按照 150%、100%、50% 可分为四类抚养比国家：第一类型抚养比——极大（抚养比超过 150%）的国家，其中有索马里、毛里塔尼亚两个国家（图 7-31）；第二类型抚养比——大（抚养比为 100%～150%）的国家；第三类型抚养比——较大（抚养比在 50%～100%）的国家，主要包括阿富汗、南苏丹、厄立特里亚、伊拉克、苏丹、也门、突尼斯、叙利亚、约旦、以色列、埃及、吉布提、利比亚、阿尔及利亚、摩洛哥和土耳其 16 个国家；第四类型抚养比——适中（抚养比小于 50%）的国家，主要有黎巴嫩、沙特阿拉伯、格鲁吉亚、亚美尼亚、伊朗、阿塞拜疆、科威特、阿曼、巴林、卡塔尔、阿联酋 11 个国家（图 7-31）。

　　巴林、黎巴嫩、以色列、卡塔尔、突尼斯、叙利亚、阿塞拜疆、阿联酋、亚美尼亚等国家人口较为密集，每平方千米人数超过 100 人。其中，巴林、黎巴嫩、以色列是西亚和北非人口最为密集的国家，每平方千米人数超过 200 人（图 7-32）；阿尔及利亚、沙特阿拉伯、阿曼、毛里塔尼亚、也门、利比亚等国人口密度相对较少，每平方千米低于 30 人。

　　阿曼、毛里塔尼亚 2014 年年人口增长超过 5%，是人口增长较快的国家（图 7-33）；而利比亚和格鲁吉亚人口增长在 2014 年出现了负增长；巴林、阿联酋和亚美尼亚等国处于人口低增长阶段，年增长低于1%。

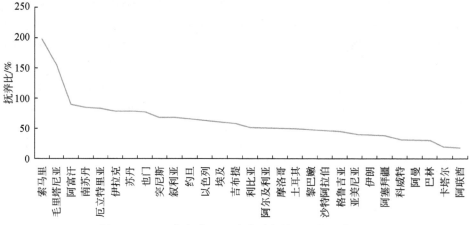

图 7-31　2014 年抚养比（占劳动年龄人口的百分比）

注：巴勒斯坦数据不详，数据来源于世界银行

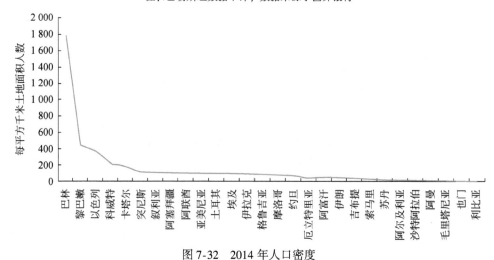

图 7-32　2014 年人口密度

注：南苏丹和巴勒斯坦数据不详，数据来源于世界银行

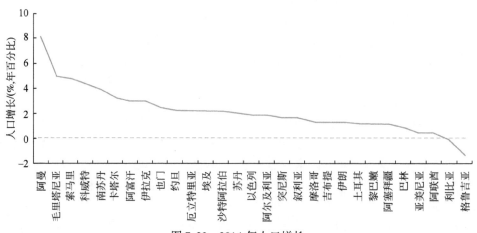

图 7-33　2014 年人口增长

注：巴勒斯坦数据不详，数据来源于世界银行

阿塞拜疆、格鲁吉亚、卡塔尔、科威特等国家识字率较高（图7-34）。但由于巴勒斯坦、吉布提、南苏丹、毛里塔尼亚、亚美尼亚、突尼斯、伊朗、约旦、摩洛哥、阿尔及利亚、阿富汗、阿曼、索马里、黎巴嫩、以色列、巴林、阿联酋等国数据不详，一定程度上影响力比较西亚和北非地区各国的识字水平差异。

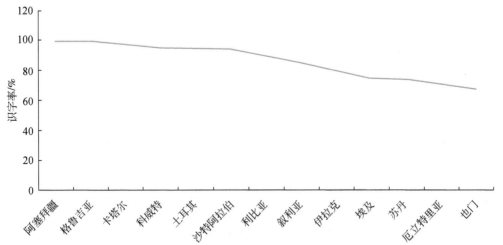

图7-34　2013年识字率（成年人总体占15岁以上人口的百分比）

注：数据来源于世界银行

7.2.3.2　城镇化水平

西亚和北非城镇化人口超过70%的国家主要有毛里塔尼亚、卡塔尔、科威特、以色列、巴林、黎巴嫩、阿联酋、约旦、沙特阿拉伯、利比亚、索马里、吉布提、阿曼、伊朗、土耳其、阿尔及利亚16个国家；城镇化人口为30%～70%的国家有伊拉克、亚美尼亚、摩洛哥、也门、突尼斯、叙利亚、阿塞拜疆、格鲁吉亚、埃及、苏丹10个国家；城镇化人口低于30%的国家有阿富汗、厄立特里亚、南苏丹3个国家（巴勒斯坦数据不详）。2014年，阿曼、索马里、毛里塔尼亚、南苏丹等国家是城市人口增长速度较快的国家。

7.2.3.3　人口迁移问题

由于国内政局动荡和社会不稳定，2014年按世界银行对境内流徙人员的高估计，苏丹、南苏丹、索马里、阿富汗、伊朗等国境内流徙人数成为西亚和北非相对较高的国家（图7-35）。

7.2.4　基础设施建设

7.2.4.1　航空运输与物流

国家航空运量包括航空货运量和航空客源量，土耳其、阿联酋、沙特阿拉伯、卡特尔、伊朗、埃及等国是西亚和北非地区的主要航运大国；航空货运量大国主要是阿联酋、卡塔尔、土耳其和沙特阿拉伯等国；航空客源量大国主要是土耳其、阿联酋、沙特阿拉伯、卡塔尔、伊朗等国（图7-36）。

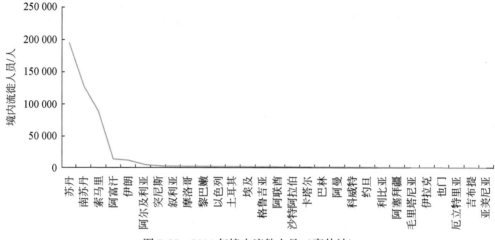

图 7-35　2014 年境内流徙人员（高估计）

注：缺巴勒斯坦数据，数据来源自世界银行

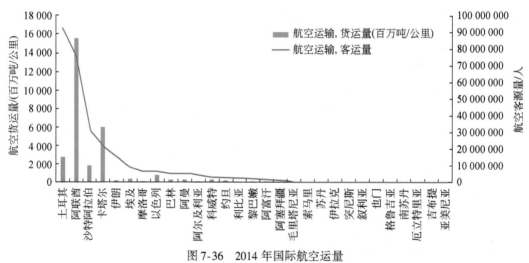

图 7-36　2014 年国际航空运量

注：巴勒斯坦数据缺乏，数据来源于世界银行

　　物流绩效指数的综合分数反映出根据清关程序的效率、贸易和运输质量相关基础设施的质量、安排价格具有竞争力的货运的难易度、物流服务的质量、追踪查询货物的能力，以及货物在预定时间内到达收货人的频率所建立的对一个国家的物流的认知。物流绩效指数是指基于对跨国货运代理商和快递承运商的绩效调研得出的一系列数据指标。根据世界银行统计数据显示，2014 年西亚和北非地区物流绩效指数超过 3 的国家有 9 个，按大小依次为阿联酋、卡塔尔、土耳其、以色列、沙特阿拉伯、巴林、摩洛哥、科威特、阿曼 9 国（图7-37）。低于 2 的主要是索马里。

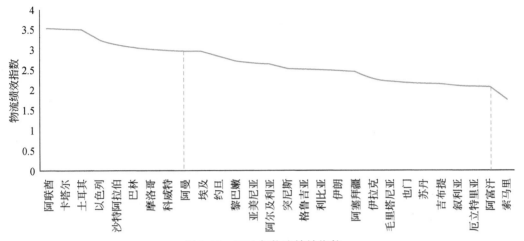

图 7-37　2014 年物流绩效指数

注：巴勒斯坦和南苏丹数据缺失，数据来源于世界银行

7.2.4.2　电话

2014 年西亚与北非固定电话服务水平每百人超过 30 部的国家有伊朗、以色列、格鲁吉亚；较低的国家有也门、吉布提、厄立特里亚、毛里塔尼亚、索马里、苏丹、阿富汗、南苏丹等国（图 7-38）。

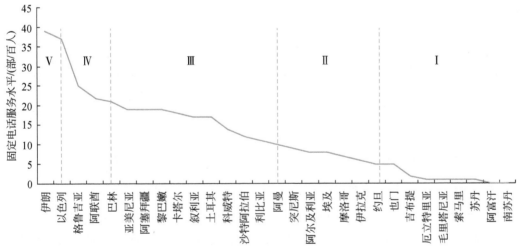

图 7-38　2014 年固定电话服务水平

注：缺巴勒斯坦数据，数据来源于世界银行

2014 年西亚与北非移动电话使用率较高且超过 100% 的国家有科威特、沙特阿拉伯、阿联酋、阿塞拜疆、巴林、利比亚、阿曼、约旦、卡塔尔、摩洛哥、突尼斯等国（图 7-39）；索马里、吉布提、南苏丹和厄立特里亚等国移动电话使用率较低，低于 50%。

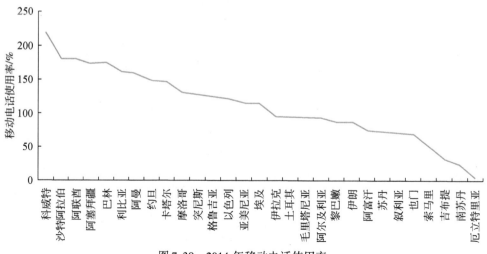

图 7-39　2014 年移动电话使用率

注：巴勒斯坦数据不详，数据来源于世界银行

7.2.4.3　电力

一般人均耗电量较大的国家经济发展水平相对较高。在西亚和北非地区人均耗电量较高的国家主要为主要产油大国，如科威特、卡塔尔、巴林等（表 7-6）。

表 7-6　2013 年人均耗电量在 4000kW·h 以上的国家

国家	科威特	卡塔尔	巴林	阿联酋	沙特	以色列	阿曼
人均耗电量	16 122	15 755	10 018	9 389	8 161	6 926	6 292

资料来源：世界银行

西亚和北非大多数国家人均用电水平较高，基本为 100%。但巴勒斯坦、吉布提、也门、阿富汗、厄立特里亚、索马里、苏丹、毛里塔尼亚和南苏丹等国家人均用电水平相对较落后（图 7-40）。

7.2.4.4　供水、卫生

2015 年西亚与北非地区改良的饮用水供应水平较高的国家主要有亚美尼亚、土耳其、叙利亚、格鲁吉亚、以色列、巴林、卡塔尔、阿联酋等国家（图 7-41）。南苏丹、厄立特里亚、毛里塔尼亚和阿富汗等经济落后的国家在改良的饮用水供应上较为落后。

2014 年西亚与北非地区改善卫生设施水平较高的国家依次为以色列、科威特、沙特阿拉伯、阿塞拜疆、巴林、约旦、卡塔尔、阿联酋、阿曼、利比亚、叙利亚、埃及等油气资源较为丰富的国家且以阿拉伯国家居多（图 7-42）。而卫生设施较差的国家以非洲国家居多，如摩洛哥、吉布提、毛里塔尼亚、苏丹、南苏丹和厄立特里亚等。

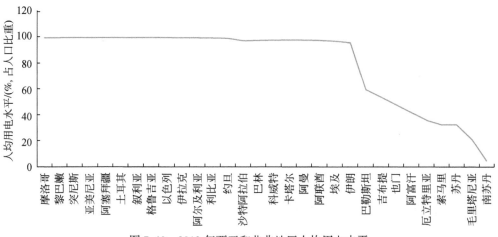

图 7-40 2012 年西亚和北非地区人均用电水平

注：数据来源于世界银行

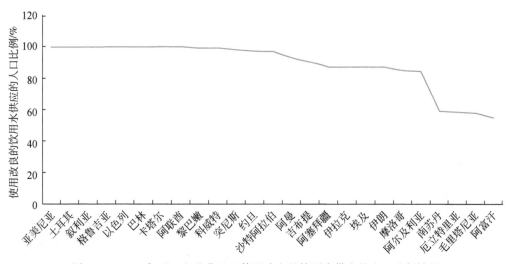

图 7-41 2015 年西亚和北非地区使用改良的饮用水供应的人口比例情况

注：利比亚、巴勒斯坦和也门数据不详，数据来源于世界银行

7.2.4.5 网络

一般而言，经济发展水平越高的国家，其网络建设水平则越好，网络用户比例也相应越高。卡塔尔、阿塞拜疆、巴林、阿联酋、科威特、黎巴嫩、以色列、阿曼、沙特阿拉伯和阿塞拜疆等国网络用户比例都比较高，网络用户都超过了 60 人/百人（图 7-43）。而网络用户低于 20 人的国家主要是一些经济欠发达和国内政治、经济动荡的国家，如阿尔及利亚、利比亚、南苏丹、伊拉克、吉布提、毛里塔尼亚、阿富汗、索马里和厄立特里亚等国，其中，阿富汗、索马里和厄立特里亚三国网络用户低于 10 人/百人。

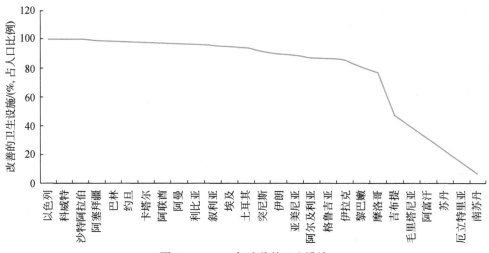

图 7-42　2014 年改善的卫生设施

注：巴勒斯坦、索马里和也门数据不详，数据来源于世界银行

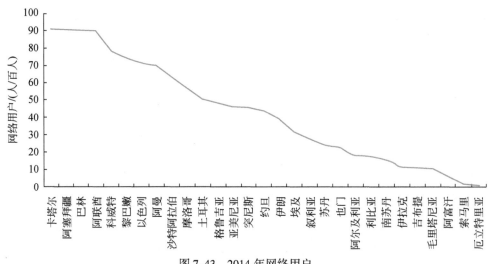

图 7-43　2014 年网络用户

注：巴勒斯坦数据不详，数据来源于世界银行

7.2.5　民族与宗教

伊斯兰教主要分为什叶派、逊尼派、哈瓦利吉派、穆尔吉埃派和苏菲派，其中，什叶派和逊尼派是伊斯兰教的两大分支派别，什叶派和逊尼派的主要分歧在于对穆罕默德的继承人合法性的承认上（图 7-44）。穆罕默德去世前没有指定他的继承人，也没有说明领导人的选举方法，导致分歧产生。逊尼派，全称为"逊奈与大众派"，阿拉伯语意为"遵循传统者"，被认为是伊斯兰教正统教派，约占全球穆斯林的90%，占穆斯林人口的绝大多数。逊尼派教徒主要分布在阿拉伯国家，以及土耳其、印度、马来西

亚等国。伊斯兰教的第二大派是什叶派，意为"追随者"，拥护阿里及其后裔为领袖合法继承人，约占全球穆斯林的10%，其中，一半什叶派在伊朗；什叶派中主要包括凯萨尼派、栽德派、伊斯玛仪派和十二伊玛目派等。

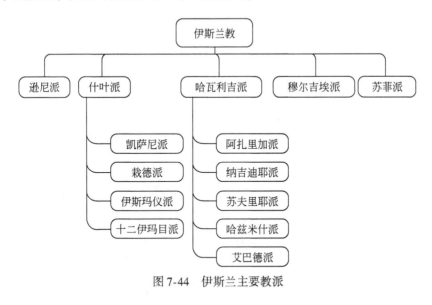

图 7-44　伊斯兰主要教派

7.3　中国与西亚、北非的经贸合作

7.3.1　中国与西亚及北非的贸易往来

中国与西亚及北非国家的交往和贸易往来历史悠久，古代中国曾经对西亚及北非地区的经济社会发展产生过重要影响。汉唐时期的陆上"丝绸之路"成为了联系中国与中东、欧洲的陆上贸易通道，而海上的丝绸之路造就了广州、泉州等一批面向西亚和北非地区的重要港口。中华人民共和国成立后，特别是改革开放以后，中国各方面建设取得了举世瞩目的成就。1981年中国进出口贸易额为440.2亿美元，到2000年时增长了10倍，达到了4743亿美元，2014年这一数字在2000年基础上又扩大了近10倍，达到了43 015.3亿美元。中国经济社会快速发展推动了中国与西亚及北非的经贸联系。中国与许多西亚及北非国家建立了战略合作关系，还建立了一系列经贸组织，推动双边合作。中国和西亚及北非国家经济结构的互补性决定了双方贸易合作具有较大的开拓空间，但随着贸易向深度和广度拓展，面临的挑战和困难也会增加，这需要双方共同努力来予以克服。

7.3.1.1　经贸关系的发展历程

受历史条件等多种因素影响，中国和西亚及北非地区的贸易往来并非一路坦途，而是具有较明显的阶段特征。大致可分为初创期、徘徊期、稳定增长期和快速发展期。

（1）初创期（1950～1978年）

20世纪50～70年代，中国与西亚及北非贸易发展较为顺畅。从50年代初的民间贸易发展到较大规模的官方贸易是中国与西亚及北非贸易方式的改变，从初级产品为主逐步发展到以工业制成品为主是中国与西亚及北非经济贸易商品结构，中国与西亚及北非经济贸易产品种类增至几十种，贸易伙伴从最初的少数西亚及北非国家扩展到多数西亚及北非国家，支付方式由记账支付逐渐转向现汇贸易。50年代是起步阶段，60年代中非贸易继续发展，70年代中国与西亚及北非贸易发展较为迅速，贸易商品也呈现出多元化。

（2）徘徊期（1979～1999年）

20世纪80年代中国开始改革开放，对外经济贸易体制的改革与对西亚及北非贸易政策的调整，对中国与西亚及北非的经济贸易造成了一定的影响。中国开始实行"大力促进出口、严格控制进口、扩大外汇储备"的贸易政策，并逐渐调整了外贸体制，拥有外贸自主权的企业和公司大量增加，扩大了中国的出口渠道。但对于一些非洲国家而言，却是"失去的十年"，非洲国家普遍陷入经济困难，外汇奇缺，对外贸易萎缩。这也使得这一时期中国对非洲的贸易一直处于顺差阶段。这些影响表现为1981年中国与西亚及北非贸易额为46.32亿美元，其中出口额为40.39亿美元，进口额为5.93亿美元。整个八九十年代，中国与西亚及北非地区贸易额一直在100亿美元以下徘徊（图7-45）。这一时期，国内一些地区与企业在西亚及北非设立了100多个办事处或贸易中心、150多个贸易分公司，在一定程度上刺激了中国与西亚及北非贸易的发展。

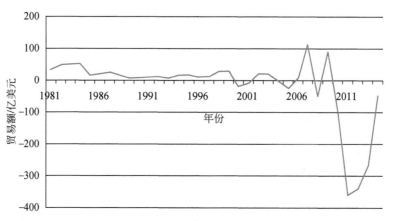

图7-45 中国对西亚及北非地区贸易差额变化（中国出口−中国进口）
资料来源：历年《中国统计年鉴》

（3）快速发展期（2000年至今）

2000年10月，中国与非洲共同创立了"中非合作论坛"。为加强中国与非洲在新时代的友好合作，应对经济挑战，促进共同发展而成立的论坛极大地推动了在新形势下中非长期、稳定、全面发展的新型伙伴关系，也使得中国与西亚及北非经贸合作进入快速发展的新阶段。2000年，中国对西亚及北非出口110亿美元，到2005年中国对西亚及北非出口达到255亿美元（表7-7），增长速度非常显著。2001年中国加入世界贸易组织，更进一步推动了中国与西亚及北非的经济贸易发展。虽然 2011 年叙利亚内战后中国与西亚及北非地区的贸易额出现了一定程度的下滑，但局部战乱引起的贸易波动毕竟只是暂时的。在这短暂的阴霾过后，相信双方的贸易往来会上一个新台阶。

表 7-7 1981~2014 年中国对西亚及北非贸易额

年份	贸易总额/亿美元	出口额/亿美元	进口额/亿美元	贸易差额/亿美元	占中国对外贸易总额百分比/%
1981	46.32	40.39	5.93	34.46	10.52
1982	65.77	57.92	7.85	50.07	15.81
1983	67.13	58.54	8.59	49.95	15.39
1984	71.73	61.92	9.81	52.11	13.39
1985	22.94	20.10	2.84	17.26	3.29
1986	27.47	24.05	3.42	20.63	3.72
1987	34.33	29.80	4.53	25.27	4.15
1988	33.52	24.89	8.63	16.26	3.26
1989	26.20	16.93	9.27	7.66	2.35
1990	23.25	16.78	6.47	10.31	2.01
1991	29.09	19.67	9.42	10.25	2.15
1992	34.91	22.92	11.99	10.93	2.11
1993	52.40	29.69	22.71	6.98	2.68
1994	52.08	33.83	18.25	15.58	2.20
1995	67.15	41.89	25.26	16.63	2.39
1996	74.41	42.07	32.34	9.73	2.57
1997	92.66	52.06	40.60	11.46	2.85
1998	96.27	61.92	34.35	27.57	2.97
1999	107.19	68.41	38.78	29.63	2.97
2000	200.59	89.84	110.75	-20.91	4.23
2001	203.16	96.79	106.37	-9.58	3.99
2002	245.25	132.56	112.69	19.87	3.95
2003	358.39	189.21	169.18	20.03	4.21
2004	499.42	248.19	251.23	-3.04	4.33
2005	697.14	335.71	361.43	-25.72	4.90
2006	928.11	467.64	460.47	7.17	7.44
2007	1 250.31	682.45	567.86	114.59	8.21
2008	1 807.00	879.80	927.20	-47.40	7.05
2009	1 456.45	774.94	681.51	93.43	6.60
2010	1 988.08	949.06	1 039.02	-89.96	6.68
2011	2 704.36	1 171.21	1 533.15	-361.94	7.43
2012	2 888.58	1 274.54	1 614.04	-339.50	7.47
2013	3 114.31	1 421.50	1 692.81	-271.31	7.49
2014	3 371.73	1 661.96	1 709.77	-47.81	7.84

资料来源：历年《中国统计年鉴》

7.3.1.2 贸易合作的商品结构变化

中国对西亚及北非国家主要以出口纺织、机械、轻工产品等劳动密集型产品，换取石油、矿产、肥料等资源型商品。近年来，中国对西亚及北非国家出口向工业制成品和半成品为主转变，除了机电产品外，钢铁制品、塑料制品等也开始出现在主要出口商品中。反观西亚及北非国家，对中国出口的商品结构却未有较大改善，仍以资源型商品为主（表7-8）。

表7-8　2000～2014年中国从西亚及北非主要进口商品

贸易额排名	2000年	2005年	2010年	2014年
1	矿物燃料	矿物燃料	矿物燃料	矿物燃料
2	塑料及其制品	有机化合品	有机化合品	有机化合品
3	有机化合品	塑料及其制品	塑料及其制品	塑料及其制品
4	电机设备、录放设备	盐、石料、水泥	矿砂、矿渣及矿灰	矿砂、矿渣及矿灰
5	肥料	电机设备、录放设备	盐、石料、水泥	盐、石料、水泥
6	盐、石料、水泥	矿砂、矿渣及矿灰	电机设备、录放设备	电机设备、录放设备
7	铝制品	珍珠、宝石、贵金属	珍珠、宝石、贵金属	肥料
8	矿砂、矿渣及矿灰	钢铁	铜制品	无机化学品、贵金属、稀有金属
9	钢铁	光学、医疗、精密仪器	肥料	珍珠、宝石、贵金属
10	光学、医疗、精密仪器	肥料	无机化学品、贵金属、稀有金属	铜制品

资料来源：UNcomtrade 数据库

2014年中国从西亚及北非进口的十大类商品是：矿物燃料、有机化合品、塑料及其制品、矿砂、盐、石料、水泥、电机设备、肥料、无机化学品、宝石和铜制品。上述十类商品占中国从该地区进口总额的98.0%（图7-46）。

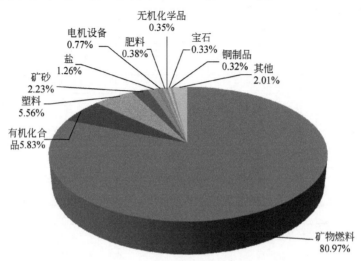

图 7-46　2014 年中国从西亚及北非进口商品构成

同年中国出口西亚及北非十大类商品是：机械设备、电气设备、家具、灯具、针织服装、汽车及其配件、塑料制品、钢铁制品、非针织服装和鞋类。上述十类商品占中国向该地区出口总额的65.1%（表7-9和图7-47）。

表7-9　2000～2014年中国对西亚及北非地区主要出口商品

贸易额排名	2000年	2005年	2010年	2014年
1	电气设备	机械设备	机械设备	机械设备
2	机械设备	电气设备	电气设备	电气设备
3	针织服装	针织服装	针织服装	家具、灯具
4	非针织服装	汽车及其配件	钢铁制品	针织服装
5	钢铁制品	化学纤维	汽车及其配件	汽车及其配件
6	鞋	钢铁制品	家具、灯具	钢铁制品
7	汽车及其配件	非针织服装	塑料制品	塑料制品
8	橡胶制品	塑料制品	非针织服装	钢铁制品
9	化学纤维	鞋	钢铁制品	非针织服装
10	特殊交易品	家具、灯具	化学纤维	鞋类

资料来源：UNcomtrade数据库

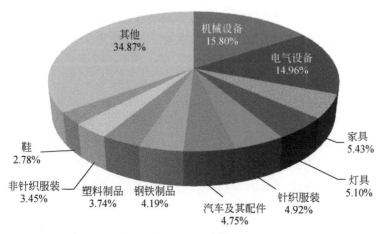

图7-47　2014年中国向西亚及北非出口商品构成

资料来源：UNcomtrade数据库

7.3.1.3　主要贸易伙伴变化

中国在西亚及北非的贸易伙伴主要集中于那些石油、矿产资源丰富和地理位置相对优越的国家。2000～2014年，中国在西亚及北非地区的十大贸易伙伴国较为稳定，主要为中东北非地区的石油出口国和一些经济较发达的国家，如以色列、埃及。2014年中国在西亚及北非的十大贸易对象国是沙特阿拉伯、阿联酋、伊朗、伊拉克、阿曼、土耳其、科威特、埃及、以色列和卡塔尔，上述十国与中国的贸易额合计为2996.25亿美元，占比约88.7%（表7-10）。

表 7-10　2000～2014 年中国—西亚及北非贸易额前十国

排名	2000 年	2005 年	2010 年	2014 年
1	阿曼	沙特阿拉伯	沙特阿拉伯	沙特阿拉伯
2	沙特阿拉伯	阿联酋	伊朗	阿联酋
3	阿联酋	伊朗	阿联酋	伊朗
4	伊朗	土耳其	土耳其	伊拉克
5	土耳其	阿曼	阿曼	阿曼
6	以色列	苏丹	伊拉克	土耳其
7	伊拉克	也门	苏丹	科威特
8	也门	以色列	科威特	埃及
9	埃及	埃及	以色列	以色列
10	苏丹	阿尔及利亚	埃及	卡塔尔

注：国家排名由 UNcomtrade 数据库整理所得

　　2000～2014 年，中国从西亚及北非进口累积最多的 10 个国家是：沙特阿拉伯、伊朗、阿曼、伊拉克、阿联酋、科威特、苏丹、卡塔尔、也门和利比亚。上述十国与中国的贸易额合计为 10 465.13 亿美元，占同期全部贸易额的约 92.31%。

　　2000～2014 年，中国在西亚及北非出口累积最多的 10 个国家是：阿联酋、土耳其、沙特阿拉伯、伊朗、埃及、以色列、阿尔及利亚、伊拉克、摩洛哥和约旦。上述 10 个国家与中国的贸易额合计为 8688.32 亿美元，占比约为 83.74%。

7.3.2　投资状况分析

　　与贸易相比，中国对非洲的投资起步较晚，约始于 20 世纪 80 年代，90 年代中期开始提速，进入 21 世纪后加速发展（表 7-11）。由于投资对经济发展的拉动作用大于其他的经贸合作形式，因此，对西亚及北非的投资成为了重中之重。但目前中国对西亚及北非地区的投资合作也面临诸多问题、困难和挑战，如何实现投资合作的可持续发展需要中国政府和其他投资主体的“大智慧”。

表 7-11　2013 年中国对外投资比较一览表　　　　单位：亿美元

项目	西亚北非	中亚	东南亚	南亚	中东欧
投资存量	91.2	88.9	356.8	53.2	14.4
投资流量	21.2	11	42.7	4.6	1

7.3.2.1　对外西亚及北非的投资发展历程

（1）摸索起步期

　　中国对西亚及北非的投资始于 20 世纪 80 年代。早期对其投资主要是为了巩固以往的经济援助成果，同时带动工程设备、原材料和其他产品出口。总体上投资规模较小，以试验性项目居多。这一时期，中国对西亚及北非地区投资的主要对象集中在埃及等与中国经贸关系密切的国家，投资领域集中在工业、农业、餐饮业、资源开发和建筑承包等领域。

（2）快速发展期

进入 21 世纪，中非合作论坛机制启动，多项发展举措实施，包括中非发展基金、境外经济贸易合作区域、中小企业发展贷款等。

（3）动荡停滞期

2011 年叙利亚内战爆发之后，除了土耳其、以色列等少数国家的投资保持原有的增长，其余国家投资均受到地区动荡所带来的不同程度的影响。

7.3.2.2　中国对西亚及北非的援助

中国对西亚及北非国家的援助方式以优惠贷款为主，援助资金主要有三种类型：无偿援助、无息贷款和优惠贷款。1995 年，中国启动了对外援助机制改革，提出今后以优惠贷款作为主要的援助方式。根据《中国对外援助》白皮书介绍，优惠贷款本金由中国进出口银行通过市场筹措，贷款利率低于中国人民银行的基准利率，产生的息差由国家财政补贴，期限一般为 15～20 年。

除了单纯的资金援助外，还一部分是项目援建。例如，援建公路、医院等基础设施。援建基础设施能够惠及被援助国的普通人口。此外，平均经济成长率达 5% 的非洲大陆在生活条件逐步改善下，兴建或翻新基础建设成为非洲各国进一步强化经济和社会发展的主要途径，而缺少资金、技术和人才的非洲国家，也需要中国提供帮助。同时，非洲基础设施建设也为中国企业进驻提供了便利。而这些企业为了加紧完成工程进度又从国内招募了大批的劳工，在兑现承诺且巩固邦交之余，又同时解决了国内剩余劳动力转移的问题。

在对外援助方面，中国不仅提供物质层面的援助，也提供了一些软性的援助。其中包括人力资源开发合作、教育、文化等多个方向。一个国家要发展起来，最终要靠自主发展的能力。因此，在提供对外援助的过程中，中国更加注重为受援国培养人才和技术力量。正所谓授人以鱼不如授人以渔。作为面向当地人教授汉语和介绍中国文化的机构，近年来，孔子学院在非洲大陆迅速发展。2005 年，肯尼亚内罗毕大学建立了非洲第一所孔子学院。根据 2012 年 9 月的数据，非洲 26 个国家和地区共设立了 31 所孔子学院和 5 所独立孔子课堂。非洲也是全世界孔子学院发展最迅速、最具活力的地区。

7.3.2.3　投资特点与趋势

（1）投资额在波动中高速增长

中国对西亚及北非的投资以中国的援助建设开始，后期则由对当地的石油产业投资来带动。但由于西亚及北非地区不稳定的地缘政治因素的影响，投资强度一直不高。2000 年在"中非合作论坛"机制的带动下，中国对西亚及北非的投资开始进一步加速，2008 年投资额增至 4.9 亿元；2009 年受世界金融危机的影响，当年对西亚及北非的投资出现了负增长；2011 年受叙利亚内战的影响，当年的投资再次出现了负增长。但从总体投资存量来看，仍呈现快速增长趋势，具体如图 7-48 所示。

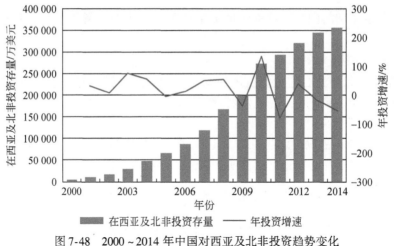

图 7-48　2000～2014 年中国对西亚及北非投资趋势变化

资料来源：历年《中国统计年鉴》

（2）投资对象覆盖面广且流向集中

经过 30 多年的发展，中国对外投资区域不断扩展。《2014 年度中国对外直接投资统计公报》显示，截至 2014 年年底，中国 1.85 万家境内投资者设立对外直接投资企业近 3 万家，分布在全球 186 个国家（地区）。中国在西亚及北非的投资区域也不断扩展，2000 年中国对西亚及北非的投资覆盖率为 46.15%，鼎盛时期的 2011 年，这个数字达到了 84.62%。

除了投资覆盖面广之外，中国在西亚及北非地区的投资额也主要流向少数几个国家。在 2000 年，中国在西亚及北非的直接投资目的国中，前四位国家的投资占比为 92.48%，前八位国家占比达到 98.04%。而到了 2014 年，这种情况已有所改观，前四位国家的投资占比为 75.96%，前八位国家占比为 93.05%，投资集中度与 2000 年相比已有了较明显的分散，从长远来看是有利于保护中国在这块地缘政治冲突高发区的投资的。

（3）投资形式多样化

国际投资通常采用的方式主要包括绿地投资和跨国合并，其中，绿地投资包括建立独资企业和合资企业。近年来，全球国际直接投资的主流是企业间的跨国合并，跨国并购额占国际投资总额的比例在有些年份甚至超过 80%。同期，中国对外直接投资采取跨国并购的形式也逐渐增多，但比例远低于全球水平。具体到对西亚及北非的投资，近年来，绿地投资仍然较多，尤其是投资规模相对较小的民营企业和私人投资者多采取绿地投资方式；但国有企业和部分大中型民营企业采用国际并购（M&A）模式的投资也逐渐增多，尤其是在能源矿产领域和部分服务业领域，该种模式比较受重视。此外，中国对西亚及北非的投资企业也逐渐探索出国际多方合作模式，并取得了非常积极的效果。

7.3.3　经贸关系发展的特点及问题

7.3.3.1　经贸关系发展的特点

（1）整体经贸发展迅速，贸易总额增长快

进入 21 世纪后中国与西亚及北非的经贸关系持续升温，2000～2014 年，进出口总额从 200.6 亿美元增加到 3371.7 亿美元（图 7-49），增长近 17 倍，对西亚及北非国家的进出口总额在中国对世界贸易中所占的比重由 4.2% 上升到 7.8%（图 7-50）。西亚及北非各国在中国对外贸易中所占据的地位越来越重要。

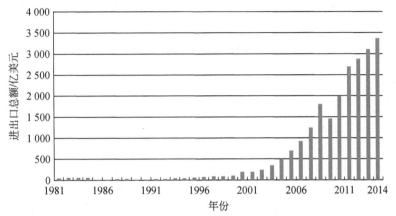

图 7-49　1980～2014 年中国与西亚及北非贸易
资料来源：历年《中国统计年鉴》

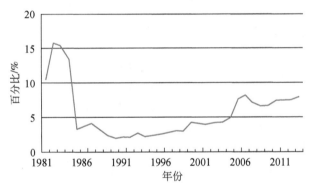

图 7-50　中国—西亚及北非贸易额占中国对外贸易总额百分比
资料来源：历年《中国统计年鉴》

2000～2014 年，中国对西亚及北非贸易中出口由 89.8 亿美元增长到 1662 亿美元，增长了 18.5 倍，进口从 110.8 亿美元增长到 1709.8 亿美元，增长了 15.4 倍。中国对西亚及北非的进出口总额年均增长 22.3%。其中，出口年均增长 23.2%，进口年均增长 21.6%，均高于同期中国对外贸易年均增长率。这些数字的对比说明中国与西亚及北非地区的贸易在 21 世纪初期呈现出强劲的发展态势。

（2）经济合作方式与领域进一步扩展

中国与西亚及北非国家间贸易的高速增长是中国社会经济快速发展的结果，由于中国生产能力迅速增长，生产技术日益提升，中国向西亚及北非国家提供产品的能力攀升到了一个前所未有的新高度，确保了双边贸易的发展。中国向它们主要出口电器、机械产品、铁制品、纺织品、高新技术、建筑材料等，中国与西亚及北非国家在建筑、制造、零售、卫生医疗、海上工程等领域的合作发展迅速。

中国企业进入西亚及北非，有力地推动了中国与西亚及北非的经贸合作。以阿联酋为例，几十年前海湾地区只有为数不多的几家中国企业，到 2010 年阿联酋的国际级自由贸易区有 3000 家中国注册企业，阿联酋最大的中国企业区域性基地，有超过 20 万的中国人。中国企业广泛参与阿联酋经济活动，与阿联酋的自由贸易政策有密切关系。2004 年阿联酋联邦通过法律，允许建立金融自由区，各酋长国已建成了阿里山自由区（迪拜）、迪拜国际金融中心、迪拜金属和货物中心、穆罕默德·本·拉希德技术园区等十多个自由贸易区，这方便了包括中国在内的各国企业在阿联酋的发展。

金融合作在双方经贸合作中也越发重要。中国工商银行、中国银行、中国农业银行、国家开发银行等金融部门均在中东地区设立机构，中国金融单位与西亚及北非的中国企业相互合作、互惠互利。西亚及北非国家的金融机构在中国的业务也迅速开展，为彼此的金融服务业开辟了广阔天地。作为国外机构投资者，科威特投资局 2012 年获得中国中央银行管理的国内银行间债券市场 10 亿美元投资额度。2014 年 1 月它又获得了用于直接投资中国证券市场的 5 亿美元投资额度，使其投资总额度达到 15 亿美元，成为中国人民币公开市场上的重要投资者。阿联酋阿布扎比银行上市股份公司，2012 年在中国上海开办了代表处，融资重点是中国的建筑领域，该银行集团行政总裁表示，亚洲市场，尤其是中国市场，对于其"银行的全球运营具有举足轻重的战略意义"，他们"有能力向亚洲客户，尤其是中国客户提供卓越的产品和服务"。

7.3.3.2 双边经贸存在的主要问题

（1）商品结构不合理，仍以制成品换资源为主

长期以来，中国与西亚及北非国家的商品贸易结构呈现以下态势：中国向西亚及北非国家出口以纺织、机械、五金产品为主的低附加值、高劳动密集型商品，进口石油、矿产、木材和农产品等资源型商品。虽然近年来有所改善，出口向工业制成品和半制成品转变，尤其是机电产品和高新技术产品，但中国的机电产品档次较低，技术含量和附加值仍不高。在金融危机中，中国的服装、鞋类、农产品出口额不降反升，就说明了中国出口竞争力强的产品仍是劳动密集型产品。但对于西亚及北非地区而言，中国的这些产品对本国的市场冲击是不言而喻的，虽然这种现状是由双方的经济结构所导致的，但长此以往是不利于中国与西亚及北非贸易的可持续发展。

（2）出口国贸易保护抬头，摩擦增多

由于部分非洲国家政局动荡，经济发展滞后，迫切需要扶持本土经济的发展。为了避免中国出口的商品对本国经济造成冲击，部分西亚及北非国家开始不同程度地实施贸易保护政策，阻碍了中国产品顺利进入其市场。全球金融危机引发的贸易保护主义正逐渐向西亚及北非国家渗透，在此背景下，中国与这些国家的贸易摩擦将有再度升级的可能。

（3）服务贸易发展滞后

中国–西亚及北非地区的服务贸易发展的规模和发展水平远落后于有形商品贸易。目前中国在西亚及北非地区的服务贸易仅限于旅游、运输等传统服务贸易范围，金融、保险、通信服务等知识密集型现代服务业则仍处于起步阶段。例如，中国银行只是在非洲国家的大城市和避税港设立分支机构，网点少、规模小；与此同时，也没有中国

金融机构在非洲进行国际结算。至于保险业务，目前仅有中国出口信用保险公司涉足相关业务，远远适应不了企业的需要。因此，中国需要推动金融保险等现代服务业在西亚及北非地区的发展。

7.4 经济贸易与技术合作态势与前景

7.4.1 地缘经济态势分析

7.4.1.1 地缘经济发展的区域化趋势

西亚及北非地区经济一体化开始于20世纪40年代，并分为两个层次：一个是全地区性（包括西亚及北非地区多数国家）的经济合作；另一个是次地区性（只包括相邻的一部分国家）的经济合作。1945年3月阿拉伯国家联盟成立，其宪章规定，致力于成员国之间以及成员国与非成员国的经济合作。1957年6月阿拉伯国家联盟阿拉伯经济理事会决定成立"阿拉伯统一一体理事会"，并确定以实现阿拉伯经济统一为最终目标。1964年阿拉伯经济统一体理事会正式通过成立阿拉伯共同体市场的决议，该市场的建立虽然反映了阿拉伯国家多年来要求在经济上合作与实现一体化的愿望，但由于各成员国之间存在着影响互利合作的种种障碍，经济一体化的进程没有取得实质性的进展。

在全地区经济合作组织发展的同时，也建立了一些次地区的经济合作组织。1981年5月，海湾地区建立了西亚及北非第一个政治、经济一体化的组织——海湾阿拉伯国家合作委员会，1983年3月该委员会的"统一经济协议"开始生效，1988年该委员会决定逐步建立海湾共同市场，并统一有关的经济制度，发展多样化的经济。1989年3月埃及、约旦、阿拉伯也门和伊拉克四国组成了阿拉伯合作委员会，两天后马格里布国家也成立了阿拉伯大马格里布统一组织。1985年伊朗、巴基斯坦和土耳其成立"经济合作组织"。然而这几个组织中，只有海湾阿拉伯国家合作委员会取得了一定的成就，其他组织进展不大。

"冷战"结束后，要求建立阿拉伯国家经济集团的呼声再次高涨。1994年10月30日~11月1日在摩洛哥的卡萨布兰卡召开了西亚及北非第一次经济首脑会议，来自以色列、阿拉伯国家及其他国家的代表——2000名政界和商界人士聚集一堂，共商西亚及北非地区的和平与发展问题，决定设立地区性发展机构，此次会议成为全地区经济合作的新起点。1995年10月，第二届西亚及北非经济首脑会议在约旦首都安曼召开，会议正式成立了西亚及北非开发银行、地区旅游委员会、地区商会和经济首脑秘书处。1996年12月，第三届西亚及北非经济首脑会议在埃及首都开罗召开，由于此前利库德集团组建了政府，会上以色列—阿拉伯国家之间的矛盾明显增多。1997年11月第四届西亚及北非首脑会议在卡塔尔的首都多哈召开，许多阿拉伯国家抵制了会议，会上也未决定下次会议的时间和地点。

1995年5月阿盟的社会经济委员会提出建立大阿拉伯自由贸易区，并由阿盟的秘书处组织成立专家组负责制定实施细则。1996年9月阿盟各国元首在开罗召开的阿拉伯经济会议上通过了建立阿拉伯自由贸易区的决议，1998 年 1 月 1 日，阿盟宣布阿拉伯自由贸易区开始启动，计划在 10 年内建成。根据计划，泛阿拉伯自由贸易区将在 10 年内逐步完善，首先以每年 10% 的比例降低阿拉伯国家间的关税，最终使阿拉伯国家之间的商品实现自由流通，彻底取消关税和关税贸易壁垒，以便于 2007 年建成阿拉伯大市场。

7.4.1.2　地缘政治与地缘经济风险

首先，重要的战略地位和丰富的战略资源不仅给西亚及北非国家带来了恩惠，也带来了连绵不断的战争和冲突。在 20 世纪这 100 年中，西亚及北非始终处于战争与和平的反复交替的苦难之中，仅第二次世界大战后，五次大规模阿以战争、两伊战争、阿富汗战争、海湾战争以及其他不可胜计的大小冲突和战争，再加上 2003 年 4 月的美伊战争等使该地区的一些国家和民族之间充满了敌对和仇恨。例如，1978 年埃及在参加戴维营会议后被阿拉伯共同市场开除；1990 年由于伊拉克侵入科威特及海湾战争的爆发，使刚存在一年半的阿拉伯合作委员会随之夭折；1996 年以色列利库德集团执政及随之而来的巴以冲突的不断升级，使第四届西亚及北非首脑会议的规模和作用明显减弱。再加上第二次世界大战结束后的几十年中，阿拉伯国家内部存在着严重的政治分歧，对外我行我素，各自为政，使阿拉伯经济一体化多年来受制于阿拉伯国家的政治关系而裹足不前。同时美国在西亚及北非地区有着重要的政治、经济、军事利益，美以之间的特殊关系和美国在海湾地区的军事存在，特别是对伊拉克军事占领及对该国的战后安排等，成为西亚及北非地区建立和平机制的最大障碍。正是由于美国在该区巨大利益的存在，所以它绝对不允许在这一地区形成把它排除在外的经济一体化组织。可见，整个西亚及北非地区的合作取决于和平进程的发展。

其次，不同的社会制度和不同的民族文化心理因素影响着西亚及北非地区经济一体化的发展。西亚及北非地区共和制与君主制并存，世俗国家和神权国家共在，其政治制度多种多样，错综复杂。政体不同，制定的政策和产生的影响自然也就不同。在君主制国家，君主可以随时解散议会、终止宪法；共和制的国家又分为总统制、总统与议会共和制、议会制、宗教领袖领导下的政教合一制等，除土耳其外，这些国家的共和制历史较短，其政治制度都多少带有专制独裁的特点，因而各国普遍存在法制不健全、不稳定等问题。再加上有时各国法律之间相互抵触，缺乏权威的仲裁等，从而不能为地区经济一体化提供一个良好的法律环境。例如，阿拉伯国家联盟内部就缺乏一个健全的法律框架和权威的仲裁机构来保证各成员国所认同的合作协议的实施，所以当发生纠纷和分歧时，彼此的合作也就难以为继。

西亚及北非地区民族众多，阿拉伯人之间，阿拉伯人与非阿拉伯人（波斯人、土耳其人、库尔德人、亚美尼亚人等）之间的矛盾复杂，再加上不同的宗教和教派的原因，使各民族的文化心理有很大的差异。因价值观念、思维方式不同而导致的民族优越论和宗教优越论的论调屡见不鲜，更有甚者走向大民族沙文主义和宗教极端主义，从而制约着各民族之间的相互联系与合作。

最后，受教育程度较低，国民整体素质不高。目前一场以信息革命为主的新工业技术革命已呈现在世界的面前，高科技的发展对各国的综合国力和自己在世界上的地位具有十分关键的作用。西亚及北非国家文盲较多，国民整体素质低下，且重文轻理现象严重。缺乏高科技的管理人才，影响已建立的合作项目向更高层次过渡，并无力开辟新的领域。

7.4.2 经贸技术合作态势与前景分析

7.4.2.1 地缘经济合作的前景分析

虽然西亚及北非经济一体化过程中存在着上述不利因素，但西亚及北非地区已有的经济一体化成就为进一步发展奠定了基础。目前该地区的许多国家正在采取多种措施加强在这方面的合作，未来的西亚及北非经济一体化的步伐有望加快。

首先，经济一体化乃大势所趋。经济全球化有助于西亚及北非加强区域化的合作。全球化的进程将不可避免地伴随区域化的发展，西亚及北非国家在资金、技术、人力资源和整体实力上都无法与强大的国际资本和跨国公司竞争，他们只有联合自强，构筑区域经济体，才有能力防范和抵御全球化所带来的压力。1998 年 11 月海湾合作委员会第 12 届首脑会议首次把经济问题作为重点，会上许多国家的领导人指出，海湾合作成员国仅靠石油经济应付不了 21 世纪的挑战，必须结成地区经济联合体，融入经济全球化浪潮。更为可喜的是，即使是在目前处于敌对状态的一些国家，都对开展地区经济一体化表现出了浓厚的兴趣。所以可以预见，只要上述不利的经济合作因素得以克服，建立整个西亚及北非区域内经济合作的前景是广阔的。

其次，拥有较大的发展潜力。西亚及北非地区非产油国从 20 世纪 70 年代开始、产油国从 80 年代开始都进入了经济调整时期，90 年代为呼应经济全球化的挑战，调整步伐进一步加快。非产油国采取了大力发展工农业，调整进出口政策，积极寻求外国的投资和援助，改革国有企业和鼓励私人资本的发展等措施；产油国也采取了实现经济多样化，鼓励私人投资和积极引进外资，推动经济开放和国际化的经营，改革金融体系等措施。通过几十年的经济调整，西亚及北非国家不仅外向型经济和国际化经营有了一定发展，而且经济增长率得到了提高。据统计，1980～1997 年西亚及北非地区非产油国的 GDP 和投资年增长率达到 4.1% 和 1.9%；产油国分别达到 2.2% 和 1.3%。与此同时，内部贸易比例不断增长，50 年代仅占阿拉伯对外贸易总额的 2%，70 年代上升到 4.5%，80 年代提高到 6.5%，20 世纪 90 年代则达到 8%～10%。有时个别国家向其他阿拉伯国家的出口可达其出口总额的 40%。这就为地区国家经济一体化的发展奠定了一定的物质基础。西亚及北非国家以经济建设为中心的思想意识在加强，各国的经济体制逐步趋同，这也将促进该区经济区域化的发展。

最后，我们也应该看到，与世界其他国家的经济一体化水平相比，西亚及北非国家的经济合作仍处于相对落后的状态。不仅起步晚、基础差，而且在经济发展水平、关税、贸易政策等方面的巨大差距也很难在短期内消除，要达到完全经济一体化的目标仍需付出艰辛的努力。同时必须看到，全球化不仅为西亚及北非国家的发展提供了机遇，而且也蕴含了巨大的风险，1997 年亚洲金融危机使西亚及北非产油国的石油出口和油价大幅下降，导致 1998 年政府的收入减少 1/3，财政赤字迅速上升，外资流入减少。由于全球化一个非常明显的特点是发达国家在其中占据有利的地位，全球化在本质上是资本主义的全球化，是某种程度上的"西方化"或"美国化"，所以西亚及北非国家在实际的操作过程中，要坚持维护本国的主权和利益，加强经济风险意识和防范意识。

7.4.2.2 政策建议

（1）调整西亚及北非出口商品结构，促进中国与西亚及北非贸易平衡发展

1950年中国与西亚及北非贸易总额仅为675万美元。伴随着中国与西亚及北非国家关系的良好发展，1981年贸易额达到46.3亿美元，2000年达到200.6亿美元，2014年达到3371.7亿美元，中国已成为北非国家最大的贸易伙伴，双方经济贸易呈现出良好的发展势头。

今后中国应优化出口产品结构，以高技术含量、高附加值的机电、高新技术产品为主。同时要本着互谅互让原则，通过双边、多边友好协商，妥善解决贸易分歧和摩擦；充分发挥民间组织的沟通、协调和促进作用，让西亚及北非人民相信中国的合作是互利互惠的，使"中国威胁论"不攻自破。

（2）重视和妥善处理中非贸易摩擦，加强金融合作

在政府层面上，加强与北非国家在多边和双边领域的沟通协调，建立经常性的磋商机制，完善法律政策，增进互相了解。充分发挥民间组织在协调市场、规范对非洲的出口市场秩序、组织反倾销调查及应诉行动中的作用。对于中国的优势行业，如纺织行业，应引导其走市场多元化发展道路，给西亚及北非国家留出发展的空间；而对同中国贸易出现逆差的国家，可以在关税减免和市场准入方面予以便利，或者利用进口补贴推动这些国家对中国的出口。

在金融业等服务贸易行业，应鼓励双方企业直接联系和交往。帮助企业树立和提高品牌形象，对企业以名牌产品开拓北非市场实施重点扶持，给予更多的政策优惠。在金融合作领域，中国与北非国家之间的金融合作旨在为双方企业提供全方位的金融服务，中国政府应进一步加强中国与北非国家金融机构交流合作。

（3）加强对西亚及北非基础设施建设的援助，为世界其他国家树立榜样

中国与北非经贸合作最重要的内容就是帮助北非国家加强基础设施建设。例如，通过投资等方式努力帮助北非国家建设医院、公路等相关基础设施。这些基础设施的建设与改善对改善北非国家人民生活水平有着积极的影响。中国政府在加强自身对北非国家援助的同时，严格要求中国在北非国家投资的企业必须保证质量地完成项目投资建设。

作为最大的发展中国家，中国还应严格要求在西亚及北非投资的企业做有社会责任感的企业，不以牺牲环境为代价进行投资开发，坚持可持续发展，给世界上其他国家树立榜样，体现中国作为负责任的大国的担当。

（4）减免西亚及北非债务帮助提升民生水准，推动西方国家对北非减债进程

中国对北非国家的各种贷款都没有政治附加条件，因此，在北非国家地区大受欢迎。在为西亚及北非国家完善公共设施、改善卫生条件等问题上，中国付出了不少的努力，大大改善了西亚及北非国家的生活水平。同时，中国还积极减免部分国家债务，鼓励他们大力发展经济，加强与外界的经贸合作。减免债务这一举措表明中国政府希望与西亚及北非国家保持良好关系的同时，也给当今国家社会树立了一个非常好的

榜样。

（5）发挥中非合作论坛引领作用，进一步推动中国与北非经贸发展

2000 年，中非合作论坛成立，这个论坛的成立符合中国与非洲国家双方的共同利益。迄今为止，中非合作论坛迄今召开了多届部长级会议峰会，建立了企业家大会、高官会、部长级会议等多层次的对话与合作机制。在中非合作论坛 2003 年第二届部长级会议上，中国政府宣布了增加对非援助力度、鼓励中国企业对非投资等举措。在 2006 年中非合作论坛北京峰会和第三届部长级会议上，中国政府宣布了建设境外经贸合作区、设立农业技术示范中心和疟疾防治中心、扩大免关税受惠商品范围等 8 项举措。在中国政府与非洲国家的共同努力下，这 8 项举措已经在 2009 年年底全面实现。这些经济举措惠及所有的西亚及北非国家，在这个论坛以及其他区域合作机制的带领下，中国政府将本着互利共赢、友好协商的精神，与西亚及北非人民共同努力，推动双方经贸合作更加深入发展。

参 考 文 献

阿哈迈德，闫峰 . 2007. 水资源危机与中东安全 . 科学决策，（09）：54-56.

布拉黑姆·易卜拉欣 . 2012. 中国与北非的经贸关系研究 . 哈尔滨：黑龙江大学硕士学位论文 .

丁登山 . 1996. "两河" 流域的水资源与地缘政治 . 地理研究，（04）：101-106.

樊为之 . 2015. 中国与西亚及北非经贸——地区繁荣与发展的重要引擎 . 宁夏社会科学，（1）：60-68.

李国福 . 1993. 日益迫近的中东水资源危机 . 现代国际关系，（10）：25-27.

王骅 . 2002. 世界热点地区地缘背景分析——以西亚为例 . 南京晓庄学院学报，18（4）：79-83.

王建 . 2014. 中东地缘政治格局变化与中阿经贸发展长远战略 . 西亚非洲，（3）：48-64.

姚大学 . 2006. 全球化与中东区域经济一体化 . 西亚非洲，（5）：40-47.

张宏明 . 2012. 中国和世界主要经济体与非洲经贸合作研究 . 北京：世界知识出版社 .

张明，王永中 . 2015. 中国海外投资国家风险评级报告（2015）. 北京：中国社会科学出版社 .

张小峰 . 2010. 中国对北非阿拉伯国家直接投资动因分析及策略选择 . 阿拉伯世界研究，（3）：51-58.

8　澳新及南太平洋地区

8.1　澳新及太平洋岛国自然、经济与社会结构概况

太平洋岛屿地区共有约 25 000 个大小岛屿（汪诗明和王艳芬，2014），划分为美拉尼西亚（西南部区域群岛）、密克罗尼西亚（北部偏西区域群岛）和波利尼西亚（东部区域群岛）三大区域。2015 年，大洋洲地区（澳大利亚、新西兰及所有岛屿国家、地区）人口总计 3933.1 万，陆地面积为 895 万 km^2，海洋面积为 4662 万 km^2（Crocombe，2008）。目前大洋洲共有 16 个独立国家，包括澳大利亚、新西兰和 14 个太平洋岛国，其余地区属于英国、法国、美国、澳大利亚、新西兰等的领地。按照独立时间的先后，14 个太平洋岛国分别是：萨摩亚（1962 年，原名西萨摩亚）、瑙鲁（1968 年）、汤加（1970 年）、斐济（1970 年）、巴布亚新几内亚（1975 年）、所罗门群岛（1978 年）、图瓦卢（1978 年）、基里巴斯（1979 年）、瓦努阿图（1980 年）、马绍尔群岛（1986 年）、密克罗尼西亚联邦（1986 年）、库克群岛（1989 年）、帕劳（1994 年）、纽埃（新西兰的自由结合区，2007 年与中国建交），除库克群岛和纽埃外，其余 12 国均为联合国会员国。由于太平洋岛国主要分布在赤道以南，故国际社会一般称其为南太平洋岛国。

澳大利亚位于南太平洋和印度洋之间，由澳大利亚大陆、塔斯马尼亚岛等岛屿和海外领土组成，领土面积为 769.2 万 km^2，海岸线长 3.7 万 km。2015 年澳大利亚人口为 2406.3 万（Australian Bureau of Statistics，2016），英国及爱尔兰后裔约占全国人口的 74%。澳大利亚政治体制是议会制君主立宪制，名义国家元首是英国女王，女王任命总督为其代表；联邦政府由众议院多数党或政党联盟组成，该党领袖任总理。2015 年澳大利亚 GDP 排名世界 12 位，达到 1.62 万亿美元，同比增长 2.2%（Australian Bureau of Statistics，2016）。澳大利亚是一个后起的工业化国家，农牧业发达，自然资源丰富，盛产羊、牛、小麦和蔗糖，同时也是世界重要的矿产品生产和出口国；近年来制造业和高科技产业发展迅速，服务业为国民经济的主导产业，占 GDP 的 70% 以上。澳大利亚对国际贸易依赖较大，与 130 多个国家和地区有贸易关系，主要贸易伙伴有中国、日本、美国、韩国、新加坡、英国、新西兰、泰国、马来西亚、印度等（中华人民共和国外交部，2015）。

新西兰位于太平洋西南部，西隔塔斯曼海与澳大利亚相望，由南岛、北岛和一些小岛组成，领土面积约 27 万 km^2，海岸线长约 1.5 万 km，山地和丘陵占全国面积的 75% 以上。2015 年新西兰人口约 465 万（Statistics New Zealan，2016），欧洲移民后裔约占全国人口的 74%，官方语言为英语、毛利语。新西兰政治体制是议会制君主立宪

制，名义国家元首是英国女王，总督为女王代表，由总理提名，女王任命。2015 年新西兰 GDP 达 2461 亿美元（Statistics New Zealan，2016），农牧业及其产品加工业为优势产业，农牧产品出口约占该国出口总量的一半，羊肉和奶制品出口量居世界第一位；农业高度机械化，粮食不能自给，需从澳大利亚进口，畜牧业生产占地达国土面积的一半；工业以农林牧产品加工为主，产品主要供出口；服务业是主导产业，产值占GDP 的 70% 左右，旅游业和交通运输业发达，中国是新西兰成长最快的旅游市场（中华人民共和国外交部，2016）。

太平洋岛国领土面积小且岛屿分散，陆地面积仅 53 万 km²，但拥有 2000 多万平方千米的专属经济区（表 8-1），海洋资源丰富，水产、矿产富饶，尤其是金枪鱼产量占世界总产量的一半以上。太平洋岛国人口稀少，共计 980 多万，主要为美拉尼西亚人、密克罗尼西亚人、巴布亚人、波利尼西亚人；绝大部分居民信奉基督教，通用英语（郭又新，2014）。政治上太平洋岛国多实行多党制，但部落土著势力根深蒂固，现代政权与传统势力长期存在矛盾，加之各国内部种族繁多，部族间经常爆发冲突，社会稳定受到严重影响。外交上南太平洋地区长期被国际社会边缘化，影响力微弱，故而太平洋岛国在国际场合多一致对外发声，集体话语权日益增强。经济上太平洋岛国劳动力短缺，经济规模小且结构单一，工农业生产落后，严重依赖进口和国际援助（姚帅，2015）。海洋产业是太平洋岛国的经济支柱，主要包括海洋旅游、深海矿产、海洋渔业等（喻常森和蔡艺峰，2015）。旅游业对岛国 GDP 的贡献很大，2013 年太平洋岛国接待国际游客约 170 万人，旅游收入 25 亿美元（中华人民共和国商务部，2014）；太平洋岛国专属经济区蕴含丰富的海底矿产，主要有金属结核、钴结壳和热液硫化物等（莫杰和刘守全，2009），具有开采价值；渔业是岛国国民经济、外汇收入、国民就业的重要支柱产业。

表 8-1　太平洋岛国基本情况

国家	领土面积/km²	海域面积(专属经济区)/km²	人口/万	GDP/(2013 年，亿美元)
巴布亚新几内亚	462 840	3 120 000	747.6	154.2
斐济	18 272	1 290 000	88.7	40.3
所罗门群岛	28 896	1 340 000	57.3	10.7
瓦努阿图	12 189	848 000	25.8	8.0
萨摩亚	2 842	120 000	19.2	6.9
基里巴斯	810	3 550 000	10.4	1.8
汤加	747	700 000	10.6	4.4
密克罗尼西亚联邦	702	2 980 000	10.4	3.3
帕劳	459	629 000	2.1	2.4
纽埃	260	390 000	0.1	—
库克群岛	236	1 830 000	2.1	3.3
马绍尔群岛	181	2 131 000	5.3	1.9
图瓦卢	26	900 000	1.0	0.4
瑙鲁	21	320 000	1.0	1.5

资料来源：United Nations Statistics Division，2016；林香红和周通，2013

8.2 澳新及太平洋岛国贸易、投资与经济技术 合作现状问题

大洋洲国家在中国的外交中具有重要的战略地位，21 世纪之初中国提出发展外交关系的新方针，"大国是关键，周边是首要，发展中国家是基础，多边是舞台"（汪诗明和，王艳芬，2015），大洋洲国家即属于中国"大周边"外交战略的一环（Yang，2011），太平洋岛国则是中国拓展南南合作的重要区域。2014 年 11 月，习近平主席对澳大利亚、新西兰和斐济展开访问，并在斐济同与中国建交的 8 个太平洋岛国的领导人进行集体会晤，期间习近平强调大洋洲地区是 21 世纪海上丝绸之路的自然延伸。"一带一路"倡议逐渐成为在大洋洲范围内进一步加强各国政治、经济、文化交流的重要新兴平台（杨洁生，2015）。

8.2.1 贸易

8.2.1.1 澳大利亚

作为澳大利亚第一大贸易伙伴，中国既是澳大利亚货物贸易第一大出口目的地和第一大进口来源地，也是澳大利亚最大的服务贸易（旅游和教育服务为主）出口市场（周亮和严大伟，2015）。进入 21 世纪以来，中澳贸易关系突飞猛进，2001～2014 年双边贸易额增长了 15 倍（表 8-2）。2014 年 11 月 17 日，习近平主席对澳大利亚进行了国事访问，双方会谈取得了两项重大成果：将中澳关系升级为全面战略伙伴关系，并宣布实质性结束中澳自由贸易协定谈判。中澳经贸关系进入全新时期。

表 8-2　中国与澳大利亚货物贸易统计　　　　　　　　单位：亿美元

年份	进出口总额	中国出口	中国进口
2001	90.0	35.7	54.3
2002	104.4	45.9	58.5
2003	135.6	62.6	73.0
2004	203.9	88.4	115.5
2005	272.6	110.6	161.9
2006	329.5	136.2	193.2
2007	438.3	179.9	258.4
2008	596.8	222.5	374.4
2009	601.3	206.4	394.9
2010	883.4	272.2	611.2
2011	1 165.8	339.1	826.7
2012	1 223.5	377.3	846.2
2013	1 365.1	375.5	989.5
2014	1 367.8	391.5	976.3
2015	1 139.6	403.2	736.4

资料来源：中华人民共和国国家统计局，2015；中华人民共和国海关总署，2016

澳大利亚在与中国的贸易中一直处于顺差地位，中国从澳大利亚进口增速快于对澳大利亚的出口，中国是澳大利亚最重要的贸易顺差来源国之一。2015 年澳大利亚贸易顺差主要来自日本和中国，最大的贸易逆差来自美国（中华人民共和国商务部，2016）。2015 年中澳双边贸易额较 2014 年有所下降，中国对澳出口略有增长，但从澳大利亚的进口下降了 25%，主要源于中国从澳大利亚的矿产品进口急剧缩减。据澳大利亚统计局统计，矿产品一直是澳大利亚对中国出口的主力产品，2015 年的出口额同比下降了 35.5%，但仍占澳大利亚对中国出口总额的 62.0%；贵金属及制品和贱金属及制品是澳大利亚对中国出口的第二、第三大类商品，分别占 11.1% 和 4.0%。澳大利亚自中国进口的主要商品为机电产品、纺织品和家具玩具制品，分别占澳大利亚自中国进口总额的 39.6%、11.7% 和 9.8%。2015 年澳大利亚进口呈下降趋势，但自韩国、泰国和印度等国的进口逆势增长，对自中国进口的市场份额形成一定程度的挤压（中华人民共和国商务部，2016）。

8.2.1.2 新西兰

新西兰政府很早就意识到了中国日益增强的国际影响力，并在外交关系中予以积极回应。新西兰是第一个同意并支持中国加入世界贸易组织、第一个承认中国的完全市场经济地位、第一个与中国签订自贸协定的发达国家。2008 年中新自由贸易协定生效后，新西兰与中国的贸易关系显著提升，2008 ~ 2014 年中新双边贸易额年均增速为 22%（表 8-3），目前中国已成为新西兰最大的贸易伙伴。今后几年，新西兰将继续重点推动与中国的关系，希望以强大的外交关系维持与中国的高速贸易增长，借助亚太地区强劲的经济发展势头和广阔的市场前景助推其经济发展（王婷婷，2015）。

表 8-3　中国与新西兰货物贸易统计　　　　　　　　单位：亿美元

年份	进出口总额	中国出口	中国进口
2001	11.7	4.3	7.4
2002	14.0	6.0	8.0
2003	18.3	8.0	10.2
2004	24.9	10.8	14.1
2005	26.8	13.5	13.3
2006	29.3	16.2	13.1
2007	37.0	21.6	15.4
2008	44.0	25.1	18.9
2009	45.6	20.9	24.8
2010	65.3	27.6	37.6
2011	87.2	37.4	49.8
2012	96.7	38.6	58.1
2013	123.8	41.3	82.5
2014	142.4	47.4	95.1
2015	115.0	49.2	65.8

资料来源：中华人民共和国国家统计局，2015；中华人民共和国海关总署，2016

中新之间的贸易情况与中澳之间的贸易有很大的相似性，2015 年中新双边贸易额同比下降 19%，中国对新出口略有增长，但从新西兰的进口下降了 31%，主要源于中国从新西兰的第一大进口商品——动物产品的进口减少。据新西兰统计局统计，动物产品是新西兰对中国出口最多的商品，2015 年出口额同比下降了 40.2%，但仍占新西兰对中国出口总额的 50%；木制品、纺织品、食品饮料三类产品分别占新西兰对中国出口总额的 18.2%、5.4% 和 5.1%。与澳大利亚类似，机电产品、纺织品和家具玩具同样是新西兰自中国进口的主要商品，分别占新西兰自中国进口总额的 36.1%、15.4% 和 10.2%，在上述产品上，美国、澳大利亚等是中国的主要竞争对手（中华人民共和国商务部，2016）。

8.2.1.3　太平洋岛国

太平洋岛国领土分散，人口稀少，海域面积广阔，热带海洋经济是其最大特色，与中国大陆型自然禀赋和劳动密集型经济结构存在经济上的互补性（喻常森，2015）。近些年来，中国与太平洋岛国之间的贸易迎来高速发展时期，贸易总额从 2001 年的 1.9 亿美元增长到 2015 年的 74.2 亿美元，尤其是 2015 年比 2014 年增长了 64.3%（表 8-4），这主要源于中国对岛国的出口，特别是对马绍尔群岛的出口大幅增长（表 8-5）。中国主要对太平洋岛国出口机电产品、服装、轻工产品和医药原料等，主要进口原木、渔业产品等（姚帅，2015）。2009 年以来，中国与非建交的 6 个国家的贸易总量超过与已建交的 8 个国家的贸易总量，中国与太平洋岛国的双边贸易关系形成了"由国家内生的经济因素而非政治因素决定贸易"的模式。在非建交国家中中国与马绍尔群岛和所罗门群岛的贸易量比较大。中国对马绍尔群岛的出口在双边贸易中占绝对主导地位，这源于马绍尔群岛主要从事对外的转口贸易，其国内对海外公司在岛上进行离岸注册给予了一系列优惠政策；中国与所罗门群岛的贸易以中国进口为主，进口商品主要是原木，进口种类十分单一。转口贸易和互补贸易已经成为中国和太平洋岛国贸易的主导模式（庞琴和叶菁，2015）。

表 8-4　中国与太平洋岛国货物贸易统计　　　　　　　单位：亿美元

年份	进出口总额	中国出口额	中国进口额
2001	1.9	0.6	1.3
2002	2.3	0.9	1.4
2003	4.7	2.0	2.7
2004	5.3	2.2	3.1
2005	8.4	4.2	4.1
2006	12.3	7.1	5.2
2007	15.3	8.8	6.6
2008	17.6	10.3	7.4
2009	26.7	21.1	5.6
2010	36.6	25.9	10.8
2011	42.5	30.7	11.9
2012	42.1	31.3	10.8
2013	41.0	27.5	13.5
2014	45.2	25.1	20.0
2015	74.2	50.7	23.4

资料来源：中华人民共和国国家统计局，2015；中华人民共和国海关总署，2016

表 8-5　2015 年中国与太平洋岛国货物贸易情况　　　　单位：万美元

国家	贸易总额	中国出口额	中国进口额
马绍尔群岛	342 250.5	339 753.4	2 497.1
巴布亚新几内亚	279 757.6	98 931.9	180 825.7
所罗门群岛	54 249.9	8 196.6	46 053.3
斐济	35 027.9	32 889.6	2 138.3
瓦努阿图	8 450.0	7 249.3	1 200.7
萨摩亚	6 567.9	6 469.5	98.4
基里巴斯	4 877.2	4 476.9	400.3
汤加	3 048.0	2 045.6	2.3
帕劳	2 203.8	2 203.4	0.5
库克群岛	1 733.1	1 573.4	159.7
图瓦卢	1 633.1	1 533.7	99.4
密克罗尼西亚	1 583.9	1 449.5	134.4
瑙鲁	497.4	488.3	9.1
总计	741 880.3	507 261.1	233 619.2

资料来源：中华人民共和国海关总署，2016

8.2.2　投资与援助

8.2.2.1　澳大利亚

FDI 在澳大利亚经济中扮演着重要角色，外国投资一直是澳大利亚繁荣的基础（瑞斯德尔，2013）。近 10 年来，中国对澳大利亚的投资增速强劲，2004～2014 年，中国对澳投资存量增长了近 50 倍（表 8-6）。澳大利亚是中国在大洋洲最大的投资目的地，2014 年年末中国在大洋洲地区的投资存量为 258.6 亿美元，仅澳大利亚就占到了92.3%；到 2014 年年末，中国共在澳大利亚设立近 600 家境外企业，雇佣外方员工8400 多人（中华人民共和国商务部等，2015）。中澳自贸协议签署后，澳大利亚对来自中国企业的投资审查门槛从 2.48 亿澳元提升为 10 亿澳元，中资企业进入澳大利亚将更加顺利。作为澳大利亚的投资伙伴，中国的地位越来越重要，但中国对澳投资仍有较大的发展空间。2014 年中国在澳大利亚的投资只占中国对外投资总额的 3.3%，澳大利亚是中国第六大投资目的地（中华人民共和国商务部等，2015）；2014 年中国对澳大利亚的投资也仅占澳大利亚外商直接投资总量的 4%，在所有国家中位居第五位，远远落后于澳最大的投资国——美国（24%）（斯托里，2015）。

表8-6　中国对澳大利亚的直接投资统计　　　　　　　　单位：亿美元

项目	年份										
	2004	2005	2006	2007	2008	2009	2010	2011	2012	2013	2014
流量	1.2	1.9	0.9	5.3	18.9	24.4	17.0	31.7	21.7	34.6	40.5
存量	4.9	5.9	7.9	14.4	33.6	58.6	78.7	110.4	138.7	174.5	238.8

注：2004～2006年各年流量为非金融类直接投资流量

资料来源：中华人民共和国商务部等，2015

　　长期以来，中国对澳大利亚的投资领域集中在矿产资源产业，约占对澳大利亚投资总额的70%（表8-7）。不过随着澳大利亚矿业投资热潮减退，其他领域将会在中澳投资关系中扮演着更为重要的角色。澳大利亚房地产市场吸引了大批的中国投资者，2014年中国对澳大利亚的房地产投资额达到3.5亿美元，占中国对澳大利亚投资总额的8.7%；制造业和基础设施行业日益成为重要的投资热点；中国日益增长的食品需求和对食品安全问题的关注，使得中国在澳大利亚农牧业和食品加工业领域的投资也具有巨大潜力；中国是澳大利亚增长最快的入境旅游市场，也是第二大旅游客源国，强劲的旅游需求将带动中国对澳大利亚旅游业领域的投资（胡广阔和唐利芳，2015）。

表8-7　2014年中国对澳大利亚直接投资的主要行业

行业	流量/万美元	比重/%	存量/万美元	比重/%
采矿业	308 523	76.2	1 662 725	69.6
房地产业	35 398	8.7	181 596	7.6
金融业	6 104	1.5	173 526	7.3
制造业	8 837	2.2	80 767	3.4
租赁和商务服务业	20 012	4.9	79 019	3.3
批发和零售业	9 245	2.3	72 262	3.0
农、林、牧、渔业	7 481	1.8	35 280	1.5
水利、环境和公共设施管理业	—	—	33 234	1.4
电力、热力燃气及水的生产和供应业	1 877	0.5	20 355	0.9
居民服务、修理和其他服务业	1 983	0.5	16 381	0.7
建筑业	4 255	1.1	13 385	0.5
科学研究和技术服务业	−1 181	−0.3	10 263	0.4
交通运输、仓储和邮政业	427	0.1	6 961	0.3
住宿和餐饮业	1 599	0.4	1 804	0.1
其他行业	350	0.1	668	—
合计	404 910	100.0	2 388 226	100.0

资料来源：中华人民共和国商务部等，2015

　　与中国对澳大利亚投资相反，近10年来澳大利亚在华投资呈下降趋势（表8-8），这很大程度上源于澳大利亚对中国制造业领域的投资大幅减少，澳对华制造业投资从2004年的4.2亿美元下降到2012年的2.0亿美元。不过制造业仍是澳大利亚在华投资最多的行业，其次为批发和零售业，2012 年这两个行业的投资分别占澳对华投资额的 60.4% 和 17.1%（中华人民共和国商务部外国投资管理司，2013）。随着中国经济转型，外商对中国制造业的投资下降，澳大利亚也致力于开拓金融、建筑、教育等行业的对华贸易（唐文娟，2013）。在银行业与财富管理服务业方面的专长使得金融业成为澳大利亚投资中国的主要行业之一，澳大利亚所有主要银行都已在中国开设分行。在中澳自由贸易协定中，中国服务业的市场准入情况得到极大改善，包括教育、金融服务和医疗服务等领域，这意味着澳大利亚企业将获得更多投资机会（孙芳安，2015）。

表8-8　澳大利亚对中国的直接投资　　　　　　　　单位：亿美元

项目	年份										
	2004	2005	2006	2007	2008	2009	2010	2011	2012	2013	2014
投资额	6.6	4.0	5.5	3.5	4.1	3.9	3.3	3.1	3.4	3.3	2.4

资料来源：中华人民共和国国家统计局，2015

8.2.2.2　新西兰

同澳大利亚类似，新西兰的经济发展高度依赖外资，过去 10 年中，外国直接投资额平均约占新西兰 GDP 的 50%（麦康年，2015）。2008 年中新自贸协定签署后，中国对新西兰投资激增，直接投资流量从 2008 年到 2014 年增长了近 40 倍（表 8-9）。据毕马威会计师事务所统计，2013 年和 2014 年两年中，中国是新西兰第二大外国直接投资来源地，投资额占新西兰外资总额的 14%，仅次于加拿大（22%）[①]。中国在新西兰的投资领域呈现多样化特征，最大的投资领域是公用事业，投资量超过中国对新投资总数的 1/3，2014 年北京首都创业集团以 9.5 亿新西兰元（约合 6.5 亿美元）的价格收购了新西兰最大的废品处理公司，是该年中国对新西兰最大单笔投资；乳制品业是中国对新西兰投资的第二大领域，大部分中国乳制品企业都在新西兰乳制品行业中持有股份，以 2013 年和 2014 年两年计，中国投资占新西兰乳制品产业外国总投资的 30%；近年来中国对新西兰旅游业、金融业领域的投资兴起，2014 年中国工商银行、中国建设银行和中国银行都在新西兰设立了分行；高科技领域、文化服务业领域也具有良好的合作前景，成为中国对新西兰投资的新热门（麦康年，2015）。

表8-9　中国对新西兰的直接投资统计　　　　　　　　单位：万美元

项目	年份										
	2004	2005	2006	2007	2008	2009	2010	2011	2012	2013	2014
流量	−490	347	349	−160	646	902	6 375	2 789	9 406	19 040	25 002
存量	3 322	3 518	5 127	5 117	6 965	9 385	15 911	18 546	27 385	54 173	96 241

注：2004～2006 年各年流量为非金融类直接投资流量
资料来源：中华人民共和国商务部等，2015

① 报告显示新西兰最大海外投资来源地并非中国．http://news.xinhuanet.com/world/2015-08/17/c_1116274558.htm.

同澳大利亚类似，近10年来新西兰对中国的投资总体上呈下降态势，2004～2007年新西兰在华投资额不断减少，2008年中新自贸协定签署后投资额快速增长，并在2010年达到顶峰，但2011年之后又不断下降，2014年的投资额跌到近10年最低谷（表8-10）。投资领域方面，中新之间在乳品业的投资呈现一种双向关系，乳品业是新西兰对华投资的最热门行业。新西兰恒天然集团是全球最大的乳制品出口商，其目前在中国投资近7亿美元，是新西兰在中国最大的投资企业。此外，新西兰最大的建筑公司弗莱彻建筑有限公司及纽佩斯树脂有限公司也是新西兰在中国比较大的投资企业（麦康年，2015）。

表8-10　新西兰对中国的直接投资　　　　单位：万美元

项目	年份										
	2004	2005	2006	2007	2008	2009	2010	2011	2012	2013	2014
投资额	11 528	12 991	8 340	6 391	6 923	8 495	14 229	7 422	11 890	6 795	4 748

资料来源：中华人民共和国国家统计局，2015

"一带一路"框架下中国同新西兰在多个领域存在着较大的合作潜力。2014年11月习近平访问新西兰期间，两国发表《关于建立全面战略伙伴关系的联合声明》，双方将继续扩展与深化在经贸金融、食品安全、教育科技、旅游文化、气候变化、司法防务和国际事务等领域的合作。在此期间，习近平还郑重邀请新西兰参与21世纪海上丝绸之路的开发建设，海上丝绸之路将会在未来几十年成为增进双边关系的新平台。对于中国提出的"一带一路"倡议，新西兰也给予了积极的回应。2015年6月，新西兰正式成为亚投行创始成员国之一，也是首个加入亚投行的西方国家，从中可以清楚地看到新西兰在应对"一带一路"倡议第一个具体合作项目时的积极态度和所扮演的重要角色。今后中新两国还可以在"一带一路"倡议下展开多领域的合作，包括旅游文化、商业活动等民间往来，电子软件、科技研发、交通运输等服务产业领域合作，专业制造商之间的合作，农牧产品贸易以及科研、政策、监管、标准化等方面的农业产业合作等（杨洁生，2015）。

中新之间在多边合作领域也存在着很大的合作潜力。新西兰长久以来奉行基于自身利益和地区发展的独立自主外交政策，支持多边主义为基础的国际秩序（杨洁生，2015）。在东南亚和太平洋地区，中新之间有着很大的三方合作潜力。作为一个在区域问题上持客观中立立场的友好国家，新西兰有着极好的国际声誉，新西兰的参与会给中国主导的各项项目"加分"。这一点已由中国、新西兰与库克群岛三方合作库克供水项目的成功彰显出来，该项目是中国与西方国家开展的第一个三方合作项目，在太平洋岛国地区引起了积极反响，已经成为多边合作的典范。

8.2.2.3　太平洋岛国

近年来中国与太平洋岛国的投资关系愈发密切。2004年中国对太平洋岛国的直接投资流量为10万美元，到2012年增长到了1.5亿美元，之后两年有所回落（表8-11）。截至2013年9月，中国对太平洋岛国投资的企业有近150家，直接投资累计达10亿美元，主要投资对象为巴布亚新几内亚、萨摩亚、斐济、马绍尔群岛，中国企业累计与太平洋岛国签署承包工程项目合同价值51.2亿美元（中华人民共和国商务部，2013）。零售商业的投资占据了中国在太平洋岛国投资的最大份额，在巴布亚新几内亚零售和批发领域的投资几乎占了中国对当地投资的一半，在汤加投资移民几乎占了岛上人口的4%；矿业领域的投资集中在巴布亚新几内亚和斐济，在巴布亚新几内亚中国冶金科工集团有限公司拥有并经营着价值15亿美元的拉姆镍矿和钴镍合金矿，这是中国在大洋洲最大的矿业投资；此外，还有液化天然气、铝土矿和金矿等项目。中国在太平洋岛国的建筑业投资增长迅速，由于太平洋岛国规模小，一般是一家大公司主导着整个岛国的市场，巴布亚新几内亚是中国在南太地区最大的建筑市场；渔业是中国投资较为引人关注的领域，中国拥有太平洋岛国地区最大的捕捞船队，金枪鱼捕捞数量占地区总量的1/4以上（史林，2015；卡布托拉卡，2015）。

表8-11　中国对太平洋岛国直接投资流量情况　　　　　单位：万美元

国家	2004 年	2005 年	2006 年	2007 年	2008 年	2009 年
巴布亚新几内亚	10	588	2 862	19 681	2 992	480
萨摩亚	—	—	—	−12	—	63
斐济	—	25	465	249	797	240
马绍尔群岛	—	—	200	3 416	800	2 670
瓦努阿图	—	—	—	—	—	—
密克罗尼西亚	—	16	—	625	−16	—
帕劳	—	—	—	50	752	—
汤加	—	—	—	—	—	—
基里巴斯	—	—	—	—	—	—
库克群岛	—	—	—	—	—	—
合计	10	629	3 527	24 009	5 325	3 453

国家	2010 年	2011 年	2012 年	2013 年	2014 年	2014 年年末存量
巴布亚新几内亚	533	1 665	2 569	4 302	3 037	46 002
萨摩亚	9 893	11 773	4 759	−7 793	3 484	22 308
斐济	557	1 963	6 832	5 832	−3 716	11 998
马绍尔群岛	1 318	−2 743	—	−1 210	—	11 687
瓦努阿图	—	79	293	—	604	6 981
密克罗尼西亚	—	−289	341	46	339	1 162
帕劳	50	57	—	—	51	1 010
汤加	—	—	—	—	10	721
基里巴斯	—	—	—	82	—	82
库克群岛	—	—	12	17	−27	7
合计	12 351	12 505	14 806	1 276	3 782	101 958

注：2004～2006 年各年流量为非金融类直接投资流量

资料来源：中华人民共和国商务部等，2015

中国投资的吸引力，还在于其往往伴随着不附加先决条件的援助和贷款。太平洋岛国由于地缘因素的影响，长期以来需接受来自世界各国的援助和支持。澳大利亚在对岛国的援助中占据主导地位，在贸易、社会政策和军事方面也给予了岛国很大的帮助，太平洋岛国对澳大利亚依赖较大（鲁鹏和宋秀琚，2014）。中国对太平洋岛国的援助始于1976年，近几年增长尤其迅速，中国对太平洋岛国的援助和经济合作已成为支撑岛国经济发展的重要外部动力。据澳大利亚罗伊国际政策研究所统计，2006～2013年，太平洋岛国地区的前五大援助国为澳大利亚（68.3亿美元）、美国（17.7亿美元）、日本（12.3亿美元）、新西兰（11.0亿美元）和中国（10.6亿美元），中国对该地区的援助规模基本与新西兰持平，为第五大援助国。2006～2015年，中国已累计向太平洋岛国提供14.8亿美元的援助，援建169个成套项目，主要集中在运输（42%）、政府和公民社会（13%）、教育（9%）三大领域，其中，80%的援助以优惠贷款的形式进行。从国别看，中国的主要援助对象包括巴布亚新几内亚（4.4亿美元）、斐济（3.4亿美元）、瓦努阿图（2.2亿美元）、萨摩亚（2.1亿美元）、汤加（1.4亿美元）等（Lowy Institute for International Policy，2015）。从现实主义观点来说，对外援助是一国政府实现外交目标的重要手段，中国在南太平洋地区的影响力绝大程度上基于不附加条件的援助和不断增多的区域内经济互动。

参 考 文 献

方晓志. 2013a. 南太平洋：安全形势日趋复杂. 世界知识，(18)：34-35.

方晓志. 2013b.《澳大利亚国家安全战略》评析. 世界经济与政治论坛，(3)：31-44.

费晟，黄冠华. 2015. 2014年太平洋岛国发展回顾与评估//喻常森. 大洋洲发展报告（2014～2015）. 北京：社会科学文献出版社.

郭又新. 2014. 南太平洋岛国华侨华人的历史与现状初探. 东南亚研究，(6)：84-91.

胡广阔，唐利芳. 2015. 新形势下澳大利亚市场投资机会与投资策略. 对外经贸实务，314（3）：77-80.

姜芸. 2015. 亚太地区秩序变迁中的澳美日关系//喻常森. 大洋洲发展报告（2014～2015）. 北京：社会科学文献出版社.

卡布托拉卡. 2015. 中国对大洋洲自然资源开发领域的投资//喻常森. 大洋洲发展报告（2014～2015）. 北京：社会科学文献出版社.

林香红，周通. 2013. 太平洋小海岛国家的蓝色经济. 海洋经济，3（4）：62-79.

刘宝银，陈红霞. 2013. 环中国西太平洋岛链——航天遥感融合信息军事区位. 北京：海洋出版社.

鲁鹏，宋秀琚. 2014. 澳大利亚与南太平洋地区主义. 太平洋学报，22（1）：61-68.

吕桂霞. 2015. 中国对斐济的经济援助：内容、特点与成效//喻常森. 大洋洲发展报告（2014～2015）. 北京：社会科学文献出版社.

麦康年. 2015. 新西兰：逐步提升外资吸引力. 中国投资，403（5）：56-58，10.

莫杰，刘守全. 2009. 开展南太平洋岛国合作探查开发深海矿产资源. 中国矿业，(6)：43.

庞琴，叶菁. 2015. 21世纪以来中国与南太岛国贸易不平衡性研究//喻常森. 大洋洲发展报告（2014～2015）. 北京：社会科学文献出版社.

瑞斯德尔P. 2013. 新解中国在澳大利亚投资. 党韦华，译. 国际经济评论，103（1）：109-121.

施昌学. 2013. 海军司令刘华清. 北京：长征出版社.

史林. 2015. 太平洋岛国的中国投资者发展态势调查报告//喻常森. 大洋洲发展报告（2014～2015）.

北京：社会科学文献出版社.

斯托里 M. 2015. 中企是澳洲投资的最大业主吗. 章海贤，译. 新理财，237（11）：20-21.

宋秀琚，叶圣萱. 2016. 浅析"亚太再平衡"战略下美国与南太岛国关系的新发展. 太平洋学报，24（1）：50-62.

孙芳安. 2015. 投资是中澳关系成功关键. 中国投资，395（1）：75-77.

唐文娟. 2013. 中国与澳大利亚的相互投资浅析. 中国外资，287（8）：13，16.

汪诗明，王艳芬. 2014. 如何界定太平洋岛屿国家. 太平洋学报，（11）：1-7.

汪诗明，王艳芬. 2015. 论习近平访问太平洋岛国的重要历史意义. 人民论坛·学术前沿，（24）：54-67，87.

王建堂. 1991. 当代大洋洲. 广州：广东教育出版社.

王婷婷. 2015. 2014 年新西兰大选后政府政策走向//喻常森. 大洋洲发展报告（2014~2015）. 北京：社会科学文献出版社.

王毅，李福建. 2015. 从亚投行事件看澳大利亚在中美之间的外交政策取向//喻常森. 大洋洲发展报告（2014~2015）. 北京：社会科学文献出版社.

杨洁生. 2015. 新西兰与"一带一路"倡议构想//喻常森. 大洋洲发展报告（2014~2015）. 北京：社会科学文献出版社.

姚帅. 2015. 关注大周边：中国对南太平洋岛国援助的新形势//喻常森. 大洋洲发展报告（2014~2015）. 北京：社会科学文献出版社.

喻常森. 2015. 太平洋岛国在 21 世纪中国战略谋划中的定位//喻常森. 大洋洲发展报告（2014~2015）. 北京：社会科学文献出版社.

喻常森，蔡艺峰. 2015. 南太平洋岛国海洋经济合作与可持续发展//喻常森编. 大洋洲发展报告（2014~2015）. 北京：社会科学文献出版社.

袁劲东. 2015. 阿博特政府执政以来美澳同盟关系的发展//喻常森. 大洋洲发展报告（2014~2015）. 北京：社会科学文献出版社.

张登华. 2015. 试析中国对太平洋岛国援助及三方合作新趋势//喻常森编. 大洋洲发展报告（2014~2015）. 北京：社会科学文献出版社.

中华人民共和国国家统计局. 2015. 中国统计年鉴（2002~2015）. http：//www. stats. gov. cn/tjsj/ndsj/［2016-04-29］.

中华人民共和国海关总署. 2016. 2015 年 12 月进出口商品国别（地区）总值表（美元值）. http：//www. customs. gov. cn/publish/portal0/tab49667/info785160. htm［2016-04-29］.

中华人民共和国商务部，国家统计局，国家外汇管理局. 2015. 2014 年度中国对外直接投资统计公报. 北京：中国统计出版社.

中华人民共和国商务部. 2013. 王超出席第二届中国—太平洋岛国经济发展合作论坛部长级会议. http：//www. mofcom. gov. cn/article/ae/ai/201311/20131100383952. shtml［2016-04-29］.

中华人民共和国商务部. 2014. 来南太岛国的旅游人数逐年增加. http：//big5. mofcom. gov. cn/gate/big5/www. mofcom. gov. cn/article/i/jyjl/l/201406/20140600627336. shtml［2016-04-29］.

中华人民共和国商务部. 2016. 国别贸易报告：2015 年澳大利亚货物贸易及中澳双边贸易概况. http：//countryreport. mofcom. gov. cn/record/qikan110209. asp? id=7895［2016-04-29］.

中华人民共和国商务部. 2016. 国别贸易报告：2015 年新西兰货物贸易及中澳双边贸易概况. http：//countryreport. mofcom. gov. cn/record/qikan110209. asp? id=8033［2016-04-29］.

中华人民共和国商务部外国投资管理司. 2013. 2013 中国外商投资报告. http：//wzs. mofcom. gov. cn/article/ztxx/201312/20131200421820. shtml［2016-04-29］.

中华人民共和国外交部. 2015. 澳大利亚国家概况. http：//www. fmprc. gov. cn/web/gjhdq_ 676201/gj_

676203/dyz_ 681240/1206_ 681242/1206x0_ 681244/ ［2016-04-29］.

中华人民共和国外交部 . 2016. 新西兰国家概况 . http：//www. fmprc. gov. cn/web/gjhdq_ 676201/gj_ 676203/dyz_ 681240/1206_ 681940/1206x0_ 681942/ ［2016-04-29］.

周亮，严大伟 . 2015. 中国对澳大利亚开展贸易与投资的政策建议 . 中国集体经济，446（6）：114-116.

Australian Bureau of Statistics. 2016. Australian National Accounts：National Income，Expenditureand Product. http：//www. abs. gov. au/［2016-04-29］.

Australian Bureau of Statistics. 2016. Year Book Anstralia 2015. http：//www. abs. gov. au/［2016-04-29］.

Crocombe R. 2008. The South Pacific. University of South Pacific：IPS Publications.

Lowy Institute for International Policy. 2015. Chinese Aid in the Pacific. http：//www. lowyinstitute. org/chinese-aid-map/［2016-04-29］.

Statistics New Zealan. 2016. Top statistics. http：//www. stats. govt. nz/［2016-04-29］.

United Nations Department of Economic and Social Affairs. 2016. Population Pyramids of the World from 1950 to 2100. http：//populationpyramid. net/oceania/2015/［2016-04-29］.

United Nations Statistics Division. 2016. WorldStatistics Pocketbook 2015 edition. http：//unstats. un. org/unsd/pocketbook/World_ Statistics_ Pocketbook_ 2015_ edition. pdf ［2016-04-29］.

Yang J. 2011. The Pacific Islands in China's Grand Strategy：Small States，Big Games. London：Palgrave Macmillan.

9　撒哈拉以南非洲

2013 年 5 月，非洲联盟第 21 届首脑会议提出了"2063 年愿景"发展战略；同年 10 月和 11 月，习近平在出访哈萨克斯坦和东盟国家时，提出了"一带一路"发展战略。中国的发展战略与非洲的发展战略在同一年提出有着实质性的有机联系。实践证明，中非之间的政策沟通、设施联通、贸易畅通、资金融通、民心相通，已经极大地推动了中非关系的发展。中非合作论坛已经成为双方政策沟通的平台，有力地推动了中非的全方位合作；中国在非洲修建大量基础设施，有力地促进了非洲大陆的一体化；中非贸易飞速增长，极大地推动了双方经济的发展；中国多次向非洲提供优惠贷款，在很大程度上缓解了非洲大陆资金的短缺；频繁的高层和民间交往，沟通了彼此民心，中非已然成为了新时期的"命运共同体"。非洲作为中国第三大海外投资市场和第二大海外工程承包市场，在"一带一路"倡议中，是一个重要的目的地，"一带一路"倡议的实施将会再一次加强丝路经济带沿线国家和地区的联系，会给非洲带来新的发展机遇。

本章从撒哈拉以南非洲自然地理、社会经济，以及与中国的经贸往来关系入手，首先，分析了撒哈拉以南非洲的区域自然地理特征，重点对撒哈拉以南非洲地区的地理位置、水资源概况、气候状况、土地资源、生物资源和能矿资源做了介绍；其次，从政治、经济、社会、基础设施、民族与宗教和恐怖组织分布与活动入手，对撒哈拉以南非洲地区的社会经济状况、国际关系和地区稳定情况做了介绍；此外，在本章第三小节，重点对中国与撒哈拉以南非洲的经贸合作历程、现状和经贸特征做了详细分析；最后，在上述小节基础上，本章通过建立风险投资分析模型，确立了针对能矿资源、电力设施、交通基础设施和林木资源等领域的撒哈拉以南非洲重点国家的风险投资权重排名。

9.1　区域自然地理特征

9.1.1　基础地理状况

9.1.1.1　地理位置与疆域

（1）地理位置

撒哈拉以南非洲位于 25.36°W ~ 63.50°E，34.84°S ~ 27.30°N，横跨南北半球，西临大西洋，东临印度洋，北隔地中海及直布罗陀海峡与欧洲相望，东北以红海和苏伊士运河与亚洲分界（图9-1）。该区域占地面积约为2430万km²，占据了非洲大陆的绝大部分土地，生活着约85%的非洲人口。

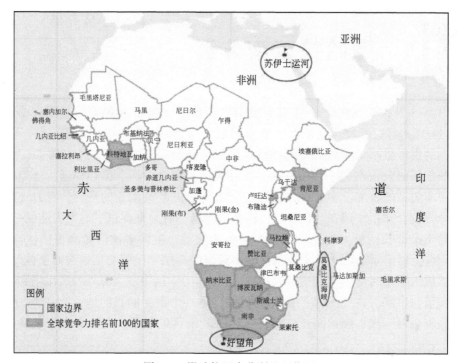

图9-1　撒哈拉以南非洲地理位置

（2）地理单元

本章介绍撒哈拉以南非洲地区有44个国家（图9-1），其中，南部非洲国家12个：安哥拉、博茨瓦纳、津巴布韦、科摩罗、莱索托、马达加斯加、马拉维、莫桑比克、纳米比亚、南非、斯威士兰、赞比亚；中部非洲国家32个：埃塞俄比亚、贝宁、布基纳法索、布隆迪、赤道几内亚、多哥、佛得角、冈比亚、刚果（布）（刚果共和国）、刚果（金）、几内亚、几内亚比绍、加纳、加蓬、喀麦隆、科特迪瓦、肯尼亚、利比里亚、卢旺达、马里、毛里求斯、毛里塔尼亚、尼日尔、尼日利亚、塞拉利昂、塞内加尔、塞舌尔、圣多美和普林西比、坦桑尼亚、乌干达、乍得、中非。肯尼亚是中国"一带一路"倡议在非洲唯一的支点，并逐步扩大，打破国家界限。

9.1.1.2　区域地形地貌特征

整个非洲可以说是从狭长沿海地带陡然升起的一片广阔高原，由上古结晶岩块构成。高原的东南部较高，然后向西北方向下倾。总体而言，高原可分为东南部分和西北部分。西北部分有撒哈拉沙漠和众所周知的北非马格里布（Maghrib）地区，有两个山区：西北非的阿特拉斯山脉（Atlas Mountains），人们认为这是伸入至南欧的山系一部分；撒哈拉的阿哈加尔〔Ahaggar（Hoggar）〕山脉。高原的东南部有埃塞俄比亚高原，东非高原和南非东部的龙山山脉（Drakensberg），南非东部高原的边缘如陡坡般下倾。

非洲大陆的最高点为乞力马扎罗山（Kilimanjare），海拔 5895m；最低处为吉布提（Djibouti）的阿萨勒湖（Lake Assal），低于海平面 157m。以它的大小比例而言，非洲的高山和低地平原比任何其他洲都少。区域南部和东部的较高地区与西部和北部海拔较低的地方形成强烈的对比。

撒哈拉以南非洲地形以高原为主，地表多山脉，是热带气候的集中地区，拥有世界上最大盆地（刚果盆地），最高峰是乞力马扎罗山（5895m）。

由图 9-2 可知该地区地形海拔均较高，地面起伏不大，为高原大陆。整个地势由东南向西北倾斜，海岸线平直。另外，南起赞比西河口，北经东非高原、红海至西亚死海由地壳断裂形成，有"地球的伤痕"之称的东非大裂谷也在该区域。

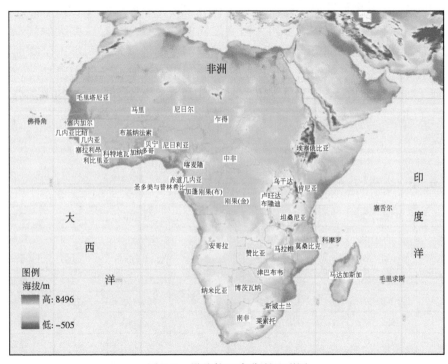

图 9-2　撒哈拉以南非洲地形图

9.1.1.3　基础地理状况的地缘影响

由于北部、东北部和南端陆海位置独特，非洲在历史上一直是重要的交通枢纽，同时也具有重要的战略意义，尤其是撒哈拉以南非洲地区。地形上有世界最大的东非大裂谷和世界上最大的刚果盆地，这两大特殊地形区；河流流域方面，苏伊士运河连接地中海和红海，是亚洲和欧洲进入非洲最近的海上通道，也是世界上使用最频繁的航线之一；南非的好望角是大西洋与印度洋互通的航道要冲，有"西方海上生命线"之称，对世界海运活动具有重要的意义；莫桑比克与马达加斯加之间的莫桑比克海峡是世界上最长的海峡，是南大西洋和印度洋之间的航运要道，在苏伊士运河开凿之前，它更是欧洲大陆经大西洋、好望角、印度洋到东方去的必经之路，战略地位十分重要；印度洋中还有塞舌尔群岛、科摩罗群岛和大西洋中的佛得角群岛、普林西比岛和圣多美岛等小岛，且多数远离大陆，缺少天然良港，仅西北非局部地区的里亚斯海岸处，有全洲最好的天然良港；北部的锡尔特湾和几内亚湾是向陆地凹入的两片海域，属非典型海湾；索马里半岛是非洲最大的半岛；马达加斯加岛是非洲最大的岛屿（面积为59.58万 km^2，世界第四大岛）。

9.1.2 水资源

9.1.2.1 水资源概况

非洲的水系主要由尼罗河（赤道向北）和刚果河（中非）流域主宰（表9-1），总计灌溉非洲近1/4的土地面积。在两大河流之间的分界处之南是一些大的淡水湖。满布岛屿的维多利亚湖是非洲最大的湖，也是尼罗河主要的蓄水库。坦干伊喀湖和尼亚沙湖是在非洲大裂谷体系的深谷中形成的一串湖泊中最大者，西非的尼日河和南部的尚比西河（Zambezi）以及橘河连同它们的支流构成非洲其余外部水系的大部分。北部的乍得湖（Chad）和南部的奥卡万戈沼泽地（Okavango Swamp）均在非洲两大内陆盆地之中。

表9-1 非洲九大流域情况

流域	面积/km²	占非洲面积比例/%	大型水库数量	坝高/m	总库容/亿 m³	用途
刚果河	3 790 053	12.5	2	50~58	—	发电
尼罗河	3 112 369	10.3	6	22~111	1749	灌溉、发电
乍得河	2 381 635	7.8	4	14~48	166	灌溉
尼日尔河	2 273 946	7.5	6	23~79	314	灌溉、发电
赞比西河	1 340 291	4.5	3	70~171	2319	灌溉、发电
奥兰治河	896 368	3.0	5	<185	142	灌溉、发电
塞内加尔河	483 181	1.6	1	70	113	灌溉
林波波河	412 938	1.3	2	48~65	135	灌溉、发电
沃尔特河	394 196	1.3	2	<134	1494	发电

（1）尼罗河流域

尼罗河长约6650km，是世界最长的河流。它从维多利亚湖流来，称为维多利亚尼罗河，流入艾伯特湖，由此又成为艾伯特尼罗河，再往北则为杰巴河（Al-Jabal），由此在接纳了几条支流之后，它又成了白尼罗河，最后，尼罗河注入地中海。它的主要左岸支流为加札勒河（Al-Ghazal），右岸最大的支流为索巴特（Sobat）河、青尼罗河和阿特巴拉（Atbara）河。

（2）尼日尔河流域

尼日尔河流域是西非最大的河流流域。尼日尔河源自几内亚山脉，通过尼日利亚南部的尼日尔河三角洲入海，长约4160km。河道中有几处为湍流所截，虽然其中有些湍流［如马里的巴马科（Bamako）的下方］被水坝所围成的水库淹没。

尼日尔河在尼日利亚接纳从左岸流入的最大支流贝努埃河。来自陶莎（Taoussa）的尼日河下游河谷和贝努埃河谷均为断层盆状洼地，其历史可追溯到早期白垩纪。原先，尼日尔河中游往南流入海；其河谷向上游源头侵蚀，最后开辟内陆湖，并将尼日尔河中游与上游连接起来。

（3）刚果河流域

刚果河长约4669km，河道常被峡谷所阻隔形成许多瀑布最著名的是在基桑加尼（Kisangani）的博约马瀑布［Boyoma（Stanley）Falls］，这里河水腾越成一个弧形向西流去。在基桑加尼下游，刚果河首先与从右面来的乌班吉河（Ubangi）汇合，然后又有从左面汇入的开赛河（Kasai）。在与开赛河汇流的下方，刚果河的主流在一个深峡谷中穿过克里斯塔尔山（Cristal），峡谷的一处伸入至马莱博湖［Malebo（Stanley）Pool］。最终刚果河通过一个沼泽似的河口湾入海，湾口约有10km宽。

（4）赞比西河流域

赞比西河长约3500km，流域面积约12万km^2，有无数瀑布，最壮观的当数维多利亚瀑布。这些瀑布之后，河流蜿蜒于由玄武岩劈成的一些深谷，在流往一片宽广的谷地后，进入约26km长的卡里巴峡谷（Kariba Gorge）。两条主要支流卡富埃（Kafue）和卢安瓜（Luangwa）双双流经峡谷，在卡里巴下游处从左侧与赞比西河汇流。赞比西河主流入海口处是一个宽约60km的三角洲。

（5）橘河流域

橘河是南非最长的河流，几乎横贯该国东西领土，其源头始于东部高地，流经西部喀拉哈里沙漠（Kalahari）洼地注入南大西洋。其主要支流瓦尔（Vaal）河是其北部的一个主要源头；两河共有2093km长。橘河—瓦尔河体系有一个共同的特点是在其全程中要越过无数的斜面坡度，最大的落差发生在奥赫拉比斯瀑布（Augrabies Falls）。

（6）乍得流域

乍得流域构成了非洲最大的内陆水系区。乍得湖是淡水湖，平均水深约1.2m，位于盆地中央，但并非其最低部分。乍得湖由3条主要河流的水汇合而成，它们是科马杜古约贝（Komadugu Yobe）河、洛贡（Logone）河和沙里（Chari）河。湖的面积和深度根据气候条件每年都有所变化，平均面积为9840～25 760km^2。

9.1.2.2　水资源特征及地缘影响

非洲水资源的利用主要包括三大方面：农业用水（灌溉和牲畜饮水）、生活用水和工业用水。其他如水力发电、航运、渔业、采矿、环境用水等，只占水资源消耗量的一小部分。

非洲水资源年消耗量为2150亿m^3，相当于水资源年补给量的5.5%，占世界用水量的6%。在非洲，农业用水占总用水量的86%，超过世界平均水平（70%），且各地区差别较大。苏丹—撒哈拉地区和印度洋群岛农业用水所占比重最大，分别占该地区用水量的95%和94%。中部地区农业用水占56%，实际上，该地区每年的降水量只够满足雨季农业种植的需要。

非洲人均用水量为247m^3/（人·a），各地区之间和地区内部存在较大的差别。其中，中部地区为21m^3/（人·a），印度洋群岛为786m^3/（人·a）。

非洲有灌溉潜力的土地面积约为 4250 万 hm²，现有灌溉面积约为 1344 万 hm²，仅占种植面积的 6.4%。非洲的灌溉面积比例在世界上处于较低水平，如亚洲为 38%，加勒比地区为 27%，拉丁美洲为 12%。

非洲农业灌溉方式主要有地表灌溉、喷灌和微灌等。有压灌溉技术的使用主要分布在南部地区；喷灌技术在南部地区使用最多。在几内亚湾、东部和中部地区，较多使用小型喷灌。由于北部和南部地区比较干旱，且是非洲经济发展较快的地区，农业灌溉技术发展较快。

由于非洲整体经济水平落后，导致非洲的水资源管理水平也非常落后，加之非洲大部分地区自然条件恶劣，导致非洲大陆的很多河道对降水量的变化高度敏感。同时受到全球气候变暖的影响，非洲的河流面临着极大的威胁，这将导致四分之一的非洲大陆会在 21 世纪末处于严重的缺水状态。在非洲西部，降水的少量减少都将致使河流减少 80% 的流量，这一切会导致科学家们称作的"水难民"情况发生。

据联合国教育、科学和文化组织统计，非洲的水资源危机每年致使 6000 人死亡，约有 3 亿非洲人口因为缺水而过着贫苦的生活。在未来的 20 年里，非洲至少有 5 亿人口将由于缺水而生活在困境中。这将进一步导致他们由于缺少用于灌溉农作物的水，使得农业产量会继续减少。专家认为，未来 20 年，由于缺乏足够的水，非洲粮食产量将减少 23%。而有的专家则认为，非洲的天然水资源并不缺乏，但贫穷的非洲没有管理好这些宝贵的水资源，从而使水资源危机的形势日趋严峻。也有分析人士认为，如果目前缺乏饮用水的状况得不到改善，那么水资源问题也很可能会成为一些非洲国家之间发生纷争或冲突的导火索。水资源短缺、水污染严重，已经成为摆在非洲各国领导人面前的一道重要难题。尽管非洲拥有 5.4 万亿 m³ 丰富的水资源，但由于缺少资金和基础设施，目前只有 4% 的水资源得到开发利用。如何加强和改善非洲的水资源管理状况，在尊重非洲文化传统、风俗习惯的基础上，教会非洲人民如何认识和利用水，解决当前非洲日益严峻的水危机，已成为制约非洲经济发展的重要屏障。

9.1.3 气候状况

9.1.3.1 气温和降水等时空特征

非洲有"热带大陆"之称，其气候特点是高温、少雨、干燥，气候带分布呈南北对称状。赤道横贯中央，气候一般从赤道随纬度增加而降低。非洲年平均气温在 20℃以上的地带约占全洲面积的 95%，其中，一半以上的地区终年炎热，有将近一半的地区有着炎热的暖季和温暖的凉季。埃塞俄比亚东北部的达洛尔年平均气温为 34.5℃，是世界年平均气温最高的地方之一。利比亚首都的黎波里以南的阿齐济耶，1922 年 9月 13 日气温高达 57.8℃，为非洲极端最高气温。乞力马扎罗山位于赤道附近，因海拔高，山顶终年积雪。非洲降水量从赤道向南北两侧减少，降水分布极不平衡，有的地区终年几乎无雨，有的地方年降水量多达 10 000mm 以上。全洲 1/3 的地区年平均降水量不足 200mm。东南部、几内亚湾沿岸及山地的向风坡降水较多。图 9-3 和图 9-4 为非洲地区多年年均气温和降水空间分布图。

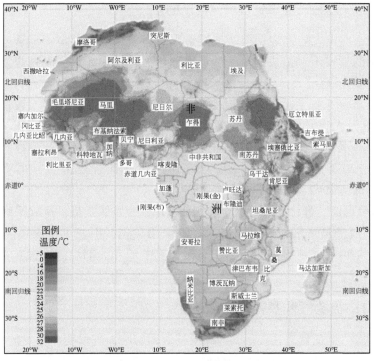

图 9-3　撒哈拉以南非洲地区多年年均气温空间分布

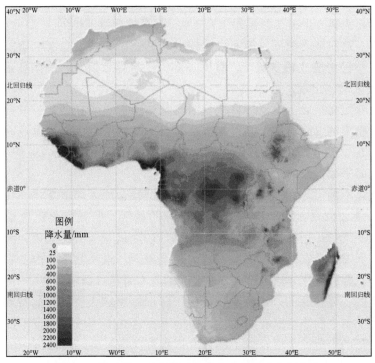

图 9-4　撒哈拉以南非洲地区多年年均降水空间分布

9.1.3.2 主要气候事件（干旱、洪涝）

一直以来，非洲大陆都饱受极端气候带来的恶劣影响，其中，干旱对非洲影响最为严重。长期的旱灾不仅造成河流干涸、土地龟裂、牲畜死亡、居民背井离乡，而且导致严重的沙漠化现象。

2011 年，非洲东部发生近 60 年来最严重的干旱，造成饮水困难，粮食短缺，引发的饥荒使 1240 万人受灾，其中，受灾最严重的索马里有近 3 万名儿童死于饥荒。2015 年以来，由于降水不足，非洲多国遭遇严重旱灾。干旱导致各国粮食减产，其中，埃塞俄比亚约有 820 万人、津巴布韦约有 150 万人、马达加斯加 20 万～30 万人面临粮食危机。南非旱情达 1992 年以来最重，农业占 GDP 份额下降 16.6% 以上，损失高达 100 亿兰特①。坦桑尼亚、赞比亚及津巴布韦等国水库水位持续走低，造成严重电力短缺。

2015 年年初，非洲东南部多地遭遇持续暴雨袭击，引发洪涝灾害。马拉维至少 176 人死亡，约 20 万人流离失所；邻国莫桑比克中部和北部洪涝灾害共造成至少 159 人死亡。

9.1.3.3 极端气候事件的地缘影响

非洲大陆对气候变化责任最小，却深受其负面影响。气候变化引发的粮食、水源、卫生等一系列问题对非洲人口构成全面威胁，越来越多的非洲国家开始自发统筹制定相关政策，采取各种措施，提升适应和减缓气候变化的能力。

气候变化增强了降水量的不平衡和不可预测性，每年都可能发生显著变化，引发长期洪水和干旱灾害。此外，气温每上升 1℃，都可能导致非洲的玉米、咖啡等农作物产量大幅下降。这对缺乏灌溉设施和农业技术，仍处在"靠天吃饭"阶段的非洲农业是巨大打击，不仅将造成粮食减产、贫困加剧，还将导致饥荒、疾病蔓延，以及流离失所的"气候难民"出现。

气候变化导致海平面上升，还将造成沿海低洼地区土壤盐碱化，危及非洲撒哈拉以南地区人口密集的沿海城市。联合国人居署表示，撒哈拉以南低海拔沿海地区城市化水平已达 68%。拉各斯、阿比让、阿克拉和利伯维尔等位于几内亚湾的沿海城市，最有可能受到海平面上升的影响。

气候变化还增加了非洲城市规划的难度。根据联合国人居署 2009 年发布的报告，尽管撒哈拉以南非洲是全世界城市化最不充分的地区，但城市化速度很快。预计到 2030 年，该地区 48% 的人口将居住在城镇。缺乏应对极端天气的能力，无法从农业生产上获得经济保障，是农村人口涌向城镇的重要原因。未来数十年内，非洲大小城镇在提供食品、水源和医疗等居民服务方面遭受的压力将与日俱增。

意识到气候变化问题的严峻性和长期性，非洲国家和人民已开始行动。贝宁、喀麦隆、马里等十余个西非国家在国际社会帮助下，建立了区域性水资源使用监测和数据收集系统，帮助当地社会更好地了解并发挥水资源在社会经济发展中的作用。塞内

---

① 南非兰特，由南非储备银行（中央银行）发行。

加尔、尼日利亚等国家的气候数据收集共享及洪水早期预警等项目，则让最容易受到气候变化影响的普通民众能及时获得并运用有关信息，保护自身利益。在乌干达和肯尼亚等国，国际援助机构、当地移动运营商、金融机构等部门通力合作，推出有针对性的手机业务，人们能实时接收气象预报、种植建议、农产品价格和疾病诊断信息等。

9.1.4 土地资源

9.1.4.1 耕地资源分布

非洲大部分地区位于南北回归线之间，有 3/4 的土地受到太阳的垂直照射，全洲平均气温 20℃ 的地区约占 95%，其中有一半以上地区终年炎热，有"热带大陆"之称，从温度的角度上看，很多地区的土地适合终年耕作。然而，由于受南北副热带高压带的控制，非洲有 1/3 的地区处于高温、少雨、干燥的气候，且降水量从赤道向南北两侧减少，降水分布极不平衡，有的地区终年几乎无雨，仅东南部、土地作为社会经济发展的基本要素之一，是人类赖以生存和发展的重要物质基础。同时，土地作为最基本的生产资料，其数量、质量和结构变化会导致所在区域农业及其结构的变化，而不合理的土地利用会直接影响到农业生产的效率。

另外，在撒哈拉以南非洲土地资源地理分布中非耕地面积最少，森林最多。草场和森林面积是耕地的 3.5 倍和 10.2 倍，撒哈拉以南非洲地区耕地主要分布在喀麦隆、刚果（金）、乍得等国。东非的耕地、草场、森林面积比约为 1.0∶3.0∶1.5，其耕地主要分布于埃塞俄比亚、坦桑尼亚、乌干达等国。西非的耕地、草场、森林面积比为 1.0∶2.2∶0.9，土地资源结构中森林比例最低。受西南季风影响，尼日利亚、加纳、多哥、贝宁等国所在的环几内亚湾地区水热条件较好，耕地资源相对集中。南非地区草场资源丰富，森林面积仅次于中非而高于非洲其他地区，耕地、草场、森林面积比为 1.0∶7.8∶4.5，其耕地分布在南非东南部气候相对湿润地区的国家，如南非共和国、赞比亚、莫桑比克等国。

9.1.4.2 土地资源退化

由于人口激增，使得传统的休闲耕作制不能继续维持，代之以更加高效的农业生产系统。在这种系统中，耕地休闲期缩短、复种指数提高，几乎没有还田措施。新的农作系统打破了原有的土壤生产力平衡系统，但又没有建立起新的适合更高的土地产出水平的肥力补偿机制，使得土壤肥力日益下降，成千上万公顷原来适宜耕作的土地处于日益严重的土地退化状态，其中，不少地方已经成了光板地，不再生长任何植物。更严重的问题在于这种现象几乎是不可逆的，同时又是极其普遍的。据统计，目前整个非洲已有 20% 以上的耕地被沙漠覆盖，另有 60% 的耕地面临沙漠化的威胁。如果不对荒漠化采取防范措施，到 2025 年，非洲人均占有耕地将从目前的 $0.35hm^2$（1995年）下降到 $0.1hm^2$。

当前整个撒哈拉以南非洲地区以东非的土地资源退化问题较为严重，卢旺达、布隆迪、埃塞俄比亚等国由于地势陡峭，土地承受着最高的侵蚀风险，土地退化已经成为东非国家面临的严重问题，目前其区内退化土地面积已达全区土地总面积的14%（表9-2）。

表9-2　撒哈拉以南非洲部分国家土地退化情况（%）

国家	退化土地比例	严重退化土地比例
布隆迪	—	76
埃塞俄比亚	28	20
肯尼亚	30	11
卢旺达	—	71
乌干达	53	12

9.1.4.3　土地资源问题的地缘影响

非洲耕地面积大，气候条件好，但是产量很低。非洲完全有条件成为中国农产品的主要来源地，可以改变中国过分依赖拉美、美国和其他国家进口农产品的局面。

撒哈拉沙漠以南非洲各国高度重视中国农业成功发展经验。中国用占世界6%的淡水和9%的耕地资源，解决了占世界20%左右人口的温饱问题，中国农业发展取得的成就让非洲国家看到了解决粮食问题的希望。近几年，中国与该地区农业部门的高层交往日益频繁。不少撒哈拉沙漠以南非洲国家领导人主动提出与中国开展农业合作，迫切希望中国企业参与当地农业开发。撒哈拉沙漠以南非洲国家领导人对中非农业合作的高度重视，为中国企业参与该地区农业资源开发创造了良好的政治环境。另外，随着中国经济实力不断增强，综合国力大幅提升，为实施"走出去"战略提供了必要的物质条件。同时，中国多样性的农业生产技术和经验具有成本低、容易学、简单实用的特点，非常符合该地区的实际需要，非常适合在该地区国家进行推广和普及。

近年来，非洲经济发展迅速，年平均增长率超过5%，宏观经济环境有所改善。尤其是撒哈拉沙漠以南非洲地区，多数国家继续推行经济改革，采取谨慎的宏观经济政策，提高了对财政、货币和汇率方面的管理能力；但粮食自给能力的下降直接影响到国家政局的稳定，发展农业已成为许多撒哈拉沙漠以南非洲国家迫切需要解决的问题，成为实现政局稳定、经济发展、社会安定的首要任务。许多撒哈拉沙漠以南非洲国家对外来农业投资逐渐持开放态度，相继采取有利于吸引外资的政策措施，制定优惠的土地租赁制度、农业税收优惠制度等，为外来投资者提供了良好的政策环境。

9.1.5　生物资源

9.1.5.1　林地资源

非洲森林资源是非洲较为重要的自然资源之一，森林覆盖面积大约为6.5亿hm²，占世界森林覆盖总量的17%左右；人均占有森林面积约0.8hm²，略高于世界平均水平（0.6hm²）；森林覆盖率为22%；木材蓄积量约464.6亿m³，在世界木材积蓄量上居第四位，每公顷的蓄积量为72m³，是世界热带木材主要产区之一。

非洲森林资源分布地区差异很大，主要集中在撒哈拉沙漠以南的中部非洲和南部非洲地区。该地区森林面积居非洲前十位的国家依次为：几内亚、刚果（金）、坦桑尼亚、赞比亚、中非共和国、安哥拉、喀麦隆、刚果、加蓬和莫桑比克，其森林面积均在1600万hm²以上，合计占非洲森林总面积的65.5%。中部非洲六国——赤道几内亚、加蓬、刚果（布）、刚果（金）、喀麦隆和中非共和国等共享刚果盆地热带雨林资源，森林覆盖率达48.3%（图9-5）。其中仅刚果（金）一国森林覆盖面积就高达1.35亿hm²。

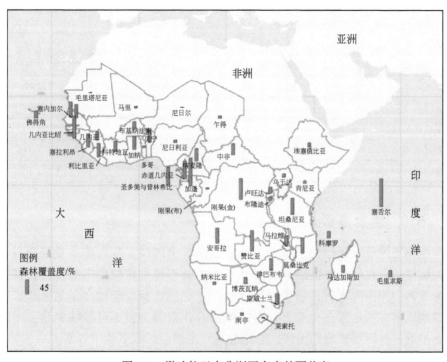

图9-5　撒哈拉以南非洲国家森林覆盖度

加蓬森林覆盖率高达69.3%，赤道几内亚森林覆盖率为63.5%。南部非洲森林覆盖面积高达1.95亿hm²，森林覆盖率为30%。其中，安哥拉森林覆盖面积最大，其次是赞比亚和莫桑比克。西非森林面积约占全非洲森林覆盖面积总额的13%，木材蓄积量预计约为50亿m³。几内亚比绍是该地区森林覆盖率最高的国家，约82%，居非洲各国之首。

从人均占有量来看，加蓬最高，为13.5hm²，大大高于非洲平均水平（0.7hm²）。其次是中非，为9hm²，肯尼亚等国最少，平均不到0.1hm²。

9.1.5.2　动植物资源

撒哈拉以南非洲地区属于古热带区，本区植物区系的发育史至少可追溯到白垩纪。它一直处于热带气候条件下，植物的生境优越，种类非常丰富。主要的古热带种类有藤黄科、龙脑香科、露兜树科、桑科、豆科、棕榈科、梧桐科等。

非洲以野生动物品种和数量繁多而闻名，大型有蹄类哺乳动物（90多种）和淡水鱼（2000多种）比其他各洲都多。表9-3为撒哈拉以南非洲地区部分国家动植物资源概况。

表9-3 撒哈拉以南非洲部分国家动植物资源 单位：种

国家	哺乳动物	鸟类	植物
安哥拉	276	765	5 185
博茨瓦纳	164	386	2 151
莱索托	33	58	1 591
马拉维	195	521	3 765
莫桑比克	179	498	5 692
纳米比亚	250	469	3 174
南非	247	596	23 420
斯威士兰	47	364	2 715
坦桑尼亚	316	822	10 008
赞比亚	233	605	4 747
津巴布韦	270	532	4 440

9.1.5.3 生物资源问题的地缘影响

中非生物资源寻求合作的领域在于林业，随着中国经济步入稳步发展阶段，木材需求的持续增长和森林资源供给的有限性导致木材市场供求缺口不断扩大，扩大木材进口成为改善中国国内木材市场供求状况的一个必然选择。经过多年的合作，中国与撒哈拉沙漠以南非洲地区在林业方面有广阔的合作前景，但不可忽视的是，中非林业合作还面临着一些困难或制约因素，总结起来，主要包括以下两个方面。

1）非洲国家基础设施落后，运输网络存在严重缺陷，电力输送落后，通信手段不足以及燃油供应困难等均严重制约着木材工业的发展。非洲多数森林位于偏远地区，没有与外界相通的公路，木材砍伐和交通运输十分困难，这种情况在短期内难以得到根本的改善，多次装卸和转运使木材成本陡增，竞争力下降。

2）非洲国家总体法制不健全，林木资源丰富的国家没有为外来投资者提供一个良好的宏观环境。例非洲多数国家税制复杂、不合理、随意性很大；贷款政策不灵活，贷款发放机构不愿向木材行业发放贷款且收费昂贵；货币不稳定，支付手段不足；行政手续繁冗，企业办理必需的经营证件所需时间过长；等等。

9.1.6 能矿资源

非洲地大物博，资源非常丰富，尤其是矿产资源丰富，一直被认为是"有希望的大陆"。世界上最重要的50种矿产非洲都不缺少，其中，至少有17种矿产的蕴藏量在世界位居第一（表9-4）。

表 9-4　撒哈拉以南非洲主要的采矿大国

矿产	国家	地位
黄金	南非	产量世界第一
金刚石	刚果（金）	产量世界第一
铝土	几内亚	产量世界第一
石油	尼日利亚	本区重要的石油输出国
铜	赞比亚	生产重要的国家

9.1.6.1　能源矿产

撒哈拉以南非洲石油资源主要分布在利比亚、尼日利亚和阿尔及利亚等国，在突尼斯、安哥拉、刚果、加蓬、喀麦隆等国也有一定量分布。利比亚为非洲第一大石油资源国，储量达 295 亿桶，主要分布在该国中北部地区的锡尔特（Sirte）含油气盆地中，该油气盆地面积为 200km×500km。据有关方面估计，该盆地潜在石油储量可达 350 亿桶。尼日利亚为非洲第二大石油资源国，储量达 225 亿桶，主要分布在该国西南部地区的里奥德尔雷（Rio del Rey）盆地和滨海三角洲盆地中。阿尔及利亚为非洲第三大石油资源国，储量约有 92 亿桶，主要分布在该国东北部地区。

撒哈拉以南非洲天然气资源主要分布在尼日利亚、利比亚等国，在喀麦隆、突尼斯、安哥拉、刚果、纳米比亚、南非、民主刚果、加蓬等国也有一定量分布。尼日利亚为非洲第一大天然气资源国，储量约有 35 092 亿 m^3，主要分布在该国西南部和滨海地区的一些油气盆地中。

9.1.6.2　金属矿产

撒哈拉以南非洲的矿产资源种类多、储量大、分布集中、便于开采，黄金和金刚石产量居世界首位，铬、钴、钛、钽、锗、锂和金刚石储量占世界总储量的绝大部分，黄金、白金、铀、铝土、铜、锡及石油和天然气的储量也很大。

黄金在撒哈拉以南非洲大陆分布广泛。主要分布在南非、津巴布韦、加纳和刚果（金）等国；在马里西南部、坦桑尼亚、几内亚东北部、布基纳法索、科特迪瓦、埃塞俄比亚、博茨瓦纳、纳米比亚西部、加蓬、中非共和国西部、尼日尔西南部、肯尼亚西南部、厄立特里亚、马达加斯加等也有分布。

南非是撒哈拉以南非洲，也是世界第一大金资源国，金储量达 19 000t，其金矿床主要有两种，一为含金古砾岩型，分布在威特瓦特斯兰德盆地中，产于晚太古代—早元古代不整合面上的砂砾岩中，储量巨大，是南非金矿生产主要开采对象；另一为绿岩型（主要含金石英脉型），产于太古代绿岩带中。津巴布韦是非洲第二大黄金资源国，金资源量达 600t，主要产于太古代绿岩带中。加纳为非洲第三大黄金资源国，其金矿床主要分布在该国南部，产于早元古代绿岩带中，成因类型主要为石英脉型和断裂蚀变岩型。刚果（金）是非洲第四大黄金资源国，金矿资源主要分布在该国东北部和东部地区，产于太古代绿岩带中，金资源量为 150t。加纳也有含金古砾岩型金矿床，产于早元古代地层中。

铬在撒哈拉以南非洲大陆分布集中，主要分布在南部非洲的南非和津巴布韦两国，少量分布在马达加斯加和苏丹等国。南非的铬铁矿床主要分布在位于该国东北部的布什维尔德杂岩体中，矿体主要呈层状，储量为 300 000 万 t。津巴布韦的铬铁矿主要分布在该国中部南北走向的世界著名的基性、超基性大岩墙（南北长 480km，平均宽 5.8km）中，部分产在基性杂岩体中，储量 14 000 万 t。南非和津巴布韦两国的铬铁矿储量占世界总储量的 80%。

铂族金属在撒哈拉以南非洲大陆也分布较集中，主要分布在南非和津巴布韦两国。南非是非撒哈拉以南非洲，也是世界上最大的铂族金属资源国，其储量高达 63 000t，占世界总储量的 90%。津巴布韦铂族金属矿床主要为伴生矿床，品位较低，规模较小。

铜在撒哈拉以南非洲大陆分布集中，主要分布在刚果（金）、赞比亚铜（钴）矿带中，其铜储量达 2200 万 t，占非洲总铜储量的 83%。刚果（金）、赞比亚铜（钴）矿带形成于中、晚元古代，为砂页岩型沉积铜矿床。非洲大陆其他的铜矿资源主要分布在南非、纳米比亚、摩洛哥、乌干达、毛里塔尼亚、博茨瓦纳和津巴布韦等国。南非的铜矿储量约 600 万 t，主要伴生在布什维尔德杂岩体中，部分为块状硫化物型。纳米比亚铜矿储量约 60 万 t，主要分布在该国中北部地区。

镍矿主要分布在南非、博茨瓦纳、津巴布韦等国。在马达加斯加、坦桑尼亚、科特迪瓦、布隆迪、埃及、埃塞俄比亚等国也有一定量分布。南非是非洲第一大镍资源国，产于布什维尔德杂岩体中，品位较低，和铂、铬等金属伴生，储量为 250 万 t。博茨瓦纳镍矿床主要分布在该国东部，产于基性杂岩体中，属岩浆型（铜—镍硫化物型）矿床，储量为 78 万 t，为非洲第二大镍资源国。津巴布韦镍矿床主要分布在该国中部，产于基性岩和各种杂岩体中，储量为 24 万 t。

在撒哈拉以南非洲大陆铝土矿分布较为集中，主要分布在几内亚、喀麦隆和马里三国。在加纳、塞拉利昂、莫桑比克等也有少量分布，成因类型主要为风化型。几内亚铝土矿储量 74 亿 t，为非洲第一、世界第二大铝土矿资源国，铝土矿主要分布在该国西部和中部地区。喀麦隆是非洲第二大铝土矿资源国，铝土矿储量为 8 亿 t，主要分布在喀麦隆中北部地区。马里共和国铝土矿储量有 6 亿 t，主要分布在该国西南部地区。

9.1.6.3 非金属矿产

撒哈拉以南非洲金刚石资源丰富，分布广泛，主要分布在刚果（金）、南非、纳米比亚、博茨瓦纳等国，在中非、安哥拉、坦桑尼亚、加纳、科特迪瓦、塞拉利昂、几内亚、埃塞俄比亚等国也有分布。其中以刚果（金）、博茨瓦纳、南非三国储量最为丰富，分别为 1.5 亿克拉、1.3 亿克拉和 0.7 亿克拉。

煤炭资源主要分布在南非、博茨瓦纳、津巴布韦三国，储量分别为 553 亿 t、40 亿 t 和 7 亿 t。莫桑比克、赞比亚、马达加斯加、尼日利亚、民主刚果等国也有分布，储量分别为 4 亿 t、3 亿 t、1 亿 t、0.9 亿 t 和 0.8 亿 t，此外，在阿尔及利亚、摩洛哥、坦桑尼亚、埃及、安哥拉、纳米比亚等国也有少量分布。南非为撒哈拉以南非洲第一大煤炭资源国，其煤炭储量约占非洲总储量的 91%，主要分布在该国中东部地区。

9.1.6.4 能矿资源问题的地缘影响

进入 21 世纪以来，非洲巨大的石油储量和产量吸引着世界各国的注意，引起世界各国的广泛关注和一轮又一轮的勘探开发热潮，其在世界能源市场的重要性正与日俱增，在国际能源格局中的地位凸显，成为影响世界产油国力量对比的重要角色和国际石油巨头角逐的新战场。随着石油勘探技术的不断提高以及非洲国家频频颁布一系列优惠政策支持外国公司进驻非洲，非洲石油业迎来了蓬勃发展的大好时机，非洲能源的战略地位发生了新的变化，其在国际能源领域发挥着独特作用。近些年来，美国、俄罗斯、印度、日本和欧盟等都采取一系列重大举措密切同非洲的关系，中国与非洲的新型战略伙伴关系也取得了重大进展。

新能源地缘战略认为，资源决定战略，谁控制了资源，谁就能控制对手，谁控制了对手，谁就控制了全世界。资源价值与地缘价值在时间和空间上合二为一，并以前者为主要矛盾的主要方面，是现代地缘政治理论的鲜明特色。

为了确保本国能源安全，能源储量丰富的撒哈拉沙漠以南的非洲地区成为各大国一种好的战略选择。因此，为了获取非洲廉价优质的石油资源，谋求巨额经济利益，同时为了抢夺对非洲能源的控制权，稳定国内能源需求，确保能源来源渠道的多元化，世界主要大国都加大了进入非洲能源领域的步伐。

该地区能源丰富的自然禀赋和独特的资源优势，以及世界大国出于能源多元化战略和能源安全的考虑对非洲能源展开的激烈争夺，使得非洲能源独特的战略地位日益凸显。

9.2　区域社会经济地理结构分析

9.2.1　政治制度

9.2.1.1　政治体制类型

比较而言，无论是政治制度、政党体制，还是社会政治生活，非洲大陆可以说是最丰富多彩和最复杂（图9-6）。撒哈拉沙漠以南非洲地区，共44个国家，其政治体制包括"酋长政治"、"族裔政治"、"大树下的民主"、"精英政治"、"贝宁模式"、"多党制"、"轮流坐庄"、"一党主政、多党参政"等。这是非洲政治体制和政党体制演变过程的反应，也是非洲人民长期致力于摸索符合自身国情和发展道路的国家政党制度艰苦历程的反应。

9.2.1.2　国际关系

1. 与原殖民国家关系

19世纪中后期，西方国家需要大量的工业原料和广阔市场，它们加紧了对非洲的侵略。随后，英、法、德、比、葡、意等15个国家在柏林召开会议，以协议形式对非洲进行了瓜分。第二次世界大战之前，撒哈拉以南非洲只有东非的埃塞俄比亚和西非的利比里亚这两个国家是独立国家，其他均沦为西方列强的殖民地或半殖民地。第二次世界大战后，非洲的殖民地开始逐步瓦解，首先德国、意大利的殖民地脱离控制，

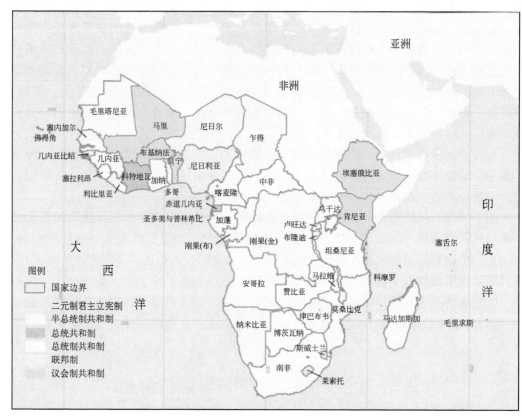

图 9-6　撒哈拉以南非洲地区国家政治体制类型

而后由于英法国力受到严重削弱，在 60~70 年代，绝大部分非洲国家已经脱离欧洲国家的控制成立了独立的政权，到 1990 年葡萄牙在非洲最后一块殖民地——西南非洲的纳米比亚独立，标志着欧洲在非洲殖民统治的历史彻底终结。

（1）法国

从 20 世纪 60 年代到 80 年代，法国先后同 8 个非洲国家签订防务协定，同 23 个非洲国家签订军事合作或技术援助协定，向非洲派遣了 1000 多名军事顾问，在 6 个法语系非洲国家长期驻军。由于历史上多次出兵介入非洲内乱，法国得到"非洲宪兵"称号。但法军以往的军事干预效果并不好，后来，法国几任总统都表示不再做"非洲宪兵"。2007 年萨科齐就任总统后，法兰西的"非洲情结"重新活跃，"非洲宪兵"的基因重新激活。

（2）英国

在英国看来，非洲是维系其全球外交的重要部分。英国国会议员仍定期讨论前英国殖民地国家的事务。近几年，英国加快重返非洲步伐，不断通过贸易和国防协定以保持其对十多个前非洲殖民地的影响。英国的一些援助方案也被解读为"重返非洲"的举措。

（3）德国

德国在 1883~1917 年也曾在非洲有多处殖民地，如坦桑尼亚、卢旺达、喀麦隆等。"德国之声"称，德国企业越来越多地将非洲大陆的国家纳入视野，如今，开展对外经济往来的德国企业中，21%与非洲有业务联系。事实上，德国也不断通过援助加强存在，特别是在前殖民地国家。

2. 中国与撒哈拉以南非洲关系

中非友谊源远流长，基础坚实。中非有着相似的历史遭遇，在争取民族解放的斗争中始终相互同情、相互支持，结下了深厚的友谊。中华人民共和国成立和非洲国家独立开创了中非关系新纪元。半个多世纪以来，双方政治关系密切，高层互访不断，人员往来频繁，经贸关系发展迅速，其他领域的合作富有成效，在国际事务中的磋商与协调日益加强。中国向非洲国家提供了力所能及的援助，非洲国家也给予中国诸多有力的支持。真诚友好、平等互利、团结合作、共同发展是中非交往与合作的原则，也是中非关系长盛不衰的动力。

（1）中非关系发展历程

1963年年底至1964年年初周恩来总理访问非洲10国期间，提出中国同非洲和阿拉伯国家相互关系的五项原则和中国对外援助八项原则，强调中国支持非洲国家和人民反对帝国主义和新老殖民主义、争取维护民族独立的斗争，强调中国提供援助不附带任何条件。这些原则产生了十分深远的影响，为中非友好合作关系的发展奠定了坚实基础。

1996年5月，江泽民访问非洲6国，提出了中国发展同非洲各国面向21世纪长期稳定、全面合作关系的五项原则建议：①真诚友好，彼此成为可以信赖的"全天候朋友"；②平等相待，相互尊重主权，互不干涉内政；③互利互惠，谋求共同发展；④加强磋商，在国际事务中密切合作；⑤面向未来，创造一个更加美好的世界。

江泽民的建议受到非洲国家和人民的普遍欢迎，对跨世纪中非关系的发展具有重大而深远的意义。

中国同非洲国家的经贸合作发展迅速。1997年，中国与非洲的贸易额达56.7亿美元，比1979年增加了44倍。

进入21世纪，提升中非合作成为双方共识。2000年10月于北京举行的中非合作论坛首届部长级会议上，中非宣布建立"长期稳定、平等互利的新型伙伴关系"。2006年1月12日，中国政府发表了《中国对非洲政策文件》，倡导建立和发展政治上平等互信、经济上合作共赢、文化上交流互鉴的中非新型战略伙伴关系，首次明确提出"全方位"合作概念，得到了非洲国家的积极响应。在同年11月举行的中非合作论坛北京峰会上，中非领导人一致同意并确立了中非新型战略伙伴关系。与此同时，胡锦涛还宣布了中国加强对非务实合作、支持非洲国家发展的八项举措。为进一步深化中非新型战略伙伴关系，2012年7月，中非合作论坛第五届部长级会议在北京成功举行。在会议开幕式上，胡锦涛代表中国政府宣布了支持非洲和平与发展、推进中非新型战略伙伴关系的新举措，为中非关系更好更快发展注入新的强劲动力。

（2）高层互访

1978~1997年，42个撒哈拉以南非洲国家领导人（包括副元首、副总理）137次访华。中国22位领导人（包括副总理）对非洲41国进行了154次访问。

1992年7月，国家主席杨尚昆对科特迪瓦进行国事访问。贝宁总统索格洛、坦桑尼亚总统姆维尼、纳米比亚总统努乔马、马里总统科纳雷、坦桑尼亚前总统南方中心主席尼雷尔、马达加斯加过渡政府第一副总理拉武尼、莫桑比克议长桑托斯、南非非洲人国民大会主席曼德拉应杨尚昆主席邀请访华。

1995 年，应邀访华的撒哈拉以南非洲国家元首和政府首脑有：塞舌尔总统勒内（5月）、佛得角总统蒙特罗（5～6月）、埃塞俄比亚总理梅莱斯（10～11月）、多哥总统埃亚德马（11月）和加纳总统罗林斯（12月）。

1996 年 5 月，江泽民对肯尼亚、埃及、埃塞俄比亚、纳米比亚、马里、津巴布韦进行了国事访问，提出中国发展同非洲各国面向 21 世纪长期稳定、全面合作关系的五项原则建议。

1997 年 5 月，李鹏访问塞舌尔、赞比亚、莫桑比克、加蓬、喀麦隆、尼日利亚和坦桑尼亚 7 国，就发展中非传统友谊、扩大经贸合作与非洲国家领导人达成广泛共识。

1997 年，科特迪瓦总统贝迪埃（5月）、尼日尔总统迈纳萨拉（5月）、刚果（民）总统卡比拉（12月）、厄立特里亚总统伊萨亚斯（4月非正式访问中国广东省）、毛里求斯总理纳文（4月）、佛得角总理维加（10月）和莫桑比克总理莫昆比（10月非正式访问）访华。

1998 年 6 月，外交部长唐家璇，对几内亚、科特迪瓦、加纳、多哥和贝宁进行正式访问。

1998 年，贝宁总统克雷库（1月）、莫桑比克总统希萨诺（3月）、坦桑尼亚总统姆卡帕（4月）、吉布提总统古莱德（8月私人访问）、安哥拉总统多斯桑托斯（10月）访华。

1999 年 1 月，胡锦涛访问马达加斯加、加纳、科特迪瓦和南非。胡锦涛的访问再次表明中国重视非洲，愿意加强同非洲国家的团结合作，这对建立中非跨世纪长期稳定、真诚友好、全面合作关系具有重大意义。

1999 年，尼日利亚总统奥巴桑乔（4月）、南非总统曼德拉（4月）、津巴布韦总统穆加贝（4月）、塞拉利昂总统卡巴（6月）、中非共和国总统帕塔塞（6月）访华。

2013 年 3 月，习近平对坦桑尼亚、南非和刚果共和国进行访问，并在德班金砖国家领导人会晤期间与埃及、埃塞俄比亚等多个非洲国家和非盟的领导人进行了广泛交流和沟通。习近平此次访非，历史意义重大，对中非关系和中非经贸合作的发展将产生深远影响。

（3）中国支持非洲国家振兴和发展民族经济的努力

中国根据援外八项原则，真诚地帮助非洲国家发展经济，并在平等互利的基础上积极开展经贸合作。中国向近 50 个非洲国家提供力所能及的援助。

中国除了同非洲国家进行政府间的经济技术合作外，还积极鼓励地方、企业和个体经营者同非洲国家开展经贸合作。1992 年，中国和马里、布隆迪、几内亚、科特迪瓦、加纳、马达加斯加、莫桑比克、赞比亚、埃塞俄比亚、纳米比亚、坦桑尼亚、贝宁、乍得、扎伊尔、肯尼亚、乌干达、圣多美和普林西比 18 个国家新签了贷款协议，向 14 个国家提供了一般物资援助，并向遭受严重旱灾的南部非洲 7 国提供了救灾物品。

中国把援助的重点放在受援国有需要、又有资源的中小型生产性项目和社会福利项目上，更多地采取由政府贴息、银行提供优惠贷款的方式，尽可能调动更多的资金；中国政府积极鼓励和推动双方企业通过合资、合作经营等多种方式，使企业在双方经贸领域的合作中发挥更积极作用。

（4）中国同非洲国家发展关系的原则

1）中国支持非洲各国为维护国家主权、民族独立、反对外来干涉和发展经济所作的各种努力。

2）中国尊重非洲各国根据自己的国情选择政治制度和发展道路。

3）中国支持非洲国家加强团结合作，联合自强，通过和平协商解决国与国之间的争端。

4）中国支持非洲统一组织为谋求非洲大陆的和平稳定和发展以及实现经济现代化所做的努力。

5）中国支持非洲国家作为国际社会平等的成员，积极参与国际事务和为建立公正合理的国际政治、经济新秩序而进行的努力。

6）中国愿意在互相尊重主权和领土完整、互不侵犯、互不干涉内政、平等互利、和平共处等原则的基础上，发展同非洲各国的友好往来和形式多样的经济合作。

3. 中非区域性组织

（1）中非合作论坛

中非双边关系稳步发展，高层互访频繁，政治互信不断增强，互视对方为战略伙伴，高度重视加强彼此间的合作。特别是2013年3月习近平出访坦桑尼亚、南非和刚果（布）期间，提出了"中非是休戚与共的命运共同体"，使中非利益结合更加紧密，双方战略合作进一步深化，为对非投资发展提供可靠的政治保障。21世纪初在中非双方共同倡议下成立的中非合作论坛，已成为中非沟通和合作的重要桥梁和利益协调机制。中国在中非论坛框架下推出了一系列举措，包括中非发展基金，发挥了伙伴式推进器作用，引导和支持了更多中国企业开展对非直接投资。

（2）中非工业合作发展论坛

为了推进和深化中非战略合作伙伴关系，建立诚信、安全、长效的中非工贸合作关系，使中非合作更加务实发展，2008年在国务院国有资产监督管理委员会指导下，外交部、商务部、中国轻工业联合会、中国非洲人民友好协会等单位支持下联合中非各界开办中非工业合作发展论坛，论坛得到非洲驻华使馆和联合国工业发展组织、非盟委员会等20多个国际组织单位领导的支持。中非工业合作发展论坛（China Africa Industrial Forum，CAIF，简称中非工业论坛），是在中非合作论坛的旗帜下推动中国和非洲在多个领域的发展与合作，致力于中非经济的快速健康发展，以促进中国和非洲各国在政治、经济、文化、科技、旅游等各方面的交流与合作为宗旨。在论坛框架下，中非双方就深入推进中非关系以及共同关心的国际和地区问题交换意见，达成广泛共识；中方推出了多项对非合作举措并积极予以全面落实，得到非洲国家的高度评价。经过十多年的发展和完善，论坛已成为引领中非关系发展的一面旗帜。

第一届中非工业合作发展论坛于2009年11月21～23日在北京国家会议中心成功召开。全国政协副主席阿不来提·阿不都热西提宣布论坛开幕，联合国机构、国际组织、外交部、商务部、国资委等领导出席并讲话，非洲30多个国家议员、使节发表了主题演讲。在为期三天的会议中，中非双方国家领导、业界专家、企业代表深入探讨了中国与非洲之间工业、能源、矿产、电子、科技、建筑等众多领域在未来深入合作发展的话题。就中非双边贸易政策、中非投资环境经营战略、中国企业对非热门投资采购项目等方面进行了更加切实有效的剖析讲解。论坛得到中非各界广泛好评。本届论坛达成中国与非洲国家项目贸易签约达30亿美元，现场签订投资采购项目100余个。

截至2013年年底，两年一届的论坛大会在北京国家会议中心已经成功举办3届，3届论坛总计签约150亿美元，签约项目400多个。中非工业合作发展论坛秉承友好合作、共同发展的目标，在双边、多边商务合作方面发挥着越来越积极的作用。

9.2.1.3　地缘政治问题分析

在多党制盛行的同时，非洲地区有2000多个传统和规模较大的部族和部族政治仍在人民的政治生活中发挥着相当作用，西方式民主与部族传统的"大树下的民主"协调发展仍是一个长期过程。多党制政治体制与现行相对滞后的市场经济体制仍不平衡。美国等西方势力从其全球战略出发，加强对非洲投入，非洲国家要真正消化并吸收多党制寻找完全适合自身发展的政治制度和政治体制仍有相当长的路要走。

但是，当前非洲政治环境总体算是保持相对稳定。2013年，非洲多个国家举行选举，以前出现动荡的几个国家（如肯尼亚和津巴布韦）政局平稳。除少数国家和地区局势动荡外，撒哈拉以南非洲国家总体上政治环境较为稳定。相对稳定的政治环境有利于为中国投资企业提供相对安全的投资经营环境，有利于中国扩大在非投资。同时，中国政府坚持真诚友好、平等相待、相互支持、密切合作的原则，积极发展与撒哈拉以南非洲国家的友好关系。双方政治交往密切，经贸合作成果显著，在国际事务中加强磋商与配合。中非关系进入以双边为主，双、多边并举，全面深入发展的新阶段，给中国企业在该地区的投资带来了广阔的前景。

9.2.2　经济状况

9.2.2.1　经济发展水平

2008年以来，全球经济发展受经济危机影响，各地区增速明显放缓。然而，非洲大陆则在近年来保持着快速发展，2012年约1/4的非洲国家经济增速超过7%。其中，埃塞俄比亚、塞拉利昂、尼日尔、利比里亚、布基纳法索和卢旺达等国的增速在全球位居前列，成为世界经济持续增长的新亮点。非洲发展银行最新公布的报告显示，非洲正成为全球经济发展速度最快的大陆，2013年经济增长率为4.8%，2014年达到了5%左右。在撒哈拉以南的非洲各区域中，西非地区经济发展势头良好，东非地区和中部非洲保持稳定增长态势，南部非洲经济也得到复苏（图9-7）。

9.2.2.2　经济发展特征分析

撒哈拉以南非洲地区在全球经济形势严峻的环境之下，仍然保持较快的发展速度，固然是因为其经济发展水平较低，有充分的上升和增长空间，但更为重要的是，该地

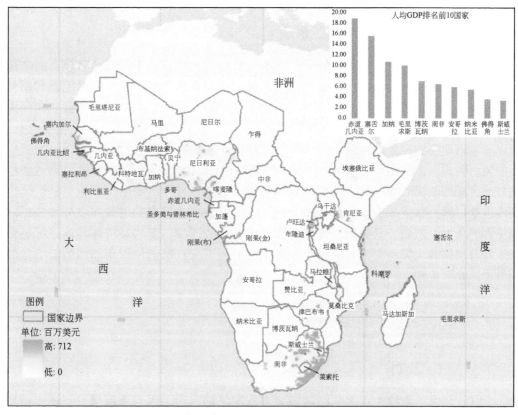

图 9-7　撒哈拉以南非洲地区重点国家 GDP（世界银行）

区各国在经济发展过程中，充分发掘自身优势和特点，走出了一条产业多样化、多引擎拉动经济的发展道路。目前，能源矿产出口和外部投资增加，地区内消费需求上升，以及区域经济一体化，都已成为拉动非洲经济增长的重要因素。

　　撒哈拉以南非洲地区过去 10 年的杰出经济成绩得益于各国良好的宏观经济管理。在过去 10 年里，大量外国直接投资流入撒哈拉以南非洲地区，其资金来源已开始从公共资本转向私人资本。撒哈拉以南非洲地区的外国直接投资起初集中于石油、天然气、采矿和化工领域，最近几年已大量转入电信和零售业。2000 ~ 2011 年，科特迪瓦、加纳、肯尼亚、尼日利亚、南非、坦桑尼亚和赞比亚 7 国的外国直接投资增长了 5 倍，从开始的不足 30 亿美元到现在的 155 亿美元。此外，加纳、肯尼亚、尼日利亚和南非的证券市场间接投资也日益成为颇有吸引力的投资领域。2011 年，上述 4 国的证券投资总额达 125 亿美元，其中，超过半数投资流入南非。由于撒哈拉以南非洲国家资本市场日益开放，加之日益良好的管理，进一步促进了其证券市场的兴起，外国投资者的投资意向更多地转向南非等国的政府公债和股票。

　　随着经济不断发展，撒哈拉以南非洲各国近年来在减贫扶贫、培育内部市场和消费群体方面也取得了明显进步。目前，消费支出占非洲 GDP 的 60% 以上，成为拉动经济发展的重要因素。非洲地区的经济一体化步伐也在不断加快。东非共同体、西非国家经济共同体和南部非洲发展共同体在区域内的经济合作与贸易，将在未来推动非洲经济进一步增长。

9.2.2.3 经济发展的地缘影响

在世界总体需求下降的大趋势下，能源和原材料价格可能走低是撒哈拉以南非洲国家面临的潜在风险。撒哈拉以南非洲国家出口是以资源产品为主，如果能源和原材料价格走低，将直接导致非洲国家即使出口总量不减，收入也必然减少。虽然非洲国家目前在调整政策，发展原材料初级加工业，提高出口产品的附加值，但这需要时日，难以应对近期可能发生的风险。另外，目前对非洲发展援助最多的前四位国家和机构是欧盟、美国、世界银行和中国。因此，欧美目前面临的债务和财政危机如果不能尽快解决，那么欧美对非洲的发展援助资金将不可避免地减少，而中国和新兴经济体短期内也难以填补欧美减少的份额。显然，撒哈拉以南非洲国家的财政和经济增长将面临更大的压力。然而，只要中非合作迅猛发展的大势不变，新兴经济体与该地区经贸往来日益加强的大势不变，地区经济一体化的进程不变，撒哈拉以南非洲的经济发展前景仍然充满希望。

9.2.3 人口与文化状况

9.2.3.1 人口

近几十年来，撒哈拉以南非洲的绝大多数国家都发生了人口急剧增长、环境质量退化及持续的贫困等问题，且这三者之间呈现出一种相互强化的趋势，使这些国家陷入了难以解脱的恶性循环之中，引起了世人的关注。全球人口稳步增长的主要推动力来自非洲，预计到 2100 年，非洲大陆上的人口总数将由目前的 12 亿增长到 34 亿～56 亿人。联合国专家认为，只有撒哈拉以南非洲地区的生育率降低，世界人口才能停止增长。而这种情况发展的可能性为 23%。图 9-8 为撒哈拉以南非洲地区人口密度空间分布情况。

9.2.3.2 城市发展水平

20 世纪 50～60 年代非洲城市化开始启动，城市化速度明显加快，城市首位度升高，城市空间向外扩张并形成城市走廊。非洲城市化在发展过程中深受殖民主义遗留影响，政府政策与城市化速度关系密切、城市人口年轻化显著，城市走廊发展呈现北高南低等特点。

撒哈拉以南非洲拥有两个人口超过 1000 万人的超大城市，分别是金沙萨和拉各斯。预计到 2030 年，坦桑尼亚的达累斯萨拉姆、南非的约翰内斯堡和安哥拉的卢安达 3 个城市的人口都将超过 1000 万。另外，据联合国报告，到 2050 年，城镇人口增加最多的非洲国家是尼日利亚，其城镇人口预计增加 2.12 亿。刚果（金）、埃塞俄比亚和坦桑尼亚三国将分别增加 5000 万城镇人口。报告预测，东非地区的城镇化率将由目前的 25% 增至 2050 年的 44%，西非地区的城镇化率将由目前的 44% 增至 2050 年的 63%（表 9-5）。

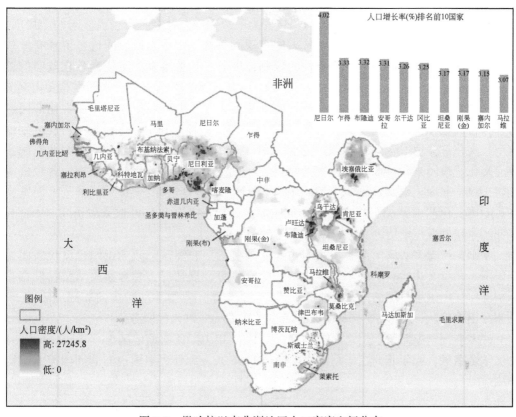

图 9-8　撒哈拉以南非洲地区人口密度空间分布

表 9-5　2010～2015 年年均城镇化率增长最快的前 10 个撒哈拉以南非洲国家

序号	国家	年均城镇化率/%
1	埃塞俄比亚	3.7
2	马达加斯加	3
3	布隆迪	2.5
4	卢旺达	2.3
5	乌干达	2.3
6	坦桑尼亚	2.3
7	安哥拉	2.1
8	莱索托	2
9	纳米比亚	1.9
10	布基纳法索	1.9

9.2.3.3　文化交流与传播

中非文化交流呈现出"交流主体多元、合作形式多样、品牌效应明显、人民大众喜爱"等突出特点，为推动中非新型战略伙伴关系的全面、均衡和可持续发展，推动世界不同文明之间的平等对话，维护世界文化多样性作出了重要贡献。

中非文化交流从单一的政府行为，转变为政府主导，社会各界积极参与的新局面。中华人民共和国成立后，在双方领导人的重视和关怀下，中非政府间进行了卓有成效的文化交流与合作。但囿于各种条件的限制，中非文化关系发展多依赖各自政府的重视、投入和推动。进入 21 世纪，特别是 2006 年中非元首峰会召开以来，中非文化交流与合作的主体在政府的主导和推动下，越来越多元化。2000 年以来，中非文化部门签署并执行或正在执行年度计划 86 份；在文化协定执行计划和中非合作论坛行动计划框架下，文化部派遣 19 个政府文化代表团访问了非洲 40 多个国家，接待 60 个非洲国家政府文化代表团来华访问。据不完全统计，中国 155 个艺术团组赴非演出，各级机构接待 210 个非洲艺术团组来华访演。中国 45 个艺术展览赴非，邀请 19 个艺术展览来华。中国文化艺术界人士 73 起赴非访问，非洲文化艺术界人士 49 起来华访问。中方为非洲国家培养或短期培训文化艺术人才近 500 人次。

中国共产党多次派出重要代表团访问非洲各国。非洲国家政党组织也派代表团访问中国。马里文化代表团来华了解中国文化、体育发展情况，并考察中国文物发掘和保护工作。中国杂技团访问了西非、东非和南部非洲一些国家。中国向非洲地区 31 个国家派出医疗队，582 名中国医务工作者全心全意为非洲人民服务。

许多非洲国家派留学生来中国学习。仅 1990 年中国就向该地区 26 个国家提供 296 个奖学金名额，同年非洲在华留学生总数达 1166 人。此外，中国也向非洲国家派遣留学生。

9.2.3.4　人口与文化问题的地缘影响

撒哈拉以南非洲城市化进程的加快刺激了生产力发展，产生了巨大的消费需求和投资需求，促使该地区国家需要修建更多的道路、建筑等基础设施。根据标准渣打银行报告，非洲基础设施建设面临巨大的资金需求，每年约需 1000 亿美元，而各国政府只能提供 530 亿美元，缺口高达 470 亿美元。非洲国家需要吸引更多的外来直接投资来弥补资金缺口，中国企业在基础设施领域将面临更多机会。

文化环境是极其重要而容易被忽视的因素，撒哈拉以南非洲地域广阔，气候迥异，文化多元。语言与文化的差异是中国对非直接投资的壁垒之一。加强与撒哈拉以南非洲国家正式与非正式的文化交流，可以促进企业经营方式调整，更容易融入东道国的社会文化环境，取得投资效益，助力中非经贸合作的发展。

9.2.4　基础设施建设

9.2.4.1　基础设施现状

（1）交通（铁路、航运、港口、航空）

非洲大陆面积占世界陆地总面积的 23%，但其铁路总长度占世界铁路总长度的比重仅为 7%，普通公路和高速公路的密度仅为世界平均水平的 1/4 和 1/10，非洲地区基础设施建设形势十分严峻（表 9-6 和表 9-7）。

表 9-6　撒哈拉以南非洲地区主要国家铁路设施现状

国家	铁路运营商	线路总里程/km	铁路网密度/（km/1000m²）	规格
安哥拉	Amboin	123	—	3
	CFB	1 348	2.3	1
	CFL	510	—	1
	CFM- Angola	907	—	1
贝宁	OCBN	579	5.1	2
博茨瓦纳	BRC	882	1.5	1
布基纳法索/科特迪瓦	Sitarail	1 250	2	2
喀麦隆	CAMRAIl	1 100	2.3	2
刚果（布）	CFCO	795	2.3	1
刚果（金）	CFMK	366	1.9	1
	CFU	1 028	—	3
	SNCC	3 641	2.1	1
吉布提/埃塞俄比亚	CDE	781	1	2
加蓬	SETRAG	649	2.4	4
加纳	GRC	947	4	1
几内亚	Bauxitelines	383	—	4
	ONCFG	662	4.3	2
肯尼亚	KRC	1 894	3.8	2
	Magadi	171	—	2
利比里亚	Bong	77	—	4
	LAMCO	267	3.8	4
	NIOC	84	—	1
马达加斯加	FCE	236	—	2
	Madarail	650	1.5	2
马拉维	CEAR	797	6.7	1
马里	RNCFM	57	—	—
毛里塔尼亚	SNIM	704	0.7	4
马里/塞内加尔	Transrail	1 229	5.4	2
莫桑比克	CCFB	987	3.9	1
	CDN	872	—	1
	CFM- Mozambique	1 269	—	1
纳米比亚	TransNamib	2 382	2.9	1
尼日利亚	Central Railways	52	—	4
	NRC	3 505	3.8	1
塞内加尔	Sefincs	—	—	2
	SNCS	408	—	2
	TrainBleu	—	—	2

续表

国家	铁路运营商	线路总里程/km	铁路网密度/(km/1000m²)	规格
塞拉利昂	MMR	84	1.2	1
南非	Coalex	574	—	1
	Metrorail	1 318	—	1
	Orex	880	—	1
	Spoornet	18 793	17.7	1
斯威士兰	SR-Swaziland	301	17.3	1
坦桑尼亚	TRC	2 722	3.8	2
坦桑尼亚/赞比亚	TRZARA	1 860	—	1
乌干达	URC	1 244	5.3	2
赞比亚	RSZ	1 273	3.2	1
津巴布韦	BBR	150	—	1
	NRZ	3 077	8.3	1
多哥	CFTB	522	9.2	2

表9-7　撒哈拉以南非洲地区主要国家公路设施现状

国家	全部公路网密度			按人口计算密度	
	按土地面积计算/(km/km²)	按人口计算/(km/千人)	按车辆数计算/(km/千辆)	三级公路/(km/千人)	城镇公路/(km/千人)
安哥拉	41	2.9	74	1.9	1.1
贝宁	142	1.8	68	0.7	0.5
博茨瓦纳	41	12.3	78	11.7	4.2
布基纳法索	82	1.5	43	0.4	0.6
布隆迪	374	1.2	158	0.2	0.6
喀麦隆	72	1.8	1 056	1.5	0.5
中非	41	5.7	1 361	2.8	2.1
乍得	27	3	261	1.9	1.1
刚果（布）	50	4.7	168	5.2	1.3
刚果（金）	17	0.6	122	0.1	0.4
科特迪瓦	82	1.3	99	1.2	0.6
埃塞俄比亚	46	0.6	182	0.2	0.1
加蓬	47	8.3	586	19.9	3
冈比亚	375	2.3	252	1.8	0.9
加纳	177	1.7	42	1.5	0.5
几内亚	94	2.3	149	1.5	0.6
肯尼亚	111	1.6	61	1.1	0.5
莱索托	196	2.9	77	1.5	1.4

国家	全部公路网密度			按人口计算密度	
	按土地面积计算 /(km/km²)	按人口计算 /(km/千人)	按车辆数计算 /(km/千辆)	三级公路 /(km/千人)	城镇公路 /(km/千人)
利比里亚	172	4.4	1 454	3.1	1.1
马达加斯加	51	1.5	145	1.2	0.4
马拉维	165	1.1	116	0.3	0.6
马里	38	3.7	272	1.8	0.6
毛里塔尼亚	12	3.9	35	1.5	2.1
毛里求斯	1 014	1.6	6	0.7	1.1
莫桑比克	37	1.3	109	0.9	0.4
纳米比亚	77	29.9	256	21.5	6.8
尼日尔	13	1.2	216	0.6	0.4
尼日利亚	174	1	20	0.5	0.3
卢旺达	568	1.4	224	0.2	1.1
塞内加尔	94	1.5	62	1.5	0.4
塞拉利昂	126	1.6	196	1.2	1.4
南非	300	7.5	38	6.6	1.4
斯威士兰	283	4.2	41	1.4	1.3
坦桑尼亚	61	1.3	92	0.6	0.6
多哥	138	1.2	151	0.5	0.4
乌干达	385	2.4	202	1.3	1
赞比亚	50	3	163	1.4	0.5
津巴布韦	100	3.1	24	1	1.1

（2）通信设施

与非洲惊人的贫富差距类似，非洲各地区的通信基础设施建设也存在天壤之别。在南非、刚果等发达地区，4G 网络已经相对普遍，资费基本与国内持平，甚至存在"每天 1G 的流量，0.5 美元/天，可以看视频"的流量业务。不过，也有很多地区的网络成本甚至超过当地人均收入的 50%。在非洲冈比亚，宽带接入价格甚至高达本国人均收入的 700%。联合国报告曾指出，正常的市场供求关系中，宽带接入成本低于人均收入的 5%。根据《非洲经济展望 2015》报告显示，截至 2013 年年底，非洲总人口约11.3 亿，固定电话普及率仅 2.28%，而移动电话普及率达到了 74.18%，这主要得益于手机成本的迅速下降。2003 年，非洲手机销量总量为 5000 万，但 2013 年，非洲手机销量超过 5 亿，发行超过 8 亿张 SIM 卡。即便如此，大部分移动电话用户都没有联网。截至 2013 年年底，非洲互联网用户数仅 2.3 亿，渗透率为 20.5%，远低于 39% 的全球平均水平。即便是非洲通信网络最发达的尼日利亚，其未联网用户占比也超过了2/3。由于宽带普及率极低，该报告并未统计宽带用户数。

（3）教育、医疗

2000 年以来，非洲的小学入学率大幅上升，从平均 56% 上升至 73%。在让更多儿童，特别是女童入学方面，许多国家都取得了显著的成效。然而，在撒哈拉以南的非洲地区，在总计 3200 万的初级教育适龄儿童中，约有 1/4 没有入学，几乎占全球失学儿童的一半（45%）。大约 54% 的失学儿童是女童，在撒哈拉以南的非洲地区，将近 1200 万的留守女童终生不能入学。虽然近年来该地区入学率在上升，但是上百万的儿童入学之后，未完成初级教育就退学了。在撒哈拉以南的非洲地区，每年大约有 2800 万小学生退学。只有约 1/3 的青少年进入中学就学，这是世界最低水平。在撒哈拉以南的非洲地区，大约 38% 的成年人人口，或者说 1.53 亿成年人是文盲。

非洲承受着全世界 1/4 的疾病负担，但拥有的卫生工作者数量却仅占全球卫生工作者总数的 3%，这种极不平衡的状况令人吃惊。在整个非洲大陆，成百万上千万的人由于无法获得训练有素的医务人员提供的医疗卫生服务，而遭受着不必要的痛苦。在撒哈拉以南的非洲地区，危机最为严重。即使仅为该地区提供最基本的医疗卫生服务，也需要新增至少 82 万名医生、护士和助产士。为了弥补这种短缺，该地区的大多数国家必须将其卫生工作者队伍的规模扩大 140%。

（4）能源水利设施

撒哈拉以南非洲地区水电开发始于 20 世纪 30 年代，当时仅有摩洛哥和赞比亚兴建了小型水电站，用于农田灌溉和矿山开采。直至 20 世纪大部分非洲国家独立时期的 60 年代，非洲水电装机容量不及世界的 2%。独立后，民族经济的发展虽然刺激了电力工业的发展，但非洲水电工业依然缓步慢行，低于世界平均增长水平。目前非洲水电装机容量不及世界的 3%，仍然是世界水电工业最落后的地区。

利用率较低，地区差异很大，非洲水电开发利用率只占技术可开发水能资源的 7%，远远落后于工业发达国家的 50%（英国、法国、德国、意大利等国高达 90% 以上），从撒哈拉以南非洲各地区发电水平来看，南部非洲开发利用程度较高，而水力资源最为丰富的中部地区，开发利用程度不超过 5%。就各大河流来看也是如此，例如刚果河，目前开发利用率仍不足 2%。

非洲现有水电站多数为不足 2 万 kW 的小型电站，特别是在河流短小、水力资源颇富的山区国家，更具有水电站多、装机容量小的特点。例如，在尼日尔河发源地号称"水缸之国"的几内亚，大都为小水电站，装机容量不超过 2 万 kW，小的不足 2000kW。

撒哈拉以南非洲的装机容量超过 200 万 kW 的大型水电站只有 1 座，为莫桑比克 1988 年建成的赞比西河卡博拉巴萨水电站，装机容量为 415 万 kW，所产电力绝大部分通过超高压直流输电线输往南非。目前非洲已有 3 座装机容量超过 100 万 kW 的水电站，还有 7 座装机容量为 50 万 ~100 万 kW。

撒哈拉以南非洲大中型水电开发大都是应矿山开发之需兴建的。因为矿山开采和冶炼都需大量耗电，尤其是有色冶金工业更为大耗电部门，电力供应保证程度对这些部门生存和发展起着决定性的作用。例如，世界级的中非"铜矿带"铜、钴矿的开采和炼制，耗用刚果（金）和赞比亚两国 80% 以上的水电。喀麦隆、加纳、几内亚三国铝矿的采炼耗用的水电都在 60% 以上。

9.2.4.2 基础设施建设特征分析

非盟2012～2020年非洲基础设施发展计划的优先行动计划中，涉及的基础设施建设领域有能源、交通运输、水资源、通信等，预计总投资规模达679亿美元，其中，能源和交通运输的投资规模分别为403亿美元、254亿美元，占比分别达59.35%、37.4%。能源方面，水电站和火电站是建设的重点，例如，安哥拉整个电力电源结构中，水电占据了70%。地区方面，东非与中非两个地区预计投资规模分别为233亿美元和215亿美元，占非洲大陆总预计投资规模的比重分别为34.31%和31.66%，为非洲大陆基础设施投资的重点地区。

展望未来，非洲基础设施支出还将持续扩大。根据普华永道《2025年大型项目和基础设施支出预测》，到2025年，非洲道路（包括桥梁和隧道）预期支出2000亿美元，年均增长率为8.2%，支出最大的国家分别是尼日利亚（1040亿美元）、南非（430亿美元）、莫桑比克（160亿美元，旨在运输近年来发现的巨大的天然气）、加纳（16亿美元）；铁路（包括车站）预期支出780亿美元，年均增长率为8%，支出最大的国家分别是南非（320亿美元，改善铁路网络是政府的最优先考虑）、埃塞俄比亚（250亿美元）、加纳（0.86亿美元）。港口预期支出250亿美元，年均增长率为7.8%，支出最大的国家分别是尼日利亚（130亿美元）、肯尼亚（80亿美元）。机场预期支出70亿美元，年均增长率为7.1%，支出最大的国家是南非（20亿美元）、坦桑尼亚（20亿美元）。

近年来，中国对非洲承包的工程业务持续增长（表9-8），市场布局趋于均衡，经营主体实力显著提升，业务方式日趋多样。2013年，根据商务部《中国对外投资合作发展报告》（2014），中国对非洲承包工程新签合同额678.4亿美元，完成营业额478.9亿美元，对非新签合同额和完成营业额分别占当年在各国（地区）新签合同总额和完成营业额的39.5%和34.9%。按照新签合同额统计，2013年前十大国别市场新签合同额合计为405.5亿美元，占当年对非洲总额的59.8%。主要国别市场有尼日利亚、阿尔及利亚、安哥拉、埃塞俄比亚、乌干达、加纳、喀麦隆、刚果（布）、苏丹、尼日尔。其中，交通运输建设项目占新签合同额的31.7%，房屋建筑项目占24%，电力工程建设项目占12.7%。在东非，中国已经跃居基建工程承建国首位。根据德勤公司《2014年非洲建筑及发展趋势》年度报告，中国在东非地区2014年承建的基建工程总额达200亿美元，所占份额跃居首位，由2013年的19%增长至2014年的31%，几乎翻了一番。

总的来看，中国工程承包项目报价比较低，在确保质量的前提下工期比较短，不干涉非洲国家内政，获得了非方的认可。第一，相对于当地企业，中国建筑企业很多原材料从国内运来，成本比当地企业要低很多。每二，中国建筑业发展已经比较成熟，技术力量较强，企业积累了大量技术和工程经验，在全球具有竞争力。ENR全球最大250家国际工程企业榜单中，中国企业数量最多。中国企业工程承包模式也已实现了从施工向总承包、投资等模式的转变。第三，中国企业家创业精神较强，能吃苦，因此，常常能够以较好的质量、较短的工期完成项目。第四，中国的不干涉非洲国家内政原则，受到当地欢迎。第五，政策扶持力度不断强化，高层甚至亲自推销高铁、核电等中国技术，为对外工程承包创造了前所未有的外部环境。不过，目前，包括铁路标准在内的诸多技术标准仍被发达国家垄断，"中国标准"还亟待推广，尽管本格拉铁路与埃塞轻轨项目开了个好头，但中国标准开拓非洲市场仍然任重而道远。对非洲地区未来基础设施建设行业前景分析如下。

（1）房地产市场将会大幅增长

据估计，到 2040 年，非洲城市人口占比将达 50%，超过 100 个城市将达到百万人口的量级，而超过千万人口的城市将达到 7 个以上，新型中产阶级人口将超 6000 万。不断增长的非洲经济，不断增加的新兴中产阶层和民生需求，预计非洲房地产市场将会大幅增长。例如，南部非洲的房地产市场过去的四五年中就已经出现了成倍增长。在连续 11 年保持两位数的年均增长速度的埃塞俄比亚，近年来市政建设发展迅猛，越来越多的高楼拔地而起。在津巴布韦，历史上规模最大的房建项目——价值 19.3 亿美元的 2015 英雄住房工程项目于 4 月签署，用以改善约 10 万普通百姓的住房条件。

（2）电力行业将会大力发展

如前所述，基础设施投资将成为非洲经济发展的主要动力，而在众多基建范畴中，电力供应至为重要。根据非洲开发银行《2014 年能源发展有效性评估》报告，目前，撒哈拉以南非洲的农村地区通电率仅为 10%，30 多个非洲国家面临常规电力短缺问题，近 60% 非洲人口无电力接入，需要大量的电力投资以解决这个问题。在 2013 年和 2014 年开始动工的大型项目中，电力能源项目分别占 36% 和 37%，均为排名第一的行业。预计未来还将继续保持这一趋势。

（3）跨国跨区域工程承包项目和工业基础设施建设大幅增加

非洲未来发展的一个关键是非洲国家间及与外部世界的贸易，这需要发展跨国跨区域基础设施，非洲国家也已经意识到这一点，近年来非洲跨国跨区域工程承包项目规模较之以往大为增加就是一个证明。例如，连接南苏丹、埃塞俄比亚与肯尼亚的 APSSET 走廊、连接博茨瓦纳与纳米比亚的 Trans-Kalahari 铁路都在建设。展望未来，随着非洲经济的快速增长，一体化的逐步推进，预计这一趋势还将继续。另外，非洲制造业仅占全球制造业的 1%，占非洲 GDP 约 10%，工业化处于极低水平。非洲国家已经意识到工业化的重要性，正在大力发展工业化，建设经贸园区，这些需要工业基础设施的建设，预计随着未来非洲工业化的发展，工业基础设施建设将大幅增加。

（4）PPP 模式将会越来越流行

由于资金短缺，非洲国家对由私营部门提供资金承担项目风险的政府和社会资本合作模式（PPP 模式）越来越情有独钟。根据德勤咨询公司 2014 年的报告，已经有近一半（45%）的被调查企业表示愿意采用 PPP 模式。从次区域来看，相对于东非和南部非洲的企业，西非的企业更喜欢采用 PPP 模式。不过，由于非洲国家普遍营商环境不理想，预计该模式发展不会太快。

（5）招投标过程透明度和技术壁垒增加

非洲工程承包市场普遍涉及各种复杂的当地规章，包括土地建设、技术要求、建筑许可、专业资格、环境保护等，对国际工程承包商的资质要求和对服务的质量标准要求越来越高，将日益成为工程承包企业进入非洲市场的新的技术壁垒。其中，对中国工程承包企业影响较大的因素主要有当地的技术标准和资格条件限制，以及多个非洲国家对华签证政策的趋紧。此外，近年来，非洲工程承包项目招投标过程透明度日益增加，尤以南部非洲表现最为明显。例如，在莫桑比克（石油天然气的重要输出国），根据其最近通过的竞争法，新近启动的石油开采第六轮的招标程序在经过议会审批后，招标法的法律文本便不再发生改变，通过国家石油公司在伦敦向全球企业发布招标，对所有企业一视同仁。南非、博茨瓦纳、赞比亚还出台了一些反垄断调查，招投标过程透明度日益增加，暗箱操作趋于减少。

（6）市场竞争环境更加严峻，市场多元化发展战略为更多企业采用

近年来，美国、日本等国也开始加大对非洲国家的贷款规模，与中国争夺市场，韩国、巴西、土耳其等国承包商在非洲中低端市场与中国的竞争愈加激烈。而中国企业由于国内劳动力成本提高、人民币升值等因素造成成本优势的日益丧失，企业业务模式同质化程度高，加之行业内分工合作体系尚未成熟，企业精细化管理水平不高等因素，企业竞争优势有所削弱。为了应对日益激烈的竞争，越来越多的工程承包企业以承建项目为契机，实施非洲市场多元化发展战略，进入方式和投资模式日益多元化，日益从设计和建设领域延伸进入投资运营领域，如增加旅游观光、地产开发等业务，从简单的包工头变成投资商。

（7）安全问题仍将继续存在

近年来，非洲大陆政治环境趋于稳定，一些持续多年的热点地区相继降温，和平发展成为非洲国家的共识。不过，总的来说，安全问题依然是工程承包企业在非洲国家面临的重要挑战。在塞拉利昂、刚果（金）、苏丹、索马里、安哥拉、尼日利亚北部、尼日尔三角洲地区以及穆斯林聚居的核心区域，仍然不时面临不稳定的安全局势的威胁。此外，非洲复杂的自然地理环境（非洲地形以高原为主，平均海拔750m，起伏、断崖、沟壑密布）大大增加了企业的施工安全风险。不稳定的安全局势，复杂的地形地貌，再加上疟疾、伤寒、登革热与艾滋病等疾病高发，给中国企业安全施工带来很大风险，安全无疑是最大的问题（表9-8）。

表 9-8　2015 年中国在撒哈拉以南非洲地区承包工程业务统计

序号	国家	新签合同额			完成营业额		
		金额/万美元	同比/%	占比/%	金额/万美元	同比/%	占比/%
1	尼日利亚	969 656	−45.26	4.62	348 142	−23.18	2.26
2	安哥拉	877 045	152.85	4.17	495 275	−22.59	3.21
3	肯尼亚	490 981	−8.25	2.34	384 569	126.81	2.50
4	埃塞俄比亚	467 293	−7.93	2.22	589 402	−13.73	3.83
5	赞比亚	442 853	79.21	2.11	178 981	−11.84	1.16
6	喀麦隆	370 086	169.93	1.76	141 350	14.10	0.92
7	刚果（布）	283 086	24.93	1.35	297 587	17.54	1.93
8	刚果（金）	280 201	173.88	1.33	114 388	−21.09	0.74
9	塞内加尔	158 904	128.48	0.76	50 037	40.85	0.32
10	马达加斯加	147 201	769.93	0.70	7 484	−45.82	0.05
11	莫桑比克	128 184	−7.99	0.61	118 750	45.76	0.77

序号	国家	新签合同额			完成营业额		
		金额/万美元	同比/%	占比/%	金额/万美元	同比/%	占比/%
12	马里	125 024	255.41	0.60	23 462	−31.19	0.15
13	科特迪瓦	120 084	550.12	0.57	63 005	78.39	0.41
14	贝宁	119 530	72.17	0.57	9 159	−64.25	0.06
15	坦桑尼亚	119 167	−8.49	0.57	141 471	−31.64	0.92
16	津巴布韦	107 336	−47.67	0.51	45 789	49.73	0.30
17	乌干达	106 913	−0.47	0.51	155 063	38.76	1.01
18	赤道几内亚	86 577	−51.55	0.41	136 854	−34.10	0.89
19	纳米比亚	82 331	90.70	0.39	76 642	110.04	0.50
20	加蓬	68 398	−17.54	0.33	56 413	−27.66	0.37
21	南非	52 518	36.23	0.25	45 177	13.00	0.29
22	尼日尔	45 440	−52.15	0.22	63 689	−27.75	0.41
23	马拉维	35 206	120.69	0.17	9 232	2.40	0.06
24	乍得	30 331	−53.13	0.14	71 585	−35.65	0.46
25	多哥	26 198	−21.21	0.12	21 176	−16.61	0.14
26	博茨瓦纳	21 961	−54.85	0.10	31 504	8.54	0.20
27	卢旺达	19 110	85.91	0.09	21 251	−9.82	0.14
28	几内亚	18 035	−88.84	0.09	48 642	−20.16	0.32
29	利比里亚	13 788	12.93	0.07	19 873	−3.42	0.13
30	毛里塔尼亚	10 239	−52.10	0.05	28 413	−2.61	0.18
31	毛里求斯	9 833	−57.12	0.05	19 824	31.24	0.13
32	科摩罗	8 005	−62.75	0.04	2 225	−38.87	0.01
33	莱索托	5 773	−45.86	0.03	12 610	−3.08	0.08
34	塞拉利昂	4 411	−87.70	0.02	7 928	−55.66	0.05
35	布隆迪	4 254	−84.15	0.02	7 146	5.26	0.05
36	几内亚（比绍）	2 227	−33.80	0.01	3 245	39.51	0.02
37	塞舌尔	1 941	−29.29	0.01	3 517	−53.18	0.02
38	佛得角	1 230	−40.26	0.01	2 458	−44.44	0.02
39	圣多美和普林西比	745	2 303.23	0.00	127	24.51	0.00
40	中非共和国	543	−31.78	0.00	486	63.64	0.00
41	冈比亚	163	−77.30	0.00	734	47.98	0.00
42	布基纳法索	107	−77.09	0.00	320	−87.62	0.00

9.2.4.3 基础设施建设的地缘影响

（1）中国投资非洲基础设施优势分析

1）非洲基础设施建设保持旺盛需求。撒哈拉以南地区 2014 年的建筑市场增长率将为 8.3%，高于全球 3.5% 的水平，基础设施建设需求旺盛。

2）中国政府的支持与鼓励。中国政府对中国企业投资非洲的基础设施采取鼓励政策。此外，中国政府正在加快同有关国家和地区商签投资保护协定，完善领事保护体制，加快人民币国际化进程，针对"走出去"的政策支持和服务保障体系将更为完善，相关政策的到位将进一步激发企业的创新动力。

3）中国企业具有竞争优势。首先，中国基础设施投资报价比较低，在确保质量的前提下工期比较短，不干涉非洲国家内政，获得了非方的认可。其次，中国建筑业发展已经比较成熟，技术力量较强，中国企业家创业精神较强，能吃苦，因此，常常能够以较好的质量、较短的工期完成项目，受到当地欢迎。

（2）投资非洲基础设施风险分析

1）不确定性风险相当多。第一，非洲工程承包行业方面的习惯做法、政策法规、办事效率、资金运作等方面都与中国不同，而中国企业大多对此认识不足，也缺乏相关经验及专业的运营资质，对这些并不适应，需要较多时间的掌握和磨合。第二，非洲国家对中国基础设施的投资有许多期待，包括更多地向非洲国家转让技术，雇佣更多的非洲工人，切实保护当地的环境等，增加了在非基础设施投资的不确定因素。第三，同外国监理的合作困难。在非洲，工程项目监理多为西方公司，由于同中国公司在施工规范、合同条款理解的差异，在同中国公司的合作上总体不够理想。此外，一些项目的西方国家监理由于自身缺乏经验而刁难承包商，影响正常的施工进度。

2）政治风险和安全风险较大。基础设施建设往往周期长、资金大，且常常地处偏僻，深受安全形势的影响。目前，虽然撒哈拉以南非地区和平与安全的形势总体趋向好转，但是暴力活动仍然时有发生，安全形势依然严峻。

3）融资与原材料成本问题。基础设施建设需要大量的资金，而中国企业在投融资方面获得的支持还显不足。随着国际市场格局的变化和欧美、日韩等国加强了非洲业务的开拓，中国企业在投融资的渠道、方案方面几乎没有优势可言。其次，由于很多地区基础设施建设所需的电力和原料市场都没有成熟起来，一些地方甚至连一颗钉子都要从国内运过来，有的地区只有一家水泥厂，而且水泥价格很高，因此成本和风险都比较高。

4）企业竞争日趋激烈。在非中资工程类企业存在恶性竞争现象，报价过低，甚至低于成本价，影响到工程质量，随着越来越多的中国企业涉足非洲工程项目，如果缺乏协调，行业竞争秩序可能进一步恶化。

9.2.5 民族与宗教

9.2.5.1 宗教基本概况

非洲信仰的宗教主要有三种：传统宗教、伊斯兰教和基督教。撒哈拉以南 37 个黑人国家中，传统宗教信仰者占多数的国家有 16 个，基督徒占多数的国家有 13 个，穆斯林占多数的国家有 8 个，传统宗教在非洲社会生活的各个方面仍有根深蒂固的影响。图 9-9 为撒哈拉以南非洲地区国家宗教分布。

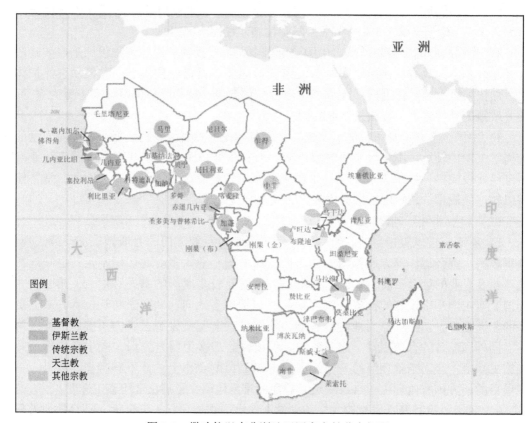

图 9-9　撒哈拉以南非洲地区国家宗教分布概况

9.2.5.2　非洲民族概况

非洲是世界上人种、语言、宗教等最多元化的大陆，其民族状况、民族特点也比其他大陆复杂得多，因此，非洲民族问题一直是影响非洲各国内部政局稳定和经济发展的一个非常重要的因素。概括来说，非洲民族具有如下特点。

1）撒哈拉以南非洲的民族构成相对复杂，人种、语言、宗教方面的差距也大得多，民族问题表现方式也很复杂。

2）撒哈拉以南的非洲国家现代民族发育尚不成熟，这里的多数国家正处在现代民族形成的过程中，传统的氏族、部落、部族组织等在不同程度上仍起着十分重要的作用。

3）族体归属异常复杂。非洲绝大多数国家都是由多民族构成的，一个国家中并列的大族体少则几个、十几个，多则几十个、数百个。同时，一个大族体下面往往有许多小族体。非洲居民的族体归属可以有多种组合，人种、语言、宗教及氏族、部落、部族、民族等都是非洲居民确定其族体归属的依据。

4）跨界民族众多。殖民统治时期，殖民列强在瓜分殖民地时没有考虑非洲大陆原有的社会、经济、民族和文化结构，从而造成了独立后非洲众多的跨界民族，约占非洲民族单位的1/5。

5）有强烈的民族归属意识。民族主义和部族主义是非洲民族归属意识的两种最常见的方式。其中，民族主义在非洲通常以积极的方式出现，具体表现为黑人精神、泛非主义、非洲复兴、团结自强、反对西方国家对本国事务的干预等，主张积极推进族际一体化，维护国家独立和统一。部族主义是建立在落后生产方式和血缘关系基础之上的一种社会意识形态，其实质是部族自我主义或部族利己主义，它延缓了非洲民族国家建设的进程，使一些非洲国家处于分裂状态，民主政治体制的建立尤为困难。

9.2.5.3　民族与宗教问题的地缘影响

撒哈拉以南非洲民族问题中，往往交织着政治性、地域性、国际性、长期性、复杂性等特点，具体的表现形式如下。

1）撒哈拉以南非洲民族国家内各派政治力量几乎都有自己的部族背景，且围绕国家权力的分配展开激烈争夺。这是该地区国家目前局势动荡的最主要表现形式。历史上，殖民主义者在非洲人为地划分边界，一个部族被分割在若干个国家，或者一个国家里包含着众多在历史上没有联系的部族。而林林总总的党派都建立在部族或民族基础上，具有浓厚的部族和地方民族主义色彩，从而为进一步的内乱埋下了祸根。

2）非洲国家大多数种族关系复杂，部族繁多且矛盾较深，一旦时机成熟，这些矛盾就有可能发展成大规模冲突。非洲部族冲突的基本状态是：冷战时期的热点问题大都已经解决或走向解决，而新的部族冲突却愈演愈烈。

3）撒哈拉以南非洲民族国家为争夺资源和领土而酿成局部战争或局部冲突，使地区发生局部紧张局势。

4）某些国家内部，地方分离主义的加剧导致冲突发生。例如，索马里北部宣布成立"索马里兰共和国"，从而引发了与索马里政府的冲突；尼日尔和马里境内的游牧部族图阿雷格人要求建立自己的国家，与政府产生对立情绪。

5）多种族并居，种族共同体往往在国家争执中表现突出。例如，南非共和国的种族问题曾尖锐到极点，其影响已超出国家乃至非洲。种族隔离制的建立，造成欧裔白人对所有有色人种的歧视、迫害、压迫和奴役。

6）宗教信仰的不同不时给民族间带来矛盾，时常引发民族关系紧张，破坏地区和平与稳定发展。

9.3　中国与撒哈拉以南非洲的经济贸易与技术合作基础

9.3.1　中国对撒哈拉以南非洲地区投资状况分析

9.3.1.1　中国对撒哈拉以南非洲地区的援助：起源和形式

中国对非援助经历了由单方面的援助到双边经济合作，再到2000年以中非合作论坛出现的多边合作模式；同时，中国对非援助实现合作的途径也日益创新，力度加强、形式多样化。冷战之前，中国对非洲的援助大多是无偿援助，甚至超出了中国当时所能承受的经济能力。冷战结束后，意识形态因素在国家外交中的作用被淡化。1995 年，中国对非洲援助政策进行了改革，中国改变了过去"授人以鱼"的援助方式。除继续向经济困难国家提供无偿援助外，中国开始大力推行以政府贴息贷款、援助项目合资合作、工程承包、劳务输出、人才培训等方式，更多地提倡中非双方的经济技术合作。截至 2009 年 6 月底，中国已向非洲国家提供优惠贷款和优惠出口买方信贷支持 53 个项目；中非发展基金确定投资近 4 亿美元支持 23 个项目，将带动中国企业投资 2 亿多美元。

中国对非洲援助是中国与非洲发展经贸关系的重要途径之一。50 多年来，中国为非洲 50 多个国家援建了 90 多个项目，涉及农牧渔业、轻纺工业、水利、电力、通信、交通、食品加工业等各个领域；中国还向广大非洲国家提供了大量的物资援助和技术援助，为非洲国家培训了 3 万名各类人员，向非洲派出医疗队员 1.7 万人次，派遣技术人员 35 万人次。减免债务也是中国对非援助的方式之一。在 2000 年第一次中非合作论坛上，中国政府一次性取消了 156 笔延期两年的非洲国家贷款，总金额为 13 亿美元。

中国对非援助属"南南合作"范围，充分尊重受援国意愿，真心帮助受援国发展经济，不附加任何政治条件，不干涉别国内政，也不损害别国利益，不仅有利于发展中国家团结合作，也有利于世界和平与发展。

9.3.1.2 中国对撒哈拉以南非洲地区直接投资分析

2013 年中国对非洲投资流量为 33.7 亿美元，同比增长 33.9%。截至 2013 年年底，中国企业对非洲的投资存量为 261.9 亿美元，同 2003 年相比增长了约 52 倍；中国企业在非洲 52 个国家（地区）共设立了 2955 家境外企业，占中国境外企业总量的 11.6%。根据《2014 年世界投资报告》公布的数据，2013 年非洲流入外资 570 亿美元，中国对非洲直接投资占当年非洲外资流入总量的 6%。

截至 2013 年年末，非洲共 60 个国家（地区）中，中国企业投资覆盖了其中 52 个，对非投资覆盖率为 86.7%，在中国对全球六大洲投资覆盖率中位居第二，仅次于亚洲（97.9%），略高于欧洲（85.7%），远高于拉丁美洲（60.4%）和大洋洲（50%）。

从国别来看，根据 2014 年度中国对外直接投资统计公报资料显示，截至 2013 年年末，南非、尼日利亚、赞比亚等国排在了中国对撒哈拉以南非洲国家投资存量前三位（图 9-10）。

9.3.1.3 中国对撒哈拉以南非洲地区投资特点分析

中国对非洲的投资并不只局限于原材料和自然资源的项目，中国企业对非洲的投资重心在服务业和制造业。世界银行的报告称，中国对非洲制造业的投资近年来有所增加，"越来越多的中国企业可能会外包劳动密集型的制造业业务"。

中国在非洲投资于各种各样的领域。截至目前，2000 多家中国企业在非洲投资，领域横跨自然资源开采、金融、基础设施、发电、纺织品、家用电器等多产业（图 9-11）。

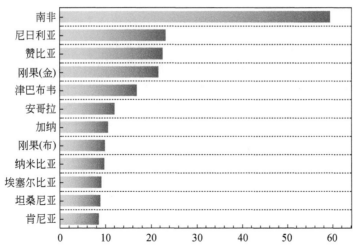

图 9-10　中国对撒哈拉以南非洲地区直接投资存量排名前 10 的国家（单位：亿美元）

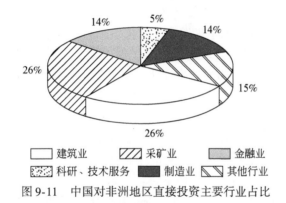

图例：建筑业　采矿业　金融业　科研、技术服务　制造业　其他行业

图 9-11　中国对非洲地区直接投资主要行业占比

世界银行近日表示，亚洲国家的投资策略趋于多样化，不再只是局限于如农业和矿业等主要行业，"中国在非洲的投资历来在采掘工业和建筑业占了较大比例，但是制造业投资近年来有所增加"。

多个金融机构研究报告称，中国在非洲的制造业累计投资年增长在 10% 左右，2003～2014 年，中国企业在非洲的新建项目中，制造业占了最大的比重。

中国在非洲加大制造业投资，既扩大了当地的就业，也实现向非洲地区的技术输送。世界银行的研究报告称，"由于中国市场竞争加剧以及劳动力成本增加，越来越多的中国企业可能会外包劳动密集型的制造业业务"。

制造业为产业化提供一个入口点，通过吸引外商直接投资增加，非洲国家可以受益的技能开发、管理经验，技术转让，融入全球价值链。非洲国家，如埃塞俄比亚，已经享受到中国制造商增加投资的好处。例如，中国鞋生产商花键集团，在几年间增加其就业人数，从最初的 600 人到如今的 3500 人。

世界银行报告分析说，中国在制造业的投资将帮助非洲以分散其主要出口初级产品加工和附加值产品，"基于自己的经验，中国可以帮助非洲国家应对结构性和后勤方面的约束，限制这些出口的竞争力"。

另外，根据 David Dollard 研究发现，中国企业更可能投资于服务资源丰富，但在制度上贫穷的非洲国家，这一点用标准要素投资比例理论无法解释，"当中国企业在非洲投资矿业项目时，还会带动不同类型的服务商直接投资，不仅促进矿业（如施工），同时也促进了该地区服务水平的提高（如零售商企业、酒店和餐馆等）。业务服务、批发和零售、进出口三大服务行业都在投资时得到发展"（图 9-11）。

　　因此，少数媒体中宣传中国对非洲投资是"掠夺资源"不符合现实，具有一定的误导性。事实上，2013 年的中国对非洲直接投资流量中，建筑业所占比重接近 40%，远超过采矿业（24.7%）。从投资存量看，采矿业在中国对非洲投资存量中所占比重（26.4%）同建筑行业（26.1%）基本持平。

9.3.2　中国与撒哈拉以南非洲地区的贸易往来

9.3.2.1　中国与撒哈拉以南非洲地区关系的发展历程

　　（1）中非经贸关系加速发展阶段（1980~1999 年）

　　20 世纪 80 年代，国际政治格局发生了变化，非洲各国逐渐实现民族独立，中国开始调整改革开放政策，中非关系进入迅速发展时期。这一时期，中非双方贸易金额扩大，几乎覆盖整个非洲，贸易方式多样化，双方经济效益得到很大提高。20 世纪 80 年代是中国经济快速增长的时期，非洲国家则因世界经济影响陷入困难。在这种情况下，中国政府适时调整对非政策，以加强中非经贸合作。中国根据非洲发展的实际需要开展符合双方实际的贸易合作，中非贸易额显著增长。

　　在整个 20 世纪 80 年代，中非贸易额虽然略有起伏，但总体保持着增长趋势。这一时期，中国出口迅速增长，进口则有所下降，中国处于出超地位。20 世纪 90 年代，由于外贸体制改革和外包经营的发展实施，我国开始重视对非经贸合作，将对非经贸合作确定为外经贸的战略重点之一，采取了一系列措施，极大地促进了中非之间的合作。1993 年南非独立之后，中国同南非的贸易往来发展迅速。1999 年，中国同非洲地区进出口额超过 1 亿美元的国家有 14 个，居前四位的分别是南非、埃及、尼日利亚和安哥拉。其中，南非为最大贸易伙伴。

　　（2）中非经贸合作的"黄金"时期（2000~2009 年）

　　在中非合作的"黄金期"，贸易增长快速、结构不断优化、进出口商品结构和贸易合作方式更加多样化。2000 年 10 月，中非合作论坛第一届部长级会议在北京举行，会议以平等磋商、扩大共识、增进了解、加强友谊、促进合作为宗旨，更进一步加强了中非之间的友好合作，促进了两国共同发展。论坛的召开标志着中国与非洲国家集体对话和双边磋商的全新合作机制的正式确立，进而开启了中非合作的新纪元，中非经贸合作进入快速发展的"黄金"时期。2004 年开始，中国对非由出超地位变为入超，中国向非洲出口的商品大多为机电产品、纺织品、高新技术产品、钢铁及其制品等，从非洲进口的商品则仍以原油、铁矿砂、棉花、钻石等初级产品为主。

　　（3）中非经贸合作进入"蜜月"期（2010 年至今）

　　2008 年的金融危机对中国和非洲国家都带来了不小的打击，中非经贸合作也因此受到影响。危机过后，中非经贸合作再一次强劲复苏，2010年，中非双边贸易额为1296亿美元，同2009年相比上升了40%，2011年为1663.21亿美元，同比增加了30.9%，中国成为非洲贸易第一大合作伙伴。

2012年7月，中非合作论坛第五届部长级会议在北京召开，中国在会上提出了中非在经贸领域的三项合作举措，包括扩大投融资合作、扩大对非发展援助和支持非洲一体化建设。这三项举措在推动非洲跨国跨区域建设和促进非洲区域贸易便利化方面起了很大的推动作用。

9.3.2.2 中国对撒哈拉以南非洲地区合作的特色领域

21世纪伊始，中国对非投资领域不断拓宽，投资格局初步形成。在贸易类投资仍占主体的同时，投资重点开始转向生产加工和资源开发两大领域。从投资领域看，以往中国对非直接投资的领域集中在技术含量不是很高、资本量不是很大的劳动密集型产业，涉及轻工、机电、纺织、服装、制药等领域。这些领域多数已经成为中国具有较强竞争力的优势产业。其特点有三：一是生产能力强。服装、棉纺织、丝绸、化纤、煤炭、水泥等生产能力均居世界首位。二是出口比重大，占有较大的市场份额。三是拥有一批优势企业和知名品牌。

目前中非之间的合作正在转型升级，从援助和一般贸易往来逐步向产业对接、产能合作和技术转移升级，从以承包为主的合作方式逐步向投资运行和金融合作升级。

9.3.2.3 中国对撒哈拉以南非洲地区对外经贸地位演变格局

中非贸易虽然在各自对外贸易总额中逐年上升，但与欧美发达国家相比，较中非贸易的规模还比较小。据IMF报告，2006年，中非贸易额（49亿美元）只占非洲对外贸易总额（568亿美元）的8.5%；而同年，美国对非贸易额（86亿美元）占非洲对外贸易总额的15%，欧盟对非贸易额（214亿美元）占比高达38%。尽管中国对非洲直接投资规模逐步扩大，但中国对非投资在中国对外直接投资总额中所占比重较小，除2004年、2007年、2008年和2011年以外，其余年份基本维持在3%左右。2013年，中国企业对非投资占中国对外投资流量总额的3.2%，位居中国对外投资流量地区分布的末位。2014年中非贸易额达到2200亿美元，是中非合作论坛启动时的22倍，占非洲对外贸易总额的比例由3.82%上升至20.5%；当前，中国对非投资存量超过300亿美元，是论坛启动时的60倍，近年年均增速保持在20%以上（图9-12）。

9.3.2.4 中国对撒哈拉以南非洲地区经贸关系发展的特色国别

（1）南非

南非，一个撒哈拉以南非洲的"金砖国家"，是中国位于该地区最大的贸易伙伴。2014年中国是南非最大的贸易伙伴，既是南非最大的商品进口货源国，也是最大的出口市场。南非从中国进口的商品主要为机电产品、纺织品及原料和贱金属及制品。

据南非国税局统计，2014年南非与中国的双边货物进出口额为240.8亿美元，下降了11.9%。其中，南非对中国出口86.4亿美元，下降了23.9%，占南非出口总额的9.5%，减少了3.8个百分点；南非自中国进口154.4亿美元，下降了3.4%，占南非

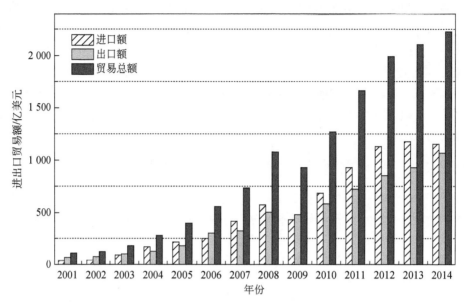

图 9-12　中非进出口贸易额变化情况（2001～2014 年）

进口总额的 15.5%，减少了 0.3 个百分点。南非对中国的贸易逆差为 68 亿美元，增长了 47.2%。中国为南非第一大贸易伙伴，同时也是南非第一大出口市场和第一大进口来源地。

矿产品一直是南非对中国出口的最主要产品，2014 年出口额为 57.7 亿美元，较上年下降了 31.7%，占南非对中国出口总额的 66.7%。矿产品以金属矿砂为主，矿物燃料出口相对较少。贱金属及制品是南非对中国出口的第二大类商品，出口额为 15 亿美元，增长了 6.2%，占对中国出口总额的 17.4%。纤维素浆及纸张等、贵金属及制品为南非对中国出口的第三和第四大类产品，出口额分别为 3.5 亿美元和 2.2 亿美元，其中，纤维素浆等出口增长了 59.8%，而贵金属及制品出口下降了 34.2%，占南非对中国出口总额的 4% 和 2.5%。此外，纺织品及原料出口 2.1 亿美元，下降了 2.6%，占对中国出口总额的 2.4%。

南非自中国进口的主要商品为机电产品、纺织品和贱金属及制品，2014 年分别进口 70.8 亿美元、15.3 亿美元和 12.6 亿美元，分别下降了 4.1%、3.5% 和 2.6%，占南非自中国进口总额的 45.9%、9.9% 和 8.1%。除上述产品外，化工产品、家具玩具制品等轻工产品、塑料橡胶也为南非自中国进口的主要大类商品，在南非自中国进口总额的比重为 4%～6%。

"一带一路"布局南非，中南合作已然成为我国"一带一路"倡议的重要组成部分。未来随着中国与南非的合作力度持续加大，中国企业有望全面介入到南非的海洋经济、能源、制造业等领域的发展以及经济特区建设工作中，并有望对其开拓非洲市场构成有力支撑。受益于此，国内相关的对外承包工程企业、机械设备出口企业等均有望获得广阔的发展空间；受益于中南合作的持续深入，中国能源、基建等相关行业有望获得全新的市场空间。

（2）肯尼亚

肯尼亚位于东非高原，横跨赤道，东南濒临印度洋，同坦桑尼亚、乌干达、苏丹、埃塞俄比亚、索马里接壤，是东非的一个贸易中转中心。肯尼亚独立后经济发展较快，是非洲地区经济状况较好的国家之一。实行以私营经济为主、多种经济形式并存的"混合经济"体制，私营经济占整体经济的70%。农业、服务业和工业是国民经济的三大支柱，茶叶、咖啡和花卉是农业三大创汇项目；旅游业较发达，为主要创汇行业之一；工业在东非地区相对发达。肯尼亚是中国"一带一路"倡议在非洲唯一的支点。

据中国海关统计，2015年中肯双边贸易总额达60.16亿美元，同比增长20.12%。其中，中国对肯尼亚出口59.18亿美元，同比增长了20%；中国从肯尼亚进口0.99亿美元，同比增长了27.65%。中肯贸易持续三年快速增长，2014年为32.75亿美元，2015年为50.09亿美元，肯尼亚在中国贸易伙伴排名中从第88为跃升为64位，跻身成为中国在非第六大贸易伙伴；中国也超过印度，成为肯尼亚第一大贸易伙伴。近年来，中肯双边政治互信加强，文化交流加大，经济交往加深，进入历史以来最好时期。

（3）尼日利亚

尼日利亚——位于几内亚湾腹地的非洲第一人口大国，已于2013年超过南非，跃升为非洲第一大经济体。中国与尼日利亚的友好交往和经贸往来源远流长，早在20世纪60年代，老一代华侨华人自香港到尼日利亚投资办厂，从事纺织、木材加工等行业。进入21世纪后，特别是2005年中国与尼日利亚建立战略伙伴关系以来，中国与尼日利亚经贸合作蓬勃发展，合作规模不断扩大，合作领域逐步拓宽，合作方式更加多样。

尼日利亚已成为中国在非洲的第三大贸易伙伴，第二大出口市场；中国是尼日利亚的第三大贸易伙伴。2013年中尼贸易额达到136亿美元，是2005年的近5倍。在尼日利亚，人们只要走进市场，就会看到琳琅满目的"中国制造"，中国的服装、小家电、日用小商品深受当地消费者的青睐；尼日利亚还是中国摩托车在海外最大的市场，年均销售超过100万辆。同时，尼日利亚石油和天然气以及农产品出口中国，也为中国民众的生产、生活提供了重要物资。

尼日利亚是中国企业在非洲承揽基础设施项目最多的国家，涉及领域广泛。在交通领域，中国企业在1995年开始为尼日利亚维修铁路，已累计修复4500多km，并正在建设新的现代化铁路和城市轻轨；在通信领域，中国企业与尼日利亚电信运营商密切合作，使尼日利亚移动电话普及率由2001年的不到1%跃升至2013年的91%；在电力领域，中国企业积极参与水电站、火电站项目建设，提高尼方发电能力。此外，中国企业还在高速公路、机场航站楼、房建等项目与尼方开展了合作。

2015年，李克强访问尼日利亚，是进入21世纪以来中国总理首次访尼。在访期间，李克强与乔纳森总统就深化两国经贸合作进行深入交流，为进一步充实合作内容、提升合作层次指明了方向，推动了两国经贸合作向更大规模、更宽领域、更高水平发展。

9.3.3 中国与撒哈拉以南非洲地区经贸关系发展的特点

9.3.3.1 双方贸易快速增长，结构不断优化

中非贸易额从 20 世纪 50 年代的 1000 多万美元增至 2000 年的 100 多亿美元，取得了突破性的进展。此后，双方贸易快速增长，2001～2006 年中非贸易额保持了近 40% 的年增长率，2007 年上半年达到 320.5 亿美元，同比增长了 25%，几乎接近 2011 年一年的贸易总额。中非贸易额不断增长，增长速度远远高于全球外贸增长速度，而且扭转了以往中非贸易中中国一直处于顺差的情况，中国从非洲的进口额不断增加，贸易额不均衡的现象逐渐得到改善，充分显示出中非贸易蓬勃发展的势头。目前，在历届中非论坛的举措带动下，中非经贸关系实现了跨越式发展，中国已连续 6 年稳居非洲第一大贸易伙伴国。

在贸易额不断增长的同时，中非进出口商品结构更趋多样化。中国对非洲出口商品结构进一步优化，近年来，中国对非出口商品构成逐步从以纺织、服装、箱包等轻工产品为主，向工业制成品和半制成品为主转变。其中，技术含量和附加值较高的机电和高新技术产品出口迅速增长，占中国对非洲出口总额的一半以上。通信设备及零件、汽车及其零配件、发电机及发电机组等产品出口增幅接近或超过 100%。从进口商品结构来看，中国自非进口大类为石油和农、林、矿初级产品等。目前，原油、铁矿砂、棉花、钢铁制品、原木、钻石、锰矿砂、铜制品、烟草等占中国自非洲进口总额的 85%。其中，近年来有较大增长的是中非能源贸易。

9.3.3.2 中国对撒哈拉以南非洲经济合作方式与领域进一步扩展

中非贸易不断增长的同时，中非之间的经济合作也在不断发展。近年来，随着"走出去"战略的大力实施，中非贸易已逐步发展为一般贸易与对外投资、承包工程、对外援助等多种经济合作相互结合的方式。20 世纪 90 年代之前的相当长时间里，中非双方的投资非常有限。近年来，随着中国政府积极实施"走出去"战略，鼓励有实力的企业走出国门，国有企业、民营企业和三资企业纷纷走向非洲开展投资活动。由于中国企业拥有较为成熟的技术和经验，相比非洲国家而言具有比较优势，而非洲国家大多拥有开展合作的资源和人力，因此，非洲国家成为中国企业走出去的重要场所，且近年来民营企业发展迅速，大有赶超国有企业的趋势。1995 年援外方式改革以后，随着援外贴息贷款、援外合资合作项目基金投入投资领域，中国对非投资力度加大，投资项目也越来越多，涉及贸易、生产加工、资源开发、交通运输、农业及农产品开发等多个领域。与此同时，部分经济较为发达的非洲国家也十分看重中国逐步扩大的国内市场，对华投资兴趣大为增长，其中以南非最为突出，对华投资涉及石油化工、机械电子、农业开发、娱乐餐饮等多个行业。承包工程和劳务合作是当今国际经济技术交往中普遍采用的合作形式，特别是在基础设施建设方面，中非双方的合作潜力很大。中国建筑工程队伍庞大，技术和管理水平更适合非洲国家的要求，中国政府一贯积极鼓励和指导各类有信誉、有实力的中国企业以成熟的成套技术及管理经验与非洲

国家开展工程项目合作。近年来，中国公司承包业务增长，建筑劳务输出增多，中国对非承包工程和劳务合作逐步涉及房屋建筑、石化、电力、交通运输、通信、水利、冶金、铁路等国民经济各领域。很多由中国企业承建的规模大、质量好、档次高的项目受到了非洲国家政府和人民的广泛赞誉。自1995年援外方式改革以来，中国强调技术援助与经济援助的结合，这种结构不仅将在技术层面帮助非洲国家的发展，也为中非双方在借鉴发展经验、制定发展策略方面提供了交流的平台，对双方来说形成了一种双赢的局面。

9.3.3.3　中国对撒哈拉以南非洲合作制度化、常态化

2015年12月4日，习近平在中非合作论坛约翰内斯堡峰会开幕式上致辞时提出未来3年同非方重点实施的"十大合作计划"。为确保"十大合作计划"顺利实施，中方决定提供总额600亿美元的资金支持。

中国正在积极推进"一带一路"建设，开展国际产能和装备制造合作，而非洲国家普遍谋求推进工业化、现代化、城镇化进程。中非发展战略高度契合，共同需求和利益不断增多，中非合作迎来新的发展机遇期。

"十大合作计划"同时实现了对中非合作重要领域的全覆盖，也惠及所有非洲国家。中国不仅加大了对非洲国家的支持力度，通过工业化和基础设施合作支持非洲国家改善发展的硬条件，还加大对非洲人员培训和技术转让的力度，支持非洲国家增强自主和可持续发展的能力。同时，结合非洲国家的发展诉求，在贸易投资便利化方面作出安排，支持非洲域内投资贸易发展。

另外，长期以来，基础设施、农业、人文等是中非合作的传统领域。在此基础上，结合国际合作的新主题、新趋势，此次"十大合作计划"新举措还涉及了信息化、旅游、应对气候变化、野生动植物保护、可持续发展等内容。

"十大合作计划"贯穿非洲国家经济社会发展的方方面面，给非洲人民带来的实惠是看得见摸得着的。"十大合作计划"是相互联系、不可割裂的，将助力中非关系向制度化、常态化方向发展。

9.4　中国撒哈拉以南非洲的经济贸易与技术合作态势与前景

9.4.1　地缘经济态势

9.4.1.1　地缘经济风险及潜力评价

1）近两年，非洲经济在多重不利因素冲击之下继续顽强增长，地区需要战胜和化解的多重下行风险和不确定因素增加。

2）国际原油价格的暴跌对撒哈拉以南非洲经济生产巨大冲击，随着原油、矿产等大宗商品价格的低位徘徊，撒哈拉以南非洲国家对外贸易，尤其是出口形势不容乐观。

3）不合理的国际经济秩序及全球化趋势带来的消极影响，使业已十分脆弱的撒哈拉以南非洲经济处境更艰，与世界经济的差距进一步加大。

9.4.1.2　中国与撒哈拉以南非洲地区地缘经济合作的前景分析

1）中非贸易互补性还在不断增强，结构日益优化，未来发展潜力巨大。

2）中非双方进一步巩固政治互信、增进传统友谊、对接发展战略，深化互利合作，为中非经贸合作全面升级注入强劲动力。

3）"十大合作计划"开启了中非务实合作的新蓝图，激发了中非命运共同体的新活力，铸就了中非关系和中非经贸合作史上又一重要里程碑。

4）在"真、实、亲、诚"的对非合作理念和"十三五规划"指引下，紧密结合"一带一路"建设和国际产能合作战略布局，攻坚克难、开拓创新，中非经贸合作正蓄势待发，在未来一个时期内有望重拾升势，再上新台阶。

9.4.2　地缘综合态势研究与前景分析

撒哈拉以南非洲地区投资潜力具有以下特征：①撒哈拉以南非洲地区拥有丰富的自然资源，包括矿产、能源、草场、热带经济作物和动物资源等，使得其自然资源开发投资机会增加。②以往人数较少的中产阶级阶层不断扩大会带来的旺盛内需。③冲突中国家局势有所缓和。与此同时，非洲多国政府正着力解决基础设施瓶颈并承诺改善监管环境。若能克服当地政治环境带来的影响和监管困难的问题，该地区的市场条件必将为投资人带来高额回报。④人口增加、城市化发展和先进技术的应用将推动撒哈拉以南非洲地区经济增长。⑤互联网使用人数不断增加，通信基础设施投资前景广阔。⑥较高的投资回报，巨大的潜力，稳健的经济增长和大量的待开发资源，使得撒哈拉以南非洲地区的并购交易活跃度稳步上升。

因此，在综合分析撒哈拉以南非洲地区自然地理、社会经济、政治外交等多源数据前提下，本节确立了以能源矿产、电力设施、交通基础设施和林木资源等行业为主的投资方向，并建立多因素影响下的风险投资分析模型，从而针对撒哈拉以南非洲地区主要竞争力国家（南非、喀麦隆、博茨瓦纳、科特迪瓦、加蓬、赞比亚、纳米比亚、肯尼亚和卢旺达）进行投资权重排名，得到撒哈拉以南非洲国家重点行业投资风险分析权重排名（图9-13）。

9.4.2.1　投资风险因素的确立

（1）能源矿产资源投资

自然地理因素：油气资源储量；金属矿产资源储量；非金属矿产资源储量。

政治外交因素：政府腐败程度；政府对外国投资企业监管力度；与中国的外交关系。

社会经济因素：工业生产总值；交通基础设施现状。

（2）林木资源投资

自然地理因素：森林植被覆盖面积。

政治外交因素：政府腐败程度；政府对外国投资企业监管力度；与中国的外交关系。

社会经济因素：交通基础设施现状。

（3）电力基础设施投资

自然地理因素：水资源特征；煤炭资源储量。

政治外交因素：政府腐败程度；政府对外国投资企业监管力度；与中国的外交关系。

社会经济因素：城镇化率；人口；GDP。

（4）交通基础设施建设

自然地理因素：自然地理位置（海陆位置）；能矿资源优势。

政治外交因素：政府腐败程度；政府对外国投资企业监管力度；与中国的外交关系。

社会经济因素：城镇化率；人口；GDP。

9.4.2.2 风险投资权重结果分析

基于风险投资分析模型可知，在能源资源投资领域，南非、喀麦隆、博茨瓦纳、科特迪瓦和加蓬等国具有较明显的投资优势，这是因为以上国家拥有较多的石油天然气和矿产资源储量；在电力基础投资领域，南非以绝对的优势成为中国投资的优选之地，其次为博茨瓦纳、赞比亚和肯尼亚；在林木资源投资领域，赞比亚、喀麦隆和加蓬由于拥有较为丰富的林木资源和良好稳定的政治环境而成为投资优选之地；最后，由于需要运输大量的油气和矿产资源，喀麦隆、南非、科特迪瓦和肯尼亚被赋予比其他国家较大的投资权重，但由于科特迪瓦不稳定的政治环境，在投资中要注意规避相关风险。

9.4.2.3 中国—撒哈拉以南非洲合作建议

（1）明确战略目标，发挥自身优势

中国处在工业化过程中，现有的生产、技术具有多层次性，既有各类型的适用技术，也有较先进，甚至是世界先进水平的生产技术，企业要利用自身技术优势，努力迎合撒哈拉以南非洲国家工业发展多层次的需求。

（2）加强科技领域合作，重视中非文化交流

加大科技人才培养力度，翻译当地有关劳工、投资、税务法律，进一步收集、分析、公布当地贸易投资信息；熟悉非洲当地的语言、法律、风土人情，加强与撒哈拉以南非洲国家正式与非正式的文化交流，促进企业经营方式调整，更容易融入东道国的社会文化环境，取得投资效益。

（3）规避政治风险，扩大贸易领域

中国企业要在充分发挥相对技术优势的同时，进一步扩大电力、交通等基础设施建设投资，能源矿产、林木资源领域合作；要立足自身、立足当地经营理念、主动参与宣传、创造当地雇员的发展空间、加强民间交流和投资保险等方法，有效地控制对非投资的政治风险，从而推动中—撒哈拉以南非洲经贸合作再上新台阶。

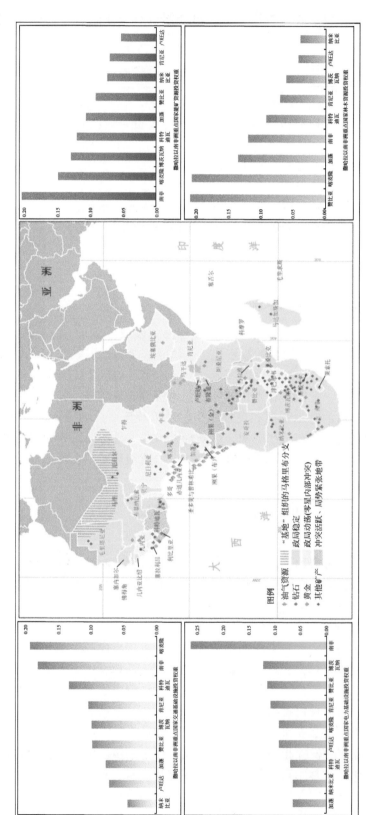

图9-13　撒哈拉以南非洲地区国家重点行业投资权重分析图

国富.1989.非洲政党初探.渤海大学学报：哲学社会科学版，(4)：57-62.

黄梅波，范修礼.2009.中非经贸关系：现状.问题与对策.国际经济合作，(10)：14-18.

兰海笑.2008.《世界城市状况报告（2008/2009）》.现代城市，(4)：58.

李淑芹，石金贵.2009.非洲水资源及利用现状.水利水电快报，(1)：7-9.

李思涵.2015.中国在非洲撒哈拉南地区直接投资研究.合肥：安徽大学硕士学位论文.

罗福建.2010.当代非洲交通.北京：世界知识出版社.

帕林德.1992.非洲传统宗教.张治强，译.北京：商务印书馆.

任娜，孙暖.2007.地缘政治视角下的能源安全——以美国全球能源安全战略为例.世界经济与政治
论坛，(2)：84-89.

商务部非洲司.2015.2015年我在西亚非洲地区承包工程业务统计.http：//xyf.mofcom.gov.cn/article/
date/201605/20160501317687.shtml［2016-7-26］.

宋国明.2005.非洲矿业投资环境分析.国土资源情报，5（6）：39-45.

王峰.2012.中国企业对非洲投资存在的问题与风险分析.对外经贸，(4)：34-35.

王俊，等.2009.近15年来非洲土地利用现状及其变化特征.安徽农业科学，37（6）：2628-2631.

熊坤新，王淑兰，王换芳.2016.非洲民族问题：影响多国政局和经济的重要因素.http：//
www.mzb.com.cn/html/report/1605267853-1.htm［2016-7-26］.

严帅.2013.非洲恐怖主义发展趋势及其影响.当代世界，(6)：52-54.

杨钧.2015.中非经贸合作历史与现状.现代商贸工业，36（12）：47-48.

叶玮.2013.当代非洲资源与环境.杭州：浙江人民出版社.

亦非.2009.2009中非工业合作发展论坛将于10月举办.商用汽车，(6)：25.

周秀慧，张重阳.2006.非洲林业：持续生产与贸易展望.国际经济合作，(7)：59-63.

周秀慧，张重阳.2007.非洲森林资源的开发、利用与可持续发展.世界地理研究，16（3）：93-98.

Bank A D.2014.Annual Report.http：//www.afdb.org/fileadmin/uploads/afdb/Documents/Generic- Documents /
Annual_ Report_ 2014_ Full.pdf［2016-7-26］.

International T.2015.2015 Corruption Perceptions Index.https：//www.transparency.org/cpi2014/results
［2016-7-26］.

UNCTAD.2014.World Investment Report in 2014.http：//unctad.org/en/PublicationsLibrary/wir2014_ en.pdf
［2016-7-26］.

World Bank.2015.World Development Indicators.http：//data.worldbank.org/indicator/SP.URB.TOTL.
IN.ZS［2016-7-26］.

10　中　南　美　洲

美洲,位于西半球,60°S ~ 80°N,30°W ~ 160°W,自然地理上分为北美洲和南美洲,面积达 4254.9 万 km²,约占地球地表面积的 8.3%,陆地面积的 28.4%。美洲最北边陆地是卡菲克卢本岛,这也是全球最靠北的陆地。最南边的地方是南乔治亚岛和南桑威奇群岛。最东边是格陵兰岛山,最西边是阿图岛。

拉丁美洲是美洲的一部分,包括全部的中美洲和南美洲国家以及加勒比地区的国家和属地。拉丁美洲拥有 191.97 万 km² 陆地面积,约占地球陆地表面积的 13%(图10-1)。2014 年,拉丁美洲的人口为 6.33 亿,占世界人口的 8.78%;GDP 总量为 5.573 万亿美元,大约是英国和法国两国之和。南美洲位于西太平洋和大西洋之间,为七大洲之一,东至布朗库角(34°46′W,7°09′S),南至弗罗厄德角(71°18′W,53°54′S),西至帕里尼亚斯角(81°20′W,4°41′S),北至加伊纳斯角(71°40′W,12°28′S)。南美洲面积约 1784 万 km²,面积占地球表面的 3.5% 左右。其中,巴西是南美洲面积最大的国家,占南美洲一半左右。南美洲国家和属地有 14 个:阿根廷、玻利维亚、巴西、智利、哥伦比亚、厄瓜多尔、圭亚那、巴拉圭、秘鲁、苏里南、乌拉圭、委内瑞拉、法属圭亚那(属地)、马尔维纳斯群岛(属地)。中美洲是一个地理概念,属于北美洲与南美洲的一部分,一般指连接北美洲与南美洲之间的地峡,范围北起危地马拉,南至巴拿马的一片地区,面积约 50 多万 km²。根据联合国的世界地理分区列表的划分,中美洲包含国家有 8 个:巴拿马、哥斯达黎加、尼加拉瓜、洪都拉斯、萨尔瓦多、危地马拉、伯利兹、墨西哥。加勒比地区包含国家及属地有 19 个:阿鲁巴岛、安提瓜和巴布达、巴巴多斯、巴哈马群岛、开曼群岛、古巴、多米尼加岛、多米尼加共和国、格林纳达、海地、牙买加、蒙特色拉特岛、荷属安的列斯、圣基茨和尼维斯、圣卢西亚、特立尼达和多巴哥、特克斯和凯科斯群岛、圣文森特和格林纳丁斯、英属维尔京群岛。

拉美及加勒比国家共同体(简称拉共体)是一个由拉美国家和加勒比国家组成的国际组织,它包含了中美洲和南美洲的全部国家以及加勒比地区的部分国家(属地)。2011 年 12 月 2 ~ 3 日,拉美和加勒比地区 33 国国家元首、政府首脑或代表在委内瑞拉首都加拉加斯举行会议,宣布正式成立拉共体。拉共体除包含有中美洲与南美洲的全部 22 个国家外,还有加勒比地区的 11 个国家和属地。

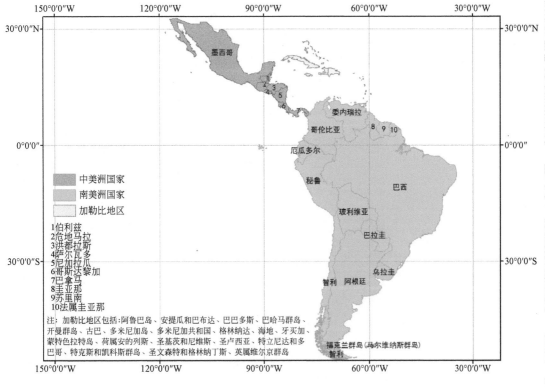

图 10-1　拉丁美洲地理位置示意图

10.1　自然地理环境基础

10.1.1　气候

　　拉丁美洲气候暖热潮湿，以热带气候类型为主，温带面积较小，缺少寒带。拉丁美洲 3/4 的热带范围之内，在世界各大洲中，它的气候条件最优越。从气温来看，大部分地区年平均气温在 20℃ 以上，对比其他洲具有暖热的特点，它既没有亚洲和北美洲那样寒冷，也不像非洲那样炎热。从湿润来看，全洲年降水量平均多达 1342mm，相当于大洋洲的 3.2 倍，是世界上最湿润的一洲。中美洲为热带气候，包含的气候类型有热带雨林气候、热带干湿季气候、半干旱草原气候、沙漠气候、高地气候。南美洲由于倒三角形，高纬陆地较少，因而气候较为温和，缺乏极端气候类型。南美洲包含的气候类型有热带雨林气候、热带干湿季气候、热带沙漠气候、亚热带季风性湿润气候、温带草原气候、温带海洋性气候、温带沙漠气候、地中海气候、高地气候（图 10-2）。

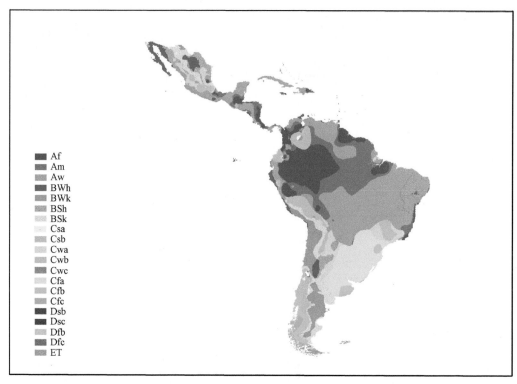

Af
Am
Aw
BWh
BWk
BSh
BSk
Csa
Csb
Cwa
Cwb
Cwc
Cfa
Cfb
Cfc
Dsb
Dsc
Dfb
Dfc
ET

图 10-2　拉丁美洲气候分区图

资料来源：柯本气候类型图

10.1.2　地形地貌

拉丁美洲地形复杂，中美洲国家墨西哥地形主要为山地和高原，总称为墨西哥高原，墨西哥高原占其国土面积的 5/6，所以墨西哥又被称为"高原之国"。中美洲其余7 国所处地域统称为中美地峡，中美地峡西北部是海拔 1000～2500m 的中山，东南部是海拔 1000m 左右的低山；沿海平原比较狭窄，宽度一般为 20～100km；各国地形多以山地、丘陵为主，间有盆地与谷地。南美洲大陆地形可分为东西两个纵带：西部为狭长的安第斯山脉，东部呈平原高原相间分布，拥有世界上面积最大的冲积平原——亚马逊平原和面积最大的高原——巴西高原。南美洲海拔 300m 以下的平原约占全洲面积的 60%，海拔 300～3000m 的高原、丘陵和山地约占全洲面积的 33%，海拔 3000m 以上的高原和山地约占全洲面积的 7%。全洲平均海拔 600m（图 10-3）。

10.1.3　土地

拉丁美洲的地表覆盖类型主要有 8 类：农田、森林、草地、灌丛、水体、人造地表覆盖、裸地和冰雪（图 10-4）。其中，森林占主要的比例，其次是农田和草地。南美洲有世界面积最大的森林，即亚马逊热带雨林。它位于南美洲的亚马逊盆地，占地 700

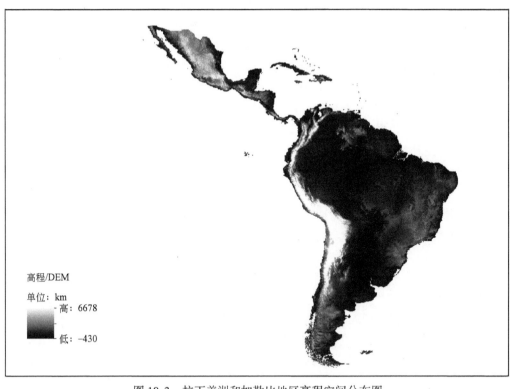

图 10-3　拉丁美洲和加勒比地区高程空间分布图

图 10-4　拉丁美洲土地利用类型及其分布图

万 km²。雨林横越了 8 个国家：巴西（占森林 60% 面积）、哥伦比亚、秘鲁、委内瑞拉、厄瓜多尔、玻利维亚、圭亚那和苏里南，占据了世界雨林面积的一半，占全球森林面积的 20%，是全球最大和物种最多的热带雨林。拉丁美洲幅员辽阔，土地肥沃，气候适宜，雨量充沛，有利于发展农、林、牧、渔业。农业在拉美经济中占有十分重要的地位，目前其地位有所下降，但不少农产品的产量、质量和出口量仍居世界前列。优越的自然条件赋予拉丁美洲丰富的农业资源。厄瓜多尔的香蕉、阿根廷的小麦和牛肉、巴西和哥伦比亚等国的咖啡、墨西哥的玉米、古巴的甘蔗、巴西的木材等，均居世界产量的前列，品种质量上乘。拉丁美洲各国根据自身自然条件的特点，发挥其优势，形成了具有特色产品的农业区域。南美洲有大面积的草场、牧场，草原面积约 4.4 亿 hm²，约占全洲总面积的 25% 和世界草原总面积的 14%，适合大规模发展畜牧业。阿根廷的牧场面积达 1.4 亿 hm²，其中潘帕斯草原是拉美著名的天然牧场，以生产大量优质牛、羊肉驰名于世。

10.1.4 矿产

拉美地区矿业资源丰富，现代工业所需最基本的 20 多种矿物资源的绝大部分都有，有些矿物储量居世界前列，其中巴西、秘鲁、智利、墨西哥等国矿产资源丰富。例如，墨西哥已探明石油储量达 103 亿 t，委内瑞拉的石油储量为 80 多亿 t，均居世界前列。拉美地区天然气已探明储量约 3 万亿 m³，主要分布在墨西哥和阿根廷。铁矿储量约 1000 亿 t，巴西的铁矿储量居世界前列，其产量和出口量均居世界第 2 位。铜储量约在 1 亿 t 以上，居各洲之首，智利铜储量居世界第 2 位，秘鲁居世界第 4 位。煤蕴藏量约 500 亿 t，主要分布在哥伦比亚和巴西，仅哥伦比亚煤蕴藏量就多达 240 亿 t。此外，巴西的铍、钽、铌，苏里南和牙买加的铝土，墨西哥的银、硫黄，智利的硝石，古巴的镍，哥伦比亚的绿宝石等均居世界前列。

10.2 经济社会发展状况

10.2.1 经济

南美洲有着一些世界上经济快速增长的国家，如巴西、智利、墨西哥，是一个具有巨大经济增长潜力的区域。根据 2014 年世界银行的统计，巴西是中南美洲第一大经济体，GDP 为 23 461 亿美元，墨西哥的经济实力排在第二，其次是阿根廷。拉丁美洲人均 GDP 与 GDP 总量的空间格局略有不同，加勒比海地区国家表现突出 [图 10-5 (b)]。人均 GDP 最高的几个国家（地区）分别为开曼群岛、巴哈马群岛、特立尼达和多巴哥、委内瑞拉、乌拉圭。其中，前 3 个国家（地区）均属于加勒比海地区，后两个国家属于南美洲。而 GDP 总量最高的两个国家——巴西与墨西哥，由于人口数量众多，所以人均 GDP 处于中游水平。

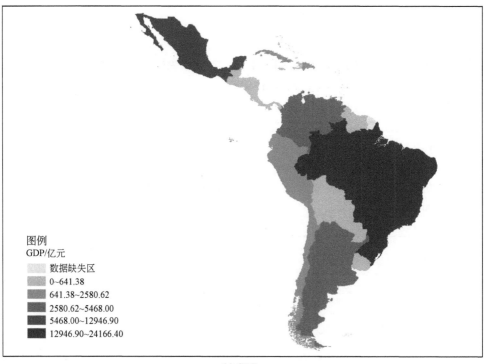

图例
GDP/亿元
数据缺失区
0~641.38
641.38~2580.62
2580.62~5468.00
5468.00~12946.90
12946.90~24166.40

(a) GDP

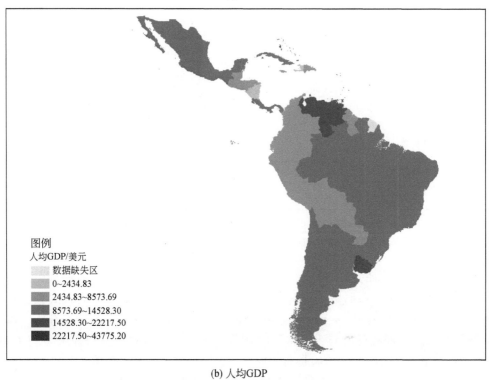

图例
人均GDP/美元
数据缺失区
0~2434.83
2434.83~8573.69
8573.69~14528.30
14528.30~22217.50
22217.50~43775.20

(b) 人均GDP

图 10-5　拉丁美洲经济情况（2014 年）

资料来源：世界银行数据库

10.2.2　人口民族

中南美洲人口总计约 6.33 亿（2014 年），约占世界人口的 8.78%，人口分布极不均衡，与其广阔的土地面积相比，人口密度较小。人口稠密地区为西印度群岛、巴西东部和阿根廷沿海，各国首都等重要城市人口较为集中。南美洲国家人口普遍多于中美洲国家及加勒比地区。巴西是中南美洲最大的国家，总人口为 20 607.79 万（2014 年），墨西哥总人口为 12 538.58 万（2014 年），名列第二，哥伦比亚总人口为 4779.14 万（2014 年），位列第三，其他人口超千万的国家（地区）还包括阿根廷、秘鲁、委内瑞拉、智利、危地马拉、厄瓜多尔、古巴、海地、玻利维亚、多米尼加共和国、多米尼加岛（图 10-6）。

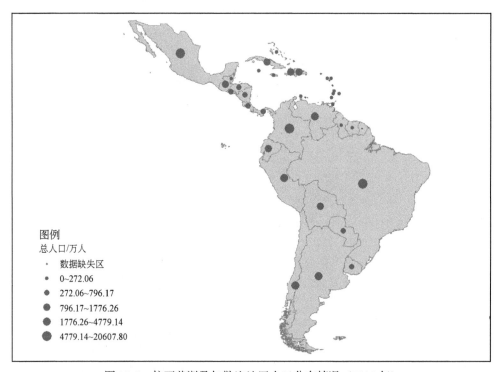

图 10-6　拉丁美洲及加勒比地区人口分布情况（2014 年）

资料来源：世界银行数据库

中南美洲地区人口的民族构成极为复杂，源自人类的所有三大基本种族，即蒙古利亚人种、欧罗巴人种和尼格罗—澳大利亚人种。拉美当地土著印第安人属蒙古利亚人种，美洲大陆被"发现"后到达拉美的殖民者，主要是西班牙人和葡萄牙人，以及后来前往美洲的欧洲移民的意大利人、法国人、德国人、乌克兰人等属欧罗巴人种，而 17～19 世纪被当做奴隶陆续从非洲运进的黑人属尼格罗人种。但真正属于这 3 个人种的纯血统居民已为数不多，半数以上是上述 3 个人种的混血种人。此外，还有相当数量的日本、印度、中国和亚洲其他民族的移民。华侨和华裔主要集中于巴西、秘鲁、墨西哥、古巴和巴拿马等国，20 世纪 50 年代后，阿根廷、委内瑞拉、智利、乌拉圭等国的华侨逐渐增多。

10.2.3　宗教语言

拉共体组织共有5种官方语言，包括西班牙语、葡萄牙语、法语、英语、荷兰语，它们都属于印欧语系，也是世界上最大的语系。其中，西班牙语、葡萄牙语、法语属于日耳曼语族，英语、荷兰语属于罗曼语族（表10-1）。

表 10-1　拉共体官方语言分类及所含国家

官方语言	语系	语族	所含国家
西班牙语	印欧语系	日耳曼语族	阿根廷、玻利维亚、智利、哥伦比亚、哥斯达黎加、古巴、多米尼加、厄瓜多尔、萨尔瓦多、危地马拉、洪都拉斯、墨西哥、尼加拉瓜、巴拿马、巴拉圭、秘鲁、乌拉圭、委内瑞拉
葡萄牙语			巴西
法语			海地
英语		罗曼语族	安提瓜和巴布达、巴哈马、巴巴多斯、伯利兹、多米尼克、格林纳达、圭亚那、牙买加、圣卢西亚、圣基茨和尼维斯、特立尼达和多巴哥、圣文森特和格林纳丁斯
荷兰语			苏里南

在拉丁美洲西班牙语的使用最广，系拉丁美洲大部分国家的官方语言，共有18个国家使用西班牙语，约占拉丁美洲63%的人口。讲葡萄牙语的国家有一个，即巴西，约占拉丁美洲34%的人口。剩下的14个国家所使用的官方语言为英语、法语、荷兰语（图10-7）。海地、法属圭亚那和法属西印度群岛使用法语。巴巴多斯、牙买加、圭亚那、伯利兹、巴哈马等国使用英语。苏里南及荷属安的列斯群岛等使用荷兰语印第安居民较多的地区，一般使用印第安语。印第安语的方言达1700多种，以纳华特语、玛雅语、克丘亚语、瓜拉尼语、艾马拉语等使用较广泛。

拉美大陆（包括中美洲）主要信奉同一种宗教——天主教，在使用英语和荷兰语的国家和地区，居民多信奉基督教、新教，还有少数居民信仰印度教、伊斯兰教和犹太教等。印第安人和黑人虽名义上皈依天主教，但其传统宗教至今仍在基督教义的掩饰下保存着。

拉丁美洲几乎每个国家都曾被欧洲人殖民过，而大部分又都是西班牙人和葡萄牙人的殖民地。欧洲人的殖民侵略从东边开始，蹂躏和征服了当地古代文明：阿兹特克、玛雅和印加。

10.2.4　政治历史

第一次世界大战期间，拉丁美洲各国都没有卷入战争旋涡，英、美、德、法诸国因忙于战争，放松了对拉丁美洲经济的控制，参战各国对战略物资和粮食需求的增加，

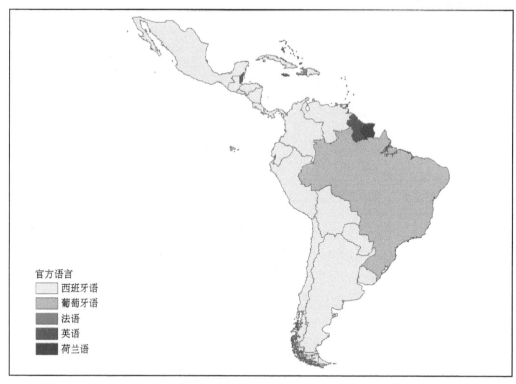

图 10-7　拉共体国家官方语言分布图

又为拉美民族工业的发展创造了有利条件，巴西、阿根廷、墨西哥、智利等国的轻工业和采矿业有了较快的发展。第二次世界大战期间，一些拉美国家先后参加反法西斯战争，向盟国提供战略物资和原料，出口贸易有很大增长，在政府的扶持下，各国利用外资，引进外国先进技术装备，国家资本主义企业成为工业化的重要支柱，和外国的资本主义性质的农场、庄园和种植园已逐步取代封建大庄园。美国趁机对拉美各国进行渗透和扩张。第二次世界大战后，美国竭力变拉丁美洲为自己的"后院"，在"泛美主义"的掩护下，对拉美实行全面控制，成为拉丁美洲人民的主要压迫者和剥削者。资本主义的发展引起拉丁美洲各国阶级结构的变化。民族资产阶级的经济实力和政治影响不断加强。俄国十月社会主义革命的伟大胜利唤醒了拉美各国人民的民族觉醒。为保护国家资源，拉美各国普遍掀起国有化运动，将外资经营的矿山和企业收归国有。很多国家不同程度地实行了土地改革。在反对帝国主义和封建主义的斗争中，拉美各国人民致力于保卫民族独立，发展民族经济，加速了拉丁美洲历史发展的进程。

目前，中南美洲国家的政体有总统制、议会制和代表大会制，其中，以总统制的影响最大，其特点是总统既是国家元首又是政府首脑，掌握行政实权，总统定期由选民普选产生。目前，阿根廷、玻利维亚、巴西、智利、哥伦比亚、哥斯达黎加、多米尼加共和国、厄瓜多尔、海地、萨尔瓦多、危地马拉、洪都拉斯、墨西哥、巴拿马等采用总统制。议会制政体在中南美洲不太广泛，目前有 12 个国家采用该政体，包括苏里南、巴哈马、牙买加等。拉美国家还有一种总统制和议会制的混合政体，即存在总统职位的同时，再有对立法机构负责的总理一职，秘鲁就采用该政体。

近现代，在秘鲁国会倡议下，1964 年 12 月 7～11 日，阿根廷、巴西、哥伦比亚、哥斯达黎加、智利、萨尔瓦多、危地马拉、尼加拉瓜、巴拿马、巴拉圭、秘鲁、墨西哥和委内瑞拉（2 名观察员）13 国的 119 名议员在秘鲁利马开会，决定成立拉丁美洲议会。1965 年 7 月 18 日，拉丁美洲议会在利马正式成立，其宗旨是促进拉美和加勒比国家的团结和地区一体化。拉丁美洲议会是最高权力机构，1995 年以前每两年举行一次会议，1995 年修改后的新章程规定每年举行一次会议，领导委员会在大会休会期间负责日常工作，每 6 个月举行一次会议，必要时可举行特别会议，由议长、候补议长、副议长、秘书长、候补秘书长、秘书、前议长和协商理事会等组成，议长由各成员国议员轮流担任。总秘书处为办事机构，兼有协调和监督的职能，负责召集会议，协助领导委员会准备大会议程和起草工作文件，散发协议、提案或声明，执行预算，并向大会提出财政报告等。另 13 个常设委员会及 5 个特别委员会，负责分析和调研工作，协商理事会是咨询机构，负责立法和政治咨询工作。

10.3　中国与拉丁美洲国家合作的历史与现状

10.3.1　中国与拉丁美洲国家合作发展现状及历程

近年来，中国与拉美国家关系呈现跨越式的发展。2008 年，中国发布首份拉美政策白皮书，提出建立和发展"中拉平等互利、共同发展"的全面合作伙伴关系，将中拉关系提升至战略的高度。中拉关系快速发展，但基本以双边关系为主，在继续推动双边关系的基础上搭建一个整体合作平台，已成为双方的共同愿望。

2011 年 12 月，拉美和加勒比国家共同体（简称"拉共体"）成立，为加速推进中国与拉美地区整体合作提供了条件，提升中拉关系水平，加强中拉整体合作。2012 年 6 月，中国领导人提出包括成立中拉合作论坛、适时举行中拉领导人会晤等系列倡议，得到拉美和加勒比国家的积极回应。2013 年以来，习近平等领导人同拉共体成员国领导人多次就推进中拉整体合作交换意见，达成重要共识。在 2014 年 1 月举行的拉共体首脑会议上，与会国家一致同意夯实中国与拉共体合作机制。2014 年 7 月 17 日，中国—拉美和加勒比国家领导人会晤在巴西利亚举行，来自中国、巴西、拉共体"四驾马车"及部分其他拉美国家的领导人出席会晤，会议上发表了联合声明，正式宣布成立中国—拉共体论坛，并宣布在北京召开论坛首届部长级会议。2015 年 1 月，中国—拉共体论坛首届部长级会议在北京举行。这一论坛是中国和拉共体成员国的政府间合作平台，它的成立也实现了中国与发展中国家整体合作机制的全覆盖。

中国是拉美第二大贸易伙伴国和第三大投资来源国。2014 年 1～11 月，中拉贸易额达到 2419.3 亿美元，同比增长 1.3%。2014 年上半年，中国对拉投资 90.6 亿美元。中国提出，争取在 10 年内，实现中拉贸易规模达到 5000 亿美元，中国对拉美直接投资存量达到 2500 亿美元。同时文化的交流成为拉近中拉关系的重要纽带，中国同拉美地区的 19 个国家签有文化协定，在 14 个国家建有 31 所孔子学院和 10 个孔子课堂。

10.3.2 中国与拉丁美洲的贸易合作现状

10.3.2.1 贸易

（1）双边贸易额增长，中国对拉共体的市场依赖性增强

中国与拉共体的进口、出口及总量贸易额（2001~2015年）如图10-8所示。

2001年，中国对拉共体成员国的商品出口总额为815.56万美元（表10-2），进口贸易量也仅为668.49万美元，贸易总量为1484.04万美元。至2015年，中国对拉共体成员国的商品出口总额为13 149.51万美元，进口贸易量为10 380.23万美元，贸易总量为23 529.74万美元，实现跨越式增长。2001年以来，中国与拉共体成员国进出口贸易额持续上升，2008年金融危机后出现短暂下滑的波动，2009~2014年中国与拉共体成员国之间的贸易呈波动上升，2015年，贸易总额回落至23 529.74万美元（图10-8），但也是2001年的15.86倍之多。进出口结构方面，2006年以前，中国从拉共体成员国的进口量多于向其出口，一直维持较高的贸易逆差，2006~2010年，中国与拉共体成员国的进出口量基本平衡，2010~2015年，中国向拉共体成员国的出口量多于向其进口，逐步形成较大的贸易顺差。拉共体成员国经济在金融危机之后受到影响，中国的进口贸易额出现短暂的下滑，而后一直呈波动性涨落，相比之下，中国对拉共体成员国市场的依赖度相对稳定，出口量基本保持增长态势（图10-9）。

表10-2　中国与拉共体国家的进出口贸易额　　　　单位：万美元

年份	中国向拉共体出口	中国从拉共体进口
2001	815.56	668.49
2002	937.99	831.27
2003	1 171.20	1 485.13
2004	1 802.31	2 167.10
2005	2 337.85	2 666.56
2006	3 565.70	3 407.19
2007	5 126.84	5 100.45
2008	7 124.02	7 141.82
2009	5 655.81	6 413.20
2010	9 124.90	9 110.49
2011	12 108.17	11 864.21
2012	13 448.37	12 513.14
2013	13 323.24	12 637.61
2014	13 509.39	12 612.80
2015	13 149.51	10 380.23

资料来源：International Trade Center

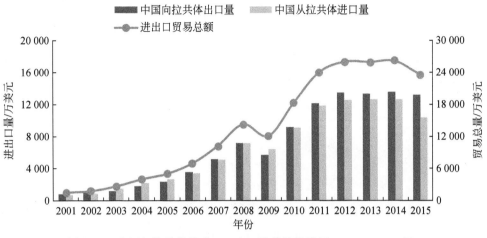

图 10-8　中国与拉共体的进口、出口及总量贸易额（2001～2015 年）

　　中国贸易多元化发展，拉共体成员国对中国依赖增强。2001 年以来，拉共体成员国从中国的进口量占其总进口的比重由 2.24% 持续上升到 13.16%［图 10-9（a）］，表现出对中国贸易商品进一步的需求度；与此同时，拉共体对中国的出口占其总出口量的比重也明显上升，2015 年占比为 11.34%［图 10-9（b）］，拉共体成员国与中国贸易的合作不断加深，对中国商品及市场的依赖度有所加强。而中国向世界的贸易格局更加多元化，对拉共体成员国的市场依赖度比较稳定，甚至近几年有所下降。

　　（2）中国以向拉共体出口机电等资本品为主，进口工、农业原材料为主

　　中国与拉共体的商品贸易是经贸合作中最重要的组成部分，中国对拉共体的出口商品种类繁多，主要集中于机电产品、运输设备、纺织品、塑料制品、贱金属制品。这些商品多为资本和劳动密集型产品（表 10-3）。但分析历年数据可以发现，中国对拉美出口商品中机电产品份额不断下降，与此相反，钢铁及其制品、有机化学产品和精密仪器等对拉美出口不断增加。在资本密集型产品上，资金短缺一直是中国制约产业

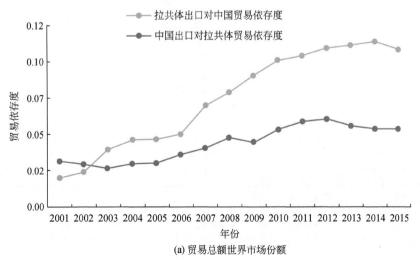

(a) 贸易总额世界市场份额

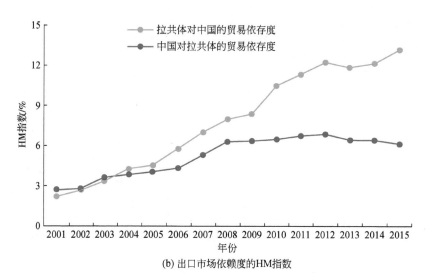

(b) 出口市场依赖度的HM指数

图10-9　中国与拉共体相互贸易依赖度（2001～2015年）

结构升级和经济发展的重要因素之一，因此，一直以来中国资本密集型产品在出口中不占优势，但随着中国招商引资政策的不断落实，电子、精密科学、医疗设备类产品的优势开始逐步凸显，出口拉共体的份额也在上升，体现了中国对拉美出口产品附加值不断提高。

　　中国从拉美进口的商品则高度集中，主要是大宗商品，包括动植物产品、食品、矿产品、木制品、贱金属制品，这些商品多为农产品与资源密集型产品（表10-3），早在1575年广州至拉美的海上丝绸之路开通，美洲的玉米、土豆、辣椒、花生等特有作物便传播到欧亚大陆，奠定了美洲向中国出口农产品的基础。值得关注的是中国从拉美进口石油增长迅速，从2000年的25万t提高到2008年的1265万t，占当年中国石油总进口的份额从0.4%提高到7.1%，拉美已经成为中国新的、重要的石油进口来源地。

表10-3　中国对拉共体进出口的前20大行业（2015年）

排序	出口	进口	排序	出口	进口
1	85	26	12	89	23
2	84	12	13	40	90
3	87	27	14	64	72
4	90	74	15	95	84
5	94	85	16	42	15
6	62	47	17	31	44
7	73	2	18	27	3
8	61	87	19	69	39
9	39	8	20	60	28
10	72	17	占比	82.46%	96.42%
11	29	41			

　　注：2 肉及食用杂碎；3 鱼等水生无脊椎动物；8 食用水果、坚果、果皮；12 子仁及果实、工业用或药用植物等；15 动、植物油脂及产品等；17 糖及糖食；23 食品工业的残渣、配制的动物饲料等；26 矿砂、矿渣及矿灰；27 矿物燃料、油及蒸馏产品等；28 无机化学品、金属的有机及无机化合物；29 有机化学品；31 肥料；39 塑料及制品；40 橡胶及制品；41 生皮及皮革；42 皮革制品等；44 木及木制品等；47 纤维素浆等、回收纸等；60 针织物等；61 针织服装及附件；62 非针织服装及附件；64 鞋靴及其零件等；69 陶瓷产品；72 钢铁；73 钢铁制品；74 铜及其制品；84 核反应堆及其零件等；85 电气设备及零件等；87 车辆及零件等；89 船舶等；90 精密仪器及零件等；94 家具等；95 玩具及零件等

从产业间贸易角度来看，中国与拉共体国家商品结构存在合作互补关系，中国与拉共体成员国产业间贸易水平较高，且发展迅速，随着中拉之间国际分工的不断深化，产业间贸易的比重将进一步增大，商品贸易空间将迅速扩大。

（3）南美洲国家是中国主要贸易伙伴

进入 21 世纪以来，中国与拉丁美洲国家的贸易关系日益增进，尤其与南美洲国家的贸易联系紧密。2001 年，中国前 50 大进口市场中有 3 个国家位于南美洲，分别是智利、阿根廷、秘鲁（表 10-4）。智利是中国在中南美洲市场最活跃的进口伙伴，2001 年位列第 29 位，占全球份额的 0.54%，2015 年位列第 22 位，占全球份额的 1.11%。秘鲁与中国的贸易联系也有所增强，2001 年秘鲁作为中国的进口伙伴，排名第 46 位，而 2015 年排名第 33 位，位序有明显的提高。阿根廷作为中国的南美洲三大进口伙伴之一，位序从第 30 跌至第 41。除智利、阿根廷、秘鲁外，还有 7 个拉丁美洲国家跻身中国进口贸易伙伴的前百位，其中，有 5 位来源于南美洲，分别为委内瑞拉、乌拉圭、厄瓜多尔、哥伦比亚、玻利维亚。剩余两位国家（地区）均来源于加勒比地区。2001 ~ 2015 年，中国从这 5 个国家的进口贸易有所增加，这 5 个国家在中国进口市场的国别地位均有不同程度的提升。

表 10-4　2001 年、2015 年中国的拉共体进口伙伴

国家	2001 年/2015 年		2001 ~ 2015 年的变化	
	排名	占比/%	排名	占比/%
智利	29/22	0.54/1.11	+7	+0.57
阿根廷	30/41	0.53/0.34	-11	-0.19
秘鲁	46/33	0.20/0.49	+13	+0.29
委内瑞拉	61/37	0.06/0.41	+24	+0.35
乌拉圭	69/63	0.04/0.14	+6	+0.10
牙买加	87/151	0.01/0.00	-64	-0.01
厄瓜多尔	90/73	0.01/0.07	+17	+0.06
哥伦比亚	91/51	0.01/0.21	+40	+0.20
哥斯达黎加	92/81	0.01/0.05	+11	+0.04
玻利维亚	104/93	0.00/0.01	+11	+0.01

注：列表按 2001 年的顺位排序

资料来源：International Trade Center

中国前 50 大出口国中有两位来源于南美洲，分别为智利和阿根廷（表 10-5），说明中国与这两个国家的进出口关系都比较密切。智利是中国在中南美洲市场最活跃的出口伙伴，2001 年位列第 40 位，占全球份额的 0.31%，2015 年位列第 34 位，占全球份额的 0.58%。阿根廷与中国的贸易联系也有所增强，2001 年阿根廷作为中国的出口伙伴，排名第 45 位，而 2015 年排名第 37 位，位序有明显的提高。还有 8 个拉美国家（地区）跻身中国的前 100 出口国，其中有 4 个来源于南美洲，分别是委内瑞拉、哥伦比亚、乌拉圭、秘鲁，有两个来源于中美洲，分别是危地马拉、萨尔瓦多，有两个来

自于加勒比地区，分别是古巴、多米尼加岛。说明中国的进口伙伴分布更为广泛，在全拉丁美洲辐射性更强。2001～2015年，虽然这些进口伙伴的位序有升有降，但是贸易份额基本都有所提升。

表10-5　2001年、2015年中国的拉共体出口伙伴

国家	2001年/2015年		2001～2015年的变化	
	排名	占比/%	排名	占比/%
智利	40/34	0.31/0.58	+6	+0.28
阿根廷	45/37	0.22/0.39	+8	+0.17
委内瑞拉	51/49	0.17/0.23	+2	+0.07
古巴	57/92	0.12/0.08	−35	−0.04
哥伦比亚	72/44	0.08/0.33	+28	+0.26
乌拉圭	74/89	0.07/0.09	−15	+0.02
秘鲁	75/46	0.07/0.28	+29	+0.21
危地马拉	76/87	0.06/0.09	−11	+0.03
厄瓜多尔	81/72	0.05/0.13	+9	+0.08
萨尔瓦多	87/125	0.04/0.03	−38	+0.01
多米尼加岛	90/187	0.03/0.00	−97	−0.03

　　经过近20年的发展，中国在世界各国的市场占有率提高，出口市场更多元化，在逐渐打开发展中国家的市场，因此，在对拉丁美洲出口比率及国别地位处于上升趋势。

　　(4) 中国行业竞争力较强，中国与拉共体国家贸易互补性明显

　　在22大类商品中，中国有14类商品具有比较优势（表10-6），说明中国商品的行业竞争力普遍较强。尤其是皮革制品、纺织品、生活用品、杂项制品方面，具有突出的比较优势。而动植物油脂类、矿产品等竞争力较弱。而拉共体国家只有9类商品具有比较优势，主要为动植物产品、食品类等，剩余的所有商品类型都没有比较优势。

表10-6　中国、拉共体行业竞争力的CA指数（2015年）

类别	中国	拉共体	类别	中国	拉共体
1	0.000	0.063	12	0.405	−0.026
2	−0.078	0.142	13	0.113	−0.018
3	−0.087	0.051	14	0.013	0.038
4	0.015	0.069	15	0.083	−0.011
5	−0.127	0.030	16	0.094	−0.027
6	−0.001	−0.045	17	0.000	0.001
7	0.011	−0.056	18	−0.038	−0.019
8	0.201	0.007	19	0.011	−0.004
9	−0.020	0.025	20	0.387	−0.008
10	−0.001	−0.012	21	0.006	−0.008
11	0.303	−0.021	22	−0.245	−0.015

注：1 动物产品；2 植物产品；3 动、植物油脂等；4 食品、饮品、烟草等；5 矿产品；6 化学工业、产品；7 塑料、橡胶及其制品；8 皮革制品；9 木及木制品；10 木浆、纸制品；11 纺织原料及纺织品；12 鞋帽伞等生活用品；13 石料、水泥、陶瓷、玻璃等制品；14 贵金属及其制品；15 贱金属及其制品；16 机械、电气、电器制品；17 车辆、航空器、船舶等运输设备；18 光学、精密科学、医疗设备及零附件；19 武器、弹药及其零附件；20 杂项制品；21 艺术品、收藏品等；22 特殊交易品及未分类商品

通过具体分析中国与拉共体国家的行业比较优势度，可以得出中拉的贸易互补性非常明显的结论。在22类商品中中拉有13类存在互补性关系。在植物产品、动植物油脂、矿产品、木制品方面，拉共体国家对中国占据比较优势；在塑料橡胶制品、纺织品、生活用品、石料水泥制品、贱金属制品、机电产品、武器弹药、杂项制品、艺术收藏品方面，中国对拉共体国家占据比较优势（表10-7）。

表 10-7 中国、拉共体贸易互补性分析（2015 年）

类别	中国		拉共体	
	劣	优	劣	优
1 动物产品等		★		★★★
2 植物产品	☆☆			★★★★★
3 动、植物油脂等	☆☆			★★
4 食品、饮品、烟草等		★		★★★
5 矿产品	☆☆☆			★★
6 化学工业、产品	☆		☆☆☆☆	
7 塑料、橡胶及其制品		★	☆☆☆☆☆	
8 皮革制品		★★★		★
9 木及木制品	☆			★
10 木浆、纸制品	☆		☆	
11 纺织原料及纺织品		★★★★	☆☆	
12 鞋帽伞等生活用品		★★★★★	☆☆	
13 石料、水泥、玻璃等制品		★★	☆☆	
14 贵金属及其制品		★		★★
15 贱金属及其制品		★★	☆	
16 机械、电气、电器制品		★★	☆☆	
17 运输设备等		★		★
18 精密科学、医疗设备等	☆		☆☆	
19 武器、弹药及其零附件		★	☆	
20 杂项制品		★★★★★	☆	
21 艺术品、收藏品等		★	☆	
22 特殊交易品及未分类商品	☆☆☆☆		☆☆	

注：☆表示劣势度，☆到☆☆☆☆表示劣势度增强；★表示优势度，★到★★★★★表示优势度增强

10.3.2.2 投资

（1）中国对拉丁美洲投资高速增长

近年来，中拉相互投资，特别是中国对拉丁美洲投资已经成为中拉经贸合作的一个热点话题。以贸易带动投资，以投资促进贸易结构的优化已经成为中拉双方政府和企业界的共识和诉求。中国对拉丁美洲投资呈波动上升趋势，2005～2013 年，对拉丁美洲投资的年均增长率超过 20%。2013 年，中国对拉丁美洲的直接投资金额为 143.6

亿美元，比2012年上升132.7%。其中，对开曼群岛和英属维尔京群岛两个离岸金融中心的直接投资较上年上升306.8%，是对拉丁美洲投资总额上涨的主要影响因素。剔除离岸金融中心影响，2013年对拉丁美洲其他国家投资流量为18.8亿美元，相比上年下降了39.3%，主要原因是国际市场金属价格变化，导致对南美地区采矿业投资减少。

2014年，中国对拉丁美洲直接投资流量为105.4亿美元，同比下降26.6%，在中国对外直接投资流量总额中所占比重为8.6%。截至2014年年末，中国在拉丁美洲地区的投资存量为1061.1亿美元，占中国对外直接投资存量的12%。从资金流向看，对离岸金融中心投资大幅下降是造成对拉丁美洲投资下降的主要原因。2014年，对开曼群岛和英属维尔京群岛这两个离岸金融中心的直接投资同比下降29.8%，剔除离岸金融中心的影响，2014年对拉丁美洲其他国家投资流量为17.78亿美元，同比下降5.4%。近年来，中国对拉投资规模不断扩大，项目金额从几百万美元到几千万美元，上亿美元，甚至几十亿美元；投资类型更加丰富，从开始时单一型贸易公司，到后来的加工组装厂，到如今的工业园、研发中心等均有涉猎。

（2）投资金额的区域差异明显

中国对拉丁美洲的直接投资在离岸金融中心、南美洲地区、中美洲和加勒比海地区间的分布不均衡（表10-8）。2014年，中国对英属维尔京群岛和开曼群岛这两个离岸金融中心的投资流量合计为87.6亿美元，约占对拉美地区投资流量的83.1%；对南美洲地区的投资流量合计为15.1亿美元，约占14.3%；对中美洲和加勒比海地区的投资流量合计为2.7亿美元，约占2.6%。从具体国别（地区）来看，对拉丁美洲投资主要分布在英属维尔京群岛（45.7亿美元）、开曼群岛（41.9亿美元）、巴西（7.3亿美元）、阿根廷（2.7亿美元）。截至2014年年末，中国在拉丁美洲的投资存量主要分布在英属维尔京群岛（493.2亿美元）、开曼群岛（442.4亿美元）、巴西（28.3亿美元）、委内瑞拉（24.9亿美元）、阿根廷（17.9亿美元）等国家和地区。其中，英属维尔京群岛和开曼群岛累计存量935.6亿美元，占对拉丁美洲存量总额的88.2%。

表10-8　中国对拉共体投资流量（前10位）　　　　单位：万美元

2003 年		2014 年	
国家（地区）	2003 年流量	国家（地区）	2014 年流量
开曼群岛	80 661	英属维尔京群岛	457 043
英属维尔京群岛	20 968	开曼群岛	419 172
巴西	667	巴西	73 000
委内瑞拉	622	阿根廷	26 992
圣文森特	560	哥伦比亚	18 310
古巴	143	墨西哥	14 057
阿根廷	100	厄瓜多尔	13 781
苏里南	65	委内瑞拉	11 608
乌拉圭	55	牙买加	11 132
厄瓜多尔	27	秘鲁	4 507
占比	100.05%	占比	99.51%

截至 2014 年年底，中国企业在拉丁美洲设立的境外企业为 1500 多家，占拉丁美洲境外企业总数的 5.3%；投资覆盖率为 64.6%，低于对全球近 80% 的水平，仅高于大洋洲（50%）。这些企业主要分布在英属维尔京群岛、开曼群岛、巴西、墨西哥、委内瑞拉、智利、秘鲁、阿根廷等地。

（3）行业布局较为集中

截至 2014 年年末，中国企业对拉丁美洲的投资存量主要分布在 5 个行业领域，依次为：租赁和商务服务业，金融业，批发和零售业，采矿业，交通运输、仓储和邮政业。上述 5 个行业投资存量合计为 972.3 亿美元，所占比重高达 91.6%（表 10-9）。

表 10-9　中国在拉共体投资的行业分布（2015 年）

前五大行业	占比/%	前五大行业	占比/%
租赁和商务服务业	57	交通运输、仓储和邮政业	3.2
金融业	18.3	投资存量总金额/亿美元	972.3
批发和零售业	8	总占比/%	91.6
采矿业	5.1		

（4）对外承包工程出现波动

拉丁美洲是中国对外承包工程的重要市场。截至 2014 年年底，中国在拉美和加勒比国家新签工程承包额累计超过 1100 亿美元，项目涉及各种基础设施建设。2014 年，中国对拉丁美洲承包工程业务出现波动，新签合同额 164.7 亿美元，同比下降 10.1%；完成营业额 131.8 亿美元，下降 1%；分别占当年在各国（地区）新签合同总额和完成营业额总额的 8.6% 和 9.3%。

按照新签合同额排序，主要国别市场为：阿根廷（65.1 亿美元）、委内瑞拉（43.2 亿美元）、巴西（12.2 亿美元）。前十大国别市场新签合同额合计为 158.6 亿美元，占当年拉丁美洲总额的 96.3%。

按完成营业额排序，主要国别市场为：委内瑞拉（50.1 亿美元）、厄瓜多尔（24 亿美元）、巴西（15 亿美元）。前十大国别市场完成营业额合计为 121.6 亿美元，占当年拉丁美洲总额的 92.2%。

中国企业对拉丁美洲对外承包工程新签合同额行业分布中，电力工程建设项目占 27.2%、交通运输建设项目占 22%、通信工程建设占 15%、石油化工项目占 8.6%、房屋建筑项目占 5.4%。

10.4　经贸合作建议

10.4.1　中国与中南美洲经贸合作的展望

10.4.1.1　机遇

（1）拉丁美洲国家石油和天然气行业的发展和改革将为中国投资者提供新的机会

拉丁美洲和加勒比地区拥有建设水力、风能和太阳能设施的绝佳环境，可再生能源市场也呈现良好的发展态势。自 2007 年以来，该地区有 19 个国家制定了可再生能源发展目标，并制定税收、能源补贴以及其他扶持性政策。近几年来，中国迅速成为中南美洲重要的贸易和投资伙伴，地位仅次于美国，石油和天然气行业的贸易总额最为显著，中国企业已经在阿根廷、巴西、厄瓜多尔、哥伦比亚以及委内瑞拉开展了重要投资。就阿根廷而言，阿根廷页岩气资源量据预测高达 22.7 万亿 m^3，仅次于美国，而阿根廷油气行业改革为外国投资者提供了更好的投资机会。此外，墨西哥也积极开展能源改革，为能源领域国内外企业带来广泛的投资机会。2014 年 8 月，墨西哥通过能源改革二级法案，明确了墨西哥国家石油由国有垄断型企业转型成为国有生产型企业的路线，能源成为其经济的有力增长点。

（2）金砖国家开发银行的成立有利于中国在拉丁美洲经济大国获得更多投资机会

2014 年 7 月 15 日，金砖国家开发银行宣布成立，旨在资助金砖国家以及其他发展中国家的基础设施建设。巴西、南非、俄罗斯、印度的基础设施建设缺口大，市场需求受制于融资瓶颈，在国家财政力所不及时，亟待资金注入，金砖银行的成立，不仅为金砖国家搭建了进一步加深合作、共同发展的平台，也有望为新兴市场国家在基础建设方面提供融资便利和资金支持。支持成员国及相关国家的基础建设是金砖国家开发银行可以发挥的一大重要功能，而基础建设的投资总额大，回报周期长的特点，更需要在国家层面上予以保障。对中国而言，通过承包金砖国家的项目增加资本输出和商品输出的机会，包括带动钢铁、水泥等部分产能的消化，是一次良好的互助机遇。金砖国家也将在缓解资金瓶颈，带动就业等方面充分受益。

（3）中国成为美洲开发银行成员将有利于双边贸易的发展

2008 年 10 月，继日本和韩国之后，中国成为第三个加入拉丁美洲最大的金融机构——美洲开发银行的东亚经济体，将对促进中国与中南美洲国家的经贸合作具有历史性的意义。近年来，中国和拉美地区的贸易额日益扩大，双方在金融领域的合作也不断取得新的进展。美洲开发银行和中国的金融机构开展了广泛的业务合作，包括和中国进出口银行的合作，以投资入股的形式，向中大型企业、基础设施建设、矿业以及农业等项目提供资金支持。美洲开发银行已经成为中国与拉美合作的一个重要平台，为双方开展金融领域合作创造了有利条件。

（4）中国政府设立中拉合作基金有利于各领域长期投资合作

2014 年 7 月，习近平主席在中拉领导人会晤期间提出的一系列合作倡议，目前各方正在积极落实，200 亿美元的中拉基础设施专项贷款、100 亿美元的优惠性质贷款和 50 亿美元的中拉合作基金已经或即将开始实质运行，5000 万美元的中拉农业合作专项资金已开始用于双方合作项目。这些无疑将为中国企业赴拉美开展各领域投资合作提供资金支持。2016 年 1 月 12 日，中拉合作基金正式投入运营，总规模 100 亿美元。中拉合作基金将通过股权、债权等方式投资于拉美地区能源资源、基础设施建设、农业、制造业、科技创新、信息技术、产能合作等领域，支持中国和拉美各国间的合作项目，同拉美地区的社会、经济和环境发展需求及可持续发展的愿景相适应，服务中拉全面合作伙伴关系。中拉产能合作投资基金秉承商业化运作、互利共赢、开放包容的理念，尊重国际经济金融规则，通过股权、债权等多种方式，投资于拉美地区制造业、高新技术、农业、能源矿产、基础设施和金融合作等领域，实现基金中长期财务可持续发展。

10.4.1.2 挑战

（1）部分国家存在一定的投资风险

拉丁美洲部分国家国内经济衰退，传统政治格局有所改变，影响了经济政策的持续性与稳定性。不少国家的投资政策环境尚存一些不利因素，如税收种类多，税率高；生产成本高，运输服务不完善，收费高；办事时间长等。此外，法律法规是约束企业行为的最有力方式，而中南美洲部分国家的法令、法规繁多复杂，且经常会颁布一些临时措施，使外资企业难以快速适应；在雇佣关系上，雇用和解聘雇员困难，导致劳资纠纷较多。跨国公司在拉美国家的准入门槛也高，如巴西、秘鲁等国有完善的劳工法律和工会组织，秘鲁、智利等国有严格的环保要求。中国企业要顺利在这些国家投资经营，必须认真了解当地法律，严格遵守其在外籍劳工比例、劳动保护、环境保护等方面的要求。因而，中国企业在投资前应做好风险防控预案，避免在中南美洲的投资出现不必要的风险。

（2）基础设施开发建设与融资障碍重重

基础设施建设是中国和中南美洲国家经贸合作的重心，新成立的亚洲基础设施投资银行和与"新丝绸之路"、"上海合作组织"相关联的基金，也重视基础设施的开发建设。但对于拉美国家的国情而言，大型基建工程往往会引发当地社会的冲突，暴力事件会导致项目的停滞。同时社会的不同阶层，如官员、地方议员和市民阶层的反对会增加基建工程实施的难度。因此，对于中国力促的投资项目来说，应当考虑项目实施的难度和障碍，采取一定的应对和疏解措施。除投资项目的实施过程遭遇当地社会的阻碍之外，中南美洲部分国家政府还存在毁约现象。2014 年，涉及 37.5 亿美元的墨西哥高铁项目在成功签约后第三天，发生戏剧性毁约现象，造成这一矛盾很大程度上源于普通发展中国家很难像中国一样具有在短期内完成大型基础设施建设的能力。因而，中国在投资时应根据当地的具体国情进行判断，制定合理的投资方案，避免对方因能力不足造成的毁约行为，给自身带来融资麻烦，同时也为了保证项目的顺利实行，促成双边合作。

（3）双方发展的国情均处于关键时期，将对经贸合作产生重要影响

近年来，中国经济的可持续增长面临结构性改革的压力。"十三五"规划明确强调经济增长的动力要从要素和投资驱动转向创新驱动的发展模式。对于能源领域，未来的重点将放在能源结构优化上，促进可再生能源的发展，同时，中国经济增长减速，将在未来的几年里降低对大宗能源商品的需求。考虑到中国经济发展模式的改变，未来，中国将趋于减少对中南美洲地区的化石能源的投资，而将方向转为可再生能源投资，但考虑到中国自身发展的需要，其对中南美洲地区的能源需求不会大幅削弱。

而对于中南美洲国家来说，经济困难的态势在短期内很难翻转，由此增加的社会风险有可能外溢到包括中国在内的外国企业。对于厄瓜多尔和委内瑞拉等一直从中国获得中大量投资和债务的国家而言，现状已急剧恶化：2014 年以来贷款支付明显放缓。由于缺乏财务上的透明度，尤其因为大量使用以石油作担保、以原油偿还信贷的方式，借款国和中国之间的借贷条款难以明确。但是，以上现象或许也与中国目前介入投资

的国家多数都是经济落后国家的投资结构有关，因而未来中国对投资国别的选择上应更多地调查和审核其投资环境和经济实力，从而避免资金浪费。

10. 4. 2　中国与中南美洲经贸合作的重点方向

（1）基础设施建设是最有潜力的合作领域

中南美洲拥有丰富的自然资源，人口众多，但基础设施发展滞后，有迫切改变基础设施现状的需求。近年来就该领域，中国与中南美洲各国也有过共识，中南美洲国家存在发展基础设施的实际需求，而中国经过长期的发展，在基础设施建设和大型装备制造方面具有较强的比较优势，双方可以形成互补共赢的局面。近些年，中南美洲地区呈现出来的"基建热"，对于中国建筑和工程机械企业而言，是一个很好的机遇。一方面，中国政府可积极引导和支持更多的建筑企业到中南美洲国家承包工程业务，培育良好的合作环境，并为其提供必要的政策扶持和金融服务，尤其是鼓励更多有实力、有社会责任意识的民营企业走进中南美洲；另一方面，中国也应鼓励工程机械企业扩大在中南美洲的营销网络和售后服务网络，与国内外的建筑企业结成战略同盟，增加叉车、起重机、装载机、挖掘器、压路机等重型机械设备的出口，并提高服务的主动性和针对性。

近年来，中国在中南美洲关于基础建设工程的承包合同也日渐增多，2015年5月，李克强总理访问拉美四国时，签署了70多项合作协议，双方的基建合作方式也倾向于多元化，未来将采取跨国并购、合资、工程总承包（EPC）、PPP等多种形式积极参与电力、港口、公路、铁路和桥梁等项目建设。

（2）推动农业贸易便利化

多年来，中国与中南美洲国家建立了良好的农业交流合作关系。截至2013年，中国已与16个中南美洲国家签署了双边农业合作协议，与12个国家建立了固定双边合作机制，着力加强农业信息共享、技术交流和人员往来，大力开展务实合作，为发展粮食生产、促进农产品贸易发挥了积极作用。中南美洲的农业资源丰富、生产力发达、发展空间巨大，有利于中国和拉美国家形成互补的贸易格局，有利于促进双方的食品安全和健康，容易实现双赢、互补的期望。此外，参与中南美洲国家的农业基础设施建设也是一个重要的突破口，在中南美洲地区农业资源的富集国，可以着力打造农产品仓储物流体系，以此铺设农产品营销网络。同时，除鼓励中国企业到拉美投资农业生产外，还要着重打造包括农业科技研发中心、农业加工示范园及农业投资开发区等在内的整个农业产业链的投资。

（3）制造业合作是中国"走出去"战略的关键一步

2015年1月7日，在北京召开的中拉论坛首届部长级会议上，习近平主席重申了"1+3+6"合作新框架，制造业即为六大合作内容之一。2015年1月28日，李克强总理在国务院常务会议上提出，要通过政府推动，企业主导，商业运作，促进我国重大装备和优势产能"走出去"。李克强总理提出的重点产业领域涉及铁路、核电等重大装备；钢铁、有色、建材、轻纺等优势行业；通信、电力、工程机械、船舶等成套设备等。而"走出去"的合作方式相比以往也更为多元化，涉及合资、公私合营等投资运营方式；境外产业上下游配套及配合；对外工程承包、对外投资、境外并购、海外研发中心组建等。中国制造业的优势主要是，产品变通及适用性强、生产工艺操作性及传授性好、产业门类博大齐全、上下游产业链条完备、生产制造实践经验丰富、技术服务后备支持充足等；而中国制造业的短板主要是，品牌价值国际认可度低、产品中低端价格及其品质形成定势、企业国际化管理经验匮乏、驻外人员本土化融入程度较低等。在与拉美国家进行制造业的交流合作时，要扬长避短，加强中国制造业的在拉美市场的竞争优势。

（4）创新、信息技术以及培养高科技人才是经贸合作的延伸领域

中国和拉美各国都是发展中国家，在发展经济、提高人民生活水平中面临很多共同的问题和挑战，进一步加强与拉美之间的人员交流和经验分享，可以推动双方的人力资源开发和能力建设。

根据中国—拉共体论坛首届部长级会议通过的中拉合作规划（2015~2019），中国将在规划期的5年内向拉美提供6000个政府奖学金名额、6000个来华培训名额和400个在职硕士名额。从商务部负责的来华培训工作看，截至2015年10月，中国已为拉美加勒比国家培训2000多名官员和技术人员，内容涉及开发区建设与管理、港口建设与发展、海关管理、基础设施规划、农业技术、医药、旅游开发等多个方面，取得了较好的培训效果。

10.4.3　中国与中南美洲经贸合作的政策建议

（1）设立中拉合作基金等多种方式为企业投资创造良好条件

为了适应中拉双边经贸关系迅速发展的形势，中国政府专门针对拉美出台了促进投资的支持措施，包括2008年中国政府发表了《中国对拉丁美洲和加勒比政策文件》，提出了企业投资拉美的原则。2012年，中国政府进一步宣布了一系列具体且可操作的新举措，以推进中拉双边投资合作尤其是中国对拉美的投资力度。其中，中方发起设立中拉合作基金。中国应继续出台多种支持措施，来鼓励我国企业到拉美投资，加强产业合作，探讨建立产业合作机制，推动深化产业对接和融合。尽管近十年来中国对中南美洲的投资增长较快，但双方的相互投资力度尚显不足，不仅投资数额较小、投资领域高度集中在矿产资源领域，而且投资地域也表现出不平衡，主要集中于南美地区。今后中国应当加大对中南美洲其他区域以及非矿产资源领域的投资力度，以建立更加均衡、和谐和可持续的经贸关系。

（2）促进中国金融机构进入中南美洲市场，充分发挥金融行业的引擎作用

企业"走出去"战略的实施需要金融机构发挥引擎作用。中国银行业在中南美洲的业务拓展相对于世界其他地区相对较晚，但发展速度很快。中国在中南美洲的金融业务特别是贷款业务主要来自于国家开发银行和中国进出口银行（左品，2015）。中国已经是美洲开发银行的正式成员，与巴西、阿根廷、智利等地区国家签署了双边货币互换协议，中国银行、国家开发银行、工商银行、建设银行、交通银行等中国金融机构已经在拉美设立分支机构。巴西也成为亚洲基础设施投资开发银行的创始成员。未来应进一步加快中国金融机构进入拉丁美洲市场的进程，充分带动中国银行业在中南

美洲基础设施领域的投资，比如电站、公路、铁路、轨道交通等及铜矿、铁矿等资源开发合作项目。完善金融制度，鼓励中南美洲国家的企业借助中方银行的贷款推动本国农业与制造业的发展。中国的金融机构也可适度向所谓的"高风险国家"倾斜，促进中南美洲地区的均衡发展。

（3）坚持市场开发原则，反对贸易壁垒

中国向中南美洲出口的产品主要为制成品，主要包括劳动密集型产品，还涉及汽车和电子产品等。中南美洲从中国进口的产品中，90%以上为制成品，其中85%以上是非自然资源制成品。本质上，中南美洲国家与中国基本属于产业间贸易的性质，即中南美洲国家向中国出售原材料，中国向其出售制成品。尽管存在短期效益，但低附加值商品增加将导致中南美洲国家丧失发展其他高科技和高附加值行业的机会成本，可能将加快拉丁美洲和加勒比国家的去工业化过程。该现象引发的结果便是中国在中南美洲屡遭贸易壁垒措施，但作为发展中地区的平等伙伴，中国和中南美洲应努力深化互利关系。双方应通过对话、磋商或协商积极解决可能出现的分歧，双方应当共同制定对话、贸易合作及投资议程（Juan，2016）。针对机会和市场准入交换信息，包括基本经济指标、立法、投资和地区间贸易趋势、技术标准、卫生和检疫措施、非关税贸易壁垒以及重要的贸易保护制度。

（4）促进贸易结构优化，提高附加值产品在贸易中的比例

目前中国的出口方向和投资格局反映出中国对拉丁美洲和加勒比地区原材料的强烈兴趣：在智利和秘鲁的矿产、金属及林木，在阿根廷、委内瑞拉、厄瓜多尔的鱼类和能源，巴西的钢铁，以及上述国家的大豆、肉类及其他食品，都对中国产生了重要的投资吸引力。但近年来，中国在积极推进这些方面的进口的同时，大力推动装备制造出口，中南美洲已成为中国汽车、轨道交通、通信、工程机械等产品的重要出口市场，双边贸易结构进一步优化。

如今越来越多的中南美洲国家开始向产品多元化的方向发展，重视加入价值链，加强高附加值和高技术含量的制成品的出口，为中拉经贸注入新鲜血液。今后，中国和拉丁美洲国家应根据各自情况调整产业和贸易结构，促进更多领域的合作，以实现经贸合作的可持续发展。双方应进一步增加高附加值产品贸易，改善贸易结构，同时加强科技合作、促进创新和提高企业竞争力。

（5）推动自贸区建设，增强中拉间经济活力

除东盟之外，中南美洲是与中国签署自由贸易协定最密集的地区，到目前为止，中国分别与智利、秘鲁和哥斯达黎加签署了自贸协定。中国与智利的自贸协定于2005年签署并于次年实施，在协定生效的6年间，中智双边贸易额增长了近3.7倍。2009年4月，中国与秘鲁签署了自贸协定，三年后，中国成为秘鲁第一大贸易伙伴、第一大出口市场和第二大进口来源国。2010年4月，中国与哥斯达黎加签署了自贸协定。

自贸区的建设不仅带来贸易增长、促进市场多元化、减少消费者的开支、吸引外来直接投资等积极的经济作用，还促进了中国与拉丁美洲国家的政治、文化等多领域交流，自贸区成为促进我国劳务人员出国就业新渠道，为扩展我国文化影响力和软实力提供了重要切入点。在"一带一路"建设的时代大背景下，中国应积极同

"一带一路"沿线国家商建自贸区，形成"一带一路"大市场，最后逐步形成全球自贸区网络。同时中国应该充分认识到与巴西、阿根廷等国家进行自贸区谈判的复杂性和艰巨性。

参 考 文 献

左品 . 2015. 关于"一带一路"建设马中拉合作深化的若干思考 . 国际观察，(5)：145-157.

Juan C C. 2016. The 21st century maritime road towords Latin America. China Forum on the Belt and Road Initiatives，(2)：72-75.

11 欧 盟

欧洲,世界七大洲之一,地处亚欧板块的最西部,36°00′N ~ 71°08′N, 9°31′W ~ 66°10′E, 大部分地区位于北半球的上北部及东半球的西北部,三面临海洋,一面接陆地,北接北冰洋,西濒大西洋,南临地中海和黑海,东靠亚洲腹地(图11-1)。欧洲共有48个国家和地区,总面积为1016万 km²,居世界第六位,2014年,总人口约7.4亿,位列第三位,地区生产总值为19.92万亿美元,占世界经济总量的25.26%,是经济发达程度较高,人民生活质量较好,生态、人居环境优良的大洲之一。

欧盟(European Union)目前共28个成员国,囊括除独联体、西巴尔干地区外几乎所有欧洲国家,包括北欧的瑞典、芬兰、丹麦,西欧的法国、比利时、荷兰、爱尔兰,中欧的卢森堡、德国、奥地利、波兰、捷克、爱沙尼亚、匈牙利、立陶宛、罗马尼亚、拉脱维亚、斯洛伐克、斯洛文尼亚、克罗地亚,南欧的意大利、西班牙、葡萄牙、马耳他,东南欧的希腊、保加利亚、塞浦路斯。1952年,法国、比利时、荷兰、卢森堡、联邦德国、意大利成立欧洲钢铁联盟;1958年,在此基础上,成立了欧洲原子能共同体和欧洲经济共同体;1967年,成立欧洲共同体。1993年冷战结束之后,11月1日,欧共体于马斯特里赫特首脑会议上建立的《欧洲联盟条约》正式生效,欧洲联盟宣告成立,创始成员国有6个,分别为法国、德国、意大利、荷兰、比利时和卢森堡,总部设于比利时首都布鲁塞尔,标志着欧共体从经济实体向经济政治实体过渡,至今完成了7次扩容。截至1995年1月1日,瑞典、芬兰、奥地利正式加入欧盟,欧盟成员国扩大到15个,简称EU15,欧盟15国占欧洲经济总量的42.13%(2014年),是欧洲最重要的经济体,均为联合国公认的发达国家。2003年4月16日,欧盟与捷克、塞浦路斯、爱沙尼亚、匈牙利、拉脱维亚、立陶宛、马耳他、波兰、斯洛伐克和斯洛文尼亚10个完成入盟谈判的候选国签署入盟协议,2007年1月1日,罗马尼亚和保加利亚正式成为欧盟成员国,至此,由欧共体发展而来的欧洲联盟完成了50年的成长历程,扩大至27个成员国,简称EU27,占欧洲经济总量的45.69%。2013年7月1日,克罗地亚正式成为欧盟第28个成员国。目前,黑山、马其顿、土耳其和塞尔维亚已成为欧盟候选国(图11-1)。

根据世界银行数据库的统计,2014年,欧盟(EU28)共有28个成员国,总面积为437.97万 km²,总人口为5.08亿,城镇人口占比为75%,国民生产总值为18.51万亿美元,占世界经济总量的23.75%,自2003年后便超越美国成为世界第一大经济体和第一大贸易体,人均国民收入(GNI)35 742美元,远超世界10 799美元的平均水平,GDP占欧洲总量的85.32%,是欧洲规模较大、经济活跃度较高的区域性合作组织,在世界上具有重要的影响力,是发达国家主要的进出口伙伴,也是发展中国家最大的出口市场,为世界商品、服务贸易作出了重要的贡献。

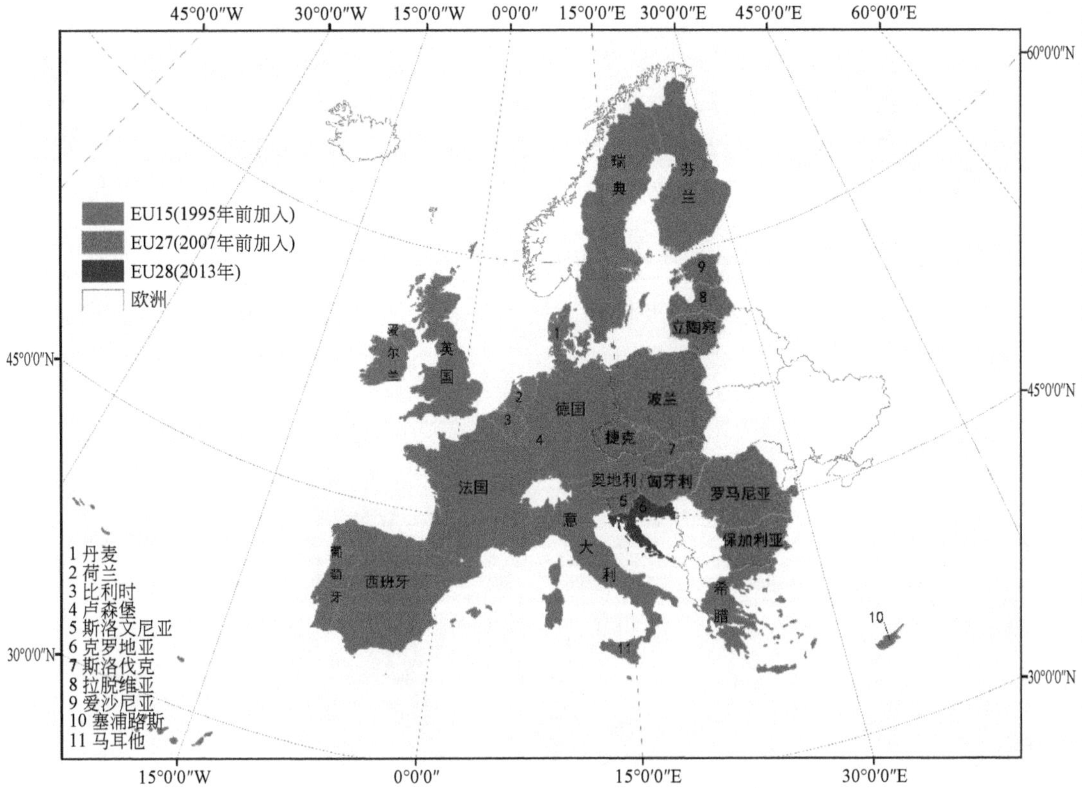
45°0′0″W
30°0′0″W
15°0′0″W
0°0′0″
15°0′0″E
30°0′0″E
45°0′0″E
60°0′0″E
60°0′0″N
45°0′0″N
30°0′0″N
EU15(1995年前加入)
EU27(2007年前加入)
EU28(2013年)
欧洲
瑞典
芬兰
立陶宛
爱尔兰
英国
德国
波兰
捷克
法国
奥地利
匈牙利
罗马尼亚
保加利亚
意大利
葡萄牙
西班牙
希腊
1 丹麦
2 荷兰
3 比利时
4 卢森堡
5 斯洛文尼亚
6 克罗地亚
7 斯洛伐克
8 拉脱维亚
9 爱沙尼亚
10 塞浦路斯
11 马耳他
15°0′0″W
0°0′0″
15°0′0″E
30°0′0″E

图 11-1　欧洲联盟的地理位置及发展历程示意图

11.1　自然地理环境基础

11.1.1　地理位置

欧洲联盟位于北半球，欧亚大陆西部，西濒大西洋，北临北冰洋，南隔地中海与非洲相望，东隔乌拉尔山—乌拉尔河—大高加索山脉—土耳其海峡与亚洲相连，如亚欧大陆向西突出的一个半岛，大部分地区坐落在北温带的西风带。在古代，中国通过丝绸之路与欧洲各国进行贸易往来，但中国与欧洲分别位于欧亚大陆的东、西两端，艰难的自然地理（山脉、沙漠）和落后的交通条件成为两个经济活动活跃地区的重要限制条件。如今，随着航海技术和陆上交通设施的改善和进步，沟通欧亚大陆的三条廊道已经建成西、中、东 3 个货运通道，是“一带一路”建设的重要组成部分，据统计，截至 2014 年年底，中欧班列共开通 257 趟。欧亚大陆桥和海上丝绸之路的构想，是中欧实现互联互通、共荣共赢的重要载体。

11.1.2　气候

欧盟大部分地区地处北温带，受西风带影响显著，气候温和湿润。欧盟西部背靠大西洋，阿尔卑斯山呈东西走向，从大西洋吹来的湿润西风能深入内陆，加上北大西洋暖流的影响，整个西欧沿海地区湿润凉爽，降水量大，成为世界上最特殊的温带海洋性气候，包括爱尔兰、英国、法国、西班牙北部、德国西部、荷兰、比利时、卢森堡。西班牙、意大利、希腊等国属地中海气候，由西风带和副热带高压带交替控制，夏季炎热干燥、冬季温和多雨，是唯一雨热不同期的气候类型。欧洲大陆从西向东由海洋性气候过渡到大陆性气候，中东欧国家，如波兰、捷克、匈牙利、罗马尼亚等国，地处内陆，四季分明，降水量少，属温带落叶阔叶林气候。欧盟北部的芬兰和瑞典两国，地理位置接近北极圈，是副极地的大陆性气候，冬季漫长严寒，夏季短暂温暖（图 11-2）。

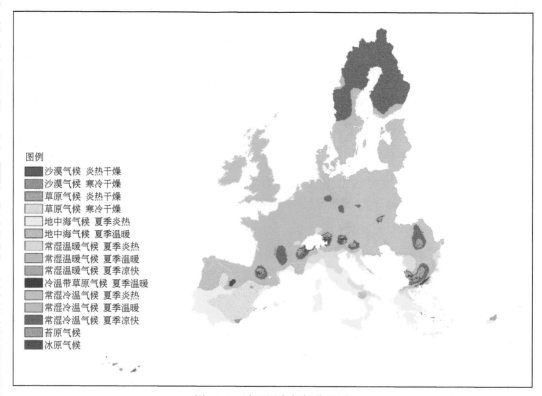

图 11-2　欧盟国家气候分区图

资料来源：柯本气候类型图

11.1.3　地形地貌

欧洲是世界上地势最为低平的大洲，平均海拔 331.68m，以海拔为 0～500m 的低海拔地区为主，占全洲面积的 78.41%。欧盟 28 个国家地形总体特征呈现南北高、中间低的格局（表 11-1 和图 11-3），北部以瑞典境内的斯堪的纳维亚山脉为主，地势较高；中部大部分为广阔的平原地区，包括西欧平原、中欧平原（波德平原）、东欧平原，地势平坦，适宜农业发展和植被的生长，涵盖德国、立陶宛、爱沙尼亚、波兰等国；南部河网交错，包括多瑙河、莱茵河等欧洲大河流经，在阿尔卑斯山系（法国、奥地利境内）中交错形成河流冲积平原，地形高低起伏，而分割法国和西班牙的比利牛斯山脉、意大利境内的亚平宁半岛、保加利亚境内的巴尔干半岛拉高了欧盟地区的海拔。欧盟国家地形较为破碎，整个轮廓，如向西突起的大半岛，多岛屿和半岛，将大陆分割成边缘海、内海和海湾，海湾深入内陆，使沿岸国家的交通四方通达，促进了经济的发展，同时也为"一带一路"的建设提供了航运的便利条件。

表 11-1　欧盟地区内海拔分类统计表

海拔/m	<0	0~500	500~1000	1000~1500	1500~3500	>3500
占比/%	0.21	78.41	15.45	4.13	1.79	0.00

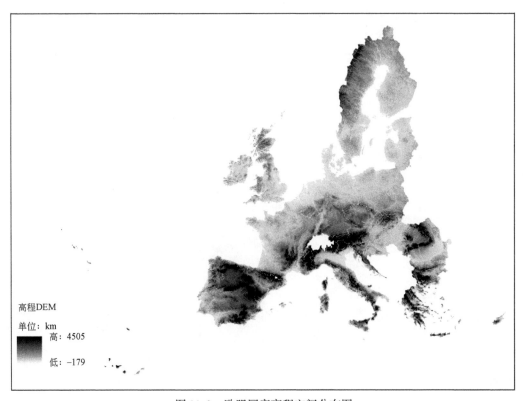

高程DEM
单位：km
高：4505
低：−179

图 11-3　欧盟国家高程空间分布图

11.1.4　土地

欧盟的地表覆盖类型主要有 8 类：农田、森林、草地、灌丛、水体、人造地表覆盖、裸地和冰雪（表11-2 和图11-4）。农田占主要的比例，为50.08%，其次是森林和草地，分别占32.91%和6.60%。由于欧盟国家良好的气候条件，适宜的温度、充沛的降水，密布的河网，适宜农作物的生长和森林的培育，因此，农田与森林的覆盖率最高，两者覆盖了欧盟大部分的土地面积，除北欧的芬兰、瑞典和奥地利外，各国家的农田覆盖率都很高且分布均匀。欧盟森林的面积占比与全球平均森林覆盖率（31%）基本持平，远高于中国的森林覆盖率，其中，北欧国家森林覆盖率尤其高。人造地表的覆盖率不高，表明欧盟国家的生境良好，大部分地表覆盖为自然生长植物，有利于生态环境的保护和良好的发展，人造地表分布较为集中的地区为伦敦、巴黎两个特大城市，主要是由于建设用地和经济发展的需要。裸地、冰雪的覆盖率极低，其中，冰雪仅在北欧的瑞典有相对明显的分布。总之，欧盟国家农业发展态势良好，植被覆盖率高，水资源丰富，这与其平坦的地形、温润的气候密不可分。

表 11-2　欧盟地区内土地利用分类统计表

分类	农田	森林	草地	灌丛	河流	人造地表覆盖	冰川	未利用地
占比/%	50.08	32.91	6.60	2.82%	2.54	4.77	0.04	0.24

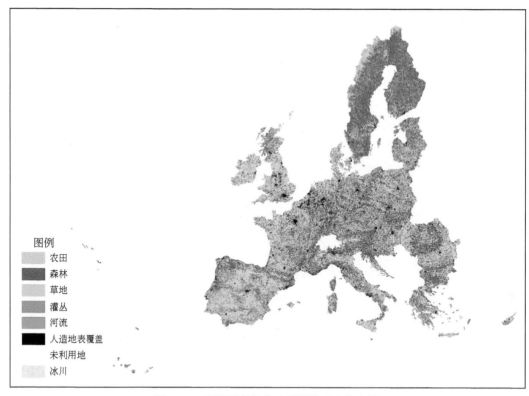

图例
- 农田
- 森林
- 草地
- 灌丛
- 河流
- 人造地表覆盖
- 未利用地
- 冰川

图 11-4　欧盟国家的土地利用类型和分布图

11.1.5　矿产资源分布

欧盟的矿物资源以煤、石油、铁矿为主，非金属资源中钾盐较为丰富，相较而言西欧国家的矿产资源要比中东欧丰富。煤主要分布在波兰的西里西亚、德国的鲁尔和萨尔、法国的洛林、英国的英格兰中部等地，这些国家均有世界著名的大煤田。石油主要分布在喀尔巴阡山脉山麓地区、北海及其沿岸地区。其他重要的矿物资源还有天然气、钾盐、铜、铬、褐煤、铅、锌、汞和硫黄等，阿尔巴尼亚的天然沥青世界著名。此外，西部沿海国家还拥有世界著名的渔场，主要有挪威海、北海、巴伦支海、波罗的海、比斯开湾等渔场。

但由于欧洲工业化进程开始较早，矿产资源开发时间长，矿产资源的储量逐渐减少，一些国家的矿产资源优势也明显减弱。同时，部分有色、稀有金属矿、稀土元素矿在欧洲的储量较少；此外，矿产资源在欧洲国家的分布不平衡，导致经济发展程度的地区差异。

煤炭是欧盟经济体重要的资源，煤储量在百亿吨以上，主要分布在德国、英国、法国。德国的探明储量为660亿t，占世界总储量的6.7%，居世界第6位，德国73%的煤炭资源集中分布在鲁尔区，是德国和欧盟的重要煤炭基础。德国的煤炭种类主要分为硬煤和褐煤两大类，是世界褐煤储量最多的国家之一。波兰的煤炭储量为221.6亿t，占世界总储量的2.3%，居世界第10位，波兰的硬煤储量大、煤质好，且分布集中，工业价值较高。此外，捷克、希腊、保加利亚和英国的煤炭储量虽排在世界前20位以内，但占世界总储量的比重均不足1%。英国的煤种以烟煤和无烟煤为主，主要分布在英格兰中部、兰开夏、诺桑勃兰和苏格兰地区，与现在英国的重要工业分布区相吻合。法国煤储量主要集中分布在与比利时煤田相连接的北部边境地区。荷兰的煤储量达24亿t，主要分布在南部林堡省。比利时煤储量达18亿t，集中在南部与法国交界地区。

欧盟国家的铁矿资源在世界上并不具有显著地位，大多为品位较低的贫铁矿，其中，法国储量最大，以东北部的洛林区最为著名，储量占全法国的2/3以上，含铁量达30%~36%，且埋藏不深，便于开采。英国铁矿的储量主要集中在英格兰中部和东北部。德国铁矿储量主要分布在北部哈茨山、鲁尔区和波恩附近。此外，卢森堡铁矿储量达2亿t左右，是卢森堡冶金工业发展的重要物质基础。

石油在欧盟地区的总体储量较少，但西欧北海地区的英国和挪威境内的石油是世界七大储油区之一。挪威、英国、丹麦是西欧已探明原油储量最丰富的3个国家，分别为10.7亿t、5.3亿t和1.7亿t，其中，挪威是世界第十大产油国。

钾盐是欧盟重要的非金属矿产资源。德国的钾盐主要分布在易北河和威悬河之间的汉诺威地区。法国钾盐主要分布在阿尔萨斯，英国的钾盐总储量较少。

此外，意大利的汞、硫、铅、锌矿，英国北海的石油矿，荷兰、英国的天然气，法国的铀矿等储量也较为丰富。但与世界各国相比，并不占有有利优势。

综上所述，欧盟的矿产资源，无论从蕴藏量还是品种上来说，都是小而少的，造成了矿产资源自给程度低、对外依赖性强的特点，同时矿产资源的分布很大程度上促成了工业产业的布局和发展程度，因此，各国之间的经济联系和对外贸易显得尤为重要。

11.2 经济社会发展概况

11.2.1 人口民族

11.2.1.1 德法英总人口位列前三，近一半国家人口超千万

欧盟 28 个成员国人口总计 5.08 亿（2014 年），占世界人口的 7.00%，中西欧国家总人口普遍多于北欧和东欧。德国总人口为 8097.07 万，排在第一，法国总人口 6621.75 万，名列第二，英国总人口 6455.91 万，位列第三，其他人口超千万的国家还包括比利时、波兰、荷兰、葡萄牙、西班牙、希腊、意大利、捷克、罗马尼亚（图 11-5），卢森堡和地中海岛国马耳他总人口不足百万人。

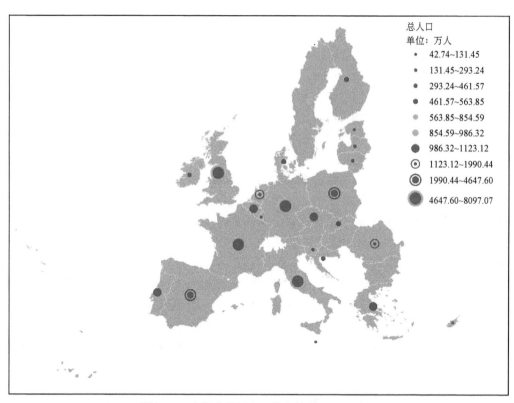

图 11-5 欧盟成员国人口分布情况（2014 年）
资料来源：欧洲统计局 http：//ec. europa. eu/eurostat

11.2.1.2 印欧语系的民族为主，信仰基督教

多数欧盟国家的居民是白种人，即欧罗巴人种，主要通过语言的差异来区分民族，印欧语系的民族占总人口的 95%，也是世界上最大的语系，其次是从东方迁徙过去的

芬兰—乌戈尔语系的各民族和古老的巴斯克族。欧盟 28 个国家除波罗的海东岸的芬兰和爱沙尼亚外，均属于同宗族的印欧语系（表 11-3）。

表 11-3　欧盟成员国语言系属及民族分类

语系	语族	民族
印欧语系	日耳曼语族	英格兰族、德意志族（德国、奥地利、列支敦士登、瑞士）、荷兰族（分布于荷兰、比利时）、丹麦族、挪威族、瑞典族、冰岛族、卢森堡族
	罗曼语族	法兰西族（分布于法国、比利时、瑞士、摩纳哥）、意大利族（分布于意大利、瑞士）、西班牙族、葡萄牙族、罗马尼亚族
	斯拉夫语族	俄罗斯族、白俄罗斯族、乌克兰族、波兰族、保加利亚族、捷克族、斯拉伐克族、塞尔维亚—克罗地亚族、黑山族、斯洛文尼亚族、马其顿族
	波罗的语族	立陶宛族、拉脱维亚族
	希腊语族	希腊族
	阿尔巴尼亚语族	阿尔巴尼亚族
	凯尔特语族	苏格兰族、爱尔兰族、威尔士族、布列塔尼族
	伊朗语族	罗姆族（吉普赛人）
乌拉尔语系		芬兰族、马扎尔族、爱沙尼亚族、摩尔多瓦族
阿尔泰语系		楚瓦什族、巴什基尔族、卡尔梅克族
亚非语系		马耳他族、犹太族
其他语系		巴斯克族

资料来源：总结自《对外投资合作国别（地区）指南欧盟 2015 版》

　　每个国家加入欧盟时，都有权要求将本国使用的一种官方语言作为欧盟的官方语言之一。目前欧盟共有 24 种官方语言，包括保加利亚语、捷克语、丹麦语、荷兰语、英语、爱沙尼亚语、芬兰语、法语、德语、希腊语、匈牙利语、爱尔兰语、意大利语、拉脱维亚语、立陶宛语、马耳他语、波兰语、葡萄牙语、罗马尼亚语、斯洛伐克语、斯洛文尼亚语、西班牙语、瑞典语和克罗地亚语。上述语言不分等级，任何欧盟的官方语言均同时使用这些官方语言，但以英语、法语、德语为主。

　　欧洲联盟这一概念本身，就被很多欧洲学者认为是受古希腊哲学思想的启蒙，在根本上，欧洲联盟各国具有相近的宗教信仰、文化追求和思维方式。宗教回应了人类深层次的精神诉求，了解欧盟的宗教信仰对促进中欧建交具有重要影响。欧盟国家多数信仰基督教，包括天主教、东正教、新教等，小部分信仰伊斯兰教和犹太教。法国、比利时、爱尔兰、西班牙、葡萄牙、意大利、奥地利、波兰、斯洛伐克信仰天主教，以住在梵蒂冈的教皇为领袖，新教占优势的国家包括英国、丹麦、瑞典、芬兰，其他各派基督教在德国、荷兰等国更为崇尚，这些教派不尊奉教皇，也没有封圣的传统。东正教在罗马尼亚、希腊等国更具优势，东正教会一直没有发展出独立于世俗政权的教权，一般受世俗政权的控制。

　　宗教信仰是人类社会精神的寄托和安慰，一方面适度肯定了人类追求财富的权利和动力，另一方面又倡导敬业、勤勉、节俭精神，提倡理性的禁欲主义，则有利于积累资本发展生产，因此，宗教在资本主义发展的道路上起着引领精神性的作用。

11.2.2 社会经济

11.2.2.1 近年来欧盟整体经济低速增长，西欧国家经济发达于中东欧

自18世纪第一次工业革命以来，欧洲便成为世界毋庸置疑的经济中心，时至今日其经济发展水平仍居各大洲之首。欧盟属于高收入低增长的经济体，进入21世纪以来，欧盟经济平均增长率为1.47%，比发达经济体低0.29%，2008年金融危机爆发之后，欧盟的经济增长陷入衰退，2009年复萌后，至今仍维持低速增长。2014年，欧盟的GDP总量达18.51万亿，占世界经济总量的23.75%，较21世纪初下降了10个百分点左右。欧盟近几年经济增长速度迟缓，主要是债务危机的冲击影响未消，但在一定程度上也是欧盟经济模式作用的结果。由于追求稳定增长，兼顾经济效益和社会公平和凝聚等因素，在经受了金融危机之后经济陷入衰退，在应对危机之际，欧盟也并未为了实现经济增长而抛弃维持社会公平与稳定的福利制度，一定程度上表现为低速的经济增长（图11-6）。

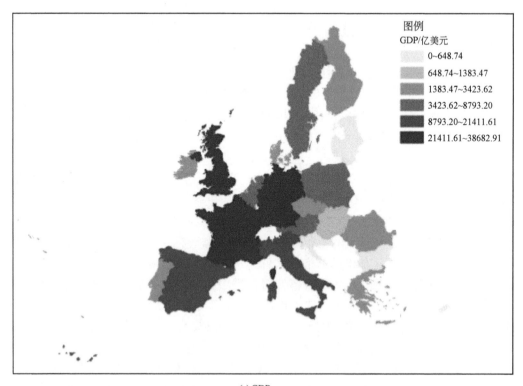

图例
GDP/亿美元

- 0~648.74
- 648.74~1383.47
- 1383.47~3423.62
- 3423.62~8793.20
- 8793.20~21411.61
- 21411.61~38682.91

(a) GDP

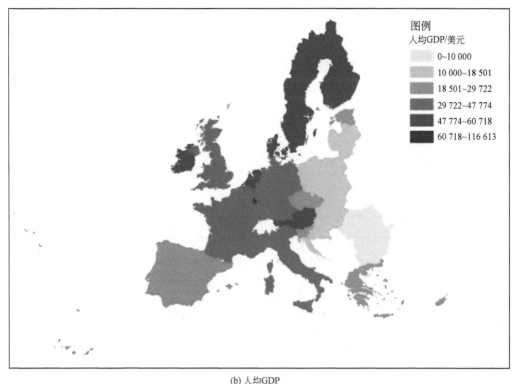

(b) 人均GDP

图 11-6　欧盟28个国家经济情况（2014 年）

资料来源：世界银行数据库

从区域的空间均衡来看，欧盟是欧洲强大而稳定的区域经济实体，长久以来，随着中东欧新成员国的加入，欧盟在一定程度上实现了区域政策的倾斜，促进较落后成员国的发展，但经济发展水平的空间分布仍呈现明显的不均衡，欧盟28 个成员国之间经济发展水平的差异相对较大，西欧的法国和英国及中欧的德国为绝对领衔，由于重工业的衰落，立陶宛、拉脱维亚、匈牙利、克罗地亚、保加利亚等东部国家成为整个欧盟地区的经济"洼地"，20 世纪90 年代经济转型的重创仍未恢复，传统的15 个资本主义国家GDP 总量远高于前共产主义国家，在空间分布上明显呈现出西高东低的格局［图 11-6（a）］。

人均GDP 与GDP 总量的格局相似［图 11-6（b）］，中西欧国家人均GDP 水平高于东欧国家，但领衔国家有所差别，奥地利、爱尔兰、芬兰、瑞典、丹麦、荷兰等国占据人均GDP 的第一梯队，主因是较少的人口总量。人均GDP 水平较低的前社会主义国家中，捷克、匈牙利、波兰、斯洛伐克等国，由于地理邻近的优势，成为老牌成员国的潜在市场和外商直接投资的青睐地区，使其在更大的人口压力下，人均GDP 高于其他东欧国家。

11.2.2.2　EU15 国人类发展指数全部位列全球前30

人类发展指数HDI 是衡量一个国家经济社会发展水平的指标，以"收入水平、教育水平、平均寿命、婴儿死亡率"等变量按照一定的方法计算而成。由2014 年欧盟国家的 HDI 指数看（表 11-4），欧盟占据全球榜单前十位中的 4 席，丹麦位于欧盟 28 个国家的第 1 位，前 15 位国家中除斯洛文尼亚外均为传统经济强国，希腊位居后位。欧盟国家普遍在社会经济发展中位于全球领先地位，且远高于中国的社会发展水平，2014 年，中国位列第 90 位，HDI 指数为 0.727，与欧盟国家存在很大的差距。

表 11-4　2014 年联合国人类发展指数排名

排名	国家	HDI 指数	排名	国家	HDI 指数
4	丹麦	0.923	28	捷克	0.870
5	荷兰	0.922	29	希腊	0.865
6	德国	0.916	30	爱沙尼亚	0.861
6	爱尔兰	0.916	32	塞浦路斯	0.850
14	瑞典	0.907	35	斯洛伐克	0.844
14	英国	0.907	36	波兰	0.843
19	卢森堡	0.892	37	立陶宛	0.839
21	比利时	0.890	37	马耳他	0.839
22	法国	0.888	43	葡萄牙	0.830
23	奥地利	0.885	44	匈牙利	0.828
24	芬兰	0.883	46	拉脱维亚	0.819
25	斯洛文尼亚	0.880	47	克罗地亚	0.818
26	西班牙	0.876	52	罗马尼亚	0.793
27	意大利	0.873	59	保加利亚	0.782

资料来源：《2015 年人类发展指数报告》（HDI）

11.2.2.3　欧盟现已建成较为成熟的现代化路网

欧盟成员国内部铁路公里数总长 211 462km，德国、法国的铁路建设分别达 33 426km、30 013km，位居前两位，其次是波兰、意大利、西班牙、英国，铁路里程数超过 10 000km，远高于其他成员国。交通设施建设是满足经济发展、对外开放、吸引投资的根本，同时，雄厚的经济实力为铁路等道路建设提供稳定的资金保障，因此，如德国、法国、英国、意大利等老牌经济强国，铁路建设公里数在一定程度上反映了其领先的社会经济发展水平。而波兰与老成员国相比，历史上基础设施较为薄弱，但 2007 年以来，将基础设施建设作为首要目标后，加大对交通运输网络的投入，加之欧盟的资金援助和欧洲足球锦标赛的时代契机，使波兰的铁路里程逐渐高于欧盟平均水平。西班牙自 1992 年巴塞罗那奥运会以来，加快了高速列车的进阶步伐，制定了新线建设和旧线改造的详细规划，建成较为成熟的现代化高速路网，跻身世界铁路的先进行列（图 11-7）。

欧盟各成员国之间的交通基础设施建设对欧盟一体化起着重要作用，1996 年，欧盟议会、欧盟理事会起草了全欧交通运输网络（TEN-T）规划，是欧盟在公路、铁路、水路、民航等交通运输网络中的纲领性规划，持续施效已接近 20 年，通过构筑连接欧洲东西部成员国的运输走廊，加快东西部成员国之间的互联互通。至 2011 年，欧盟铁

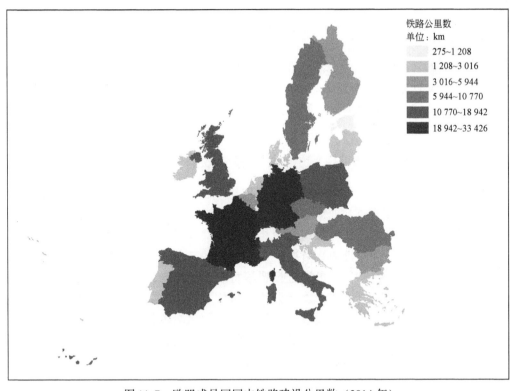

图 11-7　欧盟成员国国内铁路建设公里数（2014 年）

资料来源：世界银行数据库

路营运里程、公路里程、高速公路里程、内河航道里程、油气运输管道里程分别达 21.62 万 km、500 万 km、7.14 万 km、4.15 万 km 和 3.78 万 km，铁路和公路在世界主要经济体中处于领先地位。2014 年 1 月，下一阶段的 TEN-T 计划已提上议程，着重打通 9 条贯穿全欧洲的核心通道，尝试解决欧盟交通基础设施不平衡和技术不兼容的问题。

11.2.3　政治体制

11.2.3.1　成立社会经济军事司法等多个一体化组织

第二次世界大战之后出于自然资源互补、联合应对苏美两极世界的考量，欧洲国家开始着眼于一体化道路，通过机构化、制度化和法律化的途径，从欧洲煤钢共同体走向欧洲经济共同体，再发展为欧洲共同体、欧洲联盟，成为当今世界上一体化程度最深、经济规模最大的区域组合。

欧洲一体化进程中，不断深化社会经济一体化，特别是金融货币一体化，基本实现了商品、劳务、人员、资本的自由流通。签订《申根公约》形成申根区，申根区国家之间取消边境检查点，持有任意成员国有效身份证或签证的人可以在所有成员国境内自由流动；成立了欧洲经济与货币联盟，建立了欧元区。欧盟国家、申根国家和欧元区国家有重合，但并不完全相同（图11-8）。欧盟当中英国、爱尔兰等6个国家不属于申根协定的成员国，瑞典、丹麦、波兰在内的9个欧盟国家属非欧元区成员国，欧元不是它们的唯一合法货币。

除最广泛的社会经济联盟之外，在军事方面，欧盟还成立了欧洲军备局，组建了军事及民事行动计划小组、欧洲战斗群，2008年12月，欧盟舰队开始在索马里海域执行护航和打击海盗的任务。同时，欧盟关注司法力量与内政紧密合作，建立欧洲警察署，设立反恐协调员，并计划建立统一的司法区。

11.2.3.2 欧盟是兼具"超国家"和"政府间合作"的独特组织

欧盟是一个集中行使部分国家主权的区域组织，不是联邦国家，兼具"超国家"与"政府间合作"的双重性质，既区别于美国联邦制，也不等同于联合国等国际组织，创造了具有超国家色彩的、独特的组织机构。欧盟的成员国是独立主权国家，向欧盟一级转移并共享主权，欧盟机构具有决定集中行使的部分主权的决策权，任何权力不单独行使于任一国家，各成员国可通过投票等特定机制参与决策。欧盟的决策主要由欧盟部长理事会、欧洲议会、欧洲委员会的"机构三角"决定，分别代表成员国、公民、欧洲集体的利益。欧盟部长理事会由每个欧盟国家轮流担任理事会主席，与欧洲议会共享立法权，并负责缔结欧洲委员会谈妥的国际协议；欧洲议会则代表欧盟公民的民选机构；欧洲委员会是政治上完全独立的机构，不接受任一成员国政府的指示，是确保部长理事会和议会通过的各项法规付诸实践的执行机构。除此三大机构外，欧洲审计院、欧洲法院、欧洲经济与社会委员会、地区委员会、欧洲投资银行、欧洲中央银行完善了欧盟的政治体系。目前欧盟已与世界多数国家缔结良好的合作协定，有近170个国家（或地区）向欧盟派驻外交使团，欧盟委员会也已在约140个国家和国际组织所在地派驻代表团。欧盟也利用集体效益积极应对近几年的债务危机，提升区域整体实力。

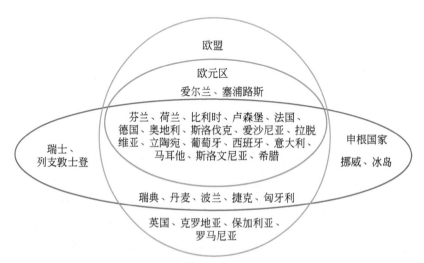

图11-8 欧盟、欧元区及申根区成员国示意图（截至2013年）

11.2.4 历史文化

11.2.4.1 工业革命开启了民族崛起的新纪元

欧洲最早的人类遗迹可回溯到公元前35000年的欧洲旧石器时代。公元前7000年的新石器时代早期，出现了定居点、农耕技术和驯养家畜。公元前700年，古希腊文字再次出现，开启了欧洲古典时代。公元前509年，罗马共和国建立，公元前476年，最后一个西罗马帝国皇帝罗慕路斯·奥古斯都被废黜，欧洲进入中世纪时期。从中世纪到工业革命为止的3个世纪，欧洲开始了以地理大发现、宗教改革、民族国家的崛起为标志的近代时期。1914~1991年，历经第一次世界大战、第二次世界大战和冷战，包括了纳粹德国和苏联的崛起和衰落，宣告了欧洲殖民帝国的终结，开启了非殖民化时代。1989~1991年，苏联的解体使美国成为世界唯一超级大国，引发了铁幕的崩溃、德国统一和欧洲一体化的进程。1993年11月1日，《马斯特里赫特条约》生效，欧洲联盟正式成立。

欧洲联盟是顺应历史潮流的政治经济实体，深谙欧洲文明独有的特质，欧盟的发展不仅是区域经济实体的共和，更渗透着对世界、对民族的理解。

11.2.4.2 形成了希腊文化、罗马文化和基督教文化的多元文化体系

欧盟文化的起源来自遥远的巴尔干半岛，发源地是在爱琴海和古希腊地区，以希腊为代表的地中海文化虽然晚于两河流域、尼罗河流域等东方文化，却融合了东方多种文化的先进因子，加以独具特色的本土文化。

希腊文化充满了对人性的尊重、对知识的渴求，在历史、建筑、文学、戏剧、雕塑等诸多方面均有很深的造诣。罗马文化则崇尚英雄主义、纵欲主义，充满凝重的力感，与希腊唯美的文化不同，罗马文化的核心是虔诚敬神、阳刚血气、纪律严谨、讲究实用的尚武精神。基督教文化则在中世纪早期承担了挽救与传播古典文化的历史重任，倾向对现实生活的批判和理想主义的向往。

多文化融合的模式促生了欧盟国家民主、法制、包容的西方文化特点。

从古希腊时代便奠定的独特的民主传统，使得社会能在自由、宽松的氛围中释放每个人的天性和创造性，为后世资本主义的迅速发展奠定了自由竞争的基础，时至今日，仍深受其惠。受破碎地形的影响，欧盟国家山间小平原较多，人群聚居，单个聚落发展为独立城市，形成特有的"城邦政治"，城邦内的全体公民在不侵害他人利益的基础上有权表述自身利益，各方经协商后，以签字画押的书面材料作为一切行为准则，即为"契约精神"，从而奠定了欧盟注重法制、人人平等的社会秩序。宗教精神同样对整个欧盟文化体系产生了重要作用，自我调节、缓解压力、理解包容、开拓进取的宗教精神，使西方文化在天人二分的哲学观念和分析思维的基础上，形成了追求科学精神和人文精神的并行不悖的文化体系。

欧盟国家历来高度重视文化对促进经济社会发展的重要作用，注重维护本国文化传统，同时也尊重和借鉴别国文化。对于欧盟国家来说，也会制定适当的强制性文化措施来保护本国文化产业。

11.3 中国与欧盟合作的历史与现状

11.3.1 中国与欧盟合作的发展历程

11.3.1.1 中华人民共和国成立后中欧关系曲折发展

中国与欧盟的经贸合作早期经历了一段曲折的发展过程，1975 年，中国与欧洲经济共同体正式建交，二十世纪六七十年代，欧共体是中国第二大贸易伙伴，1978 年，中国与欧共体签订了第一个贸易协定，相互给予最惠国待遇，同时成立欧中经济贸易混合委员会，然而 1989 年，欧共体冻结了与中国的关系，并实施了一系列制裁行动，直到 1992 年，中欧关系才基本恢复正常，但武器禁运依然有效，欧盟委员会于 1994 年发表《走向亚洲新战略》，1998 年欧盟通过《与中国建立全面伙伴关系》文件决定把对华关系提升到与美俄日关系同等重要的水平。

11.3.1.2 21 世纪以来成为稳定的伙伴关系

21 世纪以来，在巨大的经济利益、战略利益的推动之下，随着中国经济的发展，对外开放格局的深化，中欧双方政治经济领导接触更加频繁，经贸关系实现了更为深入的发展，双边经济联系越加紧密，经贸关系呈现了平稳发展的良好势头。2001 年，《欧盟对华战略》提出 70 多条加强对华合作的具体措施建议；2003 年，欧盟发布的《走向成熟的伙伴关系——欧中关系的共同利益与挑战》决定同中国开展全面战略伙伴关系；2003 年 10 月，中国发表《中国对欧盟政策文件》，推动双边关系进一步发展，自此，开启了中欧全面建立成熟的伙伴关系的第一个"十年"。时至 2008 年，欧洲已经成为中国的第一大贸易伙伴，同时欧洲 27 个国家已经取代美国、日本，成为中国的第一大出口市场；2009 年 11 月 30 日发布中国—欧盟领导人会晤联合声明，强调双方要进一步加强合作关系，在各方面达成进一步共识，目前双方全面战略关系以及对话机制还在不断充实、完善的过程中。2012 年，在中欧领导人的共同努力下，双方的光伏争端成功化解，充分显示出中欧双方有能力、有智慧调解贸易摩擦，维护合作大局。中国政府向来高度重视中欧经贸关系，将欧盟视为最重要的贸易和投资伙伴之一。近几年来，中欧双方抓住难得的历史机遇，积极落实《中欧合作 2020 战略规划》，稳步推进中欧投资协定等各项谈判，加强中欧在多边框架下的务实合作，推动中欧经贸关系不断迈向合作互利共赢。2014 年 3 月 31 日，习近平在布鲁塞尔会见欧盟委员会主席巴罗佐；2014 年 10 月 15 日晚，李克强在米兰会见欧洲理事会主席范龙佩和欧盟委员会主席容克。这两次重要会晤，促成了中国与欧盟成为以"和平、增长、改革、文明"为主要内涵的全面战略伙伴。2015 年 6 月，李克强赴布鲁塞尔欧盟总部同欧洲理事会主席图斯克、欧盟委员会主席容克共同主持第十七次中国欧盟领导人会晤；6 日，中国与匈牙利两国关于共同推进"一带一路"建设的政府间合作备忘录的签署，实现了中国的"一带一路"倡议与欧洲许多国家"向东开放"政策的战略对接。

11.3.1.3 中欧关系面临不稳定因素的影响

2005年下半年开始，欧洲一些国家的政客鼓噪"中国威胁论"，使中欧关系变得微妙，更多的欧洲人开始相信中国的崛起会威胁自身地位，不相信中国政府永不称霸的承诺，但面对中国这个大市场的需求，欧盟对华政策的调整又表现出了矛盾性，一方面在政治、经济、文化方面积极寻求通过"对话和协商"解决双边贸易摩擦；另一方面又批评中国市场准入、知识产权保护和人民币汇率等问题，并且利用人权、西藏、台湾等问题作为对中国进行施压的工具。2008年年底，德国绿党政治家、前德国联邦议院副议长便在《时代》周报上表达了同达赖保持联系是同中国示好或挑衅的重要砝码。中欧关系中的"西藏问题"的摩擦不会影响中欧关系发展的大局，但欧盟干涉中国内政，试图将中国全盘西化的态度也应以引起中国的重视。

11.3.2 中国与欧盟经贸合作的现状

11.3.2.1 贸易

（1）双边贸易额增长，欧盟对中国的市场依赖性强

1990年，中国对欧盟的商品出口总额为93.2亿美元，进口贸易量也仅为128.4亿美元，贸易总量为221.6亿美元。至2000年，中国与欧盟28国双边贸易额增加到811.21亿美元，自2001年加入世界贸易组织（WTO）以来，进出口贸易持续上升，2008年金融危机后出现短暂下滑的波动，2010~2015年中国与欧盟之间的贸易呈波动上升，2015年，贸易总额回落至5956.36亿美元，但也是1990年的26.88倍之多。进出口结构方面，中国从欧盟的进口量远多于向其出口，一直维持较高的贸易顺差，欧盟经济在金融危机之后受到影响，中国的进口贸易额出现短暂的下滑，而后一直呈波动性涨落，相比之下，中国对欧盟市场的依赖度相对稳定，出口量基本保持增长态势（图11-9）。

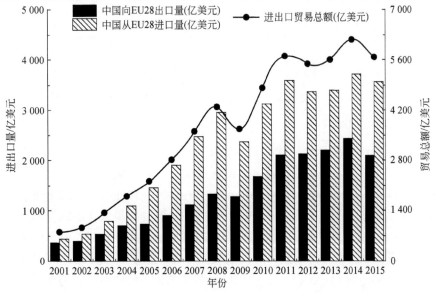

图11-9　中国与欧盟的进口、出口及总量贸易额（2001~2015年）

中国与欧盟进行经贸合作的国家主要集中在传统的经济强国（EU15），出口贸易额占全部欧盟国家的90%左右，进口占比接近98%（表11-5），但基本呈逐年下降趋势。随着中东欧10个新成员的入盟，打开了欧盟新的投资环境和贸易市场，中国与这些国家的产品互补性强，中东欧国家尤其在轻工、家电上的竞争力较弱，基本依赖进口，与此同时，其在农业技术、科研水平等方面却极具特色，适合中国的发展国情，使双方的生产技术、经贸合作呈逐步加强的发展趋势，中国的经贸往来也逐渐辐射到整个欧盟市场。

表11-5　中国与欧盟的进出口贸易额及EU15占比（2001~2015年）

年份	出口			进口		
	中国向EU28 /亿美元	中国向EU15 /亿美元	EU15占比 /%	中国从EU28 /亿美元	中国从EU15 /亿美元	EU15占比 /%
2001	447.02	409.46	91.60	364.19	357.14	98.06
2002	530.81	482.57	90.91	397.93	385.32	96.83
2003	792.15	721.33	91.06	549.65	530.18	96.46
2004	1 089.95	999.31	91.68	705.16	682.17	96.74
2005	1 461.86	1 349.29	92.30	740.16	717.37	96.92
2006	1 908.57	1 691.50	88.63	906.96	873.46	96.31
2007	2 471.06	2 216.68	89.71	1 110.34	1 060.13	95.48
2008	2 951.04	2 610.94	88.48	1 327.14	1 265.79	95.38
2009	2 375.61	2 094.33	88.16	1 278.43	1 215.09	95.04
2010	3 127.79	2 757.02	88.15	1 684.20	1 588.52	94.32
2011	3 577.67	3 150.52	88.06	2 112.41	1 980.41	93.75
2012	3 355.71	2 944.65	87.75	2 121.47	1 983.14	93.48
2013	3 391.93	2 961.85	87.32	2 199.49	2 051.57	93.27
2014	3 711.28	3 245.12	87.44	2 434.77	2 268.07	93.15
2015	3 566.11	3 125.80	87.65	2 093.25	1 952.27	93.27

资料来源：International Trade Center

中国贸易发展趋于多元化，欧盟对中国的市场依赖性有所增强。2001年以来，欧盟从中国的进口量占其总进口的比重由1.82%持续上升到6.94%，表现出对中国贸易商品进一步的需求度，与此同时，欧盟对中国的出口占其总出口量的比重也稳步上升，2015年占比4.18%，2015年HM指数为0.0306，中国在欧盟的贸易伙伴中的份额逐渐逐年增加［图11-10（a）］。反观中国的产品占比中，2008年金融危机之后，欧盟的进出口市场份额均有所下降，中国出口对欧盟市场的依赖度（HM指数）也从2001年的0.165下降到2015年的0.150［图11-10（b）］，中国的经贸往来逐渐面向更广阔的国际平台，中国面向世界的贸易格局更加多元化，对欧盟经济强国的市场依赖度在下降。

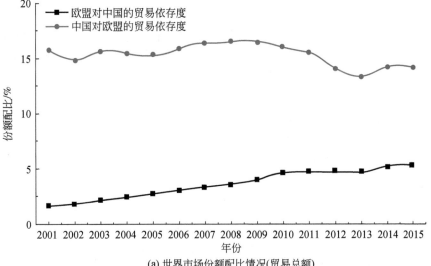

(a) 世界市场份额配比情况(贸易总额)

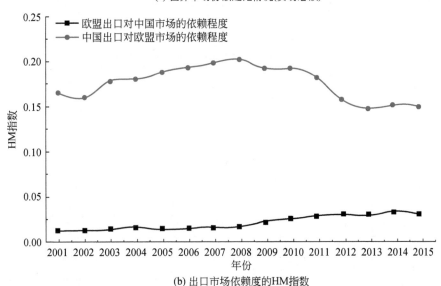

(b) 出口市场依赖度的HM指数

图 11-10　中国与 EU15 相互贸易依赖度（2001~2015 年）

注：Baldwin（2003）构造了 HM 指数（hubness measurement index）来测算 FTA 网络中的潜在轴心国，可以用于衡量 i 国出口对 j 国市场的依赖程度，其取值范围为 0~1；当 HM 指数越靠近 1，表明 i 国出口对 j 国市场的依赖程度越大，反之亦然

资料来源：HM 指数根据 International Trade Center 数据计算得到

（2）中国与欧盟的进出口贸易结构改善

"走出去"战略带动中欧经贸合作实现"双向互利"，改变了往日以欧盟对华输出资金和技术为主的单向局面。从产业内贸易角度来看，中国与欧盟产业内贸易水平不高，但发展速度非常快，随着中欧之间国际分工的不断深化，产业内贸易的比重将进一步增大，商品贸易空间将迅速扩大。

中国对欧盟的出口商品结构基本未变，且更加集中，主要以机电产品、纺织品、家具、贱金属制品和化学产品等工业制成品为主，集中在资本和劳动密集型产品。近几年来石料、陶瓷等制品的出口有所增加，中国对欧盟的低端产品出口在欧盟国家的市场占据很高的保有率，德国、荷兰、法国等是中国机电产品贸易的主要伙伴。同时电子、精密科学、医疗设备类产品的优势开始逐步凸显，出口欧盟的份额也在上升。

中国从欧盟进口以资本、技术产品为主，如电气设备、光学精密仪器等，其次是工业原料、机电产品、钢材、初级塑料、医药等（表11-6）。

中欧双边贸易结构从原材料、轻纺产品、农产品等初级、低档产品逐渐向机电、高新技术产品过渡，贸易结构有所改善。中国与欧盟的主要进出口领域相似，在电气、机电行业的贸易频繁，但以进口产品链的高价值、高技术端为主，这是发达国家与发展中国家的贸易分工模式。

面对欧盟工业政策调整的契机，竞争力不强、附加值不高的化学工业和纺织服装业成为重点调整对象，同时，中东欧国家产业结构存在一定缺陷，轻工、家电产品竞争力不强，大部分依赖进口，波兰、保加利亚、罗马尼亚的家电产品尤其突出，也为中国进一步发挥家具、服装等生活用品行业的比较优势，进一步扩大欧盟市场，尤其是新入盟国家提供重要机遇。

表 11-6　中国对欧盟（EU28）进出口的前十大行业

排序	出口				进口			
	22 大类		98 小类		22 大类		98 小类	
	2001 年	2015 年	2001 年	2015 年	2001 年	2015 年	2001 年	2015 年
1	MT16	MT16	85	85	MT16	MT16	84	84
2	LT11	LT11	84	84	MT6	MT17	85	87
3	MT20	MT20	62	94	MT17	MT6	87	85
4	MT15	MT15	95	62	MT15	HT18	90	90
5	MT6	MT6	61	61	HT18	MT15	39	30
6	MT17	LT12	42	90	PP7	PP7	29	88
7	LT8	MT17	64	64	LT10	PP4	72	39
8	LT12	HT18	29	95	LT11	LT10	88	29
9	HT18	PP7	94	29	LT8	PP5	38	74
10	PP7	PP13	90	39	PP9	LT11	30	73
占比	89.58%	93.21%	64.67%	72.37%	94.29%	92.08%	78.94%	74.97%

注：PP 资源密集型；LT 劳动力密集型；MT 资本密集型；HT 技术密集型

大类：4 食品、饮料、烟草等；5 矿产品；6 化学工业、产品；7 塑料、橡胶及其制品；8 皮革制品；9 木及木制品；10 木浆、纸制品；11 纺织原料及纺织品；12 鞋帽伞等生活用品；13 石料、水泥、陶瓷、玻璃等制品；15 贱金属及其制品；16 机械、电气、电器制品；17 车辆、航空器、船舶等运输设备；18 光学、精密科学、医疗设备及零附件；20 武器、弹药机器零附件；

小类：29 有机化学品；30 药品；38 杂项化学产品；39 塑料制品；42 皮革制品、旅行用品；61 针织服装附件；62 非针织服装附件；64 鞋靴零件；72 钢铁；73 钢铁制品；74 铜及制品；84 核反应堆、机器零件；85 电气设备零件；87 车辆、铁道零件；88 航空航天器零件；90 光学、医疗等精密仪器设备及零件；94 家具、坐垫等杂项制品；95 玩具、游戏、体育用品及其零件

（3）欧盟的传统经济强国是中国主要贸易伙伴

自进入21世纪以来，中国与世界各国的贸易关系日益增进，与亚洲各国的贸易联系紧密。2001年，中国前十大进口市场主要为日本、韩国等亚洲强国（地区）及美国、俄罗斯、澳大利亚、德国等发达国家（表11-7）。德国是中国在欧盟市场最活跃的进口伙伴，位列第五位，占全球份额的5.65%，欧盟12个国家跻身中国进口贸易伙伴的前50位，均为欧盟的传统经济强国，属于EU15的成员国，相比之下，其余3个成员国——葡萄牙、希腊和卢森堡的进口占比较小。中国前100位进口市场中，欧盟占据24席。

2015年，中国从欧盟的进口贸易有大幅度的增加，但欧盟在中国进口市场中的国别地位却没有同步提升，所有国家的市场排名均有不同程度的下滑。中国前十大进口伙伴中仍只有德国为欧盟国家，排位与份额同步下降，传统强国中芬兰、瑞典、希腊、卢森堡的贸易地位显著衰落，经贸合作较多的芬兰、瑞典分别从20位、22位下降至39位、52位，而对中国的市场吸引力较弱的希腊和卢森堡，分别从78位、79位下降至102位、99位，贸易份额也仅占0.02%。

在欧洲市场低迷的大背景下，匈牙利、斯洛伐克、捷克的贸易地位有明显提升。

表11-7　2001年、2015年中国的欧盟进口伙伴

国家	2001年/2015年		2001～2015年的变化	
	排名	占比/%	排名	占比/%
Top10	1/1	5.65/5.21	0	−0.44
德国	5/6	5.65/5.21	−1	−0.44
Top50	12/11	8.94/5.97		
法国	13/18	1.69/1.49	−5	−0.20
意大利	16/23	1.55/1.00	−7	−0.55
英国	17/21	1.45/1.13	−4	−0.32
芬兰	20/52	0.98/0.21	−32	−0.77
瑞典	22/39	0.89/0.38	−17	−0.61
比利时	25/36	0.71/0.42	−11	−0.29
荷兰	28/32	0.60/0.52	−4	−0.08
西班牙	38/42	0.29/0.33	−4	+0.04
奥地利	39/44	0.27/0.3	−5	+0.03
丹麦	40/48	0.26/0.24	−8	−0.02
爱尔兰	41/46	0.25/0.25	−5	0
Top100				
EU15	15/14			

注：列表按2001年的顺位排序

资料来源：International Trade Center

中国前十大出口国除了美国、"亚洲四小龙"外，在欧盟国家也具有很高的市场占有率，主要国家有德国、荷兰、英国和法国（表11-8）。2001～2015年，中国在捷克

的出口比率及国别地位有所上升,其余各国均呈现不同程度的下降,尤其是意大利、匈牙利和爱尔兰。经过近20年的发展,中国在世界各国的市场占有率普遍有所提高,出口市场更多元化,在逐渐打开发展中国家的市场,因此,对欧盟的出口比率及国别地位处于下降趋势。

表11-8 2001年、2015年中国的欧盟进口伙伴

国家	2001年/2015年		2001~2015年的变化	
	排名	占比/%	排名	占比/%
Top10	4/3	12.07/8.26		
德国	5/5	3.66/3.02	0	-0.64
荷兰	6/8	2.74/2.61	-2	-0.13
英国	7/7	2.55/2.61	0	0.06
意大利	10/20	1.5/1.22	-20	-0.26
Top50	15/11	24.93/15.37		
法国	11/22	1.39/1.19	-11	-0.2
比利时	17/29	0.95/0.71	-12	-0.24
西班牙	20/24	0.86/0.96	-4	+0.1
匈牙利	29/51	0.39/0.23	-22	-0.26
波兰	30/31	0.38/0.63	-1	+0.25
瑞典	32/45	0.35/0.31	-13	-0.04
芬兰	34/61	0.34/0.16	-27	-0.18
丹麦	35/47	0.34/0.27	-12	-0.07
希腊	42/60	0.26/0.16	-18	-0.1
爱尔兰	47/74	0.2/0.12	-27	-0.08
捷克	48/41	0.2/0.36	+7	+0.16
Top100				
EU15	14/15			
EU28	23/22			

注:列表按2001年的顺位排序

资料来源:International Trade Center

(4)中国行业竞争力下降,欧盟行业竞争力普遍提高

CA指数是用以测量国际贸易中国家(地区)行业的比较竞争优势的一项指标,其计算公式如下:

$$CA_{ij} = RCA_{ij} - \frac{\left(\dfrac{M_{ij}}{M_i}\right)}{\left(\dfrac{M_{wj}}{M_w}\right)}$$

$$RCA_{ij} = \frac{\left(\dfrac{N_{ij}}{N_i}\right)}{\left(\dfrac{N_{wj}}{N_w}\right)}$$

式中，M_{ij}、M_{wj}分别表示i国及世界同时期j行业的进口量；M_i、M_w分别表示i国及世界同时期的总进口量。RCA_{ij}反映出口竞争优势，N_{ij}、N_{wj}分别表示i国及世界同时期j行业的出口量；N_i、N_w分别表示i国及世界同时期的总出口量。

2001～2015年，中国的各行业竞争力普遍下降，只在一些劳动密集型行业有一定程度的优势提升，如化学、塑料、纺织等，而欧盟在高端制造业方面拥有比较优势且优势提升，如化工、医药、航空、机动车辆、精密仪器等。由于优质、品牌及配套服务，使欧盟制造产品，包括半成品、机械、运输设备中，高端产品占其总出口的近40%，相较于中国在低端劳动密集型制造业中的优势，欧盟更加注重高科技产品的发展，继续保持其在质量和创新领域的前沿优势（表11-9）。

表11-9 中国、欧盟行业竞争力的 CA 指数（2001～2015 年）

行业类型	中国			EU28		
	2001 年	2015 年	变化	2001 年	2015 年	变化
1	0.384	−0.146	−0.530	−0.019	−0.013	0.006
2	0.007	−0.895	−0.902	−0.202	−0.194	0.008
3	−0.851	−0.870	−0.019	−0.038	−0.181	−0.143
4	0.484	0.005	−0.479	0.092	0.144	0.052
5	−0.489	−1.287	−0.798	−0.469	−0.446	0.022
6	−0.344	−0.202	0.142	0.255	0.258	0.004
7	−1.011	−0.206	0.806	0.082	0.071	−0.012
8	2.037	1.175	−0.862	−0.077	−0.032	0.045
9	−0.248	−0.517	−0.270	−0.012	0.022	0.034
10	−0.856	−0.264	0.592	0.144	0.193	0.048
11	2.033	2.053	0.020	−0.164	−0.359	−0.195
12	5.035	2.847	−2.188	0.025	−0.343	−0.368
13	0.725	1.736	1.011	0.326	0.077	−0.249
14	0.265	0.003	−0.262	−0.067	0.008	0.075
15	−0.471	0.387	0.859	0.040	0.015	−0.025
16	−0.273	0.329	0.602	0.051	0.064	0.014
17	−0.073	−0.155	−0.083	0.095	0.201	0.106
18	−0.370	−0.729	−0.359	−0.040	0.099	0.139
19	0.040	0.075	0.035	0.194	0.487	0.293
20	2.967	2.716	−0.251	0.590	−0.252	−0.842
21	0.033	0.010	−0.023	0.180	0.520	0.341
22	−0.192	−2.421	−2.229	−0.018	0.179	0.197

注：美国经济学家 Balassa Bela 于 1965 年提出 RCA 指数，用以测算i国j行业产业贸易的比较优势，剔除了国家总量及世界总量的波动影响，1988 年，Vollratlh 等在此基础上提出 CA 指数（competitive advantage index）来测算i国在j行业上的显示性比较优势指数，提出了行业进口的影响。若 CA 指数大于 0，则i国j行业有行业竞争的比较优势，小于 0，则反之

行业类型：1 活动物；2 植物产品；3 动植物油脂等；4 食品、饮料、烟草等；5 矿产品；6 化学工业、产品；7 塑料、橡胶及其制品；8 皮革制品；9 木及木制品；10 木浆、纸制品；11 纺织原料及纺织品；12 鞋帽伞等生活用品；13 石料、水泥、陶瓷、玻璃等制品；14 天然或养殖珍珠宝石等；15 贱金属及其制品；16 机械、电气、电器制品；17 车辆、航空器、船舶等运输设备；18 光学、精密科学、医疗设备及零附件；19 武器、弹药机器零附件；20 杂项制品；21 艺术、收藏及古物；22 特殊交易品及未分类

307

通过分析中国与欧盟的行业比较优势度（表 11-10），可以看出中欧的贸易互补性并不明显，在生皮、皮革、纺织、鞋帽伞等制品中，中国对欧盟占据比较优势，而欧盟在塑料、木制品、木浆、航空、车辆方面占据微弱的比较优势。中国政府正与欧盟方进行积极谈判，望能进一步解除欧盟对华的军售禁令，将经贸领域在航空航天等高端技术方面开拓更广阔的交流。

中国高技术产品进口来源多元而分散。20 世纪 90 年代初期中国高技术产品进口主要被美欧等发达国家所垄断，但 90 年代中期开始，由于亚洲国家和地区在电子技术领域高技术产品竞争力的提升，欧美等发达国家在中国高技术产品进口额中的份额逐步下降，但欧盟在航空航天技术、生物技术和生命科学上仍然具有较大的优势。

表 11-10　中欧贸易互补性分析（2015 年）

项目		中国		欧盟		项目		中国		欧盟	
		劣	优	劣	优			劣	优	劣	优
1	活动物；动物产品	☆		☆		12	鞋、帽、伞		★★★★★	☆	
2	植物产品	☆☆		☆		13	石料、石膏		★★★★		★
3	动、植物油脂	☆☆		☆		14	天然或养殖		★		★
4	食品；饮料		★		★	15	贱金属及其制品		★		★
5	矿产品	☆☆☆		☆		16	机器、机器制品		★		★
6	化学工业	☆			★	17	车辆、航空	☆			★
7	塑料及其制品	☆			★	18	光学、照相	☆☆			★
8	生皮、皮革		★★★	☆		19	武器、弹药		★		★
9	木及木制品	☆			★	20	杂项制品		★★★★★	☆	
10	木浆及其他	☆			★	21	艺术品、收藏品		★		★
11	纺织原料及纺织品		★★★★	☆		22					★

注：☆表示劣势度，☆到☆☆☆☆☆表示劣势度增强；★表示优势度，★到★★★★★表示优势度增强

11.3.2.2　投资

（1）中国对欧盟投资高速增长，欧盟对华投资占比下滑

从欧盟的投资环境来看，其具有一流的现代化基础设施，高素质的劳动力和科研人员，以及产业集群的规模优势，投资吸引力强。

2014 年，中国对外投资总额前十位国家占比为 83.6%，地域高度集中在发达国家（地区）。中国对外投资向发达经济体实现了 72.3% 的高速增长，2014 年，中国流向发达经济体的投资总额为 238.3 亿美元，欧盟占比为 41.07%，中国向欧盟直接投资为 97.87 亿美元，创历史最高值，同比增长为 116.3%，占欧盟当年吸引外资总量的 3.8%。近年来，中国一批有实力的大企业开始在欧盟主要成员国投资，如吉利收购沃尔沃、TCL 收购施耐德、中远集团在比利时安特卫普港口斥资收购集装箱码头、上汽集团在英国设立研发中心等。中国企业对欧盟投资存量最多的成员国主要有德国、英国、荷兰、法国、瑞典、西班牙、意大利和波兰。据中国商务部统计，2014 年当年中

国对欧盟直接投资流量为 97.87 亿美元，中国对欧投资已覆盖所有成员国（表 11-11）。

表 11-11　中国对欧盟（前十国）投资流量　　　　　单位：万美元

2003 年		2014 年	
国家	2003 年流量	国家	2014 年流量
丹麦	7 388	卢森堡	457 837
德国	2 506	英国	149 890
荷兰	447	德国	143 892
英国	211	荷兰	102 997
拉脱维亚	158	法国	40 554
波兰	155	比利时	15 328
匈牙利	118	瑞典	13 001
罗马尼亚	61	西班牙	9 235
法国	45	丹麦	5 723
奥地利	40	斯洛伐克	4 566
占比	73.63%	占比	92.21%

资料来源：2014 年中国对外直接投资统计公报

　　欧盟是中国累计第四大实际投资来源地。据中国相关部门统计，2014 年，欧盟对华直接投资总额达到 68.5 亿美元，截至 2014 年底，欧盟对华投资累计实际收入 966.3 亿美元，但占欧盟对外投资的比重仍低，且呈下滑趋势。同时，欧盟也是中国第一大技术引进来源地。截至 2014 年底，中国自欧盟引进技术项目数 48 421 个，合同金额 1812.2 亿美元。据中国商务部统计，欧盟对华投资项目 1499 个，增长了 3.7%，实际投资 62.3 亿美元，同比下降了 4.5%。其中，英国、法国、荷兰和德国是欧盟对华投资的主要国家。但是，欧盟中小企业来华投资发展极易受到信息来源匮乏、项目启动费高昂、融资渠道不畅等因素的限制，这在一定程度上影响了欧盟中小企业对华投资的积极性，制约了欧盟对华投资规模的扩大。欧盟各国与中国技术合作的方式主要是技术转让，还包括一些技术合作和开发，引进的技术和设备具有突出的先进性，一定程度上突破了欧盟设置的技术壁垒。

　　（2）中国在欧盟的投资主要分布于制造业、金融业等

　　通过中欧高层互访、中欧经贸联（混）委会等双边交流合作机制，中欧在金融、能源、船舶、生态园区等领域的合作得到不断拓宽，中欧投资协定谈判工作力度也在不断加大。中国企业对欧的非金融类直接投资呈现"井喷式增长"。

　　2014 年是中国对欧盟投资流量达历史新高的年份，金额达 97.87 亿美元，同比增长了 116.3%，占全球投资总额的 7.9%，较上年提升了 3.7 个百分点，占对欧洲投资流量的 90.3%。

　　从国别分布上来看，主要集中在欧盟传统发达国家。卢森堡、英国、德国分列 1~3 位，中国企业对这 3 个国家的投资流量占同期对欧盟投资流量的 76.8%。其中，卢森

堡位居首位，流量达 45.78 亿美元，占对欧盟投资流量的 46.8% ，主要流向商务服务业、金融业、采矿业、批发和零售业等；其次为英国 14.99 亿美元，占比为 15.3% ，主要流向房地产业、金融业、商务服务业、批发和零售业、制造业等；德国位列第三，中国向其投资 14.39 亿美元，占比为 14.7% ，主要分布在制造业、批发和零售业、科学研究和技术服务业、金融业等。

从行业分布看，租赁和商务服务业为首要投资领域，仅其占比便接近 50% ；其次为制造业、房地产、采矿业、金融业、批发零售业，均有 10% 左右的占比，第三产业备受青睐。流向租赁和商务服务业的金额为 42.3 亿美元，占 43.2% ，主要分布在西欧国家中的卢森堡、英国、荷兰、爱尔兰，以及提供多项投资优惠、市场及政治稳定的波兰。制造业投资额为 12.86 亿美元，占 13.1% ，主要分布在老牌工业国家，如德国、法国、意大利、丹麦。房地产业投资流量为 9.97 亿美元，占 10.2% ，主要分布在英国，英国稳定的房地产市场及近几年出台的一系列房市利好政策促成了高投资回报率，获得了广大企业投资者的青睐。采矿业投资流量为 8.73 亿美元，占 8.9% ，主要分布在西欧腹心和枢纽地带的荷兰、卢森堡、比利时等。金融业投资流量为 8.48 亿美元，占 8.7% ，主要分布在英国、卢森堡、德国、法国、丹麦、匈牙利等发达国家。批发和零售业为 7.7 亿美元，占 7.9% ，主要分布在荷兰、德国、卢森堡、英国、比利时等。

截至 2014 年末，中国对欧盟的投资存量为 542.1 亿美元，存量在 30 亿美元以上的国家有 6 个，分别为卢森堡、英国、法国、德国、荷兰、瑞典。从行业分布看，主要为租赁和商务服务业、金融业、制造业（表 11-12）。租赁和商务服务业总计 149.03 亿美元，占 27.5% ；金融业 127.57 亿美元，占 23.5% ；制造业 87.74 亿美元，占 16.2% ；采矿业 51.02 亿美元，占 9.4% ；批发和零售业 49.72 亿美元，占 9.2% ，此外，还包括房地产业、交通运输、仓储业、建筑业、科学研究和技术服务业、电力、热力、燃气及水的生产和供应业等。

欧盟受"欧债危机"的持续影响，华为、中兴、海尔等大中型中国企业，包括民营和国有企业，到欧盟国家主动投资，使中国在欧盟国家的直接投资在近两年出现爆发式增长。2014 年末，中国共在欧盟设立直接投资企业超过 2000 家，已覆盖欧盟的全部 28 个成员国，雇佣外方员工 7.39 万人。

表 11-12　中国在欧盟投资的行业分布

行业类别	流量/亿美元	占比/%	存量/亿美元	占比/%
租赁和商务服务业	42.304 1	43.2	149.032 9	27.5
金融业	8.481 2	8.7	127.571 4	23.5
制造业	12.858 4	13.1	87.743 9	16.2
采矿业	8.727 8	8.9	51.020 5	9.4
批发和零售业	7.699	7.9	49.715 0	9.2
房地产业	9.969 7	10.2	23.839 8	4.4

行业类别	流量/亿美元	占比/%	存量/亿美元	占比/%
交通运输、仓储和邮政业	0.445 5	0.5	12.471 6	2.3
建筑业	0.407 4	0.4	10.150 9	1.9
科学研究和技术服务业	2.431 8	2.5	9.563 1	1.7
电力、热力、燃气及水的生产和供应业	0.394 8	0.4	7.521 2	1.4

资料来源：2014 年中国对外直接投资公报

11.4 经贸合作建议

11.4.1 中国与欧盟经贸合作的展望

11.4.1.1 机遇

（1）欧盟参与"一带一路"建设与中国有着共同的利益和重要战略契机

世界经济格局正在进行重新调整，紧密的经贸往来是全球的发展需要，欧盟国家面临经济下行的压力，而中国市场在国际上的地位日益攀升，为双方开展互惠互利的经贸合作创造了时代契机。"一带一路"倡议提出之后，中欧双方高层频繁往来，目前，面对欧盟各成员国经济发展不平衡，区域内继续挖掘潜力空间小，多边贸易自由化进展缓慢，世界市场对欧盟的重要性是巨大的，而中国市场突出的劳动力、消费者优势是吸引欧盟国家的主要方面。

中国是欧盟仅次于美国的第二大出口对象国。近年来，欧盟经济增长乏力，中国从欧盟的大规模进口成为其发展的重要驱动力。欧盟参与"一带一路"建设，将为其成员国内的中东欧国家亟待加强的基础设施、交通运输等领域的建设提供机遇。

（2）中欧双方发挥比较优势，为创新世界经济体系提供重要理念

"一带一路"的倡议完全符合"一带一路"周围区域国家的客观要求。广大发展中国家在谋求发展过程中，均面临着国家政治、国防、经济、社会等安全问题，多数国家存在共同的利益。

一方面，近年来，欧盟正在实施旨在"促增长、促就业、促竞争"的"容克计划"。欧洲拥有较为雄厚的资金、技术、科技实力，中国拥有较强的制造能力及高端技术市场化能力，欧洲参与"一带一路"国际合作将有利于促进中欧双方充分发挥各自的比较优势。另一方面，伴随人民币国际化的迅猛发展，英镑与人民币、欧元与人民币的直接交易正在启动；在经济全球化的体系中，中欧双方正致力于逐步实现世界两大力量、两大市场、两大文明在道路交通、信息交流、文化沟通的互联互通。此外，由中国提出，欧盟参与的（中美）"新型大国关系"和"亚投行"等为创新未来世界政治体系、经济体系提供了重要理念和构架。

（3）中欧货币金融合作异军突起

2003 年，中欧双方启动"中欧金融服务合作项目"，在欧盟的助力下，中国金融机构的业务水平及从业人员的素质得到提高。2005 年起，每年在中欧一方的金融中心城市举办一次大规模的金融服务与监管圆桌会议，推动在金融领域的进一步合作交流。2013 年，中国人民银行宣布与欧洲央行正式签署中欧双边本币互换协议，进一步促进相互稳定本币以及人民币国际化。近年来，中欧双方互设机构增多，涵盖银行业、保险业、证券业等领域，在金融战略合作方面取得重大进展，如苏格兰皇家银行成为了中国银行的战略投资者，汇丰银行成为交通银行的战略投资者。2015 年 3 月，继英国之后，法国、德国、意大利和奥地利等欧盟国家均已同意加入由中国主导的亚洲基础设施投资银行。中国与欧盟在金融领域的密切来往为经贸合作奠定了重要的基础。

11.4.1.2　挑战

（1）"完全市场经济地位"的分歧仍然存在

欧洲议会于 2016 年 5 月 12 日以压倒性票数通过"反对承认中国市场经济地位"的决议，提到了中国的钢铁产能过剩和对欧洲的廉价出口问题，还表示中国过度生产及削价出口，对欧盟带来严重的社会、经济及环境后果。决议强调，欧盟目前 73 项反倾销措施中，有 56 项是针对中国入口产品，且在中国满足欧盟关于市场经济地位的五大标准前，中国对欧盟出口仍应评估中国商品的成本和价格是否是市场价格。欧洲议会对中国的施压，其深层原因是钢铁业生存艰难，但实际上，2015 年欧盟进口钢材共3200 万 t，仅有 1/5 来自中国，因此将自身的行业困境完全归咎于中国显然是不合理的。承认中国市场经济地位对欧盟而言是利大于弊，而目前的决定可能威胁到中欧投资协定谈判的顺利开展以及中欧自贸协定未来前景。中国目前是唯一一个决定慷慨向"容克投资计划"注资的非欧盟国家。此番决议也将一定程度上伤害中欧之间的感情和互信。

（2）贸易地方保护主义势力抬头

在"欧债危机"期间，欧盟各国面临债务危机与贸易逆差的双重压力，为缓解经济困境，欧盟国家的贸易保护主义强烈，致使中国和欧盟双边贸易摩擦升级。反倾销是中欧贸易摩擦的重点领域，尤其在欧盟东扩之后，为保护新入盟的中东欧国家的优势行业（如鞋类、自行车等轻工业，钢铁，纺织等），欧盟对中国出口的反倾销案例尤多。

欧盟是最早发起对中国反倾销的地区，据统计，自 1979 年至 2007 年，欧盟共对华发起 139 个贸易救济案件调查。目前欧盟正在实施的贸易保护调查涉及中国的超过总数的半数。除此之外，中欧贸易摩擦的反倾销案逐渐向高端产品蔓延，在"欧债危机"爆发之前，中欧双方的贸易争端更多集中于劳动密集型的低端行业，但随着中国产业升级和技术进步，双方贸易摩擦的种类日益向高技术产品延伸，例如 2014 年的光伏争端。而欧盟对中国企业制裁的发起主体，也就是欧委会的角色出现变化。在 2014 年的光伏争端方面，欧盟国家只是以 Solar World 为代表的个别企业提起申诉，其他大部分相关企业未表态支持，甚至有些企业强烈反对，但是欧盟依然决定发起调查，在磋商中的姿态也不积极，甚至在 2/3 欧盟成员国表示反对的情况下，仍然初步裁决加征反倾销税。欧盟对华不利的贸易保护政策为其与中国之间的经贸往来带来隐忧。

（3）在国际事务处理上存在意识形态的分歧

跨入 20 世纪 90 年代后，随着雅尔塔体制的崩溃，东西方冷战终结，民族国家利益，尤其是经济利益占有日益突出的地位，中欧双方着眼于各自战略利益和建立多极化世界的共识，超越社会制度和意识形态的鸿沟，努力构筑平等互利的建设性伙伴关系。然而，在中欧政治文化关系的发展过程中，社会制度差异这一因素及其影响仍然并将继续存在，资本主义和社会主义两大意识阵营的碰撞将会造成事务的认识及处理上的分歧，差异化的文化价值观也将产生意识形态的对抗，从而阻碍中国与欧盟的经贸往来。

11.4.2 中国与欧盟经贸合作的重点方向

11.4.2.1 优化贸易结构，促进科技、人文等多领域合作

近年来，工业制成品在中国出口中所占比重不断上升。出口的工业制成品大多为技术含量较低的劳动密集型产品，与众多发展中国家对欧盟出口产品存在很大相似性和竞争性。由此，中欧双方除巩固已有的经贸关系外，还要积极拓展合作领域，努力实现从以货物贸易为主的单一合作方式转向金融服务、高端制造业、信息产业、环保等新领域的全面合作。

首先，加强科技领域的合作，推动中国产业升级。欧盟一直对华高新技术出口采取严格的管制，中欧双边高新技术贸易增长潜力未能得到充分发挥。如果欧盟切实降低对新能源、新材料、节能环保、绿色低碳等高新技术的出口限制，将对中国目前的经济发展具有重要作用，那么欧盟的科技创新与中国的广阔市场结合起来，不仅会促进中国产业结构升级和经济发展模式的转型，也会为"后危机时代"的欧洲经济注入新的活力。

其次，深化人文社会领域的合作，增进相互理解和信任。中欧在价值观、意识形态上存在巨大差异，这也是中欧间产生误解、互不信任的根源。从人本角度考虑，加强人文社会领域的合作有利于中欧由陌生的朋友变成真正的朋友。

最后，利用高新科技领域的合作拓展商机。2003 年 2 月，欧盟在北京进行第三个科技框架计划第一次公开招标，招标的项目有信息技术、生命科学、航空航天、食品质量安全、新材料等，覆盖了众多科研领域，总金额达 50 亿元。"合作研究，成果共享"是欧盟科技框架计划的原则之一，如果中欧双方的合作是建立在以市场需求为导向的基础上的，则不但有助于科技成果直接转化为生产力，而且可以规避欧盟的技术壁垒，有利于我国产品进入欧盟这个成熟的市场。

11.4.2.2 加深金融货币领域的合作，维持欧元稳定，助推人民币国际化进程

债务危机是欧洲一体化进程中面临的最严峻考验，在这个关键时刻，中国必须坚定地支持欧元和欧洲经济一体化。中国承诺向国际货币基金组织注资 430 亿美元，并通过购买债券、增加进口等方式，为欧盟提供了力所能及的帮助，对欧元度过最艰难

的时刻起到了积极作用。2013 年 10 月 10 日，中国人民银行与欧洲央行正式签署了规模为 3500 亿元人民币（450 亿欧元）的中欧双边本币互换协议，有效期三年，经双方同意可以展期。通过货币互换，可以稳定欧元和人民币相互兑换的汇率，促进贸易的发展，同时也有利于人民币的国际化进程。此外，欧盟主要金融强国加入亚投行，宣告关于亚投行的一系列激烈国际争论的终结，其与 IMF 等现存国际金融机构的关系也不再是大问题，亚投行成为名副其实的全球金融机构。不仅是加入金融机构，亚投行的经营运作同样需要借鉴和吸收现有国际金融机构的经验和人才，而欧盟国家在这方面具有优势。

11.4.2.3 加强全球治理方面的合作，争取全球治理中的话语权

核扩散、恐怖主义、海盗和国际冲突对国际安全构成严重威胁，中欧应当在全球安全领域加强合作。同时，双方还应就气候变化、网络安全、军控和防扩散等重大全球性问题加强交流，增加在全球治理中的话语权，推动公正合理的国际政治经济新秩序的建立，在联合国、二十国集团、亚欧会议等多边框架内加强协调，推动国际政治、经济秩序向着更加公正、合理、有效的方向发展，维护世界和平与稳定。

11.4.3 中国与欧盟经贸合作的政策建议

11.4.3.1 适当增加在欧盟的投资力度，扩大与欧盟的市场合作

目前欧盟仍未彻底摆脱金融危机的煎熬，中国的经济实力及日益扩大的国际影响力为中国与欧盟的经贸合作提供了良好前景。欧盟东扩以后，中国可适度扩大在欧盟直接投资。欧盟新成员国相对于老成员国来说生产成本相对较低，且管理水平、劳动生产率等方面与中国比较接近。同时，中国可进一步在这些国家建立生产基地，不仅可增加中国在中东欧地区产品的市场份额，还可在一定程度上减轻因中国连年贸易顺差而引发的诸多不利局面。同时，在中东欧国家的投资建厂，也可避开因贸易壁垒而在欧盟市场的流通障碍，扩大中国在欧盟的市场。

11.4.3.2 创造长期、稳定、可预见的政策环境

目前，欧盟对中国投资环境不够满意的地方主要集中在软环境方面。首先，制订和完善有关招商引资的法律法规非常必要。其次，为外商在华直接投资创造良好的制度环境。其中，一方面要明确政府行政管理的程序和规则，尽力达到欧盟跨国公司对中国政府行为的预期，坚决杜绝对外资企业的乱收费、乱检查、乱摊派行为；另一方面要加强知识产权保护的力度，坚决打击侵权盗版行为，进一步完善外商投资企业投诉制度，更好地保护外资企业的合法权益。最后要加强外资政策与环境保护政策、劳工政策的协调，鼓励欧盟在华投资企业重视安全生产和环境保护的行为举措，为这类企业提供更为有利的生产、经营环境。

11.4.3.3 为国内企业提供良好的政策支撑体系

建立健全中小企业投资的政策体系，建立专门为中小企业服务的金融机构，尽快

培育市场中介机构；为国内外中小企业的信贷担保做好准备工作，中国政府应该给予它们更多的优惠条件，包括市场准入条件、国内融资条件、优惠的税收条件以及较低的土地出让金等。中国政府应引导中国有资金、有技术、有投资热情的企业加强自身建设，并合理对外投资，可提供权威的对欧盟直接投资的指导性文件，帮助企业规避投资误区。

11.4.3.4 借助"一带一路"倡议，推进自贸区发展

"一带一路"倡议的实施将给沿线国家和地区提供更加紧密的经贸合作和更加广阔的发展空间，也将为各国文化交流及友好往来开辟新通道。欧盟期望建立从里斯本到符拉迪沃斯托克（海参崴）的自贸区，这与中国的"一带一路"倡议不谋而合。"中国—欧盟自贸区"如能借助"一带一路"倡议得以实施，对促进亚欧大陆"大联通"无疑具有重要意义。

自贸区从其兴起至今已有几百年的历史，目前已成为全球各国和地区推动对外贸易发展、加大吸引外资力度的一个重要手段，也是当今世界经济发展的大势所趋。欧盟国家拥有一些具有良好地理位置的自由关税区，如克罗地亚的里耶卡港、斯洛文尼亚的科佩尔港、罗马尼亚的康斯坦察港、波兰的格地尼亚和格但斯克港等，为中欧经贸往来提供了便利条件。面对当前世界各国纷纷构建自贸区的竞争及区域化贸易壁垒的威胁，中国应把握与欧盟经贸关系整体良好发展的态势，凭借快速增长的经济和不断扩张的市场优势积极推进欧盟与中国自贸区的建设。中欧双方可根据实际市场和产品需求，达成自由关税区建设的协议，为投资、贸易、生产等经济活动提供优惠政策。

11.4.3.5 妥善处理贸易摩擦，建立健全相关机制

近年来，欧盟对中国的贸易壁垒不断增加，使贸易摩擦日益频繁，且有逐渐加强趋势，如何妥善处理中欧贸易摩擦是保证中欧经贸关系顺利发展的一个重要问题。2013年，欧盟对中国输欧光伏产品等提出反倾销、反补贴调查并实施临时性惩罚举措，还对中国电子通信产品等实施"双反"；与此同时，中国也对欧盟输华葡萄酒等提起反倾销调查。在中方有理、有利、有节的应对下，"光伏"案以双边和解的双赢方式解决，为中欧贸易摩擦的有效管控和化解危机起到了示范作用。面对今后可能存在的贸易摩擦，中国应发扬战略伙伴精神，理性处理贸易与投资摩擦和分歧，以包容和开放的心态看待和处理。欧盟是中国最大的贸易伙伴，中国是欧盟第二大贸易伙伴，彼此有着良好的合作基础。中国相关部门和企业应加强对贸易环境和贸易保护措施的研究，构建有效快速的反应机制，防止贸易争端加剧。中欧双方应尽早签署完成新的中欧经贸协定，为中欧经贸关系在21世纪的持续、稳定、深入发展提供强有力的政策引导。

参 考 文 献

燕春蓉，张秋菊. 2010. 中国与欧盟贸易互补性和竞争性的实证研究，21（2）：40-45.

刘卫东. 2015. "一带一路"倡议的科学内涵与科学问题. 地理科学进展，34（5）：538-544.

—— 下篇 ——

国际通道、战略支点
及与国内区域发展的链接

12 国际运输通道建设的关键问题与对策

本章拟基于中国国际贸易网络与国际运输通道现状和存在问题,考察国际运输通道与"一带一路"倡议的支撑适宜性,系统考察"一带一路"倡议下中国海陆国际运输通道的发展思路,提出建设目标与总体方案及海陆互动机制;系统分析海上安全航运通道与战略支点建设的关键问题,提出中国进入的途径与模式;全面研究陆上大容量国际运输通道的建设方案与战略支点,揭示面临的瓶颈问题,提出中欧国际班列网络与国际物流平台组织方案;形成海陆国际运输通道建设的空间指引,并从不同视角提出加快建设的若干政策与建议。

12.1 中国国际贸易网络与国际运输通道现状

12.1.1 中国国际贸易与贸易联系网络

12.1.1.1 国际贸易网络结构特征

(1) 中国对外贸易规模不断扩大

1978 年改革开放以来,中国对外开放程度不断提高,进出口贸易总额增长不断加快,尤其是 2001 年加入 WTO 之后,对外贸易额迅速增长,外贸逐渐成为带动国民经

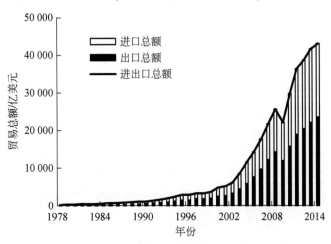

图 12-1 1978 年以来中国货物进出口总额变化过程

资料来源:历年《中国统计年鉴》

济增长的强劲动力（图 12-1）。1978 年，中国货物进出口总额仅有 206 亿美元，在世界货物贸易中排名第 32 位，所占比重不足 1%。2014 年，中国货物进出口总额达到 43 015 亿美元，比 1978 年增长了 207 倍，年均增长 16.0%。其中，进口总额为 19 592 亿美元，年均增长 15.5%；出口总额为 23 423 亿美元，年均增长 16.4%。中国出口总额占世界货物出口额的比重提高到 12.7%，全球第一大货物贸易国和第一大出口国地位进一步巩固。

（2）进出口商品结构和经营主体结构不断优化

中国进口的商品主要是工业制成品。1978 年以来，工业制成品和初级产品在总进口金额中所占的比重较为稳定，分别保持在 60% ~ 88% 和 12% ~ 40% 的范围内（图 12-2）。从进口商品的分类构成来看，1980 年以来，中国对十大类产品的进口具有明显的层次性：其中，机械及运输设备产品是中国进口最多的工业制成品，也是中国的第一大类进口商品，2014 年比重达 37%；第二大类和第三大类进口商品分别是矿物燃料、润滑油及有关原料和非食用原料，在初级产品进口中，两者所占比重最大；其次是化学品及有关产品、按原料分类的制成品、杂项制品这三类产品。

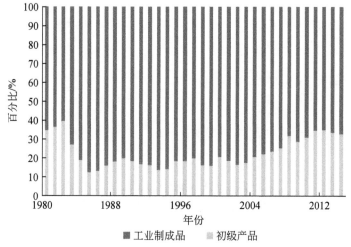

图 12-2　1980 年以来中国进口产品结构变化过程

资料来源：历年《中国统计年鉴》

中国主要进口三大类产品（表 12-1）：①成品油、原油、铁矿砂及其精矿、初级形状的塑料等资源性产品，这些商品是经济发展不可或缺的能源和原材料；②汽车零件、自动数据处理设备等零部件或中间产品；③资本和技术密集型的机电产品、高新技术产品。在全球大宗商品价格普遍下跌的背景下，2014 年中国铁矿砂、大豆和原油进口数量均呈增长趋势。先进技术设备进口快速增长，生物技术产品、航空航天技术产品、计算机集成制造技术产品等高新技术产品进口增速较快，为国内产业结构调整提供了支撑。消费品进口 1524 亿美元，占进口总额的 7.8%，对满足多层次、多样化消费需求发挥了重要作用。

表 12-1　2014 年中国进口主要商品金额及占比

商品名称	金额/亿美元	占比/%
机电产品	8 543.4	43.6
高新技术产品	5 514.1	28.1
原油	2 283.1	11.6
铁砂矿及其精矿	936.4	4.8
汽车及汽车底盘	607.8	3.1
初级形状的塑料	515.7	2.6
大豆	402.9	2.1
未锻轧铜及钢材	356.5	1.8
成品油	234.3	1.2
钢材	179.1	0.9
食用植物油	59.3	0.3

注："机电产品"和"高新技术产品"包括相互重合的商品

资料来源：中国对外贸易形势报告（2015 年）

中国出口商品结构已实现由初级产品为主向工业制成品为主的转变［图 12-3 (a)］。资源密集型产品比重持续下降，劳动密集型产品比重先增加后减小，资本技术密集型产品比重逐渐上升［图 12-3 (b)］。可按照三类产品比重变化将中国出口产品发展过程分为以下 3 个阶段：①1978～1991 年，中国着力发展劳动密集型产业；②1992～2003 年，随着科教兴国战略，资本技术密集型产业开始迅速发展，在出口贸易商品中所占比例稳步提高；③2003 年至今，资本技术密集型产业持续稳步增长，出口商品的技术含量不断提高，成为中国工业制成品中比例最大的产品。到 2014 年资本技术密集型产品出口份额最高，为 12 050 亿美元，占比为 51.4%；劳动密集型产品比重维持在 40% 以上；资源密集型产品比重下降到 5% 左右。

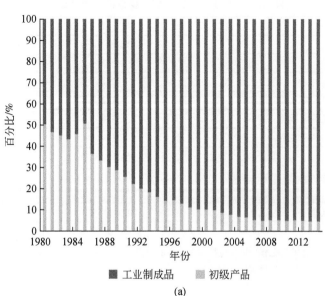

(a)

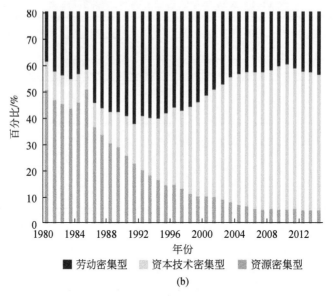

图 12-3　1980 年以来中国出口产品结构（a）和各类密集型产品占中国出口总额的比重（b）

资料来源：历年《中国统计年鉴》

　　近年来，中国出口商品的技术含量和附加值明显提升，其中，机电产品与高新技术产品出口份额较大，装备制造业成为出口的重要增长点（表 12-2）。2014 年，机电产品出口金额为 13 109 亿美元，占出口总额的比重达 56%。高新技术产品出口额达 6605.3 亿美元，占出口总额的 28.2%。纺织品、服装、箱包、鞋类、玩具、家具、塑料制品七大类劳动密集型产品出口 4851 亿美元，占出口总额的 20.7%。装备制造业依靠突出的性价比优势开拓国际市场，电力、通信、机车车辆等大型成套设备出口增长较快。

表 12-2　2014 年中国出口主要商品金额及占比

商品名称	金额/亿美元	占比/%
机电产品	13 109.0	56.0
高新技术产品	6 605.3	28.2
服装及衣着附件	1 862.8	8.0
自动数据处理设备及其部件	1 817.2	7.8
手持或车载无线电话机	1 153.6	4.9
纺织纱线、织物及制品	1 121.4	4.8
鞋类	562.5	2.4
家具及其零件	520.2	2.2
液晶显示板	317.9	1.4
汽车及汽车底盘	126.2	0.5
集装箱	90.0	0.4

注："机电产品"和"高新技术产品"包括相互重合的商品

资料来源：中国对外贸易形势报告（2015 年）

12.1.1.2　重点贸易方向与联系区域

中国在依赖于传统发达国家贸易伙伴的同时，与新兴市场的贸易额保持较快增长。与主要贸易伙伴的关系长期稳定的同时，贸易伙伴多元化取得积极进展。中国内地的主要贸易伙伴主要分为以下几种类型：①世界上大的贸易国与贸易体，如欧盟、美国和日本；②中国邻近地区，如东盟、韩国、俄罗斯、印度；③中国境内独立关税区——香港特别行政区、台湾省；④亚太经合组织的成员，如澳大利亚和加拿大。中国内地对外贸易增长主要依赖于欧盟、美国、东盟、中国香港、日本、韩国等地区（图12-4和图12-5）。其中，欧盟是第一大贸易伙伴；美国为第二大贸易伙伴，第一大出口市场，第四大进口来源地；东盟为第三大贸易伙伴。随着市场多元化战略深入推进，中国对新兴经济体和发展中国家进出口保持较快增长势头。随着中国—东盟自贸区的建立，东盟正逐渐成为中国越来越重要的对外贸易伙伴。中国与印度、俄罗斯、非洲和中东欧国家进出口贸易额的增速均快于这些国家的整体增速。

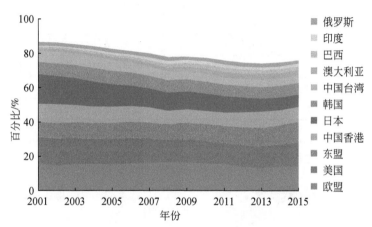

图 12-4　2001 年以来中国大陆对外贸易的主要地区/国家

资料来源：历年海关统计数据

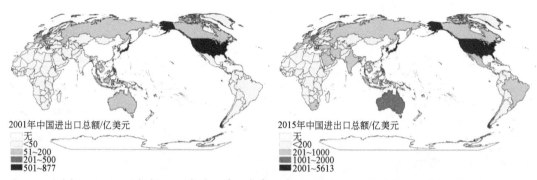

图 12-5　2001 年与 2015 年中国内地与各国家（地区）的贸易总额空间分布示意图

在前十大贸易伙伴中，中国内地的进口市场主要是欧盟、东盟、韩国、日本、美国、中国台湾省，出口市场主要是美国、欧盟、中国香港、东盟、日本（表 12-3 和图

12-6）。其中，2001 年，中国内地的前三位进口市场为日本、欧盟、中国台湾省，2015 年变为欧盟、东盟、韩国。2001 年中国内地的前三位出口市场为美国、中国香港、日本，2015 年变为美国、欧盟、中国香港。2015 年中国内地与前十位进、出口市场的贸易额分别占中国进、出口总额的 71.6% 与 78.7%，相对于 2001 年分别降低 12.9% 与 10%。表明中国内地对外进、出口市场的集中度均呈现降低趋势。

表 12-3　2001 年与 2015 年中国内地的主要贸易伙伴

位序	2001 年		2015 年	
	进口地区（占比）	出口地区（占比）	进口地区（占比）	出口地区（占比）
1	日本（17.5%）	美国（20.4%）	欧盟（12.4%）	美国（18.0%）
2	欧盟（14.9%）	中国香港（17.5%）	东盟（11.3%）	欧盟（15.5%）
3	中国台湾（11.2%）	日本（16.9%）	韩国（10.4%）	中国香港（14.6%）
4	美国（10.7%）	欧盟（16.8%）	美国（9.0%）	东盟（12.2%）
5	韩国（9.6%）	东盟（6.9%）	中国台湾（8.6%）	日本（6.0%）
6	东盟（9.5%）	韩国（4.7%）	日本（8.5%）	韩国（4.4%）
7	中国香港（3.9%）	中国台湾（1.9%）	澳大利亚（4.4%）	印度（2.6%）
8	俄罗斯（3.3%）	澳大利亚（1.3%）	巴西（2.6%）	中国台湾（2.0%）
9	澳大利亚（2.2%）	加拿大（1.3%）	瑞士（2.5%）	澳大利亚（1.8%）
10	加拿大（1.7%）	俄罗斯（1.0%）	俄罗斯（2.0%）	阿联酋（1.6%）
合计	84.5%	88.7%	71.6%	78.7%

资料来源：历年海关统计数据

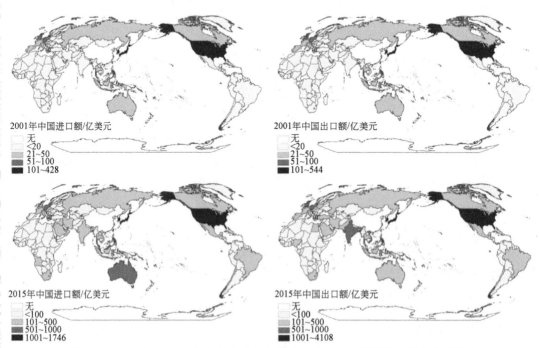

图 12-6　2001 年与 2015 年中国内地与各国家（地区）贸易额的空间分布示意图

12.1.1.3 战略物资贸易国别网络

近年来，随着经济的高速增长，中国对能源资源的需求量持续增加，进口量也逐年增加。中国目前已成为世界上最大的能源消费国、生产国和净进口国。中国的稀土、锑矿、磷矿等资源丰富可供出口，铜矿、铅锌矿、镍矿等战略资源需要进口（表12-4和图12-7）。其中，中国每年需要大量进口石油资源与天然气，2013年分别进口石油与天然气3.41亿t与531亿m^3。2014年中国铜进口量为359万t，占全球总进口量的43.1%。中国铅矿产量、消费量、铅精矿进口量分别占世界的46%、45%与50%。中国主要进口锑矿，出口氧化锑、精锑等冶炼产品，是全球最主要的锑产品供应国。中国镍资源短缺，对外依存度高的局面将长期存在，供需矛盾突出，资源缺口约80万t。

表12-4 中国主要战略物资主要进口国家（地区）

战略物资	中国在全球地位	主要来源国家（地区）
石油	全球第一大进口国	沙特阿拉伯、俄罗斯、安哥拉、伊拉克、阿曼、伊朗、委内瑞拉、科威特、巴西、阿联酋等
铁矿石	全球第一大进口国	澳大利亚、巴西、南非、乌克兰、伊朗、秘鲁、智利、加拿大、毛里塔尼亚、俄罗斯等
铜矿	全球第一大进口国和消费国	智利、秘鲁、蒙古、澳大利亚、美国、墨西哥、加拿大、老挝、伊朗、毛里塔尼亚等
煤炭	全球第一大生产国、消费国、进口国	澳大利亚、印度尼西亚、朝鲜、俄罗斯、蒙古、加拿大、越南、新西兰、美国、菲律宾等
集装箱	全球第一大生产国	韩国、瑞典、中国台湾、德国、荷兰、比利时、芬兰、意大利、英国、挪威、捷克
天然气	全球第三大消费国和第二大进口国	土库曼斯坦、卡塔尔、澳大利亚、马来西亚、印度尼西亚、其他苏联地区、也门、埃及、赤道几内亚、尼日利亚等
铅矿	全球第一大生产国、消费国和进口国	美国、澳大利亚、秘鲁、俄罗斯、朝鲜、波兰、土耳其、墨西哥、德国、南非等
镍矿	全球第一大进口国和消费国	菲律宾、澳大利亚、印度尼西亚、西班牙、越南、巴西、津巴布韦、加拿大、芬兰、俄罗斯等
锌矿	全球第二大进口国和第一大消费国	澳大利亚、秘鲁、俄罗斯、玻利维亚、蒙古、智利、摩洛哥、西班牙、哈萨克斯坦、朝鲜等
锑矿	全球最大的生产国、消费国和进出口国	俄罗斯、澳大利亚、塔吉克斯坦、缅甸、泰国、老挝、哈萨克斯坦、玻利维亚等

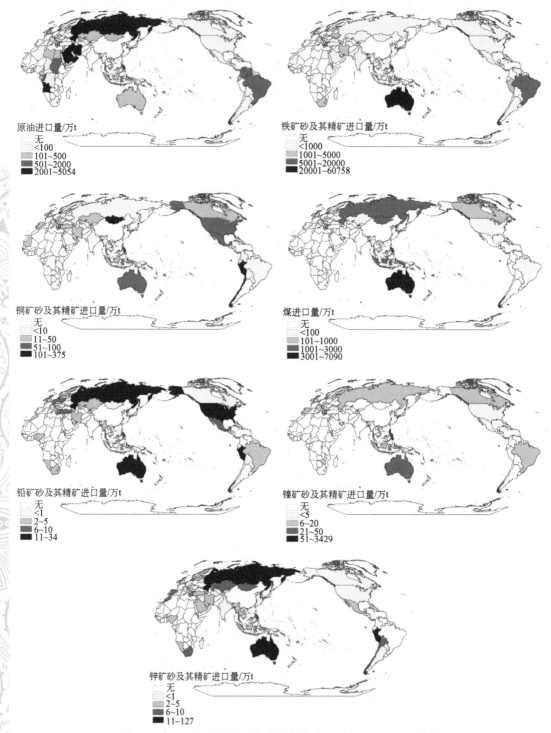

图 12-7　2015 年中国主要战略物资的进口国家（地区）示意图

12.1.2 战略物资运输通道与支撑适宜性

12.1.2.1 我国国际贸易运输网络与战略物资运输通道

中国海上对外贸易通道包括中国主要海上贸易战略通道及中国在全球范围内的重要远洋通道（表12-5，图12-8~图12-11）。其中，海上贸易战略通道有5条，分别为：①以欧盟国家为主的中国—欧洲海上通道；②以美加为主的中国—北美海上通道；③以日韩和俄罗斯为主的中国—东北亚海上通道；④中国—东盟海上通道；⑤中国—中东通道；中国在全球范围内的重要远洋通道主要包括4条，分别为：①中国—新澳通道；②中国—南美洲通道；③中国—印度通道；④中国—非洲通道。陆上能源通道主要包括西北方向（中哈原油管道与中亚天然气管道）、东北方向（中俄原油管道）及西南方向（中缅油气管道）。

表 12-5 主要战略物资运输通道

贸易航线	分类	具体航线	运输战略物资
海上贸易战略通道	以欧盟国家为主的中国—欧通道	中国大陆—台湾海峡—中国南海—马六甲海峡（望加锡、巽他海峡）—印度洋—曼德海峡—红海—苏伊士运河—地中海（抵达地中海沿岸国家）—直布罗陀海峡—欧洲	—
	以美加为主的中国—北美洲通道	中国大陆—中国东海（对马海峡—日本海—津轻海峡）—太平洋—北美西海岸	铜矿、煤炭
		中国大陆—太平洋—巴拿马运河—北美东岸	
		中国大陆—台湾海峡—中国南海—印度洋—曼德海峡—红海—苏伊士运河—地中海—直布罗陀海峡—北大西洋—北美西岸	
	以日韩和俄罗斯为主的中国—东北亚通道	中国大陆—中国黄海（抵达韩国西岸）—朝鲜海峡（抵达韩国东岸及日本西岸各港口）—大隅、对马、津轻海峡（抵达日本西岸各港口）—日本海（宗谷海峡）—俄罗斯鄂霍次克海沿岸港口	—
	中国—东盟通道	中国大陆—台湾海峡—中国南海—马六甲海峡—东盟	煤炭
		中国大陆—台湾海峡—琼州海峡—东盟	
	中国—中东通道	中国大陆—台湾海峡—马六甲海峡（望加锡海峡）—霍尔木兹海峡—波斯湾	石油
远洋通道	中国—新澳通道	中国大陆—马来群岛、太平洋南部岛群（巽他、龙目、望加锡和布干维尔海峡）—澳大利亚、新加坡	铁矿石、铜矿、煤炭
	中国—南美洲通道	中国大陆—太平洋—南美洲各国西岸	铜矿
		中国大陆—太平洋—麦哲伦海峡—南美洲各国东岸	铁矿石
		中国大陆—台湾海峡—中国南海—龙目、巽他、望加锡海峡—印度洋—好望角—大西洋—南美东岸各港口	铁矿石
	中国—印度通道	中国大陆—台湾海峡—中国南海—马六甲—印度	铁矿石
	中国—非洲通道	中国大陆—台湾海峡—马六甲海峡—好望角—直布罗陀海峡—地中海—北非	石油
		中国大陆—台湾海峡—马六甲海峡—好望角—西非	石油

续表

贸易航线	分类	具体航线	运输战略物资
陆上运输通道	中国—中亚通道	中国（阿拉山口）—阿克纠宾—阿特劳	石油
		中国（霍尔果斯）—乌兹别克斯坦、塔吉克斯坦、吉尔吉斯斯坦、土库曼斯坦	天然气
	中俄通道	中国—俄罗斯远东管道斯科沃罗季诺分输站	石油
	中缅通道	中国—缅甸（若开邦、马圭省、曼德勒省、掸邦）—缅甸马德岛	石油
		中国—缅甸（若开邦、马圭省、曼德勒省、掸邦）—缅甸皎漂港	天然气

资料来源：梁明和陈柔笛，2014

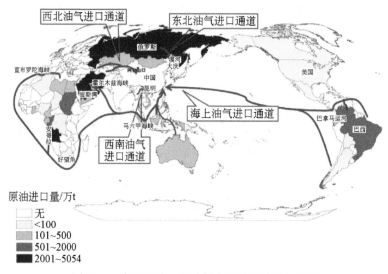

图 12-8　中国石油、天然气主要进口路径示意图

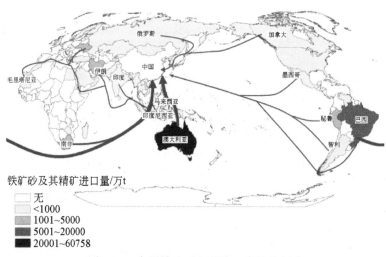

图 12-9　中国铁矿石主要进口路径示意图

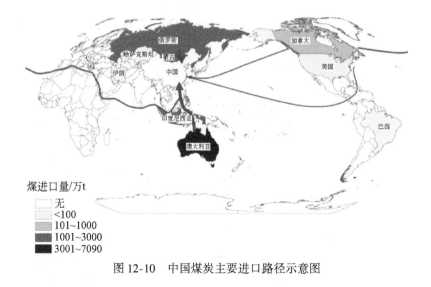

煤进口量/万t

　无
　<100
　101~1000
　1001~3000
　3001~7090

图 12-10　中国煤炭主要进口路径示意图

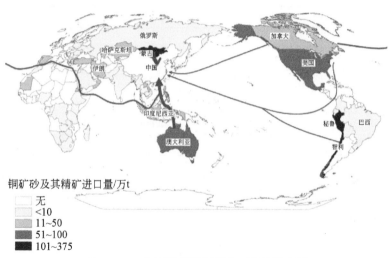

铜矿砂及其精矿进口量/万t

　无
　<10
　11~50
　51~100
　101~375

图 12-11　中国铜矿石主要进口路径示意图

12.1.2.2　海陆国际运输通道发展现状问题

（1）海上运输通道

近年来，中国对外贸易发展迅速，通过海运方式实现的对外贸易在中国对外贸易总额中的比重逐年上升。中国重要能源资源等战略物资的进口严重依赖海运，如中国原油进口的89.87%、铁矿石进口的97.6%、煤炭进口的93.35%均是通过海运实现的（表12-6）。因此，海上战略通道对于保障中国经济持续、快速、有序发展，维护国家切身利益都具有举足轻重的作用。对中国而言，海上运输是中国能源进口安全的最薄弱环节，海上运输通道面临的问题主要表现在：宏观环境复杂、国际及地区合作机制缺位、海岛及航运管理等导致的安全隐患问题、能源进口来源单一，如过分依赖中东和非洲地区的石油、海上运输路线单一、过分依赖霍尔木兹海峡及马六甲海峡等。

表 12-6 中国主要战略物资海运进口额占比

能源	来源国家（地区）	进口总额/亿美元	海运进口额/亿美元	海运进口额占进口总额之比/%
原油	世界	2195.49	1973.04	89.87
	中东	1146.72	1146.72	100
	非洲	510.19	510.19	100
	沙特阿拉伯	422.30	423.30	100
	安哥拉	317.84	317.84	100
	阿曼	198.81	198.81	100
	俄罗斯	198.24	73.05	36.85
	伊拉克	178.86	178.86	100
铁矿石	世界	1048.9	1023.76	97.6
	非洲	89	89	100
	澳大利亚	545.68	545.42	99.95
	巴西	210	209.86	99.93
	南非	60.24	60.24	100
	伊朗	23.96	23.96	100
	乌克兰	23.23	23.23	100
煤炭	世界	258.13	240.97	93.35
	非洲	11.59	11.59	100
	澳大利亚	100.11	100.11	100
	印度尼西亚	52.91	52.75	99.70
	俄罗斯	27.73	23.31	84.05
	加拿大	17.24	17.24	100
	朝鲜	13.80	13.53	98.05

资料来源：朱时雨和王玉，2015

（2）陆上运输通道

对中国同多数内陆国家，特别是中国周边国家的贸易以及中国西部内陆省份的对外贸易而言，陆路运输起着不可替代的作用。例如，新疆维吾尔自治区进出口货物总量的95%以上是通过阿拉山口—多斯特克铁路口岸运输的。中国沿陆路边境地带的主要国际通道进展顺利，目前已建成集口岸、跨境铁路、跨境公路相结合，面向东北亚、西亚、南亚、东南亚各个方向多条国际通道，并与多个国家签署了通关便利化和交通运输合作协议。至2013年年底，中国与毗邻的11个国家的70对边境口岸开通了287条客货运输线路，线路总长度近4万km，年过客量、过货量达600万人次和3000万t以上。过去10年，中国与周边国家贸易额中约30%依靠国际道路运输完成。但中国国际道路运输依然存在统筹规划不够、口岸基础设施不配套、管理体制不顺、市场培育不充分等问题，与中国经济快速发展和对外经贸大国的地位不相称。而实现边贸和边境地区跨越式发展、构建区域经济发展新格局，推进"一带一路"国家战略等，都迫切需要加快推进国际道路运输发展。

12.1.2.3 重大通道对丝路战略的支撑适宜性评价

"一带一路"倡议所覆盖区域，涵盖了中东、俄罗斯、中亚和东南亚等油气较为富集的国家和地区，是中国战略资源的重要来源地（表12-7）。"一带一路"地区石油已发现与待发现储量分别为2036.3亿t与353亿t，分别占全球份额的66%与32%；天然气已发现与待发现储量分别为204.2万亿 m^3 与81万亿 m^3，分别占全球份额的65.5%与46.7%。"一带一路"国家油气产量为24.1亿t和1.8万亿 m^3，分别占世界的58%和54%，占中国原油和天然气进口份额的66%和86%。

综合分析看，中东、中亚和俄罗斯是中国重要的战略目标区。"一带一路"能源富集区是中国未来能源供给的新支点，有利于实现中国能源供给与进口途径的多元化，提高中国能源进口的安全性。"一带一路"倡议背景下国际通道的基本功能主要是三个方面：①以陆上运输通道实现中亚能源与原材料进口的渠道与能力保证；②以海上和陆上运输共同保证面向对欧洲、中东及东非地区的辐射与交流渠道；③以海上通道为主、陆上通道为辅，实现在中东及东非区域战略任务的重要依托。此外，油气管线的建设也是重要内容之一。

表12-7 "一带一路"区域内油气资源量表

地区	已发现石油可采储量		待发现石油可采资源量（均值）		已发现天然气可采储量		待发现天然气可采资源量（均值）	
	可采储量/亿t	占比/%	可采资源量均值/亿t	占比/%	可采储量/万亿 m^3	占比/%	可采资源量均值/万亿 m^3	占比/%
中东	1 407.1	69.1	150.7	42.7	91.7	44.9	16.1	19.9
俄罗斯	376.2	18.5	94.5	26.8	64.9	31.8	36.1	44.5
中亚	113.4	5.6	43.1	12.2	23.5	11.5	8.6	10.6
东南亚	78.3	3.8	41.2	11.7	13.1	6.4	9.1	11.2
南亚	18.8	0.9	8.6	2.4	4.8	2.3	4.3	5.3
欧洲	21.4	1.0	3.4	1.0	3.6	1.8	0.5	0.7
其他	21.2	1.0	11.5	3.3	2.7	1.3	6.3	7.8
"一带一路"合计	2 036.3	100	353.0	100	204.2	100	81.0	100
占全球份额	66%		32%		65.5%		46.7%	

资料来源：中国能源报（http://paper.people.com.cn/zgnyb/html/2015-07/13/content_1587523.htm）

现有海陆运输通道为"一带一路"倡议的实施提供了较好的基础，同时"一带一路"倡议的实施为基础设施的互联互通提供了重要支撑。首先，在油气管线方面："一带一路"范围内陆上原油和天然气管线以中东、俄罗斯、中亚等资源国与地区为中心，向欧洲、东南亚、东亚等方向延伸。其中，中国西北部油气通道（中哈油管线、中国—中亚天然气管线）、西南油气通道（中缅油管线、中缅气管线）和东北油气通道

（中俄油管线）是中国陆上能源进口的重要战略通道。其次，在海上航运线方面：海上油气贸易主要是原油和 LNG 运输，贸易流向主要为中东、波斯湾至亚太、北美、欧洲等国，西非至亚太等国。"波斯湾—印度洋—马六甲海峡—南海"通道为中国油气进口海上运输总动脉。应在原有海陆通道的基础上，大力提升陆上通道输送能力，加强西北、东北、西南三条陆上油气进口通道建设。海上运输要着重提高太平洋通道所占比重，继续推进进口油气通道多元化目标。

对照"一带一路"倡议的发展要求，中国海陆运输通道还存在一些问题。首先在海上通道方面存在以下问题：贸易来源过于单一，过度依赖马六甲海峡，这不利于中国能源多元化发展。因此，应加强海上可替代线路的开辟及陆上战略资源运输的线路配置。其次在陆上运输方面存在以下问题：①基础设施硬件条件较差，境外段铁路建设相对滞后，中国与吉尔吉斯斯坦、巴基斯坦、缅甸、老挝等邻国尚无铁路联通。口岸公路"通而不畅"问题较为突出，建设等级较低，公路条件较差，通行能力低。例如，界河桥建设较为滞后，中国与俄罗斯、老挝等国衔接的界河桥存在缺失段或瓶颈段，高峰时段拥堵严重。中国与东盟地区间的交通设施尚不完善，中国仅与越南有直接的铁路连通，跨国铁路运输尚未成熟，部分国家的港口建设缓慢，与中国港口联系较少。②技术标准与法规不统一。在铁路运输方面，境内外规矩标准不一，如俄罗斯、中亚地区采用宽轨，中国采用标轨，需增加换装/换轨环节，经济性较差。在道路运输方面，周边国家对车辆轴重、排放标准等要求与中国不一致。③运营组织方面存在问题。一个地方出关，多个地方免检，没有统一的标准，且"一带一路"经济带所经过的国家较多，地缘政治不是很稳定。④政策体制方面存在问题。各国家的运营政策经常变化，且与国家间的关系有关。

12.2 中国海陆国际运输通道建设总体方案

12.2.1 总体发展思路

12.2.1.1 总体发展思路

以服务于中国国家利益的全球实现为目标，以陆上丝绸之路与海上丝绸之路为重点，发挥市场与外交机制，统筹国内与全球运输物流资源航运网络组织，依托大型国有运输物流企业，以重大通道与关键节点为切入点，推动境外重大基地建设，加强海外港口、机场、铁路、车站及物流园区等基础设施建设，统筹布局各类运输物流资源，打造海外交通基地，提高中国对全球运输物流资源的支配能力，保障中国重大战略物资、贸易货物以及与世界的社会联系在全球的顺畅流通，全力支撑中国的全球化战略的全面实施和全球强国地位的塑造、巩固。经过 5～10 年的努力，力争在关键区域、重大通道与战略节点形成 9～10 个大型物流基地，中国运输物流资源的配置能力明显提高。

12.2.1.2　基本原则

1）重大通道与枢纽节点相结合——既要考虑运输物流通道的瓶颈作用，积极在重大要冲区域布局战略支点，又要关注对运输物流资源配置发挥战略性作用的枢纽节点，将部分重要交通枢纽列为战略支点。

2）面状区域与点状基地相结合——关注腹地型与中转型交通枢纽的发展差异，必须考虑重要的航运海域、交通要道，加强交通枢纽的相对集中布局，同时在重要通道、重要城市或区域、枢纽节点，布局具有战略意义的点状物流基地。

3）普通货物与战略物资相结合——区别对待我国国际集装箱贸易与重要战略进口物资，针对各种贸易货物的必经区域与通道，分类布局重大的交通枢纽与战略性基地布局。

12.2.2　总体布局方案

12.2.2.1　总体布局方案

根据陆上丝绸之路经济带的主要途经区域与海上丝绸之路的主要航线方向，打造"两向两区、六陆四海、多主多辅、多点多基地"的总体布局格局。具体形成"南北六陆"和"东西四海"等4条运输通道。

1）两向——指海上丝绸之路形成以中国为基点的东西两个方向。

2）两区——指陆上丝绸之路形成以中国国土西北地区和西南地区为起点的两个方向区域。

3）南北六陆——主要指围绕重大铁路形成新亚欧大陆桥、中国—中亚—西亚—欧盟、中蒙俄、中巴、孟中印缅、中国—中南半岛六大陆路通道。

4）东西四海——主要指围绕重要航线形成中国—东南亚—地中海—西北欧航运通道、中国—东南亚—非洲航运通道、中国—北美航运通道、中国—拉美航运通道。

5）多主多辅——主要指航运通道或运输通道构建，必须关注主要通道，同时关注辅助通道或支线通道。

12.2.2.2　战略定位与功能

北丝绸之路运输通道：重点保障中国能源（石油、天然气和部分煤炭）与重要矿石的供应安全，确保中国同中亚和俄罗斯以及欧洲之间的经济往来。

南丝绸之路运输通道：重点保障中国能源运输安全，以及中国同东盟地区之间的经济联系。

西向航运通道：是涉及中国国民经济建设与经济安全的重要性通道。重点保障中国的集装箱贸易运输，确保中国煤炭、石油的能源运输安全，同时保障中国工业发展所需矿石的运输安全。

东向航运通道：是中国联系北美与拉美的重要通道。确保中国同北美、拉美的集装箱国际贸易运输安全，同时保障中国部分铁矿石的运输安全。

12.3 海上航运通道与战略支点的识别与中国进入途径

12.3.1 海上丝绸之路通道格局与历史过程

12.3.1.1 海上丝绸之路的内涵

"海上丝绸之路"是指古代中国与世界其他地区进行经济文化交流交往的海上通道。丝绸之路是德国地貌学地质学家李希霍芬1877年提出的,原指中西陆上通道,因为主要贸易是丝绸而命名。学术界又延伸出海上丝绸之路。最早提出海上丝绸之路的是法国汉学家沙畹(1865~1918年)。2000多年前,以中国徐闻港、合浦港等港口为起点的海上丝绸之路成就了世界性的贸易网络。

古代海上丝绸之路从中国东南沿海出发,经过中南半岛和南海诸国,穿过印度洋,进入红海,抵达东非和欧洲,成为中国与外国贸易往来和文化交流的海上大通道,并推动了沿线各国的共同发展。中国输往世界各地的主要货物为从丝绸到瓷器与茶叶。

12.3.1.2 海上丝绸之路历史演变

根据各时期的发展特征和繁盛程度,"海上丝绸之路"的发展过程大致分为五个历史阶段:形成期——秦汉、发展期——魏晋、繁盛期——隋唐、鼎盛期——宋元、由盛及衰——明清。

(1)形成期:秦朝与两汉时期

秦朝时期,"海上丝绸之路"已存在,《汉书·地理志》所载海上交通线实为早期的"海上丝绸之路"。公元前,已有东海与南海两条起航线,贸易港口有番禺和徐闻。西汉中晚期和东汉时期,海上丝绸之路真正形成并开始发展。西汉时期,南方与印度半岛之间的海路已开通,"海上丝绸之路"兴起。航线从徐闻、合浦出发,经南海进入马来半岛、暹罗湾、孟加拉湾,到达印度半岛。东汉时期,商人由海路到达广州,由马六甲经苏门答腊到印度,印度商人经过红海运往开罗港或经波斯湾进入两河流域,再由罗马商人从亚历山大、加沙等港口经地中海运往希腊、罗马。从地中海、波斯湾、印度洋出发东行的海上航线,在印度洋实现与"海上丝绸之路"的对接。

(2)发展期:魏晋南北朝时期

该时期处于海上丝绸之路从陆地转向海洋的承前启后与最终形成的关键时期。该时期,船舰设计与制造有了很大进步,技术先进,规模大,海洋、航海技术的发展和航海经验的积累也为海上丝绸之路发展提供了良好条件。魏晋以后,开辟了一条沿海航线,广州成为海上丝绸之路的起点,直穿西沙群岛抵达南海诸国,再穿过马六甲海峡,直驶印度洋、红海、波斯湾,对外贸易涉及15个国家和地区。

（3）繁盛期：隋唐时期

隋唐以前，即公元 6～7 世纪，海上丝绸之路只是陆上丝绸之路的一种补充形式。隋唐时期，陆上丝绸之路被西域战火所阻断，代之而兴的是海上丝绸之路。随着中国造船、航海技术的发展，通往东南亚、马六甲海峡、印度洋、红海，及至非洲的航路纷纷开通与延伸，海上丝绸之路终于替代了陆上丝绸之路，成为中国对外交往的主要通道。东南沿海有一条通往东南亚、印度洋北部诸国、红海沿岸、东北非和波斯湾诸国的海上航路，称为"广州通海夷道"。

（4）鼎盛期：宋元明时期

宋元时期，中国造船技术和航海技术的大幅提升及指南针的航海运用，全面提升了商船的远航能力。该时期，中国同世界 60 多个国家有直接的"海上丝路"商贸往来，有广州、宁波、泉州三大外贸港。元朝重商，鼓励海外贸易，外贸国家和地区拓展到亚、非、欧、美各大洲，海上丝绸之路进入鼎盛阶段，远至埃及。由于瓷器出口和香料进口渐成为主要货物，又称为"海上陶瓷之路"和"海上香料之路"。

明朝时期，海上丝绸之路航线已扩展至全球。向西航行的郑和七下西洋，曾到达亚洲、非洲 39 个国家和地区；向东航行的"广州—拉丁美洲航线"（1575 年），由广州起航，至菲律宾马尼拉港，穿圣贝纳迪诺海峡基进入太平洋，东行到达墨西哥西海岸。郑和远航的成功，标志着海上丝路发展到了极盛时期。

（5）衰亡期：明清时期

由于政府实行海禁政策，其间广州成为中国海上丝绸之路唯一对外开放的贸易大港，广州海上丝绸大路贸易比唐、宋两代获得了更大的发展，形成了空前的全球性大循环贸易，并且一直延续和保持到鸦片战争前夕而不衰。鸦片战争后，海上丝路一蹶不振，进入了衰落期。

12.3.1.3 海上丝绸之路重大航运通道

海上丝绸之路主要有东海航线和南海航线。东海航线主要是前往日本列岛和朝鲜半岛，南海航线主要是往东南亚和印度洋地区。宋朝之前东海航线主要以宁波为进出港，南海航线则主要以广州为进出港。

（1）南海航线

阿拉伯主导期——丝绸之路西端是阿拉伯国家。罗马帝国和汉朝之间并没有直接的商业往来，主要通过阿拉伯等中间商交易。阿拉伯商人跨越辽阔的内陆和海洋，在亚非欧三大洲之间运送货物。宋朝中期前，朝廷对华商出洋并不鼓励，属被动型国际贸易，阿拉伯商人掌控优势。

中国主导期——宋朝开始支持鼓励，中国海商成功参与到被阿拉伯垄断的海洋贸易中，并超过他们，开创出中国主导、维持几百年的国际贸易时代。从东北亚的日本、高丽，到东南亚各地和印度沿海，乃至波斯湾和东非各港口，形成"小全球化"的活跃海上丝绸贸易网络。

蒙元主导期——蒙元兴起，元朝辽阔的版图第一次与拜占庭（东罗马帝国）接壤，使欧洲人可以直接与东方进行贸易。

西欧主导期——15 世纪西班牙、葡萄牙国家绕过被意大利和奥斯曼帝国控制的地中海航线与旧有的丝绸之路，绕过好望角，依靠武装船队打败了往日与东方进行贸易的阿拉伯商人，来到中国。此时，中国明朝正在海禁，亚洲海域留下权力真空，葡萄牙便控制了此时的海洋贸易。

（2）东海航线

中日两国一衣带水，水路交往方便。中日航线上主要是中国商人占主导，唐宋时中日便往来紧密。

海上丝绸之路是由东西洋间国际主港、支线港、喂给港、中转港、补给港等分工紧密组成的洲际贸易网。中国沿海很多港口都是其组成部分，分担相应功能，货物产品由内地汇聚到各大小港口，然后再集中到泉州、广州、宁波等主港装上大船再运往海外。

广州港——公元 3 世纪 30 年代起，广州已成为海上丝绸之路的主港，唐宋时期成为第一大港，明初、清初海禁，广州为"一口通商"，是世界海上交通史上唯一的 2000 多年长盛不衰的大港。

泉州港——宋末至元代时，泉州成为中国第一大港，并与亚历山大港并称"世界第一大港"，后因明清海禁而衰落。

宁波港——东汉初年，宁波已与日本有交往，唐朝时期成为中国的大港，两宋时期外贸大量转移到宁波。

12.3.2 海上丝绸之路的战略通道与支点选择

12.3.2.1 国际重点航区与重点航线

根据海洋格局和海运惯例，本研究将全球分为西北欧、地中海、非洲西海岸（简称非西）和东海岸（非东）、北美东海岸（美东）和西海岸（美西）、东亚、南亚（含中东）、东南亚、南美西海岸（南美西）和南美东海岸（南美东）等 12 大航区。

全球主干航线网络主要是指远东—北美、远东—欧洲和欧洲—北美航线组成的航运网络。这些主干航线主要围绕北太平洋和北大西洋而形成，连接远东、北美和欧洲三大区域，其中，欧洲包括地中海地区。三大主干航线成为航运企业的主要经营市场，集中了全球主要的运力与运量。远东—欧洲/地中海航线基本与"海上丝绸之路"轨迹相吻合。20 世纪 90 年代中期以来，连接中国、以远东为核心的主干航线日益重要，尤其是远东—欧洲/地中海航线成为运力最强、运量最大的航线（图 12-12）。

地区海域支线网络主要覆盖远东地区、地中海、北太平洋西海岸、加勒比海、非洲、南美洲、沿海和内河（如莱茵河、长江、珠江）等航运地区，具体航线包括远东—南非、远东—南美东西海岸、欧洲—南美海岸、美东—南美东、南非—澳洲、南美—澳洲、南非—南美等航线。

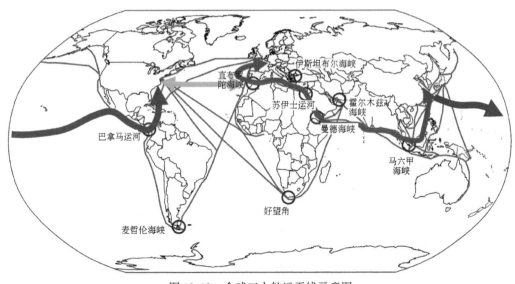

图 12-12　全球三大航运干线示意图

12.3.2.2　全球航道要冲判断

（1）重要海峡参数与特征

受世界大洲与大洋分布的影响，全球形成了部分具有战略意义的海峡要冲。海峡是由海水通过地峡的裂缝经长期侵蚀，或海水淹没下沉的陆地低凹处而形成的，通常位于两个大陆或大陆与邻近的沿岸岛屿及岛屿之间。有的海峡沟通两海，有的沟通两洋，有的沟通海和洋。根据水域同沿岸国家的关系，分为内海海峡、领海海峡和非领海海峡。其中，内海海峡位于领海基线以内，航行制度由沿岸国自行制定，如中国琼州海峡。领海海峡指宽度在两岸领海宽度以内者，允许外国船舶享有无害通过权。如海峡两岸分属两国，通常其疆界线通过海峡的中心航道，其航行制度由沿岸国协商决定；如系国际通航海峡，则适用过境通行制度。非领海海峡指宽度大于两岸的领海宽度，在位于领海以外的海峡水域中，一切船舶均可自由通过（表 12-8）。

表 12-8　世界主要海峡通道概况

大洲	海峡名称	连通海域	分属国家或地区
欧洲	丹麦海峡	大西洋、北冰洋	冰岛、格陵兰
	英吉利海峡、多佛尔海峡	北海、大西洋	英国、法国
	北海海峡、爱尔兰海峡、圣乔治海峡	大西洋	爱尔兰岛、大不列颠岛
	明奇海峡、小明奇海峡		苏格兰、刘易斯岛
	直布罗陀海峡	地中海、大西洋	西班牙、摩洛哥
	科西嘉海峡	地中海第勒尼安海与普罗旺海	意大利、科西嘉岛
	博尼法乔海峡	地中海第勒尼安海与普罗旺海	意大利撒丁岛、科西嘉岛

大洲	海峡名称	连通海域	分属国家或地区
欧洲	突尼斯海峡	地中海东部与西部	西西里岛、突尼斯
	马耳他海峡	地中海内部	西西里岛、马耳他岛
	墨西拿海峡	地中海内部	意大利与西西里岛
	奥特朗拖海峡	亚得里亚海、爱奥尼亚海	意大利、阿尔巴尼亚
	基西拉海峡、安迪基提腊海峡	爱琴海、地中海	希腊基西拉岛、克里特岛
	卡索斯海峡	爱琴海、地中海	希腊克里特岛与卡尔帕斯岛
	卡尔帕托斯海峡	爱琴海、地中海	希腊的卡尔帕斯岛与罗得岛
	土耳其海峡（达达尼尔海峡、博斯普鲁斯海峡）	黑海和地中海	土耳其
非洲	莫桑比克海峡	印度洋	马达加斯加岛、非洲大陆
	曼德海峡	红海、亚丁湾	吉布提、也门
大洋洲	托雷斯海峡	阿拉弗拉海、珊瑚海	澳大利亚与伊里安岛
	巴斯海峡	印度洋、塔斯曼海	澳大利亚本土、塔斯马尼亚岛
	库克海峡	塔斯曼海、太平洋	新西兰南、北二岛
	福沃海峡	塔斯曼海、太平洋	新西兰南岛与斯图尔特岛
美洲	白令海峡	北冰洋、太平洋	美国、俄罗斯
	戴维斯海峡	北冰洋、大西洋	加拿大巴芬岛、格陵兰岛
	哈得孙海峡	哈德湾、大西洋	加拿大本土与巴芬岛
	佛罗里达海峡	墨西哥湾与大西洋	美国、巴哈马
	向风海峡	加勒比海、大西洋	古巴、海地
	牙买加海峡	加勒比海	牙买加、海地
	莫纳海峡	加勒比海、大西洋	
	阿内加达海峡		
	瓜德罗普海峡		
	圣文森特海峡		
	尤卡坦海峡	墨西哥湾、加勒比海	墨西哥、古巴
	麦哲伦海峡	大西洋与太平洋	阿根廷本土、火地岛
	德雷克海峡	大西洋、太平洋	火地岛与南极洲
亚洲	鞑靼海峡	鄂霍次克海、日本海	俄罗斯本土、库页岛
	朝鲜海峡	日本海和黄海	朝鲜半岛与日本
	对马海峡	日本海和黄海	日本的对马岛与本州岛
	台湾海峡	东海和南海	中国大陆与中国台湾地区
	马六甲海峡	印度洋与太平洋	马来半岛与印度尼西亚苏门答腊岛

大洲	海峡名称	连通海域	分属国家或地区
亚洲	琼州海峡	北部湾与南海	中国雷州半岛与海南岛
	渤海海峡	渤海和黄海	中国辽东半岛与山东半岛
	津轻海峡	日本海与太平洋	日本北海道岛与本州岛
	巽他海峡	爪哇海与印度洋	印度尼西亚的苏门答腊岛与爪哇岛
	多佛海峡		马来半岛与新加坡岛
	望加锡海峡	苏拉威西海、爪哇海	印度尼西亚加里曼丹岛、苏拉威西岛
	马鲁谷海峡	马鲁古海、太平洋	苏拉威西岛、哈马黑拉岛
	巴林海峡、巴布延海峡、塔布拉斯海峡、巴拉巴克海峡		
	保克海峡	孟加拉湾、印度洋	印度半岛与斯里兰卡
	北普雷斯怕海峡、南普雷斯怕海峡、十度海峡	印度洋	印度安达曼群岛
	赤道海峡、一度半海峡、八度海峡	印度洋	马尔代夫群岛
	霍尔木兹海峡	波斯湾、阿曼海	阿曼、伊朗

全世界有上千个海峡，其中著名的约 50 个（表 12-9）。这些海峡均为海上交通的咽喉要道，可扼控舰船航行和缩短海上航行时间。海峡的地理位置重要，不仅是交通要道、航运枢纽，而且是兵家必争之地，称为"海上走廊"、"黄金水道"。全球重点海峡有马六甲海峡、霍尔木兹海峡、英吉利海峡、直布罗陀海峡、土耳其海峡、台湾海峡、白令海峡、朝鲜海峡、德雷克海峡、曼德海峡等。主要海峡的技术参数见表 12-9。

表 12-9　世界主要海峡的技术参数

主要海峡		长度/km	宽度/km	平均深度/m
马六甲海峡		1 080	37 ~ 370	25 ~ 27
霍尔木兹海峡		150	56 ~ 125	70；10.5 ~ 219
英吉利海峡		560	34 ~ 240	60
直布罗陀海峡		90	14 ~	375
土耳其海峡	达达尼尔海峡	65	1.7 ~ 7.5	57 ~ 60
	马尔马拉海峡	266	70	357
	博斯普鲁斯海峡	30	0.747 ~ 3.7	27.5 ~ 124
台湾海峡		370	135 ~ 150	70
白令海峡		60	37 ~ 85	30 ~ 50
朝鲜海峡	东水道：对马海峡		46	
	东水道：壹岐水道			
	西水道：朝鲜海峡		46 ~ 67	90

续表

主要海峡		长度/km	宽度/km	平均深度/m
德雷克海峡		300	900 ~ 950	3400
曼德海峡		18	26 ~ 32	150
曼德海峡	小峡（主航道）		3.2	30
	大峡		25.8	323
麦哲伦海峡		563	3 ~ 32	20
莫桑比克海峡		1 670	386 ~ 960	2400 ~ 3500

马六甲海峡——位于马来半岛与苏门答腊岛之间，呈东南—西北走向，连通印度洋的安达曼海、中国南海，是东亚、东南亚与南亚、西亚、非洲、欧洲的联系通道。全长约 1080km，西北部最宽处有 370km，东南部最窄处仅有 37km。马六甲海峡是西亚石油到东亚的重要通道，也是美国海军太平洋舰队舰只往返于海湾、夏威夷和美国西海岸最近航线的必经之路，被誉为日本的"海上生命线"、东南亚的"十字路口"。现由新加坡、马来西亚和印度尼西亚共同管辖。

霍尔木兹海峡——位于伊朗与阿拉伯半岛之间，连接波斯湾和印度洋，是唯一进入波斯湾的水道。16 世纪初葡萄牙开始入侵该地区，其后成为英国、荷兰、法国、俄国等争夺的重要目标。海峡东西长 150km，南北宽 56 ~ 125km，平均水深 70m，最浅处 10.5m，最深处 219m。海湾石油大部分通过该海峡输往西欧、澳大利亚、日本和美国，平均每 8 分钟就有 1 艘油轮通过，合计承担西方 60% 的石油供应量，被称为世界重要的海上石油通道咽喉、世界油库阀门。

英吉利海峡——位于大不列颠岛与欧洲大陆之间，连接大西洋与北海。海峡长 560km，宽 240km，最狭窄处又称多佛尔海峡，仅宽 34km，是西欧与北欧各国重要的海上通道，也是世界货运最繁忙、通过船只最多的海峡，日通行船只在 5000 艘左右。

直布罗陀海峡——沟通地中海与大西洋的唯一通道，位于伊比利亚半岛与非洲大陆。海峡全长约 90km，西宽东窄，东部最窄处仅 14km，平均水深 375m，西部入口处水深 300m。西欧、北欧进口原油、原料及出口工业品大部分通过这里，称为"西方世界的生命线"。

土耳其海峡——地中海通往黑海的唯一海峡，又称黑海海峡，包括博斯普鲁斯海峡、马尔马拉海和达达尼尔海峡。海峡全长 345km，呈东北—西南走向。冷战时期，美苏均将黑海海峡确立为全球最重要的海上咽喉之一；冷战后，北约仍视黑海海峡为欧亚大陆的战略要点之一。

台湾海峡——位于中国福建省与台湾省之间，是连通南海、东海的海峡。海峡平均水深为 70m，宽约 150km，最狭处约 135km。俗称为中国的"海上走廊"，为东海与南海间航运要冲，亦为欧亚等国际航线之必经孔道。

白令海峡——位于亚洲楚科奇半岛和美洲阿拉斯加半岛之间，连接北冰洋楚科奇海和太平洋的白令海，也是亚洲和北美洲、俄罗斯和美国、阿拉斯加半岛和楚克奇半岛的分界线。海峡约 85km 宽，深度为 30 ~ 50m，是沟通北冰洋和太平洋的唯一航道，北美洲和亚洲大陆间的最短海上通道。

朝鲜海峡——也称为大韩海峡和对马海峡，位于朝鲜半岛与日本九州岛之间，连接黄海、东海和日本海之间的要道，是日本海通往太平洋的重要通道。广义上，朝鲜海峡指位于朝鲜半岛和九州岛之间的整个水道，狭义上指朝鲜半岛与对马岛之间的水道，宽67km，平均水深95m。

德雷克海峡——位于南美南端与南极半岛之间，长300km，宽900~950km，平均水深3400m，是世界上最宽的海峡，最窄处也有890km，又是世界上最深的海峡，其最大深度为5248m；连接大西洋与南太平洋，是各国科考队赴南极考察必经之路。

曼德海峡——连接红海—印度洋和亚丁湾，位于也门和吉布提之间，为穿过苏伊士运河、红海通往印度洋的海上交通必经之地。海峡宽26~32km，平均深150m。丕林岛将海峡分为两部分，小峡在亚洲一侧宽3.2km，水深30m，是曼德海峡中主要航道；大峡在非洲一侧宽25.8km，水深323m，多暗礁和小火山岛，是太平洋、印度洋、大西洋的海上交通要道，被西方人称为"世界战略的心脏"。

麦哲伦海峡——南美大陆与火地岛之间，连接大西洋与太平洋，是世界重要的国际航线。峡湾曲折，长563km，最窄处宽仅3km，在巴拿马运河建成前为重要海上航线。

莫桑比克海峡——非洲大陆东南部与马达加斯加岛之间，是南大西洋和印度洋之间的航运要道。海峡是从南大西洋到印度洋的海上交通要道，波斯湾的石油有很大一部分要通过这里运往欧洲、北美。明初郑和下西洋也曾到过莫桑比克海峡。海峡全长1670km，两端宽中间窄，平均宽度为450km，北端最宽处达到960km，中部最窄处为386km，大部分水深在2000m以上，在北端与南端超过3000m，中部约2400米，最大深度超过3500m。

美国公开宣称要控制的16条重要的战略通道，囊括了世界上几乎所有重要的海峡和水道，其中7条在大西洋、5条在太平洋、两条在印度洋，还有两条在地中海。国际海上通道有"六把钥匙锁世界"之说，决定着全世界的能源运输。它们分别是巴拿马运河、直布罗陀海峡、苏伊士运河、霍尔木兹海峡、曼德海峡和马六甲海峡。这六条海上通道全部在美国要控制的16条海上战略通道之内。

（2）重要运河特征与参数

世界主要运河的技术参数见表12-10。

表12-10　世界主要运河的技术参数

主要运河	长度/km	宽度/m	水深度/m	最大允许船舶吃水深度/m	允许最大吨位/万t
苏伊士运河	190	280~345	22.5	18.90	21
巴拿马运河	81	152~304	13~15	12.04	7.6
伊利运河	584	12	1.2		0.0075
阿尔贝特运河	130	24	5		0.2
莫斯科运河	128	85			0.5
伏尔加—顿河运河	101				
基尔运河	98.26	103~162	11		
约塔运河	190.5	15	3		
曼彻斯特运河	58	14~24	9		

苏伊士运河——1869年修筑通航，是一条海平面的水道，在埃及贯通苏伊士地峡，

连接地中海与红海，提供从欧洲至印度洋和西太平洋附近地区的最近的航线。它是世界使用最频繁的航线之一，也是亚洲与非洲的交界线。运河长 190km，水面宽度为 280 ~ 345m，浮标宽度为 195 ~ 215m，水深 22.5m，最大船舶允许吃水深度为 18.90m，最大吨位 21 万 t，满载油轮限速为 13km/h，货舱船限速为 14km/h。

巴拿马运河——位于中美洲的巴拿马，横穿巴拿马地峡，连接太平洋和大西洋，是重要的航运要道。巴拿马运河由巴拿马国拥有和管理，属于水闸式运河。运河长 81km，宽最大为 304m、最窄为 152m。整个运河的水位高出两大洋 26m，设有 6 座船闸。船舶通过运河需要 9h，可以通航 76 000t 吨级的轮船。允许通过巴拿马运河的最大船舶尺寸为总长 289.56m，宽 32.31m，吃水深度为 12.01m。

伊利运河——全长 584km，宽 12m，深 1.2m。运河共有 83 个水闸，每个水闸有 27m×4.5m，最高行驶排水量 75t 的平底驳船。是第一条提供美国东海岸与西部内陆的快速运输工具，快捷的运河交通使纽约州西部更便于到达。

阿尔贝特运河——是比利时东北部运河，西起马斯河上的列日，东抵斯海尔德河上的安特卫普。运河长约 130km，最狭处仅 24m，最浅水深仅为 5m，可通航 2000t 吨级的船只，有 6 座三厢船闸。

莫斯科运河——跨越莫斯科、特维尔两州，全长 128km，河宽 85m，水深可通航载重 5000t 的船只。

伏尔加河—顿河运河——是连接窝瓦河，即伏尔加河下游与顿河最终注入亚速海的运河，位于俄罗斯西部的伏尔加格勒州，1952 年竣工。运河长 101km，设有 13 个船闸，可通行大型内河船只及小型海轮，打开了窝瓦河—卡马河—海的通海航道。

基尔运河——又名北海—波罗的海运河，是沟通北海与波罗的海的重要水道。西南起于易北河口的布伦斯比特尔科克港，东北至于基尔湾的霍尔特瑙港，横贯日德兰半岛。河道全长 98.26km，平均深度为 11m，最宽河道宽度为 162m，最窄河道宽度为 102.5m。运河极大地缩短了北海与波罗的海之间的航程。

约塔运河——是瑞典约塔兰的运河，于 19 世纪初建造。运河连接了卡特加特海峡城市哥德堡和波罗的海城市南雪平。运河全长 190.5km，人工开凿部分为 87km，宽 15m，深 3m，能容纳长 32m、宽 7m、吃水 2.8m 的船只。

曼彻斯特运河——是英国英格兰西北部的运河，从东哈姆到曼彻斯特，长 58km，宽 14 ~ 24m，深约 9m，有 5 个船闸，可通海轮，1894 年通航。

12.3.2.3　全球战略支点识别

（1）支点识别方法

航运网络会使港口间产生不同的运输联系强度，而这种联系可反映港口在航运网络的地位与通达水平。本研究选取全球主要的航运企业的船期表为原始数据资料。本研究之所以选择月度船期表，是因为船舶多为洲际远洋运输，航行周期约为 1 个月的时间，分析分为 4 个步骤。

第一步，计算各港口或区域的航线与航班数量。

设 l_{ij} 为港口 i 和 j 之间的航线，l_i 为 i 港口的航线总量，则 L_{IJ} 为"$I \longleftrightarrow J$"方向的航线矢向集合，L 为不同矢向集的航线集合。则

$$l_i = \sum_{j=1}^{n-1} l_{ij}$$

$$L_{IJ} = \sum_{i=1}^{m-1} l_i$$

$$L = \sum_{I=1}^{k} L_{IJ}$$

设航线 l_{ij} 的航班次数是 n_{ij}，则 N_i 为港口 i 的班轮航班数量，N_{IJ} 是 "$I\leftarrow\rightarrow J$" 方向的航班总量，N 为不同矢向航线集的总航班数量；D_{IJ} 和 D 分别为 "$I\leftarrow\rightarrow J$" 航线矢向组的航班密度和全球运输网络的平均航班密度。则

$$N_i = \sum_{j=1}^{n-1} n_{ij}$$

$$N_{IJ} = \sum_{i=1}^{m-1} n_i$$

$$N = \sum_{I=1}^{m} N_{IJ}$$

$$D_{IJ} = N_{IJ}/L_{IJ}$$

$$D = N/L$$

第二步，构筑运输联系矩阵。

运输组织会使港口间产生不同的联系强度，而这种联系可反映某港在航运网络中的地位。对所有班轮公司的船期表资料进行整理、数据转化和合并，可形成所有样本港口的完全联系矩阵 M。

$$M = [R_{ij}]520 \times 520$$

第三步，计算运输联系。

根据 M 矩阵，将港口 i 到港口 j 的运输联系定义为 O_{ij}，港口 j 到港口 i 的运输联系为 D_{ji}，R_{ij} 为港口 i 和 j 两港运输联系的总和，即 O_{ij} 和 D_{ji} 的合计值；则 O_i 为港口 i 发往到其他所有港口的联系，而 D_i 是港口接受来自其他所有港口的运输联系；H 是一个 "0–1" 的变量，当班轮在港口 j 挂靠时，则认为港口 i 和港口 j 之间存在空间联系，则设为 1，反之则设为 0。

$$R_i = O_i + D_i = \sum_{j=1}^{n-1} (R_{ij} + R_{ji})$$

$$H_i \in \{0, 1\}$$

第四步，识别航运枢纽。

如何界定枢纽港，目前学术界内尚未形成理想的数理模型。本研究采用航运企业的船期表和港口吞吐量进行分析。①船期表可有效回避中转运量很难从港口总吞吐量剥离出来的难题，中转运输是通过船舶的挂靠来实现的，腹地货箱运输与中转运输就合并为船舶挂靠与组织行为。②随着全球船舶挂靠系统的改变和全球运力向航运联盟的集中，班轮公司的航运网络组织成为影响港口发展演变的重要因子，采用船期表进行分析可充分考虑航运企业的影响。本研究选取首位联系法 (L_{ik})，计算公式为

$$L_{ik} = \text{Max}\left[\frac{R_{ij} + R_{ji}}{R_i}\right] = \text{Max}\left[\frac{R_{ij} + R_{ji}}{O_i + D_i}\right]$$

式中，L_{ik} 为 i 港的首位联系度；k 代表 i 港的首位联系港。

但该方法存在一定的问题，如果某港口 i 的首位联系 L_{ik} 与次联系 L_{ik-1} 的差异较小时，因研究数据的不充分性或其他原因，就很难反映出实际的联系系统。为此，设计了修正原则；鉴于同一区域的港口往往有着类似的空间联系趋向，根据港口 i 周边港口的首位联系港 k'，比较该港的首位联系港 k 和次位联系港 $k-1$，如果 k 和 k' 相同，则港口 i 的首位联系港为 k，如果 $k-1$ 和 k' 相同，则港口 i 的首位联系港为 $k-1$。

（2）战略支点分布

全球各航区都已形成了区域性的枢纽港。目前，全球主要有 44 个枢纽港，分别为安特卫普、鹿特丹、奥斯陆、瓦伦西亚、巴塞罗那、比雷艾夫斯、伊兹密尔、阿什德、伊斯坦布尔、阿尔赫西拉斯、迪拜、吉达、科伦坡、德里、新加坡、雅加达、香港、深圳、高雄、东京、釜山、上海、天津、青岛、德班、路易斯、达喀尔、拉各斯、墨尔本、悉尼、莱城、芝加哥、纽约、查尔斯顿、科特斯尔、利蒙、温哥华、奥克兰（美）、曼萨尼亚、卡塔赫纳、桑托斯、蒙得维的亚、卡亚俄和圣安东尼奥等港口（表 12-11）。

表 12-11　世界主要枢纽港的空间分布

航区	枢纽港	国家	航区	枢纽港	国家
西北欧（3）	安特卫普	比利时	中东（2）	迪拜	阿联酋
	鹿特丹	荷兰		吉达	沙特阿拉伯
	奥斯陆	挪威	非洲东海岸（2）	德班	南非
地中海（7）	瓦伦西亚	西班牙		路易斯	毛里求斯
	巴塞罗那	西班牙	非洲西海岸（2）	达喀尔	塞内加尔
	比雷艾夫斯	希腊		拉各斯	尼日利亚
	伊兹密尔	土耳其	澳新地区（3）	墨尔本	澳大利亚
	阿什德	以色列		悉尼	澳大利亚
	伊斯坦布尔	土耳其		莱城	巴布亚新几内亚
	阿尔赫西拉斯	西班牙	北美东海岸（5）	芝加哥	美国
南亚（2）	科伦坡	斯里兰卡		纽约	美国
	德里	印度		查尔斯顿	美国
东南亚（2）	新加坡	新加坡		科特斯尔	洪都拉斯
	雅加达	马来西亚		利蒙	哥斯达黎加
东亚（8）	香港	中国	北美西海岸（3）	温哥华	加拿大
	深圳	中国		奥克兰	美国
	高雄	中国		曼萨尼亚	墨西哥
	东京	日本	南美东海岸（3）	卡塔赫纳	哥伦比亚
	上海	中国		桑托斯	巴西
	釜山	韩国		蒙得维的亚	乌拉圭
	天津	中国	南美西海岸（2）	卡亚俄	秘鲁
	青岛	中国		圣安东尼奥	智利

第一，枢纽港的区域化。国际枢纽港有着比较明显的区域化特征，同一区域往往形成两个或多个枢纽港。西北欧地区有 3 个枢纽港，地中海有 7 个枢纽港，南亚和中东分别有 2 个，东南亚有 2 个，东亚有 8 个，东非有 2 个，西非有 2 个，澳新地区有 3 个，北美东海岸有 5 个，北美西海岸有 3 个，南美东海岸有 3 个，南美西海岸有 2 个。尤其以东亚、北美和地中海地区的枢纽港数量为多。区域不可能存在单一超级枢纽，区域吞吐量在一个港口的集聚极为不可能。

第二，枢纽港的南北对称性。受海陆格局的影响，多数海岸线基本呈现南北纵向延伸，决定了航线和航班空间设置的纵向性，这促使同一海岸线往往形成南北两个枢纽港相对布局的区域特征。例如，西非的达喀尔港和拉各斯港、北美东海岸的纽约港和查尔斯顿港、南美东海岸的桑托斯港和蒙得维的亚港、南美西海岸的卡亚俄港和圣安东尼奥港，这些港口对均呈现相对分布的空间特征。

第三，枢纽港的近邻性。枢纽港的近邻性布局比较明显，或区域性航运组织的双枢纽港现象突出，这在各航区都有体现。西北欧的鹿特丹港和安特卫普港、东南亚的新加坡港和雅加达港、地中海的巴塞罗那港和瓦伦西亚港、东亚的香港港和深圳港等港口均形成了近邻性分布。这种特征的形成既有共同自然条件、腹地条件的影响，但更多的是港口利益主体不同的影响，尤其是受国家政治体制约束下的利益驱动，两个枢纽港往往归属于两个国家或政权体系。

第四，枢纽港的多元化空间格局。部分地区的枢纽港呈现多元化的空间格局，各枢纽港分别拥有自己的服务范围或腹地，尚未形成服务于完整地区的超级枢纽港，这主要体现在地中海和东亚及中美与加勒比海航区。海洋破碎地带的航运市场较为零散，而且政权体制也较为分散，港口利益主体多元化，这形成了众多的小型航运市场，从而孕育了部分枢纽港，作为世界航运网络的瓶颈地区或战略区位，往往形成了许多中转型枢纽港。

（3）战略支点等级

不同层次的枢纽港对全球航运网络的控制作用不同，对区域经济乃至全球经济发展的意义就不同。枢纽港等级的划分，吞吐量、航线航班数量是衡量港口枢纽地位的主要指标。本研究所采用的评价指标包括吞吐量、航运航线、航班频次（按月计）、通达港口数量、运输联系规模和首位港口数量。其中，吞吐量主要反映港口运输的生产规模，航线和航班数量主要反映枢纽港的航运组织能力，通达港口数量和运输联系规模主要反映港口在全球航运网络中的通达性，而首位港口的数量主要反映枢纽港对其他港口的辐射和吸引能力（表 12-12）。

表 12-12　枢纽港等级体系评价指标

指标项	评价指标	权重 G_i	注释
生产能力	吞吐量	0.30	反映港口运输的生产规模
组织能力	航运航线数量	0.20	反映港口的船舶组织能力
	班轮航班数量	0.16	反映港口靠泊船舶的频次
网络通达性	通达港口数量	0.12	反映港口在全球航运网络的通达性
	运输联系规模	0.08	反映港口在全球航运网络的通达性
辐射能力	首位联系数量	0.14	反映其他港口的辐射和吸引能力

将原始数据进行标准化处理后，根据各指标的权重可将其加权求和，从而求得各港口的枢纽度。其计算方法如下：

$$H_i = \sum_{i=1, j=1}^{n, m} x_{ij}^* \times G_j (i = 1, 2, 3, \cdots, n; j = 1, 2, 3, \cdots, m)$$

式中，G_j 为 j 指标的权重；H_i 为 i 港口的枢纽度。

根据以上各指标的权重和公式进行计算，全球枢纽港的枢纽度得分见表 12-13。从表中可看出，各港口间的枢纽度形成了一定的重要性分异，尤其是高等级的枢纽港间形成比较明显的差距，等级结构基本形成。这为枢纽港的空间体系识别提供了基本判断依据。根据表中所显示的枢纽度位序结构，可以制定枢纽港等级划分的标准，本研究将其分为 5 个等级，具体如表 12-13 所示。

表 12-13   全球主要枢纽港的等级结构

等级	得分区段	港口数量	港口名称（分值）
1	$0.8 \leqslant H_i \leqslant 1$	2	新加坡（0.975）、香港（0.87）
2	$0.6 \leqslant H_i < 0.8$	2	上海（0.671）、深圳（0.652）
3	$0.4 \leqslant H_i < 0.6$	4	安特卫普（0.537）、釜山（0.501）、高雄（0.491）、鹿特丹（0.473）
4	$0.2 \leqslant H_i < 0.4$	14	纽约（0.359）、青岛（0.322）、东京（0.293）、查尔斯顿（0.292）、迪拜（0.278）、雅加达（0.265）、瓦伦西亚（0.25）、奥克兰（美）（0.248）、墨尔本（0.246）、芝加哥（0.23）、巴塞罗那（0.228）、天津（0.225）、悉尼（0.223）、温哥华（0.203）
5	$0 \leqslant H_i < 0.2$	21	桑托斯（0.199）、吉达（0.187）、科伦坡（0.183）、曼萨尼亚（0.159）、伊斯坦布尔（0.15）、奥斯陆（0.132）、卡塔赫纳（0.124）、阿尔赫拉西斯（0.122）、卡亚俄（0.117）、比雷艾夫斯（0.113）、蒙得维的亚（0.102）、路易斯（0.098）、利蒙（0.082）、德班（0.080）、圣安东尼奥（0.076）、科斯特尔（0.074）、德里（0.072）、伊兹密尔（0.072）、拉各斯（0.031）、阿什德（0.019）、达喀尔（0.016）

作为航运网络的核心与关键节点，枢纽港对全球运输的畅通运营具有控制性作用。通过枢纽港全球空间体系的格局分布，可以解读出以下值得关注的特征与规律（图 12-13）。

第一，高层级的枢纽港仅为少数港口，多数枢纽港的层级比较低。全球枢纽港可划分为 5 个层级，由此形成等级体系。其中，第一层级的枢纽港有 2 个，第二层级的枢纽港有 2 个，第三层级的枢纽港有 4 个，这三类枢纽港共计 8 个，约占枢纽港总量的 18.6%，高层级的枢纽港数量较少。多数枢纽港属于第四层级和第五层级，其中前者有 14 个港口，后者有 21 个港口，合计占枢纽港总量的 81.4%。第一层级和第二层级是具有全球意义的枢纽港，而其他层级的枢纽港主要是国际性枢纽港或区域性枢纽港。

第二，高层级的枢纽港中，东亚港口不但在数量上占有绝对地位，而且在层级上形成绝对优势，形成高层级枢纽港集中分布的地区。香港、上海、深圳 3 个港口分别位居第二、第三和第四位，釜山、高雄两个港口则分别居第六位和第七位，前 3 个级别的 8 个枢纽港中，东亚地区有 5 个，而亚太地区有 6 个，具有较高的地域集聚性。北

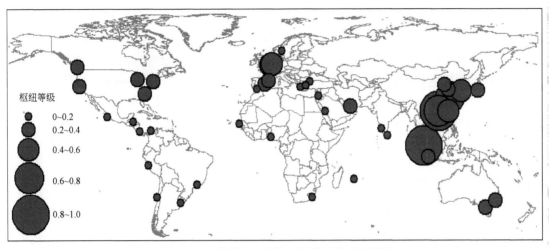

图 12-13　世界枢纽港的空间等级体系示意图

美和欧洲地区的高层级枢纽港相对较少，仅有安特卫普和鹿特丹两个港口。高层级的枢纽港主要沿着东西向贸易航线进行布局，这种分布格局主要是受钟摆航线的空间组织影响而形成的。

　　第三，其他地区的枢纽港层级比较低，北美地区的枢纽港均为第四层级。在西北欧的枢纽港中，鹿特丹港的枢纽地位不断下降，而安特卫普港的枢纽地位则持续提升。中东和澳新地区的枢纽港主要位居第四层级，而地中海、中南美、非洲等地区的枢纽港层级很低，尤其是第五层级的枢纽港数量比较多。亚洲、拉美、中东和地中海等以前远离直接腹地的地区逐步形成新的枢纽港，其区位服务于陆地和穿越贸易航线交叉点的喂给中转运输，依靠分散腹地的相互作用和港口区位及间接性。

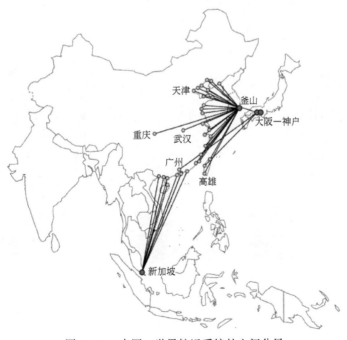

图 12-14　中国—世界航运系统的空间分异

第四，从主要枢纽港看，新加坡港具有最高的枢纽度，达 0.975，这与其"十字路口"和马六甲海峡的瓶颈性区位直接相关，并成为全球性航运体系的咽喉（图 12-14）。中国香港具有很高的枢纽度，为 0.87，位居全球第二，这与中国华南门户的地位有主要关系，但与新加坡港已具有较大差距，这种差距的形成既有新加坡港努力的结果，同时也因为中国港口对香港的竞争。上海港（0.671）和深圳港（0.652）的枢纽度虽分别位居全球第三和第四位，但与新加坡和中国香港相比相差甚远，尤其与前者的差距很大。而釜山和高雄曾作为全球重要的枢纽港，近些年来随着中国内地港口的崛起，其货箱中转量开始不断减少，其枢纽港的地位受到严峻挑战，并不断下降，为上海和深圳两个港口所赶超。

12.3.3　中国进入通道与支点的重点方向

航运市场是全球性的经济活动，保障一个国家的航运安全与利益必须实施"走出去"战略，关注境外重要航运战略点的投资、建设、运营与管理，打造境外的门户与航运基地。

12.3.3.1　谋划构建全球航运网络配置能力的空间方案

以服务于国家利益的全球实现为目标，根据航行距离与贸易量的空间集中性，关注航运贸易区域化，以远东—欧洲/地中海航线为核心，统筹国内与全球航运网络组织，实施不同的布局方案，实施近邻面状海域集中布局，加强关键节点的点状基地突破，推动海外航运战略支点与航运通道的建设，统筹布局各类航运资源，打造海外航运基地，提高中国对全球航运资源的支配能力，保障中国集装箱、石油、铁矿石、煤炭等重大战略物资与贸易货物在全球的顺畅流通（图 12-15）。

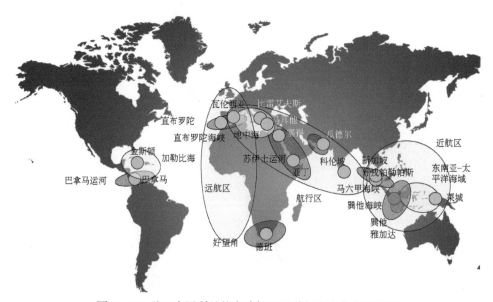

图 12-15　基于中国利益的全球航运通道与战略支点示意图

12.3.3.2　加强海上丝绸之路港口关注的区域划分

针对远东—欧洲/地中海航线的战略性与航运贸易的区域性，根据航行距离与贸易量的空间集中性，航运基地的建设实施不同的航区划分，实施近航区、航行区与远航区的划分。

近航区——鉴于中国与东南亚、东亚航运贸易的相对集中性，航运基地应重点围绕中国南海—东南亚海域进行选择布局，航运基地数量多、级别高、具有绝对控制性作用，形成中国航运资源绝对支配的区域。

航行区——将印度洋、红海地区、地中海划为航行区，实施第二梯度的航运基地选择与布局，航运基地较多且控制性作用明显，形成中国航运资源具有较高支配能力的区域。

远航区——将非洲东海岸和西海岸、波罗的海、北海以及拉美地区的加勒比海作为远航区，实施第三梯队的航运基地选择与布局，航运基地有且具备一定的控制性作用，形成中国具有点状实施控制作用的区域。

12.3.3.3　高度关注国际通道的航运基地布局

主要海峡要冲或运河成为航运网络的瓶颈节点与战略区位，尤其是20世纪90年代开始，中转型港口在全球沿主要航线渐成体系，形成"巴拿马海峡—加勒比海—地中海—印度洋—马六甲海峡"布局轴线。如何克服这些战略通道的瓶颈作用是中国航运走出去的重要问题。中国需要积极加强"线性"战略通道的进入，通过点状进入实现线状控制，通过控制要冲地区加强中国对全球航运资源的支配能力（图12-16）。

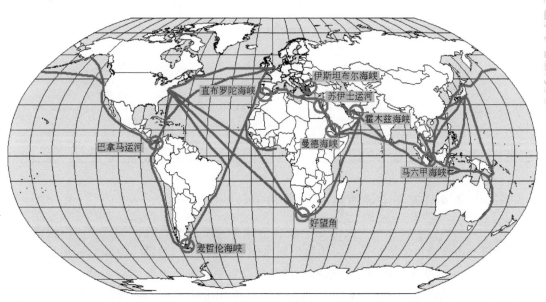

图 12-16　国际通道航运基地布局示意图

这些重大战略通道包括马六甲海峡、苏伊士运河、巴拿马运河，以及霍尔木兹海峡、直布罗陀海峡、好望角和印度洋等。积极在重大海峡要冲区域布局战略支点，关注对航运资源配置发挥战略性作用的枢纽节点，包括新加坡港、丹戎帕拉帕斯港、塞得港、亚丁港、巴拿马港、瓜德尔港、直布罗陀港、德班港、科伦坡港。加强基地布局可加强与欧洲、亚洲、北美三大地区的主要经济往来（表12-14）。

马六甲海峡——对中国的集装箱、原油、铁矿石、煤炭等运输有控制作用。重要的港口有新加坡的新加坡港、马来西亚的丹戎帕拉帕斯港。

苏伊士运河——对中国的集装箱起控制作用，重要的港口包括埃及的塞得港、也门的亚丁港。

巴拿马运河——对中国的集装箱贸易起控制作用，重要的港口包括巴拿马的巴拿马港。

霍尔木兹海峡——影响中国的石油运输，重要的港口有巴基斯坦的瓜德尔港。

直布罗陀海峡——影响中国的集装箱贸易，重要的港口有西班牙的直布罗陀港。

好望角——影响中国铁矿石和集装箱贸易，重要的港口有南非的德班港。

印度洋——影响着中国铁矿石、集装箱、石油等贸易运输，重要的港口有斯里兰卡的科伦坡港。

表12-14　重要航运通道的航运基地备选港口

战略通道		港口名称	国家
重大通道	马六甲海峡	新加坡港	新加坡
		丹戎帕拉帕斯港	马来西亚
	苏伊士运河	塞得港	埃及
		亚丁港	也门
	巴拿马运河	巴拿马港	巴拿马
重要通道	霍尔木兹海峡	瓜达尔港	巴基斯坦
	直布罗陀海峡	直布罗陀港	西班牙
	好望角	德班港	南非
	印度洋	科伦坡港	斯里兰卡

12.3.3.4　关注全球航运枢纽港的中心地位

聚焦点状地区、实施集中发力是中国在全球布局航运资源的重要途径。枢纽港往往是具有支配性地位的港口节点，为航运网络的"制高点"。目前，全球共计形成了枢纽港约50个。在各航区范围内，这些枢纽港具有引领和支配资源的枢纽港。中国在全球范围内加强战略支点建设，必须聚焦关注这些枢纽港的投资与建设，力争在全球范围内布局具有战略意义的点状航运基地，从控制"制高点"的角度提高中国对航运资源配置的战略性作用（表12-15）。

表 12-15　全球各航区的主要枢纽港

地区	名称	国家	地区	名称	国家
西北欧（3）	鹿特丹	荷兰	美东（4）	诺福克	美国
	安特卫普	比利时		查尔斯顿	美国
	汉堡	德国		萨瓦那	美国
地中海（9）	伊斯坦布尔	土耳其		休斯敦	美国
	比雷埃夫斯	希腊	美西（3）	温哥华	加拿大
	的里雅斯特	意大利		奥克兰	美国
	里窝纳	意大利		洛杉矶	美国
	瓦伦西亚	西班牙	中美加勒比海（6）	金斯敦	牙买加
	阿什杜德	以色列		卡塔赫纳	哥伦比亚
	苏伊士	埃及		卡贝略	委内瑞拉
	阿尔赫拉西斯	西班牙		科隆	巴拿马
	丹吉尔	摩洛哥		圣胡塞	危地马拉
东南亚（3）	巴生	马来西亚		韦拉克鲁斯	墨西哥
	新加坡	新加坡	南美西（2）	圣安东尼奥	智利
	丹戎帕拉帕斯	马来西亚		卡亚俄	秘鲁
东亚（10）	高雄	中国	南美东（1）	桑托斯	巴西
	上海	中国	非洲东（2）	德班	南非
	青岛	中国		路易斯	毛里求斯
	天津	中国	非洲西（2）	拉各斯	尼日利亚
	深圳	中国		科托努	贝宁
	香港	中国	南亚中东（2）	吉达	沙特阿拉伯
	厦门	中国		迪拜	阿联酋
	釜山	韩国	澳新地区（3）	悉尼	澳大利亚
	名古屋	日本		奥克兰	新西兰
	东京	日本		陶兰加	新西兰

12.3.3.5　特别关注海洋破碎地带的港口进入与航运基地建设

海洋破碎地带由于岛屿众多，而且国家多、国家小、国家弱、国家权力割裂等原因，中国在进入时会有更多的选择，由此往往成为各国竞争的焦点。海洋破碎地带包括地中海、加勒比海和太平洋岛屿地区。地中海与加勒比海对集装箱航运具有重要影响，而太平洋—东南亚地区则成为集装箱、铁矿石、煤炭航运贸易的必经海域。

中国应重视这些海洋破碎地带的重要枢纽港、重要航道和重要岛屿的航运基地建设与码头布局。重要破碎海洋航区的航运基地备选港口见表 12-16。

太平洋、东南亚海域——重要的港口包括印度尼西亚的雅加达港、巴布亚新几内亚的莱城港。

地中海海域——重要的港口包括西班牙的瓦伦西亚港、希腊的比雷艾夫斯港和马耳他的马耳他港。

加勒比海海域——具有战略性的港口有牙买加的金斯顿港。

表 12-16　重要破碎海洋航区的航运基地备选港口

重要破碎海洋航区	港口名称	所属国家
太平洋—东南亚海域	莱城港	巴布亚新几内亚
	雅加达港	印度尼西亚
地中海	瓦伦西亚港	西班牙
	比雷艾夫斯	希腊
	马耳他港	马耳他
加勒比海	金斯顿港	牙买加

12.3.3.6　关注新生战略支点的进入与战略储备

此外，从长远战略的需求出发，充分考虑技术进步与船舶大型化对某些航道通航极限的挑战，探求新的航运通道仍是中国建立完整航运资源系统的重要途径。世界重要海峡要冲的航运参数见表 12-17。

表 12-17　世界重要海峡要冲的航运参数

通道	容量/dwt 总载重吨	深度/m	船舶规模 TEU
巴拿马运河	65 000	12（扩建后18.3）	4 000
苏伊士运河	120 000	16	12 000
马六甲海峡	300 000	21	18 000
尼加拉瓜运河	—	27.6	—
克拉地峡运河	—	25	—

（1）泰国克拉地峡运河

泰国克拉地峡运河（水深25m）如若开凿成功，将直接影响马六甲海峡的航运能力。

（2）尼加拉瓜运河

未来建设的尼加拉瓜运河可能对美国的世界海洋控制权利产生挑战。尼加拉瓜运河是连通北美东西海岸的重要航道，尤其是水深（27.6m）远高于巴拿马运河，在船舶大型化的趋势下，尼加拉瓜将取代巴拿马运河而成为直接连通大西洋和太平洋的通道。

12.3.3.7　关注过去曾被忽视的战略支点进入

过去曾被忽视的战略支点指东南亚破碎海域，重点包括巽他海峡、望加锡海峡和龙目海峡。中国南海是通往世界的新咽喉，是中国战略物资的主要运输通道，中国需要在东南亚地区积极寻求新的进入地区。

巽他海峡是太平洋通往印度洋的战略通道，航程短，主要港口有巽他港，对中国具有重要意义。

龙目海峡成为往来太平洋—印度洋之间重载 20 万 t 以上的超大型船舶，尤其是油轮的重要通道。由于日本使用的油轮多是 20 万 t 以上的超级船型，因此，龙目—望加锡航道对日本极为重要。该航线也是中国从澳大利亚进口铁矿石、煤炭的主要通道。该通道可避开印度的干扰与监控，并直接迂回到印度洋腹地。中国应充分准备在这些目前尚未得到各国普遍关注，但未来可能成为战略区位的战略通道布局码头和航运基地。

12.3.4 战略通道与支点的中国进入主体

12.3.4.1 积极发挥国有力量，推动国有港务企业率先走出去

中国大型港务集团有着长期的港口建设与管理经验，包括上海、天津、广州、深圳、青岛、厦门等港务集团。推动这些港务集团从"地主型"向"国际型"转变，在中国布局全球航运战略支点中发挥着关键支撑作用。

这些港务集团重点包括上海港务集团、宁波港务集团、天津港务集团、青岛港务集团、大连港务集团、福州港务集团、厦门港务集团、广州港务集团、深圳港务集团（表 12-18）。

表 12-18 中国大型地主型港务集团

地区	沿海港务集团	地区	沿海港务集团
辽宁	丹东港港务集团 大连港港务集团 营口港港务集团 锦州港股份集团	浙江	舟山港港务股份 宁波港港务集团 温州港港务集团
天津	天津港港务集团	福建	福州港港务集团 莆田港港务集团 泉州港港务集团 厦门港务控股集团
河北	秦皇岛港股份集团 唐山港港务集团 神华黄骅港务集团	广东	汕头港港务集团 广州港港务集团 中山市港航企业集团 湛江港港务集团 招商港务（深圳）公司
山东	烟台港港务集团 威海港港务集团 日照港港务集团 青岛港港务集团	广西	北部湾国际港务集团
江苏	连云港港口集团	海南	海南港航控股公司
上海	上海港口集团		

同时，中国有着许多的内河港口港务集团。这些内河港口港务集团也应加快走出去的步伐，投资国外港口的建设、经营与管理，包括南京、镇江、苏州、扬州、九江、重庆等港口的港务集团（表12-19）。

表 12-19　中国大型地主型港务集团

地区	内河港务集团	地区	内河港务集团
江苏	南京港口集团 镇江港务集团 扬州港务集团 泰州港务公司 江阴港港口集团 南通港口集团 张家港港务集团 常州新长江港口公司 常熟兴华港口公司 太仓国际集装箱码头公司	湖北	宜昌港集团 荆州港务集团 城陵矶港务公司 洪湖港通达实业总公司 武汉港务集团 黄石港口集团
江西	上港集团九江港务公司		
四川	四川长通港口公司	安徽	铜陵市港务集团 安庆港远航控股公司 马鞍山港口集团 池州港远航控股公司 芜湖港储运股份公司
重庆	重庆港务物流集团		
黑龙江	黑龙江航运集团		

12.3.4.2　加快推动码头企业，在全球范围内构建全球化码头网络

必须扩大国有码头企业的推动作用，鼓励这些企业加强全球内的航运基地建设与码头投资与管理。重点包括中远太平洋，以及各港口的集装箱码头公司和铁矿石、石油等散杂货码头公司。这些市场化的码头企业长期经营集装箱码头，对码头建设、经营和管理有着丰富的经验。中国应将这些码头企业作为走出去的主体，依托这些企业推动国外航运基地的建设（表12-20）。

表 12-20　中国大型的港口码头企业

地区	码头公司
大连	大连集装箱码头、大连港湾集装箱码头、大连国际集装箱码头
天津	天津东方海陆、天津五洲国际集装箱码头、天津港集装箱码头、天津港太平洋国际集装箱码头、天津港联盟国际、天津港欧亚国际码头
青岛	青岛前湾集装箱码头
上海	上海浦东码头、上海宜东码头、上港集团振东集装箱码头、上海沪东集装箱码头、上海明东集装箱码头、上海盛东码头、上海冠东码头

地区	码头公司
宁波	宁波大榭招商国际码头、宁波北仑码头、宁波北仑第二码头、宁波远东码头、梅山岛码头、宁波港吉（意宁）码头、宁波港股份镇海港埠
厦门	厦门国际货柜码头、厦门嵩屿码头、厦门国际港务股份公司、厦门海沧新海达码头、厦门远海码头
广州	广州集装箱码头、广州南沙港务码头、广州南沙海港码头
深圳	深圳蛇口集装箱码头、赤湾集装箱码头、招商港务（深圳）码头、深圳大铲湾码头、深圳盐田国际码头

这些典型的码头企业包括大连集装箱码头、大连港湾集装箱码头、大连国际集装箱码头、天津东方海陆、天津五洲国际集装箱码头、天津港集装箱码头、天津港太平洋国际集装箱码头、青岛前湾集装箱码头、上海沪东集装箱码头、上海明东集装箱码头、上海盛东码头、宁波大榭招商国际码头、宁波北仑码头、厦门国际货柜码头、厦门嵩屿码头、厦门国际港务股份公司、厦门海沧新海达码头、广州集装箱码头、广州南沙港务码头、深圳蛇口集装箱码头、赤湾集装箱码头、深圳盐田国际码头等企业。

12.3.4.3　加快推动航运企业，在全球范围内实施港航合一战略

基于"港航合一"的经营理念，鼓励中国大型航运企业积极参与港口的码头建设、经营与管理，在全球范围内构建能够独立运营的港航基地。尤其是拥有国际航运船舶、在世界航运市场上具有市场份额的航运企业，更应加快投资国外港口码头的建设速度与全球化布局（表 12-21）。

表 12-21　中国主要航运企业船队规模（截至 2014 年底）

企业名称	艘数	载重/万 t
中国远洋运输（集团）总公司	665	4 867.4
中国海运（集团）总公司	414	2 821.7
中国外运长航集团有限公司	477	1 137.9
山东海运股份有限公司	34	483.8
河北远洋运输股份有限公司	27	377.5
福建国航远洋运输（集团）股份有限公司	54	338.5
浙江远洋运输有限公司	13	228.0
上海时代航运有限公司	36	215.0
神华中海航运有限公司	36	200.3
上海瑞宁航运有限公司	25	186.9
广东粤电航运有限公司	24	172.0
新海丰集装箱运输有限公司	73	152.0
福建交通运输集团有限责任公司	35	133.6

续表

企业名称	艘数	载重/万 t
宁波海运集团有限公司	40	129.3
福建冠海海运有限公司	17	112.3
南京远洋运输股份有限公司	17	83.0
泉州安盛船务有限公司	35	75.2
上海北海船务股份有限公司	10	75.2
江苏远洋运输有限公司	16	73.3
江苏华海航运集团	23	72.9

在中国，具有代表性的航运企业包括中国远洋、中国海运、中国外运长航集团、山东海运、河北远洋运输、浙江远洋运输、新海丰集装箱运输、上海瑞宁航运、福建国航远洋运输、福建冠海海运等公司（表12-22）。

表12-22　中国主要航运企业国际船队规模（截至2014年底）

企业名称	艘数	载重/万 t
中国远洋运输（集团）总公司	574	4 446.9
中国海运（集团）总公司	158	1 661.1
中国外运长航集团有限公司	174	911.9
山东海运股份有限公司	34	483.8
河北远洋运输股份有限公司	27	377.5
浙江远洋运输有限公司	13	228.0
新海丰集装箱运输有限公司	73	152.0
上海瑞宁航运有限公司	11	107.7
福建国航远洋运输（集团）股份有限公司	13	96.5
福建冠海海运有限公司	14	93.8

12.3.4.4　发挥市场机制，积极推动相关企业整合物流资源

整合港澳台地区的航运企业和码头企业资源，重点是招商国际与和记黄埔，鼓励这些企业承担国家历史任务，共同在全球推动航运基地建设，并将自有的码头网络与国家利益相结合。发挥大型运输企业、金融投资集团、国际贸易企业和重要工业原料需求企业，推动这些企业在相关国家加强码头与物流基础设施的建设（表12-23）。

表12-23　2014年中国物流企业50强名单　　　　单位：万元

企业名称	物流收入	企业名称	物流收入
中国远洋运输总公司	14 414 820	一汽物流有限公司	615 565
中铁物资集团有限公司	7 632 421	五矿物流集团有限公司	523 681
中国海运（集团）总公司	6 764 517	武汉商贸国有控股集团公司	506 250

企业名称	物流收入	企业名称	物流收入
中国外运长航集团公司	5 828 320	中铁现代物流科技股份公司	494 502
河北省物流产业集团有限公司	5 818 003	重庆长安民生物流股份有限公司	464 966
开滦集团国际物流有限责任公司	4 423 713	中铁快运股份有限公司	441 855
厦门象屿股份有限公司	3 537 580	中外运敦豪国际航空快件公司	417 295
中国石油天然气运输公司	3 040 718	江苏徐州港务集团有限公司	364 651
中国物资储运总公司	3 000 880	中铁特货运输有限责任公司	357 913
顺丰速运（集团）公司	2 570 000	联邦快递（中国）有限公司	356 838
河南能源化工集团国龙物流有限公司	2 170 563	湖南星沙物流投资有限公司	356 764
福建省交通运输集团有限责任公司	1 767 495	郑州铁路经济开发集团有限公司	352 000
安吉汽车物流有限公司	1 476 000	山西太铁联合物流有限公司	334 894
朔黄铁路发展责任公司	1 430 905	广东省航运集团有限公司	334 864
高港港口综合物流园区	1 112 000	青岛福兴祥物流股份公司	300 651
嘉里物流（中国）投资有限公司	982 218	中信信通国际物流有限公司	299 079
北京康捷空国际货运代理有限公司	959 718	中国储备棉管理总公司	296 446
重庆港务物流集团公司	932 931	上海现代物流投资发展公司	283 987
中石油北京天然气管道公司	926 038	国药控股江苏有限公司	280 000
德邦物流股份有限公司	863 333	北京长久物流股份有限公司	263 546
中铁集装箱运输有限责任公司	806 659	天地国际运输代理（中国）有限公司	262 885
国电物资集团有限公司	781 930	南京空港油料有限公司	260 866
浙江物产物流投资有限公司	779 805	湖南全洲医药消费品供应链有限公司	244 765
中国国际货运航空公司	775 599	浙江省八达物流有限公司	225 129
中国石油化工股份有限公司管道储运分公司	673 795	新时代国际运输服务公司	224 247

12.3.5 战略通道与支点的中国进入途径

航运市场是全球性的经济活动，保障一个国家的航运安全与利益必须实施"走出去"战略，关注境外重要航运战略点的参与投资、建设、运营与管理，打造境外的门户与航运基地。

12.3.5.1 紧紧抓住码头基础设施建设的核心

基础设施建设是中国在海外布局战略支点的主要途径。采用独资新建和合资控股新建码头，在战略支点拥有码头泊位的控制权，直接控制码头泊位的建设、运营和管理；或者租赁既有的码头泊位，进行港口泊位的运营和管理。

12.3.5.2 积极参与腹地物流网络构建

加强海外港口腹地物流网络建设，鼓励中国大型物流企业投资，尤其是参股或控股投资建设连接港口的铁路线、高速公路线建设与运营，鼓励投资建设连通港口的内陆干港与物流园区，鼓励中国企业与当地企业合资组建大型的物流运输企业。

12.3.5.3 加快构建具有全球性的航运补养基地网络

从航运安全的角度，建设海外航运补养基地。整合中国各大航运企业的航运网络，在战略支点上聚焦建设海外航运补养基地、海外船舶维修维护基地，同时从航运安全的角度出发，建设海外航运护航基地与航运护航队伍。

12.3.5.4 积极参与新航运通道构筑，改变世界航运格局

围绕未来可能产生的重大航运通道，积极谋划中国资本的进入，构建中国主导的新航运通道。重点围绕泰国克拉地峡运河和危地马拉运河，推动中国企业的主导或参与建设的新航运通道的构筑，这有助于解决中国的马六甲之困和巴拿马之困，改变世界航运格局。

12.3.5.5 加强经济联系

加强企业布局与经济联系，形成依赖关系；积极参与这些地区的经济投资与企业发展。

12.3.5.6 高度重视资本运作机制

高度重视金融资本的机制，推动目标港口的股权重组，购置股权或收购，控股；收购港口码头、收购码头企业，参股码头企业母企业。

12.3.6 中国境内航运基地建设

国内港口建设必须关注枢纽港的界定与功能配置，进行集中建设，目标是发展参与国际竞争的全球枢纽港与服务于各区域的区域性枢纽港。

第一，全国性枢纽港建设应集中在上海港。将上海港定位为参与全球范围内的世界级枢纽港，服务于全国，但主要是长江流域。

第二，区域性枢纽应集中在大连、天津、青岛、厦门和广州等港口，分别服务于辽东半岛、京津冀地区、山东半岛、福建和珠江三角洲等地区。

第三，关注重要的干线港的建设，包括营口、宁波、深圳。

第四，国际航运中心建设应集中在上海、天津、广州等港口，加快自由贸易区建设，推动金融政策、海关政策等一系列与国际贸易相关的制度改革。

第五，加强大宗货物的进口门户建设。其中，煤炭进口门户重点包括广州、防城港、泉州、镇江、宁波、日照、京唐、营口等；石油进口门户重点包括青岛、宁波、舟山、大连、惠州和天津等；铁矿石进口接卸门户重点集中在唐山、天津、日照、青岛、宁波、舟山等。

12.4　陆上大容量国际运输通道的建设方案与国际运输物流组织

12.4.1　陆上丝绸之路的历史变迁与发展格局

12.4.1.1　陆上丝绸之路的历史变迁

丝绸之路始于中国古代，是遍及欧亚大陆，甚至包括北非和东非在内的长途商业贸易和文化交流线路的总称。陆上丝绸之路始于西汉，于1860年由德国地理学家李希霍芬（1833～1905年）首次提出。随着地理环境变化和政治、宗教形势的演变不断有道路发生变化，以及丝绸之路沿线的一些主要国家和地区政治因素使丝绸之路的发展、变化、畅通、受阻出现某种周期性和规律性，丝绸之路的发展过程经历了西汉开拓、东汉复通、魏晋南北朝兴替、隋唐繁荣时期以及唐以后丝绸之路逐渐衰退等阶段。汉武帝建元二年（公元前138年），汉武帝派张骞第一次出使西域，从而形成丝绸之路的基本干道。西汉末年王莽专政，中原与西域的关系一度中断，汉哀帝以后中国放弃了对西域的控制，战争等种种因素导致丝绸之路的天山南麓的交通陷入半通半停状态，这一时期的中国西部、贸易交流随着纷争的不断出现变得时断时续。随着班超、班勇父子夺回曾一度被匈奴所占据的西域，重新设置了西域都护府，控制河西走廊，进驻天山南路，丝绸之路的交通又恢复了。魏晋南北朝时期，丝绸之路仍然发挥着重要的作用。隋唐时丝绸之路超过汉朝达到空前的繁荣。唐末以后，直到元朝建立，此期间大约3个半世纪中，中国通往西方的这条丝路几乎被废弃。之后，在13世纪，随着成吉思汗率领蒙古骑兵征服北亚之后，丝绸之路才再度得以畅通。公元1498年达·迦马发现印度洋航线，同时奥斯曼帝国又占领了东罗马帝国的首都——君士坦丁堡，因此，欧洲与中国的通商变得越来越困难，欧洲不得不寻求新的通商道路。与此同时，随着造船技术和航海技术的发展，在安全上和成本上都有较大的益处，海上运输由此成为中欧贸易的主要通道，陆上丝绸之路的对外贸易走向衰落。

12.4.1.2　陆上丝绸之路的主要线路走向

陆路丝绸之路起始于古代中国的政治、经济、文化中心——古都长安（今天的西安），是连接亚洲、非洲和欧洲的古代贸易路线和陆路商业通道，并成为一条连通东方与西方之间经济、政治、文化的重要主干道。陆路丝绸之路分为北道、中道和南道，历史上的走向没有严格界定，三条线路由众多的干线与支线组成。

1）丝绸之路北道，又称草原丝绸之路。草原丝绸之路是指蒙古草原地带沟通欧亚大陆的商贸大通道，是丝绸之路的重要组成部分。主要路线由中原地区向北越过古阴山（今大青山）、燕山一带长城沿线，西北穿越蒙古高原、中西亚北部，直达地中海欧洲地区。草原丝绸之路还有"皮毛路"、"茶马路"的称谓。

2）丝绸之路中道。它以西汉时期长安为起点（东汉时为洛阳），经咸阳、宝鸡，向西跨越陇山山脉，穿过河西走廊到达敦煌。从敦煌起出玉门关和阳关进入新疆，线路上具体分为三路：北路从敦煌经哈密、乌鲁木齐，通过伊宁，进入中亚及黑海地区；中路沿塔克拉玛干沙漠的北缘，从敦煌经过吐鲁番、库车、喀什，沿绿洲和帕米尔高原通过中亚、西亚和北非，最终抵达非洲和欧洲；南路沿塔克拉玛干沙漠的南缘，从敦煌经若羌、莎车，穿越帕米尔高原，往西到达伊朗、罗马地区。三条线路最终进入中亚、西亚，并直达地中海东岸，期间跨越国家、民族甚多，文化呈现多元性。文化作为精神和物质的融合将丝绸之路上的不同国度、不同民族的人们联系在一起。

3）丝绸之路南道，又称南方丝绸之路。南方丝绸之路泛指历史上不同时期四川、云南、西藏等中国南方地区对外连接的通道，包括历史上有名的蜀身毒道和茶马古道等。南方丝绸之路总长有大约2000km，是中国最古老的国际通道之一。南方丝绸之路主要有两条线路，一条为西道，从成都出发，经雅安、芦山、西昌、攀枝花到云南的昭通、曲靖、大理、保山、腾冲，从德宏出境进入缅甸、泰国，最后到达印度和中东；一条为东道，从成都出发，经宜宾、昭通、曲靖、昆明后，一途入越南，一途与西道在大理重合。

12.4.2　陆上丝绸之路的跨境运输通道战略与支点建设

12.4.2.1　国际运输通道布局

国际运输通道是经济社会联系（人流、物流、信息流）渠化形成的设施密集、方向一致的轴型物质空间廊道。基于历史源流和现实基础，综合通道的大能力，人流、物流、信息流协同特征决定了"铁路主通道"是构想综合通道空间走向的核心依据。根据国际组织和区域（次区域）经济体对丝绸之路经济带内基础设施综合通道的研究，结合丝绸之路经济带空间战略布局，分两大区域提出通道布局构想，构建六大通道，其中，北丝绸之路的核心通道包括新亚欧大陆桥、中国—中亚—西亚—欧盟、中蒙俄通道，南丝绸之路的核心通道包括中巴通道、孟中印缅通道、中国—中南半岛等。

1. 北丝绸之路经济带

（1）新亚欧大陆桥通道

1）核心通道。北线东起中国境内西安，向西经兰州、西宁、乌鲁木齐至阿拉山口口岸进入哈萨克斯坦，经阿克斗卡、巴尔喀什、加拉干达、阿斯塔纳后进入俄罗斯境内，经萨马拉、梁赞，至莫斯科与北线重合。中国境内向东经临哈铁路（部分建成）、京包铁路可延伸至京津冀都市圈，经太中银、石太、石德、胶济等铁路可联系山东半岛经济圈，经陇海铁路可以联系中原城市群，经宁西铁路联系长江三角洲地区，经兰渝铁路、宝城铁路联系成渝经济圈。南线是新亚欧大陆桥的主体运输体系。

2）辅助通道。中线东起中国境内的乌鲁木齐，向西经霍尔果斯口岸进入哈萨克斯坦，经阿拉木图、奇姆肯特、十月城、乌拉尔后进入俄罗斯，经萨拉托夫、布良斯克进入乌克兰境内，经基辅后向南进入中东欧地区。北线东部与南线在乌鲁木齐以东汇合。西部支线可以在俄罗斯莫斯科连通中蒙俄通道。南线东起中国境内的喀什，向西经吉尔吉斯斯坦奥什，乌兹别克斯坦塔什干、撒马尔罕，哈萨克斯坦阿特劳，俄罗斯伏尔加格勒，进入乌克兰后在基辅与北线汇合。中国境内可经南疆铁路或环塔里木盆地铁路（部分建成）汇合北通道。该线是进入中亚地区的重要捷径之一，将成为未来丝绸之路经济带的重要辅助通道。

（2）中蒙俄通道（核心通道）

中蒙俄通道共包括五条线路。中俄通道［莫斯科—赤塔—满洲里—绥芬河—符拉迪沃斯托克（海参崴）/纳霍德卡/东方港或满洲里—哈尔滨—大连/营口］，中蒙俄东通道（莫斯科—乌兰乌德—乌兰巴托—乔巴山—阿尔山—珲春—扎鲁比诺港）、中蒙俄中通道（莫斯科—乌兰乌德—乌兰巴托—扎门乌德—二连浩特—北京—天津）和中蒙俄西通道（莫斯科—塔尚塔—查干诺尔—科布多—布尔干—塔克什肯—乌鲁木齐）。

（3）泛亚欧（中国—中亚—西亚—欧盟）通道

1）核心通道：南线自北线马雷进入伊朗，经马什哈德、德黑兰、大不里士后进入土耳其，经安卡拉、伊斯坦布尔后进入中东欧地区。南通道可以延伸至西亚乃至北非，向东可以进入南亚地区。未来中吉乌铁路（中国喀什—吉尔吉斯斯坦的奥什）修通后，该通道在中亚地区的走向略有变化，即从中国乌鲁木齐至喀什出境，进入吉尔吉斯斯坦奥什，连通撒马尔罕进入土库曼斯坦，剩余的线路基本保持不变。

2）辅助通道：北线东起中国境内的乌鲁木齐，经霍尔果斯口岸进入哈萨克斯坦，经阿拉木图、奇姆肯特后进入乌兹别克斯坦，经塔什干、撒马尔罕后进入土库曼斯坦，经马雷、阿什哈巴德至土库曼巴希，通过水运穿越里海，经高加索地区进入黑海，经水运穿越黑海抵达中东欧地区。

2. 南丝绸之路经济带

（1）中巴通道（核心通道）

中巴通道北起中国新疆乌鲁木齐，经喀什至红其拉甫口岸后进入巴基斯坦，经伊斯兰堡至卡拉奇港（或瓜达尔港）。该通道联系北丝绸之路经济带的北部通道和中部通道，可为中亚地区与巴基斯坦之间提供便捷陆路运输。

（2）孟中印缅通道（核心通道）

孟中印缅通道东起中国昆明，向西经瑞丽进入缅甸，经曼德勒、实兑港（皎漂港）后进入孟加拉国境内，经吉大港、达卡后进入印度境内，经加尔各答、新德里后进入巴基斯坦，经拉合尔、伊斯兰堡、奎达后进入伊朗，至德黑兰与北丝绸之路南部通道汇合。该走廊支线（中印公路）通道东起中国昆明，经保山后进入缅甸，经密支那后进入印度，经雷多后向西与主通道汇合。

（3）中国—中南半岛通道

中国—中南半岛通道的中线北起中国境内的西安，向南经过重庆、成都、贵阳、昆明，经磨憨口岸进入老挝、泰国，往南一直进入马来西亚，途径尚勇、万象、曼谷、吉隆坡等城市，最终抵达新加坡。该通道的西线则从瑞丽出境，途径缅甸，进入泰国与中线汇合；东线则从河内出境，经柬埔寨，再进入泰国与中线汇合。

12.4.2.2　国际运输通道存在的关键问题

（1）交通基础设施互联互通程度低

目前丝绸之路经济带内中国对外铁路通道仅有 2 处（霍尔果斯和阿拉山口），且全部连通哈萨克斯坦，中国与南亚方向至今仍无连通的铁路。此外，国际通道上存在多处铁路断头路、失连路，制约了国际联运的发展。

中亚方向形成多条基于铁路的综合运输通道，但运输任务主要集中在北通道和中通道上。经阿拉山口的北部通道主要依靠铁路，为单线电气化铁路，运输能力约2000万t，目前基本饱和。该线沿线自然、地质条件较差，未来运输能力提升难度较大。经霍尔果斯的中部通道铁路运力正在形成中，预计2020年运输需求将达到2000万t；中部通道后于2009年建成精伊霍铁路为单线电气化铁路，该线需要承担伊犁煤田的外运任务，预计未来运力将十分紧张。同时，哈方铁路口岸和后方线路技术装备不足，哈萨克斯坦高峰年度铁路过境能力达1亿t，目前仅1500万t左右，而公路过境约100万t。以铁路为骨干的综合运输通道能力严重不足，制约了中国与中亚及欧洲、西亚方向的铁路运输联系。

南亚方面大能力通道尚未开通铁路，中巴、中缅、中印缅等公路运输能力十分有限。丝绸之路经济带内中心城市间运距长，公路运输技术经济性相对较差，运输能力受限，亟须加强以铁路为骨架的综合运输通道建设。经济带内互联互通程度低既有一定的历史渊源，另外也受制于自然条件约束，更重要的原因在于各方之间缺乏信任基础和合作积极性，以及各国经济发展历史进程不一、文化信仰等差异。

（2）交通基础设施现代化水平较低，技术水平差异大

丝绸之路经济带内交通网络分布不均，区域及国家之间的网络密度水平存在巨大的差异。其中，俄罗斯、中亚、西亚、南亚地区铁路发展缓慢，线路老化严重，技术装备水平严重滞后于中国和欧洲地区铁路网的水平。例如，苏联解体时，俄罗斯铁路网营业里程为8.8万km，此后里程一直缓慢减少，2000年以来一直徘徊在8.5万~8.6万km；印度1968年铁路网里程达到6万km，此后发展缓慢，自2000年以来一直徘徊在6.3万~6.4万km；中亚国家承袭苏联解体时的铁路网，长期以来发展滞后。

铁路和公路的基础设施现代化水平较低，中亚、南亚、西亚等地区基础设施技术水平显著低于全球平均水平，俄罗斯、中亚、南亚各国基础设施投资不足、建设维护不力，设备和线路老化严重，技术装备现代化水平低。铁路存在线路、机车、车辆年龄超限等情况。例如，哈萨克斯坦铁路车辆陈旧，老化现象严重，其中，运行年限超过28年的车辆数量占21%、超过20年的占35%。在公路方面，除中国和欧洲地区外，经济带内各国公路普遍存在技术等级（车道少）较低、干线公路拥挤、年久失修导致路面状况差（裂化、老化）等情况，互联互通高等级公路较少。中亚地区尚无高速公路，南亚地区高速公路规模较小；中国周边邻国口岸公路大部分为三级及以下低等级公路，受天气影响较大，通车条件较差。例如，哈萨克斯坦仅有37%的国道和9%的地方公路状况良好；部分口岸客货站场及物流设施不足或缺失。

根据WEF的基础设施质量指数分析，2012~2013年全球基础设施质量水平为61.4，除哈萨克斯坦超过平均水平以及中国接近平均水平外，其余各国均低于平均水平，尤其是缅甸和孟加拉国低了近20个指标点。值得指出的是，经济带内中亚、南亚等部分国家经济社会发展滞后或者国家财力有限，基础设施的更新改造和建设亟须大量的资金支持，对于基础设施建设支持力量十分有限。

（3）交通基础设施技术标准存在较大差异

铁路在丝绸之路经济带陆路运输中具有重要地位和作用。然而，中国与周边国家铁路轨距不一成为丝绸之路经济带内铁路运输的重要障碍。从轨距情况分析（图12-17），经济带内形成了"五大轨距系统"，即中国—欧洲—西亚1435mm标准轨距、苏联1520mm宽轨体系、印巴1676mm宽轨体系、西葡宽轨体系，缅甸的1000mm（米）轨体系。除萨哈林岛（库页岛）的铁路采用1067mm轨距外，俄罗斯铁路采用1520mm的宽轨，其比重约占99%；中亚五国、白俄罗斯、乌克兰等独联体国家（包括芬兰）承袭苏联制式，铁路全部采用1520mm轨距。除云南的昆（明）河（内）铁路采用米轨外，中国铁路采用标准轨（1435mm），西亚大部分铁路为标准轨、欧洲国家也大部分采用标准轨。南亚的巴基斯坦铁路主要采用1676mm宽轨，拥有少量的米轨；印度主要采用1676mm宽轨，约占70%；孟加拉国的铁路由1676mm宽轨和1000mm（米）轨组成，其中，米轨约占64%。葡萄牙和西班牙铁路轨距不同于欧洲主体铁路系统，分别采用1665mm和1674mm轨距，但马德里—塞尔维亚铁路采用标准轨。缅甸及其所属的中南半岛地区铁路则主要采用米轨。轨距不一致增加了铁路国际联运的技术作业量，一定程度上影响了运输效率，也额外增加了运输成本。值得指出的是，作为欧盟成员国的波兰、罗马尼亚、匈牙利、斯洛伐克四国是铁路合作组织（简称"铁组"）的成员，也是宽轨—标轨换轨区及进入欧洲（欧盟）的前沿国家。除轨距外，铁路方面还存在包括牵引定数、车辆界限、配电系统、控制与安全等多项技术约束。例如，德国最大容许车长为700m，德国—波兰边界地区被限制为600m和1350t；而在白俄罗斯及以东地区，车辆长度可以达到1000m及以上。

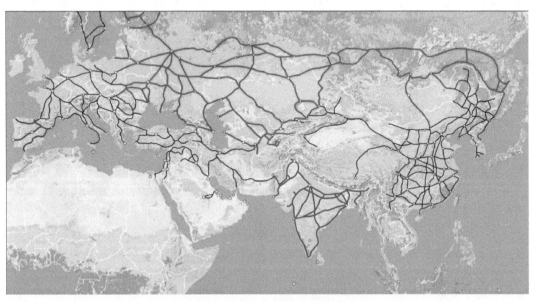

图12-17　经济带内铁路轨距分布示意图

从各国对公路营运车辆的载重标准情况分析（表12-24），除吉尔吉斯斯坦、塔吉克斯坦和土库曼斯坦采用一致的标准外，其余各国对车辆的最大容许重量和最大轴重具有一定的差异，且部分国家对载重标准存在一定的浮动。不同的标准增加了车辆跨境运输的换装时间和成本，同时变动的标准增加了公路的营运风险和成本。

表 12-24　部分国家公路营运车辆载重标准情况　　　　单位：吨

国别	最大容许重量	最大轴重	双轮最大轴重
中国	40	22	
印度	36.6~44.0	24	
缅甸	38	21	
巴基斯坦	41.5~61.5	31	
孟加拉国	10.9		
哈萨克斯坦	36	15.9~20.4	17.4~21.9
吉尔吉斯斯坦	36.0~44.0	15.0~24.0	16.5~25.5
塔吉克斯坦	36.0~44.0	15.0~24.0	16.5~25.5
土库曼斯坦	36.0~44.0	15.0~24.0	16.5~25.5
乌兹别克斯坦	40	12	22

资料来源：ESCAP 亚洲公路网数据库

（4）制度建设滞后，营运协调性差，成本高、效率低

长期以来，经济带内各经济体有关基础设施利用的制度建设滞后，营运协调性差，磋商渠道少、不畅、不及时，摩擦时有发生。主要表现如下：①利益摩擦，如径路（包括运输和通信）选择、资费收取、许可证发放等；②管理摩擦，如关检制度与方法变动随意性大、车辆过境计划变更任意、通信严格限制或审查等；③技术摩擦，如车辆不符合对方技术要求等。摩擦一方面源于先天性的技术障碍，如技术装备之间的物理性不协调；另一方面则出于商业等政策壁垒，如欧亚大陆桥（西伯利亚铁路）和新亚欧大陆桥形成激烈的竞争，俄罗斯对中国过境货物经常实行技术性壁垒，以无线路、无车辆等拒绝承运。虽然部分国家之间签订了大量运输便利化协议，并建立了法规制度框架，但缺乏适时跟进的实施细则，问题层出不穷。目前，上合组织尚未签订《国际道路运输便利化协定》。根据世界银行对全球贸易通关难易程度的排名，丝绸之路经济带内 100 名开外的国家有乌兹别克斯坦（189 名）、塔吉克斯坦（188 名）、哈萨克斯坦（186 名）、吉尔吉斯斯坦（182 名）、俄罗斯（157 名）、白俄罗斯（149 名）、乌克兰（148 名）、孟加拉国（130 名）、缅甸（113 名），制度建设滞后成为经贸互联互通的重要壁垒。

运营成本高、运输效率低突出表现在交通运输方面。口岸通关存在检查时间过长，海关、出入境检验手续繁杂等问题，造成运输成本居高不下、运输效率低。尽管丝绸之路经济带陆运通道运行时间仅为海运的 1/4~1/2，但运输成本却高出至 1~2 倍。中亚地区由于交通和物流服务昂贵且质量低下，其运输成本占了贸易成本的近 20%。此外，中亚、南亚、西亚等地区国家政治稳定性差、运输安全保障不足。相比较而言，为发挥西伯利亚铁路运输效率，俄铁、德铁、韩国国际货运促进协会、欧洲跨西伯利亚运输协会于 1997 年共同组建了跨西伯利亚运输协调委员会（CCTT），目前已经拥有 25 个国家 136 个企业成员，有力地保障了西伯利亚大铁路的运输效率，同时也降低了

运营成本。

相关研究表明，欧亚区域间的运输成本下降10%，贸易量将增加3%~4%；完善丝绸之路经济带内交通、能源和通信营运制度，不仅有利于降低成本，提高效率，同时将吸引大规模的人流、物流、资金流等，从而有望形成可持续的发展态势。

12.4.2.3 跨境运输战略支点判断与建设

（1）支点识别方法

1）境外战略支点识别方法。根据地缘政治关系、中外国际贸易量、国际运输通道走向、即有国际基础设施及运输组织规划、中国境外物流园区和产业园区布局、境外主要城市的交通基础设施建设现状等来识别中国境外的运输战略支点。

2）境内战略支点识别方法。从具有国际重要性的陆港、全国性综合运输枢纽、全国性一级物流园区、集装箱中心站、铁路公路和航空国际口岸等来进行判断与识别。

（2）战略支点分布与等级

1）境外战略支点。一级支点包括阿斯塔纳、塔什干、德黑兰、乌兰巴托、符拉迪沃斯托克（海参崴）、莫斯科、华沙、柏林等。二级支点包括扎门乌德、赛音山达、阿拉坦布拉格、查干诺尔（蒙古国四大特殊经济区域）、哈巴罗、乌兰乌德、叶卡捷琳堡、海兰泡、赤塔等。

2）国内运输枢纽。一级支点主要为乌鲁木齐、哈尔滨、西安、成都、重庆、昆明等。二级支点主要为兰州、银川、呼和浩特、喀什、哈密、伊宁、满洲里、二连浩特、绥芬河等。

12.4.2.4 重点口岸识别与腹地物流网络建设

截至2014年底，中国共有271个一类口岸，其中，沿边口岸95个。从国家层面看，中国已与14个陆地邻国中除阿富汗、不丹外的12个邻国设立了开放口岸。一方面，因为中国与阿富汗毗邻的边境地区边界线较短，自然条件恶劣；另一方面，中国与不丹尚未建交。从沿边口岸类型上看，仍然以公路口岸（60个）为主，内河口岸（16个）、铁路口岸（11个）和航空口岸（8个）为辅。从省级行政区层面看，在中国9个沿边省份中，口岸集中分布在黑龙江（21）、新疆（18）、内蒙古（15）、吉林（14）和云南（14）五省（自治区），共82个口岸，占比为86.3%。从空间上看，沿边口岸主要集中分布在中俄、中蒙、中哈和中朝边境，中巴、中吉、中老、中尼、中印沿边口岸数量较少。外贸货物吞吐量超过1000万t的大型公路口岸包括霍尔果斯、阿拉山口、甘其毛都3个口岸，分别分布在新疆的中哈边境、内蒙古的中蒙边境。铁路口岸主要分布在吉林（3）、新疆（2）和内蒙古（2），占比为63.6%。外贸货物吞吐量超过1000万t的大型铁路口岸包括满洲里、阿拉山口两个口岸，分别分布在内蒙古的中俄边境、新疆的中哈边境；绥芬河、二连浩特的外贸货物吞吐量超过800万t，分别分布在黑龙江的中俄边境、内蒙古的中蒙边境。内河口岸集中分布在黑龙江（14）和云南（2）。其中，超过1000万t的大型内河口岸是位于黑龙江的漠河口岸，2013年外贸货物吞吐量达到1566万t。航空口岸主要分布在黑龙江（2）和内蒙古（2），占总量的50%（图12-18）。

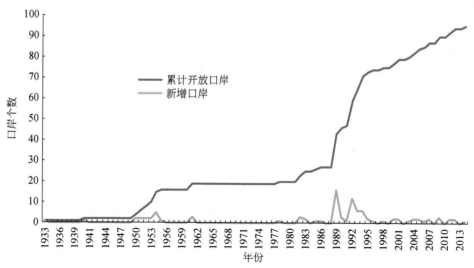

图 12-18 中国沿边地区口岸开放历程

从空间分布上看，沿边口岸（不含航空口岸，因为航空口岸向多国开放航线）主要集中分布在中俄（23）、中朝（15）、中蒙（14）、中越（10）、中哈（9）边境上，共 71 个口岸，占总量的 80.7%。而沿边口岸的外贸货物吞吐量和出入境人员在空间分布更为集中，但与沿边口岸的空间布局不一致。2013 年，外贸货运量主要集中在中哈、中蒙和中俄边境，占总量的 88.3%；出入境人员数主要集中在中俄、中越和中蒙边境，占总量的 75.6%。从口岸类型看，公路口岸（60 个）数量最多，占 63%，其次是河港口岸（16 个）、铁路口岸（11 个）、航空口岸（8 个）；但沿边口岸的外贸货物吞吐量与类型分布不一致。2013 年，中国公路口岸的货物吞吐量为 7372.9 万 t，占沿边口岸所有货物吞吐量的 51.9%；铁路口岸货物吞吐量为 5180.2 万 t，占 36.5%；内河口岸货物吞吐量为 1642.9 万 t，占 11.6%；航空口岸货物吞吐量 225t，占 0.02%。

1）中俄、中蒙口岸。根据口岸外贸货物吞吐量、出入境人员和口岸类型多样性，识别出中俄、中蒙边境的枢纽口岸主要包括：铁路口岸满洲里—后贝加尔斯克、绥芬河—波格拉尼奇内、二连浩特—扎门乌德；公路口岸策克—西伯库伦、甘其毛都—噶顺苏海图；内河口岸漠河—加林达、同江—下列宁斯阔耶、黑河—布拉戈维申斯克等。

2）中国—中亚口岸。重点包括中哈阿拉山口—多斯特克、霍尔果斯（中）—霍尔果斯（哈）和中吉红其拉甫—苏斯特。

3）中国—南亚口岸。重点包括中越凭祥—同登、友谊关—友谊、河口—老街（勐腊），中老磨憨—磨丁，中缅瑞丽—木姐、畹町—九谷、打洛—勐腊等口岸。

12.4.3 中欧国际班列运输组织方案

12.4.3.1 中欧班列运输现状

近年来，为响应国际物流协同发展的需要，集装箱联运班列化运作快速发展。早在 1995 年，美国杜邦公司试运行了通过香港航运至连云港，进而经陇海—兰新铁路进入哈萨克斯坦至乌兹别克斯坦的整列。2004 年连云港利用兰新铁路组织开通了运往阿拉木图的班列，同年俄罗斯利用西伯利亚大陆桥组织开行了纳霍德卡港至波兰马瓦谢维切的班列。2008 年北京开行了通往汉堡的集装箱试验班列，2009 年土耳其伊斯坦布尔开行经伊朗德黑兰至巴基斯坦伊斯兰堡的试验列车，为南亚、东南亚等国家通向中亚、中东欧地区开辟了可行的陆运通道；此外，哈萨克斯坦、吉尔吉斯斯坦、土库曼斯坦、伊朗等国家之间也开行了部分班列。

中欧班列指中国开往丝绸之路经济带沿线国家（主要是欧洲）的快速货物班列，主要采用集装箱或者整车运输的"五定班列"。其中，"五定班列"指在主要城市、港站、口岸间铁路干线上组织开行的"定点（装车地点）、定线（固定运行线）、定车次、定时（固定到发时间）、定价（运输价格）"的快速货物列车，包括集装箱班列和普通货物班列两种组织形式。中欧班列充分发挥国际铁路通道的运输距离和时间较海运短的优势，从而将较高附加值的产品以班列的形式运往欧洲等地。

目前，中国已经开行西、中、东三大通道的中欧班列运行线：西部通道由中西部地区经阿拉山口（霍尔果斯）出境，中部通道由华北地区经二连浩特出境，东部（含东北）通道由东南部沿海地区经满洲里（绥芬河）出境。截至 2014 年年底，中欧班列运营线路共有 21 条，其中，常态化运营班列 13 条，试运行阶段 8 条，共涉及国内 13 个城市和 5 个边境口岸。其中，中欧班列国内东部出发城市为广州、苏州、义乌，中部为长沙、武汉、郑州，西部为西安、重庆和成都，东北为哈尔滨和营口。5 个口岸分别为阿拉山口、二连浩特、满洲里、绥芬河和霍尔果斯。其中，从阿拉山口口岸出境的线路有 8 条，满洲里 7 条，二连浩特 4 条，绥芬河和霍尔果斯各 1 条（均未实现常态化运行）（表 12-25）。

表 12-25　各口岸出境中欧班列汇总

出境口岸	合计/条	常态化班列		试运行班列	
阿拉山口	8	6	渝新欧、鄂新欧、蓉新欧、郑新欧、西新欧（长安号）、湘新欧	2	义新欧、粤新欧
满洲里	7	5	渝满欧、鄂满欧、苏满欧、沈满欧、津满欧	2	粤满欧、湘满欧
二连浩特	4	2	津蒙欧、湘蒙欧	2	蓉蒙欧、郑蒙欧
绥芬河	1	0	—	1	粤绥欧
霍尔果斯	1	0	—	1	湘新欧
合计	21	14	—	8	—

12.4.3.2　中欧班列运输存在问题

（1）需求规模小

长期以来，中国国际贸易运输系统形成了以海洋运输为主、陆地运输为辅的模式，亚欧大陆桥在中国国际运输中的地位非常有限。尽管新亚欧铁路联运的成功运营使得中国通过其运输的外贸集装箱量从 1993 年最初的百余标准箱迅速增长到 1996 年的 1.2 万标准箱，然而中亚及俄罗斯地区铁路技术、管理等方面的差异造成国际运输十分有限。根据研究估算，2012年中国经亚欧大陆桥的外运集装箱量（约40余万标准箱）仅占中国外贸集装箱总量的0.5%；占中国流向欧洲、中亚及俄罗斯方向集装箱量的2.35%。经阿拉山口的中欧班列国际集装箱运输量仅占该口岸集装箱吞吐量的6%，占中国流向欧洲、中亚及俄罗斯方向的集装箱量的0.04%左右，占中国外贸集装箱总量的0.01%。因此，现有的向西国际铁路联运通道的运送规模非常小，没有实质性货物运输的战略意义；中国绝大部分（超过97%）流向欧洲、中亚及俄罗斯方向的集装箱都是通过传统的国际海运方式完成的。中欧班列只适合运输具有高附加值的产品。

（2）来自俄罗斯钢铁丝绸之路的竞争

近年来，韩俄等共同推动的依托西伯利亚大铁路的"钢铁丝绸之路"（iron silkroad）加剧了中欧间铁路运输的竞争。2012年西伯利亚大铁路干线国际集装箱量为63.8万标准箱，其中54%的箱量来自中国，也占到了中国经（新）亚欧大陆桥外运集装箱量的70%以上。2013~2015年俄铁计划将西伯利亚大铁路打造为集装箱班列国际运输通道，实施国际集装箱运量倍增计划。针对于此，俄铁对于从不同口岸进入的班列实行了不同的价格。例如，从阿拉山口岸经哈萨克斯坦进入俄境内的运输价格为0.7$/（FTU·km），而从满洲里口岸进入的价格则降至0.4$/（FTU·km）。因此，未来中国开行的中欧国际班列也将面临来自俄罗斯远东铁路的竞争。

（3）国内货源分散，政府补贴导致无序竞争

由于中欧班列始发城市（尤其是武汉、郑州、成都）或多或少地存在货源不足的问题，不能保证货运列车的常态化运行。即便是常态化运行班列也基本上依靠政府补贴，补贴高达2000~3000$/（FTU·km）以上（大体与海运运价相当）。与此同时，国内各铁路局给予班列运输的价格也不一致。非市场化措施导致集装箱运输在不同径路上形成恶性竞争，也不利于运输的合理组织，并进一步增加了竞争的无序性。

（4）回程货物不足

双向同频率的班列对开有利于集装箱和车板的有效利用，从而达到降低运价的目的。受中欧贸易的不平衡、传统海运低价的竞争、欧洲货源分散导致欧洲公路短驳费用高等的影响，从欧洲经铁路进口至中国的产品和货物相对较少。目前，在经满洲里运营的7个中欧班列中，仅沈满欧和苏满欧有定期运营的回程班列，绝大部分班列都是空车返程。

12.4.3.3　中欧班列枢纽建设与组织模式

铁路在丝绸之路经济带的国际集装箱陆路运输中具有重要的作用和地位。随着丝绸之路经济带战略的深化，中欧班列数量和规模呈增长态势，但我们必须认识到其运量规模十分有限，远远低于海运（或海陆联运）的市场份额。政府补贴带来的短期运量增长在某种程度上导致了集装箱国际陆运的无序竞争。铁路为丝绸之路经济带沿线地区高时效物流需求提供了重要的支撑条件，但目前运输规模不足和无序的竞争并不利于市场的健康持续发展。从运输组织、市场有序竞争等视角综合分析，亟须加强对中欧班列进行系统的整合，建立全面的协调平台和机制，共同与沿线国家建立合理的运输组织模式，促进通关便利化，从而提升铁路班列的竞争力，以满足现代物流发展的需要。

班列货源的合理组织和高频率的常态化运营是保障中欧班列长期稳定运营的关键。目前，班列货源的不稳定性，货源企业的不确定性，以及如何防范企业放空箱是制约班列顺利并放量开行的重大问题。因此，围绕若干个枢纽，从国家层面统一协调班列的合理组织运营势在必行。按照国际铁路运输组织的规定，快运列车在慢车运费基础上加收50%的运费，运费成为班列运输抉择的关键因素；为保证运输的"五定"运行，政府和企业进行了大量的补贴才能维持运。因此，建议大部分外贸货物通过普货运输或货运班列到达中欧班列枢纽后，再组织国际联运以节约物流成本。

综合考虑铁路口岸、国家铁路集装箱枢纽、铁路编组站、国家综合交通枢纽、国家一级物流园区、国家公路枢纽、本地货源、腹地范围大小、腹地距离、主干铁路流量、离口岸距离等11个因素，哈尔滨、西安和乌鲁木齐可以考虑设置为中欧班列的枢纽。

在运营模式方面，建议借鉴航空运输网络的"轴-辐"组织模式，以哈尔滨、西安和乌鲁木齐为枢纽组织中欧班列运输，以保障运输班列的常态化运营和货源地的多样化，即班列时间和核心目的地固定，各地可以通过共享班列号来进行组合运输。如果某地货源充足，可以单独组建车厢，则采取挂号形式，不需要在枢纽地重新编组，只需要出关验收即可；如果某地货源不足，则可以采取在枢纽地重新编组、多地共享一个班列，发往欧洲地区。中欧班列的统一运营需要规范各地补贴和铁路运营价格，积极争取俄铁优惠价格，以减少各地之间的竞争。

在陆路口岸通关模式方面，积极创建适合边境开放需求的口岸通关模式，制定口岸建设检查、检验的标准，提升边境口岸的管理水平、服务质量、通关能力和效率。支持以地方政府为主导的对外方口岸的援助，以及电子口岸的共同建设，推动查验监管信息共享，不断提升口岸通关水平。

12.5 推动海陆国际运输通道建设的政策与建议

12.5.1 通道基础设施建设

12.5.1.1 交通设施建设

跨国跨区域基础设施合作，探索新的投资建设与运营管理模式，推动企业实施一批高铁、铁路、高速公路等重大境外项目建设，稳步推进周边互联互通。

（1）铁路

第一，加快推进既有铁路的标准化改造。加快推动铁路运营协调，推动既有重大铁路的轨距统一化改造，重点是原苏联国家和东南亚国家的铁路轨距改造。即使在不统一的条件下，应加快重要口岸铁路换装设施与场地的建设，同时积极完善换装服务系统。

第二，加快推动连通中国的国际高速铁路建设。首先以俄罗斯为突破口，加快俄罗斯高速铁路的规划建设，莫斯科至圣彼得堡、莫斯科至下诺夫哥罗德和圣彼得堡至赫尔辛基等路线，努力连通北京，融入中国高速铁路网。积极谋划印度、伊朗、泰国等东南亚国家的高速铁路。通过高速铁路建设，实现欧亚大陆经济整合。

（2）高速公路与水运

第一，加快国际高速公路大通道建设。围绕重点口岸，加快连接口岸的高速公路建设，包括喀什—红其拉甫等高速公路。以口岸为起点，积极推动对接国家的高速公路建设，形成大容量的通道，加快沿边地区的公路网络建设。

第二，推动国际河流航运建设。在西南地区围绕重要国际河流，加快国际航道建设，提高航道等级，积极组织国际航运服务。

（3）机场

根据发展需要，积极加强边境城市的机场建设。支持边境城市合理发展支线机场和通用机场，加密机场布局，提升军民双向保障能力和客货机兼容能力，提高边境地区的覆盖水平。推进边境城市机场改扩建工程，提升既有机场容量。

12.5.1.2　沿边基础设施建设

（1）口岸

第一，有序推进口岸对外开放。国家应给予更多的支持，支持沿边重点地区完善口岸功能，有序推动口岸对等设立与扩大开放，加快建设开放门户和跨境通道。

第二，积极完善口岸开放功能。支持在沿边地区国家级口岸建设多式联运物流监管中心和国际客流中心，完善口岸基础设施、查验场地和设施建设、转运设施，完善口岸开放功能。

第三，积极推动内陆地区的开放口岸建设。根据内陆地区的开放型经济发展需求，着力推动内陆地区口岸后续监管区建设。新增一部分内陆铁路对外开放口岸，同时提高既有内陆铁路口岸级别。

第四，完善口岸基础设施建设。加大边境口岸设施建设力度，增加对口岸设施建设和运行维护投入，逐步改善口岸基础设施条件，提高科技设备应用水平，加快口岸扩能改造。

第五，支持国家级口岸检验检疫、边防检查、海关监管等查验设施升级改造。

（2）海关与大通关

第一，深化口岸大通关建设。取消和下放涉及沿边国家级口岸通关及进出口环节的行政审批事项，优化内部核批程序，减少审核环节，发挥各级口岸联络协调机制作用，共同推动口岸"大通关"体系建设。

第二，支持电子口岸建设。推动查验监管信息共享，建立公安边防检查站口岸快速查验通关系统，开设进出边境管理区绿色通道。

第三，创新口岸监管模式，通过属地管理、前置服务、后续核查等方式将口岸通关现场非必要的执法作业前推后移。在沿边重点地区有条件的海关特殊监管区域深化"一线放开""二线安全高效管住"的监管服务改革，推动货物在各海关特殊监管区域之间自由便捷流转。依托电子口岸平台，推进沿边口岸国际贸易"单一窗口"建设，实现监管信息同步传输，推进企业运营信息与监管系统对接。

第四，加强与"一带一路"沿线国家口岸执法机构的机制化合作，推进跨境共同监管设施的建设与共享，加强跨境监管合作和协调。巩固中俄、中哈、中朝等口岸国际合作工作机制。

12.5.2 物流组织与合作

12.5.2.1 全球物流组织（物流企业）

第一，加快中国航运企业的全球化航运网络组织。围绕中国远洋、中海集运、中国外运等大型航运企业，加快全球化的航线组织与布局，优化运力的配置，提高我国航运资源的全球化配置。

第二，合理组织中欧国际班列。依托国际铁路建设与铁路网互联互通，合理组织中欧国际客货班列。在铁海联运条件具备的地方，合理组织国际化的铁海联运网络。加强与中亚各国与欧洲的贸易往来，扩大中欧国际班列的返程货源，推动中欧班列双向等频率开行。

第三，加强国际化运输服务业。提供国际物流跨境全程服务、国际货物运输代理、国际联运业务咨询服务。

第四，加快物流企业的全球网络构筑。推进物流资源的整合利用，培育一批大型物流集团和专业物流企业，积极发展国际陆海联运和公铁联运，在全球范围内布局物流网点，形成全球化的物流运营网络。

第五，合理构建国际航线网络。以中国大型门户机场为核心，加快连通世界主要城市和国家的航线网络，构筑快速空中廊道，将中国融入全球航线网络。拓展航线网络，探索重点沿边机场与周边国家的航线设置，合理组织国际航班。

12.5.2.2 物流园区合作（境内、境外）

第一，支持中国与丝绸之路经济带沿线国家的主要城市，共建大型物流集散中心与内陆无水港，打造中方货物集散基地和欧洲货物收集基地，加强货源组织。

第二，鼓励中西部城市在中欧班列的沿线国家布设物流企业，鼓励成立合资物流运输企业，开展联合经营，推动物流资源的整合与供应链管理。鼓励沿边地区的重要物流园区进行扩能改造。

第三，通过沿途国家与城市的协作，挖掘中欧国际班列的返程货源信息，积极开展在欧洲、独联体等国家的揽货工作，合理组织返程货物。

第四，鼓励中国物流资本进入国际市场，积极参与蒙古国物流基地和物流园区建设。

12.5.3 行政机制与政策

12.5.3.1 沿边地区扶持政策

第一，政府和相关部门可对沿边地区新建基础设施项目的经营性税收实行减免，如降低公路客货运站场、物流园区等运营税费，降低边贸等流通税费。对于营业税、土地使用税、房产税、车船使用税、印花税、增值税等根据实际情况进行适当减免或先征后返还等一系列优惠政策。

第二，支持边民稳边安边兴边。加大边境地区民生改善的支持力度，通过扩大就业、发展产业、创新科技、对口支援稳边安边兴边。政府可根据实际情况建立动态的边民补助机制，中央财政通过一般性转移支付给予支持。加快改善边境地区贫困村生产生活条件，因人因地施策，对建档立卡贫困人口实施精准扶贫、精准脱贫。

第三，提升基本公共服务水平，包括基本社保体系、城镇基本医疗保险、教育、基础设施、文化等方面。

第四，支持沿边地区开展加工贸易。对开展加工贸易涉及配额及进口许可证管理的资源类商品，在配额分配和有关许可证办理方面给予适当倾斜。支持具有比较优势的粮食、棉花、果蔬、橡胶等加工贸易发展，对以边贸方式进口、符合国家政策的资源类商品给予进口贴息支持。

第五，支持沿边地区发展特色优势产业。支持在沿边地区优先布局进口能源资源加工转化利用和落地加工项目，发展外向型产业集群，形成各有侧重的对外开放基地。提升旅游开放水平，发展跨境旅游合作区，支持满洲里、绥芬河、二连浩特、黑河、延边、丹东、西双版纳、瑞丽、东兴、崇左、阿勒泰等有条件的地区设立跨境旅游合作区。

第六，强化中央专项资金支持。中央加大对沿边基础设施、城镇建设、产业发展等方面的支持力度，提高国家专项建设资金的投入比重。边境地区比照执行西部大开发政策，实施期限暂定到 2020 年。

第七，充分利用国际国内援助资金、优惠性质贷款、区域性投资基金和国内企业力量，加快推进中国与周边国家基础设施互联互通建设。积极发挥丝路基金在投融资方面的支持作用，推动亚洲基础设施投资银行为互联互通建设提供支持。

12.5.3.2　政府双边/多边协商（政府合作协议、政府行业合作协议）

经济合作交流是对外开放的根本基础，而政治互信度是对外联系基础设施建设发展的保障。

第一，建立政府层面的合作机制和经济运行体制。要积极主动地参与上海经济合作组织、"金砖四国"组织、中亚区域经济合作、中国—东盟自由贸易等会议，加强中央和地方政府与国际双边及多边政府间的沟通，并达成共识，健全政府和市场的运作机制。

第二，加快推动各级政府与对接国家地方政府的合作机制。针对旅游组织、基础设施建设等具体问题，积极推动各级地方政府与对接国家地方政府之间的合作机制建设。

12.5.3.3　多边运输组织机制

积极推进双方物流业协同协商，促进双边运输组织物流发展。

1）深化国际运输领域的务实合作，重点推动物流运输协定的合理化，建立统一的全程运输协调机制，签订道路运输协定、过境运输协议。

2）签署中国与周边国家的公路与铁路集装箱过境运输的双方及多边协定，联合实行临时过境货物运输许可证。促进国际通关、换装、多式联运有机衔接，逐步形成兼容规范的运输规则，实现国际运输便利化。

3）推动发展甩挂运输、多式联运等先进的运输组织方式。

4）加强与周边国家协商合作，加快签署双边汽车运输协定书，修订已有双边汽车运输协定。

5）推进跨境运输车辆牌证互认，为从事跨境运输的车辆办理出入境手续和通行提供便利和保障。

6）授予沿边省（自治区）及边境城市自驾车出入境旅游审批权限，通过与对方国家签订合作协议的形式，积极推动签署双边出入境自驾车（八座以下）管理的有关协定，方便自驾车出入境，允许游客或车辆凭双方认可的证件灵活进入合作区游览。

12.5.4 投资与企业布局

12.5.4.1 中国对外投资战略调整与企业走出去

长期以来，吸引外资是我国开展经济建设的重要途径。21 世纪以来，随着国际和国内形势的变化，国际产业重组和资源优化配置加快，各国与中国开展经贸合作的意愿加强。加之中国企业加大力度转型升级，企业"走出去"动力增强，对外投资合作发展处于重要战略机遇期，尤其是"一带一路"倡议得到越来越多的国家认同和响应。中国经济资本开始走出去，对外投资连续增长。2015 年，中国对外非金融类直接投资创下 1180.2 亿美元的历史最高值，实现中国对外直接投资连续 13 年增长，年均增幅高达 33.6%。"十二五"期间，中国对外直接投资规模是"十一五"的 2.3 倍。尤其是中国企业对"一带一路"沿线国家直接投资和对外承包工程快速增长。

12.5.4.2 加快推进我国企业的对外并购

充分发挥中国大型龙头企业的资本优势与技术优势，推动中国企业的对外并购。据初步统计，2015 年中国企业共实施的海外并购项目有 593 个，累计交易金额 401 亿美元，涉及国民经济的所有行业。第一，发挥中国大型龙头企业的引领作用，加快这些企业在国际同领域内的并购，迅速扩大中国企业在全球的市场份额。第二，积极鼓励地方企业与民营企业推动国际并购。从并购金额上看，地方企业占并购金额的 75.6%。

12.5.4.3 沿线产业布局与企业合作

加快中国企业在"一带一路"沿线地区的产业布局和企业合作。

第一，推进国际能产合作。根据中国经济发展阶段与产能利用情况，重点围绕矿产资源采选、能源、钢铁与有色金属等冶炼加工业、水泥建材、化工业、纺织服装、轻工家电等产业，积极推动产能向境外转移。

第二，积极推动重点投资企业。加快中国企业向交通运输、电力和通信等优势产业，进入其他国家的市场，投资建设和开展企业布局。2015 年这些领域的直接投资累计 116.6 亿美元，同比增长了 80.2%。

第三，进一步扩大对外承包工程。尤其是围绕特许经营类项目，积极开展对外工程，包括 BOT、BOO、PPP 等工程项目。2015 年，中国对外承包工程业务新签合同额突破 2000 亿美元。

12.5.5　各类经济合作平台建设

12.5.5.1　加快境内合作区建设

加强境内的各类产业园区建设，包括重点开发开放实验区、边境经济合作区、经济特区、综合保税区、自由贸易区。将这些产业园区打造为中国面向世界的经济合作平台和沿边经济发展的重要支撑。

12.5.5.2　加快境外合作区建设

加快境外经济合作区建设。选择经济发展潜力大、交通条件便利的国外城市，积极建设中外合资经济合作区，推动集群式"走出去"。

参 考 文 献

梁明，陈柔笛.2014.中国海上贸易通道现状及经略研究.国际经济合作，(11)：79-84.

朱时雨，王玉.2015.21 世纪海上丝绸之路航道安全探析.交通运输研究，1（2）：8-13.

13 "一带一路"与国内区域发展的衔接

2013 年 9 月 7 日和 10 月 3 日，习近平在出访中亚和东南亚国家期间，先后提出共建"丝绸之路经济带"和"21 世纪海上丝绸之路"的重大倡议，得到国际社会的高度关注。2015 年 3 月 28 日，国家发展和改革委员会、外交部和商务部根据国务院的授权，联合发布了《推动共建丝绸之路经济带和 21 世纪海上丝绸之路的愿景与行动》（简称"愿景与行动"）。"一带一路"倡议是新时期中国区域协调发展和对内对外开放相结合、推动发展向中高端水平迈进的重大战略举措。

与此同时，为了推动国内区域协调发展，国家在继续实施"四大板块"（西部大开发、东北振兴、中部崛起、东部率先发展）区域发展总体战略的同时，提出重点实施"一带一路"、京津冀协同发展、长江经济带三大战略，使得"四大板块"和"三个支撑带"（"一带一路"、长江经济带和京津冀协同发展）战略组合成为当前国家的区域发展战略。然而，"一带一路"倡议是今后较长一段时期中国全方位对外开放的总体战略，必然涉及国内的所有地区，是国内所有地区都有机会参与的国家战略，而不同地区必定有不同的功能和地位。明确不同地区的功能定位有利于充分发挥各地区的比较优势，对积极推动和有效实施"一带一路"倡议具有重要意义。

本章重点探讨"一带一路"倡议与"四大板块"战略、长江经济带开放开发战略和京津冀协同发展战略的内涵、逻辑关系和相互作用；通过分析"一带一路"倡议中主要国际经济走廊建设在国内的重点影响范围，研究探讨"一带一路"倡议行动对中国西北地区、西南地区、东北地区、中部地区、沿海地区等不同区域发展的影响；在此基础上，研究提出国内不同地区参与"一带一路"建设的战略定位、建设重点和国外重点合作区域。

13.1 "一带一路"倡议与国内区域发展战略的关系

"一带一路"倡议是国家中长期全面对外开放的整体战略，其功能、地位远高于国内任何一个区域发展战略。它与国内的其他区域发展战略无论在战略目标、战略地位还是空间尺度上都不在同一个层次。"一带一路"倡议是统筹中国全面对外开放的国家战略；尽管有显著的区域影响，但它不能被视为区域战略。因此，国家区域发展战略必须在"一带一路"倡议的框架下实施。作为顶层设计的"一带一路"倡议对其他区域发展战略具有指导和促进作用。而国家其他区域发展战略则对"一带一路"倡议的具体实施具有重要的支撑和推动作用。

13.1.1 "一带一路"倡议与"四大板块"区域发展总体战略的关系

（1）"四大板块"区域发展战略

"四大板块"战略是国家实施区域协调发展战略（四大板块战略、主体功能区战略和问题区战略）的一部分。2000 年以来，为缩小地区发展差距，国家开始逐步实施区域协调发展战略。该战略要求充分发挥地区比较优势，实现不同区域基本公共服务均等化，以及人与自然的和谐共处。"四大板块"战略包括 1999 年开始实施的西部大开发战略，2003 年开始的振兴东北等老工业基地战略，2005 年中央提出的中部崛起战略，以及东部沿海地区率先发展战略。国家在"十一五"规划（2006—2010 年）中明确提出了在"四大板块"（图 13-1）基础上的区域协调发展战略。

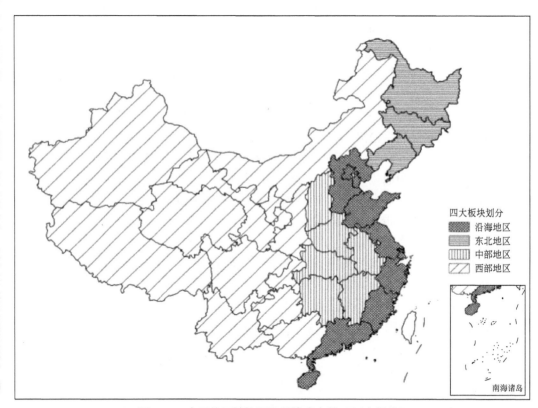

图 13-1　中国的区域协调发展战略中的"四大板块"

（2）"一带一路"倡议与"四大板块"战略的关系

"一带一路"倡议标志着中国的区域发展由偏重东部沿海变为东部沿海与西部内陆的双向均衡发展。因此，"一带一路"倡议与"四大板块"区域发展总体战略在国内的总体目标是一致的，皆是促进区域协调发展。虽然"一带一路"是中国的一个全球性战略，但它具有一定的区域指向，其影响具有区域性，对不同区域产生的影响不同（图 13-2），因此，有利于促进"四大板块"区域协调战略的实施。"一带一路"倡议的实施，必定在中国内陆地区形成新的经济增长点和经济增长热点区域，对加快内陆地区发展，特别是对目前经济面临增长乏力的东北地区的再振兴和西部地区的发展尤为重要。同时，"一带一路"倡议也有利于带动四大板块的轴向发展和互动发展，进一步密切"四大板块"之间的联系和协作。

图 13-2　"一带一路"重要国际经济走廊及其主要影响区域示意图

资料来源：刘慧等，2015

13. 1. 2　"一带一路"倡议与长江经济带开放开发战略的关系

（1）长江经济带开放开发战略

2014 年 4 月 28 日，李克强在重庆主持召开座谈会，研究依托黄金水道建设长江经济带，为中国经济持续发展提供重要支撑。同年出台了《国务院关于依托黄金水道推动长江经济带发展的指导意见》（国发〔2014〕39 号）、《长江经济带综合立体交通走廊规划（2014—2020 年)》，使长江经济带开放开发战略上升为国家战略。长江经济带建设是我国重要的区域发展战略，也是促进长江流域区域协调发展的重要举措。

长江经济带是中国横跨东中西不同类型区域的巨型经济带，也是世界上涵盖人口最多、产业规模最大、城市体系最为完整的流域经济带。它横贯中国东中西部地区，是国家区域发展战略的主力承载带，也是联动东、中、西部地区协调发展的战略扁担带，沿江分布密集的城市群使长江经济带具有独特优势和巨大发展潜力。在"一带一路"倡议背景下，长江经济带的开放开发将有效解决中国东西部区域发展不协调、不平衡等诸多问题，对于充分发挥经济带的核心竞争力、推动中部崛起和西部大发展具有重要的战略意义。

（2）"一带一路"倡议与长江经济带开放开发战略的关系

"一带一路"倡议与长江经济带开放开发战略均是新时期中国区域协调发展和对内

对外开放相结合、推动发展向中高端水平迈进的重大战略举措。长江经济带建设和"一带一路"倡议，两者在本质上紧密联系、一脉相承。长江经济带建设和"一带一路"倡议都是为了应对国内外新的经济发展形势，促进东中西区域协调发展，推动我国经济提质增效升级，构建对外开放新格局。因此，长江经济带建设与"一带一路"倡议的衔接互动，一方面，"一带一路"倡议的实施将促进长江流域与西南沿边地区和西北地区的密切联系，使长江经济带成为横贯东中西、连接南北方的开放合作走廊，为长江经济带全方位对外开放创造条件；另一方面，长江经济带强大的经济实力和人口规模，使长江经济带成为"一带一路"倡议实施的重要经济支撑带和"一带一路"全面对外开放合作的重要平台，是中国构筑全方位对外开放格局的重要环节，是对"一带一路"倡议的重要补充。

这两项战略都是具有长期性和战略性的重大工作，承担连接南北东西国际大通道、扩大内陆和沿边地区开放的历史使命。在"一带一路"倡议背景下，积极推动"长江经济带"建设，可以促进中国经济发展由东向西梯度推进，推动西部地区持续健康发展，打造中国全方位开放的新格局。"一带一路"倡议与"长江经济带"的互动，关乎中国地缘安全保障和长期发展潜力，关乎中华民族的伟大复兴。

13.1.3 "一带一路"倡议与京津冀协同发展战略的关系

（1）京津冀协同发展战略

2014年12月中央经济工作会议召开，京津冀协同发展列为中国区域发展的三大战略之一。2015年4月30日，中央政治局会议审议通过《京津冀协同发展规划纲要》。纲要指出，推动京津冀协同发展是一个重大国家战略，核心是有序疏解北京非首都功能。

京津冀同属京畿重地，濒临渤海，背靠太岳，携揽"三北"，战略地位十分重要，是中国的政治、文化中心和重要的经济中心之一。当前区域总人口已超过1亿人，约占全国人口的7.9%；陆域面积为21.7万 km^2，约占全国的2.2%。目前，京津冀地区发展面临诸多困难和问题，例如，北京集聚过多非首都功能，"大城市病"问题突出，生态环境持续恶化、城镇体系发展失衡、区域与城乡发展差距不断扩大，资源利用粗放，等等，已经严重影响到该区域的长期可持续发展。实现京津冀协同发展战略，面向未来打造新型首都经济圈，是实现国家发展战略的需要。

（2）"一带一路"倡议与京津冀协同发展战略的关系

推动京津冀协同发展是国家的一个重大区域发展战略，其核心是通过京津冀交通一体化、生态环境保护、产业升级转移等重点领域的突破，有序疏解北京非首都功能，调整经济结构和空间结构，促进区域协调发展，提升北京高端产业发展空间，从而提高中国在世界经济体系中的竞争力和影响力。

"京津冀协调发展"和"一带一路"倡议这两个战略均是新时期促进区域发展与合作的战略，都是关系国家长远竞争力提升的重要战略。虽然，"一带一路"倡议也关乎国内区域的协调发展，但更为重要的是与数十个国家有关的国际区域合作战略，而京津冀只是国内某个区域的协调发展战略。毫无疑问，"一带一路"倡议的实施将进一步促进京津冀地区与内蒙古、东北地区的对外开放和区域联系，进一步扩大京津冀地区的开发空间和带动辐射作用；同时，京津冀地区的协调发展也有利于进一步提升京津冀城市群的国际化都市区功能，为"一带一路"倡议对外开放与合作提供强大的支撑平台。

13.2　"一带一路"倡议的区域影响

在"愿景与行动"中，国家明确提出根据"一带一路"走向，陆上依托国际大通道，重点打造新亚欧大陆桥、中蒙俄、中国—中亚—西亚、中国—中南半岛等国际经济合作走廊；以及与"一带一路"建设关联紧密的中巴、孟中印缅两个经济走廊；海上以重点港口为节点，共同建设通畅、安全、高效的运输大通道。同时，"一带一路"又是国家全方位对外开放战略，这种空间多重性决定了"一带一路"既对中国的整体全面发展产生重要作用，又具有显著的区域影响。

13.2.1　"一带一路"倡议对我国西北地区发展的影响

13.2.1.1　"一带一路"倡议为西北地区发展带来的机遇

（1）"一带一路"建设为西北地区的经济增长带来新的扩展空间

"一带一路"倡议对进一步深化西部大开发战略，提高我国内陆地区向西开放力度，为西部地区提供新的增长空间具有重要意义。改革开放以来，中国对外开放取得了令人瞩目的成就，形成了从沿海到沿江沿边、从东部到中西部区域梯次开放的格局。但西部内陆沿边开放的水平仍然较低，特别是地处边疆、偏远的西北地区，更是成为构筑开放型经济新体制的一个关键短板。但随着"一带一路"倡议的实施，特别是随着新亚欧大陆桥、中国—中亚—西亚、中巴经济走廊三条国际经济合作走廊建设的不断推进，西北地区将真正从"末端"区位成为"前沿"区位，从而带动西北地区沿边开放进入到一个新阶段。特别是新疆作为丝绸之路经济带的核心区，对促进西北地区的整体经济发展具有重要作用，将进一步带动西北地区的对外开放，进而扩展西北地区的经济增长空间。

（2）"一带一路"建设为促进西北地区对外开放提供新的平台

西北地区是中国陆路沿边口岸的集中部分地区，是中国与中亚、中东欧保持贸易的重要进出口目的地，是"中欧班列"出境的必经之地。首先，"一带一路"倡议对中国沿边口岸建设提出了新的要求，有利于加快喀什、霍尔果斯、阿拉山口等特殊经济区的建设，对西北沿边经济发展将起到积极的促进作用。其次，"一带一路"建设将进一步加大中国西部内陆地区向西开放力度，有利于不断扩展新的开放领域和空间，形成西部地区更加主动的向西开放战略。最后，"一带一路"建设能够深化中国西北地区与中亚、巴基斯坦等周边国家的务实合作，促进西北地区更多地参与国际分工，扩大进出口规模，有利于西北地区产业结构的调整升级，加快西北地区的发展，缩小东西差距，实现东西协调发展。

（3）"一带一路"倡议给西北地区的发展带来了全新的发展动力和经济增长潜力

西北地区包含众多陆上国际大通道的战略支点，将成为中国陆上对外开放的重要门户和区域。"一带一路"倡议将有助于改变西北地区传统的内陆型经济增长方式，扩大开放领域和范围，形成全新的开放式经济发展。"一带一路"沿线资源丰富、市场前景广阔，在互联互通的基础设施建设完善后，必将进一步促进西北地区对外经济交流和合作水平的提升，为西北地区塑造全新的对外开放格局。

13.2.1.2 "一带一路"倡议对西北地区发展的影响路径

西北地区主要通过新亚欧大陆桥、中国—中亚—西亚国际经济走廊、中巴经济走廊辐射带动发展。新亚欧大陆桥是"一带一路"国际经济走廊的重要组成部分，从中国江苏沿海和山东半岛出发经江苏、山东、河南、陕西、甘肃、新疆等省（自治区），再经哈萨克斯坦、俄罗斯到波罗的海沿岸，贯穿亚欧。西北地区具有广阔的市场、资源和发展空间优势，但缺乏资金投入和技术支持。通过新亚欧大陆桥，西北地区可以承接东中部产业转移，融入经济全球化，加速对外开放经济中心的形成。中国—中亚—西亚国际经济走廊自中国新疆乌鲁木齐经中亚、西亚抵达波斯湾、地中海沿岸。其影响主要有四个方面，首先，新疆作为丝绸之路经济带的核心区，将建设成"丝绸之路经济带"的区域中心和向西开放的国际门户。其次，新疆和甘肃作为国家能源资源陆上大通道，将成为国家重要的大型油气生产加工和储备基地。再次，宁夏、青海、甘肃具有伊斯兰文化优势，该"走廊"的建设将进一步拓展和深化这些地区与西亚国家的经贸联系和文化往来，提高对外开放水平。最后，陕西作为古丝绸之路的起点，该"走廊"的建设将有助于加快西安内陆开放型高地的建设。中巴经济走廊北起新疆喀什、南至巴基斯坦瓜达尔港，位于丝绸之路经济带和21世纪海上丝绸之路交汇处，涉及港口、能源、基础设施和产业方面的合作。其影响主要有三个方面，第一，新疆是中巴经济走廊的重要节点和核心地区。中巴经济走廊有助于改变西部地区远离海洋的区位短板，有效缩短中国西部地区的对外贸易路径。第二，巴基斯坦与新疆地理上毗邻，经济结构互补，中巴经贸合作能有效促进西部地区基础设施建设，助力西部大开发进程。第三，喀什作为经济特区和中巴经济走廊起点，其向西的出口加工基地和商品贸易集散基地的功能将得到加强，有利于提升喀什的综合经济实力，形成南疆和沿边地区重要的区域性中心城市。

13.2.2 "一带一路"倡议对中国西南地区发展的影响

13.2.2.1 "一带一路"倡议为西南地区发展带来的机遇

（1）凸显西南地区的区位优势

"一带一路"建设，尤其是孟中印缅经济走廊、中国—中南半岛国际经济合作走廊建设将更紧密地将中国与东南亚、南亚连接在一起，将更加凸显中国西南地区在国家对外开放格局中的战略地位，是21世纪海上丝绸之路与丝绸之路经济带有机衔接的重要区域，更加凸显西南地区在国家发展战略中具有重要和独特的区位优势。西南五省处于西南南下出海通道的交通枢纽位置，是构建"丝绸之路经济带"的重要区域，也是连接"丝绸之路经济带"和"21世纪海上丝绸之路"的重要门户。

（2）扩大西南地区对外开放

国内外经验表明，对外开放是促进发展的巨大动力。西南地区崇山峻岭、地势崎岖，远离国际市场，造成了该地区对外贸易的成本较高。建设连接南北东西大通道、打造国际贸易投资合作和开放新平台是"一带一路"建设的重要工作。随着联通中国南北东西大通道将缩短西南地区与国际市场的时间，将减低经济成本。这些都将加快西南地区内陆开放高地建设，提升向东、向西对内对外开放水平。区域开放合作平台建设有助于西南地区承接出口加工项目，扩大对外贸易规模，优化贸易结构，进而促进西南地区发展。

（3）促进核心城市和边境城市发展

西南地区的核心城市，尤其是省会城市，是本地区政治、经济和文化中心，具有聚集和规模经济优势，也是各省份参与"一带一路"建设的战略支撑区域。同时，随着西南国际通道的建设，大量的人流、物流和资金流将向沿线城市聚集，将形成新的产业聚集和交通枢纽中心，成为西南地区新的经济增长极。另外，云南和西藏等边境城市将面临重大的机遇，将进一步吸引人口和产业聚集。总之，随着西南国际通道等基础设施建设，加上优惠政策的叠加效应，核心城市、国际通道沿线重要城市和边境城市将得到进一步发展，将会一定程度上改变西南地区经济空间格局。

13.2.2.2 "一带一路"倡议对西南地区发展的影响路径

"一带一路"建设是中国主动应对全球形势变化、统筹国内国际两个大局做出的重大战略决策。其中，建设连接南北东西大通道、打造国际贸易投资合作和开放新平台是"一带一路"国内段的主要着力点。"一带一路"建设将对重庆、云南、贵州、西藏、四川等在内的中国西南地区影响深远。"一带一路"建设将进一步促进中国西南地区对外开放，成都、重庆、昆明、贵阳等内陆开放高地建设及综合交通运输通道建设，将促进中国西南地区更大范围地参与国际合作，进一步促进大城市发展。随着边境地区和口岸基础设施建设的完善，毗邻国家的人流、物流、资金流、信息流将向边境地区聚集，云南省瑞丽、磨憨及芒市和西藏的樟木镇等边境城市将成为新的经济增长点和对外经济合作的重要平台。

13.2.3 "一带一路"倡议对中国东北三省及内蒙古的影响

13.2.3.1 "一带一路"倡议为东北三省及内蒙古发展带来的机遇

（1）提供新的发展动能

近年来东北经济增速出现骤降，部分行业和企业生产经营困难，财政收支矛盾突出。国内外经验表明：对外开放有利于促进体制创新和机制创新，有助于推进结构优化升级，促进地方经济转型发展。中国丝绸之路经济带建设，尤其是中国、蒙古国和俄罗斯三国共同规划的"中蒙俄经济走廊规划"将为东北地区对外开放提供难得的历史机遇。东北地区与俄罗斯远东地区、蒙古国地理相近，中蒙俄经济走廊建设将进一步促进东北地区要素有序流动、资源高效配置、市场深度融合，为从资源供给、市场扩张和促进体制机制改革等方面为东北三省及内蒙古发展提供新的动能。

（2）提供新的战略通道

东北既沿海又沿边，处于东北亚中心地带。但长期以来，由于周边国家开放环境欠佳、政策稳定性差，且周边国家互联互通不畅，制约了东北地区发展。2016 年 6 月 23 日，中国、蒙古国和俄罗斯三国元首及有关政府部门签署了《建设中蒙俄经济走廊规划纲要》。其中，基础设施互联互通、口岸现代化改造是重要的合作领域。随着中国东北—俄罗斯—欧洲班列、中国东北—日本—韩国陆海联运通道的建设，将推进东北与华北、华南、华东、西北经济互联互通，打通中国东北地区与蒙俄、日韩、东盟、中亚、欧洲的贸易通道，将极大地改变东北三省及内蒙古发展区位条件，促进东北地区发展。

（3）提供新的发展平台

近年来东北三省及内蒙古先后启动了一批国际科技合作基地（如哈尔滨、长春、呼伦贝尔、丹东、延边）、产业合作园区（如沈阳中德高端装备制造产业园、大连中日韩循环经济示范基地、大连中以高技术产业合作重点区域、珲春国际合作示范区和中新吉林食品区）、海关特殊监管区（如大连保税区，珲春出口加工区，绥芬河、沈阳、满洲里和长春兴隆等综合保税区）和国家重点开发开放试验区（丹东、满洲里和二连浩特）。这些平台建设为东北地区发展创造了良好的条件。但"一带一路"建设更加注重利用国际国内两个市场和两种资源，更加注重统筹"走出去"与"引进来"。可以预见，东北三省和内蒙古作为中国向北开放的窗口，将进一步加强对外合作平台建设、边境合作区和境外产业合作园区建设，将为这些地区的发展提供新平台。

13.2.3.2 "一带一路"倡议对东北三省及内蒙古发展的影响路径

"丝绸之路经济带"同俄罗斯"欧亚同盟"、蒙古国的"草原之路"倡议进行对接，打造中蒙俄经济走廊，将对东北地区产生深远的影响，将从更高层次、更广空间促进资源优化配置，塑造要素有序自由流动。随着"津满欧""苏满欧""粤满欧""沈满欧"等"中俄欧"班列的开通，将进一步促进人口和产业向国际货运通道和主要交通干道沿线中心城市聚集，通过沿线城市重点产业园区打造承接国内外产业转移聚集区和发展出口加工区，将进一步强化哈尔滨、长春、大连、沈阳、二连浩特等主要节点城市的核心功能，改变东北地区产业发展空间布局。同时，随着基础设施和口岸通道的互联互通，将加快边境地区的产业发展和人口集聚，提升黑龙江和内蒙古东北部地区开发开放的深度和广度，使满洲里、二连浩特、绥芬河等口岸城市成为面向俄罗斯及东北亚开放的重要枢纽，全面提高对外开放水平。

13.2.4 "一带一路"倡议对中国中部地区发展的影响

13.2.4.1 "一带一路"倡议为中部地区发展带来的机遇

（1）有利于中部地区对外合作，扩大对外开放

中部地区是我国重要的物资、产品集散中心和交通枢纽，向东可通过海上丝绸之

路与东盟、南亚国家实现对接；向西可通过陆上丝绸之路参与中亚、欧盟等地的经济合作，开放范围广泛。"一带一路"沿线国家也表现出与中部各省强烈的合作意愿。"汉新欧"专列从武汉出发，自新疆阿拉山口出境，途经哈萨克斯坦、俄罗斯、波兰、德国等国，极大地便利了相互间的交流合作。中部地区在"一带一路"建设中将发挥支撑体系和市场联结枢纽等重要作用。

（2）有利于与沿海地区合作，增强区域联系

"一带一路"倡议促进中国区域开发开放的格局由"沿海先行"转换到"沿海与沿江、沿海与内陆"并重，中部地区将迎来加快发展的"黄金十年"；有利于中部各省份通过长江经济带以及海上丝绸之路增强与东部地区的合作交流，承接产业转移，塑造经济发展新动力，提升装备制造业及电子信息技术产业等优化升级。全面推进中部地区与沿江省份的对接与合作，可为打造长江经济带与"一带一路"倡议提供重要支撑点。在基础设施、产业合作、政策体系等方面实现对接和深入交流，形成中国区域统筹协调发展新格局。

（3）核心城市作用增强，形成新的经济增长点

中部地区的省会城市及次中心城市将进一步发挥引领和带动作用，在当前各省的"十三五"规划中，着重体现打造以核心城市为主的交通运输枢纽地位和战略支撑点。同时，"一带一路"倡议涉及的经济走廊和新亚欧大陆桥途经地区，基础较好的城市将有助于形成新的经济增长点。将"一带一路"倡议与区域发展战略结合起来，国家级流通节点城市、产业优势明显城市以及政策优惠城市和地区重点发展城市，均面临着巨大的机遇，有利于新的经济增长点的形成，有利于促进均衡的经济发展格局。

13.2.4.2 "一带一路"倡议对中部地区发展的影响路径

"一带一路"倡议主要通过新亚欧大陆桥辐射并带动中部地区的发展，促进该区域参与对外开放，塑造新的经济增长方式，通过连接东、西的双向开放，提升中部地区的对外开放水平，获得经济增长的全新动力。

新亚欧大陆桥在国内横穿全国，对于连接中国东中西部，促进东中西地区的互动和协调发展具有重要作用；有助于加快中部地区产业转型升级，承接东部地区的产业转移，实现快速发展。"一带一路"倡议中的新亚欧大陆桥是中部地区融入经济全球化的一条重要通道，有助于中部地区对外开放型经济中心的形成。依托大陆桥多元化的运输通道，如"汉新欧""郑新欧"等国际物流运输专线，可有效改善中部地区参与国际贸易的交通条件。借助新亚欧大陆桥，中部地区的郑州、武汉等核心城市将逐渐形成中国内陆对外开放的新高地。在此基础上，使中部地区在形成中国东西向的国土开发轴上成为关键一环；同时中部各省份基础设施的一体化建设，将改变中部地区传统的点状分布趋势，形成轴带化发展格局。

长江经济带的带状化发展已逐渐形成，其与亚欧大陆桥的融合将形成中部地区更加均衡的空间结构，使得中部地区将以长江经济带和国际运输大通道为主要发展轴，以城市群为发展中心，重要节点城市为核心发展点，促进中部地区均衡的网络化发展态势。

13.2.5　"一带一路"倡议对沿海地区的影响

13.2.5.1　"一带一路"倡议为沿海地区发展带来的机遇

（1）"一带一路"建设将促进沿海地区进一步对外开放

党的十八届三中全会提出形成全方位开放新格局，并提出了"一带一路"倡议、长江经济带等战略，指出继续推动东部地区深化对外开放。改革开放 30 多年来，中国对外开放取得了举世瞩目的伟大成就，但受地理区位、资源禀赋、发展基础等因素影响，对外开放总体呈现东快西慢、海强陆弱格局。加快"一带一路"建设，特别是推动"21 世纪海上丝绸之路"建设，是进一步打造沿海开放型经济、扩大对外开放的关键举措，能为进入"新常态"的沿海地区持续提供产业发展、社会进步、城镇拓展的强大动力，是沿海地区"十三五"及中长期发展宝贵的战略机遇。

"21 世纪海上丝绸之路"建设的提出，表明国家区域经济发展的布局和重心仍是以沿海地区为主，这将给沿海地区带来对内开放与对外开放相互叠加、产业转型升级、拓展市场等发展机遇。一方面，"21 世纪海上丝绸之路"建设将为全面深化改革和持续发展创造前提条件，将促进沿海地区交通、能源、信息等基础设施互联互通，推进重大基础设施区域一体化建设，推动产业布局优化调整，优化沿海地区产业发展格局，在区域合作新格局中寻找未来发展的着力点和突破口。另一方面，"长江经济带"建设将构筑东、中、西部联动发展新模式，促进沿海地区对内开放，通过资源整合的方式谋求共同发展。依托长江黄金水道，构建综合交通运输体系、推动产业转型升级、新型城镇化、培育对外开放新优势、强化生态环境保护、创新协调发展，促进长江经济带发展，是"十三五"时期国家促进区域协调发展、实现东、中、西良性互动的战略举措，对沿海地区的产业转型升级具有重要作用。

（2）"一带一路"建设将助推沿海地区的贸易发展

改革开放 30 多年来，沿海地区作为中国对外开放的前沿阵地，一直积极参与经济全球化，对外贸易和利用外资水平不断提高，形成了以制造业为主要行业和以欧、美、日为主要贸易对象的高度依赖出口的经济发展模式。但 2008 年国际金融危机使长期高速增长的沿海地区发展速度大幅下滑，而发展水平相对落后的中西部地区却保持着相对平稳的增长态势，从而显示了沿海地区面临的结构性风险和未来持续发展的巨大压力。

"一带一路"倡议作为中国为推动经济全球化深入发展而提出的国际区域经济合作新模式，将进一步促进中国与周边国家的经贸合作，进而为沿海地区对外开放提供了更多的可能性和发展空间。特别是随着海上支点的建设，中国将进一步加强与欧美、日韩、东南亚国家等的贸易合作，有利于促进沿海地区与周边国家的经济技术合作，发展加工出口产业，促使加工贸易向综合服务和全球运营转型，进一步提升沿海地区在国际经济中的地位，助力沿海地区持续发展。

（3）"一带一路"建设将助推沿海地区的经济发展

随着"一带一路"倡议，特别是"21 世纪海上丝绸之路"的提出，沿海地区将逐渐形成主要港口、大型都市圈、自贸区、对外开放战略高地为代表的政策高地，这是"十三五"时期引领沿海地区新发展的核心。首先，沿海地区的长三角、珠三角、海峡西岸、环渤海等经济区开放程度高、经济实力强、辐射带动作用大的优势，在"21世纪海上丝绸之路"的战略机遇下，以四大区域为龙头将继续引领沿海地区全面对外开放。其次，中国（上海）自由贸易试验区建设，以及福建建设21世纪海上丝绸之路核心区，都将进一步推动沿海地区的外向型经济发展，进而扩展经济增长空间。最后，在"21世纪海上丝绸之路"的战略背景下，加强上海、天津、宁波—舟山、广州、深圳、湛江、汕头、青岛、烟台、大连、福州、厦门、泉州、海口、三亚等沿海城市港口建设，以扩大开放倒逼深层次改革，创新开放型经济体制机制，有利于沿海地区形成参与和引领国际合作竞争的新优势。

13.2.5.2 "一带一路"倡议对沿海地区经济发展的影响途径

沿海地区是改革开放的前沿阵地，当前面临着转型升级的艰巨任务。"21世纪海上丝绸之路"为沿海地区的转型升级提供了发展动力。通过推动各类实物资源通过贸易向上海、广州、深圳等沿海大城市集聚，大量跨国企业、巨额国际资金及银行、保险等各类金融机构随之落户，各方面的人才也将接踵而至，这为建设沿海地区国际经济和金融中心奠定了基础。而正在打造国际性大都市的上海、北京、广州、深圳、天津等沿海特大城市，将逐渐成为国际和区域总部经济的集聚地，发展空间和辐射范围将进一步扩大，国际影响力将进一步增强。

此外，"21世纪海上丝绸之路"建设，将进一步完善沿海地区的港口设施和功能。以上海为龙头的长三角地区借助于"21世纪海上丝绸之路"建设，在制度创新与合作中加快与国际规则接轨。而广州、深圳、青岛、天津等特大城市借助于港口和产业优势，将带动周边城市群乃至整个区域参与全球竞争与合作。同时，"21世纪海上丝绸之路"建设为沿海地区发展相对滞后的福建和广西提供了难得的发展机遇，促进沿海地区内部的协调发展。福建是"21世纪海上丝绸之路"建设的核心区，中国（福建）自由贸易试验区的建设将有助于对内基础设施快速改善，对外开放体制机制趋于灵活。广西借助于对外合作的良好基础和港口优势，与东盟合作的深度和广度将得到进一步提高。

13.2.6 "一带一路"倡议对中国区域发展总体空间格局的影响

（1）全方位对外开放，促进国家均衡国土空间的形成

西部大开发战略实施以来，虽然西部地区的经济增长速度高于全国平均水平，但与东部地区仍然存在较大的差距，特别是经济外向度长期处于较低水平，一直是中国经济发展的"末端"。"一带一路"更加重视国内与国际的合作发展，将成为连接中国东、中、西部地区和南亚、中亚、西亚、欧洲的中间地带，有利于提高中西部地区的经济活跃度和人员素质的提升。同时，借助"一带一路"平台，扩大向西开放，将促进西部地区外向型经济的发展，在更大的范围内优化生产要素配置，提高对外开放和经济发展水平。此外，向西开放有助于促进边境地区和西部地区新的增长极的形成。

加快西部和边境地区的人口集聚，促进西部地区和边境地区的城镇化发展，特别是具有广泛对外联系的区域性中心城市和边境口岸中心城市的发展，对于均衡国家全面发展有着积极的意义。

（2）互联互通基础设施条件的改善，造就新的经济增长热点区域

基础设施互联互通是"一带一路"建设的优先领域。通过基础设施的完善，对内连接东西、沟通南北，对外衔接重要国际通道。随着互联互通基础设施条件的改善，必然造就新的经济增长热点区域，特别是中国西部地区的主要节点城市。根据"一带一路"走向，陆上依托国际大通道，共同打造新亚欧大陆桥、中蒙俄、中国—中亚—西亚、中国—中南半岛等国际经济合作走廊；海上以重点港口为节点，共同建设通畅安全高效的运输大通道。新亚欧大陆桥建设将促进沿线东中西部地区的联动发展和主要节点城市的发展；中国—中亚—西亚经济合作走廊将极大地带动西北地区，特别是新疆的发展；中蒙俄经济走廊将俄罗斯跨欧亚大铁路、蒙古国倡议的"草原丝绸之路"进行对接，通过"中蒙俄经济走廊"的建设将三方的基础设施建设实现互联互通，带动内蒙古沿边地区的发展，对于目前面临经济增长乏力的东北三省的再振兴尤为重要；中国—中南半岛国际经济合作走廊的建设，将推动整个西南地区的发展，加快昆明国际次区域中心城市的建设。

（3）能源供应系统的变化，有利于内陆沿线节点城市能源加工基地的建设，形成若干新的经济增长点

随着"一带一路"能源基础设施的互联互通合作，中国的能源进口将从过度依赖海上通道逐步转向海陆并存的多元化供应系统。2012年中国石油对外依存度达到56.4%，而进口的石油80%以上要通过海运。通过"一带一路"建设，加强与俄罗斯、中亚、西亚的联系，一方面提高能源安全水平；另一方面扩展陆上运输通道，可以促进西部地区沿线节点城市建设进出口能源储运加工基地，形成新的产业基地和经济增长点。事实上，目前中国与俄罗斯、中亚的石油、天然气管道运行良好，为沿线地区能源加工业的发展奠定了良好的基础。

（4）贸易畅通促进沿边地区基础设施的改善，加速沿边地区的发展

投资贸易合作是"一带一路"建设的重点内容。从硬件上看，贸易畅通需要改善边境口岸通关的设施条件，加快边境口岸"单一窗口"建设，降低通关成本，提升通关能力，使边境地区的基础设施条件大大改善，贸易额大大增加。同时，从软件条件看，跨境经济合作区等各类产业园区的建设，有助于促进边境地区产业集群的发展。随着"一带一路"倡议的不断推进，中国对外投资大幅度增长，周边国家可能成为重要的投资区域，沿边地区将出现新的经济发展中心。

（5）扩大人文交流与合作，有助于提升内陆城市综合影响力，形成若干内陆对外开放交流的中心

人文交流与合作可以增进中国与"一带一路"沿线国家的理解和信任，是实现民心相同的重要途径。人文交流与合作包括教育、文化、旅游、科技、卫生等多个领域。在《远景与行动》中，中国政府明确承诺每年向沿线国家提供1万个政府奖学金名额，扩大来华留学生规模，内陆大学可以发挥其语言、文化、学科等优势，接待更多的"一带一路"沿线国家的来华留学生，有助于提高所在地城市的教育国际化水平。同

时，一些城市相继举办的丝绸之路电影节、文化周、高层论坛等活动，提升了相关城市的国际影响力；通过建立联合实验室、技术转移中心等，提高了地方的科技创新能力；旅游规模的扩大将带动相关城市服务业的发展。因此，人文交流与合作有助于加快内地区域性中心城市第三产业的发展和城市综合实力的增强，在内陆形成若干个对外开放交流的高地或中心。

13.3　"一带一路"倡议中的区域功能

"一带一路"倡议是国家全方位对外开放的总体战略，全国每个地区在"一带一路"倡议中都有其独特的战略定位和区域功能。西北地区、西南地区、东北地区、沿海地区及中部地区由于其区位条件、发展水平和人文环境不同，在"一带一路"倡议中的建设重点和境外合作的区域重点应有所不同。

13.3.1　西北地区

西北地区要注重发挥新疆、陕西、甘肃、宁夏、青海等地的区位和人文优势，发展内陆开放型经济，建设新疆丝绸之路经济带核心区。在丝绸之路经济带建设中，新疆应充分利用其独特的区位优势，发挥其作为中国向西开放重要窗口作用以及新疆生产建设兵团的特殊作用，进一步深化与中亚、南亚、西亚等国家的交流合作，构筑丝绸之路经济带上重要的交通枢纽、商贸物流中心和文化科教中心，塑造丝绸之路经济带的核心区。发挥陕西、甘肃综合经济文化和宁夏、青海民族人文优势，打造西安内陆型改革开放新高地，加快兰州、西宁开发开放，推进面向阿拉伯国家和世界穆斯林地区交流合作的宁夏内陆开放型经济试验区建设，促进陕西、甘肃、宁夏及青海形成面向中亚、南亚和西亚国家的战略通道、商贸物流枢纽、重要产业基地和人文交流基地。

（1）陕西省

在丝绸之路经济带建设中，陕西应重点将西安建设成为面向中亚地区的内陆开放型高地和国际商贸物流中心，同时推进西安市面向中亚的高科技和教育合作基地以及丝绸之路文化基地的建设，并加强西安市装备制造业、电子信息产业和现代纺织产业园等外向型产业基地的建设。另外，加强外向型产业基地的建设，重点包括西安、宝鸡等的电子机械设备和交通运输设备制造业基地，西安的电子信息产业基地，以及西安、咸阳、安康的轻纺工业基地等。

以建设物流中心为先导，建设通江达海、陆空联运、无缝衔接的对外开放大通道；以建设丝路能源金融中心为契机，深化中亚能源化工合作；以产业合作为重点，深化电子信息、装备制造、有色冶金等领域合作；以人文交流为纽带，加强文化、教育、旅游等国际交流与合作，扩大陕西国际影响力。

（2）甘肃省

依托于其民族文化特点和已有经贸基础，甘肃应重点加强与西亚地区的联系，强化与西亚国家在石油工程承包、石化通用设备制造、荒漠治理和节水旱作农业等领域的合作，着力打造物流集散大枢纽、清洁能源大基地。发挥千里河西走廊的战略通道优势、坐中联六的区位优势、与中亚西亚联系密切的人文优势，强化丝路沿线重要节点城市资源禀赋和区位功能的特殊支撑作用，加快建设国际空港、陆港和保税区，构建现代物流体系，形成服务全国、面向"一带一路"的物流集散中枢和纽带。考虑到甘肃省是我国主要的石油化工基地和兰州新区建设的重要性，甘肃还应该加强与中亚国家加强资源深加工合作，重点石油化工和冶金有色。

（3）宁夏回族自治区

宁夏在"一带一路"建设中，应定位为与阿拉伯国家及穆斯林地区的合作开放中心。一方面，依托于内陆开放型经济试验区的功能定位，宁夏应充分发挥与阿拉伯国家及穆斯林地区民族宗教文化相通的优势，打造伊斯兰文化主导的科教文化基地；另一方面，推动清真食品和穆斯林用品标准的制定及认证，大力发展清真食品及穆斯林用品产业，深化中国与西亚地区的经贸联系。依托中阿博览会合作平台及银川综合保税区，银川需加快穆斯林国际商贸城的建设，重点构建以清真食品和穆斯林用品为特色、面向阿拉伯国家及穆斯林地区的开放型商务平台；建设丝绸之路经济带中阿文化教育交流合作基地；重点开展与中亚、西亚、北非等阿拉伯国家的合作。

（4）青海省

青海应重点加强西亚阿拉伯国家在畜产品精深加工、清真食品、穆斯林用品、商贸合作。通过构建进入中亚、西亚、南亚及欧洲地中海国家的战略通道，夯实对外开放的互联互通基础。着眼西宁、海东和格尔木城市建设和功能提升，积极与沿线国家和地区缔结友好城市，加强经贸合作。广泛开展与沿线国家和地区能源资源、清真产业、金融、教育、文化、旅游及农牧业综合开发交流与合作，建设特色优势产品出口加工基地和商贸物流集散基地，进一步拓展对外开放的广度和深度。

（5）新疆维吾尔自治区

新疆作为丝绸之路经济带的核心区，定位为中国与中亚国家交流的门户和枢纽地区。在丝绸之路经济带建设中，要发挥新疆独特的区位优势和向西开放重要窗口作用，依托地缘优势，深化与中亚、南亚、西亚等国家的交流合作，形成丝绸之路经济带上重要的交通枢纽、商贸物流和文化科教中心，打造丝绸之路经济带核心区，打造向西开放的新高地。一方面，积极完善铁路、公路及航空口岸建设，打通中国与中亚地区的基础设施通道；另一方面，重点加强边境经济合作区的建设。重点建设"八大进出口产业基地"（即现代农业示范推广基地、农产品出口生产基地、食品出口加工基地、纺织服装出口加工基地、农机装备出口制造基地、化工产品出口加工基地、金属制品出口加工基地、能源资源进口加工和储备基地）。

13.3.2　西南地区

西南地区人力资源丰富、产业基础较好，是古代"南方丝绸之路"的重要组成部分，是连接中国与东南亚、南亚和西亚的主要通道，与这些地区人文和经贸交往源远流长，是"丝绸之路经济带"与"海上丝绸之路"交汇地带，在中国对外开放战略中占有重要的地位。重庆和四川依托长江中游城市群、成渝城市群等重点区域，重点加快推动长江中上游地区和俄罗斯伏尔加河沿岸联邦区的合作。发挥云南区位优势，推进与周边国家的国际运输通道建设，打造大湄公河次区域经济合作新高地，建设成为面向南亚、东南亚的辐射中心。推进西藏与尼泊尔等国家边境贸易和旅游文化合作（表13-1）。

表13-1 西南各省在"一带一路"中的定位

地区	国际贸易联系	与"一带一路"对接方式	重点建设内容	重点合作国家	定位
重庆市	东盟、欧盟	向北融入新亚欧大陆桥，支撑中国与东盟合作	国际贸易大通道、高技术领域、装备制造、金融	德国、中东欧国家、东盟	丝绸之路经济带的重要战略支点、海上丝绸之路的经济腹地
四川省	欧盟、东盟	融入新亚欧大陆桥、支撑中国与东盟合作	国际产能和装备制造合作、西部物流中心	欧洲、东盟、南亚	陆上丝绸之路和海上丝绸之路的交汇点，是连接西南西北、沟通中亚南亚东南亚的重要交通走廊
贵州省	东盟	融入中国与东盟合作	国际物流大通道建设	东盟	中国与东盟合作的腹地
云南省	缅甸、越南、老挝等东盟国家	以孟中印缅经济走廊、大湄公河次区域合作为重要抓手	大湄公河次区域经济合作	缅甸、越南、老挝	连接印度洋战略通道、丝绸之路经济带西南方向的重要支点和经济增长极
西藏自治区	尼泊尔	环喜马拉雅经济合作带建设	加快建设南亚大通道，完善口岸基础设施	尼泊尔	中国与南亚国家交往的重要门户

（1）重庆市

重庆是丝绸之路经济带的重要战略支点、长江经济带的西部中心枢纽及海上丝绸之路的经济腹地。作为西部开发开放的重要支撑，根据《愿景与行动》中的定位，重庆将依托处于丝绸之路经济带与长江经济带"Y"字形大通道的联结点的区位优势，加快建设长江上游综合交通枢纽，着力打造内陆开放高地，增强战略支点集聚辐射功能，大力培育特色优势产业集群，积极推进城市群建设，构筑长江上游生态安全屏障，打通南向的国际贸易大通道，融入中南半岛经济走廊。重庆应加强与德国等欧盟国家在高端技术、高新装备、新能源、新材料等领域的合作；积极探索与中东欧国家开展金融合作，共建"中国—匈牙利两江创新创业中心"，积极研究对接丝绸之路基金。此外，打通南向的国际贸易大通道，融入中南半岛经济走廊；加强与南亚和东南亚国家的合作；大力推进中国和新加坡第3个政府间的合作项目能够落地重庆，鼓励重庆的汽摩、化工、材料、能源等优势企业向南亚和东南亚拓展。

（2）四川省

四川地处丝绸之路经济带、长江经济带和中巴经济走廊、孟中印缅经济走廊的腹心地带，是连接我国西南、西北，沟通中亚、南亚、东南亚的重要交通走廊，成都是古代"南方丝绸之路"的起点。四川省应加快建设现代综合交通运输体系，以国际航空枢纽建设为重点，加快出省、出国、出海和省内交通基础设施互联互通，加快国际物流运输体系建设，尽早建成西部物流中心。依托天府新区、绵阳科技城等对外开放窗口，创新对外合作模式，积极推进国际合作产业园区建设；打造升级对外开放型口岸和海关特殊监管区域。"以大带小"推动机械电子、发电设备、节能环保、轨道交通装备等产业、企业、产品、技术、标准等走出去，扩大工程承包；积极实施"中国制造2025"行动，推动电子信息、装备制造、汽车等优势产业做大做强。

（3）贵州省

《愿景与行动》中虽然没有对贵州省的战略定位作出相关部署，但凭借其地理位置的优势也可实现与"一带一路"倡议相对接。贵州是我国西北、西南各省份南下出海的主要通道和云南、东盟自由贸易区东进、北上的主要陆路枢纽。同时，在珠江—西江流域中，贵州上联云南"桥头堡"，下接北部湾、珠三角，是经济带承东启西联南的重要结合部。因此，贵州可通过加快对外通道、开放口岸、综合保税区的建设，积极融入"一带一路"倡议，开通黔深欧国际海铁联运班列、中欧班列，打通与"一带一路"国家的便捷物流大通道；通过建设贵安新区、贵阳综合保税区、双龙临空经济区和各类开发区，打造一批高水平的对外开放平台；培育自己的特色产业和优势产业，积极推动区域合作，通过融入北部湾等区域经济带而获得"一带一路"的制度红利。

（4）云南省

云南作为面向南亚、东南亚的辐射中心，应发挥区位优势，推进与周边国家的国际运输通道建设，打造大湄公河次区域经济合作新高地。云南省要以孟中印缅经济走廊、大湄公河次区域合作为重要抓手，以重筑南方丝绸之路推进互联互通为重点内容，以多边、双边合作项目为基本载体，推动投资贸易、产业发展、能源合作，把云南建设成为连接印度洋战略通道，沟通丝绸之路经济带和海上丝绸之路的枢纽，丝绸之路经济带西南方向的重要支点和经济增长极。以昆明为重要节点，推进云南与周边国家的国际运输通道建设，打造大湄公河次区域经济合作新高地，建设成为面向南亚、东南亚的辐射中心。加快滇中产业新区建设，加快边境合作区和边境城市建设，加快推动沿边金融综合改革试验区建设，推动金融改革创新发展；发挥比较优势，积极参与东南亚国家农业和矿产资源开发；探索次区域合作的新平台、新机制，建立澜沧江—湄公河国家命运共同体。

（5）西藏自治区

西藏是中国与南亚国家交往的重要门户，应重点推进与尼泊尔等国家边境贸易和旅游文化合作。西藏应抓住"一带一路"倡议构想提出的重要契机，加快建设南亚大通道，对接"一带一路"和孟中印缅经济走廊，推动环喜马拉雅经济合作带建设。发挥其区位优势，积极打造环喜马拉雅经济合作带，加强吉隆口岸跨境经济合作区建设；不断完善口岸和边贸市场基础设施，积极探索与周边国家多元化的互利合作模式，提升边境经贸水平；加快西藏与丝绸之路核心区域四川、青海等地的经贸联系；实现交通、贸易、金融、旅游、能源、物流等领域的跨越式升级，促进社会经济的快速发展，改善边疆地区人民的生活条件。

13.3.3　东北地区和内蒙古

东北地区是我国重要的老工业基地之一，工业基础雄厚，产业技术和人才集中；同时又地处东北亚经济圈的中心，具有面向东北亚、俄罗斯开放的区位优势。东北地区与俄罗斯和蒙古国地理相邻、人文和经贸合作活跃，是中国"一带一路"倡议对接俄罗斯"欧亚联盟"与蒙古国"草原丝绸之路"的重要区域。内蒙古应发挥联通俄蒙的区位优势，黑龙江应完善对俄铁路通道和区域铁路网，加强黑龙江、吉林、辽宁与俄远东地区陆海联运合作，推进构建北京—莫斯科欧亚高速运输走廊，建设向北开放的重要窗口（表13-2）。

表13-2　东北地区各省和内蒙古在"一带一路"中的定位

省份	国际贸易联系	与"一带一路"对接方式	重点建设内容	重点合作国家	定位
黑龙江省	俄罗斯	中蒙俄经济走廊	边境合作区建设、经贸、旅游、农业	俄罗斯、蒙古国	向北开放的重要窗口、对俄能源资源战略通道
吉林省	德国、朝鲜、韩国、欧盟	参与中蒙俄经济走廊建设	珲春—扎鲁比诺跨境经济合作区、国际产能合作	德国等欧盟、韩国	我国与中蒙俄经济走廊的经济腹地
辽宁省	东南亚、日本、韩国、美国、德国	参与中蒙俄经济走廊建设、向东南亚国家开放	高端装备制造与国际产能合作	东南亚、德国	中蒙俄经济走廊的重要节点
内蒙古自治区	蒙古国、俄罗斯	对接蒙古国"草原丝绸之路"	旅游、矿产资源、农牧业、国际产能合作	蒙古国	国家向北开放的最主要门户、对蒙古国合作的窗口

（1）黑龙江省

黑龙江是"中蒙俄经济走廊"核心区，向北开放的重要窗口。发挥黑龙江省与俄罗斯远东地区毗邻的地缘优势，利用国内国际两种资源、两个市场，以哈尔滨为中心，以大（连）哈（尔滨）佳（木斯）同（江）、绥满、哈黑、沿边铁路四条干线和俄罗斯西伯利亚、贝阿铁路形成的"黑龙江通道"为依托，建设连接亚欧的国际货物运输大通道，吸引生产要素向通道沿线聚集，构建发达的外向型产业体系，构筑区域经济新的增长极。一是以大哈佳同、绥满、哈黑和沿边铁路为主骨架，以周边公路、水运、航空、管道、电网、光缆为辅助，以相关车站、港口、机场为节点，建设连接亚欧的国际货物运输大通道。二是以哈尔滨为核心枢纽，建成对俄合作中心城市，打造中俄经贸合作平台、合作企业总部、物流集散枢纽、加工制造基地、信息金融服务和文化科技交流中心；依托黑龙江陆海丝绸之路经济带国际货运通道和主要交通干线，以中心城市和交通商贸重镇为节点，以沿线城市重点产业园区为支撑，依托哈长城市群等重点区域，重点建设哈大齐（满）、哈牡绥东、哈佳双同、哈绥北黑产业聚集带。

（2）吉林省

吉林应积极凭借长吉图开发开放先导区深化与俄罗斯远东等地区陆海联运合作，加快畅通对外通道，深入推进与周边以及东北亚区域合作。积极谋划珲春至海参崴高速铁路，加快扎鲁比诺万能海港和珲春物流中心合作建设；继续推进图们江出海航行取得新进展；强化与俄远东开放战略衔接，深度开发俄罗斯等境外市场，深化与滨海边疆区等地在能源资源开发等方面的合作；加大对韩经贸合作，探索设立韩国产业园区，积极承接产业和技术转移；稳步推进中朝罗先经贸区建设；推动各级各类开发区转型升级和创新发展；建设好长春兴隆综合保税区、珲春国际合作示范区，中新吉林食品区力争晋升为国家级开发区；加快建设长吉产业创新发展示范区，积极谋划吉林自贸试验园区，建设长春、延吉空港经济开发区，加快推进中俄珲春—扎鲁比诺跨境经济合作区建设；重点在装备制造、冶金建材、食品加工、农林牧生产、矿产资源勘探开发等领域开展国际产能合作，加快产业转型升级。

（3）辽宁省

辽宁是中蒙俄经济走廊的重要节点，应进一步加强国际综合交通运输体系建设，以参与中蒙俄经济走廊建设为重点，以沿海港口为支点，建设通往欧洲的国际综合交通运输大通道。充分发挥辽宁海岸线长，港口资源充裕优势，建设中转腹地服务功能为一体的复合型国际航运中心升级版。加强海陆通道物流基地建设，建设面向蒙俄、东北亚及欧洲、连接南北的现代物流基地；稳步推进丹东沿边重点开发开放试验区建设；以沈阳中德高端装备制造业园区、大连中日韩循环经济示范基地、沈阳和大连军民融合发展示范园为重点，推进国际产能和装备制造合作。主动融入京津冀协同发展战略，加快辽西地区与京津冀对接互动，建设京津冀地区的能源供应基地、产业转移的承接区、优质农副产品供应基地、富余劳动力转移输出基地。以沈阳新松产业园、大连金州新区国家智能装备制造产业基地和沈抚新城机器人产业带为重点，加快发展智能制造、民用航空航天、海洋工程、轨道交通、新能源装备等高端装备制造业。重点参与打造俄罗斯巴什科尔托斯坦石化工业园、哈萨克斯坦建远大产业园、蒙古霍特工业园；重点推进印度尼西亚的辽宁镍铁工业园、印度特变电综合产业园等境外工业园区建设。

（4）内蒙古自治区

发挥内蒙古区位优势，将内蒙古建设为国家向北开放的主要门户和对蒙古国合作的窗口。加强口岸基础设施建设，加强与俄蒙基础设施互联互通，以提高口岸便利化为重点，扩大商贸往来和人员交流，加快满洲里、二连浩特国家重点开发开放试验区和呼伦贝尔中蒙俄合作先导区建设，加快研究二连浩特—扎门乌德中蒙跨境经济合作区建设方案，全面提升沿边开发开放水平。加快国家产能合作，鼓励资源能源型企业"走出去"，利用境外资源就地就近加工。以"草原丝绸之路"为纽带，强化跨境旅游合作机制，深入开发中俄蒙三国的跨境旅游线路。积极推动与俄罗斯、蒙古国农牧业经济技术合作，鼓励农牧业企业在俄蒙境内抱团建设农林牧业科技示范园。抓住京津冀产业转移的机遇，主动融入京津冀发展，深化京蒙区域合作，在乌兰察布、赤峰等地发展"飞地经济"，打造承接产业转移基地。

13.3.4 中部地区

中部地区利用腹地广阔、人力资源丰富、产业基础较好的优势，依托长江中游城市群、中原城市群等重点区域，推动区域合作互动和产业集聚发展，打造郑州、武汉、长沙、南昌、合肥等内陆开放型经济高地。

中部地区最大的贸易伙伴是北美、欧盟和东亚。中部地区主要出口目的地是北美，其次是欧盟、东亚、东盟和西亚；最大的进口来源地是东亚地区，其次为欧盟、北美、东盟。因此，根据"一带一路"倡议走向，中部地区应积极巩固与老牌国家合作，诸如北美、欧盟、东亚、东盟等国家，同时开辟全新的国际合作伙伴，诸如俄罗斯、中亚、南亚等国家。

（1）山西省

山西应依托新亚欧大陆桥，建设联通东西的重要交通节点和资源存储重地，并承担中国北方沿海地区融入丝绸之路经济带的陆路枢纽功能。应深化与东盟国家产能合作，加强与港澳台地区等的经济合作和文化交流；以"万里茶道"联合申遗为依托，开拓与俄罗斯、蒙古等沿线国家的合作交流；依托晋非经贸合作区大力拓展非洲市场。主要合作内容包括：境外建立原料开采加工基地和装备制造基地；发挥山西省煤炭资源和煤化工、煤机装备等优势，推进建设全球低碳创新基地，提高国家新型综合能源基地的影响力；加强同世界煤炭大国的主要产煤省州、国际友城、"一带一路"沿线国家和地区开展多领域互利合作；发挥对外工程承包龙头带动作用，带动技术、服务、劳务和成套设备出口。

（2）河南省

河南是"一带一路"重要的综合交通枢纽和商贸物流中心、新亚欧大陆桥经济走廊区域互动合作的重要平台。重点建设郑州综合交通枢纽体系和重点口岸开放平台，加强与周围区域的关检合作，主要深化能源资源合作、培育高端制造业和现代服务业，构建良好的经贸合作环境，积极推动国际人文领域交流。河南省依托新亚欧大陆桥，郑新欧等战略要道和国际运输廊道，保持欧美、日韩、东南亚等传统市场，开拓中亚、南亚、西亚、北非等新兴市场。主要合作内容包括：在能源领域，鼓励骨干油气开采企业扩大海外市场份额，开展国际产能合作；拓展农业、装备制造业、资源加工业、现代物流业等优势产业境外发展空间；建设一批特色出口基地，重点促进机电、智能手机、新型建材等优势产品出口；推动运输、餐饮等传统服务贸易和中医药等特色服务出口；支持有条件的研发设计、信息服务、中介服务等企业开拓海外市场，建立企业"走出去"的资金保障体系。

（3）湖北省

湖北应依托长江经济带和汉新欧铁路通道，构建成为长江经济带与"一带一路"融合发展的重要节点和对外开放平台；加强与法国、英国、韩国等在可持续发展、智慧城市建设、文化体育等领域的合作；推动武汉至东盟、日韩国际水运航线和"汉新欧"国际货运班列常态化运行。主要合作内容包括：加强在装备制造、文化旅游、石化领域的对外合作；推进国际产能和装备制造合作；积极参与沿线地区交通、通信、能源等互联互通基础设施建设，引导企业在沿线地区集聚发展。

（4）湖南省

"一带一路"建设中湖南应凭借长江黄金水道出海，积极融入海上丝绸之路；通过建立跨境多式联运交通走廊，推动形成立体开放格局；积极开展基础设施联通行动，实现综合立体的交通运输体系。

湖南省在巩固香港、欧盟、日美市场的同时，积极拓展东非、东亚、东南亚、南美等新兴市场。通过对接哈萨克斯坦、俄罗斯、白俄罗斯等国，着力加强工程机械、钢铁、能源资源开发等产业合作；对接巴基斯坦、斯里兰卡、印度、孟加拉国等国，加强基础设施、工程机械、农业、节能环保产业合作；对接印度尼西亚、马来西亚、越南、老挝、泰国、柬埔寨等国，提高钢铁、纺织、建材、轨道交通等产业合作；对接埃塞俄比亚、安哥拉、埃及、南非、阿尔及利亚、坦桑尼亚、刚果（布）等国，着力加强农业、基础设施、工程机械、轨道交通、矿业等行业的国际产能合作；对接澳大利亚及南美洲的巴西、阿根廷、秘鲁、委内瑞拉等国家，加强产业化住宅、工程机械、轨道交通、水利资源和矿产资源开发、农业等产业合作；对接欧盟的德、法、意、荷等国，加强工程机械、环保机械、汽车、农业等产业合作。合作内容包括：装备产能出海、境外发展制造服务业、人文交流领域拓展、加强制造业和特色产品出口；进口集中在资源性产品、高端时尚消费品、先进技术、高端装备和配套产品方面。

（5）江西省

江西作为"一带一路"内陆腹地重要战略支点，依托国际国内大通道，实现向西南、东南方向的对外合作；着力开拓与东盟、欧盟等国家的深度合作，加强能源、农业、装备制造业、旅游等具有江西特色的产业出口；不断强化南昌的核心带动作用及对外开放平台和基地建设，实现与长江经济带、海上丝绸之路的深度对接和产业合作。合作重点包括：围绕陶瓷、稀有金属、制造业等特色产业，建立境外经贸合作区；依托南昌航空工业城和景德镇直升机产业基地，加强与俄罗斯、意大利、比利时等国合作；壮大汽车产业，做强光伏新能源产业，积极开拓非洲、中东、亚洲等新兴市场；打造绿色食品品牌，巩固和扩大婺源有机茶等产品在欧盟市场的占有率；鼓励农业龙头企业到东南亚、非洲等沿线国家建设农产品种养加工基地；推动与以色列等国家合作建设现代农业示范园区；加强景德镇、庐山、三清山、龙虎山、井冈山、婺源等地国际生态旅游建设，开拓泰国、越南、新加坡、俄罗斯等旅游市场；加强境外能源开发，积极寻求与中亚、西亚、俄罗斯等国家的油气资源合作。

（6）安徽省

安徽应通过长江经济带向东出海，借助海上丝绸之路开辟对外开放新局面，提高对外开放的主动性，形成东西双向互动、对内对外联动的全面开放新格局；建设重点集中在将合肥打造为"一带一路"及长江经济带的重要战略节点；并积极完善和优化对外交通廊道的建设，包括沿江综合交通运输大通道、新亚欧大陆桥南干线建设等，提升国际交流和运输能力。主要合作对象是东亚、北美、欧盟。合作重点包括：装备制造、电子信息等主导产业出口；先进技术设备、关键零部件和重要资源性产品及消费品进口；加强国际产能和装备制造合作；对外承包工程从以劳动密集型为主的房建、修路等单纯土建向以技术、资金密集型为主的冶金、水利、通信等领域扩展；对外投资从轻纺、机电行业向汽车、新能源矿产资源开发等领域拓展（表13-3）。

表13-3　中部各省在"一带一路"中的定位

省份	国际贸易联系	与"一带一路"对接方式	重点建设内容	重点合作国家	定位
山西省	美国、欧盟、东亚	中蒙俄、万里茶道；依托新亚欧大陆桥	产能合作：原料开采、装备制造	俄罗斯、蒙古、非洲、东盟	1. 北部地区融入陆路丝绸之路的枢纽 2. 保障中国能源安全
河南省	北美、东亚、欧盟、东盟	新亚欧大陆桥	综合交通枢纽建设，商贸物流中心建设	中东欧、东南亚	1. "一带一路"综合交通枢纽和商贸物流中心 2. 新亚欧大陆桥区域互动的重要平台
湖北省	欧盟、北美、东亚、东盟	依托：长江经济带和新亚欧大陆桥	国际产能与装备制造，经贸、文化	法国、英国、韩国	1. "一带一路"与长江经济带融合的重要节点 2. 内陆对外开放高地
安徽省	北美、欧盟、东亚	海陆关联：向东对接海上丝绸之路；向西连接新亚欧大陆桥	装备制造袋子信息	德国、俄罗斯	合肥："一带一路"和长江经济带的战略支点
湖南省	北美、欧盟、东盟、东亚	新亚欧大陆桥长江经济带	产能制造、教育、文化	中亚、西亚、俄罗斯、欧盟、东盟	1. "一带一路"重要腹地 2. 长沙："一带一路"重要节点和内陆开放新高地
江西省	美国、欧盟、东盟	新亚欧大陆桥（对接中欧班列）海上：对接福建核心区	陶瓷、稀有金属、装备制造、旅游	中亚、中东欧、欧盟、东南亚	1. "一带一路"内陆腹地的重要节点 2. 内陆双向开放示范区

13.3.5　沿海地区

在"一带一路"建设中，沿海地区应该充分利用长三角、珠三角、海峡西岸、环渤海等经济区开放程度高、经济实力强、辐射带动作用大的优势，成为"一带一路"，特别是21世纪海上丝绸之路建设的排头兵和主力军。加强上海、天津、宁波—舟山、广州、深圳、湛江、汕头、青岛、烟台、大连、福州、厦门、泉州、海口、三亚等沿海城市港口建设，强化上海、广州等国际枢纽机场功能。以长山角、珠三角、海峡西岸经济区为核心，重点参与21世纪海上丝绸之路建设，以海洋、金融、商贸物流、高技术产业等为重点，加强与21世纪海上丝绸之路沿线国家以及日韩、欧盟、北美等发达国家的合作。

（1）环渤海经济区

环渤海经济区应主要依托中蒙俄经济走廊、21世纪海上丝绸之路建设，坚持"引进来"与"走出去"相结合，重点加强高技术领域、出口加工产业、资源精深加工、科教人文、农牧业等领域合作，着力探索产业合作新模式和新机制，加强推动上下游产业链和关联产业协同发展，促进经济要素有序自由流动、资源高效配置和市场深度融合。

北京应统筹贸易与投资，坚持"引进来"和"走出去"并重、货物贸易与服务贸易并进、引资和引技、引智并举，发展更高层次的开放型经济。主动参与"一带一路"建设，建立与亚投行、丝路基金等平台的对接机制，加强与沿线国家的关键通道建设，加强科技和人文交流，形成对外开放新格局。一是重点加强与俄蒙、日韩、欧美在航空、航天、空间技术、电子信息产业、出口加工产业、资源精深加工领域合作。二是探索产业合作新模式，鼓励合作建设高新技术产业合作园区、境外经贸合作区等各类产业园区，促进产业集群发展。三是依托北京市的科教文化资源，加强北京市与沿线国家在文化、教育、科技、卫生、旅游、体育等方面的交流与合作。

天津、河北、山东主要依托天津、青岛、烟台、唐山等港口建设，加强港口国际合作，提升集装箱吞吐量，建设现代化综合立体交通网络，打造"南北贯通、东出西联"的大交通格局，提升港口服务功能和综合运输能力，完善集疏运体系，共建北方航运中心，打造"一带一路"东部北方起点。其次，推进行政高效化、投资自由化、贸易便利化、金融国际化，建设成为制度创新新高地、转型升级新引擎、开放经济新动力、区域协同新平台、"一带一路"新支点。再次，转移现有产能，充分利用开放口岸优势，加快国际经贸合作区扩展建设，组织国内企业产能输出。最后，强化与东北地区的协作，共同打造中蒙俄经济走廊，重点加强农牧业、矿能、旅游、交通运输和电力等领域发展合作。

（2）长三角经济区

上海定位为面向全球的互联互通网络，积极推进上海与"一带一路"沿线国家（地区）合作，鼓励上海优势企业布局海外，努力建成支撑国家实施"一带一路"倡议的重要枢纽城市。一是拓展投资贸易网络，巩固传统市场优势，大力拓展新兴市场；借助上海在"一带一路"沿线国家举办经贸展会的平台，与展会举办城市建立经贸合作伙伴关系。二是推动国际金融中心建设和"一带一路"倡议有机结合，加快推进金融市场开放，加快推动人民币国际化，吸引带动沿线国家金融机构集聚；支持境外机构在上海金融市场发行人民币债券，推动建立亚洲债券发行、交易和流通平台。三是着眼于体制机制创新，积极开展文化旅游合作，培育一批精品项目，促进文化融合；进一步加强教育合作，根据沿线国家的教育需求，支持各类院校开展境外办学。四是结合上海建设国际枢纽港的目标，进一步加快海港、空港建设，完善上海与长三角铁路通道的互联互通，积极融入欧亚铁路网。

江苏、浙江定位为"一带一路"经贸合作先行区，依托"一带一路"交汇点和新亚欧大陆桥经济走廊东方起始区域的独特区位，打造"一带一路"建设辐射带动力强的重要开放门户。重点是与沿线重点国家和地区建立合作机制和平台，在基础设施互联互通、经贸产业合作、工程建设领域、海洋经济发展、远洋渔业拓展、矿产资源勘查开发、重要节点和平台建设、人文交流等方面主动作为、率先突破；发挥制造业优势，推进国际产能和装备制造合作；加快推进连云港中哈物流合作基地和上合组织出海基地建设，积极参与中韩自贸区建设；发挥国际友好城市作用，搭建平台，深入推进多领域对外交流合作。同时依托杭州跨境电子商务综合试验区，大力发展企业对企业跨境电商，打造"网上丝绸之路"战略枢纽，加快体制、政策、模式的复制推广，推进跨境电商海外物流体系建设，促进传统外贸和制造企业通过"互联网+外贸"实现优进优出。

（3）珠三角经济区

珠三角经济区应充分发挥广东综合实力较强、交通枢纽作用突出、人文交流密切、海洋经济发达的优势，立足大珠三角，面向东南亚，加强内外联动和互利合作，推动广东加快转型升级，带动中西部地区扩大开放、加速发展，推进与周边国家共同繁荣，将广东建设成为21世纪海上丝绸之路的核心增长极、战略枢纽、社会文化交流中心和陆海统筹发展试验区。

一是建设海上丝绸之路的核心增长极。与沿线国家加强联合创新，实现产业错位发展，促进形成优势互补、融合发展、互利共赢的区域产业合作分工格局，将广东建设成为面向东盟、南亚的现代产业基地和创新中心，增强广东经济对沿线国家的辐射力和影响力。二是建设海上丝绸之路的战略枢纽。加快推进外联东盟、南亚，内接周边内陆腹地的铁路、公路、航空、港口、航运、管道，以及物流、信息、资金等要素通道建设，建设完善互联互通制度和配套服务体系，构筑连通内外、便捷高效的海陆空综合大通道。三是建设海上丝绸之路的社会文化交流中心。依托海外侨胞等资源，与沿线国家加强教育、文化、旅游、医疗卫生等领域的合作，拓展海上丝绸之路文明内涵，推动命运共同体意识深入人心，形成互信融合、包容开放的海上丝绸之路社会文化交流中心。四是充分发挥深圳前海、广州南沙、珠海横琴等开放合作区作用，深化与港澳台合作，打造粤港澳大湾区。

香港在"一带一路"建设中具有独特的优势，是"一带一路"建设的一个重要节点。香港应主动对接"一带一路"建设，打造综合服务平台；发挥国际金融优势，推动人民币国际化和"一带一路"投融资平台建设；聚焦人文交流，促进"一带一路"沿线民心相同；深化与内地合作，共同开辟"一带一路"市场。

（4）海峡西岸经济区

福建作为21世纪海上丝绸之路核心区，应发挥其作为海上丝绸之路重要起点、海外华侨华人众多且经济实力雄厚、民营经济对外经贸关系密切、妈祖文化和宗亲文化认同广泛等优势，加强与东南亚、南亚、东亚、中东、中亚等国家和地区的经贸合作，扩大友好往来，推动与沿线国家和地区的贸易往来、双向投资、人文交流等领域合作取得新突破。一是建设"一带一路"重要枢纽。完善以铁路、高速公路和海港、空港为主骨架主枢纽的综合交通网络，畅通与海上丝绸之路和陆上丝绸之路经济带的通道连接，建设"一带一路"通陆达海的重要节点。二是建设海上丝绸之路经贸合作的重要基地。发挥产业互补优势，坚持"引进来"和"走出去"相结合，重点扩大与东南亚、中东、中亚等国家和地区的投资和劳务、技术等领域合作，积极开拓国际市场，打造我国新时期扩大对外开放合作的先行先试区域。三是建设海上丝绸之路人文交流的前沿平台。发挥华侨华人资源和文化认同等优势，深化与东盟、中东等国家和地区的教育、文化、旅游等人文交流，打造中国—东盟、中国—中东人文社会深度融合的前沿平台。

（5）广西壮族自治区

广西应发挥与东盟国家陆海相连的独特优势，形成"一路"与"一带"有机衔接的主要门户。广西定位为重点面向东南亚、南亚地区的"桥头堡"。在"一带一路"建设中，广西应继续完善并进一步升级口岸建设，依托口岸推进跨境经济合作区的建设，进一步扩大广西边境贸易规模及对外开放格局；加强与东南亚、南亚国家在矿产资源、科学技术、民生科技等领域的合作开发。一是建设"一带一路"综合交通枢纽。拓展南宁与东盟国家的航空网络，完善铁路交通基础设施，进一步深化南宁与东盟国家的联系，建设二级综合交通枢纽。二是建设重点辐射东盟地区，以农副产品深加工为主的商务平台；依托中国—东盟博览会，为发展与东盟的贸易提供平台。三是加强出口加工产业发展，推进钢铁、有色金属、建材、汽车、工程机械、农业机械、建筑业等优势产业走出去，积极参与国际产能合作和重大项目开发建设。四是推广中马"两国双园"模式，加快建设一批跨境经贸产业园和跨境旅游合作区。

（6）海南省

海南应紧紧围绕南海资源开发服务保障基地和海上救援基地的两大国家定位，打造海上丝绸之路的门户战略支点。

13.4 结 论

"一带一路"倡议是中国今后相当长一段时间全面对外开放的总体方略。它将使中国的区域发展在已有东部沿海开放的基础上，在南、北、西三个方向实施全方位开放。"一带一路"倡议与"四大板块"战略、京津冀协同发展、长江经济带等区域发展战略密切关联，相辅相成，共同促进中国的区域发展。同时，由于"一带一路"倡议中设计的六大经济走廊具有具体的空间走向，因此，其影响具有显著的区域性，形成国内不同地区在"一带一路"倡议中独特的地位和功能。

1）"一带一路"倡议是国家中长期全面对外开放的整体方略，是统筹中国全面对外开放的国家战略，其功能、地位远高于国内任何一个区域发展战略。同时，它又与其他区域发展战略相互支撑，共同促进。

首先，"一带一路"倡议有利于促进"四大板块"区域协调战略的实施。"一带一路"倡议的实施，必定在中国内陆地区形成新的经济增长点和经济增长热点区域，对加快内陆地区发展，特别是对目前经济面临增长乏力的东北地区的振兴和西部地区的发展尤为重要。同时，对"四大板块"的轴向发展和互动发展具有带动和促进作用，将进一步密切"四大板块"之间的联系和协作。

其次，长江经济带建设和"一带一路"倡议在本质上紧密联系、一脉相承。一方面，"一带一路"倡议的实施将促进长江流域与西南沿边地区和西北地区的密切联系，使长江经济带成为横贯东中西、连接南北方的开放合作走廊，为长江经济带全方位对外开放创造条件；另一方面，长江经济带强大的经济实力和人口规模，使长江经济带成为"一带一路"倡议实施的重要经济支撑带和"一带一路"全面对外开放合作的重要平台。

最后，"京津冀协同发展"和"一带一路"倡议均是新时期促进区域发展与合作的战略，都是关系国家长远竞争力提升的重要战略。"一带一路"倡议的实施将京津冀地区与内蒙古、东北地区的对外开放紧密联系起来，扩大了京津冀地区的开发空间和带动辐射作用；同时，京津冀地区的协调发展也有利于进一步提升京津冀城市群的国际化都市区功能，为"一带一路"倡议提供开放支撑平台。

2）"一带一路"倡议中不同国际经济走廊影响的重点区域不同，但总体上有利于促进国内区域均衡发展。

西北地区主要受新亚欧大陆桥、中国—中亚—西亚经济走廊和中巴经济走廊的影响。这三条经济走廊的建设将改变中国西北地区长期以来在对外开放中的区位劣势，使西北地区真正从"末端"区位成为"前沿"区位，从而带动西北地区沿边开放进入到一个新阶段。特别是新疆作为丝绸之路经济带的核心区，将进一步带动西北地区的对外开放，进而扩展西北地区的经济增长空间。

中部地区主要通过新亚欧大陆桥和长江经济带的融合，加快融入经济全球化，有助于中部地区对外开放型经济中心的形成。依托大陆桥多元化的运输通道，如"汉新欧""郑新欧"等国际物流运输专线，可有效改善中部地区参与国际贸易的交通条件。借助新亚欧大陆桥，中部地区的郑州、武汉等核心城市将逐渐形成中国内陆对外开放的新高地。在此基础上，中部地区在形成中国东西向的国土开发轴上成为关键一环。加之中部各省份基础设施一体化建设，将改变中部地区传统的点状分布趋势，形成轴带化发展格局。

西南地区主要受中国—中南半岛国际经济合作走廊和孟中印缅经济走廊的影响。这两条经济走廊的建设有利于加快西南地区发展，进一步促进西南地区的对外开放。中国—中南半岛国际经济合作走廊和孟中印缅经济走廊建设为云南和西南地区找到了一条便捷的出海通道，将改变西南地区对外开放的格局，有利于西南地区扩大对南亚和东南亚的开放力度，从而加快西南地区经济的发展。同时，随着边境地区和口岸基础设施建设的完善，毗邻国家的人流、物流、资金流、信息流向边境地区聚集，使云南省瑞丽、磨憨、芒市和西藏的樟木镇等边境城市成为新的经济增长点和对外经济合作的重要平台。

东北三省和内蒙古受中蒙俄经济走廊建设的影响最为突出。中蒙俄经济走廊建设通过提升东北三省和内蒙古的对外开放程度，将进一步促进东北地区要素有序流动、资源高效配置、市场深度融合，加快培育中国对东北亚地区经济合作竞争新优势。同时，随着基础设施和口岸通道的互联互通，将加快边境地区的产业发展和人口集聚，提升东北地区和内蒙古的开发开放的深度和广度。随着"津满欧""苏满欧""粤满欧""沈满欧"等"中俄欧"班列的开通，将进一步提升东北地区外向型经济发展水平。

"21 世纪海上丝绸之路"将为沿海地区提供更广阔的经济腹地，加快沿海地区的产业转型升级和上海、北京、广州等国际化大都市区的形成，提升沿海地区的国际竞争力，为沿海地区提供新的经济引擎。同时，"一带一路"建设有助于加快广西、福建等沿海发展相对滞后地区的发展，进一步提升沿海地区的整体发展实力和参与国际竞争的能力。

3）不同地区在"一带一路"倡议中具有不同的功能定位和境外合作重点区域。

西北地区：重点面向中亚、西亚、南亚和北非地区，建设丝绸之路经济带向西开放核心区域。其中，新疆定位为丝绸之路经济带核心区，中国与中亚地区交流的门户和枢纽；陕西重点面向中亚地区，打造西安核心门户城市，建设国际商贸物流中心、高科技和教育合作基地和丝路文化基地；甘肃、宁夏、青海重点面向西亚、北非等阿拉伯国家及世界穆斯林地区，开展石油化工、清真食品、文化等交流与合作，将宁夏打造成与阿拉伯国家和穆斯林地区的合作开放中心。

西南地区：是"丝绸之路经济带"与"海上丝绸之路"交汇地带，重点开展与欧盟、东盟、俄罗斯和南亚地区的合作。其中，重庆重点加强与欧盟和俄罗斯伏尔加河沿岸联邦区的合作，建设丝绸之路经济带重要的交通枢纽，以及面向俄罗斯和中东欧的重要的外向型电子信息和装备制造业基地；四川重点面向俄罗斯、中东欧和南亚的开放平台，并联手云南，成为云南向南开放的重要支撑；云南是我国与南亚、东南亚地区交流的重要平台和枢纽，建设成为面向南亚、东南亚的辐射中心；贵州融入中国与东盟合作，成为中国与东盟合作的腹地；西藏是中国与南亚国家交往的重要门户，重点推进与尼泊尔等国家边境贸易和旅游文化合作。

东北地区（东北三省和内蒙古）：是中国"一带一路"倡议对接俄罗斯"欧亚联盟"与蒙古国"草原丝绸之路"的重要区域。其中，黑龙江是"中蒙俄经济走廊"核心区，向北开放的重要窗口、对俄能源资源战略通道，重点加强与俄罗斯的合作；吉林深化与俄罗斯远东等地区陆海联运合作，推进与东北亚区域合作；辽宁以沿海港口为支点，建设通往欧洲的国际综合交通运输大通道；内蒙古是国家向北开放的主要门户和对蒙古国合作的窗口，重点加强与蒙古国的合作。

中部地区：中部地区在巩固与老牌国家（如北美、欧盟、东亚、东盟等）合作的同时，借助"一带一路"倡议开辟全新的国际合作伙伴，如俄罗斯、中亚、南亚等国家。其中，河南是"一带一路"综合交通枢纽和商贸物流中心；湖北、湖南、安徽、江西是"一带一路"与长江经济带融合的重要节点和"一带一路"建设的主要腹地；山西是中国北方沿海地区融入丝绸之路经济带的陆路枢纽。

沿海地区：以环渤海、长三角、珠三角、海峡西岸经济区为核心，重点参与21世纪海上丝绸之路建设，是"21世纪海上丝绸之路"建设的排头兵和主力军。以海洋、金融、商贸物流、高技术产业等为重点，加强与21世纪海上丝绸之路沿线国家以及日韩、欧盟、北美等发达国家的合作。其中，广西是"一路"与"一带"有机衔接的主要门户，重点面向东南亚、南亚地区；香港在"一带一路"建设中具有独特的优势，是"一带一路"建设的重要节点，重点打造对接"一带一路"建设的综合服务平台和投融资平台。

参 考 文 献

白永秀，王颂吉. 2014. 丝绸之路经济带：中国走向世界的战略走廊. 西北大学学报（哲学社会科学版），44（4）：32-38.

陈航，栾维新，王跃伟．2009. 我国港口功能与城市功能关系的定量分析．地理研究，28（2）：475-483.

邓峰，张小雷，杨德刚，等．2006. 新疆口岸区域空间发展模式的数理分析．干旱区地理，29（3）：422-426.

方创琳，等．2014. 中国新型城镇化发展报告．北京：科学出版社．

冯革群，丁四保．2005. 边境区合作理论的地理学研究．世界地理研究，14（1）：53-60.

冯宗宪．2014. 中国向欧亚大陆延伸的战略动脉——丝绸之路经济带的区域、线路划分及功能详解．学术前沿，（2）：79-85.

公丕萍，宋周莺，刘卫东．2015. 中国与"一带一路"沿线国家贸易的商品格局．地理科学进展，34（5）：571-580.

郭爱君，毛锦凰．2014. 丝绸之路经济带：优势产业空间差异与产业空间布局战略研究．兰州大学学报（社会科学版），（1）：40-49.

胡鞍钢，马伟，鄢一龙．2014. 丝绸之路经济带：战略内涵、定位和实现途径．新疆师范大学学报（哲学社会科学版），35（2）：1-10.

李琪．2014. 中国与中亚创新合作模式、共建"丝绸之路经济带"的地缘战略意涵和实践．陕西师范大学学报（哲学社会科学版），（4）：5-15.

刘慧，叶尔肯，王成龙．2015. "一带一路"倡议对中国国土开发空间格局的影响，地理科学进展，34（5）：545-552.

刘慧，刘卫东．2017. "一带一路"建设与我国区域发展战略的关系研究．中国科学院院刊，32（4）：340-347

刘卫东．2015. "一带一路"倡议的科学内涵与科学问题．地理科学进展，34（5）：538-544.

刘宗义．2014. 21世纪海上丝绸之路建设与我国沿海城市和港口的发展．城市观察，（6）：5-12

宋周莺，车姝韵，王姣娥，等．2015. 中国沿边口岸的时空格局及功能模式．地理科学进展，34（5）：589-597.

袁培．2014. "丝绸之路经济带"框架下中亚国家能源合作深化发展问题研究．开发研究，（1）：51-54.

曾刚，等．2014. 长江经济带协同发展的基础与策略．北京：经济科学出版社．

郑蕾，刘志高．2015. 中国对"一带一路"沿线直接投资空间格局．地理科学进展，34（5）：563-570.

郑蕾，宋周莺，刘卫东，等．2015. 中国西部地区贸易格局与贸易结构分析．地理研究，34（10）：1933-1942.

周民良．2014. 建设丝绸之路经济带推动全国区域经济协调发展．中国民族，（8）：20-23.

周一星，张莉．2001. 中国大陆口岸城市外向型腹地研究．地理科学，21（6）：481-487.

邹嘉龄，刘春腊，尹国庆，等．2015. 中国与"一带一路"沿线国家贸易格局及其经济贡献．地理科学进展，34（5）：598-605.

Ducruet C，Lee S. 2006. Frontline soldiers of globalization：Prot-city evolution and regionalcompetition. GeoJournal，67（2）：107-122.

Gu X，Womack B. 2000. Border cooperation between China and Vietnam in the 1990s. Asian Survey，40：1042-1058.

Hu H W，Cui L. 2014. Outward foreign direct investment of publicly listed firms from China：A corporate governance perspective. International Business Review，23（4）：750-760.

Kolstad I，Wiig A. 2012. What determines Chinese outward FDI. Journal of World Business，47（1）：

26-34.

Rodriguez C, Bustillo R. 2011. A critical revision of the empirical literature on Chinese outward investment: A new proposal. Panoeconomicus, 58 (5): 715-733.

Wang J, Cheng Y, Mo H. 2014. Thespatio-temporal distribution and development modes of border ports in China. Sustainability, (6): 7089-7106.

Zhang P, Ma Y, Yu Z. 2002. Border port Manzhouli: Urban function and space development. Chinese Geographical Science, (12): 315-320.

14 关于实施"一带一路"倡议的若干建议

14.1 中国的全球观念和全球战略的重点是海洋

海洋早在 19 世纪就被认为是"伟大的公路"。19 世纪末，美国海军战略理论家马汉出版了《海权对历史的影响》一书（Mahan，1987），在此书中提出了"海权论"。海权论是一种主张拥有并运用具有优势的海军和其他海上力量去控制海洋，以实现己方战略目的的军事理论。以贸易（指商品输出）立国的国家，必须控制海洋。夺取并保持制海权，特别是与国家利益和海外贸易有关的主要交通线上的制海权，是国家强盛和繁荣的主要因素。

我们不仅要使中国陆域边境国家和亚洲其他国家建立密切的互惠合作共谋发展的局面，更需要通过海洋将这种局面扩展到全球。中国的国家利益已经强烈地与欧洲、非洲、美洲、大洋洲的诸多国家紧密关联。海洋，占全球面积的大部分，是各种地缘政治势力的战略合作或博弈的平台。空天海一体化军事战略，也主要是建立在海洋之上的。

"21 世纪海上丝绸之路"将中国和东南亚、印度洋主要港口串联在一起，加强与巴基斯坦、斯里兰卡、孟加拉国、缅甸等印度洋沿岸国家间的经贸关系。通过投资沿线主要港口和基地，可以强化和维护中国通往欧洲和非洲的自由航行，确保海上"丝路"的畅通。

"一带一路"的海上"丝路"必须经过南海。中国通往南美、欧洲、非洲、中东和南亚、澳大利亚的几大国际航线是中国的国家生命线，而南海正好处于这条生命线的咽喉区段。按照目前的海上运输情况，中国经过南海海域（进出口）的贸易量每年在 1.5 万亿美元以上。因此，南海的岛礁主权和南海的安全对于中国国家安全具有特别重大的意义。

然而，以南海为中心的海域（西太平洋和马六甲附近的印度洋）所涉及国家的发展历史和现在的地缘政治倾向却很复杂。第二次世界大战后，美国奉行"遏制"战略，拼凑了"东南亚条约组织"（军事条约组织），在苏比克湾、金兰湾、马六甲海峡建立了美军军事基地。20 世纪 90 年代插手制造了一些国家的政治动荡和经济危机。尽管如此，部分国家还是认同美国在东南亚地区的主导地位。近年来，美国出于维持全球霸主地位的需要，着力遏制中国崛起，高调实行"重返亚太""亚太再平衡"战略。印度、日本出于自身的原因，也力阻中国的崛起。中国在以南海为中心的广阔海域，已经面临这几个强权的压力。150 多年前德国地缘政治学者拉采尔就认为"只有海洋才能造就真正的世界强国。跨过海洋这一步在任何民族的历史上都是一个重大事件"。中国崛起的最大障碍在以南海为中心的海域，不"跨过"这个海域，中国就难以在世界上崛起。

14.2 "一带一路"倡议是需要几代人完成的伟大事业

"一带一路"倡议实施的目标是营造一个各国（地区）间经济、贸易、技术、文化交流合作的大平台。同时，为应对地缘政治压力和遏制战争势力，又要构建一个全球地缘政治安全的大格局。最终的目标是为中华民族实现伟大复兴的"中国梦"铺平广阔的道路。

"一带一路"倡议的实施，达到如此宏大的目标，标志着伟大事业的成功，也表明中国真正强大起来了。这样的目标，绝不可能轻而易举就可以实现，是需要几代人为之奋斗的事业。我们可以设想：这样的目标可以按照三个主要阶段去实现。那么，第一阶段，应该是"一带一路"倡议逐步得到较多国家的认同，并在现有基础上开展较为全面的合作，中国"走出去"的形势初见成效；第二阶段，与大多数国家开展了持久的深化合作和各种往来，各方普遍受益；第三阶段，基本形成各国（地区）间经济、贸易、技术、文化交流合作的大平台及全球地缘政治安全的大格局。

就具体任务而言，"一带一路"倡议实施及六条经济走廊建设会遇到诸多的难题。各国各地区的投资环境差别很大，可能会面临各种各样的政治经济问题。这些问题需要中国有大智慧、大毅力去解决。

中国自身经济发展问题可能影响对外合作。中国经济的转型与实施"一带一路"倡议关系密切。一个挑战是中国要实现经济转型，要从全球化分工的中下端走向中上端，成为全球经济的领导力量之一。这将是非常艰难的跨越，它比中国改革开放初期从劳动密集型产业起步逐渐走向小康要复杂得多。长期以来，中国的外向型经济只是西方产业链条的"下端"，而向经济链条前端的迈进则意味着决定性竞争的打响。中国这些年"去产能"已经有过好几轮，根本原因是那些大规模的产能容易构建，而指向未来的创新型产业却需要大量先进条件的孵化，在前进道路上，风险和曲折是不可避免的。

未来的世界与今天的世界一样充满着对立与斗争。为了国家利益，作为国家或民族的行为，"树敌"与"结盟"一般是不可避免的。中国与"一带一路"及整个世界各国的合作关系到"一带一路"倡议实施的每一个历史成就，都会遇到各种险阻，都要克服诸多的矛盾和困难。可以想象，这样伟大艰巨的事业是需要几代人的奋斗才能完成的。

14.3 需要国家财力的长期保障

在一些投资环境较差的发展中国家和地区，许多工程建设，特别是基础设施建设，很难保障经济上都能获利，即项目建设经济效益差，投资风险大。某些位于重要区位的工程或基地建设，需要付给对方以特殊的"优惠"。但为了获取中国崛起所需要的地缘利益，也要尽力而为之。许多国际性的工程要有大规模的投入，且可能不能获得完全的经济上的回馈。其中，一些发展条件差的地区，在通常情况下，需要以企业的名义去做，国家则需要以各种灵活方式给予支持。

近年来，随着中国国际信用的大幅度提升以及中国对外金融支持的扩展，中国对外信贷的规模越来越大。但这其中的很大一部分，连本息在内都将是收不回来的，是属于"风险投资"的范畴。

很显然，实施"一带一路"倡议，需要有强大财力、物力、人力的长期保障。

14.4　加强关于全球地缘政治和地缘经济问题研究

14.4.1　关于地缘政治及地缘政治学：历史发展

地缘政治学这个术语最早是由瑞典政治学家鲁道夫·契伦（Rudolf Kjellen）提出的。他在其著作《国家有机体》中对地缘政治学作的定义是，"将国家作为地理有机体或空间现象来认识的科学"（Kjellén，2010），这是地缘政治最早的也是最基本的理论观念。其后，一些欧洲学者对地缘政治学做出的一般阐述也强调：地缘政治学是将国家作为一个空间现象来描述和解释的学问。后来，地缘政治学者将生存竞争、适者生存、物种进化的原理引入到国家功能和地缘政治中，谓之"社会达尔文主义"。

将地缘政治思想用于国家关系分析并对政治家产生影响是19世纪80年代美国地缘政治学家马汉。他在其著作《海权对历史的影响》（Mahan，1987）中强调了海权对于国家来说非常重要，他认为海洋这条"伟大的公路"，"一直是历史的主导成分，而且是国家富强的基本决定因素"。马汉认为：国家富强和实力的构成涉及位置、自然、领土和区位、资源、人口、经济等。

在以往的500年，全球大国的崛起与兴衰，呈现出一个此起彼伏的过程。这其中，展现出一幅幅地缘政治斗争的精彩画卷和地缘政治学发展的轨迹。

新大陆的发现、大规模殖民与欧洲列强的形成，首先出现的是16世纪至18世纪的西班牙帝国的兴起；其后是拿破仑的欧洲战争与称霸欧洲，大英帝国称霸全球及成为"日不落帝国"的海权战略，美国在第一次世界大战后"和平"接替"大英帝国"，成为全球的新霸主和全球一系列规则制定的领袖。

欧洲几百年大国的每一次兴衰交替，都与退出国的国内综合性因素有关，当时都从不同角度体现了地缘政治规律的作用。对近百年来美国所实施的全球地缘政治战略及其演变的研究，对于认识美国在全球战略地位的提高乃至霸权地位的形成，具有理论意义，也很有现实意义。

对历史因素对全球地缘政治大格局的影响做科学的分析判断是非常重要的。历史上的大国争夺和大规模战争，以及后来形成的殖民地格局，对今天全球地缘政治的变化仍然在发挥着重要的影响。我们的地缘政治战略及"一带一路"倡议的制定和实施要充分分析有关历史因素的作用。

历史上许多大国的兴衰都受到地缘政治法则的支配。对最高决策者来说，不明了地缘政治的代价是巨大的。以美国为例，美国总统富兰克林·罗斯福就是一位业余的地理学者，曾经是美国地理学会理事会的会员，他曾经研究过马汉的海军理论，自称是马汉的"热心学生和信徒"，"他的世界观多半来自马汉和麦金德。20世纪30年代后期，他竭力反对美国的孤立主义，使他的国家在心理上做好了准备对付即将到来的斗争。"

总结第二次世界大战的历史，可以大致看出德、日和英、美、苏的地缘政治战略及其与战争进程的关系。第二次世界大战后，美国制定了对苏联和社会主义国家的遏制战略，并采取了一系列军事、经济、思想文化的措施，基本实现他们的目标。冷战的形成与结局，是大国地缘政治战略长期博弈和残酷斗争的结果。

14.4.2　关于现代的地缘政治学

关于现代"地缘政治"概念，也还可以理解为：国家和国家集团以利益、安全为核心目标而施以国家力量对特定的地理空间进行利用和控制的观点和行为，是借助地理空间进行竞争、对抗或结盟的过程。这其中，地缘政治的基本观念是追求永恒的国家利益，这也是处理国家之间关系的最高原则。当然，第二次世界大战以来的半个多世纪里，由于世界和平和民主的力量不断增长，加上核武器的出现，人类全球性的战争得以避免。但是，正在发生的全球力量对比的变化，将可能给美国的全球霸权带来影响乃至威胁。我们已经注意到，今天在全球若干热点地区的部分国家之间、强力集团之间的军备竞赛正在持续发展。

无论近代，还是现代，了解和准确把握全球地缘政治格局的变化和地缘政治的基本法则，对于国家最高决策者来说，都是非常重要的。

在第二次世界大战以来，特别是20世纪80年代以来，人们在谈论地缘政治时，对地缘经济问题也不断加以重视。我们认为，地缘经济关系在很大程度上取决于地缘政治的关系。地缘政治状态决定地缘经济格局，但地缘经济也可反作用于地缘政治。地缘经济上的合作或对立，可能加强政治上的合作、和平相处或导致政治上、军事上的冲突。经济上的互相依赖有时可能成为强有力的"稳定装置"。

现代国际上地缘政治的发展已经呈现出多元化的倾向。尽管学者们对什么是地缘政治学（定义）并没有很多争论，但是，学者们关注全球地缘政治的重点却多种多样：有关于资源争夺形成的地缘政治问题的，有关于意识形态差异与国际关系问题的，有关于重要的"中间地带""缓冲地带"等带来的地缘政治问题的，等等。当代科学技术发展带来了军事技术的飞速发展变化，军事思想的变革，也带来了若干地缘政治思想的变化，等等。这些都非常值得我们高度关注。地缘政治问题是中国发展现代智库的重要研究领域。

在"一带一路"倡议实施过程中，在制定具体政策措施时，需要对国际政治、国际经济的历史发展及第二次世界大战以来各主要国家的全球地缘政治目标和政策做持续的跟踪和分析研究。要根据各时期国内外的形势变化，以中国国家安全为主轴对全球范围作出地缘政治分区，对关乎我国生存发展的重要局域、交通线、枢纽、海峡等作出地缘政治重要性的评估，以作为国家制定外交、经贸、军事等方针政策的支撑。

14.4.3 冷战结束以来全球地缘政治的演变及其驱动力

在刚过去的 20 世纪，全球经历了两次世界大战、几十年的"冷战"和诸多局部战争。进入 21 世纪，政治对立、军事对抗持续不断。再加上 20 世纪 80 年代以来的经济全球化和区域化、贫困与发展问题、民族和宗教问题、生态环境等问题，使得全球地缘政治呈现出极其复杂的态势。在这个过程中，世界地缘政治格局发生了巨大变化。

苏联解体后，美国独大。特别是"9·11"之后，在全球范围内扩张势力：北约东扩，发动科索沃战争，出兵伊拉克，军事打击阿富汗，高调实施"重返东亚"，加强美日同盟，先后抛出了"新中亚战略"和"丝绸之路"修正案，宣布中亚地区为美国的"战略利益区"，企图将中亚地区纳入由美国主导的国际政治经济新秩序。近年来，美国实施的"重返亚太""亚太再平衡"战略，充分暴露出美国维护自身的霸权而打压中国和平崛起的决心。

当今全球大国及强力集团的力量对比（基本格局）：

1）美国的地缘政治战略不断作出调整，在许多局部范围内仍然具有强烈的扩张性和进攻性。在军事战略部署上，正在进行空间收缩和空间调整，集中主要力量于亚太地区。但从全球范围考察，今天的美国要想维持 20 世纪中期及以后几十年的霸权和对全球重大事务的支配权，已经力不从心。

2）欧盟在政治上不具备大规模扩张的动力和可能。但由于历史和价值观的种种原因，欧盟仍然是美国对外政策的重要支持力量。欧盟及美国，与俄罗斯在欧洲的对抗和博弈将是长期的。

3）俄罗斯仍然是世界上一流军事强国。由于其广阔的地域、独特的自然地理和民族特性，对全球地缘政治的影响力仍然巨大；但要像昔日"美苏争霸"那样已经是心有余而力不足。

4）中国，实现了 30 多年的高速经济增长，现在已经是世界上的政治、经济和军事大国。但是，科学技术水平还不高，经济竞争力还不强，且面临着持续发展的巨大压力。中国的全球观念与中华民族的价值观，决定了中国的国防政策将是防御性的；但中国在全球范围内维护自身利益的意志是不可动摇的。

中国的日益强大导致全球权力结构的空间重组。地缘政治格局在一定程度上从以美国主导的单极世界向"后冷战时期"的多极化方向演进。

世界正在进入新的地缘政治、地缘经济大时代，但世界地缘政治仍然呈现出严峻的复杂局面。这个大时代的国际地缘政治的基本特点如何呢？

对上述当今全球地缘政治问题的分析，需要遵循一些基本的法则。这其中主要是：

1）用整体观点考察全球地缘政治、地缘经济的演变历史和现状，将任何一国、一地区性集团之间的关系纳入全球政治体系中去分析。

2）按照地缘政治的观点，在国家关系中，对抗与结盟一般是不可避免的。但两者的实际目的是一样的，那就是为谋取领土、支配权力及控制权力而斗争。地缘经济的斗争如同地缘政治的斗争一样，经济大国或经济集团在与对手的竞争中，要特别注重"占领"那些介于"心脏地带"（经济大国或强大的经济集团）之间的"破碎地带"

"缓冲地带"。"占领"的形式是指经济贸易、投资、技术与文化交流、人员培训等。

3）地缘经济与地缘政治密切相关。地缘经济关系在很大程度上取决于地缘政治的关系。地缘政治状态决定地缘经济格局，但地缘经济也可反作用于地缘政治。地缘经济上的合作或对立，可能加强政治上的合作、和平相处，或导致政治上、军事上的冲突。经济上的互相依赖在一般情况下是有力的"稳定装置"。

14.4.4　未来世界的安全态势及中国的战略

核武器的出现，对大国间的地缘政治战略持续产生重大的影响。未来，全球地缘政治的严重失衡会否出现？战争与和平的前景如何？美国在全球的政治、经济、军事与思想文化影响力的发展趋势及当前与今后美国的地缘政治战略可能的取向，等等，都关系到未来世界的安全态势。美国《华盛顿邮报》2015 年 2 月 21 日发表了一篇文章，根据该文，自 1776 年美国建国以来，239 年间美国有 222 年在打仗，比例高达 93%，即建国以来的和平年份少得惊人。所以说"美国把战争带到了每一个地方"。有历史资料显示，早在 20 世纪 60 年代，美国的精英们在一次绝密研究成果中就提出："世界一旦进入持久的和平，美国的社会将向何处去？"（宋鸿兵，2011）这样问题的提出，也可从侧面解释美国为什么是自第二次世界大战结束以来全球历次局部战争的祸首。

当前中国周边所处的地缘政治态势，总体上十分复杂、相当严峻；但是从全球范围看，仍然处在可控的平衡态势中，主要依据是中美之间、中俄之间、美俄之间，即三个核大国之间存在着战略平衡。

当美国的世界独大地位受到挑战时，不可能接受一个不相信上帝的（民族）国家（中国）与其平起平坐，甚至超越它而成为全球的新星（张维为，2008）。中国的发展与强大，中国的价值观及对广大发展中国家乃至部分发达国家的支持和共赢式的合作，不可避免地使西方的价值观以及在全球不平等经济、贸易、金融、军事合作体系中的利益受到冲击和损失。在这种情况下，有无可能，美国及部分西方国家再次联合起来，组织新的"八国联军"围堵乃至进攻中国？

在特定的条件下，经济上的相互依赖并不能阻止国家间战争的发生。第一次及第二次世界大战的历史已经证明了这一点。

因此，在未来实施"一带一路"倡议中，中国唯一不能放松的是"要准备打仗"，打赢一场发生在中国家门口附近的局部战争。

14.4.5　加强资料信息工作，要坚持不懈

"一带一路"倡议若能得到顺利实施，中华民族的"中国梦"就能逐步实现。"一带一路"倡议目标的实现，是需要我国几代人完成的伟大事业。我们认为，科学地、历史地认识"一带一路"非常重要。为此，要加强对"一带一路"所涉及的主要国家和地区的政治、经济、社会、外交、历史和文化等进行全方位的深入研究，而且要长期坚持。

　　为了支撑更大规模的经济贸易合作和相关的工程建设，减少大规模投资和贸易的风险，对"丝绸之路经济带"沿线国家，特别是中亚、西亚、中东地区的自然结构、经济特点、自然灾害、社会安全等基础性情况进行综合研究；对"21 世纪海上丝绸之路"所涉及的海域的大气环流和洋流特征、全球主要航线海况和沿线国家的社会经济特征、政治倾向等进行综合研究，对未来中国的国外海上支点、海军基地的选取和建设、航线安全等进行评估。

　　在进行综合性的系统收集、调查、研究和资料分析整理的基础上，需要组织编辑、出版服务于各种需求的手册、地图、图书、参考资料、产品及工程标准、国家（地区）的有关法律及其与国际社会的多边和双边关系文件等。

　　为了做好这项重大的"基本建设"工程，我们建议建立资料信息汇总的工作机构，挂靠国务院有关部门。一些国际化程度高的发达国家，对这类信息资料的收集整理极为深入、极为系统，确实值得学习。

参 考 文 献

宋鸿兵 . 2011. 货币战争（升级版）. 北京：中信出版社 .

张维为 . 2008. 中国触动全球 . 北京：新华出版社 .

Kjellén R. 2010. Die Politischen Probleme Des Weltkrieges. Whitefish MT：Kessinger Publishing.

Mahan A T. 1987. The Influence of Sea Power Upon History：1660-1783. New York：Dover Publications.